音声ダウンロードのご案内

※各言語版は、この本の最後にあります。

STEP 1 商品ページにアクセス！ 方法は次の3通り！

- QRコードを読み取ってアクセス。
- https://www.jresearch.co.jp/book/b636070.htmlを入力してアクセス。
- Jリサーチ出版のホームページ (https://www.jresearch.co.jp/) にアクセスして、「キーワード」に書籍名を入れて検索。

STEP 2 ページ内にある「音声ダウンロード」ボタンをクリック！

STEP 3 ユーザー名「1001」、パスワード「26080」を入力！

STEP 4 音声の利用方法は2通り！ 学習スタイルに合わせた方法でお聴きください！

- 「音声ファイル一括ダウンロード」より、ファイルをダウンロードして聴く。
- ▶ボタンを押して、その場で再生して聴く。

※ダウンロードした音声ファイルは、パソコン・スマートフォンなどでお聴きいただくことができます。一括ダウンロードの音声ファイルは .zip 形式で圧縮してあります。解凍してご利用ください。ファイルの解凍が上手く出来ない場合は、直接の音声再生も可能です。
音声ダウンロードについてのお問合せ先：toiawase@jresearch.co.jp（受付時間：平日9時〜18時）

日本語能力試験 **N1**に出る

ネパール語・カンボジア語・ラオス語 版

日本語単語
スピード マスター

ADVANCED
2800

जापानी शब्दहरूको तिब्र ज्ञान

រៀនវាក្យសព្ទភាសាជប៉ុនយ៉ាងស្ទាត់ជំនាញនិងឆាប់រហ័ស

ຮຽນຮູ້ຄຳສັບພາສາຍີ່ປຸ່ນແບບເວົ້າງວັດ

倉品 さやか
Kurashina Sayaka

Jリサーチ出版

はじめに

「もっと単語を知っていたらいろいろ話せるのに」「問題集もしてみたけど、もっともっと単語を増やしたい！」……と思ったことはありませんか。

この本は、シリーズ前編の『日本語単語スピードマスターBASIC1800』、『日本語単語スピードマスターSTANDARD2400』、そして『日本語単語スピードマスターINTERMEDIATE2500』に続く、さらに一つ上のレベルの単語集です。単語は、以前の日本語能力試験の出題基準、新しい日本語能力試験の問題集、上級のテキストなど、さまざまな資料を参考に、生活でどのように使われているかを考えて選びました。

この本では、一つ一つの言葉をばらばらでなく、テーマごとに整理しながら覚えていきますので、興味のあるユニットから始めてください。それぞれの語についても、意味だけでなく、例文やよく使われる表現、対義語や類義語など関係のある言葉なども一緒に学べるようにしています。

例文は、会話文を中心に、日常よく使われる表現を紹介しています。覚えたら、生活の中ですぐ役立つことでしょう。これらの例文が付属の音声に収められていますので、単語や表現を覚えながら、聞き取りや発音の練習もできます。移動の電車で、また寝る前などに使うのもいいでしょう。どんどん活用してください。たくさんの単語を取り上げたかったので、この本には練習問題はありませんが、赤いシートを使ってどれだけ覚えたか確認しながら勉強することもできます。覚えたら、単語の隣にある□にチェックを入れていきましょう。

この本でたくさんの言葉を覚えて、どんどん使ってみてください。

倉品さやか

この本の使い方
やो पुस्तक प्रयोग गर्न कसरी／របៀបប្រើប្រាស់សៀវភៅនេះ／ວິທີການໃຊ້ປື້ມຫົວນີ້

覚えておきたい基本語に □ をつけています。
याद गर्न आवश्यक आधारभूत शब्दहरूमा □को उल्लेख गरिएको छ।／
ពាក្យមូលដ្ឋានគ្រឹះដែលគួរចងចាំ ត្រូវបានដាក់សំគាល់ដោយសញ្ញា□។／
ມີເຄື່ອງໝາຍ□ໝາຍໄວ້ຢູ່ຄຳສັບພື້ນຖານທີ່ຢາກຈົດຈຳ

❶⑥ □ 政策 (नीति／គោលនយោបាយ／ນະໂยบาย, ມາດຕະການທາງການເມືອງ)

▷ 経済政策 (आर्थिक नीति／គោលនយោបាយសេដ្ឋកិច្ច／ນะໂยบายເລดຖะกิด)

▶ 政治家には、政策についてもっと議論をしてほしい。

(राजनीति गर्नेहरूले नीतिको बारेमा अलिक छलफन गरुन्।／ខ្ញុំចង់ឲ្យអ្នកនយោបាយជជែកគ្នាបន្ថែមទៀត អំពីគោលនយោបាយ។／ຢາກໃຫ້ນັກການເມືອງມີການສົນທະນາກ່ຽວກັບນະໂยบายຫຼາยຂຶ້ນ.)

例文や熟語の例などを紹介します。
उदाहरण वाक्य तथा शब्द दुक्राहरूका उदाहरणको परिचय गरिएको छ।／
បង្ហាញឃ្លាឧទាហរណ៍ និងឧទាហរណ៍នៃពាក្យល្បាដែលមាននន័យពិសេស។／
ແນະນຳຕົວอย่างຂอງปะโยกไทยและสำบอม

▶ は音声が収録されています (▷は音声なし)。
▶मा अडियो रेकर्ड गरिएको छ। (आवाज नभएमा▷)／
▶មានថតសំលេង (មិនមានសម្លេង▷)។／
▶ໝາยຄอามอ่ามีສຽງเอิ้าๆๆบันทึก (แม่บ่ปั้มีສຽງๆบันทึก▷)

で示した言葉と同じグループの言葉などを紹介します。
देखाइएको शब्दको एउटै समूहमा पर्ने शब्दको परिचय गरिएको छ।／
បង្ហាញពីពាក្យនៅដែលក្នុងក្រុមជួចគ្នាជាដើមនិងពាក្យដែលមានសញ្ញា ។／
ແນະນຳຄຳສັบใบໝວດຫຍ่อງກັບและຄຳສັบอื่นๆที่ละแยกด้วยเคื่องໝาย

同 同義語 पर्यायवाचीशब्द／សទិសន័យ／ຄำที่มีความໝายคับกัน
対 対義語 शब्द गरेको विपरीत／ពាក្យផ្ទុយ／ຄำท่ิกับຂ้าม
類 類義語 मिल्दे शब्दहरू／ពាក្យដែលមាននន័យស្រដៀងគ្នា／ຄำສับที่มีความໝายคล้ายคับกัน

PART 1

テーマ別で覚えよう、基本の言葉

फरक फरक प्रसंगद्वारा याद गरौं,आधारभूत शब्दहरू

ចងចាំទៅតាមប្រធានបទ, ពាក្យមូលដ្ឋានគ្រឹះ

ຈື່ຈຳເປັນຫົວຂໍ້, ຄຳສັບພື້ນຖານ

★ 例文は会話表現が中心で、短縮や変形など、話し言葉の特徴はそのままにしています。

उदाहरण वाक्यहरू मुख्यतया संवादात्मक अभिव्यक्तिहरू हुन्, र बोली भाषाका विशेषताहरू, जस्तै संकुचन र फारममा परिवर्तनहरू, संरक्षित छन्।

ប្រយោគឧទាហរណ៍មានការបញ្ចេញមតិសន្ទនាជាចម្បង ហើយលក្ខណៈពិសេសនៃភាសានិយាយ ដូចជាការធ្វើឱ្យខ្លីនិងការផ្លាស់ប្តូរទំរង់គឺត្រូវបានរក្សាទុកដដែល។

ປະໂຫຍກຕົວຢ່າງສ່ວນຫຼາຍເປັນສຳນວນໃນບົດສົນທະນາແລະຍັງຄົງຮັກສາລັກສະນະສະເພາະຂອງພາສາເວົ້າເຊັ່ນ: ເຮັດໃຫ້ຄຳເວົ້າສັ້ນລົງ ແລະ ມີການປັບປ່ຽນວິທີເວົ້າ.

★ 表記については、漢字とひらがなを厳密に統一していません。

कांजी र हिरागानाको नोटेशनको सन्दर्भमा कुनै कडा नियमहरू छैनन्।

អំពីប្រយោគគឺអក្សរកាន់ជីនិងអក្សរហ៊ីរ៉ាហ្គាណាមិនបានបង្រួបបង្រួមយ៉ាងម៉ត់ចត់ទេ។

ການສະແດງວິທີອ່ານຂອງຄັນຈິແລະຮິລະກະນະຈະບໍ່ຄືກັນໝົດສະເໝີໄປ.

時間・時 <small>じかん・とき</small> (समय,बजे/ម៉ោង, ពេលវេលា/ເວລາ・ຕອນ)

---

❶ □ 未明 <small>みめい</small> (सबेरै/ពេលព្រឹកព្រហាម, ពេលមិនទាន់ភ្លឺ/ຕອນເຊົ້າ (ກ່ອນຟ້າແຈ້ງ))

▶〈ニュース〉今朝未明、車２台が衝突する事故がありました。
<small>けさ　　　　くるま　だい　しょうとつ　　じこ</small>

((समाचार) बिहान सबेरै २ वटा कार जुधेर दुर्घटना भयो।/(ព័ត៌មាន) ពេលព្រឹកព្រហាមនេះ មានគ្រោះថ្នាក់ រថយន្តពីរគ្រឿងបានបុកគ្នា។/<ຂ່າວ> ມື້ເຊົ້ານີ້, ໄດ້ເກີດອຸປັດຕິເຫດລົດໃຫຍ່ 2 ຄັນຕຳກັນ.)

---

❷ □ 連休 <small>れんきゅう</small> (लामो विदा/ថ្ងៃឈប់សម្រាកជាប់ៗគ្នា/ມື້ພັກຕໍ່ເນື່ອງ)

▶今度の連休は、何か予定はありますか。
<small>こんど　　　なに　よてい</small>

(यसपालिको विदामा केही योजना छ?/តើអ្នកមានផែនការអ្វីនៅថ្ងៃឈប់សម្រាកជាប់ៗគ្នាលើកនេះ?/ມີແຜນຫຍັງບໍ່, ໝາລັບມື້ພັກຕໍ່ເນື່ອງທີ່ຈະມາເຖິງ?)

---

❸ □ 連日 <small>れんじつ</small> (निरन्तर/បន្តជាច្រើនថ្ងៃ/ຕິດໆກັນທຸກມື້, ຂ້ອນກັບຫຼາຍມື້)

▷期間中は連日大勢の客で賑わった。
<small>きかんちゅう　　　おおぜい　きゃく　にぎ</small>

(केही बेर ग्राहकको भिडभाड थियो/ក្នុងអំឡុងពេលនោះ មានអតិថិជនច្រើនកុះករជារៀងរាល់ថ្ងៃៗ/ໃນໄລຍະເວລານັ້ນ, ເຕັມໄປດ້ວຍລູກຄ້າຢ່າງຫຼວງຫຼາຍຕິດໆກັນທຸກມື້.)

---

❹ □ 隔〜 <small>かく</small> (केही बेरमा/មួយខាន់មួយ, រៀងរាល់ពីរម្ដង/ທຸກໆ)

▶隔週で社内のトイレ掃除当番が回ってきます。
<small>しゅう　しゃない　　　　そうじとうばん　まわ</small>

(प्रत्येक हप्तामा शौचालय सफाइको पालो आउँछ ।/ការធ្វើកិច្ចសម្អាតបង្គន់នៅក្រុមហ៊ុនវេនដំ រៀងរាល់ពីរ សប្ដាហ៍ម្ដង។/ທຸກໆອາທິດ, ຈະໝຸນວຽນກັບເຮັດໜ້າທີ່ອະນາໄມຫ້ອງນ້ຳຂອງບໍລິສັດ.)

▶隔月で集会を開いています。
<small>げつ　しゅうかい　ひら</small>

(महिना महिनामा भेला हुने गरिएको छ।/ពួកយើងធ្វើការជួបជុំរៀងរាល់ពីរខែម្ដង។/ພວກເຮົາຈັດກອງປະ ຊຸມທຸກໆເດືອນ.)

---

❺ □ 長期 <small>ちょうき</small> (दीर्घकालिन/រយៈពេលវែង/ໄລຍະຍາວ)

▷長期的な目標 (दीर्घकालिन उद्देश्य/គោលដៅរយៈពេលវែង/ເປົ້າໝາຍໄລຍະຍາວ)
<small>てき　もくひょう</small>

---

❻ □ 短期 <small>たんき</small> (अल्पकालिन/រយៈពេលខ្លី/ໄລຍະສັ້ນ)

▷短期アルバイト

(अल्पकालिन जागिर/ការងារក្រៅម៉ោងរយៈពេលខ្លី/ວຽກເສີມໄລຍະສັ້ນ)

衣類 2

食 3

交通・移動 4

建物・設備 5

体・健康・治療 6

お金 7

地球・自然 8

動物・植物 9

学校・教育 10

❼ □ **日取り** (दिन तोक्नु／ការកំណត់កាលបរិច្ឆេទ／ການກຳນົດມື້)
　　ひ ど

▷ 結婚式の日取りを決める
　　けっこんしき　　き
(बिबाहको दिन तोक्नु／សម្រេចកាលបរិច្ឆេទការរៀបការ／ກຳນົດມື້ແຕ່ງງານ)

❽ □ **瞬く間に** (छोटो सपना／មួយភ្លេតភ្នែក, មួយរំពេច／ຢ່າງໄວໆ)
　　またた ま

▷ この活躍で、彼は瞬く間にヒーローになった。
　　　かつやく　　　かれ
(यो अभियानका कारण उ छोटो समयमै हिरो भयो।／តាត់បានក្លាយជាវីរបុរសមួយភ្លេតភ្នែកដោយសារ
សកម្មភាពនេះៗ／ດ້ວຍບົດບາດນີ້ເຮັດໃຫ້ລາວໄດ້ກາຍເປັນພະເອກຢ່າງໄວໆ.)

❾ □ **つかの間** (बिचमा एकछिन／មួយឆណៈពេល, ឆ្នាំខ្លី／ໄລຍະສັ້ນໆ)
　　　ま

▷ つかの間の夢 (छोटो सपना／សុបិន្តមួយឆណៈពេល／ຝັນສັ້ນໆ, ຝັນບົດດຽວ)
　　　　　ゆめ

▷ 彼にとってはこの二日間が、つかの間の休息となった。
　　かれ　　　　　　ふつかかん　　　　　　きゅうそく
(यो दुईदिन उसका लागि सपना जस्तै भयो।／ពីរថ្ងៃនេះជាការសម្រាកដ៏ខ្លីសម្រាប់តាត់ៗ／ສຳລັບລາວ, ສອງ
ມື້ນີ້ແມ່ນການພັກຜ່ອນທີ່ສັ້ນໆ.)

❿ □ **あっという間** (एक छिनमा／មួយភ្លេតភ្នែក, មួយរំពេច／ໃນພິບຕາ)
　　　　　　　ま

▶ 2年間の留学はあっという間に終わってしまった。
　　ねんかん　りゅうがく　　　　　　　　　お
(विदेशमा बसेर पढेको २ बर्ष तुरुन्तै सकियो।／ការសិក្សានៅបរទេសរយៈពេល២ឆ្នាំបានចប់មួយភ្លេត
ភ្នែកៗ／ສອງປີຂອງການສຶກສາຢູ່ຕ່າງປະເທດໄດ້ຜ່ານໄປໃນພິບຕາ.)

⓫ □ **合間** (बिचमा／ចន្លោះពេល／ຍາມວ່າງໆ, ໄລຍະທີ່ວ່າງໆ (ຈາກວຽກ))
　　あい ま

▶ 家事の合間に勉強を続けて資格を取った人もいる。
　　かじ　　　　べんきょう つづ　　しかく　　と　　ひと
(घरायसी काम गर्दै पढेकाहरु पनि सफल भएकाछन।／មនុស្សមួយចំនួនបានបន្តការសិក្សានៅចន្លោះពេលធ្វើ
កិច្ចការផ្ទះ ហើយទទួលបានជំនាញៗ／ບາງຄົນໄດ້ສືບຕໍ່ສຶກສາຢູ່ລະຫວ່າງໆວຽກເຮັດງານທຳໃນຄອບຄົວແລະ
ໄດ້ຮັບໃບປະກາດ.)

▷ 合間を縫う
　　　ぬ
(व्यस्त हुँदाहुँदै／ប្រើប្រាស់ពេលវេលាទំនេរបស់នរណាម្នាក់អោយមានប្រយោជន៍／ໃຊ້ຍາມວ່າງໆໃຫ້ເປັນ
ປະໂຫຍດ)

▶ 忙しい合間を縫って、友達が見舞いに来てくれた。
　　いそが　　　　　　　　　　ともだち　み ま
(काममा व्यस्त हुँदाहुँदै पनि साथीहरु विरामी भेदन आए।／ទោះជាមិត្តភក្តិជាប់រវល់ក៏ដោយ ក៏ឆ្លៀតពេល
ដើម្បីមកសួរសុខទុក្ខៗ／ໝູ່ໄດ້ໝ່ຽນຍາມາຄາມຍາວໆໃນຍາມທີ່ຫຍຸ້ງຍາກ)

⑫ □ しばし （एकै छिन／មួយយៈ／ໄລຍະໜຶ່ງ）

▷ しばしの別れ （केही समयको बिछोड／ការបែកគ្នាមួយយៈ／ຈາກລາກັນໄລຍະໜຶ່ງ）

▷ その女の子は、しばし不思議そうに私の顔を見つめていた。
おんな こ　　　　　　ふしぎ　　　　　　　わたし かお
（ती केटीले छक्क परेर एकैछिन मेरो मुहार तिर हेरिन्／ក្មេងស្រីនោះបានសម្លឹងមើលខ្ញុំមួយយៈដោយ
ងឿងឆ្ងល់។／ເດັກນ້ອຍຍິງຄົນນັ້ນຫຼຽວເບິ່ງໜ້າຂ້ອຍເຫຼືອງໆແບບແປກໆ.）

⑬ □ 一時 （एकै छिन／បណ្ដោះអាសន្ន／ຊົ່ວຄາວ）
いちじ

▷ 一時停止のボタン （एकछिन रोक्का लागि थिच्ने बटन／ប៊ូតុងបញ្ឈប់បណ្ដោះអាសន្ន／ປຸ່ມຢຸດຊົ່ວຄາວ）
ていし

▷ 雷のため、試合は一時中断した。
かみなり　　　　　　しあい　　　ちゅうだん
（हिउँ परेकाले एकछिनका लागि खेल स्थगित भयो／ការប្រកួតត្រូវបានផ្អាកបណ្ដោះអាសន្នដោយសារអនុ។
／ການແຂ່ງຂັນໄດ້ຢຸດຊົ່ວຄາວຍ້ອນຟ້າຜ່າ.）

▶ 彼の作品には一時の勢いが見られない。
かれ さくひん　　　　　　　　いきお
（उनको कृतिमा पहिलेको जस्तो रामो पक्ष भेटिंदैन／ស្នាដៃរបស់គាត់ខ្វះសន្ទុះបណ្ដោះអាសន្ន។／
ໃນຜົນງານຂອງລາວບໍ່ມີພະລັງຄືກັບເກົ່າ.）

▶〈天気予報〉あすは一時雨でしょう。
てんきよほう　　　　　　あめ
（〈मौसम जानकारी〉 भोलि केही बेर पानी पर्ला।／(ព្យាករណ៍អាកាសធាតុ) ថ្ងៃស្អែកនឹងមានភ្លៀង
ដោយពេលៗ／〈ພະຍາກອນອາກາດ〉 ມື້ອື່ນຈະມີຝົນຕົກຊົ່ວຄາວ.）

⑭ □ 久しい （केही समय बितेको／អស់រយៈពេលយូរ／ເປັນເວລາດົນນານ, ດົນນານມາ
ひさ
　　　　　　ແລ້ວ, ດົນ）

▷ 男女平等が言われるようになって久しい。
だんじょびょうどう い
（लैंगिक समानताका कुरा चल्न थालेको धेरै भयो।／ភេទស្មើភាពគ្នាត្រូវបាននិយាយជាយូរមកហើយ។／ຄົນເລີ່ມ
ເວົ້າເລື່ອງຍິງຊາຍສະເໝີພາບກັນມາດົນແລ້ວ.）

▶ 彼とは久しく会ってない。
かれ　　　　　　あ
（धेरै समय भयो उ सँग भेट भएको छैन／ខ្ញុំខានជួបគាត់យូរហើយ។／ບໍ່ໄດ້ເຫັນລາວເປັນເວລາດົນນານ.）

⑮ □ 長らく （लामो समय／រយៈពេលយូរ／ເປັນເວລາດົນນານ, ດົນນານມາແລ້ວ, ດົນ）
なが

▶〈公演で〉長らくお待たせしました。これから講演会を始めたいと思います。
こうえん　　　　　　　ま　　　　　　　　こうえんかい　はじ　　　　おも
（〈कार्यक्रममा〉 लामो समय पर्खनुभएकोमा धन्यवाद।अब कार्यक्रम अघि बढ्छ।／(នៅក្នុងការសម្តែងជាសាធារណៈ)
សូមអភ័យទោសដែលបានឱ្យរង់ចាំយូរ។ បន្ទាប់ពីនេះខ្ញុំនឹងចាប់ផ្តើមការសន្ទនាកថា។
<ໃນການສະແດງ> ໄດ້ໃຫ້ລໍຖ້າມາເປັນເວລາດົນນານແລ້ວ. ຈາກນີ້ໄປ, ຢາກເລີ່ມຕົ້ນການບັນລະຍາຍ.）

⑯ □ 日に日に （दिनदिनै／ពីមួយថ្ងៃទៅមួយថ្ងៃ／ແຕ່ລະມື້, ທຸກໆມື້, ມື້ມື້）
ひ　ひ

▷ 政府の方針への反対の声は、日に日に激しさを増している。
せいふ ほうしん　　　はんたい こえ　　　　ひ　ひ　　　はげ　　　　ま
（सरकार विरोधी आवाज दिनदिनै बढ्दै गएको छ।／សម្លេងប្រឆាំងនឹងគោលនយោបាយរបស់រដ្ឋាភិបាល
កាន់តែខ្លាំងឡើងពីមួយថ្ងៃទៅមួយថ្ងៃ។／ການຕໍ່ຕ້ານນະໂຍບາຍຂອງລັດຖະບານແມ່ນນັບມື້ຮຸນແຮງຂຶ້ນ.）

時間・時 1
衣類 2
食 3
交通・移動 4
建物・設備 5
体・健康・治療 6
お金 7
地球・自然 8
動物・植物 9
学校・教育 10

⓱ □ 常時 (सधैं／តែងតែ／ຕະຫຍໍ, ເປັນປະຈໍາ)
じょうじ

▷ 深夜の警備は、常時二人で行っている。
しんや　けいび　　　　　　ふたり　おこな

(२ जनाले राति अबेर सम्म चौकिदारी गर्छन्।／ការពារសន្តិសុខពេលៗកណ្តាលយប់ តែងតែធ្វើឡើង
ដោយមនុស្សពីរនាក់។／ມີຍາມຮັກษาຄວາມເປັນຢູ່ຂອງพวกเฮົาในตอนกลางคืน.)

▷ このパソコンは、常時、インターネットに接続している。
せつぞく

(यो कम्प्युटरमा सधैं इन्टरनेट जोडिएको हुन्छ।／កុំព្យូទ័រនេះតែងតែភ្ជាប់នឹងអ៊ីនធើណិតជានិច្ច។／
ຄອມพิวเต็อหยอยนี้เชื่อมต่อกับอินเตอร์เน็ตเป็นปะจํา.)

⓲ □ 随時 (सधैं／គ្រប់ពេល, ពេលណាមួយ／ຕະຫຍໍດเอลาตามຄວາມต้องการ)
ずいじ

▶ アルバイトは随時募集しています。
ぼしゅう

(कामदारको लागि सधैं विज्ञापन निकालिएको हुन्छ।／យើងតែងតែប្រកាសរើសអ្នកធ្វើការងារក្រៅម៉ោង។／
ພวกเฮົารับສະໝัครຜູ້ทำงานเສີມຕະຫຍໍດเอลา.)

⓳ □ 適宜 (अवस्था हेरेर／អាស្រ័យទៅតាម, ភាពសមស្រប／ເປັນບາງຄັ້ງບາງຄາວ,
てきぎ　　ຕາมเวลาะเสิม)

▶ 長時間の作業ですから、適宜、休憩をとってください。
ちょうじかん　さぎょう　　　　　　　　きゅうけい

(लामो समयको काम हुनाले अवस्था हेरेर छुट्टी लिनु।／នេះគឺជាការងាររយៈពេលយូរ ដូច្នេះសូមសម្រាក
អោយបានសមរម្យ។／ມັນเປັນວຽกທີ่ใช้เวลาดื้ม, สะนั้นกะลุนาพักผ่อนตามຄວามเสิม.)

⓴ □ 日頃 (सधैं／ជាធម្មតា／ใบแต่ละมื้, ปกกะติ)
ひごろ

▶ 日頃お世話になっている人にお土産を買いました。
せわ　　　　　　　ひと　みやげ　か

(बेलाबेलाका सहयोगी हरुका लागि उपहार किन्दें।／ខ្ញុំបានទិញវត្ថុអនុស្សាវរីយ៍ជូនអ្នកដែលបានជួយខ្ញុំជា
ធម្មតា។／ได้ชื้อຂອງທີ่ละลึกให้กับที่ช่อยเหลือຂ້อยใบแต่ละมื้.)

㉑ □ 毎度 (सधैं,हरेकपटक／គ្រប់ពេល, គ្រប់ដង／ทุกเทื่อ, ทุกถ้า, เลื้อยๆ)
まいど

▶ 毎度ご利用いただき、ありがとうございます。
りよう

(सधैं प्रयोग गरिदिनुभएकोमा धन्यवाद।／សូមអរគុណដែលបានប្រើប្រាស់រៀងរាល់ដង។／ຂอบใจทุกที่ใช้
บໍລິกานຂอງพวกเฮົาทุกถ้า.)

㉒ □ 例年 (अन्य साल／ឆ្នាំមុនៗ／ทุกๆปี, ใบแต่ละปี)
れいねん

▷ 例年通り
どお

(अन्य साल जस्तै／តាមឆ្នាំមុនៗ／ตามทุกๆปี)

▶ 例年に比べ、今年は雨が少なかった。
くら　　ことし　あめ　すく

(अरु सालको तुलनामा यो साल बर्सात कम भयो।／ឆ្នាំនេះភ្លៀងតិច ប្រៀបធៀបទៅនឹងឆ្នាំមុនៗ។／
เมื่อทຽบใส่ทุกๆปี, ปีนี้ฝนตกໜ้อย.)

㉓ □ 平年 （सामान्य वर्ष／ឆ្នាំធម្មតា／ປີປົກກະຕິ）
へいねん

▶ 今年も平年並みの来場者が予想されています。
ことし　　　　　　　らいじょうしゃ　　よそう

（यो वर्ष पनि आगन्तुकको संख्या अरु साल जतिनै होला जस्तो छ।／ចំនួនភ្ញៀវទេសចរឆ្នាំនេះត្រូវបានគេរំពឹងថា
នឹងស្មើនឹងឆ្នាំធម្មតា។／ຄາດວ່າຈຳນວນຜູ້ເຂົ້າຮ່ວມໃນປີນີ້ຈະເທົ່າກັບປີປົກກະຕິ.）

㉔ □ 平常 （सधैं जस्तै／ជាធម្មតា, តែងតែ／ຕາມປົກກະຕິ, ເປັນປະຈຳ, ຊັ້ນເຄີຍ）
へいじょう

▷ 平常心を失う （मनस्थिति गुमाउनु／បាត់បង់ស្មារតីការ／ສູນເສຍຄວາມຮູ້ສຶກປົກກະຕິໄປ）
しん　うしな

▶ 年末年始も平常通り営業します。
ねんまつねんし　　　どお　えいぎょう

（बर्षको अन्त्य तथा नयाँ बर्षमा पनि हाम्रो ब्यापार खुला रहन्छ।／ប៉ើងខ្ញុំនឹងប្រកបអាជីវកម្មដូចធម្មតានៅ
ចុងឆ្នាំដើមឆ្នាំ។／ພວກເຮົາຈະເປີດໃຫ້ບໍລິການຕາມປົກກະຕິໃນໄລຍະທ້າຍປີ ແລະ ປີໃໝ່.）

㉕ □ 時折 （कहिलेकाहिँ／ពេលខ្លះ, ជួនកាល／ບາງຄັ້ງ, ບາງໂອກາດ, ບາງເວລາ）
ときおり

▶ 時折、昔が懐かしくなって、古いアルバムを見ることがあります。
　　　むかし　なつ　　　　　　　　　ふる　　　　　　　　み

（पुरानो कुराको संझना हुने हुँदा पहिलाको आल्वम हेर्ने गरिन्छ।／ពេលខ្លះ ខ្ញុំនឹកដល់កាលពីមុន ហើយមើល
អាល់ប៊ុមចាស់ៗ។／ບາງຄັ້ງຂ້ອຍຄິດຮອດອະດີດແລະເບິ່ງອັລບຶ້ມຮູບເກົ່າ.）

㉖ □ 始終 （शुरुदेखि अन्त्यसम्म／តាំងពីដើមរហូតដល់ចប់／ຕັ້ງແຕ່ຕົ້ນຈົນຈົບ）
しじゅう

▷ 一部始終を話す
いちぶ　　　　はな

（शुरुदेखि अन्त्यसम्म को बारे भन्नु／និយាយលម្អិតពីដើមរហូតដល់ចប់／ເລົ່າເລື່ອງທັງໝົດ）

▷ 監督は始終、選手たちに怒鳴っている。
かんとく　　　　　せんしゅ　　　どな

（प्रशिक्षक पूरै समय खेलाडीलाई कराइरहेकाछन्।／គ្រូបង្វឹកកំពុងខឹងហើយស្រែកខ្លាំងៗអោយក្រុមកីឡាករ
តាំងពីដើមរហូតដល់ចប់។／ຄູຝຶກສອນໃຈຮ້າຍແລະຮ້ອງໃສ່ຜູ້ຫຼິ້ນຕັ້ງແຕ່ຕົ້ນຈົນຈົບ.）

㉗ □ 終始 （शुरुदेखि निरन्तर／តាំងពីដើមរហូតដល់ចប់／ຕັ້ງແຕ່ຕົ້ນຈົນຈົບ）
しゅうし

▷ 会は終始、和やかな雰囲気でした。
かい　　なご　　　　ふんいき

（कार्यक्रम शुरु देखिनै भव्य र शान्तसँग चल्यो／កិច្ចប្រជុំមានបរិយាកាសស្ងប់ស្ងាត់សាលាតាំងពីដើមដល់ចប់។／
ກອງປະຊຸມມີບັນຍາກາດສະຫງົບຕັ້ງແຕ່ຕົ້ນຈົນຈົບ.）

㉘ □ 日夜 （दिनरात／ទាំងថ្ងៃទាំងយប់／ລະຫວ່າງສະເໝີ）
にちや

▶ 彼らはここで、日夜、研究に励んでいます。
かれ　　　　　　　　　けんきゅう　はげ

（उन्हाँहरूलाई अनुसन्धानका लागि दिनरातै अनुरोध गरिएको छ।／ពួកគេកំពុងធ្វើការលើការងារស្រាវជ្រាវរបស់
ពួកគេទាំងយប់ទាំងថ្ងៃនៅទីនេះ។／ພວກເຮົາພວມພະຍາຍາມໜັກໃນການຄົ້ນຄວ້າທັງກາງເວັນແລະກາງຄືນຢູ່
ບ່ອນນີ້.）

衣類 2

食 3

交通・移動 4

建物・設備 5

体・健康・治療 6

お金 7

地球・自然 8

動物・植物 9

学校・教育 10

㉙ □ **従来**（जुसुरैलै）（अहिलेसम्म／មកទល់ពេលនេះ, ហួតមកដល់ពេលនេះ／ມາຮອດຕอນนี้, ທີ່ມີຢູ່, ດັ້ງເດີມ）

　▷ 従来通り（अहिलेसम्मजस्तै／ដូចហួតមកដល់ពេលនេះ／ຕາມປົກກະຕິ）

　▶ **従来の製品に比べ、消費電力がかなり少なくなりました。**

　　（परम्परागत उत्पादनहरूको तुलनामा, ऊर्जा खपत उल्लेखनीय रूपमा कम छ।／ បើប្រៀបធៀបទៅនឹងផលិតផល ធម្មតា ការប្រើប្រាស់ថាមពលគិតជាឃ្លាណាស់។／ເมื่อทฃบกับຕะລิຕะพันที่มีຢู่, มัນใຊ້ໄฟฟ้ານ้ອຍລຶງກວ่າ ຫຼາຍ。）

㉚ □ **予め**（अलअकजि）（पहिलेनै／ជាមុន／ລ່ວງໜ້າ, ກ່ອນໜ້ານี้）

　▶ **商品は売り切れになる場合もあります。予めご了承ください。**

　　（सामानहरू विक्रि भएर सकिन पनि सक्छ। पहिल्यै विचार गर्नुहोला।／ទំនិញអាចនឹងលក់រាល់ដាច់អស់។ សូម មេត្តាជ្រាបទុកជាមុន។／ລิນຄ້າອາດຈะขายໝดได้ ສุมเมตฺตาฃาบใท้ลูกค้าเฃ้าใจว่าสินค้าอาดจะขายໝด。）

㉛ □ **かねがね**（पहिलेदेखिनै／ពីមុន／ກ່ອນໜ້ານี้, ກ່ອນທิຈะ）

　▶ **お噂はかねがね伺っております。**

　　（हामीले पहिल्यैदेखि सुन्दै आएका हौं।／ខ្ញុំបានឮុព្រើនអំពីអ្នក តាំងពីមុនមក។／พอกเฮิาได้ยินฃ่าวลิมามาก่อນ ໜ້ານี้。）

㉜ □ **かねて(から)**（पहिलेबाटै／តាំងពីមុនមក／ກ່ອນໜ້ານี้, ກ່ອນທิຈะ）

　▶ **かねて聞いていたとおり、田中さんが新代表になった。**

　　（पहिल्यैदेखि सुन्दै आए अनुसार तानाका जी नयाँ नेता भए।／លោកតាណាកាបានក្លាយជាប្រធានថ្មីដូចដែលខ្ញុំ បានឮពីមុនមក។／ຕາມที่ได้ยินมาก่อนໜ้านี้, ท่าน ทะนะกะได้เฃ้ามาเป็นผู้ตາงພໜ้าคนใໝ่。）

㉝ □ **かねてより**（पहिलेदेखिनै／តាំងពីមុនមក／ກ່ອນໜ້ານี้, ກ່ອນທิຈะ）

　▶ **駐車スペースの不足は、かねてより問題になっていた。**

　　（पार्किङ स्पेसको विषयमा पहिला देखिकै समस्या छ।／ការខ្វះខាតកន្លែងចតរថយន្តគឺជាបញ្ហាមួយរយៈមក ហើយ។／ການขาดเฃิมเฃื่อที่จอดรถได้เป็นปัຮຫາมาก่อนໜ้านี้。）

㉞ □ **未然に**（みぜんに）（हुनुभन्दा अगाडि／មុនពេលអ្វីមួយកើតឡើង, ទុកមុន／ກ່ອນທิຈะເກີດຂึ้ນ）

　▷ **事故を未然に防ぐ方法はなかったのだろうか。**

　　（दुर्घटना रोक्ने कुनै उपाय थिएन होला?／តើមិនមានវិធីការពារទុកមុនកុំអោយមានគ្រោះថ្នាក់ដែរឬ?／ບໍ່ມีวิธีป้องกัນอุบัติเฬตบ่？）

㉟ □ 一頃(ひところ) (केही समय／ម្តង, មានពេលមួយ／ຄັ້ງໜຶ່ງ)

▶ 一頃はこの話題(わだい)ばかりだったのに、今(いま)では誰(だれ)も口(くち)にしなくなった。

(पहिला यो बिषयमा खुब कुरा उठ्थ्यो ,अहिले कोहि बोल्दैन।／មានពេលមួយគេបាននិយាយតែពីប្រធានបទនេះ ប៉ុន្តែឥឡូវនេះគ្មាននរណាម្នាក់និយាយពីវាសោះ។／ເລື່ອງນີ້, ຄັ້ງໜຶ່ງເຄີຍເປັນຫົວຂໍ້ດຽວໃນການສົນທະນາ, ແຕ່ດຽວນີ້ບໍ່ມີໃຜເວົ້າເຖິງອີກຕໍ່ໄປ.)

1 03

㊱ □ 元来(がんらい) (केही अघि／ពីដើម, ដើមដំបូង／ຕັ້ງແຕ່ທຳອິດ, ແຕ່ເດີມ, ຕັ້ງແຕ່ເລີ່ມຕົ້ນ)

▶ 元来勉強(べんきょう)好(ず)きだった弟(おとうと)は、結局(けっきょく)、学者(がくしゃ)になりました。

(मेरो भाइ जो अध्ययनशील थियो, अहिले विद्वान बन्यो ।／ប្អូនប្រុសដែលដើមឡើយចូលចិត្តការសិក្សាបានក្លាយជាអ្នកប្រាជ្ញ។／ນ້ອງຊາຍຂອງຂ້ອຍຜູ້ທີ່ມັກຮຽນໜັງສືມາຕັ້ງແຕ່ທຳອິດ, ໃນທີ່ສຸດໄດ້ກາຍເປັນນັກວິຊາການ.)

㊲ □ 未だ(いま) (अहिले पनि／មិនទាន់នៅឡើយ／ຍັງຄົງ, ຈົນຮອດດຽວນີ້)

▶ 彼(かれ)があんなことを言(い)うなんて、未だに信(しん)じられない。

(उसले यस्तो बोल्योकि अहिलेसम्म विश्वास लाग्दैन।／ខ្ញុំមិនទាន់ជឿនៅឡើយថាគាត់និយាយបែបនោះ។／ຂ້ອຍບໍ່ເຊື່ອເລີຍວ່າລາວຈະເວົ້າແບບນັ້ນ, ຈົນຮອດດຽວນີ້.)

▷ 住民同士(じゅうみんどうし)のトラブルは未だ続(つづ)いている。

(वासिन्दाहरुको बिचमा भएको समस्या अहिले पनि यथावत छ।／បញ្ហារវាងអ្នកស្រុកនៅតែបន្តកើតឡើង។／ບັນຫາລະຫວ່າງຜູ້ຢູ່ອາໄສຍັງຄົງສືບຕໍ່.)

▶ そんなやり方(かた)、未だかつて聞(き)いたことがない。

(यस्तो कार्यविधि अहिलेसम्म सुनेकै छैनँ।／ខ្ញុំមិនធ្លាប់លឺអំពីរបៀបធ្វើបែបនោះពីមុនមកសូម្បីតែម្តង។／ຂ້ອຍບໍ່ເຄີຍໄດ້ຍິນວິທີການແບບນັ້ນຈັກເທື່ອ.)

㊳ □ 直(ただ)ちに (तुरुन्तै／ភ្លាមៗ, ឆាប់ៗ／ທັນທີ)

▶ 危険(きけん)ですので、ここから直ちに避難(ひなん)してください。

(खतरा भएकोले यहाँबाट तुरन्तै हट्नुस ।／សូមចាកចេញពីទីនេះភ្លាមៗដោយសារវាគ្រោះថ្នាក់។／ມັນອັນຕະລາຍ, ດັ່ງນັ້ນກະລຸນາຍົກຍ້າຍອອກຈາກບ່ອນນີ້ທັນທີ.)

㊴ □ 速(すみ)やか(な) (छिट्टै／លឿន／ໄວທີ່ສຸດ, ທັນທີທັນໃດ, ທັນທີ)

▶ 計画(けいかく)は、速やかに実行(じっこう)に移(うつ)してほしい。

(यो योजनालाई तुरुन्तै कार्यान्वयन गरियोस भन्ने चाहन्छु।／ខ្ញុំចង់អោយអ្នកអនុវត្តផែនការនេះឲ្យបានឆាប់ៗ។／ຢາກໃຫ້ແຜນການຖືກຈັດຕັ້ງປະຕິບັດໂດຍໄວທີ່ສຸດ.)

㊵ □ 即座(そくざ)に (सम्बन्धित ठाउँमै／ភ្លាមៗ, ឆាប់ៗ／ໂດຍທັນທີ, ໂດຍດ່ວນ)

▶ このシステムを使(つか)えば、どの商品(しょうひん)が売(う)れているか、即座にわかります。

(यो प्रणाली प्रयोग गरेमा कुन उत्पादन विक्रि भइहेको छ भन्ने थाहा लाग्छ।／បើប្រើប្រព័ន្ធនេះ អ្នកអាចមើលឃើញភ្លាមៗថាផលិតផលណាកំពុងលក់ដាច់។／ເມື່ອທ່ານໃຊ້ລະບົບນີ້ທ່ານຈະເຂົ້າໃຈໂດຍທັນທີວ່າມີສິນຄ້າໃດໄດ້ຂາຍດີ.)

㊶ □ 即刻 (そっこく) (तुरुन्तै／ភ្លាមៗដោយមិនបង្អង់／ທັນທີ, ດ່ວນ)

▷ そんなことを社長に言ったら、即刻クビになるよ。

(त्यस्तो कुरो साहुलाई भन्यो भने तुरुन्तै जागिर जान्छ।／ប្រសិនបើនិយាយរឿងបែបនេះទៅប្រធានក្រុមហ៊ុន
នេះអ្នកនឹងត្រូវបញ្ឈប់ពីការងារភ្លាមៗ។／ຖ້າເຈົ້າເວົ້າແບບນັ້ນກັບປະທານບໍລິສັດ,ເຈົ້າຈະຖືກໄລ່ອອກທັນທີ.)

㊷ □ 直前 (ちょくぜん) (तत्कालै／មុននេះបន្តិច／ກ່ອນ, ກ່ອນໜ້ອຍດຽວ)

▷ 海外旅行保険は、出発直前に申し込むことが多い。

(विदेश भ्रमणको बिमा हिड्नेबेलामा गर्न सकिन्छ।／ការស្នើសុំការធានារ៉ាប់រងសម្រាប់ដំណើរកំសាន្ត
ក្រៅប្រទេសច្រើនធ្វើឡើងពេលចេញដំណើរបន្តិច។／ໂດຍສ່ວນຫຼາຍຈະສະໝັກປະກັນໄພການເດີນທາງຕ່າງໆ
ປະເທດກ່ອນອອກກາເດີນທາງ.)

㊸ □ 間際 (まぎわ) (घटना हुन्छ अघि／មុននេះបន្តិច／ອີກໜ້ອຍດຽວກ່ອນຈະເກີດຂຶ້ນ, ກ່ອນ, ກ່ອນໜ້ອຍດຽວ)

㊹ □ じき(に) (तत्कालै,तुरुन्तै／ក្នុងពេលឆាប់ៗ, បន្តិចទៀតនេះ／ໄວໆນີ້, ທັນທີ)

▶ にわか雨だから、じきに晴れるでしょう。

(एक्कासि पानी पर्यो, छिट्टै रोकिएला।／ដោយសារតែភ្លៀងធ្លាក់កំពុងៗ ដូច្នេះមេឃនឹងស្រឡះក្នុងពេលឆាប់ៗនេះហើយ។
／ຝົນຕົກໄລ່ແຊ່, ສະນັ້ນແດດຄົງອອກໃນໜ້ອຍໆນີ້.)

㊺ □ 突如 (とつじょ) (अकस्मात／ស្រាប់តែ, ភ្លាមនោះ／ໃນທັນໃດນັ້ນ, ໃນທັນທີ)

▶ 突如、計画の中止が発表され、皆、驚いた。

(अकस्मात कार्यक्रम रोकिएको सूचना जारी भएकोले सबै छक्क परे।／ភ្លាមនោះ គម្រោងការត្រូវបានប្រកាសផ្អាក
ហើយទាំងអស់គ្នាមានការភ្ញាក់ផ្អើល។／ໃນທັນທີທັນໃດນັ້ນກໍ່ມີການປະກາດຍົກເລີກແຜນການແລະທຸກຄົນກໍ່
ປະຫລາດໃຈ.)

㊻ □ 不意に (ふい) (अकस्मात／ដោយនឹកស្មានមិនដល់／ໃນທັນໃດນັ້ນ, ໃນທັນທີ,
ກະທັນຫັນ, ໂດຍບໍ່ຄາດຄິດ)

▶ 社長は不意に店に現れて、いろいろチェックすることがある。

(साहुले अकस्मात कम्पनिमा भ्रमण गरेर थरैथरि कुरो चेक गर्न सक्छन्।／ប្រធានក្រុមហ៊ុនបង្ហាញខ្លួននៅហាងដោយ
មិនស្មានដល់ ហើយពិនិត្យរឿងផ្សេងៗ។／ບາງຄັ້ງປະທານບໍລິສັດກໍ່ປະກົດໂຕຢູ່ຮ້ານໂດຍບໍ່ຄາດຄິດ
ແລະ ກວດສອບສິ່ງຕ່າງໆ.)

㊼ □ 早急(な) (そうきゅう／さっきゅう) (आकस्मिक／ជាបន្ទាន់／ດ່ວນ)

▶ 重要なことなので、早急に対応してください。

(महत्वपूर्ण विषय भएकोले तुरुन्ते काममा लाग्नुहोस्।／សូមដោះស្រាយជាបន្ទាន់ ដោយសារវាជារឿងដែល
សំខាន់។／ມັນເປັນສິ່ງສຳຄັນ, ດັ່ງນັ້ນຈົ່ງປະຕິບັດນມີໂດ່ວນ.)

15

㊽ □ **いつの間にか** (थाहा नपाउँदै／ដោយមិនដឹងខ្លួន／ໂດຍບໍ່ຮູ້ໂຕ, ບໍ່ໄດ້ສັງເກດ)

▶ いつの間にか眠っていたらしく、気づいたら朝だった。

(कतिबेला हो थुसुक्कै निदाएकोले बिउँझँदा बिहान भैसकेछ।／ខ្ញុំហាក់ដូចជាបានដេកលក់ដោយមិនដឹងខ្លួន ហើយពេលខ្ញុំដឹងខ្លួនក៏ព្រឹកបាត់ទៅហើយ។／ຄືແນ່ນອນບໍ່ໄດ້ນອນຫຼັບໂດຍບໍ່ຮູ້ໂຕ, ພາດຕື່ນເມື່ອກໍ່ເຊົ້າແລ້ວ.)

㊾ □ **今さら** (कतिबेला हो थुसुक्कै निदाएकोले बिउँझँदा बिहान भैसकेछ।／ទើបតែ ពេលនេះ：／ຕອນນີ້, ຕອນນີ້ (ຫຼັງຈາກທີ່ໃຊ້ເວລາໆດົນນານ))

▶ 今さら言ったって、もう遅いよ。なんでもっと早く言わなかったの?

(यतिबेला भनेर हुन्छ ? ढिला भैसक्यो अहिले नै किन नभनेको ?／ដងទើបនិយាយនៅពេលនេះ ក ហួសពេលហើយ។ ហេតុអ្វីបានងងមិននិយាយឆាបៗដាងនេះ?／ຂ້າເກີນໄປທີ່ຈະເວົ້າ ຕອນນີ້. ເປັນຫຍັງຈຶ່ງບໍ່ເວົ້າໄວກວ່ານີ້?)

㊿ □ **〜最中** (मध्य,चापाचाप／អំឡុងពេល／ໃນລະຫວ່າງ, ທ່າມກາງ)

▶ この暑い最中に外で作業させるなんてひどいよ。

(यस्तो गर्मीमा बाहिर काम गराउनु भनेको वेठिक कुरा हो／ភាពក្រៅនស់ដែលអោយពួកគេធ្វើការនៅ ខាងក្រៅក្នុងអាកាសជាតុក្ដៅបែបនេះ។／ໂພດເດີ້ໃຫ້ພວກເຮົາເຮັດວຽກຢູ່ນອກທ່າມກາງຄວາມຮ້ອນແບບນີ້.)

51 □ **〜最中** (बिचमा,समयमा／ចំពេលដែល／ໃນລະຫວ່າງ)

▶ 会議の最中に電話が鳴ってしまって、焦った。

(बैठकको बिचमा फोनको घण्टी बजेकोले आत्तिएँ／ទូរសព្ទបានរេក៍នៅកណ្ដាលការប្រជុំ ហើយខ្ញុំក៏ឃ្ ស្ទនស្លោ។／ຫົກໃຈທີ່ໂທລະສັບຂອງຂ້ອຍດັງໃນລະຫວ່າງປະຊຸມ.)

52 □ **目下** (अहिलेलाई／ពេលនេះ, ដឃបុរនេះ：／ຕອນນີ້, ປະຈຸບັນນີ້)

▶ 目下のところ、計画は順調に進み、特に問題はない。

(अहिलेका लागि सोचे अनुसार नै अगाडि बढिएको छ समस्या छैन।／ពេលនេះ អ្វីៗដំណើរការទៅដោយរលូន ហើយមិនមានបញ្ហាអ្វីជាពិសេសនោះទេ។／ປະຈຸບັນນີ້, ແຜນການມີຄວາມຄືບໜ້າໄປດ້ວຍດີ ແລະ ບໍ່ມີ ບັນຫາຫຍັງເປັນພິເສດ.)

▶ スタッフの増員については、目下、検討中です。

(कर्मचारी थप्नबारे सोच बिचार गरिँदै छ।／ដឃបុរនេះ៖ យើងកំពុងពិចារណាបន្ថែមចំនួនបុគ្គលិក។／ ປະຈຸບັນນີ້, ພວກເຮົາກໍາລັງພິຈາລະນາເພີ່ມຈໍານວນພະນັກງານ.)

53 □ **近年** (आजकल,पछिल्ला बर्ष／ក្នុងរៈពេលប៉ុន្មានឆ្នាំចុងក្រោយនេះ：, ប៉ុន្មានឆ្នាំនេះ／ໃນຂຸມປີບໍ່ຽມານນີ້, ປີທີ່ຜ່ານມາໆ)

▷ 近年、インターネットの世界に依存する若者が増えている。

(पछिल्ला बर्षहरुमा इन्टर्नेटमा निर्भर युवाहरुनु संख्या बढ्दोछ।／រៈពេលប៉ុន្មានឆ្នាំចុងក្រោយនេះ យុវវ័យ ដែលពឹងពឹងផ្អែកលើពិភពអ៊ីនធឺណេតកំពុងកើនឡើៗ។／ໃນຂຸມປີບໍ່ຽມານນີ້, ຂາວໜຸ່ມທີ່ເພິ່ງພາອາໄສໂລກ ຂອງອິນເຕີເນັດນັບມື້ນັບເພີ່ມຂຶ້ນ.)

衣類 2
食 3
交通・移動 4
建物・設備 5
体・健康・治療 6
お金 7
地球・自然 8
動物・植物 9
学校・教育 10

❺❹ □ **先に** (ซ่าล)
　　さき
(ฮालसালै/មុននេះ/ก่อนหน้านี้)

▶ 先にご案内した通り、この建物内は全面禁煙になっております。
　あんない　　とお　　　　　　　たてものない　　ぜんめんきんえん

(पहिला घोषणा गरिए अनुसारनै यो भवनको सबैतिर धुम्रपान निषेध गरिको छ।/ដូចដែលបាននណែនាំមុននេះ ការរដក់បារីត្រូវបានហាមយាងតាំងស្រុងនៅក្នុងអគារនេះ។/ดั้งที่ได้แนะนำไว้ก่อนหน้านี้, ห้ามสูบยา ยู่ในอาคารนี้.)

❺❺ □ **先だって** (केहि दिन अघि/ថ្ងៃមុន, ថ្មីៗនេះ/เมื่อบ่ดิมมานี้, ลิดๆฮ้อนๆหว่างๆ
　　せん
พึ่งๆ, ไลยะหญ้าๆๆ)

▶ 先だって行われた市長選挙で、一部に違反行為があったようだ。
　　おこな　　　　しちょうせんきょ　　いちぶ　　いはんこうい

(भर्खरै भएको मेयर निर्वाचनमा कतै कतै कानुनको उल्लंघन भएको बुझिन्छ।/ភាគាក់ដូចថានាការ វិលោកាបំពានមួយចំនួន ក្នុងអំឡុងពេលបោះឆ្នោតយុំសង្កាត់ថ្មីៗនេះ។/เป็นติว่ามิภา//ทะทำบาງๆอย่างที่ ผิดละบ่ยูในการเลือกตั้งเจ้าเมืองเมื่อบ่ดิมมานี้.)

❺❻ □ **先頃** (केहि अघि/ថ្ងៃមុន, ថ្មីៗនេះ/เมื่อบ่ดิมมานี้, ลิดๆฮ้อนๆหว่างๆพึ่งๆ, ไลยะหญ้าๆๆ)
　　さきごろ

▶ 先頃発売されたABC5は、すでに在庫がなくなりかけているそうだ。
　　はつばい　　　　　　　　　　　　　　ざいこ

(भर्खरै रिलिज भएको ABC5 को स्टक पहिल्यै सकिएको बुझिन्छ।/ខ្ញុំបានលឺថាABC5 ដែលទើបបញ្ចេញថ្មីៗនេះ ជិតអស់ស្តុកហើយ។/ABC5เงิ่งเปิดโตเมื่อบ่ดิมมานี้, ใช้ซิหมัดจากຄลั่งสินค้าแล้อ.)

❺❼ □ **先延ばし** (पछाडि सार्नु/ការពន្យារពេល/เลื่อนเอลา, ถ่อງเอลา, ยึดเอลา)
　　さき の

▶ 忙しかったこともあって、つい返事を先延ばしにしてしまった。
　いそが　　　　　　　　　　　　　　　　へんじ

(व्यस्त भएको कारणले पनिकेही पछि मात्र जवाफ दिने भएँ।/ដោយសារខ្ញុំរល់ផង ដូច្នេះខ្ញុំបានពន្យារពេល ឆ្លើយឆ្លប។/ข้อยถาวฏภแต่, ก๋เลียยึดเอลาตอบ.)

❺❽ □ **先行き** (भविष्य/ពេលខាងមុខ, អនាគត/อะนาคิด)
　　さき ゆ

▶ このままでは会社の先行きが不安だ。
　　　　　　　かいしゃ　　　　　　ふあん

(यदि चलरहमा रहेमा कंपनिको भविष्य चिन्ताजनक छ।/ប្រសិនបើនៅតែបែបនេះ អនាគតរបស់ក្រុមហ៊ុនគឺ មិនច្បាស់លាស់ទេ។/ถ้าຍัງเป็นแบบนี่ต่อไป, อะนาคิดຂอງบั้ลิสัดแม่บ่พั้นตุๆ.)

❺❾ □ **前途** (भविष्य/អនាគត/ใบอะบาคิดຂ้าງห้า)
　　ぜんと

▶ ここに集められたのは、皆、前途有望な若い選手ばかりです。
　　あつ　　　　　　　　みな　ぜんとゆうぼう　わか　せんしゅ

(यहाँ जम्मा भएका सबै आशा लाग्दो भविष्य भएका खेलाडीहरू।/ក៏ល្អ ការវ័យក្មេងទាំងអស់ដែលត្រូវបាន ប្រមូលផ្តុំនៅទីនេះគឺសុទ្ធតែវ័យក្មេងដែលមានសក្តានុពល។/ทุกคนที่เถิ้าໂฮมยู่ที่นี่ล้อนแต่ แม่บ่นักกีลาหนุ่มที่มีความมุ่งขัๆในอะนาคิด.)

▷ **前途多難** (चुनौती/បញ្ហាចំពោះមុខ/ຄวามขยุ้งยากใบต่ำห้า)
　　　たなん

▷ **新政府は前途多難なスタートを切った。**
　しんせいふ　　　　　　　　　　　　　　　き

(नयाँ सरकारको शुरुवात चुनौतिपूर्ण छ।/រដ្ឋាភិបាលថ្មីបានចាប់ផ្តើមដោយមានបញ្ហានៅចំពោះមុខ។/ลัดทะบาบຂุดใหม่ได้เลิ่มต้นด้อยຄวามขยุ้งยากหຼายๆและบ่มีความหวัງที่สึดใส่ลำบังอะบาคิด.)

❻⓪ □ **今に**(いまに) (केहि समयमा／នៅពេលខាងមុខនេះ／ใบโอร็บมี้, ใบอิภาปั้งดิ่ม, แม่บแต่ตอบมี้)

▶ このまま治療を続ければ、今によくなります。
　(चिりょう つづ)

（सरकार यदि हिसाबले अगाडि बढेमा केहि समयमानै रामरो हुनेछ।／បើអ្នកបន្តការព្យាបាលបែបនេះ នោះអ្នកនឹងបានធូរស្បើយឡើងនៅពេលខាងមុខនេះ។／ถ้าท่านสืบต่ำาปปิ้นปิ้ง, ท่านจะดีຂึ้นใบอิภาปั้งดิ่ม.）

❻① □ **時点**(じてん) (त्यो बेला／នៅពេលដែល／ใบเอลาบั้ม, เอลาบั้ม)

▶ 問い合わせをした時点では、席はまだ残っていました。
　(とい あ)　　　　　　　(せき)　　(のこ)

（सम्पर्क गरेको बेलामा केहि सिटहरू अझै खाली थियो।／នៅពេលដែលបានសាកសួរ គឺនៅមានកៅអី(កន្លែង)នៅសល់នៅឡើយ។／เอลาที่ข้อยสอบถาม, ยังมีบ่อนมั้งทอว่าๆยู.）

▶ 現時点で言えることは、それだけです。
　(げん)　　(い)

（अहिले भन्न सकिने कुरो भनेको त्यतिमात्र हो।／អ្វីដែលខ្ញុំអាចនិយាយនៅពេលនេះ គឺមានតែប៉ុណ្ណោះទេ។／มั้นดิๆว็ขีดหลีข้อยสามาดเอ็ๆได้ใบเอลาบี้.）

❻② □ **初期**(しょき) (शुरुवातको बेला／ដើម, អំឡុងពេលដំបូង／ไลยะทำอิด, ใบตอบเลิ่มติ้ม)

▷ 江戸時代初期 (एदोकालको शुरु／ដើមសម័យអេដុ／ไลยะติ้มຂองสะไพเอโดะ)
　(えど じだい)

▶ バンド活動を始めた初期の頃は、方向性もはっきりしていなかった。
　　　(かつどう)(はじ)　　(ころ)　　(ほうこうせい)

（ब्याण्डको शुरुवात तिर हामीसँग स्पष्ट दिशा थिएन।／ខ្ញុំមិនមានទិសដៅច្បាស់លាស់ទេ នៅអំឡុងពេលដំបូងដែលខ្ញុំបានចាប់ផ្តើមសកម្មភាពក្រុមតន្ត្រី។／ตอบพอกเຮาเลิ่มຂึ้นวงดิ้นติใบไลยะทำอิด, พอกเຮาบ่มิทิตทางที่ชัดเจน.）

❻③ □ **旬**(しゅん) (मौसमअनुसार／ដែលល្អបំផុតប្រចាំរដូវ／ละดู, ไลยะเอลา)

▶ 旬の野菜をたくさん使ったサラダが女性に人気です。
　　　(やさい)　　　(つか)　　　　　　(じょせい)(にんき)

（धेरै मौसमी तरकारीहरू प्रयोग गरेर बनाइएको सलाद महिलाहरूमाझ लोकप्रिय छ।／ម្ហូបសាឡាត់ដែលប្រើបន្លែតាមរដូវគឺមានប្រជាប្រិយភាពក្នុងចំណោមនារីៗ។／ละຍัดที่เຮ็ดจากผักตามละดูฆาມเป็นนิมิยมในบับดาแม่ยิ่งๆ.）

❻④ □ **(夜が)更ける**(よるが ふける) (राति अबेर／(យប់) ជ្រៅ／เดิกติ้ม)

▷ 夜更け (राति अबेर／យប់ជ្រៅ／ตอบเดิก)
　(よ ふ)

▶ だいぶ更けてきましたね。そろそろ失礼します。
　　　　　　　　　　　　　　　　(しつれい)

（राति अबेर भैसक्यो ,अब जान्छु।／យប់ជ្រៅណាស់ហើយ។ ខ្ញុំត្រូវតែឡប់ទៅវិញបាបនេះ។／เดิกติ้มຫลายแล้วเนาะ. ຂีได้ออกเมือใบโอร็บมี้.）

❻⑤ □ **経る**(へる) (समय बित्नु／កន្លងផុតទៅ／ผ่านไป, เอลาผ่านไป)

▶ 長い年月を経て、ようやく完成した作品です。
　(なが)(ねんげつ)　　　　　　　(かんせい)　(さくひん)

（धेरै बर्ष र महिना बिताएर तयार गरिएको कृति हो।／ទីបំផុតស្នាដៃត្រូវបានបញ្ចប់ បន្ទាប់ពីក្រើនឆ្នាំក្រើនខែបានកន្លងផុតទៅ។／บี้แม่บติๆงาบที่ลำเลิ๊ดใบที่สุด, ຫ้ວจากเวลาผ่านไปฆายปี.）

(66) □ 経過(する) (अवस्था／ពេលកន្លងផុតទៅ／ຜ່ານໄປ, ເວລາຜ່ານໄປ)
けいか

▶ 手術後の経過は問題ないようです。
しゅじゅつご　もんだい

(शल्यक्रिया पछि कुनै समस्या छैन जस्तो देखिन्छ।／ស្ថានភាពក្រោយពេលវះកាត់ហាក់ដូចជាមិនមានបញ្ហាអ្វីទេ។／ເບິ່ງຄືວ່າບໍ່ມີບັນຫາຫຍັງ, ຫຼັງຈາກການຜ່າຕັດ.)

▶ 事故から３年が経過したが、補償の問題はまだ解決されていない。
じこ　ねん　ほしょう　もんだい　かいけつ

(दुर्घटना भएको तीन वर्ष बितिसक्दा पनि क्षतिपूर्तिको समस्या समाधान हुन सकेको छैन ।／រយៈពេល៣ឆ្នាំបន្ទាប់ឧបទ្ទវហេតុបានកន្លងផុតទៅ ប៉ុន្តែបញ្ហាសំណងមិនទាន់ត្រូវបានដោះស្រាយនៅឡើយ។／ເວລາຜ່ານໄປສາມປີແລ້ວນັບຕັ້ງແຕ່ເກີດອຸບັດຕິເຫດ, ແຕ່ບັນຫາການຊົດເຊີຍຍັງບໍ່ຖືກແກ້ໄຂ.)

(67) □ 延長(する) (लम्ब्याउनु／ការបន្លាយពេល／ຕໍ່, ຍືດອອກ, ຂະຫຍາຍ)
えんちょう

▷ 試合/営業時間を延長する
しあい　えいぎょう じかん

(म्याच / व्यापार समय लम्ब्याउनु／បន្លាយពេលការប្រកួត/ម៉ោងអាជីវកម្ម／ຂະຫຍາຍເວລາການແຂ່ງຂັນ/ໃຫ້ບໍລິການ)

(68) □ 古代 (प्राचीनकाल／បុរាណកាល／ສະໄໝບູຮານ)
こだい

▷ 古代エジプト、古代史
し

(प्राचीनकालीन इजिप्ट, प्राचीन इतिहास／អេហ្ស៊ីបបុរាណ, ប្រវត្តិសាស្ត្របុរាណកាល／ອີຢິບບູຮານ ປະຫວັດສາດບູຮານ)

(69) □ 中世 (मध्यकाल／មជ្ឈិមសម័យ／ຍຸກກາງ, ສະໄໝກາງ)
ちゅうせい

> ★封建制度を基礎とする時代。日本では、鎌倉時代から室町時代までの間。
> सामन्ती व्यवस्थामा आधारित युग। जापानमा, कामाकुरा अवधिदेखि मुरोमाची अवधिसम्म।／យុគសម័យដែលផ្អែកលើប្រពន្ធ័សក្តិភូមិ។ នៅឯប្រទេសជប៉ុនគឺនៅចន្លោះពីសម័យកាម៉ាគូរ៉ាដល់សម័យមូរ៉ូម៉ាឈិ។／ຍຸກທີ່ມີພື້ນຖານມາຈາກລະບົບສັກດີນາ. ໃນປະເທດຍີ່ປຸ່ນແມ່ນຕັ້ງແຕ່ສະໄໝຄະມະຄຸຣະຮອດສະໄໝມຸໂຣະມະຈິ.

(70) □ 近世 (मध्यकाल／សម័យទំនើប／ສະໄໝໃໝ່)
きんせい

> ★概ね、ルネサンスから産業革命までの間。日本では、安土・桃山時代から江戸時代の終わりまでの間。
> पुनर्जागरण देखि औद्योगिक क्रान्ति को । जापानमा, Azuchi-Momoyama अवधि देखि Edo को अन्त सम्म।／ជាទូទៅនៅចន្លោះពីសម័យរ៉េណេសាន់ដល់បដិវត្តឧស្សាហកម្ម។ នៅឯប្រទេសជប៉ុន គឺនៅចន្លោះពីសម័យអាហ្ស៊ុឈិ ម៉ូម៉ូយ៉ាម៉ាដល់ចុងបញ្ចប់នៃសម័យអេដុ។／ໂດຍທົ່ວໄປຕັ້ງແຕ່ສະໄໝເຣແນຊັງສ໌ຈົນເຖິງການປະຕິວັດອຸດສາຫະກຳ. ໃນປະເທດຍີ່ປຸ່ນແມ່ນຕັ້ງແຕ່ສະໄໝອະຊຸຈິ-ໂມໂມະຍະມະຈົນຮອດທ້າຍສະໄໝເອໂດະ.

UNIT 2

衣類 いるい (पोशाक, कपडा／សម្លៀកបំពាក់, ខោអាវ／ເຄື່ອງນຸ່ງ)

❶ □ 衣類 いるい (पोशाक, कपडा／សម្លៀកបំពាក់／ເຄື່ອງນຸ່ງ)

▶ 脱いだ衣類はそれぞれロッカーに入れてください。
ぬ い

(खोलेका कपडा आ-आफ्नो लकरमा राख्नुहोस्।／សូមដាក់ខោអាវដែលដោះរួចដាក់ក្នុងអប់ទូរៀងៗខ្លួនៗ／ແຕ່ລະຄົນ, ກະລຸນາເອົາເຄື່ອງນຸ່ງທີ່ແກ້ອອກໃສ່ຕູ້ລ໋ອກໃກ້ເກີ.)

❷ □ 衣料 いりょう (पोशाक, कपडा／សម្លៀកបំពាក់, វត្ថុធាតុសម្រាប់ផលិតសម្លៀកបំពាក់／ເຄື່ອງນຸ່ງ, ເສື້ອຜ້າ)

▷ 衣料品店 (कपडा पसल／ហាងលក់សម្លៀកបំពាក់, បាងលេក់ខោអាវ／ຮ້ານຂາຍເຄື່ອງນຸ່ງ)
ひんてん

❸ □ 衣装 いしょう (पोशाक, कपडा／សម្លៀកបំពាក់សម្រាប់ពិធីបុណ្យរឹកមួយពិធីនានា／ເຄື່ອງແຕ່ງກາຍ, ເສື້ອຜ້າ)

▷ 花嫁衣装、民族衣装
はなよめ みんぞく

(दुलहीको पोशाक, राष्ट्रीय पोशाक／សម្លៀកបំពាក់កូនក្រមុំ, សម្លៀកបំពាក់ប្រពៃណី／ຊຸດເຈົ້າສາວ, ຊຸດປະຈຳຊາດ)

❹ □ 普段着 ふだんぎ (सामान्य पोशाक／សម្លៀកបំពាក់ប្រចាំថ្ងៃ／ເຄື່ອງນຸ່ງປະຈຳວັນ, ເຄື່ອງນຸ່ງທຳມະດາ)

▶ 気軽なパーティーですから、普段着で来てください。
きがる き

(सामान्य पार्टी भएकोले सामान्य पोशाकमा आउनुहोस्／វាជាពិធីជប់លៀងធម្មតា ដូច្នេះសូមមកដោយស្លៀក សម្លៀកបំពាក់ប្រចាំថ្ងៃ។／ເປັນງານລ້ຽງແບບທຳມະດາ, ລະນັ້ນໃສ່ເຄື່ອງນຸ່ງທຳມະດາ (ປະຈຳວັນ) ມາເດີ.)

❺ □ 古着 ふるぎ (सेकेण्ड ह्याण्ड कपडा／ខោអាវជជុះ／ເສື້ອຜ້າມືສອງ, ເຄື່ອງນຸ່ງເກົ່າ)

▷ 古着屋 (सेकेण्ड ह्याण्ड कपडा बेच्ने पसल／ហាងលក់ខោអាវជជុះ／ຮ້ານຂາຍເສື້ອຜ້າມືສອງ)
や

❻ □ 織物 おりもの (तानले बुनेको कपडा／ក្រណាត់ធ្វើពីអំបោះ／ຜ້າຕ່ຳ)

▷ 絹織物、織物工場
きぬ こうじょう

(रेशम कपडा, कपडा कारखाना／ក្រណាត់ធ្វើពីសូត្រ, រោងចក្រវាយនភណ្ឌ／ຜ້າໄໝຕ່ຳ, ໂຮງງານຕ່ຳຜ້າ)

時間・時 1
衣類 2
食 3
交通・移動 4
建物・設備 5
体・健康・治療 6
お金 7
地球・自然 8
動物・植物 9
学校・教育 10

❼ □ **帯** (बेल्ट／ខ្សែក្រវ៉ាត់／ລາຍແອວ, ຜ້າຄາດແອວສຳລັບຊຸດໂມໂນະ)

▷ **帯状の雲**
(बेल्ट जस्ती लामो बादल／ពពកដែលមានរាងដូចខ្សែក្រវ៉ាត់／ເມກຍາວເປັນລາຍຄືກັບຜ້າຄາດແອວສຳລັບຊຸດໂມໂນະ)

❽ □ **ファスナー** (फास्नर／ខ្សែរ៉ូត／ຊິບ)   同 ジッパー

❾ □ **すそ** (फेर／ជាយក្រណាត់／ຕີນ (ໂສ້ງ, ກະໂປ່ງ))

▶ **スカートの裾に泥がちょっと付いている。**
(स्कर्टको फेरमा अलिकति माटो लागेको छ।／មានសំពត់ជាប់ជាយសំពត់បន្តិច។／ມີຂີ້ຕົມໜ້ອຍໜຶ່ງຢູ່ຕີນກະໂປ່ງ.)

❿ □ **身なり** (लुगा लगाइ／ការស្លៀកពាក់និងការសម្អិតសម្អាងខ្លួន／ການແຕ່ງກາຍ)

▷ **きちんとした身なり**
(स्मार्ट देखिने लवाइ／ការស្លៀកពាក់អោយបានត្រឹមត្រូវ／ການແຕ່ງກາຍທີ່ຮຽບຮ້ອຍ)

▷ **身なりで人を判断してはいけない。**
(लवाइका आधारमा मानिसको मूल्यांकन गर्नु हुन्न／កុំវិនិច្ឆ័យមនុស្សតាមការស្លៀកពាក់។／ຢ່າຕັດສິນຄົນຈາກການແຕ່ງກາຍຂອງເຂົາເຈົ້າ.)

⓫ □ **だぶだぶ** (भ्याङल्याङ-भ्याङल्याङ／លុងកន្ត្រាក។／ກ້ວມ, ກ້ວມໂຕງໂລ່ງເຕ່ງເລ່ງ)

▶ **これは男ものだから、だぶだぶで着れないんです。**
(यो त पुरुषको कपडा हो। भ्याङल्याङ भएर लाउन मिल्दैन।／នេះជាខោអាវមនុស្សប្រុស ដូច្នេះការលុងកន្ត្រាក មិនអាចស្លៀកពាក់បានទេ។／ນີ້ແມ່ນຂອງຜູ້ຊາຍ, ຊິນຸ່ງກ້ວມໂຕງໂລ່ງເຕ່ງເລ່ງບໍ່ໄດ້.)

UNIT 3

食
しょく
(खाना／អាហារ, អូបអាហារ／ຂອງກິນ)

---

❶ □ 香辛料
こうしんりょう
(मसला／គ្រឿងទេស／ເຄື່ອງເທດ)

---

❷ □ 香ばしい
こう
(राम्रो बास्ना (गन्ध) आउनु／ដែលមានក្លិនឈ្ងុយ／ຫອມ, ຫອບຫອມ, ກິ່ນຫອມ)

▶ どこからかバターの焼けた香ばしい匂いがする。
　　や　　　　　にお

(कतातिर हो बटर डढेको गन्ध आएको छ／មានក្លិនក្រអូបនៃប៊ីរុវតចេញកន្លែងណាមួយ។／ໄດ້ກິ່ນຫອມຂອງ
ມັນເບີໄໝ້ຈາກບ່ອນໃດບ່ອນໜຶ່ງ.)

---

❸ □ こってり
(कडा स्वाद, गहिरो स्वाद／ចាស់ (រសជាតិ)／ໜັກ, ນົວ, ເຂັ້ມຂຸ້ນ)

▶ こっちのスープは肉も入っていて、味がこってりしている。
　　　　　　　　　　　　にく　　　　　　　あじ

(यो सुपमा मासुपनि हालेकोले गहिरो स्वाद छ।／ស៊ុបនេះមានជាក់សាច់ហើយមានរសជាតិចាស់។／ແກງ
ຖ້ວຍນີ້ໃສ່ຊີ້ນແລະມີລົດຊາດໜັກ.)

❹ □ 対 あっさり
(सामान्य, हलुका／ស្រាល (រសជាតិ)／ຈາງ, ຈືດ)

---

❺ □ 味覚
みかく
(बेला अनुसारको स्वाद／រសជាតិ, ជំនិវិញ្ញាណ／ລົດຊາດ, ຄວາມຮູ້ສຶກລົດຊາດ)

▷ 秋の味覚を楽しむ
　　あき　　　　　たの

(शरदको स्वाद／រីករាយនឹងរសជាតិនៃរដូវស្លឹកឈើជ្រុះ／ມ່ວນຊື່ນໄປກັບລົດຊາດຂອງອາຫານທີ່ແຊບທີ່ສຸດ
ໃນລະດູໃບໄມ້ຫຼົ່ນ.)

▶ 風邪で味覚がおかしくなったかもしれない。あまり味を感じない。
　　かぜ　　あじかん　　　　　　　　　　　　　　　　　　　あじ　かん

(हावा छिरेर विग्रिएको होला स्वादै छैन／ប្រហែលជំនិវិញ្ញាណរបស់ខ្ញុំបានប្រែប្លែកដោយសារជម្ងឺផ្ដាស
សាយ។ ខ្ញុំមិនសូវដឹងរសជាតិទេ។／ຄວາມຮູ້ສຶກຂອງລົດຊາດເປັນຫຍັງຜິດປົກກະຕິຍ່ອມເປັນຫວັດ. ຂ້ອຍບໍ່ຮູ້ສຶກ
ໄດ້ລົດຊາດປານໃດ.)

---

❻ □ 脂肪
しぼう
(चिल्लो, बोसो, फ्याट／ជាតិខ្លាញ់／ໄຂມັນ)

▷ 低脂肪 牛乳
　ていしぼうぎゅうにゅう
(फ्याट कम भएको दूध／ទឹកដោះគោមានជាតិខ្លាញ់ទាប／ນົມໄຂມັນຕ່ຳ)

---

❼ □ 主食
しゅしょく
(मुख्य खाना／អាហារចម្បង／ອາຫານຫຼັກ)

▷ 日本人の主食である米の消費量がまた少し減っている。
　にほんじん　　　こめ　しょうひりょう　　　すこ　へ

(जापानीको मुख्य खाना चामलको खपत घट्दै गएको छ।／បរិមាណបរិភោគអង្ករដែលជាអាហារចម្បងរបស់
ជនជាតិជប៉ុនថយចុះបន្តិចទៀតហើយ។／ປະລິມານການບໍລິໂພກເຂົ້າທີ່ເປັນອາຫານຫຼັກຂອງຍີ່ປຸ່ນຫຼຸດລົງອີກເລັກ
ໜ້ອຍແລ້ວ.)

時間・時 1

衣類 2

食 3

交通・移動 4

建物・設備 5

体・健康・治療 6

お金 7

地球・自然 8

動物・植物 9

学校・教育 10

❽ □ **熱湯** (ねっとう) (तातोपानी／ទឹកដាំពុះ／ນ້ຳເດືອດ)

▷〈カップラーメンの作り方〉熱湯を注ぎ、ふたを閉めて、3分待ちます。

(<कप रामेन बनाउने तरिका> तातोपानी हालेर बिर्को बन्द गर्ने अनि तिन मिनेट पर्खिने／(របៀបធ្វើមីកំប៉ុង) ចាក់ទឹកដាំពុះ ហើយបិទគម្រប រួចរង់ចាំ៣នាទី។／<ວິທີເຮັດຮາມ່ຽນຖ້ວຍ> ງວນ້ຳເດືອດໃສ່, ປິດ ຝາແລະລໍຖ້າ 3 ນາທີ.)

❾ □ **水気** (みずけ) (पानीको मात्रा／ជាតិទឹក／ນ້ຳ (ທີ່ມີຢູ່ໃນບາງສິ່ງບາງຢ່າງ))

▶ 洗ったら、レタスの水気をよく切ってください。

(धोएपछि रेतास <सलाद खाने एक किसिमको साग> को पानी तर्काउनु होला।／ប្រសិនបើលាងសម្អាត សូម សម្អុតទឹកចេញពីសាឡាត់អោយបានស្អាត។／ຊັກຈາກລ້າງແລ້ວ, ໃຫ້ລະເດີດນ້ຳຜັກຊະຫຼັດດີໆ.)

❿ □ **舐める** (なめる) (चाट्नु／លិទ្ធ／ເລຍ)

▷ アイス/飴をなめる (बरफ/क्याण्डी चाट्नु／លិទ្ធកាវ៉ម／ស៊ុគ្រាប់／ເລຍກະແລັມ/ເຂົ້າໜົມອົມ)

⓫ □ **満腹** (まんぷく) (अघाएको／ឆ្អែត／ເຕັມທ້ອງ, ອີ່ມ)

▶ 満腹でもう何も入らない。

(अघाएकाले केहि खान सकिन।／ខ្ញុំឆ្អែតហើយមិនអាចញ៉ាំអ្វីទៀតបានទេ។／ຂ້ອຍອີ່ມແລ້ວແລະບໍ່ສາມາດກິນ ຫຍັງໄດ້ອີກ.)

⓬ □ 対 **空腹** (くうふく) (भोक／ពោះឃ្លាន／ຄວາມຫິວຫິວ, ຫິວ)

⓭ □ **賞味期限** (しょうみきげん) (म्याद समाप्त हुने मिति／ថ្ងៃផុតកំណត់(នៃរសជាតិឆ្ងាញ់)／ອັນໝົດອາຍຸ, ອັນໝົດອາຍຸລຳດັບການກິນໃຊ້ແຊບສຸດ)

▷ 消費期限 (しょうひきげん)

(म्याद समाप्त हुने मिति／ថ្ងៃផុតកំណត់ប្រើប្រាស់របស់ភោគ／អ័នໝົດອាຍຸ, ອັນໝົດອາຍຸລຳດັບການບໍລິໂພກ)

▶ 賞味期限が近いから、そろそろ食べたほうがいい。

(मिति सकिने बेला भएकोले अब खाँदा हुन्छ／ជិតដល់ថ្ងៃផុតកំណត់ហើយ ដូច្នេះប្រញាប់ញ៉ាំទើបល្អ។／ ໃກ້ຈະໝົດອາຍຸແລ້ວ, ລະບໍ່ພ້ຳວກິນດີກວ່າ.)

⓮ □ **味わい** (あじ) (स्वाद लिनु／ដែលមានឱជារស, រសជាតិ／ລົດຊາດ)

▷ 味わい深い作品 (ふかい さくひん)

(मीठो, स्वादिलो／ស្នាដៃដែលមានអត្ថភាព／ຜົນງານທີ່ເຕັມໄປດ້ວຍຄວາມໝ້າສົນໃຈແລະລະເໜ)

▶ すっきりした味わいのワインです。

(आनन्दको स्वाद भएको वाइन।／វាជាស្រាដែលមានរសជាតិស្រស់ស្រាយ។／ເປັນເຫຼົ້າແວງທີ່ມີລົດຊາດສົດຊື່ນ.)

UNIT 4

交通・移動
こうつう　　いどう

(यातायात, यात्रा／ចរាចរណ៍, ការផ្លាស់ទី／ການຂົນສົ່ງ·ການເຄື່ອນຍ້າຍ)

---

❶ □ 車両 (रेल/गाडी／ យានជំនិះ／ພາຫະນະ)
しゃりょう

▷〈電車〉**女性専用車**
じょせいせんようしゃ
両 (महिला आरक्षण डिब्बा／(រថភ្លើង) ទូរថភ្លើងសម្រាប់តែនារី／〈ລົດໄຟ〉ຕູ້ລົດໄຟສຳລັບແມ່ຍິງ)

▶この通りは、トラックやバスなどの大型車両は通れません。
とお　　　　　　　　　　　　　　　　　　おおがた

(यो सडकमा ट्रुला ट्रक या बस चल्दैनन्／ហានជំនិះធុនធំជាជាងដូចជាចេឡននៈនៈដឹកៗនិងៗចឡនៈនៈក្រុងជាដើមមិន
អាចបើកបបលេីផ្លូវនេះបានទេ។／ប់ໄດ້ຂະໆຍາດໆໃຫ້ພາຫະນະໆຂະໆຍາດໆໃຫຍ່ ເຊັ່ນ: ລົດບັນທຸກ ແລະ ລົດເມ
ແລ່ນຜ່ານທີ່ນທາງເສັ້ນນີ້.)

❷ □ 両 (डिब्बा／ខ្សែរថភ្លើង／ຕູ້(ທ້ອງພ່ອຍສຳລັບການນັບຈຳນວນຕູ້ລົດໄຟ))
りょう

▶〈放送〉次の成田行きは8両編成で参ります。
つぎ　なりた　　　　りょうへんせい　まい

(〈सूचना〉 अब नारिता जाने रेल ८ डिब्बाको हुनेछ।／(ការប្រកាសផ្សាយ) រថភ្លើងបន្ទាប់ដែលធ្វើដំណើរ
ទៅណារីតាគឺរថភ្លើងដែលមានៗៗ៨ៗ／〈ກະຈາຍສຽງ〉 ຢ່ອງຄໍໄປທີ່ຈະໄປນາຣິຕະ ຈະເປັນລົດໄຟ 8 ຕູ້.)

▶じゃ、前から2両目に乗るね。
まえ　　　りょうめ　の

(त्यसो भे अगाडिको दोसो डिब्बामा चढ्छु／អញ្ជើង ខ្ញុំៗៗៗៗៗ។／ດັ່ງນັ້ນ, ຂ້ອຍຊິ
ຂຶ້ນຕູ້ທີ 2 ນັບຈາກທາງໜ້າ.)

❸ □ 網棚 (जालीवाला दराज／ធ្នើរជាក់អីវ៉ាន់ (នៅក្នុងរថភ្លើង)／ຊັ້ນຕາໜ່າງໆໆໆເຄື່ອງ)
あみだな

❹ □ 車窓 (झ्याल／បង្អួចរថភ្លើង／ປ່ອງຢ້ຽມລົດ)
しゃそう

▶車窓から望む富士山にちょっと感動しました。
のぞ　　　ふじさん　　　　　　　かんどう

(रेलको झ्यालबाट देखिने फूजि हिमालको दिव्यले रोमान्वित भएँ／ខ្ញុំមានចិត្តរំភើបបន្តិចចំពោះទិដ្ឋភាពភ្នំហ្វូជី
ដែលមើលពីបង្អួចរថភ្លើង／ຂ້ອຍຮູ້ສຶກປະທັບໃຈໜ້ອຍໜຶ່ງກັບວິວຂອງໆພູເຂົາຟູຈິຈາກປ່ອງຢ້ຽມລົດ.)

---

❺ □ 歩行者 (पैदलयात्रु／អ្នកថ្មើរជើង／ຄົນຍ່າງ)
ほこうしゃ

▷**歩行者優先** (पैदलयात्रुलाई प्राथमिकता／អាទិភាពសម្រាប់អ្នកថ្មើរជើង／ໃຫ້ບູລິມະສິດແກ່ຄົນຍ່າງ)
ゆうせん

▶この通りは土日は歩行者天国になる。
とお　　　どにち　　ほこうしゃてんごく

(यो सडक आइतवार र शनिवार पैदलयात्रुका लागि स्वर्ग मी हुन्छ।／ផ្លូវនេះក្លាយជាហានុស្ឋានៗៗៗៗ
នៅថ្ងៃសៅរ៍ និងថ្ងៃអាទិត្យ។／ຫົນທາງເສັ້ນນີ້ຈະກາຍເປັນທຸະຫົນຄົນຍ່າງໆໃນວັນເສົາແລະວັນອາທິດ.)

---

❻ □ 歩道橋 (आकासे पुल／ស្ពានសម្រាប់អ្នកថ្មើរជើង／ຂົວຄົນຍ່າງ, ຂົວຂ້າມທາງ)
ほどうきょう

時間・時 1

衣類 2

食 3

交通・移動 4

建物・設備 5

体・健康・治療 6

お金 7

地球・自然 8

動物・植物 9

学校・教育

❼ □ 標識（संकेत, चिन्ह／ស្លាកសញ្ញាចរាចរណ៍／ป้าย）
ひょうしき

▷ 道路標識（सडक सूचना पाटी／ស្លាកសញ្ញាចរាចរណ៍សម្រាប់ផ្លូវ／ป้ายทาง）
どうろ

❽ □ 駐輪（する）（बाइक राख्नु／ការចតកង់ឬម៉ូតូ／จอดล็อกรึบ/ล็อกจักร）
ちゅうりん

▷ 駐輪場（बाइक पार्किङ／កន្លែងចត/ចំណតកង់ឬម៉ូតូ／บ่อจอดล็อกรึบ/ล็อกจักร）
じょう

▶ 自転車やバイクの利用者の数に対して、駐輪スペースが圧倒的に不足
じてんしゃ　　　　　　　　　　　　　りようしゃ　かず　たい　　　　　　　　　　　　　　　あっとうてき　ふそく
している。

（साइकल र बाइकको संख्या हेर्ने हो भने यो पार्किङस्थल अपुग भिसक्यो।／ចំណតយានជំនិះមានការខ្វះខាត
យ៉ាងខ្លាំងចំពោះចំនួនអ្នកប្រើប្រាស់កង់និងម៉ូតូ។／ខ្ទង់ឡើងប្ដោจอดล็อกรึบ/ล็อกจักรย่างๆฎๆฎๆฎๆฎๆฎๆ เมื่อ
เทียบใส่จำนวนผู้ใช้ล็อกรึบและล็อกจักร.）

❾ □ 運輸（यातायात／ការដឹកជញ្ជូន (តាមយន្តហោះ, កប៉ាល់រថភ្លើងជាដើម)／
うんゆ　　　　　　　　　　　　　　　　　　　　　　　　　　　　　　　　ການຂົນສົ່ງ）

▷ 運輸局（यातायात ब्युरो／ការិយាល័យដឹកជញ្ជូន／ກົມຂົນສົ່ง）
きょく

❿ □ 運搬（する）（ढुवानि／ការដឹកជញ្ជូនអីវ៉ាន់／ຂົນສົ່ງ, ການຂົນສົ່ง）
うんぱん

▷ 運搬車両（रेलका ठुला डिब्बा／រថយន្តដឹកជញ្ជូនអីវ៉ាន់／ພາຫະນະຂົນສົ່ง）
うんぱんしゃりょう

⓫ □ 運行（する）（सन्चालन／ការបើកបរ／เปิดใช้ภารปฏิบัติภาร）
うんこう

▶ 電車各線は平常通り運行しております。
でんしゃかくせん　へいじょうどお

（रेलका सबै लाइनहरु यथावत संचालनमा छन।／ខ្សែរថភ្លើងនីមួយៗកំពុងដំណើរការដូចធម្មតា។／
ล็อกไฟทุกสายเปิดใช้ภารปฏิบัติภารตามปกติ.）

⓬ □ ダイヤ（सेडुल／កាលវិភាគ (រថភ្លើងនិងឡានក្រុង)／ກຳນົດເวลา）

▷ 運行ダイヤ（संचालन तालिका／កាលវិភាគដំណើរការ／ກຳນົດເวลาใช้ปฏิบัติภารล็อกไฟ）
うんこう

▶ 台風の影響で、ダイヤが大幅に乱れています。
たいふう　えいきょう　　　　　　　　　　おおはば　みだ

（टाइफुन को प्रभावले सेडुलमा अनियमितता देखिएको छ।／កាលវិភាគដំណើរការត្រូវបានរំខានយ៉ាងខ្លាំង
ដោយសារតែខ្យល់ព្យុះទីហ្វុង។／ຮົດທีฟิมของพะยุใต้ฝุ่นเริ๊ดใช้ปฏิบัติ...ใช้ปฏิบัติภารล็อกไฟได้ตามກຳ
ນົດເวลา.）

⓭ □ 運休（रोकनु,बन्दगर्नु／ការបញ្ឈប់ការសេវាកម្មបើកបរ／ຍຸดใช้ปฏิบัติภาร(ໂຈຈລົด)）
うんきゅう

⓮ □ 徐行（する）（गति कम गर्नु／ការបើកបរយឺតៗ／ไปຊ้าๆ, แล่นຊ้าๆ）
じょこう

▶〈放送〉強風のため、現在、徐行運転をしています。
ほうそうきょうふう　げんざい　　　　　じょこううんてん

（《सूचना》हावाको उच्च चापका कारण रेलको गति कम गरिएको छ।／(ការផ្សាយ) បច្ចុប្បន្ននេះ យើងកំពុងបើក
បរយឺតៗដោយសារខ្យល់បក់ខ្លាំង។／<ออกอาภาด> เมื่อๆจากมิลิมแรๆ, ตั๋วมั่นจึงพาทับຂับล็อกຊ้าๆ.）

⑮ □ 沿線 （えんせん） (रेल वरिपरि／តាមបណ្ដោយ／ຕາມເສັ້ນທາງລົດໄຟ)

▶輸送客が増え、沿線の地価も上昇している。
（ゆそうきゃく ふ ／ちか じょうしょう）

(यात्रुको चाप बढेसँगै रेलवे लाइनको जग्गाको भाउ पनि बढेको छ।／ចំនួនអ្នកដំណើរកំពុងតែកើនឡើង ហើយ តម្លៃដីនៅតាមបណ្ដោយផ្លូវដែកក៏ឡើងថ្លៃដែរៗ／ເມື່ອງຈາກຈຳນວນຜູ້ໂດຍສານເພີ່ມຂຶ້ນ, ລາຄາທີ່ດິນຕາມ ເສັ້ນທາງລົດໄຟກໍ່ເພີ່ມຂຶ້ນເຊັ່ນກັນ.)

⑯ □ ローカル線 （せん） (स्थानिय यातायात लाइन／ខ្សែរថភ្លើងក្នុងតំបន់／ (ລົດໄຟ) ສາຍທ້ອງຖິ່ນ)

⑰ □ 待合室 （まちあいしつ） (प्रतिक्षालय／បន្ទប់រង់ចាំ／ຫ້ອງລໍຖ້າ)

⑱ □ 旅客機 （りょかくき） (यात्रु बाहक／យន្តហោះដឹកអ្នកដំណើរ／ເຮືອບິນໂດຍສານ) 類 飛行機 （ひこうき）

⑲ □ 離陸(する) （りりく） (टेकअफ／ការហោះឡើង／ການບິນຂຶ້ນ, ບິນຂຶ້ນ)

⑳ □ 欠航(する) （けっこう） (डिपार्चर नहुनु／ការលុបចោលការហោះហើរ រឺការបើកបរកប៉ាល់／ ការຍົກເລີກຖ້ຽວບິນ, ຍົກເລີກຖ້ຽວບິນ)

㉑ □ 時差 （じさ） (समयान्तर／ភាពខុសគ្នានៃពេលវេលា, ពេលវេលាខុសគ្នា／ເວລາຕ່າງໆກັນ)

▶日本とフランスでは約8時間の時差がある。
（にほん ／やく じかん）

(जापान र फ्रान्सको बिचमा लगभग ८ घन्टाको समयान्तर छ।／ប្រទេសជប៉ុននិងប្រទេសបារាំងមានម៉ោង ខុសគ្នាប្រហែល៨ម៉ោងៗ／ເວລາລະຫວ່າງຍີ່ປຸ່ນແລະຝຣັ່ງມີຄວາມແຕກຕ່າງໆກັນປະມານ 8 ຊົ່ວໂມງ.)

㉒ □ 時差ぼけ

(समयान्तर सिर्जित समस्या／ភាពអស់កម្លាំង និងវិកានដំណេកជាដើមដែលកើតឡើងដោយសារម៉ោង ខុសគ្នា／ອ່ານກາຍຍັບເວລາບໍ່ໄດ້, ອາການຜິດປົກກະຕິຂອງຮ່າງກາຍ (ທີ່ເກີດຂຶ້ນໃນເວລາທີ່ຮ່າງກາຍບໍ່ສາມາດ ປັບເວລາໃຫ້ເຂົ້າກັບສະພາບແວດລ້ອມໃໝ່ທີ່ມີເວລາທີ່ແຕກຕ່າງໆກັນບໍ່ໄດ້.))

▶時差ぼけで体がだるい。
（からだ）

(समयान्तरका कारण शरीरमा अप्ठेरो महशुस भएको छ।／វងកាយខ្ញុំស្លឹកស្រពន់ ដោយសារភាពអស់កម្លាំង និងវិកានដំណេកជាដើមដែលកើតឡើងដោយសារម៉ោងខុសគ្នាៗ／ຂ້ອຍຮູ້ສຶກເມື່ອຍຍ້ອນຮ່າງກາຍຍັງປັບ ເວລາບໍ່ໄດ້.)

UNIT 5

建物・設備
たてもの　せつび
(भवन / उपकरण／អគារ, សម្ភារ：／ອາຄານ・ສິ່ງອຳນວຍຄວາມສະດວກ)

❶ □ **民家**（घर／ជ្រះប្រជាជនធម្មតា／ເຮືອນຂອງຊາວໂຕ, ເຮືອນປະຊາຊິນ）
みんか

▶ 通りの反対側は、民家が少しあるだけだった。
とお　　　はんたいがわ　　　　みんか　　すこ

(बाटोको विपरित तर्फ केही घरहरु थियो／នៅផ្លូវកម្ពង់ខ្វៀតនៃផ្លូវ មានផ្ទះប្រជាជនធម្មតាតិចតួចប៉ុណ្ណោះ។／ຢູ່ອີກຟາກໜຶ່ງຂອງຖະໜົນມີມີເຮືອນຂອງຊາວໂຕຈຳນວນນ້ອຍໜຶ່ງເທົ່ານັ້ນ.)

❷ □ **屋敷**（भवन／ផ្ទះដ៏ធំធ្ងន់／ຄະລຶນຫາດ, ຕຶກໃຫຍ່, ບ້ານຫຼັງໃຫຍ່）
やしき

▶ そこは高級 住宅街のようで、立派な屋敷が建ち並んでいた。
こうきゅうじゅうたくがい　　　　りっぱ　　やしき　　た　　なら

(त्यो भीआपी आवासक्षेत्र र्हेछ, ठूला भवनहरु लहरै थिए／វាហាក់ដូចជាតំបន់លំនៅដ្ឋានលំចាប់ខ្ពស់ដែលមានផ្ទះដ៏ធំធ្ងន់តម្កល់រៀងរាយ។／ບ່ອນນັ້ນເບິ່ງຄ້າຍເປັນເຂດທີ່ຢູ່ອາໄສຊັ້ນສູງ, ມີຄະລຶນຫາດຕັ້ງລຽນກັນຢູ່ເຂດນັ້ນ.)

❸ □ **豪邸**（महल／វិមាន, គេហដ្ឋានដ៏ស្តុកស្តម្ភ／ເຮືອນໃຫຍ່ອາລັງການ, ເຮືອນຫຼູຫຼາ ປານພະລາດຂຸງວັງ）
ごうてい

❹ □ **賃貸**（भाडा／ការជួលផ្ទះ／ให้เช่า）
ちんたい

▷ **賃貸マンション**（भाडामा दिने भवन／អាគារផ្ទះជួល／ອາຄານເຊົ່າໃຫ້ເຊົ່າ）

❺ □ **物件**（सम्पत्ति, भवन／អចលនទ្រព្យសម្រាប់លក់ រឺជួល／ໂຕອາຄານ, ຊັບສິນສິ່ງທີ່ງ）
ぶっけん

▶ この不動産屋は取り扱い物件が多い。
ふどうさんや　　と　あつか　　　　　おお

(यो घर-जग्गा व्यवसायीको सम्पत्ति धेरै छ।／ភ្នាក់ងារអចលនទ្រព្យនេះគ្រប់គ្រងអចលនទ្រព្យជាច្រើន។／ຕົວແທນອະສັງຫາລິມະຊັບນີ້ຄຸ້ມຄອງອາຄານຫຼາຍບ່ອນ.)

❻ □ **間取り**（लेआउट, नक्शांकन／ប្លង់ (ខាងក្នុងផ្ទះ)／ຜັງເຮືອນ）
まど

▶ 今日見た物件は、広かったけど、間取りがあまりよくなかった。
きょうみ　ぶっけん　　　　ひろ　　　　　まど

(आज हेरेको भवन फराकिलो थियो तर लेआउट चाहिं रामरो र्हेनछ।／អចលនទ្រព្យដែលបានមើលថ្ងៃនេះធំទូលាយ ប៉ុន្តែប្លង់ខាងក្នុងផ្ទះមិនសូវល្អទេ។／ໂຕອາຄານທີ່ຂ້ອຍເຫັນໃນມື້ນີ້ແມ່ນກວ້າງຫຼາຍ, ແຕ່ຜັງເຮືອນ ບໍ່ປານໃດ.)

時間・時
衣類
食
交通・移動
建物・設備
体・健康・治療
お金
地球・自然
動物・植物
学校・教育
1
2
3
4
5
6
7
8
9
10

❼ □ 収納 (स्टोरेज, भन्डारण／កន្លែងដាក់អីវ៉ាន់／ການເກັບຮັກສາໄວ້, ການມ້ຽນໄວ້, ບ່ອນໃສ່ເຄື່ອງ)
しゅうのう

▶〈不動産屋〉ここはどうでしょう。リビングが広くて、収納もたくさん
ふどうさんや　　　　　　　　　　　　　　　　ひろ
ありますよ。

((घर जग्गा व्यवसायी) यहाँ कस्तो हुन्छ?बैठक कोठा फराकिलो र स्टोररुम पनि थुप्रै छ।／(ភ្នាក់ងារអចលនទ្រព្យ)
តើទីនេះយ៉ាងម៉េចដែរ? បន្ទប់ទទួលភ្ញៀវធំទូលាយ ហើយមានកន្លែងដាក់អីវ៉ាន់ច្រើន។／<ຄົນແທນຂອງ
ຊັບຫາລິມະຊັບ> ທ່ານຄິດແນວໃດກ່ຽວກັບບ່ອນນີ້? ຫ້ອງຮັບແຂກມີຂະໜາດໃຫຍ່ແລະມີບ່ອນໃສ່ເຄື່ອງຫຼາຍ.)

❽ □ 浴室 (बाथरुम, स्नानकोठा／បន្ទប់ទឹក／ຫ້ອງອາບນ້ຳ)
よくしつ

❾ □ 照明 (चम्किलो／ភ្លើងបំភ្លឺ／ແສງໄຟ, ການເປີດໄຟ)
しょうめい

▶この店は照明が明るすぎて、ちょっと落ち着かない。
みせ　　　　　あか

(यो पसल धेरै चम्किलो भएकोले शान्तिपूर्णछैन।／ភ្លើងក្នុងហាងនេះភ្លឺខ្លាំងពេក ដែលធ្វើអោយខ្ញុំមាន
អារម្មណ៍មិនសូវចិត្ត។／ແສງໄຟໃນຮ້ານນີ້ແຈ້ງເກີນໄປ, ເຮັດເຈັດໃຫ້ຮູ້ສຶກບໍ່ສະບາຍໃຈ.)

❿ □ 下駄箱 (जुत्ता राख्ने बाकस／ប្រអប់រ៉ូទូដាក់ស្បែកជើង／ຕູ້ເກີບ)
げたばこ

⓫ □ 郵便受け (पोस्ट बक्स／ប្រអប់សំបុត្រ／ຕູ້ຈົດໝາຍ)
ゆうびんう

⓬ □ 花壇 (फूलको बिछ्याउना／សួនច្បារ, កន្លែងដាំផ្កា／ພານດອກໄມ້)
かだん

⓭ □ 土台 (जग, आधार／គ្រឹះ／ພື້ນຖານ, ຮາກຖານ)
どだい

▶土台がしっかりしてないと、その上に何を建ててもだめだよ。
　　　　　　　　　　　　　　うえ　なに　た

(जग राम्रो भएनभने त्यस्मो जे बनाएपनि काम छैन।／ប្រសិនបើគ្រឹះមិនរឹងមាំ ទោះសាងសង់អ្វីក៏លើនោះក៏
មិនបានដែរ។／ຖ້າພື້ນຖານບໍ່ແຮງແຮງ, ກໍ່ບໍ່ສາມາດສ້າງສິ່ງໃດຂຶ້ງຫັ້ນໄດ້.)

⓮ □ 建造(する) (बनाउनु, निर्माण गर्नु／ការសាងសង់ (របស់ធំៗដូចជាអាគារឬ
けんぞう　　　　　　　　　　　　　　　កប៉ាល់ជាដើម)／ສ້າງ, ກໍ່ສ້າງ)

▷船を建造する、歴史的建造物
ふね　　　れきしてき　ぶつ

(पानी जहाज (डुंगा) बनाउनु, ऐतिहासिक भवन／សាងសង់កប៉ាល់, អាគារដែលមានសមគុណ:ប្រវត្តិសាស្ត្រ
／ສ້າງກຳປັ່ນ, ອາຄານປະຫວັດສາດ)

時間・時 1
衣類 2
食 3
交通・移動 4
建物・設備 5
体・健康・治療 6
お金 7
地球・自然 8
動物・植物 9
学校・教育 10

⑮ □ スタンド （स्ट्यान्ड／កន្លែងអង្គុយបែបជណ្ដើរនៅពពុះក៏ឡ្បិឋានជាដើម／ບ່ອນນັ່ງໃນສະໜາມກິລາ, ອັດສະຈັບ)

▶ スタンドは３階席までほぼ満席です。
かいせき まんせき
（स्ट्यान्डहरू तेस्रो तल्लाको सिटसम्म लगभग भरिएका छन्।／កន្លែងអង្គុយបែបជណ្ដើររហូតញ្ញើស្ទើរទាំងអស់រហូតដល់ជាន់ទី៣។／ອັດສະຈັບເຕັມເກືອບຫວດຊັ້ນທີ3.)

⑯ □ 非常口 （आकस्मिक द्वार／ច្រកអាសន្ន／ທາງອອກฉุกເฉิน)
ひ じょうぐち

⑰ □ 手すり （बार, रेलिङ／បង្កាន់ដៃ／ຮາວจับ)
て

▶ 危ないから手すりにちゃんとつかまって。
あぶ
（खतरा भएकोले बार (रेलिङ) मा समाउनु होस्।／សូមកាន់បង្កាន់ដៃអោយជាប់ ពីព្រោះវាគ្រោះថ្នាក់។／ມັນອັນຕະລາຍ, ຈะนັບจับຮาวจับໄว้.)

⑱ □ 化粧室 （ट्वाइलेट／បន្ទប់គុបតែងមុខ／ຫ້ອງນ້ำ)
け しょうしつ

⑲ □ 更衣室 （कपडा फेरफार गर्ने कोठा／បន្ទប់ប្ដូរសម្លៀកបំពាក់／ຫ້ອງປ່ຽນເຄื่อງ)
こう い しつ

⑳ □ 控室 （प्रतिक्षालय／បន្ទប់រងចាំ／ຫ້ອງลิ้ถ้า)
ひかえしつ

▷ 選手の控室
せんしゅ
（खेलाडीको प्रतिक्षालय／បន្ទប់រងចាំរបស់កីឡាករ／ຫ້ອງลิ้ถ້าสำลับนักກีลา)

㉑ □ スタジオ （स्टुडियो／ស្ទូឌីយោ／ສะຕูดิໂອ, ຫ້ອງเຮັດວງจ, ຫ້ອງฤ่າยฤำ)

▷ 録音/撮影スタジオ
ろくおん さつえい
（रेकर्डिङ/फोटोग्राफी स्टुडियो／ស្ទូឌីយោថតសម្លេង/ថតរូប／สะຕูดิໂອบันຖึก/ฤ่ายรูบ)

㉒ □ 個室 （गोप्य कोठा／បន្ទប់ឯកជន, បន្ទប់ដាច់ដោយឡែក／ຫ້ອງส่วนโต）
こ しつ

▶ その中華レストランには個室もあった。
ちゅうか
（यो चाइनिज रेस्टुरेण्टमा गोप्य कोठा पनि रहेछ।／នៅហាងអាហារចិននោះមានបន្ទប់ឯកជន។／มีຫ້ອງส่วนໂຕยู่ในร้านอาຫารจินຮ้ามนั้นอิกด้วย.)

UNIT 6

体・健康・治療
からだ　けんこう　ちりょう

(शरीर, स्वास्थ्य, उपचार／
ភ្នេកកាយ, សុខភាព, វេជ្ជសាស្ត្រ／
ຮ່າງກາຍ・ສຸຂະພາບ・ການຮັກສາທາງການແພດ)

❶ □ **手の平** (हत्केला／បាតដៃ／ຝ່າມື)
　　てのひら

❷ □ **かかと／踵** (कुर्कुच्चा／កែងជើង／ສົ້ນຕີນ)
　　　　かかと

❸ □ **つま先** (खुट्टाका औँलाहरु／ម្រាមជើង／ນິ້ວຕີນ, ປາຍຕີນ)
　　　さき

❹ □ **内臓** (भित्रि अंग／សរីរាង្គខាងក្នុង／ອະໄວຍະວະພາຍໃນ, ລຳໄສ້)
　　ないぞう

❺ □ **腸** (आन्द्रा／ពោះវៀន／ເຄື່ອງໃນ, ທ້ອງ, ໄສ້ພຸງ, ລຳໄສ້)
　　ちょう

❻ □ **肝臓** (कलेजो／ថ្លើម／ຕັບ)
　　かんぞう

❼ □ **血管** (रक्तनलि／សរសៃឈាម／ເສັ້ນເລືອດ)
　　けっかん

❽ □ **大柄** (ठूलो शरीर／ដែលមានមាឌធំ／ໃຫຍ່, ຮູບຮ່າງສູງໃຫຍ່, ຮ່າງໃຫຍ່)
　　おおがら
　　▷ **大柄な人** (ठूलो शरीरभएकोमान्छे／មនុស្សដែលមានមាឌធំ／ຄົນຮ່າງໃຫຍ່)
　　　　　ひと

❾ □ 対 **小柄(な)** (सानो शरीर／ដែលមានមាឌតូច／ນ້ອຍ, ຮູບຮ່າງນ້ອຍ, ຮ່າງນ້ອຍ)
　　こがら

❿ □ **たくましい** (बलियो, हिष्टपुष्ट／រឹងមាំ／ແຂງແຮງ, ບຶກບຶນ)
　　▷ **たくましい腕/体**
　　　　　　　　うで からだ
　　(बलियो, हिष्टपुष्ट शरीर／ដើមដៃ/រាងកាយរឹងមាំ／ແຂນ/ຮ່າງກາຍທີ່ແຂງແຮງ)

⓫ □ 対 **貧弱(な)** (कमजोर／ទន់ខ្សោយ／ນ້ອຍ,ຈ່ອຍ,ຂາດເຂີນ,ບໍ່ພຽງພໍ)
　　ひんじゃく
　　▷ **貧弱な体** (कमजोर शरीर／រាងកាយទន់ខ្សោយ／ຮ່າງກາຍນ້ອຍ)

時間・時 1

衣類 2

食 3

交通・移動 4

建物・設備 5

体・健康・治療 6

お金 7

地球・自然 8

動物・植物 9

学校・教育 10

⑫ □ **健やか(な)** {すこ} (बलियो, स्वस्थ／ដែលមានសុខភាពល្អ／បិន្ទុ8ະพาบแຂງแຮງ, ມີເຮືອນມີແຮງ)

▶ 子供たちが健やかに育つようお祈りしました。{こども}{そだ}{いの}

(बालबालिकाहरू स्वस्थ हिसाबले हुर्किउन भनेर प्रार्थनागर्यौं／ខ្ញុំបានបួងសួងឱ្យកូនៗធំឡើងប្រកបដោយ សុខភាពល្អ／ຂໍໃຫ້ເດັກນ້ອຍເຕີບໃຫຍ່ມີສຸ8ະພາບແຂງແຮງ.)

⑬ □ **くたくた** (शिथिल, थकित／អស់កម្លាំង, ស្លុតស្លៃ／ເມື່ອຍ, ໝົດແຮງ)

▶ 丸一日彼女の買い物に付き合ったら、くたくたになった。{まるいちにちかのじょ}{か}{もの}{つ}{あ}

(दिन भरि उनको किनमेलमा सहयोग गरेकोले थकित भएँ।／ខ្ញុំបានចំណាយពេលពេញមួយថ្ងៃទៅទិញទំនិញ ជាមួយនាង ហើយខ្ញុំអស់កម្លាំង។／ຫຼັງຈາກໄຂ້ເວລາໝົດມື້ກັບລາວເພື່ອຊື້ເຄື່ອງ, ຂ້ອຍກໍໝົດແຮງ.)

⑭ □ **げっそり** (दुब्लो र पातलो／ស្គមខ្លាំង／ຈ່ອຍລົງຢ່າງໄວໆ, ນ້ຳໜັກຫຼຸດ)

▷ げっそりやせる (सलक्क दुब्लाउनु／ចុះស្គមយ៉ាងខ្លាំង／ຈ່ອຍລົງຢ່າງໄວໆ)

▶ 森さん、病気で入院してたんでしょ？ ――うん。げっそりしてたよ。{もり}{びょうき}{にゅういん}

(मोरि जी, विरामी भएर अस्पतालमा भर्ना भएको हो？ —हजुर, सलक्क दुब्लाएका छन।／តើលោកម៉ូរីធ្លាប់ សម្រាកពេទ្យឬ？ —បាទ/ចាស។ គាត់បានចុះស្គមយ៉ាងខ្លាំង។／ທ່ານໂມຣິ ໄດ້ເຂົ້າໂຮງໝໍຍ້ອນເຈັບປ່ວຍ ແມ່ນບໍ່？ —ແມ່ນ. ລາວຈ່ອຍລົງຢ່າງ.)

⑮ □ **ばてる** (पूर्ण थकित हुनु／អស់កម្លាំង／ເພຍ, ເມື່ອຍຫຼາຍ, ໝົດແຮງ)

▷ 夏バテ {なつ} (गर्मीको थकान／ការអស់កម្លាំងដោយសារកម្ដៅថ្ងៃនៅរដូវក្ដៅ／ຄວາມອິດເມື່ອຍໃນລະດູຮ້ອນ)

▶ 練習がハードで、10分でばててしまった。{れんしゅう}{ぷん}

(अभ्यास कठीन भएकोले १० मिनेट मै थाकियो।／ការហ្វឹកហាត់ពិបាក ហើយខ្ញុំអស់កម្លាំងក្រើម រយៈពេល១0នាទី／ຝຶກຊ້ອມໜັກແດ່, 10 ນາທີກໍ່ໝົດແຮງແລ້ວ.)

⑯ □ **疲労** {ひろう} (थकान／ការអស់កម្លាំង／ຄວາມອ່ອນເພຍ, ຄວາມອິດເມື່ອຍ)

▶ 疲労がたまっているみたいで、体がずっとだるい。{からだ}

(थकान थपिँदै गएकोले शरीर असहज भएको छ।／ខ្ញុំមានអារម្មណ៍ថាខ្ញុំនឿយយ័ប្បាត់ ហើយរាងកាយរបស់ខ្ញុំ មានអារម្មណ៍ថាធ្ងន់រហូត។／ຄືຊິແມ່ນຄວາມອິດເມື່ອຍລະສົມ, ຮ່າງກາຍກໍເລີຍອ່ອນເພຍຕະຫຼອດເວລາ.)

⑰ □ **対 過労** {か} (चर्को काम／ការធ្វើការហួសកម្លាំង／ការเฮັດอ្យากຫຼາยเกับไป, ຄວາມຕຶງຽຄດ)

▷ 過労死 {し} (चर्को कामले मर्नु／ការស្លាប់ដោយធ្វើការហួសកម្លាំង／(ເສยຊีวิดจากภาบການเฮัດอ្យากຫຼายเกับไป)

▶ 過労でダウン寸前だよ。{すんぜん}

(चर्को कामले ढल्ने अवस्था भयो।／ខ្ញុំជិតដួលដោយសារការធ្វើការងារលើសហួសកម្លាំង។／ຂ้อยเกือบຊິ ລົ້ມຈາກການเฮัດอ្យากຫຼາยเกับไป.)

⑱ □ 体調を崩す (कमजोर हुनु／ឈឺ／ເຈັບປ່ວຍ)
たいちょう　くず

▶ 急に寒くなったから、体調を崩さないようにしてください。v
きゅう　さむ

(एकाकासी जाडो बढेको छ, शरीरको ख्याल गर्नु／សូមថែរក្សាខ្លួនកុំអោយឈឺ ពីព្រោះអាកាសធាតុចាប់ត្រជាក់ភ្លាមៗ។／ອາກາດໜາວຂຶ້ນກະທັນຫັນ, ລະວັງຢ່າພະຍາຍາມຢ່າເຈັບປ່ວຍ.)

⑲ □ 病む (विरामी हुनु／កើតជម្ងឺ, ឈឺ／ເຈັບ, ຮູ້ສຶກເຈັບປວດ, ບາດເຈັບ, ເຈັບປ່ວຍ)
や

▷ 気に病む (तनाव लिनु／ក្រួយបារម្ភ／ຮູ້ສຶກບໍ່ສະບາຍ)
き

▶ 病んでる人が多いんだね。変な事件ばかりだよ。
ひと　おお　　　　　　　　へん　じけん

(अनौठा घटना घट्ने हुनाले पीडितहरू धेरै छन्।／មានអ្នកជម្ងឺផ្លូវចិត្តច្រើនណាស់។ ឯបទឧក្រិដ្ឋចម្លែក កើតឡើងជាញឹកញាប់។／ຫຼາຍຄົນເຈັບປວດເຈັບປວດເນາະ. ມີແຕ່ເຫດການທີ່ແປກໆ.)

▶ 注意されたからって、そんなに気に病まないほうがいいよ。
ちゅうい　　　　　　　　　　　　　　き　や

(होशियारि गराएको भएता पनि त्यति धेरै चिन्ता नगर् वहिनी।／អ្នកមិនចាំបាច់ចាប់ចារម្ភច្រើននោះទេ ព្រាន់តែបាន ទទួលការក្រមាននោះ។／ບໍ່ຄວນກັງວົນເກີນໄປຢ້ອນຖືກຕັກເຕືອນ.)

⑳ □ 苦痛 (दुःख, पीडा／ភាពឈឺចាប់／ຄວາມເຈັບປວດ, ຄວາມທໍລະມານ)
く　つう

▶ またあの苦痛を味わうくらいなら、検査なんかしなくていい。
あじ　　　　　　　　けんさ

(त्यति मात्र दुखाई हो भने चेक गरि राख्न जरुरी छैन।／ប្រសិនបើខ្ញុំនឹងត្រូវមានការឈឺចាប់នោះម្តងទៀត ខ្ញុំ មិនចង់ធ្វើការពិនិត្យអ្វីនោះទេ។／ບໍ່ຫວດຊ່າງໆກາຍທີ່ໄດ້, ຖ້າຕ້ອງຜ່ານຄວາມເຈັບປວດນັ້ນອີກ.)

㉑ □ 寒気 (जाडो लाग्नु／អារម្មណ៍រងារ／ເຍັນ, ໜາວສັ່ນ, ສັ່ນງົກໆ, ໄຕສັ່ນ)
さむ　け

▶ さっきから寒気がする。

(एक्छिन अघिबाट जाडो महसुस भएको छ।／ខ្ញុំមានអារម្មណ៍រងារតាំងពីមុននេះ។／ຂ້ອຍຮູ້ສຶກເຍັນມາໄລຍະ ໜຶ່ງແລ້ວ.)

㉒ □ 微熱 (मन्द ज्वरो／ក្តៅខ្លួនបន្តិច／ມີໄຂ້ໜ້ອຍໜຶ່ງ)
び　ねつ

㉓ □ 下痢 (पखाला, झाडा／រាគរូស／ຖອກທ້ອງ)
げ　り

▷ 下痢止めの薬 (पखालाको औषधी／ថ្នាំរាគរូស／ຢາແກ້ອາການຖອກທ້ອງ)
ど　くすり

㉔ □ 嘔吐 (वान्ता／ក្អួតចង្អោរ／ຮາກ)
おう　と

時間・時 1

衣類 2

食 3

交通・移動 4

建物・設備 5

体・健康・治療 6

お金 7

地球・自然 8

動物・植物 9

学校・教育 10

㉕ □ **発作** (ほっさ) (घात／ការប្រកាច់／อาການแตกต่างๆ, มีอาການ, กำเລิบ)

　▷ **心臓発作** (しんぞう) (हर्ट एट्याक／តាំងបេះដូង／โลกหัวใจกำเລิบ)

　▶ いつ発作が起きるかわからない。(お)

　　(कहिले एट्याक हुन्छ भन्न सकिन्न।／អ្នកមិនដឹងថានៅពេលណាដែលការប្រកាច់នឹងកើតឡើងនោះទេ។／ບໍ່ຮູ້ເລີຍວ່າມີອາການຕອນໃດ.)

㉖ □ **しびれ** (झमझमाउनु／ស្ពឹក／ຊา, ມึน)

㉗ □ **まひ／麻痺** (まひ) (पक्षाघात／ខ្វិន, ពិការ／อำมะพาด)

　▷ **都市機能の麻痺** (としきのう)

　　(शहरियालाई हुने पक्षाघात／ការគាំងស្ទះនៃមុខងារទីក្រុង／ໂตเมืองเป็นอำมะพาด)

　▶ 手足がまひしている。(てあし)

　　(हात खुट्टामा पक्षाघात भएको छ।／ពិការដៃជើង／ແຂນຂາเป็นอำมะพาด.)

㉘ □ **かゆみ** (चिलाइ／រមាស់／คัน, รู้สึกคัน)

㉙ □ **湿疹** (しっしん) (छालाको रोग／ចម្រោគ／ผื่นຄัน, ผื่นๆๆๆๆ, ภาก, ຜื่ນ)

㉚ □ **腫瘍** (しゅよう) (ट्युमर／ដុំសាច់, ដុំពក／เมื้องอก)

　▶ 腫瘍を取り除く手術を行った。(と　のぞ　しゅじゅつ　おこな)

　　(ट्युमर निकाल्ने अपरेसन गरियो।／ខ្ញុំបានធ្វើការវះកាត់យកដុំសាច់ចេញ។／ທำການผ่าตัดเพื่อเອาเมื้องอກ ออก.)

㉛ □ **ぜんそく** (दम／ហឺតហើត／โลกหอบหืด, หอบหืด)

㉜ □ **肺炎** (はいえん) (निमोनिया／រលាកសួត／โลกปอดฮักเสບ, โลกปอดบวม, ปอดบม, ปอดฮักเสບ)

㉝ □ **伝染病** (でんせんびょう) (सँक्रामक रोग／ជម្ងឺឆ្លង／โลกລะบาด, โลกติดต่, โลกຫ่า)

㉞ □ **ばい菌** (きん) (किटाणु／មេរោគ／เชื้อพะยาด)

　▶ ばい菌が入るから、ちゃんとふた閉めて。(はい　し)

　　(किटाणु पर्ने हुनाले बिर्कोले छोप्नु।／សូមបិទគម្របអោយជិតល្អ ព្រោះមេរោគនឹងចូល។／ขัดให้ดิเพาะ เชื้อพะยาดอยู่เอ้าไป.)

㉟ □ 重症 (गम्भीर विरामी／ជម្ងឺធ្ងន់／ອາການສາຫັດ, ອາການເຈັບປ່ວຍທີ່ຮຸນແຮງ)

▶ 重症患者を先に避難させた。

(गम्भीर विरामिहरूलाई पहिला बाहिर निकालियो।／ខ្ញុំបានជម្លៀសអ្នកមានជម្ងឺធ្ងន់មុន។／ຜູ້ອາການສາຫັດໄດ້
ຖືກຍົກຍ້າຍກ່ອນ.)

㊱ □ 重傷 (ठूलो चोट, गहिरो चोट／របួសធ្ងន់／ບາດແຜສາຫັດ, ບາດເຈັບ
ສາຫັດ) **対 軽傷**

▶ 運転手は重傷を負った模様だ。

(चालकलाई गहिरो चोट लागेको बुझिन्छ।／មើលទៅអ្នកបើកបរហាក់ដូចជាបានរងរបួសធ្ងន់ធ្ងរ។／
ປາກົດວ່າຜູ້ຂັບໄດ້ຮັບບາດເຈັບສາຫັດ.)

㊲ □ 危篤 (गम्भीर अवस्था／ជម្ងឺដែលមានសភាពធ្ងន់ធ្ងរ／ຮ້າຍແຮງ, ເປັນຕາຍເທົ່າກັນ,
ວິກິດ)

▶ 患者は危篤状態です。

(विरामिको अवस्था गंभीर छ।／អ្នកជម្ងឺមានសភាពធ្ងន់ធ្ងរ។／ຄົນເຈັບຢູ່ໃນສະພາບທີ່ວິກິດ.)

㊳ □ 慢性 (दीर्घ रोगी／រ៉ាំរ៉ៃ／ຊ້ຳເຊື້ອ, ເປັນມາດົນ)

▶ 放っておくと、慢性になるよ。

(उपचार नगरेमा झन जटिल हुँदैजान्छ।／ប្រសិនបើមិនព្យាបាល ក៏នឹងក្លាយទៅជារ៉ាំរ៉ៃ។／ຖ້າປະໄວ້ອັນຈະ
ກາຍເປັນໂລກຊ້ຳເຊື້ອ.)

㊴ □ 対 急性 (तिव्र／ឆាប់រហ័ស／ກະທັນຫັນ)

▷ 急性胃炎

(तिव्रग्यास्ट्रिक／ជម្ងឺរលាកក្រពះដែលកើតឡើងភ្លាមៗឆាប់រហ័ស／ໂລກກະເພາະອັກເສບກະທັນຫັນ)

㊵ □ こじらせる (लम्ब्याउनु／ធ្វើអោយស្មុគស្មាញ／ຊ້ຳເຕີມ, ເຮັດໃຫ້ຮຸນແຮງຂຶ້ນ,
ເຮັດໃຫ້ຮ້າຍແຮງຂຶ້ນ)

▷ 問題をこじらせる (समस्या लम्ब्याउनु／ធ្វើអោយបញ្ហាស្មុគស្មាញ／ເຮັດໃຫ້ບັນຫາຮ້າຍແຮງຂຶ້ນ)

▶ ちゃんと休まないと、風邪をこじらせるよ。

(आराम गरिएन भने रुघाखोकिले थेरै दुख दिनेछ।／ប្រសិនបើអ្នកសម្រាកមិនបានគ្រប់គ្រាន់ អ្នកនឹងធ្វើអោយ
ជម្ងឺផ្តាសាយអ្នកបន្ថយពេលយូរ។／ຖ້າບໍ່ພັກຜ່ອນໃຫ້ພຽງພໍ, ຊິເຮັດໃຫ້ໄຂ້ຫວັດຮຸນແຮງຂຶ້ນ.)

㊶ □ ノイローゼ (न्यूरोसिस／ជំងឺសរសៃប្រសាទ／ໂລກປະສາດພິການ)

▶ 上の階の騒音で、ノイローゼになりそう。

(माथिल्लो तलाको हल्लाले नर्भस भइएला जस्तो छ।／សម្លេងខ្លាំងនៅជាន់លើ ហាក់ដូចជាធ្វើអោយខ្ញុំមាន
ជំងឺសរសៃប្រសាទ។／ສຽງລົບກວນຈາກຊັ້ນເທິງເຮັດໃຫ້ຂ້ອຍຄືຊິເປັນໂລກປະສາດ.)

時間・時 1

衣類 2

食 3

交通・移動 4

建物・設備 5

体・健康・治療 6

お金 7

地球・自然 8

動物・植物 9

学校・教育 10

㊷ □ **生理**（महिनावारी / शारीर क्रिया विज्ञान ／សរីរវិទ្យា ／ປະຈຳເດືອນ ）
せい り

▷ 生理学的な観点
   がくてき　かんてん

（शारीरिक घटना／ទស្សនៈបែបសរីរវិទ្យា／ທັດສະນະທາງຊີວະສາດ）

▶ これは単なる生理現象で、普通のことです。
   たん　　げんしょう　　ふつう

（यो केवल एक शारीरिक घटना हो र सामान्य छ।／នេះគ្រាន់តែជាបាតុភូតសរីរវិទ្យាប៉ុណ្ណោះ ហើយវាជារឿងធម្មតាទេ។／ນີ້ແມ່ນພຽງແຕ່ປະກົດການທາງຊີວະວິທະຍາແລະເປັນເລື່ອງປົກກະຕິ.）

㊸ □ **便秘**（कब्जियत／ការទល់លាមក／ທ້ອງຜູກ）
べん ぴ

㊹ □ **貧血**（रक्तअल्पता／ជម្ងឺខ្សោយឈាម／ໂລກໂລຫິດຈາງໆ, ພະຍາດເລືອດຈາງໆ）
ひんけつ

▶ 貧血気味なので、朝は苦手なほうです。
   ぎみ　　　　あさ　にがて

（रक्तअल्पताको रोगी भएकाले सलाई बिहानको समय मन पर्दैन।／ខ្ញុំជួបជាមួយអារម្មណ៍ខ្សោយឈាមបន្តិច ដូច្នេះខ្ញុំបាកបើបនៅពេលព្រឹកៗ／ຂ້ອຍເປັນພະຍາດເລືອດຈາງໆ, ສະນັ້ນຂ້ອຍບໍ່ມັກຕອນເຊົ້າ.）

㊺ □ **瞬き**（झिम्क्याउनु／ព្រិចភ្នែក／ກະພິບຕາ, ຍິກຕາ）
まばた

▶ 彼は嘘をついているとき、瞬きが多くなる。
   かれ　うそ　　　　　　　　　　まばた　　おお

（झुटो बोल्दा आँखा बढि झिमझिम गर्छ／ពេលគាត់និយាយកុហាក គាត់ព្រិចភ្នែកញឹកញាប់／ລາວຈະກະພິບຕາຫຼາຍຂຶ້ນ, ເມື່ອເວົ້າຂີ້ຕົວະ.）

㊻ □ **瞬く間**（झिम्क्याको बेला／មួយរំពេចព្រិចភ្នែក／ໂດຍບໍ່ຮູ້ຕົວ, ຢ່າງໄວວາ, ໃນກະພິບຕາດຽວ）
またた　ま

▶ 瞬く間に勝負がついた。
   またた　ま　しょうぶ

（एकछिनमा लडाई सकियो／ការប្រកួតបានទទួលជ័យជម្នះមួយរំពេចព្រិចភ្នែកៗ／ຜູ້ແພ້ຜູ້ຊະນະຢ່າງໄວວາ.）

㊼ □ **近視**（टाढा नदेख्ने／ការមើលឃើញជិត, ទូរនភាព／ສາຍຕາສັ້ນ）
きん し

㊽ □ **目がかすむ**（आँखा धमिलो हुनु／ភ្នែកមើលព្រាលៗ／ຕາມົວ）
め

▶ パソコンを長時間使うと目がかすんでくる。
   ちょうじかんつか　　め

（लामो समय कम्प्युटर चलाउँदा आँखा धमिलो हुनथाल्छ।／ពេលប្រើកុំព្យូទ័ររយៈពេលយូរ ភ្នែកឡើងព្រាលៗ／ຖ້າໃຊ້ຄອມພິວເຕີເປັນເວລາດົນນານ, ຕາກໍຈະມົວ.）

㊾ □ 介護(かいご)(する) (हेरचाह (गर्नु)／ការថែទាំ／ເບິ່ງແຍງ)

▷ 介護士(かいごし)

(सहयोगी／អ្នកថែទាំ／ຜູ້ເບິ່ງແຍງ)

▶ 寝(ね)たきりの祖母(そぼ)を介護するため、母(はは)はパートを辞(や)めた。

(मेरि आमाले हजुरआमाको हेरचाह गर्न पार्टटाइमको काम छोड्नुभयो।／ម្ដាយខ្ញុំបានឈប់ធ្វើការងារក្រៅម៉ោង ដើម្បីមើលថែទាំយាយខ្ញុំដែលដេកនៅនឹងកន្លែង។／ແມ່ຂອງຂ້ອຍໄດ້ລາອອກຈາກການເຮັດວຽກເສີມເພື່ອເບິ່ງແຍງແມ່ເຖົ້າທີ່ນອນຕິດຕຽງ.)

㊿ □ 介抱(かいほう)(する) (स्याहार सुसार (गर्नु)／ការថែទាំអ្នកជម្ងឺ／ເບິ່ງແຍງ)

▶ 一人暮(ひとりぐ)らしの難点(なんてん)は、病気(びょうき)になったときに介抱してくれる人(ひと)がいないことです。

(एक्ला व्यक्तिहरु बिरामी हुँदा स्याहार सुसार गर्ने मान्छेको खाँचो हुन्छ।／ចំនុចលំបាកនៃការរស់នៅម្នាក់ឯងគឺគ្មានអ្នកថែទាំពេលឈឺ។／ຄວາມຫຍຸ້ງຍາກໃນການໃຊ້ຊີວິດຄົນດຽວແມ່ນບໍ່ມີໃຜເບິ່ງແຍງໃນເວລາເຈັບປ່ວຍ.)

(51) □ 処置(しょち)(する) (सहयोग (गर्नु)／ការព្យាបាល, វិធានការ／ປິ່ນປົວ, ຮັກສາ)

▷ 応急(おうきゅう)処置 (प्राथमिक उपचार／ការព្យាបាលបន្ទាន់／ການປະຖົມພະຍາບານເບື້ອງຕົ້ນ)

▶ 処置が遅(おく)れていたら、助(たす)からなかったでしょう。

(उद्धारमा ढिलाइ गरेको भए बचाउन सकिन्नथ्यो।／ប្រសិនបើការព្យាបាលយឺតយ៉ាវ នោះប្រាកដជាមិនអាចជួយបានទេ។／ຖ້າການປິ່ນປົວຊັກຊ້າ, ລາວຈະບໍ່ລອດຊີວິດ.)

(52) □ 診療(しんりょう)(する) (उपचार (गर्नु)／ការពិនិត្យជម្ងឺ／ການປິ່ນປົວທາງການແພດ, ການກວດພະຍາດ)

▷ 診療時間(じかん) (ुउपचारको समय／ម៉ោងពិនិត្យជម្ងឺ／ໂມງເຂົ້າຮັບການປິ່ນປົວ)

▶ こんな山(やま)の中(なか)に診療所(じょ)がある。

(यस्तो पहाडी ठाउँमा पनि उपछार गर्ने व्यवस्था रहेछ।／មានកន្លែងពិនិត្យជម្ងឺនៅលើភ្នំបែបនេះដែរ។／ມີຄລີນິກຢູ່ໃນເຂດພູແບບນີ້ເສີຍ.)

(53) □ 処方(しょほう)(する) (सिफारिस (गर्नु)／ការបញ្ជាផ្តល់ថ្នាំ／ສັ່ງຢາ)

▶ これは強(つよ)い薬(くすり)なので、医者(いしゃ)に処方してもらわなければなりません

(यो कडा औषधी भएकाले कित्सकको सिफारिस आवशयक पर्छ।／នេះជាថ្នាំខ្លាំង ដូច្នេះត្រូវតែអោយគ្រូពេទ្យចេញវេជ្ជបញ្ជា។／ນີ້ແມ່ນຢາທີ່ມີລິດແຮງ, ດັ່ງນັ້ນຕ້ອງໄດ້ຮັບການສັ່ງຢາຈາກໝໍ.)

(54) □ 処方せん (प्रिस्क्रिप्शन／វេជ្ជបញ្ជា／ໃບສັ່ງຢາ)

時間・時 1

衣類 2

食 3

交通・移動 4

建物・設備 5

体・健康・治療 6

お金 7

地球・自然 8

動物・植物 9

学校・教育 10

㊾ □ 錠剤 (ज्याब्लेट／ថ្នាំគ្រាប់／ຢາເມັດ)
じょうざい

㊿ □ カプセル (क्याप्सुल／ថ្នាំគ្រាប់មូលទ្រវែង／ຢາແຄບຊູນ)

㊀ □ 服用 (औषधी खानु／លេបថ្នាំ／ການກິນຢາ)
ふくよう

㊁ □ 副作用 (साइड इफेक्ट／ផលប៉ះពាល់បន្ទាប់បន្សំ／ຜົນຂ້າງຄຽງ)
ふくさよう

▶ 薬の副作用で眠くなることがあります。
くすり　　　　　ねむ

(औषधीको साइड इफेक्ट देखिन सक्छ／អ្នកអាចនឹងងងុយគេងដោយសារផលប៉ះពាល់បន្ទាប់បន្សំរបស់ថ្នាំ។／ຜົນຂ້າງຄຽງຂອງຢາອາດເຮັດໃຫ້ເຫງົານອນ.)

㊂ □ 麻酔 (एनेस्थेसिया／ថ្នាំស្ពឹក／ຢາສະລົບ)
ますい

㊃ □ 免疫 (संक्रामक रोगबाट मुक्त／អង់ទីករ, ប្រពន្ធ័សុំា／ພູມຕ້ານທານ)
めんえき

㊄ □ 安静(な) (आराम／ដែលនៅស្ងៀម／ພັກຜ່ອນ)
あんせい

▶ 医者に絶対安静って言われた。
いしゃ　ぜったい　　　　い

(कुनैपनि हालतमा आराम गर्नु भनेर चिकित्सकले भनेकाछन्।／ខ្ញុំត្រូវបានគ្រូពេទ្យប្រាប់ថាអោយនៅស្ងៀម។／ໝໍບອກໃຫ້ຂ້ອຍພັກຜ່ອນຢ່າງເຕັມທີ.)

㊅ □ 失神(する) (बेहोश हुनु／សន្លប់／ເປັນລົມ)
しっしん

UNIT 7

お金 (ເงิน／លុយ／ເງິນ)
かね

---

❶ □ **安価(な)** (សस्तो／តម្លៃថោក／ລາคาถืก)
あん か
▷ 安価な製品が多く出回るようになった。
せいひん おお でまわ

(बजारमा हिजोआज सस्तो सामानहरु आउन थालेकाछन／ផលិតផលដែលមានតម្លៃថោកជាច្រើនកំពុងចេញ
លក់លើទីផ្សារ។／ມีจำໜ่ายຜะลิตะพันลาคาถืกจำนวนมากขึ้น.)

❷ □ **均一** (समान, उस्तै／ដូចគ្នាទាំងអស់, ស្មើ／ເທົ່າກัน, ສะເໜีพาบ, ถืกัน)
きんいつ
▷ 100円均一、均一料金
えん りょうきん

(सबै सामान १०० यन／១００យ៉េនដូចគ្នាទាំងអស់, តម្លៃស្មើ／100 ເย้นเทิ่ากัน, มูลค่าเทิ่ากัน)

❸ □ **税込(み)** (कर (सहित)／ការរួមបញ្ចូលពន្ធ／ລอมพาสี)
ぜい こ
▷ 税込価格 (करसहितको मूल्य／តម្លៃដែលរួមបញ្ចូលពន្ធ／ລาคาลอมพาสี)
か かく

❹ □ 対 **税抜(き)** (कर (रहित)／ការមិនរួមបញ្ចូលពន្ធ／ບ่ลอมพาสी)
ぜい ぬ

❺ □ **生計** (जीविका／ការចិញ្ចឹមជីวិត／ภาบถำลัງຊีวิต)
せいけい
▶ 彼は今、農業で生計を立てています。
かれ いま のうぎょう た

(उनी अहिले खेतीकपातिबाट गुजारा चलाउँछन／សព្វថ្ងៃគាត់ប្រកបរបរចិញ្ចឹមជីวิตដោយធ្វើកសិកម្ម។／
ພ้ອมนี้ลาวทำลัງຊีวิตอยู่จากภาบเຮ็ดภะเสนิกำ.)

❻ □ **賃金** (ज्याला, पारिश्रमिक／ប្រាក់ឈ្នួល／ค่าแรງງาน, ค่าจ้าง)
ちんぎん
▷ 賃金のアップを要求する
ようきゅう

(ज्याला बढाउन माग गर्नु／ទាមទារតម្លើងប្រាក់ឈ្នួល／ຮຽกร้ອງให้ขึ้นค่าจ้าง)

❼ □ **賞与** (बोनस／ប្រាក់រង្វាន់លើកទឹកចិត្ត／ໂບมัด, ເງินตอบแทน) 同 ボーナス
しょうよ

❽ □ **手取り** (कट्टी／លុយដល់ដៃ／ลายได้ຫັ້ງຫักพาสี, ลายได้สุดທิ)
て ど
▶ 1カ月の収入は、手取りでどれくらいですか。
げつ しゅうにゅう

(कर कटाएर बचत हुने खास आम्दानी कति हो?／តើអ្នកបានប្រាក់ដល់ដៃប្រហែលប៉ុន្មានពីប្រាក់ចំណូល
ក្នុង១ខែ?／มีลายได้ຫั้ງຫักพาสีเทิ่าใดต่ำพึ่ງเดือน?)

時間・時 ①

衣類 ②

食 ③

交通・移動 ④

建物・設備 ⑤

体・健康・治療 ⑥

お金 ⑦

地球・自然 ⑧

動物・植物 ⑨

学校・教育 ⑩

❾ □ **報酬**（इनाम (पुरस्कार)／ប្រាក់រង្វាន់／ຄ່າຕອບແທນ, ຄ່າຈ້າງ, ລາງວັນ, ສິນນ້ຳໃຈ）
ほうしゅう

▶ 報酬はいりません。何かお手伝いをしたいだけなので。
なに　　 てつだ

(इनाम केहि चाहिन्न ।सहयोग गर्नु भनेर मात्र हो।／ខ្ញុំមិនត្រូវការប្រាក់រង្វាន់ទេ។ ខ្ញុំគ្រាន់តែចង់ជួយឬប៉ុណ្ណោះ។／ບໍ່ຕ້ອງການຄ່າຕອບແທນ. ຂ້ອຍພຽງແຕ່ຕ້ອງການຊ່ວຍເຈົ້າໃນບາງສິ່ງບາງຢ່າງ.)

❿ □ **無償**（निशुल्क／ឥតគិតថ្លៃ／ຟຣີ, ບໍ່ມີຄ່າຕອບແທນ, ບໍ່ເສຍຄ່າໃຊ້ຈ່າຍ）
むしょう

▶ ボランティアなので、もちろん無償です。

(स्वयमसेवक भएकोले निश्चित रुपमा निशुल्क हो।／ វាជាការងារស្ម័គ្រចិត្ត ដូច្នេះប្រាកដជាមិនគិតថ្លៃទេ។／ເນື່ອງຈາກເປັນອາສາສະໝັກ, ແນ່ນອນວ່າບໍ່ມີຄ່າຕອບແທນ.)

⓫ □ **利子**（व्याज／ការប្រាក់ (ដែលអ្នកខ្ចីលុយបង់)／ດອກເບ້ຍ）
りし

▷ 利子がつく（व्याज लाग्नु／បានការប្រាក់／ມີດອກເບ້ຍ）

⓬ □ **金利**（व्याज दर／អត្រាការប្រាក់／ອັດຕາດອກເບ້ຍ）
きんり

⓭ □ **利息**（नाफा／ការប្រាក់ (ដែលអ្នកអោយខ្ចីលុយទទួលបាន)／ດອກເບ້ຍ）
りそく

▷ 利息を払う（व्याज तिर्नु／បង់ការប្រាក់／ຈ່າຍດອກເບ້ຍ）
はら

⓮ □ **残高**（बाँकि रकम, मौजादा／តុល្យភាព／ຍອດເງິນ, ຄວາມດຸນດ່ຽງ）
ざんだか

▷ 口座の残高（खातामा रहेको मौजादा／តុល្យភាពគណនី／ຍອດເງິນໃນບັນຊີ）
こうざ

⓯ □ **外貨**（विदेशी मुद्रा／រូបិយប័ណ្ណបរទេស／ເງິນຕາຕ່າງໆປະເທດ）
がいか

▷ 外貨を稼ぐ（विदेशी मुद्रा आर्जन गर्नु／រកលុយពីរូបិយប័ណ្ណបរទេស／ຫາເງິນຕາຕ່າງໆປະເທດ）
かせ

⓰ □ **所得**（आम्दानि／ប្រាក់ចំណូល／ລາຍຮັບ, ລາຍໄດ້）
しょとく

▷ 国民所得、所得税
こくみん　　　　　 ぜい
(राष्ट्रिय आय, आयकर／ប្រាក់ចំណូលប្រជាពលរដ្ឋ,ពន្ធលើប្រាក់ចំណូល／ລາຍຮັບແຫ່ງຊາດ, ພາສີລາຍໄດ້)

▶ これらの書類は、所得の申告の際に必要です。
しょるい　　　　　　　　　 しんこく　さい　ひつよう
(यी कागजातहरू आय रिपोर्ट गर्दा आवश्यक छ।／ឯកសារទាំងនេះនឹងត្រូវការចាំបាច់ពេលធ្វើការប្រកាសពន្ធលើប្រាក់ចំណូល។／ເອກະສານເຫຼົ່ານີ້ຈຳເປັນໃນຕອນລາຍງານຄ່າລາຍຮັບ.)

⓱ □ **収支**（भुक्तानि सन्तुलन／ចំណូលចំណាយ／ລາຍຮັບ ແລະ ລາຍຈ່າຍ）
しゅうし

▷ 収支のバランス
(भुक्तानि सन्तुलन／តុល្យភាពចំណូលចំណាយ／ດຸນດ່ຽງລາຍຮັບ ແລະ ລາຍຈ່າຍ)

⑱ □ 債権 (प्राप्त हुने वस्तु／ផលទាន／ໜີ້ເຂົ້າ, ບັນຊີລາຍຮັບ)
さいけん

▷ 債権者 (ऋणदाता, साहु／អ្នកដែលអោយខ្ចីលុយ,ម្ចាស់បំណុល／ເຈົ້າໜີ້)
しゃ

⑲ □ 対 債務 (ऋण／បំណុល／ໜີ້, ໜີ້ສິນ)
さいむ

⑳ □ 資産 (सम्पति／ទ្រព្យសម្បត្តិ／ຊັບສິນ, ຊັບສິນມັດ)
しさん

▷ 資産運用、資産家
うんよう   か

(सम्पति व्यवस्थापन, धनी／ការគ្រប់គ្រងទ្រព្យសម្បត្តិ, អ្នកមានទ្រព្យសម្បត្តិច្រើន／ການຄຸ້ມຄອງຊັບສິນ, ຄົນຮັ່ງມີ/ເສດຖີ)

▶ 経営を立て直すため、会社は資産を処分することにした。
けいえい た なお   かいしゃ   しょぶん

(व्यवस्थापनका लागि कंपनि बेच्ने भयो।／ដើម្បីកសាងអាជីវកម្មឡើងវិញ ក្រុមហ៊ុនបានសម្រេចចិត្ត លក់ទ្រព្យសម្បត្តិរបស់ខ្លួន។／ເພື່ອປັບປຸງໂຄງຮ່າງຄືນໃໝ່,ບໍລິສັດໄດ້ຕັດສິນໃຈຈຳໜ່າຍຊັບສິນ.ແຍກຊຄ/ຕ໌.)

㉑ □ 運用(する) (सन्चालन गर्नु／ការប្រើប្រាស់អោយមានប្រយោជន៍／ໃຊ້ປະໂຫຍດ, ຈັດການ, ຄຸ້ມຄອງ,ບໍລິຫານ)
うんよう

▷ 資金を運用する (ऱोतको सन्चालन／ប្រើប្រាស់ប្រាក់ទុនអោយមានប្រយោជន៍／ຈັດການເງິນທຶນ)
しきん

㉒ □ 財源 (आर्थिक स्रोत／ប្រភពចំណូល／ແຫຼ່ງເງິນທຶນ, ເງິນທຶນ)
ざいげん

▶ 事業計画は承認されたが、問題は財源をどう確保するかだ。
じぎょうけいかく しょうにん   もんだい ざいげん   かくほ

(व्यापार योजना स्वीकृत भयो, आर्थिक स्रोत सुरक्षित गर्ने समस्या छ।／ដើម្បីកសាងអាជីវកម្មឡើងវិញ ក្រុមហ៊ុនបានសម្រេចចិត្តលក់ទ្រព្យសម្បត្តិរបស់ខ្លួន។／ແຜນທຸລະກິດໄດ້ຮັບການອະນຸມັດແລ້ວ, ແຕ່ ບັນຫາມີຢູ່ວ່າ: ຈະຮັບປະກັນແຫຼ່ງເງິນທຶນໄດ້ແນວໃດ.)

㉓ □ 融資(する) (लगानि (गर्नु)／ការអោយខ្ចីប្រាក់／ໃຫ້ກູ້ຢືມ, ໃຫ້ຢືມ, ຈັດຫາເງິນ ທຶມ, ເງິນກູ້, ສິນເຊື່ອ)
ゆうし

▶ 銀行から融資を受けられることになった。
ぎんこう   う

(मैले बैंकबाट ऋण लिन पाउने भएँ।／ខ្ញុំអាចទទួលបានប្រាក់កម្ចីពីធនាគារ។／ຂ້ອຍສາມາດກູ້ຢືມເງິນຈາກ ທະນາຄານໄດ້.)

㉔ □ 倹約(する) (मितव्ययी (हुनु)／ការសន្សំសំចៃ／ປະຫຍັດ, ຄວາມປະຫຍັດ ມັດທະຍັດ)
けんやく

▶ 高い買い物をした後なので、しばらく倹約することにした。
たか か もの   あと

(महँगो खरिद गरेपछि, केही समयको लागि मितव्ययी हुने निर्णय गरें।／ដោយសារបន្ទាប់ពីបានទិញម៉ឺនិទិញដែល មានតម្លៃថ្លៃ ដូច្នេះខ្ញុំបានសម្រេចចិត្តសន្សំសំចៃមួយរយៈ។／ຫຼັງຈາກໄດ້ຊື້ເຄື່ອງແພງໆ, ຂ້ອຍຈຶ່ງຕັດສິນ ໃຈປະຫຍັດໄປໄລຍະໜຶ່ງ.)

㉕ □ 精算(する) せいさん (हिसाब (गर्नु)／ការគណនាសងខ្ចី／ການຄິດໄລ່ທີ່ແມ່ນອນ)

▷ 料金を精算する りょうきん (शुल्कको हिसाब गर्नु／គណនាសងខ្ចីគិតថ្លៃ／ຄິດໄລ່ຄ່າທຳນຽມ)

㉖ □ 決済(する) けっさい (भुक्तानि (दिनु)／ការបង់ប្រាក់／ຊຳລະ, ຊຳລະເງິນເຂົ້າບັນຊີ)

▶ 決済方法には、銀行振込やカード払いなど、いくつかあります。 ほうほう ぎんこうふりこみ はら

(बैंक भुक्तानी विधिहरू छन्, बैंक ट्रान्सफर र कार्ड भुक्तानी सहित।／ວິທີບົງບ່ປຣາກ່ມານຫມວຍຈຳນວນດົ່ງຈາກການຜ່ະ ປຣາກ່ຄຸນຄະນນຣືຄຊນາຄານຣືນໂດຍໃຊ້ການປ່າກາຕ។／ມີວິທີການຊຳລະເງິນຫຼາຍວິທີ ລວມທັ້ງການໂອນເງິນຜ່ານ ທະນາຄານ ແລະ ການຊຳລະດ້ວຍບັດ.)

㉗ □ 徴収(する) ちょうしゅう (उठाउनु, जम्मा (गर्नु)／ការប្រមូល (ប្រាក់)／ເກັບເງິນ, ເກັບພາສີ)

▷ 会費を徴収する、税の徴収 かいひ ぜい

(सदस्यशुल्क उठाउनु／ការប្រមូលប្រាក់សមាជិក, ការប្រមូលពន្ធ／ເກັບຄ່າສະມາຊິກ, ເກັບພາສີ)

㉘ □ 実費 じっぴ (वास्तविक खर्च／ការចំណាយជាក់ស្តែង／ລາຍຈ່າຍໂຕຈິງ)

▶ 交通費などの実費は後で精算します。 こうつうひ あと せいさん

(वास्तविक खर्च／ខ្ញុំនឹងគណនាសងខ្ចីអំពីការចំណាយជាក់ស្តែងដូចជាចំណាយលើការធ្វើដំណើរជាដើម នៅពេលក្រោយ។／ຄ່າໃຊ້ຈ່າຍໂຕຈິງເຊັ່ນ: ຄ່າຂົນສົ່ງຈະຖືກຊຳລະພາຍຫຼັງ.)

㉙ □ 家計 かけい (घरखर्च／ចំណូលចំណាយក្នុងគ្រួសារ／ການເງິນຂອງຄອບຄົວ, ເສດຖະກິດຄອບຄົວ)

▶ 家計はいつも苦しいです。 くる

(घर खर्चले सधैं तनाव दिन्छ।／ចំណូលចំណាយក្នុងគ្រួសារតែងតែជួបការលំបាក។／ເສດຖະກິດຄອບຄົວມີ ຄວາມຫຍຸ້ງຍາກຢູ່ຕະຫຼອດເວລາ.)

㉚ □ 浪費(する) ろうひ (नष्ट गर्नु／ការខ្ជះខ្ជាយ／ຄວາມຟຸ່ມເຟືອຍ, ຄວາມສິ້ນເປືອງ, ບໍ່ມີປະໂຫຍດ)

▷ 浪費癖、時間を浪費する へき じかん

(समय र स्रोतको अनावश्यक खर्च／ឧទាហរណ៍ខ្ជះខ្ជាយ, ខ្ជះខ្ជាយពេលវេលា／ນິໄສຟຸ່ມເຟືອຍ, ເສຍເວລາ)

▶ ずいぶんお金を浪費してしまったと、後で後悔しました。 かね あと こうかい

(मैले धेरै पैसा बर्बाद गरेकोमा पछि पछुताएको छु।／ខ្ញុំស្តាយក្រោយដែលបានខ្ជះខ្ជាយលុយច្រើន។／ຂ້ອຍເສຍໃຈພາຍຫຼັງທີ່ໄດ້ຟຸ່ມເຟືອຍເງິນໄປຫຼາຍ.)

㉛ □ 内訳 うちわけ (विवरण／ការវិភាគសងខ្ចី／ລາຍການ/ລາຍລະອຽດ (ຂອງຄ່າໃຊ້ຈ່າຍ))

▷ 費用の内訳 ひよう (खर्चको विवरण／ការវិភាគសងខ្ចីអំពីចំណាយ／ລາຍລະອຽດຄ່າໃຊ້ຈ່າຍ)

時間・時 1 / 衣類 2 / 食 3 / 交通・移動 4 / 建物・設備 5 / 体・健康・治療 6 / お金 7 / 地球・自然 8 / 動物・植物 9 / 学校・教育 10

UNIT 8

地球・自然
ちきゅう　しぜん
(प्रकृति, पृथ्वी, अन्तरिक्ष／ធម្មជាតិ, ផែនដី, អវកាស／ທຳມະຊາດ・ໂລກ・ອາວະກາດ)

---

❶ □ **気象** (मौसम／អាកាសធាតុ／ສະພາບອາກາດ, ອາກາດ, ດິນຟ້າອາກາດ)
きしょう

▷ 気象予報士、異常気象
よほうし　　いじょう

(मौसम पूर्वानुमानकर्ता, असामान्य मौसम／ការព្យាករណ៍អាកាសធាតុ, អាកាសធាតុមិនប្រក្រតី／ນັກພະຍາກອນອາກາດ, ສະພາບອາກາດຜິດປົກກະຕິ)

---

❷ □ **晴天** (सफा, खुलेको मौसम／អាកាសធាតុល្អ／ອາກາດດີ, ອາກາດປອດໃສ)
せいてん

▶ 晴天に恵まれた中、いよいよ決勝戦を迎えます。
めぐ　　　なか　　　　　　けっしょうせん　むか

(सफा मौसममा अब फाइनल खेल हुनेछ／ការប្រកួតចុងក្រោយបានមកដល់ហើយដោយមានអំណោយផលពីអាកាសធាតុល្អ។／ອາກາດດີ ແລະ ໃນທີ່ສຸດການແຂ່ງຂັນຮອບສຸດທ້າຍກໍມາເຖິງ.)

---

❸ □ **雨天** (बर्सात／អាកាសធាតុដែលមានភ្លៀងធ្លាក់／ສະພາບອາກາດຝົນຕົກ)
うてん

▷ 雨天決行
けっこう

(वर्षा वा चमक／ការប្រព្រឹត្តិទៅមិនថាភ្លៀងមេឃស្រឡះ／ບໍ່ຍົກເລີກໃນກໍລະນີທີ່ຝົນຕົກ)

▶ 日曜日の国際フェアは雨天決行なんだって。
にちようび　　こくさい

(आइतवार हुने भनिएको अन्तराष्ट्रिय मेला पानी परेपनि आयोजना हुने भो।／ខ្ញុំលឺថាពិពណ៌អន្តរជាតិនៅថ្ងៃអាទិត្យ នឹងប្រព្រឹត្តទៅមិនថាភ្លៀងមេឃស្រឡះទេ។／ງານວາງສະແດງສາກົນໃນວັນອາທິດຈະບໍ່ຍົກເລີກໃນກໍລະນີທີ່ຝົນຕົກ.)

▶ 雨天の場合、試合は翌週に順延となります
ばあい　　しあい　よくしゅう

(वर्षातका कारण खेल अर्को हप्ता सम्म स्थगित हुने रे／ករណីមានភ្លៀងធ្លាក់ ការប្រកួតនឹងពន្យារពេលទៅអាទិត្យក្រោយ។／ໃນກໍລະນີຝົນຕົກ, ການແຂ່ງຂັນຈະຖືກເລື່ອນໄປເປັນອາທິດຕໍ່ໄປ.)

---

❹ □ **雷雨** (चट्याङ／ភ្លៀងដែលមានផ្គរលន់／ພະຍຸຝົນຟ້າຮ້ອງ)
らいう

❺ □ **土砂降り** (दर्केको पानी／ភ្លៀងធ្លាក់ខ្លាំង／ຝົນຕົກໜັກ, ຝົນທ່າໃหຍ່, ຝົນຕົກແຮງ)
どしゃぶ

▶ わー、土砂降りだね。ちょっと弱まってから行こうか。
よわ

(दर्केको पानी पर्यो।अलि कम भएपछि जाऔं／អុ៎! ភ្លៀងធ្លាក់ខ្លាំងណាស់។ ចាំភ្លៀងចុះខ្សោយបន្តិច ចាំនាំគ្នាទៅ។／ໂອ້, ຝົນຕົກແຮງເນາະ. ຖ້າຈາກມັນຕົກຄ່ອຍລົງໜ້ອຍໜຶ່ງແລ້ວออกໄປເນາະ.)

---

❻ □ **降水量** (औसत वर्षा／បរិមាណទឹកភ្លៀង／ປະລິມານฝົນຕົກ)
こうすいりょう

時間・時 1

衣類 2

食 3

交通・移動 4

建物・設備 5

体・健康・治療 6

お金 7

地球・自然 8

動物・植物 9

学校・教育 10

❼ □ 霞む／かすむ （तुवाँलो लाग्नु／ចុះអ័ព្ទ／ມີໝອກ）

▶ 霞んでるから遠くの方が全然見えない。

（तुवाँलो लागेकाले, पर सम्म देख्न सकिएको छैन।／ដោយសារចុះអ័ព្ទ ដូច្នេះមិនអាចមើលឃើញអ្វីពីចម្ងាយសោះ។／ມີໝອກຈຶ່ງບໍ່ສາມາດແນມເຫັນຫຍັງໃນໄລຍະໄກ.）

❽ □ 大気 （वातावरण／បរិយាកាស／ອາກາດ, ບັນຍາກາດ）

▶ 現在、大気の状態が不安定で、突然の雷雨のおそれもあります。

（वायुमण्डल अस्थिर छ र अचानक हुरीबतास आउने सम्भावना छ।／បច្ចុប្បន្ននេះ អាចមានភ្លៀងផ្គរលាន់ៗ ដោយសារស្ថានភាពបរិយាកាសមិនស្ថិតស្ថេរៗ។／ປະຈຸບັນ, ສະພາບອາກາດບໍ່ຄົງທີ່ແລະມີຄວາມສ່ຽງທີ່ຈະເກີດພະຍຸຝົນຟ້າຮ້ອງກະທັນຫັນ.）

❾ □ 紫外線 （पराबैंजनी किरण／កាំរស្មីអ៊ុលត្រាវីយូឡេ／ແສງຢູວີ, ແສງເອິດຕຣາໄວໂອເລັດ）

❿ □ 北半球 （उत्तरी गोलार्ध／អឆ្ឍគោលភាគខាងជើង／ຂົ້ວໂລກເໜືອ）

⓫ □ 南半球 （दक्षिणीगोलार्ध／អឆ្ឍគោលភាគខាងត្បូង／ຂົ້ວໂລກໃຕ້）

⓬ □ 噴火(する) （विस्फोट हुनु／ការផ្ទុះភ្នំភ្លើង／ລະເບີດ, ແຕກ, ປະທຸ）

⓭ □ 溶岩 （लाभा／កំអែលភ្នំភ្លើង／ລາວາ）

⓮ □ 海流 （महासागरको चाल／ចរន្តទឹកសមុទ្រ／ກະແສນ້ຳໃນມະຫາສະໝຸດ）

⓯ □ 沖 （महासागरको टाढाको ठाउँ／លំហទឹកសមុទ្រ／ທະເລເປີດ）

⓰ □ 沿岸 （तट, किनार／ឆ្នេរសមុទ្រ／ແຄມຝັ່ງທະເລ, ບໍລິເວນຝັ່ງ, ແຄມທະເລ）

▷ 太平洋沿岸 （प्रशान्त तट／ឆ្នេរសមុទ្របាស៊ីហ្វិក／ແຄມຝັ່ງມະຫາສະໝຸດປາຊີຟິກ）

⓱ □ 浜辺 （समुद्रको तट, किनार／ឆ្នេរខ្សាច់／ຫາດຊາຍ）

⑱ □ 岬 <ruby>岬<rt>みさき</rt></ruby> (टापु जस्तो देखिने ठाउँ／ម្រោយ, ដីដែលលយចូលសមុទ្រ／ແຫຼມ)

---

⑲ □ 潮 <ruby>潮<rt>しお</rt></ruby> (ज्वार／ជំនោរ／ນ້ຳຂຶ້ນນ້ຳລົງ, ກະແສນ້ຳ, ນ້ຳທະເລ)

▷ <ruby>潮<rt>しお</rt></ruby>が<ruby>引<rt>ひ</rt></ruby>く、<ruby>高潮<rt>たかしお</rt></ruby>

(कम ज्वार, उच्च ज्वार／ជំនោរស្រកចុះ, ជំនោរឡើង／ນ້ຳລົງ, ນ້ຳຂຶ້ນສູງ)

▷ <ruby>潮<rt>しお</rt></ruby>の<ruby>流<rt>なが</rt></ruby>れが<ruby>変<rt>か</rt></ruby>わった。

(ज्वारभाटाको अवस्था फेरिएको छ／ចន្លោះជំនោរបានផ្លាស់ប្ដូរៗ／ກະແສນ້ຳໄດ້ປ່ຽນໄປ.)

---

⑳ □ 河川 <ruby>河川<rt>かせん</rt></ruby> (नदी／ទន្លេ／ແມ່ນ້ຳ, ສາຍນ້ຳ)

▷ <ruby>河川<rt>かせん</rt></ruby><ruby>工事<rt>こうじ</rt></ruby>

(नदीमा हुने निर्माण／ការសាងសង់ដើម្បីការពារគ្រោះមហន្តរាយដែលបង្កដោយទឹកទន្លេ／ການກໍ່ສ້າງໃຫ້ແມ່ນ້ຳ)

▶ <ruby>県<rt>けん</rt></ruby>では<ruby>河川<rt>かせん</rt></ruby>の<ruby>管理<rt>かんり</rt></ruby><ruby>区分<rt>くぶん</rt></ruby>を<ruby>大<rt>おお</rt></ruby>きく３つに<ruby>分<rt>わ</rt></ruby>けている。

(प्रदेशले नदी व्यवस्थापनलाई तीन प्रमुख वर्गमा विभाजन गरेको छ／ខេត្តនេះបានបែងចែកការគ្រប់គ្រងទន្លេ ជាបីប្រភេទធំៗ／ແຂວງໄດ້ແບ່ງການຄຸ້ມຄອງແມ່ນ້ຳອອກເປັນສາມປະເພດຫຼັກ.)

㉑ □ 土手 <ruby>土手<rt>どて</rt></ruby> (थुपारिएको माटो／ទំនប់ការពារទឹកជំនន់／ຄູກັນນ້ຳ)

▶ <ruby>夏<rt>なつ</rt></ruby>はよく、この<ruby>川<rt>かわ</rt></ruby>の<ruby>土手<rt>どて</rt></ruby>に<ruby>座<rt>すわ</rt></ruby>って<ruby>花火<rt>はなび</rt></ruby>を<ruby>見<rt>み</rt></ruby>ました。

(गर्मीमा प्रायः यो खोलाको किनारमा बसेर आतिशबाजी हेर्थें／នៅរដូវក្ដៅ ខ្ញុំតែងតែអង្គុយនៅមាត់ទន្លេនេះ ហើយមើលកាំជ្រួចៗ／ໃນລະດູຮ້ອນ, ຂ້ອຍມັກນັ່ງຢູ່ເທິງຄູກັນນ້ຳແຖວນີ້ແລະ ເບິ່ງດອກໄມ້ໄຟ.)

㉒ □ 上流 <ruby>上流<rt>じょうりゅう</rt></ruby> (नदीको शिर／ចន្លោះខ្សែទឹកខាងលើ／ຕົ້ນນ້ຳ)

▷ <ruby>川<rt>かわ</rt></ruby>の<ruby>上流<rt>じょうりゅう</rt></ruby>、<ruby>上流<rt>じょうりゅう</rt></ruby><ruby>階級<rt>かいきゅう</rt></ruby>

(नदीको माथिल्लो भाग, उच्च वर्ग／ចន្លោះខ្សែទឹកខាងលើនៃទន្លេ, ឈ្នះ៖អភិជន／ຕົ້ນນ້ຳຂອງແມ່ນ້ຳ, ສັງຄົມ ຊັ້ນສູງ)

㉓ □ 下流 <ruby>下流<rt>かりゅう</rt></ruby> (नदीको पुछार／ចន្លោះខ្សែទឹកខាងក្រោម／ລຸ່ມນ້ຳ)

▶ <ruby>下流<rt>かりゅう</rt></ruby>の<ruby>方<rt>ほう</rt></ruby>は、やはり<ruby>水<rt>みず</rt></ruby>が<ruby>汚<rt>きたな</rt></ruby>い。

(नदीको पुछारतिर को पानी फोहोर छ／ទឹកកខ្លក់នៅចន្លោះខ្សែទឹកខាងក្រោម ដូចខ្ញុំគិតស្មាៗ／ລຸ່ມນ້ຳຍັງ ເປື້ອນຢູ່.)

㉔ □ 頂 <ruby>頂<rt>いただき</rt></ruby> (पहाड या हिमालको शिखर／កំពូល／ຈຸດສູງສຸດຂອງພູ, ຈອມພູ)　　同 <ruby>頂上<rt>ちょうじょう</rt></ruby> ※<ruby>文語的<rt>ぶんごてき</rt></ruby>

▶ <ruby>山<rt>やま</rt></ruby>の<ruby>頂<rt>いただき</rt></ruby>には、<ruby>誰<rt>だれ</rt></ruby>もいない<ruby>小<rt>ちい</rt></ruby>さな<ruby>小屋<rt>こや</rt></ruby>が<ruby>一<rt>ひと</rt></ruby>つあるだけだった。

(पहाडको टुप्पोमा एउटा सानो, खाली झुपडी मात्र थियो／នៅលើកំពូលភ្នំគ្រាន់តែមានខ្ទមតូចមួយដែលគ្មាន នរណារស់នៅ／ຢູ່ເທິງຈອມພູມີແຕ່ຕູບນ້ອຍໆຫຼັງໜຶ່ງທີ່ບໍ່ມີຄົນອາໄສຢູ່.)

時間・時 1

衣類 2

食 3

交通・移動 4

建物・設備 5

体・健康・治療 6

お金

地球・自然 8

動物・植物

学校・教育 10

㉕ ☐ 崖 (पहरो／ច្រាំងថ្មចោត／ໜ້າຜາ, ຜາ)
_{がけ}

㉖ ☐ 内陸 (भूपरिवेष्टित／ដីគោក／ພາຍໃນປະເທດ, ເຂດໄກທະເລ)
_{ないりく}

▶ 内陸部は空気がかなり乾燥している。
_ぶ _{くうき} _{かんそう}

(भूपरिवेष्टित भाग तिरको हावा अलि सुक्खा छ।／ខ្យល់មានសភាពស្ងួតនៅដីគោក។／ໃນເຂດໄກທະເລ, ມີອາກາດຄ່ອນຂ້າງແຫ້ງ.)

㉗ ☐ 天体 (आकाशीय पिण्ड／តារាផ្កាយ／ດາລາສາດ)
_{てんたい}

▷ 天体観測
_{かんそく}
(खगोलीय अवलोकन／ការសង្កេតតារាផ្កាយ／ການສັງເກດທາງດາລາສາດ)

▷ 望遠鏡 (टेलिस्कोप／កែវយឹត, កែវឆ្លុះ／ກ້ອງເບິ່ງດາວ, ກ້ອງໄກລະຫັດ)
_{ぼうえんきょう}

▷ 天体望遠鏡 (खगोलीय टेलिस्कोप／កែវយឹតសម្រាប់មើលតារាផ្កាយ／ກ້ອງໄກລະຫັດດາລາສາດ)
_{てんたいぼうえんきょう}

㉘ ☐ 惑星 (ग्रह／ភព／ດາວເຄາະ)
_{わくせい}

㉙ ☐ 火星 (मंगल ग्रह／ភពអង្គារ／ດາວອັງການ)
_か

㉚ ☐ 木星 (बृहस्पती／ភពព្រហស្បតិ៍／ດາວພະຫັດ)
_{もく}

㉛ ☐ 土星 (शनी／ភពសៅរ៍／ດາວເສົາ)
_ど

㉜ ☐ 衛星 (उपग्रह／ផ្កាយរណប／ດາວທຽມ)
_{えいせい}

▷ 人工衛星 (कृत्रिम उपग्रह／ផ្កាយរណបសិប្បនិម្មិត／ດາວທຽມທີ່ມະນຸດສ້າງຂຶ້ນ)
_{じんこう}

▶ ここで、通信衛星の軌道を正確に記録している。
_{つうしん} _{えいせい} _{きどう} _{せいかく} _{きろく}

(यहाँ, सञ्चार उपग्रहहरूको कक्षाहरू सही रूपमा रेकर्ड गरिएको छ।／ខ្ញុំកំពុងកត់ត្រាគន្លងផ្កាយរណបទំនាក់ទំនងឲ្យបានត្រឹមត្រូវនៅទីនេះ។／ຢູ່ບ່ອນນີ້, ວົງໂຄຈອນຂອງດາວທຽມສື່ສານຈະຖືກບັນທຶກໄວ້ຢ່າງຖືກຕ້ອງ.)

㉝ ☐ 彗星 (धुमकेतु／ផ្កាយដុះកន្ទុយ／ດາວຫາງ)
_{すいせい}

㉞ ☐ 太陽系 (सौर्य प्रणाली／ប្រព័ន្ធព្រះអាទិត្យ／ລະບົບແສງຕາເວັນ)
_{たいようけい}

㉟ ☐ 銀河 (ग्यालेक्सी／កញ្ចុំផ្កាយ, តារាវលី／ທາງຊ້າງເຜືອກ)
_{ぎんが}

UNIT 9

動物・植物
どうぶつ　しょくぶつ
(जनावर, बोट बिरुवा／សត្វ, រុក្ខជាតិ／ສັດ・ພືດ)

❶ □ **哺乳類** (स्तनपायी／ថនិកសត្វ／ສັດລ້ຽງລູກດ້ວຍນ້ຳນົມ)
ほ にゅうるい

❷ □ **ひな** (चल्ला／កូនបក្សីដែលទើបនឹងកើត／ລູກໄກ່, ລູກນົກ)

❸ □ **ふ化(する)** (कोरल्नु／ការញាស់／ຟັກ, ບົ່ມ)
か
▷ 卵からひながふ化する
たまご
(अण्डा (फुल) बाट चल्ला निस्कनु／កូនបក្សីញាស់ចេញពីពង／ລູກໄກ່ຟັກອອກຈາກໄຂ່.)

❹ □ **飼育(する)** (हुर्काउनु／ការចិញ្ចឹម／ລ້ຽງສັດ)
し いく
▷ 動物園の飼育係、カメの飼育方法
どうぶつえん　　かかり　　　　　　ほうほう
(चिडियाखानाका रक्षक, कछुवा हुर्काउने तरिका／អ្នកថែរក្សាសួនសត្វ, វិធីចិញ្ចឹមអណ្តើក／ຜູ້ລ້ຽງສັດ,
ວິທີການລ້ຽງເຕົ່າ)

❺ □ **野生** (जंगली／សត្វព្រៃ／ປ່າ)
や せい
▶ この団体では、保護した動物を野生に返す活動をしている。
だんたい　　　は ご　　どうぶつ　　や せい　かえ　かつどう
(यो संस्थाले थुनेर पालिएका जनावरहरूलाई जंगलमै फर्काउने काम गर्छ।／អង្គការនេះកំពុងធ្វើសកម្មភាពក្នុងការ
បញ្ចូនសត្វដែលត្រូវបានការពារអោយត្រឡប់ចូលទៅក្នុងព្រៃវិញ។／ອົງການນີ້ເຮັດວຽກເພື່ອປ່ອຍສັດທີ່
ໄດ້ຮັບການຊ່ວຍເຫຼືອກັບຄືນສູ່ປ່າ.)

❻ □ **獲物** (शिकार／របស់ដែលបានមកពីការបរបាញ់រីនេសាទជាដើម (ដូចជាសត្វ,
え もの
បក្សី, ត្រីជាដើម)／ສັດທີ່ຖືກລ່າ, ເຫຍື່ອ)
▶ トラは草の陰からゆっくりと獲物に近づいた。
くさ　かげ　　　　　　　　　ちか
(बाघ घाँसे मैदानबाट बिस्तारै शिकार भएको ठाउँमा पुग्यो।／ខ្លាបានដើរយឺតៗចេញពីម្លប់ស្មៅចូលទៅជិត
សត្វដែលជាចំណីរបស់វា។／ເສືອໄດ້ຄ່ອຍໆເຂົ້າໄປໃກ້ເຫຍື່ອຂອງມັນຈາກຮົ່ມຫຍ້າ.)
▷ 逃した獲物は大きい。
のが　　　　　おお
(उम्केको माछो ठुलो।／ពេលបាត់បង់ទៅ ទើបដឹងថាវាមានតម្លៃ／ສັດທີ່ຖືກລ່າທີ່ຫຼຸດເລຍແມ່ນໃຫຍ່.)

❼ □ **恐竜** (डाइनोसर／ជាយណូស័រ／ໄດໂນເສົາ)
きょうりゅう

時間・時 1

衣類 2

食 3

交通・移動 4

建物・設備 5

体・健康・治療 6

お金 7

地球・自然 8

動物・植物 9

学校・教育 10

❽ □ **翼**（つばさ）(चुब्बा／ស្លាប／ปีก)

　▷ **主翼(航空機)**（しゅよく こうくうき）(मुख्य पंखा (पंखेटा)／ស្លាបចម្បង (យន្តហោះ)／ปีกหลัก (ปีน))

❾ □ **昆虫**（こんちゅう）(किरा, फट्यांग्रा／សត្វល្អិត／แมลงไม้)

　▷ **昆虫図鑑**（ずかん）(कीटविश्वकोश／សៀវភៅនិទ្ទានសត្វល្អិត／ສາລາບຸກມັນແມງໄມ້)

❿ □ **咲き乱れる**（さ みだ）(ढकमक्क फुल्नु／(ផ្កា) រីកយ៉ាងច្រើន／บานเต็ม)

　▶ **丘には赤や黄色の花が咲き乱れていた。**（おか あか きいろ はな さ みだ）
　(डाँडामाथि रातो पहेँलो फूल ढकमक्क फुलेको थियो।／ភ្នំក្រហម និងលឿងបានរីកយ៉ាងច្រើននៅលើភ្នំៗ／ດອກໄມ້ສີແດງ ແລະສີເຫຼືອງบานเต็มຢູ່ເນີນพู.)

⓫ □ **樹木**（じゅもく）(रूख／ដើមឈើ／ต้นไม้และพุ่มไม้)

⓬ □ **果実**（か じつ）(दाना,फलफूल／ផ្លែឈើ／ผลไม้)

　▷ **果実酒、果実店**（しゅ てん）
　(फलफूलको रक्सी, फलफूल पसल／ស្រាផ្លែឈើ, ហាងលក់ផ្លែឈើ／ເຫຼົ້າຜลไม้, ຮ້านขายผลไม้)

　★ 「果実」の一般的な言い方が「果物」。

　▶ **秋はさまざまな果物(果実)の収穫時期です。**（あき くだもの かじつ しゅうかくじき）
　(शरद ऋतुमा फलफूल पाईन्छ।／រដូវស្លឹកឈើជ្រុះគឺជាពេលវេលាសម្រាប់ការប្រមូលផលផ្លែឈើផ្សេងៗ។／ລະດูใบไม้ผลิ้นแม่นเวลาเก็บเกี่ยวผลไม้ຊะนิดต่างๆ.)

⓭ □ **害虫**（がいちゅう）(शत्रुकिरा／សត្វល្អិតចង្រៃ／สัตวพิด)

⓮ □ **微生物**（び せいぶつ）(सूक्ष्मजीवहरू／អតិសុខុមប្រាណ／ເชื้อจุลินຊี, ເชื้อโลก)

⓯ □ **獣**（けもの）(चौपाया／សត្វចតុបាតធំៗ／สัตวป่า, สัตวเดยละสาบ (สัต4ຂา))

⓰ □ **狩る**（か）(शिकार／ប្រមាញ់, បរបាញ់／ล่า)

⓱ □ **狩り**（か）(शिकार／ការប្រមាញ់, ការបរបាញ់／ການล่า)

UNIT 10

学校・教育
がっこう　きょういく

(विद्यालय, शिक्षा, अनुसन्धान／សាលារៀន, ការអប់រំ, ការស្រាវជ្រាវ／ໂຮງຮຽນ・ການສຶກສາ, ແລະ ການຄົ້ນຄວ້າ)

---

❶ □ 予備校 (よびこう) (कोचिंग कक्षा／សាលារៀនបន្ថែម, សាលារៀនគួរ／ໂຮງຮຽນກວມ)

▶ 大学受験に失敗したので、1年間予備校で勉強することになった。
だいがくじゅけん　しっぱい　　　　ねんかん　よびこう　べんきょう

(कलेजको परिक्षामा अनुत्तिर्ण भएकोले कोचिं कक्षामा पढ्ने बिचार गरें।／ខ្ញុំបានសម្រេចចិត្តរៀននៅសាលារៀន
បន្ថែមរយៈពេល១ឆ្នាំដោយសារខ្ញុំបានប្រឡងធ្លាក់ក្នុងការចូលរៀននៅសាកលវិទ្យាល័យ។／ເນື່ອງ
ຈາກຂ້ອຍຜິດພາດໃນການສອບເຂົ້າຂັ້ນມະຫາວິທະຍາໄລ, ລະນັ້ນຂ້ອຍຈິ່ງໄດ້ຮຽນຢູ່ໂຮງຮຽນກວມເປັນເວລາ១ປີ.)

---

❷ □ 文系 (ぶんけい) (मानविकी／ផ្នែកមនុស្សសាស្ត្រ／ສາຍສັງຄົມ (ສິນລະປະສາດ, ມະນຸດສາດ, ສັງຄົມສາດ, ວິຈິດສິນ))

> ★ 人間を主な研究対象とした学問の系統。
> मानवमा केन्द्रित हुने शैक्षिक अध्ययनको प्रणाली／ប្រព័ន្ធសិក្សាដែលមានគោលដៅស្រាវជ្រាវចម្បងគឺមនុស្ស
> ／ລະບົບການສຶກສາສາຍວິຊາຫາການທີ່ເນັ້ນໃສ່ມະນຸດ.

❸ □ 理系 (りけい) (विज्ञान／ផ្នែកវិទ្យាសាស្ត្រ／ສາຍວິທະຍາສາດທໍາມະຊາດ)

> ★ 自然を主な研究対象とした学問の系統。
> प्रकितिमा केन्द्रित हुने शैक्षिक अध्ययनको प्रणाली／ប្រព័ន្ធសិក្សាដែលមានគោលដៅស្រាវជ្រាវចម្បងគឺពី
> ធម្មជាតិ／ລະບົບການສຶກສາສາຍວິຊາຫາການທີ່ເນັ້ນໃສ່ທໍາມະຊາດ.

---

❹ □ 進路 (しんろ) (कोर्स, अगाडिको बाटो／ផ្លូវអនាគត／ແបວຫາງເດີນ)

▶ 息子は、進学か就職かで進路を迷っている。
むすこ　　　しんがく　しゅうしょく　　しんろ　まよ

(मेरो छोरो पढाइतिर लाग्ने कि काम मा लाग्ने भनेर अलमलमा छ।／កូនប្រុសខ្ញុំកំពុងពិបាកសម្រេចចិត្តអំពីផ្លូវអ
នាគតថាតើរៀនបន្ថែមឬធ្វើការ។／ລູກຊາຍຂອງຂ້ອຍບໍ່ແນ່ໃຈໃນແນວທາງເດີນວ່າຈະໄປສຶກສາຕໍ່ຫຼືຂວາງຫາວຽກເຮັດ.)

---

❺ □ 講座 (こうざ) (पाठ्यक्रम／វគ្គសិក្សា／ຫ້ຼາຍສູດ)

▷ 通信講座、講座を開く
つうしん　　こうざ　ひら

(संचार पाठ्यक्रम, पाठ्यक्रम खोल्नु／វគ្គសិក្សាការផ្សេយផ្សាយ, បើកវគ្គសិក្សា／ຫ້ຼາຍສູດວິຊາສິລາທາງມວນຊົນ, ເປີດ
ຫ້ຼາຍສູດ)

▶ 市が主催するパソコン講座を受けることにした。
し　しゅさい　　　　　　　　　こうざ　う

(नगरपालिकाले संचालन गर्ने कंप्युटर कोर्स पढ्ने बिचार गरें।／ខ្ញុំបានសម្រេចចិត្តចូលរៀនវគ្គសិក្សាកុំព្យូទ័រ
ដែលរៀបចំឡើងដោយក្រុង។／ໄດ້ຕັດສິນໃຈເຂົ້າຮຽນຫ້ຼາຍສູດຄອມພີວເຕີທີ່ເມືອງໃຫ້ການສະໜັບສະໜູນ.)

---

❻ □ セミナー (सेमिनार, गोष्ठी／សិក្ខាសាលា／ສໍາມະນາ)

時間・時 1
衣類 2
食 3
交通・移動 4
建物・設備 5
体・健康・治療 6
お金 7
地球・自然 8
動物・植物 9
学校・教育 10

❼ □ 受講(する) (प्रवचनमा भाग लिनु／ការសិក្សា／ខ្ញុំទ្យួន)
　　じゅこう

▷ セミナーを受講する (सेमिनार (गोष्ठी) मा भाग लिनु／ចូលរួមសិក្ខាសាលា／ខ្ញុំដំណេរបៀ។)

❽ □ 聴講(する) (प्रवचन सुन्नु／ការស្តាប់ការបង្រៀន／ខ្ញុំស្តាប់ការបំណេយណយ, ខ្ញុំទ្យួនដោយប៉ុន្តែពុំយល់កិត)
　　ちょうこう

▷ 聴講生 (प्रवचनको श्रोता／សិស្សចូលស្តាប់ការបង្រៀន／និសិត្សនាទីខ្ញុំទ្យួនដោយប៉ុន្តែពុំយល់កិត)

❾ □ 必修(する) (अनिवार्य सिक्नु पर्ने／ភាគពួកិច្ច, ការបង្ខំ／ប៉ុន្តែ, ចាំបេនត្រូវទ្យួន)
　　ひっしゅう

▷ 必修科目 (अनिवार्य विषय／មុខវិជ្ជាដែលជាតម្រូវអោយរៀន／វិទ្យាប៉ុន្តែ)
　　かもく

❿ □ 養成(する) (पढाउनु, उत्पादन गर्नु／ការបណ្ដុះបណ្ដាល／ภามฝึกอบรม)
　　ようせい

▶ この分野の専門家を養成する機関が不足しています。
　　　ぶんや　　せんもんか　　　　　よせい　　　きかん　ふそく

(यो विषयको विद्वान पत्पादन गर्ने शिक्षाका अभाव छ।／មានការខ្វះខាតស្ថាប័នដែលបណ្ដុះបណ្ដាល អ្នកឯកទេសក្នុងវិស័យនេះ។／ຂາດສະຖາບັນທີ່ຝึกอบรมผู้ຊ່ຽວຊານໃນด้ามนะแขนงภามนี้.)

⓫ □ 出題(する) (जिम्यासा राख्नु, सोध्नु／ការដាក់ចំណោទបញ្ហា／ถาม, ตั้งคำ ถาม, ออกคำถาม)
　　しゅつだい

▶ 同じような問題が過去にも出題されていた。
　　おな　　　　もんだい　かこ　　　しゅつだい

(उस्तै प्रश्नहरु पहिलिपानि सोधिएकाछन।／ចំណោទបញ្ហាដែលដូចគ្នាក៏ត្រូវបានដាក់ចេញកាលពីមុនដែរ។／คำถามที่ค้ายคึกันนี้ก็ເคຍຖึกຖามในอะดีต.)

⓬ □ 実技 (प्रयोगात्मक, व्यवहारिक／ជំនាញអនុវត្តន៍／ทักสะภาบปะติบัด)
　　じつぎ

▷ 実技試験 (प्रयोगात्मक परिक्षा／ការប្រឡងជំនាញអនុវត្តន៍／ภามລอบเส่ງຫຍາบปะติบัด)
　　しけん

▶ このコースでは、講義に加えて、実技指導も行います。
　　　　　　　　　こうぎ　くわ　　　　じつぎしどう　おこな

(व्याख्यान सहित, पाठ्यक्रममा व्यावहारिक शिक्षा पनि समावेश छ।／បន្ថែមពីលើការបង្រៀន វគ្គសិក្សានេះក៏ ផ្ដល់នូវការណែនាំជំនាញអនុវត្តន៍ផងដែរ។／ຫຍ័กสูดนี้, นอกจากภามบันละยายแล้วยัງปะกอบมีภาม ລอมทักสะปะติบัดพ้อม.)

⓭ □ 先行(する) (अरु भन्दा अगाडि／ការធ្វើមុន／นำໜ้า, ท้าวໜ้า, ไปก่อน)
　　せんこう

▷ 先行研究 (अघिल्लो अनुसन्धान／ការស្រាវជ្រាវមុន／ภามคั้นคว้าที่นำໜ้า)
　　けんきゅう

▶ イメージが先行しているが、本当においしいのか、実際に食べてみな
　　　　　　　　せんこう　　　　　　　ほんとう　　　　　　じっさい　た
　いとわからない。

(पहिल्यै एउटा धारणा बने पनि यो मिठो छ छैन भन्ने चाहिँ नखाएसम्म थाहा हुन्न।／រូបភាពកំពុងនាំមុខ ប៉ុន្តែ ជាក់ស្ដែងបើមិនញ៉ាំសាកមើល នោះមិនដឹងថាវាញ៉ាំឆ្ងាញ់មកទេ។／ຫຍังนำໜ้า, แต่บ่ธุ่ว่าแຊบแທ້ຫຍິ่ง่จึ่ง ກ่อนจะได้ลอງກินเບิ่ง.)

⑭ □ **理論**（りろん）(सिद्धान्त／ទ្រឹស្ដី／ຫົດສະດີ)

▷ 理論的（な）(สैद्धान्तिक／ខាងទ្រឹស្ដី／ຕາມຫົດສະດີ)

▶ 理論的（りろんてき）には可能（かのう）だけど、制作（せいさく）には莫大（ばくだい）なコストがかかる。

(यो सैद्धान्तिक रूपमा सम्भव छ, तर उत्पादन गर्न धेरै मह्ँगो हुनेछ।／តាមទ្រឹស្ដី វាអាចទៅរួច ប៉ុន្តែការមានតម្លៃ ថ្លៃណាស់រួងការផលិត។／ເປັນໄປໄດ້ຕາມຫົດສະດີ, ແຕ່ວ່າການຜະລິດມີລາຄາແພງຫຼາຍ.)

⑮ □ **仮説**（かせつ）(परिकल्पना／សម្មតិកម្ម／ສົມມຸດຖານ, ຂໍ້ສົມມຸດ)

▶ 教授（きょうじゅ）は宇宙（うちゅう）の誕生（たんじょう）について、新（あたら）しい仮説（かせつ）を唱（とな）えた。

(प्रोफेसरले ब्रह्माण्डको जन्मको बारेमा नयाँ परिकल्पना प्रस्ताव गरे／លោកសាស្ត្រាចារ្យបានលើកឡើងពី សម្មតិកម្មថ្មីអំពី កំណើតសកលលោក។／ສາດສະດາຈານໄດ້ສະເໜີສົມມຸດຖານໃໝ່ກ່ຽວກັບການກໍາເນີດຂອງ ຈັກກະວານ.)

⑯ □ **学説**（がくせつ）(सिद्धान्त／ទ្រឹស្ដី／ຫົດສະດີ)

▶ この問題（もんだい）については、主（おも）に３つの学説（がくせつ）がある。

(यस मुद्दामा तीनवटा मुख्य सिद्धान्तहरू छन्／មានទ្រឹស្ដី៣ខាងៗអំពីបញ្ហានេះ។／ມີ3ຫົດສະດີຫຼັກຕໍ່ກ່ຽວກັບ ບັນຫານີ້.)

⑰ □ **観点**（かんてん）(दृष्टिकोण／ទស្សនៈ／ມຸມມອງ)　　　類 **視点**（してん）

▶ 医学的（いがくてき）な観点（かんてん）から言（い）うと、このダイエット法（ほう）には効果（こうか）がありません。

(चिकित्सकीय दृष्टिकोणबाट भने हो भने, यो आहारशैली निस्प्रभावी छ／តាមទស្សនៈវេជ្ជសាស្ត្រ វិធីតមអាហារ នេះមិនមានប្រសិទ្ធភាពទេ។／ຈາກມຸມມອງທາງການແພດ, ວິທີຫຼຸດນ້ຳຫນັກນີ້ແມ່ນບໍ່ມີປະສິດທິຜົນ.)

⑱ □ **定義（する）**（ていぎ）(परिभाषित (गर्नु)／ការអោយនិយមន័យ／ນິຍາມ, ຄຳນິຍາມ)

▶ 同（おな）じ言葉（ことば）でも、見方（みかた）によって定義（ていぎ）の仕方（しかた）が異（こと）なる。

(कसरी हेर्नुहुन्छ भने आधारमा एउटै शब्दलाई पनि फरक रूपमा परिभाषित गर्न सकिन्छ।／សូម្បីតែពាក្យដូចគ្នា ក៏អាចមាននិយមន័យខុសគ្នាដែរ អាស្រ័យទៅលើរបៀបដែលអ្នកមើល។／ເຖິງວ່າແມ່ນຄຳສັບດຽວກັນກໍ່ ສາມາດໃຫ້ຄຳນິຍາມທີ່ຕ່າງກັນໄດ້ຂຶ້ນຢູ່ກັບວິທີການເບິ່ງ.)

⑲ □ **注釈（する）**（ちゅうしゃく）(वर्णन, व्याख्या (गर्नु)／កំន់ត់ចំណាំពន្យល់／ຄຳອະທິບາຍ ປະກອບ, ໝາຍເຫດ)

▶ 難（むずか）しい用語（ようご）などには注釈（ちゅうしゃく）を付（つ）けています。

(कठिन शब्दहरू लाई हेरेर व्याख्या गरिएको छ।／ខ្ញុំបានដាក់កំណត់ចំណាំពន្យល់សម្រាប់ពាក្យពិបាកៗ។／ມີການເພີ່ມຄຳອະທິບາຍປະກອບລຳດັບຄຳສັບທີ່ຍາກ.)

時間・時 1
衣類 2
食 3
交通・移動 4
建物・設備 5
体・健康・治療 6
お金 7
地球・自然 8
動物・植物 9
学校・教育 10

⑳ □ 分析(する) (मूल्यांकन, रिपोर्टिङ (गर्नु)／ការវិភាគ／ການວິເຄາະ)
ぶんせき

▷ データの分析結果をまとめて、会議で報告した。
　　かいぎ　　ほうこく

(डाटा खोजेर हेरेर गोष्ठीमा रिपोर्टिङ गरियो।／ខ្ញុំបានសង្ខេបលទ្ធផលនៃការវិភាគទិន្នន័យ ហើយបាន
រាយការណ៍នៅក្នុងការប្រជុំ។／ໄດ້ສະຫຼຸບຜົນຂອງການວິເຄາະຂໍ້ມູນແລະລາຍງານໃນກອງປະຊຸມ.)

㉑ □ 集計(する) (संकलन (गर्नु)／ការប្រមូលនិងបូកសរុបទិន្នន័យ／ສັງລວມ,
しゅうけい 　 　 　 ຮວບຮວມ)

▷ アンケートの集計

(सर्भेक्षण संकलन／ការប្រមូលនិងបូកសរុបការស្ទង់មតិ／ການສັງລວມແບບສອບຖາມ)

㉒ □ 統計(する) (तथ्याङ्क (लिनु)／ការធ្វើស្ថិតិ／ສະຖິຕິ)
とうけい

▷ 統計資料、統計を取る
　　とうけいしりょう　　　　　と

(संख्यात्मक तथ्याङ्क, तथ्याङ्क लिनु／ឯកសារស្ថិតិ, ស្រង់ស្ថិតិ／ຂໍ້ມູນສະຖິຕິ, ເກັບກຳສະຖິຕິ)

㉓ □ 検証(する) (प्रमाणित (गर्नु)／ការផ្ទៀងផ្ទាត់／ທວດສອບ, ຢືນຢັນ, ພິສູດ
けんしょう 　 　 　 ຄວາມຈິງ)

▶ この方法が有効かどうか、これから検証を行います。
　　ほうほう　ゆうこう　　　　　　　　　　　おこな

(अब हामी यो विधि प्रभावकारी छ कि छैन भनेर प्रमाणित गर्नेछौं।／យើងនឹងធ្វើការផ្ទៀងផ្ទាត់ថាតើវិធីសាស្ត្រ
នេះមានប្រសិទ្ធិភាពឬយ៉ាងណា។／ພວກເຮົາຈະທວດສອບວ່າວິທີການນີ້ມີປະສິດທິພາບບໍ່.)

㉔ □ 実証(する) (प्रमाणित (हुनु)／ការបង្ហាញភស្តុតាងជាក់ស្តែង／ການພິສູດ,
じっしょう 　 　 　 ພິສູດວ່າແມ່ນຄວາມຈິງ)

▷ この結果によって、彼の理論が正しかったことが実証された。
　　けっか　　　　　かれ　りろん　ただ　　　　　　　　じっしょう

(यो नतिजाले उनको सिद्धान्त सही थियो भनेर प्रमाणित गर्यो।／លទ្ធផលនេះបានបង្ហាញជាក់ស្តែងជាទ្រឹស្ដី
របស់គាត់ត្រឹមត្រូវ។／ຜົນທີ່ອອກມານີ້ໄດ້ພິສູດວ່າທິດສະດີຂອງລາວຖືກຕ້ອງ.)

㉕ □ 考察(する) (बिचार (गर्नु)／ការពិចារណា／ພິຈາລະນາ)
こうさつ

▶ システムが環境に与える影響について、考察をします。
　　　　　　　かんきょう　あた　　えいきょう　　　　　こうさつ

(प्रणालीले वातावरणमा पार्ने प्रभावलाई विचार गर्नुहोस्／ពិចារណាពីផលប៉ះពាល់នៃប្រព័ន្ធលើបរិស្ថាន។／
ພິຈາລະນາຜົນກະທົບທີ່ລະບົບມີຕໍ່ສິ່ງແວດລ້ອມ.)

㉖ □ 構築(する) (निर्माण (गर्नु)／ការកសាង, ការបង្កើត／ສ້າງ)
こうちく

▷ 理論を構築する (सिद्धान्त (विश्वास) निर्माण／បង្កើតទ្រឹស្ដី／ສ້າງທິດສະດີ)
　　りろん

▶ 顧客との間で信頼関係を構築しなければならない。
　　こきゃく　　あいだ　しんらいかんけい

(तपाईंले आफ्ना ग्राहकहरूसँग विश्वासको सम्बन्ध निर्माण गर्नुपर्छ।／យើងត្រូវកសាងទំនុកចិត្តជាមួយ
អតិថិជន។／ຕ້ອງສ້າງຄວາມສຳພັນທີ່ໜ້າເຊື່ອຖືກັບລູກຄ້າ.)

51

㉗ □ 探究（する） （अन्वेषण (गर्नु)／ការស្រាវជ្រាវអង្កេត／ຄົ້ນຫາ, ວິໄຈ, ສอบສวน）
たんきゅう

▷ 真理/美の探求
しんり び たんきゅう

（सत्य / सुन्दरताको खोजी／ការស្រាវជ្រាវអង្កេតរកការពិត / ការស្វែងរកសម្រស់／ຄົ້ນຫາความจิง / ความงาม）

㉘ □ 発掘（する） （उत्खनन (गर्नु)／ការជីកកកាយ, ការរុករក／ຂຸดค้น, ການຂຸດค้น, ຄົ້ນພົບ）
はっくつ

▷ 遺跡の発掘、人材の発掘
いせき じんざい

（भग्नावशेषको उत्खनन, मानव संसाधन उत्खनन／ការជីកកកាយទម្លាយដុំបុគ្គលវិទ្យា, ការស្វែងរក ធនធានមនុស្ស／ການຂຸດค้นຊາກຫັກพັງຫรุ่งปะหวัดสาด, ການค้นพบຊับพะยากอนมะนุด）

㉙ □ 手法 （तरिका, उपाय／វិធីសាស្ត្រ／ตัวมิใน, ວິທີການ）
しゅほう

▷ 新しい手法を使った実践的な研究が評価された。
あたら つか じっせんてき けんきゅうひょうか

（नयाँ विधिहरू प्रयोग गरी व्यावहारिक अनुसन्धानलाई मान्यता दिइयो／ការសិក្សាជាក់ស្ដែងដោយប្រើ វិធីសាស្ត្រថ្មីត្រូវបានអោយតម្លៃ។／ການคืนคว้าใบຫ่าງปะติบัดໂดยใຊ้ວິທີການใໝ่ได้ຮັบการยอมรับ.)

㉚ □ アプローチ （दृष्टिकोण／ការខិតទៅរកគោលដៅ, វិធីសាស្ត្រ／ວິທີການ）

▶ この研究では、これまでとは全く違うアプローチがとられた。
けんきゅう まった ちが

（यस अध्ययनले पूर्णतया फरक दृष्टिकोण लियो／ការសិក្សាបានប្រើវិធីសាស្ត្រខុសគ្នាទាំងស្រុងពី ការស្រាវជ្រាវពីមុន។／ການค้นคว้านี้ได้มาใຊ้ວິທີການที่แตกต่าງไปจากเดิมຫลาย.)

㉛ □ レジュメ （बायोडाटा／ឯកសារវិសេចក្ដីសង្ខេបរខាន់ៗ／ເອກະສาน (ສะຫຼຸบความ, จุดสำคัน, เล็อງຫยั้)）

▶ では、お配りしたレジュメに沿って話をしていきます。
くば そ はなし

（अब, मैले हस्तान्तरण गरेको बायोडाटामा आधारित कुरा गर्दै／អញ្ចឹង ខ្ញុំនឹងនិយាយដូចដែលមាននៅក្នុង ឯកសារសង្ខេបចំនុចសំខាន់ៗដែលបានចែកជូន។／บัดนี้, เຮົาจะลมรับໂดยอิ่ງตามเอกะสานที่แจกใໃ้.）

㉜ □ 概念 （अवधारणा／គំនិត, ការយល់ឃើញ／แนวคิด, ความคิด）
がいねん

▷ この言葉は、当時の日本にはない新しい概念だった。
ことば とうじ にほん あたら

（यो शब्द नयाँ थियो जुन त्यतिबेला जापानमा थिएन／ពាក្យនេះគឺជាគំនិតថ្មីមួយដែលមិនមាននៅក្នុងប្រទេ សជប៉ុននៅពេលនោះ។／คำสับนี้เป็นแนวคิดใໝ่ที่ບໍ່มียู่ในยี่ปุ่นในเอลานั้น.）

UNIT 11

音楽・美術・文学など
おんがく　びじゅつ　ぶんがく

(संगीत, कला, साहित्य／តន្ត្រី, សិល្បៈ, អក្សរសិល្ប៍ជាដើម／ດົນຕີ · ສິລະປະ · ວັນນະຄະດີແລະອື່ນໆ.)

スポーツ 12

職業・身分・立場 13

原料・材料 14

テクノロジー 15

メディア報道 16

政治・行政 17

国際 18

法・ルール 19

司法・裁判 20

❶ □ 楽譜 (संगीत स्कोर／ណូតភ្លេង／ໂນ້ດເພງ)
　　 がく ふ

▶ ギターを弾きますが、楽譜は読めません。
　 ひ　　　　　　　　よ

(गितार बजाउँछु तर स्कोर पढ्न सक्दिन／ខ្ញុំលេងហ្គីតាបាន ប៉ុន្តែខ្ញុំមិនចេះអាននូតភ្លេងទេ។／ຂ້ອຍຫຼິ້ນກີຕ້າ, ແຕ່ອ່ານໂນ້ດເພງບໍ່ໄດ້.)

❷ □ 合唱(する) (कोरस (गर्नु)／ការច្រៀងបន្លឺជាក្រុម／ຮ້ອງປະສານສຽງ)
　　 がっしょう

❸ □ 同 コーラス (कोरस／ការច្រៀងបន្លឺជាក្រុម／ຮ້ອງປະສານສຽງ)

▶ コーラスがきれいですね。

(कोरस सुन्दर छ／ការច្រៀងបន្លឺជាក្រុមល្អណាស់។／ຮ້ອງປະສານສຽງໄດ້ມ່ວນເພາະ)

❹ □ 童謡 (बाल गीत／ចម្រៀងកុមារ／ເພງກ່ອມເດັກນ້ອຍ, ເພງເດັກນ້ອຍ)
　　 どうよう

❺ □ 民謡 (लोक गीत／តន្ត្រីបុរាណ／ເພງພື້ນເມືອງ, ເພງພື້ນບ້ານ)
　　 みんよう

❻ □ ライブ (लाइभ, प्रत्यक्ष／ការប្រគុំតន្ត្រីផ្ទាល់／ການສະແດງສົດ)

▶ 今夜は友達とライブを見に行きます。
　 こんや　ともだち　　　　　　 み　 い

(आज राति साथीहरूसँग लाइभ हेर्न जान्छु।／យប់នេះ ខ្ញុំនឹងទៅមើលការប្រគុំតន្ត្រីផ្ទាល់ជាមួយមិត្តភក្តិ។／ຂ້ອຍຊິໄປເບິ່ງການສະແດງສົດນຳໝູ່ໃນຄືນນີ້.)

❼ □ デッサン(する) (स्केच／គំនូរក្រោង／ສະເກັດຮູບ, ຮູບສະເກັດ)

❽ □ 版画 (छपाइ／គំនូរថ្មីតរូបពីពុម្ពឈើ／ແມ່ພິມໄມ້)
　　 はん が

❾ □ 陶芸 (सेरामिकका भाँडा आदि बनाउने प्रविधि／សិល្បៈស្ងួនឆ្នាំង／ເຄື່ອງປັ້ນດິນເຜົາ)
　　 とうげい

⑩ □ 短歌 (たんか) (गीतको ढाँचा／កំណាព្យជប៉ុន／បិតរៀងឧะบิดขั้ง่ๆของยี่ปุ่น)

> ★古くからある歌の形式。5・7・5・7・7の文字数による句で構成。
> मौलिक गीतको ढाँचा 5・7・5・7・7 अक्षरहरूबाट बनेको शब्दहरू／ជាទម្រង់ចំរៀងពីបុរាណៗ តាក់តែងឡើងដោយប្រើឃ្លាដែលមានចំនួនអក្សរ ៥.៧.៥.៧.៧.／ຮูບແບບບົດกอนบูราม. ปะขอบด้วยอะລີພິມິถือักສอนจำนวน 5, 7, 5, 7, 7 ใบแต่ละอัก.

⑪ □ あらすじ (भाव／ការសង្ខេបសាច់រឿង／ໃຈเลื่อๆ)

> ▷ **小説のあらすじ** (しょうせつ) (उपन्यासको भाव／ការសង្ខេបសាច់រឿងប្រលោមលោក／ໃຈเลื่อๆของมิยาย)

⑫ □ 冒頭 (ぼうとう) (शुरुवात／ដើមដំបូង, ដើមទី／ການເລີ່มต้น, ตอนต้น)

> ▶ この小説は、冒頭から怖いシーンの連続だ。
> (しょうせつ)(こわ)(れんぞく)
> (यो नाटकमा शुरु देखिनै डरलाग्दो दृश्यको निरन्तरता छ।／ប្រលោមលោកនេះគឺជាការរៀបនៃឈុតគួរឱ្យ ខ្លាចតាំងពីដើមទី។／มิยายเลื่อๆนี้มีฉากที่เป็นตาย้านติดๆกันตั้งแต่ตอนต้น.)

> ▶ 会の冒頭、まず代表が挨拶を述べた。
> (だいひょう)(あいさつ)(の)
> (बैठकको शुरुमा प्रतिनिधिले मन्तव्य दिएका थिए／នៅដើមដំបូងនៃកិច្ចប្រជុំ តំណាងបានធ្វើការស្វាគមន៍។／ใบตอนต้นของกองปะຊุม, ผู้ตาๆน้าได้ว่าจะเปิดกองปะຊุม.)

⑬ □ 登場人物 (とうじょうじんぶつ) (पात्र／តួអង្គក្នុងរឿង／ติ๋อละถอบ)

> ▷ **作品中の登場人物** (さくひんちゅう)
> (कथाभित्रको पात्र／តួអង្គនៅក្នុងស្នាដៃ／ติ๋อละถอบใบเลื่อๆ)

⑭ □ 主人公 (しゅじんこう) (मुख्य पात्र／តួឯក／ติ๋อละถอบพู้ฮัก / ลำดับ / เอก)

> ▷ **ドラマの主人公** (नाटकको मुख्य पात्र／តួឯកភាពយន្ត／ติ๋อละถอบพู้ฮักของละถอบ)

⑮ □ オペラ (ओपेरा／ល្ខោនអ៊ុប៉េរ៉ា／ໂອເปຮา)

⑯ □ 戯曲 (ぎきょく) (नाटकको स्क्रिप्ट／នាដកថា／ละถอบ)

⑰ □ 演じる／演ずる (えん) (प्रदर्शन／សម្ដែង, ដើរតួ／ລະແดງ)

> ▶ 彼は今回、弁護士の役を演じている。
> (かれ)(こんかい)(べんごし)(やく)
> (उसले यो पटक वकिलको भूमिका निभायो।／លើកនេះ គាត់ដើរតួជាមេធាវី។／เຫื่อมี้, ลาวสะแดງบิดบาด ทะบายถอาม.)

音楽・美術・文学など 11

スポーツ 12

職業・身分・立場 13

原料・材料 14

テクノロジー 15

メディア・報道 16

政治・行政 17

国際 18

法・ルール 19

司法・裁判

▶ この問題の解決のために、日本は中心的な役割を演じるべきだ。

(यो समस्या समसधानका लागि जापानले मुख्य भूमिका खेल्नु पर्छ।／ប្រទេសជប៉ុនគួរដើរតួនាទីជាចម្បងដើម្បីដោះស្រាយបញ្ហានេះ។／ຍີ່ປຸ່ນຄວນມີບົດບາດເປັນໃຈກາງໃນການແກ້ໄຂບັນຫານີ້.)

⑱ □ **出演(する)** (देखा पर्नु, भाग लिनु／ចេញសម្តែង／ສະແດງ (ຮູບເງົາ), ຫຼິ້ນ (ລະຄອນ), ສະແດງອອກ (ໂທລະທັດ))

▷ 映画／テレビに出演する

(चलचित्र／टीभी मा देखिनु／ចេញសម្តែងក្នុងភាពយន្ត／ទូរទស្សន៍／ສະແດງອອກໃນຮູບເງົາ／ໃນໂທລະພາບ)

⑲ □ **主役** (मुख्य पात्र／តួឯក／ນັກສະແດງນຳ, ໂຕຫຼັກ)

▶ 彼女は、今回初めて主役の座をつかんだ。

(तिनले यस पटक मुख्य पात्रको भूमिका निभाइन्।／ជាលើកដំបូងហើយដែលនាងជំនួសតំណែងបានតួឯកក្នុងរឿង។／ນີ້ແມ່ນຄັ້ງທຳອິດທີ່ລາວໄດ້ຍຶບບົດບາດນັກສະແດງນຳ.)

⑳ □ **脇役** (सहयोगी भूमिका／តួរង／ນັກສະແດງປະກອບ, ໂຕປະກອບ)

▷ 脇役を務める (सहयोगी भूमिका खेल?नु／ជើងតួរង／ຫຼິ້ນເປັນໂຕປະກອບ)

㉑ □ **せりふ** (डाइलग／ពាក្យដែលតួសម្តែងត្រូវនិយាយនៅក្នុងរឿង／ຄຳເວົ້າ, ຄຳກ່າວປາໄສ)

▷ 有名なせりふ (चर्चित डाइलग／ពាក្យដ៏ល្បីដែលតួសម្តែងត្រូវនិយាយនៅក្នុងរឿង／ຄຳເວົ້າທີ່ມີຊື່ສຽງ)

▶ もうそのせりふは聞き飽きたよ。言い訳ばっかりして。

(त्यो डाइलग सुनेर थाक्नु लाग्यो। बहाना बाजि मात्र／ខ្ញុំធុញទ្រាន់នឹងពាក្យបែបនោះហើយ។ សុទ្ធតែជាការយកលេសទាំងអស់។／ຂ້ອຍເມື່ອຍທີ່ໄດ້ຍິນຄຳເວົ້ານັ້ນແລ້ວໄດ໋. ເປັນພຽງແຕ່ຂໍ້ແກ້ຕົວ.)

㉒ □ **台本** (लिपि, स्क्रिप्ट／នាដកថា／ບົດ, ບົດລະຄອນ, ບົດຮູບເງົາ)

▶ 番組の中のやりとりも、ほとんど台本に書かれているそうだ。

(फिल्ममा सुनिने संवाद लगभग स्क्रिप्टमा लेखिएको छ रे।／ការទំនាក់ទំនងនៅក្នុងកម្មវិធីភាគច្រើនក៏ហាក់ដូចជាមានសរសេរនៅក្នុងនាដកថាដែរ។／ເບິ່ງຄືວ່າການໂຕ້ຕອບໃນລາຍການສ່ວນໃຫຍ່ກໍຖືກຂຽນຢູ່ໃນບົດ.)

㉓ □ **脚本** (स्क्रिप्ट／នាដកថា／ບົດ, ບົດລະຄອນ, ບົດຮູບເງົາ)

▷ 脚本家 (कथा लेखक／អ្នកនិពន្ធនាដកថា／ນັກຂຽນບົດ)

㉔ □ **シナリオ** (परिदृश्य／សេណារីយ៉ូ／ບົດ, ບົດລະຄອນ, ບົດຮູບເງົາ, ສະຖານະການ)

▶ 首相が描くシナリオのようには、事は進まないだろう。

(प्रधानमन्त्रीले भनेको परिदृश्य जसरि घटना अघि नबढ्न सक्छ।／អ្វីៗហាក់ដូចជាមិនដំណើរការទៅមុខ ដូចសេណារីយ៉ូដែលដោយនាយករដ្ឋមន្ត្រីបានសរសេរឡើយ។／ສິ່ງຕ່າງໆຈະບໍ່ຄືບຂ້າໄປຕາມທີ່ນາຍົກລັດຖະມົນຕີໄດ້ວາດສະຖານະການໄວ້.)

㉕ □ シーン (दृश्य／ឈុង, ឈុត／ສາກ)

▷ 映画の名シーン
えい が めい
(चलचित्रको मुख्य दरिश्य／ឈុងនិមួយៗនៃភាពយន្ត／ສາກຮູບເງົາທີ່ມີຊື່ສຽງ)

㉖ □ 脚色(する) (अनुकूलन (गर्नु), परिमार्जन／ការសម្រួលយកមកធ្វើជារឿងកុន
きゃくしょく ប្រលោម／ເຮັດເປັນບົດລະຄອນ/ຮູບເງົາ)

▶ この映画は事実に基づいて作られたが、ところどころ脚色がされている。
えい が じ じつ もと つく きゃくしょく
(यो फिल्म सत्य घटनामा आधारित भएर बनाइएको हो, तर कति कति परिमार्जन चाहिँ गरिएको छ।／ភាពយន្តនេះត្រូវ
បានផលិតឡើងទៅតាមរឿងពិតជាក់ស្តែង ប៉ុន្តែមានកន្លែងខ្លះត្រូវបានសម្រួលអោយក្លាយជា
សាច់រឿង។／ຮູບເງົາເລື້ອງນີ້ສ້າງຂຶ້ນຈາກຄວາມຈິງ, ແຕ່ກໍ່ມີບາງຈຸດຖືກເຮັດເປັນບົດຮູບເງົາ.)

㉗ □ 本番 (वास्तविक प्रदर्शन／ពេលសម្តែងពិត／ການສະແດງຮອບແທ້, ອອກອາກາດ,
ほんばん ຮອດເວລາເອົາແທ້)

▶ 本番を明日に控え、少し緊張しています。
ほんばん あした ひか すこ きんちょう
(भोलि वास्तविक प्रदर्शन हुने भएकाले म अलि नर्भस छु।／ខ្ញុំភ័យបន្តិចមុនព្រឹត្តិការណ៍ពិតនៅថ្ងៃស្អែក។／
ຂ້ອຍຕື່ນເຕັ້ນໜ້ອຍໜຶ່ງ,ເພາະວ່າການສະແດງຮອບແທ້ແມ່ນມື້ອື່ນ.)

㉘ □ 創作(する) (सिर्जना／ការថ្កើតប្រឌិត／ສ້າງ, ຜະລິດ, ປະດິດຄິດແຕ່ງ)
そうさく

▶ 彼女は結婚後も、創作活動を続けている。
かのじょ けっこん ご そうさくかつどう つづ
(उनी बिहे पछि पनि सिर्जनात्मक काम गै छिन्।／ក្រោយពេលនាងរៀបការរួច ក៏នាងនៅតែបន្តសកម្មភាព
ថ្កើតប្រឌិតដដែលៗ／ຫຼັງຈາກແຕ່ງງານ, ລາວກໍ່ຍັງສືບຕໍ່ກິດຈະກຳປະດິດຄິດແຕ່ງຂອງລາວ.)

㉙ □ 古典 (क्लासिक, मौलिक／បុរាណ／ຄລາສສິກ, ປຶ້ມເກົ່າ)
こ てん

▷ 古典文学、古典芸能
ぶんがく げいのう
(शास्त्रीय साहित्य, शास्त्रीय प्रदर्शन कला／អក្សរសិល្ប៍បុរាណ, សិល្បៈបុរាណ／ວັນນະຄະດີຄລາສສິກ, ໄຊຍະ
ຄອບຄລາສສິກ)

㉚ □ 作家 (लेखक／អ្នកនិពន្ធ／ນັກຂຽນ, ນັກປະພັນ, ສິນລະປິນ)
さっか

▶ 将来は作家(＝小説家)になりたい。
しょうらい さっか しょうせつ か
(भविष्यमा साहित्यकार (उपन्यासकार) बन्न चाहन्छु।／ពេលអនាគត ខ្ញុំចង់ក្លាយជាអ្នកនិពន្ធ (អ្នកនិពន្ធ
ប្រលោមលោក) ។／ໃນອະນາຄົດຢາກເປັນນັກຂຽນ.)

▶ 展覧会の会場には、作家(＝創作活動をする人)本人もいた。
てんらんかい かいじょう さっか そうさくかつどう ひと ほんにん
(प्रदर्शनी स्थलमा कलाकार आफैं (सृजनामा संलग्न व्यक्ति) पनि उपस्थित थिए।／សារមន្ទីរខ្ញុំដែលជាអ្នកផលិត
ស្នាដៃក៏បានមកកន្លែងតាំងពិពណ៍ដែរ។／ສິນລະປິນເອງ (= ບຸກຄົນທີ່ເຮັດກິດຈະກຳປະດິດຄິດແຕ່ງ) ກໍຢູ່ທີ່
ສະຖານທີ່ການສະແດງນິທັດສະການ.)

スポーツ (ខេលកុដ/กีฬา/ກິລາ)

❶ □ 決勝 (अन्तिम/វគ្គផ្តាច់ព្រ័ត្រ/ຮອບຊິງຊະນະເລີດ)

▷ 決勝戦、準決勝、決勝に進む
せんじゅん　　じゅんけっしょう　　けっしょう　　すす

(फाइनल, सेमिफाइनल र फाइनलमा अगाडि बढ्नुहोस्/ការប្រកួតវគ្គផ្តាច់ព្រ័ត្រ, ការប្រកួតវគ្គពាក់កណ្តាល ព្រ័ត្រ, ទៅវគ្គផ្តាច់ព្រ័ត្រ/ຮອບຊິງຊະນະເລີດ, ຮອບຮອງຊະນະເລີດ, ກ້າວເຂົ້າສູ່ຮອບຊິງຊະນະເລີດ)

❷ □ 勝利(する) (जित्नु/ជ័យជម្នះ/ຊະນະ)

▷ 試合に勝利する (खेल जित्नु/ឈ្នះការប្រកួត/ຊະນະການແຂ່ງຂັນ)
しあい

❸ □ 敗北(する) (हार्नु, पराजित हुनु/បរាជ័យ, ចាញ់/ພ່າຍແພ້, ເສຍ)

▷〈選挙〉多くの議席を失った自由党は、敗北を認めた。
せんきょ　おお　　ぎせき　うしな　　じゆうとう　　　みと

([चुनाव] धेरै सिटहरू गुमाएको लिबरल पार्टीले हार स्वीकार गर्यो।/(ការបោះឆ្នោត) បក្សសេរីដែលបាន បាត់បង់កៅអីសភាច្រើនបានទទួលស្គាល់បរាជ័យ។/<ການເລືອກຕັ້ງ> ພັກເສລີນິຍົມເຊິ່ງໄດ້ສູນເສຍ ບ່ອນນັ່ງຢ່າງຫຼວງຫຼາຍ, ໄດ້ຍອມຮັບຄວາມພ່າຍແພ້.)

❹ □ 敗退(する) (हार्नु, पराजित हुनु/ចាញ់មិនបន្តទៅមុខបាន/ຕົກຮອບ, ພ່າຍແພ້)

▶ 残念ながら、予選で敗退してしまった。
ざんねん　　　よせん　　はいたい

(बरबाद भयो खेलमा पराजित भयो।/គួរអោយសោកស្តាយ យើងបានចាញ់នៅវគ្គជម្រុះបាត់ទៅ ហើយ។/ໜ້າເສຍດາຍທີ່ຕົກຮອບຄັດເລືອກ.)

❺ □ 敗れる (हार्नु, पराजित हुनु/ចាញ់/ພ່າຍແພ້, ເສຍ)
やぶ

▶ 敗れはしたが、よく頑張ったと思う。
やぶ　　　　　　　　　　　がんば　　　　おも

(हारेता पनि प्रयाश चाहिँ गरेकै हुन्।/ពួកយើងបានចាញ់ ប៉ុន្តែខ្ញុំគិតថាពួកយើងបានខិតខំប្រឹងប្រែងយ៉ាង ខ្លាំង។/ພ່າຍແພ້ຢູ່, ແຕ່ຄິດວ່າພວກເຮົາເຮັດໄດ້ດີທີ່ແລ້ວ.)

❻ □ 作戦 (रणनीति/យុទ្ធសាស្ត្រ/ກິນລະຍຸດ, ຍຸດທະສາດ, ລູກຫຼິ້ນ)
さくせん

▷ 作戦を立てる (रणनीति बनाउनु/បង្កើតយុទ្ធសាស្ត្រ/ສ້າງກິນລະຍຸດ)
た

▶ 監督は、今日のために用意した作戦を選手に伝えた。
かんとく　　きょう　　　　　ようい　　　さくせん　せんしゅ　つた

(प्रशिक्षकले आजका लागि आफूले तयार पारेको रणनीति खेलाडीलाई बतायो।/គ្រូបង្វឹកបានប្រាប់កីឡាករពីយុទ្ធ សាស្ត្រដែលបានត្រៀមទុកសម្រាប់ថ្ងៃនេះ។/ຄູຝຶກໄດ້ບອກນັກກິລາຖ່ຽວກັບກິນລະຍຸດທີ່ກຽມໄວ້ສຳລັບມື້ນີ້.)

❼ □ 守備 (रक्षा／ការការពារ／ການປ້ອງກັນໄຕ)
　しゅび

　　▷ 守備を固める (रक्षा बलियो बनाउनु／ពង្រឹងការការពារ／ເຊີມສ້າງການປ້ອງກັນໄຕ)
　　　かた

❽ □ 対攻撃(する) (आक्रमण (गर्नु)／ការវាយប្រហារ／ໃຈບຸກ)
　　　こうげき

❾ □ 反撃(する)　(जवाफी हमला (गर्नु)／ការវាយបកទៅវិញ／
　　　はんげき　　　　ຕ້ານກັບຄືນ, ຕອບໂຕ້ກັບຄືນ)

　　▶ 相手が強くて、反撃のチャンスすらなかった。
　　　あいて　つよ

　　　(प्रतिस्पर्धी बलियो भएकोले जवाफी हमला गर्न पनि पाएनन्।／ដៃគូប្រកួតខ្លាំង ហើយខ្ញុំមិនមែនសូម្បីតែឱ
　　　កាសវាយបកទៅវិញ។／ຄູ່ຕໍ່ສູ້ແຂງແຮງຈົນບໍ່ມີໂອກາດຕອບໂຕ້ກັບຄືນ.)

❿ □ 反則(する)　(एक्सनमा जानु／ការប្រព្រឹត្តិខុសច្បាប់／ລະເມີດ, ຜ່າຜືນ, ເຮັດ
　　　はんそく　　　　ຜິດລະບຽບ, ຟາວ)

　　▶ この審判はすぐ反則を取る。
　　　しんぱん　　　と

　　　(यो रेफ्री तुरुन्तै एक्सनमा जान्छ।／អាជ្ញាកណ្ដាលនេះកាត់សេចក្ដីភ្លាមៗជាការប្រព្រឹត្តិខុសច្បាប់។／
　　　ກຳມະການຜູ້ນີ້ເອີ້ນຟາວໄວຫັນທີ.)

⓫ □ 声援(する)　(कराएर समर्थन गर्ने／ការស្រែកកំទ្រ／ສິ່ງເຊຍງ, ເຊຍງ)
　　　せいえん

　　▶ 客席のあちこちから「がんばれ」という声援が飛んだ。
　　　きゃくせき　　　　　　　　　　　　　　　　　　　　と

　　　(सबै सिटमा बसेका समर्थकहरुले खेलाडीको समर्थनमा नाराबाजी गरे／មានសម្លេងស្រែកកំទ្រពីគ្រប់ទិសទីនៃ
　　　កន្លែងអ្នកទស្សនាថា ខ្ញុំប្រឹងឡើង។／ສຽງເຊຍວ່າ: "ສູ້ໆ" ດັງໆມາຈາກຜູ້ຊົມທົ່ວບໍລິເວນ.)

⓬ □ プレー(する)　(खेल्ने／លេង／ຫຼິ້ນ)

　　▷ 見事なプレー (महान खेल／ការលេងដ៏ស្អាវ／ການຫຼິ້ນທີ່ສຸດຍອດ)
　　　みごと

　　▶ 彼は日本を離れ、海外でプレーすることを選んだ。
　　　かれ　にほん　はな　　かいがい　　　　　　　　　えら

　　　(उसले जापान छोड्ने र विदेशमा खेल्ने निर्णय गऱ्यो।／គាត់បានជ្រើសរើសយកការលេងនៅបរទេសដោយ
　　　ឃ្លាតឆ្ងាយពីប្រទេសជប៉ុន។／ລາວເລືອກທີ່ຈະອອກຈາກປະເທດຍີ່ປຸ່ນເພື່ອໄປຫຼິ້ນຢູ່ຕ່າງປະເທດ.)

⓭ □ 制する　(विजयी हुनु／កាន់កាប់／ຄອບຄຸມ)
　　　せい

　　▶ どのチームが大会を制するか、全く予想がつかない。
　　　　　　　　　たいかい　　　　　　まった　よそう

　　　(कुन टीमले जित्छ केहि भनि सकिन्न।／ខ្ញុំមិនអាចទាយទុកជាមុនថាក្រុមមួយណានឹងកាន់កាប់ការប្រកួត
　　　ឡើយ។／ຄາດເດົາບໍ່ໄດ້ເລີຍວ່າທີມໃດຈະຄອບຄຸມການແຂ່ງຂັນ.)

⓮ □ 健闘(する)　(राम्रो खेल (खेल्नु)／ការខិតខំប្រឹងប្រែងយ៉ាងខ្លាំង／
　　　けんとう　　　　ຕໍ່ສູ້ຢ່າງກ້າຫານ, ພະຍາຍາມອັນນັກພຂອງ)

　　▷ 選手の健闘を称える
　　　せんしゅ　　　たた

　　　(खेलाडीको राम्रो मेहनतको प्रशंसा गर्ने／អបអរសាទរការខិតខំប្រឹងប្រែងរបស់កីឡាករ／ຊົມເຊີຍຄວາມ
　　　ພະຍາຍາມອັນນັກພຂອງຂອງນັກກິລາ)

　　▶ いよいよ明日ですね。健闘を祈ってます。
　　　　　　　あす　　　　　　　　　い

　　　(आखिर भोलि खेल हुन्छ। खेल राम्रो होस भनि कामना।／ទីបំផុតនឹងមកដល់នៅថ្ងៃស្អែកហើយ។ ជូនពរ
　　　អោយមានសំណាងល្អ។／ໃນທີ່ສຸດກໍ່ຖືງວັນມື້ອື່ນແລ້ວ. ຂໍໃຫ້ໂຊກດີ.)

UNIT 13

職業・身分・立場
しょくぎょう　みぶん　たちば
(पेशा, पद, जिम्मेवारी／មុខរបរ, អត្តសញ្ញាណ, ហានៈ／ອາຊີບ・ສະຖານະພາບ・ຕຳແໜ່ງ)

音楽・美術
文学など 11
スポーツ 12
職業・身分・立場 13
原料・材料 14
テクノロジー 15
メディア・報道 16
政治・行政 17
国際 18
法・ルール 19
司法・裁判 20

❶ □ **外交官** (कूटनीतिज्ञ／អ្នកការទូត／ນັກການທູດ)
　　がいこうかん

❷ □ **検事** (अभियोजक／ព្រះរាជអាជ្ញា／ໄອຍະການ)
　　けんじ

❸ □ **裁判官** (न्यायाधिस／ចៅក្រម／ຜູ້ພິພາກສາ)
　　さいばんかん

❹ □ **建築士** (आर्किटेक्ट／ស្ថាបត្យករ／ສະຖາປະນິກ)
　　けんちくし

❺ □ **介護士** (हेरचाहकर्ता／អ្នកថែទាំ／ຜູ້ເບິ່ງແຍງ)
　　かいごし

❻ □ **介護福祉士** (हेरचाहकर्ता／អ្នកធ្វើការថែទាំ／ຜູ້ເບິ່ງແຍງ)
　　かいごふくしし

❼ □ **パイロット** (पाइलट／អ្នកបើកយន្តហោះ／ນັກບິນ)

❽ □ **カメラマン** (फोटोग्राफर／ជាងថតរូប／ຊ່າງຖ່າຍຮູບ)

❾ □ **コンサルタント** (कन्सलट्याण्ट／អ្នកប្រឹក្សា／ທີ່ປຶກສາ)

❿ □ **ミュージシャン** (म्युजिसियन, वाद्यवादक／តន្ត្រីករ／ນັກດົນຕີ)

⓫ □ **警備員** (पाले, सुरक्षा गार्ड／សន្តិសុខ／ຍາມ, ພະນັກງານຮັກສາຄວາມປອດໄພ)
　　けいびいん

⓬ □ **大工** (सिकर्मी／ជាងឈើ／ຊ່າງໄມ້)
　　だいく

⓭ □ **料理人** (कुक्, भान्से／ចុងភៅ／ພໍ່ຄົວ)
　　りょうりにん

⓮ □ **実業家** (व्यापारी, उद्योगी／អាជីវករ／ນັກທຸລະກິດ)
　　じつぎょうか

⓯ □ **職人** (शिल्पकार／សិប្បករ／ຊ່າງຝີມື)
　　しょくにん

▷ **家具/ガラス職人**
　　かぐ

(फर्निचर, सिसाको कारिगर／សិប្បករគ្រឿងសង្ហារឹម／ជាងកញ្ចក់／ຊ່າງເຟີນິເຈີ / ແກ້ວ)

⑯ □ **オーナー** （साहु, मालिक, धनी／ម្ចាស់កម្មសិទ្ធិ／ເຈົ້າຂອງ）

▷ 店/ホテル/会社のオーナー

みせ　　　　　　　　かいしゃ

（पसल / होटल / कंपनीको साहु／ម្ចាស់ហាង / សណ្ឋាគារ / ក្រុមហ៊ុន／ເຈົ້າຂອງຮ້ານ / ໂຮງແຮມ / ບໍລິສັດ）

---

⑰ □ **幹部** （कार्यकारी／នាយកប្រតិបត្តិ／ຜູ້ບໍລິຫານ）

かん　ぶ

▷ 将来の幹部候補

しょうらい　　　こう　ほ

（भविष्यका कार्यकारी उम्मेदवारहरू／បេក្ខជននាយកប្រតិបត្តិពេលអនាគត／ຜູ້ລະໝັງເປັນຜູ້ບໍລິຫານໃນ
ອະນາຄົດ）

▶ 幹部によると、不正が行われた事実はないということだ。

　　　　　　　　　　ふ せい　おこな　　　　　じ じつ

（कार्यकारीका अनुसार गलति भएको कुनै प्रमाण छैन।／យោងទៅតាមនាយកប្រតិបត្តិនេះ កុំមានភស្តុតាងនៃ
ការប្រព្រឹត្តខុសនោះទេ។／ອີງຕາມຄຳເວົ້າຂອງຜູ້ບໍລິຫານ, ບໍ່ມີຄວາມຈິງກ່ຽວກັບການເຮັດຜິດ.）

---

⑱ □ **取締役** （ডाইরेक्टर／នាយក／ผู้ầ़ามอยការ, រ័ាមะงามบໍ ลิหาม, สะมาຊิ ก

とりしまりやく　　　　　　　　　　　　　　　ຂອງຄະນະກຳມະການ）

▷ 代表取締役 （सिईओ／អគ្គនាយកប្រតិបត្តិ／ຜູ້ບໍລິຫານສູງສຸດ）

だいひょう

---

⑲ □ **役職** （पद, पोस्ट／មុខងំណែង／ตำแໜ่ง）

やくしょく

▶ うちの会社では、課長や部長など役職名で呼ぶことが多い。

　　　　　かいしゃ　　　　　かちょう　ぶちょう　　やくしょくめい　よ　　　　　おお

（हाम्रो कंपनिमा स्टाफहरुलाई प्रबन्धक या सहायक प्रबन्धक भनेर बोलाईन्छ।／នៅក្រុមហ៊ុនខ្ញុំ យើងច្រើនហៅ
តាមតំណែងដូចជាប្រធានផ្នែកឬប្រធានការិយាល័យជាដើម។／ຜູ້ບໍລິສັດຂອງພວກເຮົາ, ພວກເຮົາມັກຈະ
ເອີ້ນຊື່ຕຳແໜ່ງເຊັ່ນ: ຫົວໜ້າພະແນກ ແລະ ຫົວໜ້າໜ່ວຍງານ.）

---

⑳ □ **中堅** （মধ্যস্তরका／កម្រិតមធ្យម／ບຸກຄົນສຳຄັນ, ຈຸດສູນກາງ, ແກນນຳ）

ちゅうけん

▶ 経験も積んだし、これから会社の中堅として頑張ってください。

けいけん　つ　　　　　　　　　　かいしゃ　ちゅうけん　　　　　がんば

（अनुभवी पनि भएकोले अब कंपनीको मध्यस्तरको स्टाफ भए काम गर्नुहोला।／អ្នកក៏បានបទពិសោធន៍ ហើយខ្ញុំ
សង្ឃឹមថាអ្នកនឹងប្រឹងប្រែងឱ្យសមនឹងភាពជាបុគ្គលិកកម្រិតមធ្យមរបស់ក្រុមហ៊ុនចាប់ពី
ពេលនេះតទៅ។／ປະສົບການຢ່າມີແລ້ວ,ຕໍ່ໄປຈົ່ງພະຍາຍາມສຸດຄວາມສາມາດໃນນາມທີ່ເປັນແກນນຳຂອງ
ບໍລິສັດ.）

㉑ □ **主任** （प्रमुख／ប្រធាន／ผู้ຮับผิดຂอบ, ເຈົ້າໜ້າທີ່ຮັບຜິດຊອບ, ເຈົ້າໜ້າທີ່ອາວຸໂສ）

しゅにん

▷ 調理場の主任（प्रमुख भान्से／ប្រធានផ្នែកផ្គុំបាយ／ຜູ້ຮັບຜິດຊອບຄົວເຮືອນ）

ちょうりば

㉒ □ **マネージャー** （मेनेजर／អ្នកចាត់ការ, អ្នកគ្រប់គ្រង／ຜູ້ຈັດການ）

▷ サッカー部のマネージャー、販売マネージャー

　　　　　ぶ　　　　　　　　　　　　　　はんばい

（फुटबल मेनेजर, बिक्रि मेनेजर／អ្នកចាត់ការផ្នែកកីឡាបាល់ទាត់, អ្នកគ្រប់គ្រងផ្នែកលក់／
ຜູ້ຈັດການສະໂມສອນບານເຕະ, ຜູ້ຈັດການຝ່າຍຂາຍ）

音楽・美術
文学など 11

スポーツ 12

職業・身分・立場 13

原料・材料 14

テクノロジー 15

メディア・報道 16

政治・行政 17

国際 18

法・ルール 19

司法・裁判 20

㉓ □ **アシスタント** (एसिस्टेन्ट／ជំនួយការ／ผู้ช่วย)

▷ 青木さんの下で約5年間、撮影アシスタントを務めてきました。

(आओकीजिको नेतृत्वमा मैले ५ वर्ष सहायक फोटो ग्राफर भएर काम गरें।／ខ្ញុំបានធ្វើជាជំនួយការថតរូបនៅក្រោមលោកអាគីប្រហែល៥ឆ្នាំ។／ຂ້ອຍເຮັດວຽກເປັນຜູ້ຊ່ວຍຖ່າຍຮູບພາຍໃຕ້ ທ່ານ ອາໂອກີ ມາປະມານ 5ປີແລ້ວ.)

㉔ □ **常勤(する)** (पुरा समय／ការធ្វើការពេញម៉ោង／ວຽກເປັນປະຈຳ, ວຽກເຕັມເວລາ)

▷ 常勤のアルバイト

(पुरा समयको काम／ការងារក្រៅម៉ោងបែបពេញម៉ោង／ວຽກເສີມທີ່ເຮັດເຕັມເວລາ)

㉕ □ **非常勤** (पार्ट टाइम／ការធ្វើការក្រៅម៉ោង／ວຽກພິເສດ, ວຽກບໍ່ເຕັມເວລາ, ວຽກເສີມ)

▷ 非常勤講師

(पार्ट टाइम लेक्चर／គ្រូបង្រៀនក្រៅម៉ោង／ອາຈານສອນພິເສດ, ຄູສອນເພີ່ມ)

㉖ □ **肩書き** (पद, पोस्ट／តួនាទី, តំណែង／ຂັ້ນເດັນແລະຕຳແໜ່ງໃນນາມບັດ, ຖານະ ຫາງສັງຄົມ)

▷ 肩書なんか関係ありません。大事なのはその人がどういう人か、ということです。

(पोस्ट ले केही फरक पर्दैन।मुख्य कुराचाहिं उ कस्तो मान्छे हो भन्ने भन्नेमा बर पर्छ।／តំណែងអ្វីៗ ទេ។ អ្វីដែលសំខាន់គឺជាមុនគេនោះជាមនុស្សរបៀបណា។／ຕຳແໜ່ງບໍ່ກ່ຽວ. ສິ່ງທີ່ສຳຄັນກໍ່ຄືຄົນ ນັ້ນເປັນຄົນແນວໃດ.)

㉗ □ **所属(する)** (आवद्ध (हुनु)／ភាពជាសមាជិកក្នុងក្រុមអង្គការណាមួយ／ຢູ່, ເປັນສະມາຊິກ, ສັງກັດ)

▷ 会社の野球チームに所属しています。

(कंपनीको बेसबल टिममा आवद्ध हुन्छु।／ខ្ញុំជាសមាជិកនៅក្នុងក្រុមបាល់បេសបូលរបស់ក្រុមហ៊ុន។／ຂ້ອຍເປັນສະມາຊິກໃນທີມເບສບອນຂອງບໍລິສັດ.)

㉘ □ **ポスト** (पोस्ट, पद／តំណែង／ຕຳແໜ່ງ)

▷ ポストが空く (पद (दरवन्दी) खाली हुनु／តំណែងទំនេរ／ຕຳແໜ່ງວ່າງ)

▷ あの人はいずれ重要なポストに就くでしょう。

(त्यो मान्छे कुनै दिन महत्वपूर्ण पदमा पुग्नेछ।／តាគាន់ឯទូលំតំណែងសំខាន់មួយនៅថ្ងៃណាមួយ។／ໃນທີ່ສຸດຜູ້ນັ້ນກໍຈະໄດ້ດຳລົງຕຳແໜ່ງທີ່ສຳຄັນ.)

㉙ □ **後任** (उत्तराधिकारी／អ្នកជំនួស, អ្នកស្នង／ຜູ້ມາແທນ, ຜູ້ຮັບຕຳແໜ່ງແທນ)

▷ 田中さんが辞めた後、後任には誰がなるんだろう。

(तानाकाजीले छोडेको दिन उनको पत्तराधिकारी को बन्ला?／តើនរណាទៅជាអ្នកស្នងតំណែងក្រោយពេល លោកតាណាកាបានលាលាឈប់។／ຫຼັງຈາກທີ່ທ່ານ ທະນະກະ ລາອອກ, ຜູ້ຮັບຕຳແໜ່ງແທນຊິແມ່ນໃຜ?)

㉚ □ 欠員 (रिक्त पद／ខ្វះបុគ្គលិក／ຕຳแໜ່ງວ່າງ)

▷ **欠員補充** (रिक्त पदहरू भर्दै／ការបំពេញកំណែងទំនេរ／ຕື່ມເຂົ້າຕຳแໜ່ງວ່າງ)

㉛ □ 異動(する) (सरुवा／ការផ្លាស់ការងារ／ย້າຍ)

▷ **9月から広報部に異動することになりました。**
(म सेप्टेम्बरदेखि जनसम्पर्क विभागमा सरुवा हुनेछु।／ខ្ញុំត្រូវបានផ្លាស់ការងារទៅផ្នែកទំនាក់ទំនងសាធារណៈ ចាប់ពីខែទៅ។／ຂ້ອຍຖືກຖ້າຍໄປຢູ່ພະແນກປະຊາສຳພັນແຕ່ເດືອນກັນຍາ.)

㉜ □ 配属(する) (जिम्मेवारी (तोक्नु)／ការចាត់តាំង／ສັ່ງໄປປະຈຳ, แต่ງຕັ້ງ, ມອບໝາຍ)

▷ **営業部への配属が決まりました。**
(बिक्रि विभागमा खटाउनेनिर्णय भयो।／ខ្ញុំត្រូវបានចាត់តាំងឱ្យទៅធ្វើការនៅផ្នែកលក់។／ຂ້ອຍຖືກມອບໝາຍ ໃຫ້ເຮັດວຽກຢູ່ຝ່າຍຂາຍ.)

㉝ □ 経歴 (करिअर／ប្រវត្តិរូប／ປະຫວັດສ່ວນໂຕ)

▷ **実は、彼女は変わった経歴の持ち主です。**
(वास्तवमा, उनको एक असामान्य पृष्ठभूमि छ।／តាមពិតនាងមានប្រវត្តិមិនធម្មតា។／ຄວາມຈິງແລ້ວລາວມີ ປະຫວັດທີ່ບໍ່ທຳມະດາ.)

㉞ □ キャリア (करिअर／អាជីព／ອາຊີບ, ວຽກງານ)

▷ **通訳としてのキャリアを積む、キャリアアップ**
(दोभाषेको रुपमा करिअर बनु／កសាងអាជីពជាអ្នកបកប្រែផ្ទាល់មាត់, ការអភិវឌ្ឍអាជីព／ສ້າງອາຊີບເປັນ ນາຍແປ, ການຍົກລະດັບອາຊີບ)

㉟ □ 人材 (जनशक्ति／ធនធានមនុស្ស／ຂັບພະຍາກອນມະນຸດ)

▷ **人材を育てる**
(जनशक्तिको विकास गर्नु／បណ្ណះបណ្ណាលធនធានមនុស្ស／ພັດທະນາຂັບພະຍາກອນມະນຸດ)

▷ **優秀な人材を確保しようと、どの企業も必死だ。**
(प्रत्येक कम्पनीले प्रतिभाशाली जनशक्ति सुरक्षित गर्न प्रयास गरिरहेको छ।／ក្រុមហ៊ុននីមួយៗក៏ប្រឹងប្រែងយ៉ាង ខ្លាំងដើម្បី រក្សាទុកធនធានមនុស្សដែលមានទេពកោសល្យៗ។／ບັນດ່າບໍລິສັດພະຍາຍາມຢ່າງເຕັມກຳລັງ ເພື່ອໃຫ້ໄດ້ຂັບພະຍາກອນມະນຸດທີ່ມີຄວາມຮູ້ຄວາມສາມາດ.)

㊱ □ あっせん／斡旋(する) (मध्यस्थता／ការជួយសម្របសម្រួល／ໄກ່ເກ່ຍ, ເປັນສື່)

▷ **留学/就職を斡旋する**
(विदेशिक पढाइ/काम का व्यबस्था गर्नु／ជួយរកការងារអោយ/ជួយរៀបចំអោយទៅសិក្សានៅបរទេស／ເປັນ ສື່ສຳລັບການຮຽນຕ່າງປະເທດ/ວຽກເຮັດງານທຳ)

37 □ **雇用(こよう)(する)** (कर्मचारी भर्ना (गर्नु)／ការជួលអោយធ្វើការ／ຈ້າງວຽກ, ຈ້າງ)

▷ 雇用契約(けいやく)、終身(しゅうしん)雇用

(स्टाफ राख?ने संझौता, स्थायी संझौता／កិច្ចសន្យាការងារ, ការងារពេញមួយជីវិត／ສັນຍາການຈ້າງວຽກ, ການຈ້າງວຽກໄລຍະຍາວ)

38 □ **解雇(かいこ)(する)** (कर्मचारीलाई निकाल्नु／ការបញ្ឈប់ពីការងារ／ປົດອອກ, ໄລ່ອອກ)

39 □ **エリート** (ठूलावडा (धनी -महाजन)／វរជន／ຫົວກະທິ, ຄົນຊັ້ນສູງ)

▷ エリート意識(いしき)を持(も)つ

(ठूलाबडा हुँ भन्ने घमण्ड गर्नु／មានផ្នត់គំនិតវរជន／ມີຄວາມພາກພູມໃຈທີ່ເປັນຄົນຊັ້ນສູງ)

40 □ **庶民(しょみん)** (सामान्य मानिस／ប្រជាជនធម្មតា／ຄົນທຳມະດາ, ຄົນທົ່ວໄປ)

▶ 議員(ぎいん)の人(ひと)たちは私(わたし)たち庶民とは感覚(かんかく)が違(ちが)うんでしょう。

(सभाका सदस्यहरु हामी सामान्य मानिस भन्दा फरक हुनुपरने हो।／ខ្ញុំគិតថាសមាជិកសភាមានអារម្មណ៍ខុសពីប្រជាជនធម្មតា។／ຄິດວ່າສະມາຊິກສະພາມີຄວາມຮູ້ສຶກທີ່ແຕກຕ່າງຈາກພວກເຮົາທີ່ເປັນຄົນທຳມະດາ.)

41 □ **現役(げんえき)** (सक्रिय／ការងារសកម្មភាពបច្ចុប្បន្ន／ປະຈຳການ, ການປະຕິບັດໜ້າທີ່)

▷ 現役を引退(いんたい)する

(सक्रिय जिम्मेवारीबाट हट्नु／ដកខ្លួនចេញពីកាតព្វកិច្ចសកម្ម／ບຳນານຈາກການປະຕິບັດໜ້າທີ່)

▶ 祖母(そぼ)は70歳(さい)を過(す)ぎても、まだ現役で働(はたら)いている。

(हजुरआमा ७० बर्ष नाघे पनि अझै सक्रिय रुपमा काम गर्दै हुनुहुन्छ।／ជីដូនរបស់ខ្ញុំនៅតែធ្វើការ ទោះបីជាតែគាត់មានអាយុជាង៧០ឆ្នាំក៏ដោយ។／ແມ່ເຖົ້າຂອງຂ້ອຍຍັງເຮັດວຽກປະຈຳການຢູ່ເຖິງວ່າອາຍຸກາຍ 70 ປີແລ້ວກໍ່ຕາມ.)

42 □ **新卒(しんそつ)** (कलेज उत्तिर्ण हुनासाथ／ការទើបបញ្ចប់ការសិក្សាពីសកលវិទ្យាល័យ／ຜູ້ຮຽນຈົບໃໝ່)

▶ 今回(こんかい)の募集(ぼしゅう)は新卒の方(かた)のみが対象(たいしょう)となります。

(यसपालिको बिग्यापन भर्खर कलेज पास भएकाहरुको लागि मात्र हो।／ការជ្រើសរើសលើកនេះគឺសម្រាប់តែនិស្សិតទើបបញ្ចប់ការសិក្សាប៉ុណ្ណោះ។／ການຮັບສະໝັກເທື່ອນີ້ແມ່ນສຳລັບຜູ້ຮຽນຈົບໃໝ່ເທົ່ານັ້ນ.)

43 □ **ニート** (विद्धयालय नजाने, काम नगर्ने／អ្នកដែលមិនទៅសាលា មិនធ្វើការងាររឺ ទទួលការហ្វឹកហាត់ការងារ／ຊາວໜຸ່ມທີ່ບໍ່ໄດ້ໄປຮຽນ ຫຼື ຊອກວຽກເຮັດ.)

★学校に通うことも就職活動をすることもない若者。
युवाहरू जो न त विद्यालय जान्छन् न जागिर खोज्छन्।／យុវវ័យដែលមិនទៅសាលាហើយក៏មិនធ្វើការងារដែរ។／ຊາວໜຸ່ມທີ່ບໍ່ໄດ້ໄປຮຽນ ຫຼື ຊອກວຽກເຮັດ.

44 □ **内定(ないてい)** (अनौपचारिक प्रस्ताव／ការផ្តល់ការងារ／ຂໍ້ສະເໜີວຽກຢ່າງບໍ່ເປັນທາງການ,ການຕັດສິນໃຈເບື້ອງຕົ້ນ)

▶ 先日面接(せんじつめんせつ)を受(う)けた会社(かいしゃ)から内定(ないてい)をもらえた。

(भर्खरै अन्तर्वार्ता दिएको कंपनिबाट अनौपचारिक प्रस्ताव आएको छ।／ខ្ញុំបានទទួលការងារពីក្រុមហ៊ុនដែលខ្ញុំបានទៅសម្ភាសថ្ងៃមុន។／ໄດ້ຮັບຂໍ້ສະເໜີວຽກຈາກບໍລິສັດທີ່ໄດ້ເຂົ້າສຳພາດໃນມື້ກ່ອນ.)

原料・材料
げんりょう　　　ざいりょう
(कच्चा पदार्थ, सामग्री／វត្ថុធាតុដើម, វត្ថុធាតុ／ອັດຖຸດິບ・ສ່ວນປະກອບ)

---

❶ □ 鋼鉄 (स्टिल／ដែកថែប／ເຫຼັກກ້າ,)
こうてつ

▶ この床の部分は鋼鉄でできている。
　　ゆか　ぶぶん

(यो भुईं स्टिलले बनेको छ।／ផ្នែកនៃកម្រាលនេះធ្វើពីដែកៗ／ພື້ນສ່ວນນີ້ເປັນເຫຼັກ.)

❷ □ 鉄鋼 (स्टिल／ដែកនិងដែកថែប／ເຫຼັກແລະເຫຼັກກ້າ)
てっこう

▷ 鉄鋼メーカー (स्टिल कंपनि／អ្នកផលិតដែកនិងដែកថែប／ຜູ້ຜະລິດເຫຼັກ)

---

❸ □ 鉛 (लिड／សំណ／ກົ່ວ)
なまり

---

❹ □ 発砲スチロール (स्टाइलफोम／ស្ទ័រ／ໂฟມ)
はっぽう

---

❺ □ 産出 (उत्पादन (गर्नु)／ការផលិត／ຜະລິດ, ຕົ້ນ)
さんしゅつ

▷ 石油の産出量
　せきゆ　　りょう

(तेलको उत्पादन परिमाण／បរិមាណផលិតប្រេងកាត／ຕົ້ນຜะລິດน້ำมัน)

---

❻ □ 肥料 (मल／ជី／ຝຸ່ນ)
ひりょう

▷ 化学肥料 (रासायनिक मल／ជីគីមី／ຝຸ່ນເຄມີ)
　かがく

---

❼ □ 繊維 (फाइबर／ជាតិសរសៃ／ເສັ້ນໃຍ)
せんい

▷ 化学繊維 (रासायनिक फाइबर／ជាतិសរសៃគីมี／ເສັ້ນໃຍสังเຄาะ)
　かがく

▶ 服などの細かい繊維も、これでよく拭き取ることができます。
　ふく　　　こま　　　　　　　　　　　　　ふ　と

(कपडामा भएको मसिनो फाइबरलाई पनि यस्ले निकाल्न सकिन्छ।／ជាतិសរសៃល្អិតចេញពីខោអាវជាដើម
ក៏អាចជូតចេញបានយ៉ាងស្អាតដោយប្រើអានេះៗ／แม่นແຕ່ເສັ້ນໃຍລະອຽດຂອງເຄື່ອงນຸ່ງແລະອື່ນໆกໍ
สามาດใຊ้ສິ່ງນີ້เຊັ໊ดออกได้ย่างง่ายดาย.)

UNIT 15

テクノロジー (प्रविधि／បច្ចេកវិទ្យា／ເທักໂນໂລຊี)

❶ □ 原子力発電／原発 (आणविक शक्ति／परमाणु शक्ति／ការផលិតថាមពលនុយក្លេអ៊ែរ／ស្ថានីយ៍ ថាមពលនុយក្លេអ៊ែរ／ພะลัງງานมือเฉลย／พะลัງງานมือเฉลย)
げんしりょくはつでん／げんぱつ

❷ □ 放射能 (विकिरण सक्रियता／វិទ្យុសកម្ម／ກำมันตะພาบลัງสี)
ほうしゃのう

❸ □ 太陽光発電 (सौर्य ऊर्जा／ការផលិតថាមពលដោយប្រើឈ្លឺព្រះអាទិត្យ／ພะลัງງานแสງຕาเวัน)
たいようこうはつでん

❹ □ 省エネルギー／省エネ (ऊर्जा बचत／ការសន្សំសំចៃថាមពល／ການປະຢັດພะลัງງาน／ການປະຢັດພะลัງງาน)
しょう

❺ □ テクノロジー (प्रविधि／បច្ចេកវិទ្យា／ເທัກໂນໂລຊี)

❻ □ バイオテクノロジー (बिभिन्नकिसिमको प्रविधि／បច្ចេកវិទ្យាជីវសាស្ត្រ／ເທัກໂນໂລຊีຊีวะພาบ)

❼ □ 先端技術 (उन्नत प्रविधि／បច្ចេកវិទ្យាទំនើប／ເທัກໂນໂລຊีກ້าวໜ้า)
せんたんぎじゅつ

❽ □ 仕組み (सिस्टम／យន្តការ／ໂຄງร่าງ, ໂຄງສ้าງ, ลักสะบะ)
しく

▶ この機械はどういう仕組みで動いてるんでしょう？
きかい うご

(यो मेसिनले (यन्त्र) ले कसरि काम गर्छ?／តើម៉ាស៊ីននេះដំណើរការដោយយន្តការបែបណា？／
ເຄื่อງจักนี้เຮັດວຽກແบบใด?)

❾ □ 制御(する) (नियन्त्रण／ការគ្រប់គ្រង／ຄอบคุม, บัງคับ)
せいぎょ

▶ この列車は、緊急時にはスピードが自動的に制御されるようになっている。
れっしゃ きんきゅうじ じどうてき

(यो रेल आकस्मिक अवस्थामा नियन्त्रणमा ल्याउन मिल्ने छ।／រថភ្លើងនេះអាចគ្រប់គ្រងល្បឿនដោយ
ស្វ័យប្រវត្តិនៅពេលមានអាសន្ន។／ลຖไฟຂະบວนนี้จะฤูกคอบคุมโดยอัตะโนมัดใน
ก่าละปิฉุกเສิน.)

❿ □ 出力(する) (आउटपुट／ការបញ្ចេញ／ສิ่ງสัນຍานออก)
しゅつりょく

▶ パソコンからテレビに出力することもできます。

(कम्प्युटरबाट टिभीमा आउटपुट गर्न पनि सकिन्छ।／ទូរទស្សន៍អាចបញ្ចេញពីកុំព្យូទ័របាន។／ท่านสามาຖสิ่ງ
สัນຍานออกจากคอมพิວเตี้ไปทาງโทละสับได้อิกด้วย.)

⓫ □ フィルター (फिल्टर, जाली／តម្រង／ຕอງ, ກັ່ນຕอງ, แบວຕอງ, ฟิอเตี้)

▷ フィルターを掃除する (फिल्टर सफा गर्नु／សម្អាតតម្រង／ทำความสะอาดแบວຕอງ)
そうじ

音楽・美術 文学など 11

スポーツ 12

職業・身分・立場 13

原料・材料 14

テクノロジー 15

メディア・報道 16

政治・行政 17

国際 18

法・ルール 19

司法・裁判 20

UNIT 16

メディア・報道
ほうどう
(संचार माध्यम, कभरेज／ប្រព័ន្ធផ្សព្វផ្សាយ, ពត៌មាន／ສື່・ການລາຍງານ)

---

❶ □ メディア (संचारमाध्यम／ប្រព័ន្ធផ្សព្វផ្សាយ／ສື່)

▶ この新サービスは、さまざまなメディアに紹介された。
しん　　　　　　　　　　　　　　　　　　しょうかい

(यो नयाँ सेवा विभिन्न सञ्चारमाध्यममा ल्याइयो／សេវាកម្មថ្មីនេះត្រូវបានណែនាំឱ្យស្គាល់នៅលើប្រព័ន្ធ ផ្សព្វផ្សាយផ្សេងៗ។／ບໍລິການໃໝ່ນີ້ໄດ້ຖືກນຳສະເໜີໃນສື່ຕ່າງໆ.)

❷ □ マスメディア (आम संचार／ប្រព័ន្ធផ្សព្វផ្សាយធំៗ／ສື່ມວນຊົນ)

---

❸ □ 報道(する) (कभरेज (गर्नु)／ពត៌មាន, ការរាយការណ៍／ລາຍງານ, ຂ່າວ, ການຽបງຂາວ)
ほうどう

▷ 報道機関 (समाचार संस्था／ភ្នាក់ងារសារព័ត៌មាន／ອົງການຂ່າວ)
き　かん

▶ テレビや新聞で報道されていない事実もある。
しんぶん　　　　　　　　　　　　　　じじつ

(टिभी या पत्रिकाले कभरेज नगरिदिएको वास्तविकता पनि छ।／ក៏មានការព័ត៌ខ្លះដែលមិនត្រូវបានរាយការណ៍ តាមទូរទស្សន៍ ឬតាមកាសែតៗ។／ຂໍ້ແທ້ຈິງບາງຢ່າງທີ່ບໍ່ຖືກລາຍງານຢູ່ໃນໂທລະພາບຫຼືໜັງສືພິມ.)

❹ □ 報じる (कभरेज गर्नु／រាយការណ៍／ແຈ້ງ, ລາຍງານ)
ほう

▶ 事件は海外のメディアでも大きく報じられた。
じけん　かいがい　　　　　　　　　　おお

(यो घटना विदेशी सञ्चारमाध्यममा निकै चर्चामा आएको थियो／ឧបទ្ទេវហេតុនេះត្រូវបានរាយការណ៍យ៉ាង ទូលទូលាយនៅលើប្រព័ន្ធផ្សព្វផ្សាយបរទេស។／ເຫດການດັ່ງກ່າວໄດ້ຖືກລາຍງານຢ່າງກວ້າງຂວາງຂອງໃນສື່ ຕ່າງໆປະເທດ.)

❺ □ 速報 (ताजा खबर／ពត៌មានទាន់ហេតុការណ៍／ລາຍງານດ່ວນ, ຂ່າວດ່ວນ)
そく

▶ 〈テレビ〉今入った速報です。政府は…
いま　　　　　　そく　　　　せいふ

(<टिभी> भखरै आएको ताजा खबर। सरकार...／(ទូរទស្សន៍) នេះជាព័ត៌មានទាន់ហេតុការណ៍ដែលទើបតែ បានទទួល។ រដ្ឋាភិបាល...／〈ໂທລະຫັດ〉 ນີ້ແມ່ນຂ່າວດ່ວນທີ່ຫາກໍ່ເຂົ້າມາ. ລັດຖະບານ ...)

---

❻ □ 警報 (चेतावनी／ការប្រកាសអាសន្ន／ສັນຍານເຕືອນໄພ, ເຕືອນ)
けいほう

▷ 津波警報 (सुनामिको चेतावनी／ការប្រកាសអាសន្នស៊ូណាមិ／(ເຕືອນໄພສືນາມິ)
つなみ

❼ □ 注意報 (चेतावनी／ការប្រកាសព្រមាន／ການປະກາດເຕືອນໄພ)
ちゅうい

▷ 大雨洪水注意報
おおあめこうずい

(अधिक वर्षा र बाढीको चेतावनि／ការប្រកាសព្រមានពីទឹកជំនន់និងភ្លៀងធ្លាក់ខ្លាំង／ການປະກາດເຕືອນໄພ ນ້ຳຖ້ວມແລະຝົນຕົກຫນັກ)

音楽・美術
文学など　11

スポーツ　12

職業・身分・立場　13

原料・材料　テクノロジー　14

15

メディア・報道　16

政治・行政　17

国際　18

法・ルール　19

司法・裁判　20

❽ □ **中継(する)** (ប្រសារណ (កន្ត្រ)／ការផ្សាយបន្ត／ຖ່າຍທອດສົດ)
ちゅうけい

▶〈ニュース〉事故現場からの中継です。
じ こ げんば

(<សមាចារ> យ៉ ដុរ្ឃតនា ស្ថលបាទ ប្រសារណ ហ៉ៈ／(ពត៍មាន) នេះគឺជាការផ្សាយបន្តពីកន្លែងកើតហេតុៗ／〈ຂ່າວ〉 ນີ້ແມ່ນການຖ່າຍທອດສົດຈາກສະຖານທີ່ເກີດອຸປະຕິເຫດ.)

❾ □ **取材(する)** (អន្តរ្វាតា／ការយកពត៍មាន／ເອົາຂ່າວ, ຫາຂ່າວ, ເກັບຂໍ້ມູນ (ເພື່ອເຮັດຂ່າວ))
しゅざい

▶ちゃんとした取材に基づいた記事です。
もと　き じ

(យ៉ លេខ ឧចិត អន្តរ្វាត៌ាមា អាធារិត ឆ្／អត្ថបទនេះគឺផ្អែកលើការសម្ភាសន៍ត្រឹមត្រូវៗ／ບົດຄວາມນີ້ແມ່ນອີງໃສ່ການເກັບຂໍ້ມູນຢ່າງເໝາະສົມ.)

❿ □ **特集(する)** (មុខ្យ ឯជេណ្ឌា (ឆាន្ទ)／អត្ថបទពិសេស／ສະບັບພິເສດ, ລາຍລະອຽດພິເສດ, ບົດຄວາມພິເສດ)
とくしゅう

▷ 雑誌の特集 (បត្រិកាឝ មុខ្យ ឝិឞយ／អត្ថបទពិសេសនៅលើទស្សនាវដ្ដី／ບົດຄວາມພິເສດຂອງວາລະສານ)
ざっし

⓫ □ **コラム** (កោលម／អត្ថបទ／ຄໍລຳ, ບົດຄວາມໃນສ່ວນທີ່ຖືກກຳນົດໄວ້ໃນໜັງສືພິມຫຼືວາລະສານ.)

▷ 新聞のコラム (បត្រិកាឝ កោលម／អត្ថបទកាសែត／ຄໍລຳຫນັງສືພິມ)
しんぶん

⓬ □ **掲載(する)** (ឆាបិន្／ការចុះផ្សាយ／ຈັດພິມ, ປະກົດ)
けいさい

▷ 記事を掲載する (លេខ ឆាឝ្／ចុះផ្សាយអត្ថបទ／ຈັດພິມບົດຄວາມ)
き じ

▶この店はよく雑誌に掲載される。
みせ　ざっし

(យ៉ បសលឝ កុរ៉ បត្រ បត្រិកាមា ឆាបិឝរ្ឍេឝ៉ ហុន្ឆ／ហាងនេះត្រូវបានចុះផ្សាយជាញឹកញាប់នៅក្នុងទស្សនាវដ្ដីៗ／ຮ້ານນີ້ມັກຈະປະກົດຢູ່ໃນວາລະສານ.)

⓭ □ **連載(する)** (ក្រមឝឆ្ឆ／ការចុះផ្សាយជាបន្តបន្ទាប់／ສືບເນື່ອງເປັນຕອນ/ລຳດັບຕໍ່ເນື່ອງກັນ)
れん

▶これは雑誌に連載されていたエッセイをまとめた本です。
ほん

(យ៉ បសលឝ បត្រិកាហរុមា ក្រមឝឆ្ឆ ឆាបិឝរ្ឍេឝ៉ ឝថាហរុឝ៉ ស័ឝាលោឝ ឝិតាប ហ៉ៈ／នេះជាសៀវភៅដែលបានចងក្រងអត្ថបទដែលត្រូវបានចុះផ្សាយជាបន្តបន្ទាប់ក្នុងទស្សនាវដ្ដីៗ／ນີ້ແມ່ນປຶ້ມທີ່ຮວບຮວມເອົາບົດຄວາມທີ່ຖືກເອົາລົງຕໍ່ເນື່ອງໃນວາລະສານ.)

⓮ □ **世論** (ជនមត／មតិសាធារណៈ／ຄວາມຄິດເຫັນຂອງປະຊາຊົນ, ມະຕິມວນຊົນ)
よろん／せろん

▷ 世論調査、国際世論
ちょうさ　こくさい

(ជនមត សវ៌ិឞណ, អន្តរ៌ាឞ្ទ្រិយ រាយ／ការស្ទង់មតិសាធារណៈៈ, មតិសាធារណៈៈអន្តរជាតិ／ການສຳຫຼວດປະຊາມະຕິ, ຄວາມຄິດເຫັນຂອງມວນຊົນສາກົນ)

▶相変わらず、世論を無視した政治が行われている。
あいか　む し　せい じ　おこな

(ជនមតឝ៉ ឝៃឝស្ត កៃ សរការឝ៉ និរន្តរតា ឆ្／នយោបាយដែលមិនអើពើនឹងមតិសាធារណៈៈត្រូវបានអនុវត្តឱ៏មុនដៃៗ／ຕາມປົກກະຕິ, ການເມືອງຖືກຈັດຕັ້ງປະຕິບັດໂດຍບໍ່ສົນໃຈກັບຄວາມຄິດເຫັນຂອງປະຊາຊົນ.)

UNIT 17

政治・行政
せい じ　ぎょうせい

(राजनीति, प्रशासन／ນโยบาย, ລັฐบาล／ການเมือງ・ການปົກครอງ)

---

❶ □ 内閣 (संसद, क्याबिनेट／คณะรัฐมนตรี／ຄะบะลัดถะมินติ)
ない かく

▷ 内閣の改造 (मन्त्रीपरिषद्पुनर्गठन／ការเช็กणะรัฐมนตรี／ການปับคะบะลัดถะมินติ)
かい ぞう

---

❷ □ 政権 (बहुमत／รัฐาภิบาล／ອำนาจທาງການเมือງ, ອำนาจການปົກครอງ)
せい けん

▷ 政権をとる

(शक्ति प्राप्त गर्नु (बहुमत ल्याउनु)／การอำนาจ／ยึดອำนาจ)

▶ この問題は、現政権の不安材料となっている。
もんだい　げん　ふ あんざいりょう

(यो समस्या वर्तमान प्रशासनका लागि चिन्ताको विषय हो।／បញ្ហานะเป็นประเด็นแห่งการเกรงขามสำรับ
รัฐาภิบาลบดจุบ័ญฑ។／ບັนຫานี้ล้วງຄวามກັງวอมต่ออำนาจການปົกครอງปะจุบัน.)

---

❸ □ 立法 (संविधान／นีติกมฺ, ការบเช่็ตฉบับ／ມิติบันยัด, ການออกกฎหมาย)
りっ ぽう

▶ 国会は国の立法機関です。
こっかい　くに　き かん

(संसद देशको कानून बनाउने ठाउँ हो।／रัฐसभा គีจาสฺถาบันนีติบัยญัติรับปริรของประเทศ។／ສะພาแห่งຊาด
แม่นอົงການมิติบันยัดຂอງปะเทด.)

---

❹ □ 衆議院 (प्रतिनिधि सभा／สภาจารู่สาบ, สภาคัณณางกรสฺ／สะพาลุ่ม,
しゅう ぎ いん　　　　สะพาผู้แทนลาดสะดอม)

---

❺ □ 参議院 (राष्ट्रिय सभा／สภาจารู่ຂຸ່ส, ปริทูสภา／อุดทิสะพา)
さん ぎ いん

---

❻ □ 与党 (सत्ताधारी दल／บักการ์อำนาจ／พักลัดถะบาน)
よ とう

---

❼ □ 対 野党 (विपक्षी दल／บักประงัง／พักฝ่ายค้าน)
や

---

❽ □ 保守 (परंपरा (मान्य)／การอภิรักษ์／ການอะนุลัก, ການสะຫງวน)
ほ しゅ

▷ 保守勢力
せい りょく

(रूढीवादी शक्तिहरु／กลุ่มองอภิรักษ์／ກฤากำลัງอะนุลักนิยม)

❾ □ 保守的(な) (रूढीवादी (पुरानो विचार भएको)／ใบบอภิรักษ์, ដែលมินฉุลฉิตฺฏฺฐฺฬฺฬฺ／อะนุลักนิยม, เຊิ้งละຫงวนไว้)
てき

▷ 保守的な考え方
かんが　かた

(रूढीवादी सोचाइ भएको／คันนิตใบบอภิรักษ์／แนวคิดอะนุลักนิยม)

---

❿ □ 対 革新 (क्रान्ति／កំណែទម្រង់／ການປະຕິຮູບ)
かくしん

▷ 革新派 (क्रान्तिकारी दल वा समूह／ក្រុមធ្វើកំណែទម្រង់／ກຸ່ມປະຕິຮູບ)
は

⓫ □ 革新的(な) (क्रान्तिकारी／ដែលថ្មីប្រឌិត，ម:ៗ័ដតះរំៗ，ທີ່ປ្ប្រ្ប្រ្ប្រ្ៗ្ប្ៗ្ម)

▷ 革新的なデザイン (नौलो डिजाइन／ការច្នៃថ្មីប្រឌិត／ການອອກແບບທີ່ເປັນມະໂນທຳໃໝ່)

⓬ □ 資本主義 (पूँजीवादी／មូលធននិយម／ລະບົບທຶນນິຍົມ, ລັດທິ ທຶນນິຍົມ, ລັດທິ
しほんしゅぎ　　　　　　　　　　　　　ນายทึน)

⓭ □ 社会主義 (समाजवादी／សង្គមនិយម／ລັດທິສັງຄົມນິຍົມ, ລັດທິສັງຄົມນິຍົມ)
しゃかい

⓮ □ 共産主義 (साम्यवादी／កុម្មុយនិស្តនិយម／ຄອມມິວນິດ, ລັດທິຄອມມິວນິດ, ລັດທິໃຫ້ມີກຳມະສິດຮ່ວມກັນ)
きょうさん

⓯ □ 公約(する) (निर्णय गर्नु／ការសច្ចាប្រណិធាន／ສັນຍາຂອງລັດຖະບານກັບ
こうやく　　　　　　　　　　　　　　　ປະຊາຊົນ)

▶ 民主党は減税を公約に掲げた。
みんしゅとう　げんぜい　　　　　かか

(लोकतान्त्रिक पार्टीले कर कटौती गर्ने वाचा गरेको छ।／គណបក្សប្រជាធិបតេយ្យបានសន្យាថានឹងកាត់បន្ថយពន្ធ។／ພັກປະຊາທິປະໄຕສັນຍາວ່າຈະຫຼຸດພາສີ.)

⓰ □ 政策 (नीति／គោលនយោបាយ／ນະໂຍບາຍ, ມາດຕະການທາງການເມືອງ)
せいさく

▷ 経済政策 (आर्थिक नीति／គោលនយោបាយសេដ្ឋកិច្ច／ນະໂຍບາຍເສດຖະກິດ)
けいざい

▶ 政治家には、政策についてもっと議論をしてほしい。
せいじか　　　　　　　　　　　ぎろん

(राजनीति गर्नेहरूले नीतिको बारेमा अलिक छलफल गर्नन्।／ខ្ញុំចង់ឱ្យឃើញអ្នកនយោបាយជជែកគ្នាបន្ថែមទៀតអំពីគោលនយោបាយ។／ຢາກໃຫ້ນັກການເມືອງມີການຖົກຖຽງກ່ຽວກັບນະໂຍບາຍຫຼາຍຂຶ້ນ.)

⓱ □ 統治(する) (शासन (गर्नु)／ការកាន់កាប់, ការគ្រប់គ្រង／ປົກຄອງ, ຄອບຄຸມ)
とうち

▶ 現在、この地域は国連の統治下にある。
げんざい　　　　ちいき　こくれん　とうちか

(अहिले यो ठाउँ संयुक्त राष्ट्रसंघ मातहत शसित छ।／បច្ចុប្បន្ន: តំបន់នេះស្ថិតនៅក្រោមការគ្រប់គ្រងរបស់អង្គការសហប្រជាជាតិ។／ປະຈຸບັນ, ເຂດດັ່ງກ່າວຢູ່ພາຍໃຕ້ການຄອບຄຸມຂອງອົງການສະຫະປະຊາຊາດ.)

⓲ □ 介入(する) (हस्तक्षेप (गर्नु)／ការជ្រៀតអន្តរាគមន៍／ແຊກແຊງ, ກ້າວກ່າຍ)
かいにゅう

▷ 他国の軍事介入
たこく　ぐんじ

(विदेशी सैन्य हस्तक्षेप／អន្តរាគមន៍យោធារបស់ប្រទេសដទៃទៀត／ການແຊກແຊງທາງທະຫານຂອງປະເທດອື່ນ)

▶ このまま円高が続けば、政府が市場介入するかもしれない。
えんだか　つづ　　　　　せいふ　しじょう

(येनको मूल्यवृद्धि गिरिरह्यो भने, सरकारले बजारमा हस्तक्षेप गर्न सक्छ।／ប្រសិនបើលុយយេនបន្តឡើងថ្លៃបែបនេះ, រដ្ឋាភិបាលប្រហែលនឹងអន្តរាគមន៍ទីផ្សារ។／ຖ້າເງິນເຢັນຍັງສືບຕໍ່ແຂງຄ່າ, ລັດຖະບານອາດຈະເຂົ້າແຊກແຊງໃນຕະຫຼາດ.)

⑲ □ 行政 （ប្រសាសន／រដ្ឋបាល／ບໍລິຫານ, ບິຫຄອງ）
きょうせい

▷ 国の行政機関、地方行政
くに　　　ぎょうせい きかん　ちほう

（រាฎ្ឋិយ ប្រសាសនិក អង្គ, ស្ថានីយ ប្រសាសន／ស្ថាប័នរដ្ឋបាលនៃប្រเទស, អាฎ្ញាธรกำบន់／ອົງການບໍລິຫານ
ແຫ່ງຊາດ, ການບໍລິຫານອງທ້ອງຖິ່ນ）

⑳ □ 福祉 （កល្យាณការี／សុขមាលភាព／ສະຫວັດດິການ）
ふくし

▷ 福祉国家 （កល្យាณការी រាជ្យ／រដ្ឋដែលគិតគូរពីសុขមាលภាពប្រជាชន／ສະຫວັດດິການແຫ່ງລັດ）
こっか

㉑ □ 財政 （បจេ二／បริ្ญភ្តุ／ການເງິນ, ການເງິນແຫ່ງລັດ）
ざいせい

▷ 財政赤字 （បจេ二 ฆា二／ឱនภាពថีก／ການขาดดุนຮົบປະมาณ）
あかじ

▶ 市の財政は破綻寸前だ。
し　　 ざいせい　　 は たんすんぜん

（สहरको आर्थिक अवस्था (บจे二) धराशायी छ／បริ្ញฤตุรបស់ទីក្រុងជិตถึงถานดាล់ការຄ្ยยธ̄ร̄／
ការເງິນຂອງເมืອงใกล้จะล้มละลาย.）

㉒ □ 官僚 （ប្រសាสក／ការិយាលខានុការ／ขาลาดຂะราม, ລัดถะราบ）
かんりょう

㉓ □ 自治 （ស្វतन्ट／ស្វ័យត／ການปกถอງดิมเอง）
じち

▷ 学生の自治会 （विद्यार्थीको स्वतन्त्र संगठन／សมาครมรដ្ឋបាລនិស្ស័ต／ສะพามักรยบ）
がくせい　 かい

㉔ □ 自治体 （នगर (กา5̄) पालिका／រដ្ឋបាลตำบน់／ລัดถะบาลท้อງถิ่ม）
たい

▷ 地方自治体
ちほう

（स्थानीय सरकार／រដ្ឋบាลมูลฐาน／ลัดถะบาลท้อງถิ่ม）

㉕ □ 税務署 （कर कार्यालय／ការិយាลัยพຄฌ二ງ̄ร／ท้อງการพาสี）
ぜいむしょ

㉖ □ 独裁(する) （निरंकुशतन्त्र／ការប្រើอำนาจផ្តាច់ការ／ອำมาดผะเดักການ,
どくさい　　ฉอามพัก่ข̄）

㉗ □ 天下り （ฤकुम चลाउनु／ការไปมนตรีบានฌบ់ការเฌาរฌ្ญមកฌ្ญการเฌาเน្លกรมฮ៊้នฆกฆยดែលมากกำปุ่งนึก
あまくだ　 ฉินาฎ្ญຂ្อ̄งกาลพีฌ្ญามฬ្ร័กฌ្ญการ／ការเข้าฐับดำแพ่ยไขยในบ่อติสิ่นเอกาะฉ์อຂอງລัดถะทอมดำแพ่ยผูฐขายผู้กิมเบ้ยบ่ามาย）

▷ 官僚の天下り
かんりょう

（नोकरशाहको ฤकुम／ฆ្ริฌ្ញการเฌาเน្លกรมฮ៊้นฆກฆยดែលมากก្ติญ្ธถุ่งนึก
ฉินาฎ្ญข้อ̄งมែลฌ្ญฌฌ្ญมลพีฌ្ญามฌ្ริฌ្ญการ／ฌ្ริฌ្ญฌฌ្ញ์สายจากฉะบับบ่อผิฌ្ญการแบบเจ้าฆุมมุม
บาย）

UNIT 18

国際
こくさい

(अन्तराष्ट्रीय, वैदेशिक／អន្តរជាតិ／ລະຫວ່າງປະເທດ)

音楽・美術
文学など 11

スポーツ 12

職業・身分・立場 13

原料・材料 14

テクノロジー 15

メディア・報道 16

政治・行政 17

国際 18

法・ルール 19

司法・裁判 20

❶ □ 国連／国際連合 (संयुक्तराष्ट्र / संयुक्तराष्ट्र संघ／អង្គការសហប្រជាជាតិ／ອົງການສະຫະປະຊາຊາດ)
　　こくれん　　こくさいれんごう

❷ □ 加盟(する) (सदस्य (बन्नु)／ការចូលរួម／ເຂົ້າຮ່ວມ)
　　か　めい

▶ 現在、国連には200近くの国が加盟している。
　げんざい　こくれん　　　　　　ちか　くに

(अहिले, करिब २०० देश संयुक्त राष्ट्र संघका सदस्य छन्／ បច្ចុប្បន្ននេះ មានប្រទេសជិត២០០កំពុងចូលរួមក្នុង
អង្គការសហប្រជាជាតិ។／ປະຈຸບັນ, ມີເກືອບ 200 ປະເທດເຂົ້າຮ່ວມເປັນສະມາຊິກຂອງອົງການສະຫະປະຊາ
ຊາດ.)

❸ □ 調印(する) (हस्ताक्षर (गर्नु)／ការចុះហត្ថលេខា／ລາຍເຊັນ, ເຊັນ,ລົງນາມ)
　　ちょういん

▷ 条約に調印する、調印式
　じょうやく　　　　　　　しき

(सन्धिमा हस्ताक्षर गर्नु, हस्ताक्षर समारोह／ចុះហត្ថលេខាលើសន្ធិសញ្ញា, ពិធីចុះហត្ថលេខា／
ລົງນາມໃນສົນທິສັນຍາ, ພິທີເຊັນສັນຍາ)

❹ □ 先進国 (विकसित राष्ट्र／ប្រទេសអភិវឌ្ឍន៍／ປະເທດທີ່ພັດທະນາແລ້ວ)
　　せんしんこく

❺ □ 首脳 (नेता (प्रतिनिधि)／មេដឹកនាំ／ຜູ້ນຳ, ປະມຸກ)
　　しゅのう

▶ 先進国の首脳が集まって、3日間会議が行われる。
　せんしんこく　しゅのう　あつ　　　　　　か　かんかいぎ　おこな

(तीन दिने सम्मेलनमा विकसित देशका नेताहरू भेला हुन्छन्／មេដឹកនាំប្រទេសអភិវឌ្ឍន៍បានជួបជុំគ្នា ហើយ
កិច្ចប្រជុំរយៈពេលបីថ្ងៃត្រូវបានធ្វើឡើង។／ຜູ້ນຳຂອງປະເທດທີ່ພັດທະນາແລ້ວໄດ້ເຕົ້າໂຮມກັນເພື່ອຈັດກອງ
ປະຊຸມເປັນເວລາ3ມື້.)

❻ □ (発展)途上国 ((विकास) विकासोन्मुख देश／ប្រទេសកំពុងអភិវឌ្ឍន៍／ປະເທດກຳລັງພັດທະນາ)
　　はってん　とじょう

❼ □ 国土 (राष्ट्र, मुलुक, देश／ទឹកដីនៃប្រទេស／ປະເທດ, ອານາເຂດ, ດິນແດນ)
　　こくど

▷ 災害から国土を守る
　さいがい　　　　まも

(विपत्तिबाट मुलुक जोगाउनु／ការពារទឹកដីប្រទេសពីគ្រោះមហន្តរាយ／ປົກປ້ອງປະເທດຈາກໄພພິບັດ)

❽ □ 領土 (क्षेत्र／ទឹកដី／ອານາເຂດ, ດິນແດນ)
　　りょうど

❾ □ 領海 (क्षेत्रीय सागर／ដែនទឹក／ເຂດນ່ານນ້ຳທະເລ)
　　りょうかい

❿ □ 植民地 (उपनिवेस／អាណានិគម, រដ្ឋចំណុះ／ຫົວເມືອງຂຶ້ນ, ອານານິຄົມ)
　　しょくみんち

⑪ □ 母国 (मातृदेश／ប្រទេសកំណើត／ບ້ານເກີດເມືອງນອນ, ຖິ່ນຖານ)

▷ **母国語** (मातृभाषा／ភាសាកំណើត／ພາສາແມ່)

⑫ □ 愛国心 (राष्ट्र प्रेम／ការស្នេហាជាតិ／ຄວາມຮັກຊາດ, ຊາດນິຍົມ)

⑬ □ 隣国 (छिमेकी मुलुक／ប្រទេសជិតខាង／ປະເທດເພື່ອນບ້ານ)

⑭ □ 国交 (कूटनीतिक संबन्ध／ទំនាក់ទំនងការទូត／ສາຍພົວພັນທາງການທູດ)

▶ 特にこの20年間、両国は国交を深めてきた。

(यो २० वर्ष दुबै देशले कुटनीतिक संबन्ध लाई मजबुत बनाए।／ក្នុងរយៈពេល២០ឆ្នាំចុងក្រោយនេះ ប្រទេសទាំងពីរ បានពង្រឹងទំនាក់ទំនងការទូតយ៉ាងស៊ីជម្រៅ។／ໂດຍສະເພາະໃນໄລຍະ 20 ປີຜ່ານມາ, ທັງສອງປະເທດ ໄດ້ເພີ່ມທະວີສາຍພົວພັນທາງການທູດຢ່າງເລິກເຊິ່ງ.)

⑮ □ 侵略(する) (आक्रमण गर्नु／ការឈ្លានពាន／ຮຸກຮານ, ບຸກລຸກ)

▶ 豊かな自然に恵まれたこの国は、幾度となく他国の侵略を受けてきた。

(प्राकृतिक वातावरणले भरिपूर्ण यो देशमा अरु देशले पटकपटक आक्रमण गरिसकेका छन्／ប្រទេសមានធម្មជាតិដ៏ សម្បូរបែបនេះ បានរងការឈ្លានពានជាច្រើនដងពីប្រទេសដទៃ។／ປະເທດນີ້ເຊິ່ງມີຄວາມພຽບພ້ອມແອດລ້ອມ ທ່າມະຊາດທີ່ອຸດົມສົມບູນໄດ້ຖືກຮຸກຮານຈາກປະເທດອື່ນໆຫຼາຍຄັ້ງ.)

⑯ □ 紛争 (लडाई, द्वन्द／ជម្លោះ／ສິ່ງຄວາມປາກ, ຄວາມຂັດແຍ່ງ)

▷ **国際紛争** (अन्तर्राष्ट्रिय द्वन्द／ជម្លោះអន្តរជាតិ／ຄວາມຂັດແຍ່ງລະຫວ່າງປະເທດ)

▶ 国境付近では今も紛争が続いている。

(सीमा क्षेत्रमा अझै पनि द्वन्द जारी छ／នៅពេលនេះ ជម្លោះនៅតែបន្តនៅជិតព្រំដែន។／ຄວາມຂັດແຍ່ງຍັງສືບ ຕໍ່ຢູ່ໃກ້ກັບຊາຍແດນ.)

▶ 土地の利用をめぐって、国と住民との間で紛争が生じている。

(जग्गाको प्रयोगलाई लिएर सरकार र बासिन्दाबीच द्वन्द सुरु भएको छ／ជម្លោះកំពុងកើតឡើងរវាងប្រទេសនិងប្រ ជាជនស៊ីវិលប្ញាការប្រើប្រាស់ដី។／ຄວາມຂັດແຍ່ງໄດ້ເກີດຂຶ້ນລະຫວ່າງລັດຖະບານກັບປະຊາຊົນກ່ຽວກັບການນຳ ໃຊ້ທີ່ດິນ.)

⑰ □ 内戦 (गृह युद्ध／សង្គ្រាមស៊ីវិល／ສິ່ງຄວາມພາຍໃນປະເທດ)

⑱ □ 難民 (शरणार्थी／ជនភៀសខ្លួន／ຜູ້ລີ້ໄພ)

UNIT 19

法・ルール
ほう

（កានុន, និយម／ច្បាប់, បទបញ្ញា／ភិດឃ្យាយ・ភិດលະบ្យប）

---

❶ □ 規定(する) きてい （និយម／បទบញ្ញា, ការធ្វើអោយគ្រឹមត្រូវតាមច្បាប់／ខ្ជាงលະប្យบ, ออกภิด, ภำมิด, ข้ำภำมิด, ละบุบ）

▷ 罰則規定、服装の規定
ばっそく　　　　ふくそう

（ទณ្ឌាត្មក និយម, ពោសាក និយម／បទបញ្ញា ពិន័យ, បទបញ្ញាអំពីការស្លៀកពាក់／ខ្ជำภำมิดภามลิ៤โขด, ละบุบภามแต่ๆ๛กาย）

---

❷ □ 規約 きやく （សर्त／លក្ខ០ណ្ឌ／ខ្ជिตภ़ลิ๤, ภิด, ข้ับ๤ดับ, ละบุบ）

▷ サービス利用規約
りよう

（ សेवाका สर्तहरु／លក្ខ០ណ្ឌនៃសេវាកម្ម／ខ្ជิตภ़ลิ๤ภามบ่าใຊ้บัลิภาม）

---

❸ □ 規格 きかく （मानक (मापदण्ड)／ស្ដ៉ង់ដារ៍／มาดตะฤาบ）

▷ 規格外 がい （मानक बाहिर／មិនតាមស្ដង់ដារ៍／ບ់ໄດ้มาดตะฤาบ）

▶ 国によって規格が異なるので、海外で使えないことがある。
くに　　　　　こと　　　　　　　　　　　かいがい　　つか

（ देश अनुसार मापदण्ड फरक हुनेहुनाले यो विदेशमा नचल्न पनि सक्छ।／ស្ដង់ដារ៍សុខភាពអាស្រ័យលើប្រទេស ដូច្នេះប្រហែលជាមិនអាចប្រើនៅក្រៅប្រទេសបានទេ។／มาดตะฤาบจะแตกต่าๆกับฮิๆตามแต่ละ ปะเขด, ดัๆมั้ນอาดจะບ້ສามาดใຊ้ยู่ต่าๆปะเขดได้.）

---

❹ □ 規範 きはん （मान्यता／บ፥ฎาน／แบบย่าๆๆ, ติฃย่าๆๆ, เภาม, มาดตะฤาบ, ขับທັดฤาบ）

▷ 社会規範、規範意識
しゃかい　　　　いしき

（सामाजिक मान्यता, सामान्य चेतना／บ፥ฎานសัๆฆม, ການយល់ដឹងអំពីบ፥ฎាน／ສัๆຄมติฃย่าๆๆ, จิดสำบึภ ด้ามขับທັดฤาบ）

---

❺ □ 秩序 ちつじょ （व्यवस्था／សណ្ដាប់ធ្នាប់／ลำดับ, ละบุบ, ละบีบ, วิທีภาม）

▷ 秩序を守る、秩序を保つ
まも　　　　　　たも

（व्यवस्था मान्नु, व्यवस्था कायम राख्नु／ការពារសណ្ដាប់ធ្នាប់, រក្សាសណ្ដាប់ធ្នាប់／ยิกย้อๆละบุบ, ธัກสาละ บุบ）

---

❻ □ 掟 おきて （कानुन (नियम)／ច្បាប់／ภิดละบุบ (ທ៤หมุ่มใดທี៤៤ภำมิดຂึ้ม)）

▷ 掟を破る やぶ （कानुन (नियम) तोड्नु／បំពានច្បាប់／ฝ่าฝืมภิดลະບ្យບ）

音楽・美術
文学・など 11

スポーツ 12

職業・身分・立場 13

原料・材料 14

テクノロジー 15

メディア・報道 16

政治・行政 17

国際 18

法・ルール 19

司法・裁判 20

❼ ☐ **法的(な)**
ほうてき
(कानून (संमत)／ដែលទាក់ទងនឹងច្បាប់／ฦีกวิดพยาย, ຖ່ງวกับ
ภิดพยาย)

▷ **法的な秩序、法的根拠**
ちつじょ　こんきょ

(कानूनी आदेश, कानूनी आधार／សណ្ដាប់ធ្នាប់ផ្អែកលើច្បាប់, មូលដ្ឋានច្បាប់／ລະບຽບກົດໝາຍ, ພື້ນຖານ
ທາງດ້ານກົດໝາຍ)

❽ ☐ **法案** (विधेयक／សេចក្ដីព្រាងច្បាប់／ຮ່າງກົດໝາຍ)
ほうあん

▷ **法案を提出する** (विधेयक पेश गर्नु／ដាក់សេចក្ដីព្រាងច្បាប់／ຍື່ນຮ່າງກົດໝາຍ)
ていしゅつ

❾ ☐ **可決(する)** (विधेयक पारित हुनु／ការអនុម័ត／ອະນຸມັດ, ຮັບຮອງ)
かけつ

▶ **法案は可決される見通しだ。**
みとお

(विधेयक पारित हुने अपेक्षा गरिएको छ／សេចក្ដីព្រាងច្បាប់នេះត្រូវបានគេរំពឹងថានឹងត្រូវបានអនុម័ត។／
ຄາດວ່າຮ່າງກົດໝາຍຈະຖືກອະນຸມັດ.)

❿ ☐ **条約** (सन्धी／សន្ធិសញ្ញា／ສົນທິສັນຍາ)
じょうやく

▷ **条約を結ぶ** (सन्धी गर्नु／ធ្វើសន្ធិសញ្ញា／ຜູກມັດສົນທິສັນຍາ)
むす

⓫ ☐ **条例** (अध्यादेश／បទបញ្ញត្តិ／ຂໍ້ກຳນົດ, ລະບຽບ, ຂໍ້ບັງຄັບ)
じょうれい

▷ **市の条例に違反する**
し　　いはん

(नगरको अध्यादेशको उल्लंघन गर्नु／បំពានបទបញ្ញត្តិក្រុង／ລະເມີດຂໍ້ກຳນົດຂອງເມືອງ)

⓬ ☐ **制定(する)** (संविधान／ការអនុម័ត, ការប្រកាសឱ្យប្រើច្បាប់／
せいてい　　　　　　　　　　　　　　　　ປະກາດເປັນກົດໝາຍ, ສ້າງ)

▷ **憲法を制定する** (संलवधान बनाउनु／បង្កើតរដ្ឋធម្មនុញ្ញ／ສ້າງລັດຖະທຳມະນູນ)
けんぽう

⓭ ☐ **施行(する)** (प्रवर्तन (गर्नु)／ការអនុវត្តន៍／ບັງຄັບໃຊ້, ປະຕິບັດ)
しこう

▶ **来月から新しい法律が施行される。**
らいげつ　あたら　　ほうりつ

(नयाँ कानून अर्को महिनादेखि लागु हुनेछ／ច្បាប់ថ្មីនឹងចូលជាធរមាននៅខែក្រោយ។／ກົດໝາຍໃໝ່ຈະຖືກ
ບັງຄັບໃຊ້ໃນເດືອນໜ້າ.)

⓮ ☐ **改正(する)** (संशोधन (गर्नु)／វិសោធនកម្ម,ការកែប្រែ／ແກ້ໄຂ, ປັບປຸງ,
かいせい　　　　　　　　　　　　　　　　ດັດແປງ)

▷ **法律を改正する** (कानून संशोधन गर्नु／ធ្វើវិសោធនកម្មច្បាប់／ປັບປຸງກົດໝາຍ)
ほうりつ

⓯ ☐ **改定(する)** (परिमार्जन (गर्नु)／ការកែប្រែ／ແກ້ໄຂ, ປັບປຸງ)
かいてい

▷ **料金を改定する** (मूल्य परिमार्जन गर्नु／កែប្រែតម្លៃ／ປັບປຸງລາຄາ)
りょうきん

74

⑯ □ 廃止（する） はいし （खारेज (गर्नु)／ការលុបចោល, ការលុបបំបាត់／ຍົກເລີກ, ລົບລ້າງ)

▷ ルール/制度を廃止する せいど
（नियम/प्रणाली खारेज गर्नु／លុបចោលប្រព័ន្ធ/ ច្បាប់／ຍົກເລີກກົດລະບຽບ / ລະບົບ)

⑰ □ 破棄（する） はき （रद्द (गर्नु)／ការលុបចោល, ការបោះចោល／ຖິ້ມ, ກຳຈັດ, ຍຸດ, ຖອນ, ລົບລ້າງ)

▷ 契約を破棄する けいやく （सम्झौता रद्द गर्नु／លុបចោលកិច្ចសន្យា／ຍຸດສັນຍາ)

▶ 訂正したものをお送りしますので、前の書類は破棄してください。 ていせい おく まえ しょるい

（हामी तपाईंलाई सही संस्करण पठाउनेछौं, त्यसैले अघिल्लो कागजात खारेज गर्नुहोस्／ខ្ញុំនឹងផ្ញើឯកសារដែល កែតម្រូវរួចជូន ដូច្នេះសូមបោះឯកសារមុនចោល។／ພວກເຮົາຈະສົ່ງລະບັບປັບປຸງໃຫ້ທ່ານ, ດັ່ງນັ້ນກະລຸນາ ລົບລ້າງ(ເອກະສານກ່ອນໜ້ານີ້.)

⑱ □ 取り締まる とし （कारबाही गर्नु／គ្រប់គ្រង, បង្ក្រាប／ຄວບຄຸມ, ກວດກາ,ກຳກັບ)

▷ 飲酒運転を取り締まる いんしゅうんてん
（मादक पदार्थ सेवन गरी सवारी चलाउनेमाथि कारबाही／បង្ក្រាបការបើកបររសុរ៉ាវ៉ែ／ກວດກາການເມົາແລ້ວຂັບ)

▷ 取り締まり （नियन्त्रण／ការគ្រប់គ្រង, ការបង្ក្រាប／ການຄວບຄຸມ)

⑲ □ 違法（な） いほう （अवैध／ដែលល្មើសច្បាប់, ដែលខុសច្បាប់／ຜິດກົດໝາຍ)

▷ 違法駐車、違法行為、違法な取引 ちゅうしゃ こうい とりひき
（अवैध पार्किङ, अवैध गतिविधि, अवैध लेनदेन／ការចតខុសច្បាប់, សកម្មភាពខុសច្បាប់, ប្រតិបត្តិការ ខុសច្បាប់／ການຈອດລົດຜິດກົດໝາຍ, ການກະທຳທີ່ຜິດກົດໝາຍ, ທຸລະກິດທີ່ຜິດກົດໝາຍ)

⑳ □ 犯す おか （तोड्नु, उल्लंघन गर्नु／បំពាន, ល្មើស／ກະທຳຜິດ, ລະເມີດ)

▷ 法を犯す、犯罪を犯す ほう はんざい
（कानून तोड्नु, अपराध गर्नु／បំពានច្បាប់, ប្រព្រឹត្តបទល្មើស／ລະເມີດກົດໝາຍ, ກະທຳຄວາມຜິດທາງ ອາຍາ)

▶ 罪を犯した以上、罰を受けるのは当然だ。 つみ おか いじょう ばつ う とうぜん

（अपराध गरेको हुनाले सजाय पाउनु स्वाभाविक हो।／ដោយសារអ្នកបានប្រព្រឹត្តបទល្មើស អ្នកសមនឹង ទទួលការផ្តន្ទាទោស។／ຍ້ອນເຈົ້າໄດ້ກະທຳຜິດ, ຈຶ່ງເປັນທຳມະດາທີ່ຈະຖືກລົງໂທດ.)

㉑ □ 侵害（する） しんがい （उल्लंघन (गर्नु)／ការរំលោភបំពាន／ລ່ວງລະເມີດ, ຝ່າຝືນ, ລ່ວງເກີນ, ບຸກລຸກ)

▷ 権利の侵害 けんり （अधिकारको उल्लंघन／ការរំលោភបំពានសិទ្ធិ／ການລະເມີດສິດທິ)

音楽・美術 文学など 11

スポーツ 12

職業・身分・立場 13

原料・材料 14

テクノロジー 15

メディア・報道 16

政治・行政 17

国際 18

法・ルール 19

司法・裁判 20

㉒ □ 保障(する) （सुरक्षा (गर्नु)／ការធានា／ຮັບປະກັນ, ຮັບຮອງ, ຄວາມປອດໄພ, ຄວາມໝັ້ນຄົງ, ຄວາມໝັ້ນໃຈ）
　▷ 権利を保障する、安全保障
（अधिकारको ग्यारेन्टी, सुरक्षा／ធានាសិទ្ធិ, ការធានាសន្តិសុខ／ຮັບປະກັນສິດທິ, ຮັບປະກັນຄວາມປອດໄພ）

㉓ □ 人権 （मानव अधिकार／សិទ្ធិមនុស្ស／ສິດທິມະນຸດ）
　▷ 人権侵害、人権を守る
（मानवअधिकार हनन, मानवअधिकारको संरक्षण／ការរំលោភបំពានសិទ្ធិមនុស្ស, ការការពារសិទ្ធិមនុស្ស／ການລ່ວງລະເມີດສິດທິມະນຸດ, ປົກປ້ອງສິດທິມະນຸດ）

㉔ □ 原則 （सिद्धान्त／គោលការណ៍／ຫຼັກວິຊາການ, ກົດລະບຽບທົ່ວໄປ）
　▶ 館内の喫煙は、原則禁止です。
（भवन भित्र धुम्रपान सामान्यतया निषेध गरिएको छ।／តាមបទបញ្ញាទូទៅការជក់បារីត្រូវបានហាមឃាត់នៅក្នុងអគារៗ／ຕາມກົດລະບຽບທົ່ວໄປແລ້ວຫ້າມສູບຢາພາຍໃນອາຄານ.）

㉕ □ 罰則 （दण्ड (कारबाहि)／ការពិន័យ／ລະບຽບການລົງໂທດ）
　▶ ルール違反には罰則が設けられています。
（नियम उल्लङ्घन गर्नेलाई दण्डको व्यवस्था छ／មានការជាកពិន័យចំពោះការបំពានច្បាប់ៗ／ມີລະບຽບການລົງໂທດຕໍ່ການລະເມີດຂໍ້ກຳນົດ.）

㉖ □ 処罰(する) （सजायँ (दिनु)／ការដាក់ទណ្ឌកម្ម／ລົງໂທດ, ການລົງໂທດ）
　▶ 犯罪を犯した者への処罰の方法がここに書かれている。
（यस्ता छन् अपराध गर्नेलाई सजाय दिने विधि／វិធីសាស្ត្រនៃការដាក់ទណ្ឌកម្មចំពោះអ្នកដែលប្រព្រឹត្តបទល្មើសត្រូវបានសរសេរនៅទីនេះៗ／ວິທີການລົງໂທດຜູ້ທີ່ກະທຳຜິດໄດ້ຂຽນໄວ້ຢູ່ບ່ອນນີ້.）

㉗ □ 処分(する) （नष्ट (गर्नु)／ការដាក់ទោស, ការបោះចោល／ລົງໂທດ, ການລົງໂທດ）
　▶ 違反者に対する処分は厳しいものになるだろう。
（उल्लङ्घन गर्नेहरूलाई कडा सजाय हुनेछ／ចំពោះអ្នកប្រព្រឹត្តបទល្មើស នឹងមានទោសទណ្ឌយ៉ាងធ្ងន់ធ្ងរៗ／ການລົງໂທດສຳລັບຜູ້ລະເມີດອາດຈະຮຸນແຮງ.）

音楽・美術
文学など 11

スポーツ 12

職業・身分・立場 13

原料・材料 14

テクノロジー 15

メディア・報道 16

政治・行政 17

国際 18

法・ルール 19

司法・裁判 20

㉘ □ 制裁(する)
せいさい
(कारबाहि (गर्नु)／ទណ្ឌកម្ម／ການລົງໂທດ,ລົງໂທດ)

▷ 掟を破った者には制裁が加えられた。
おきて やぶ もの

(नियम उल्लङ्घन गर्नेलाई कारबाही गरिएको छ／ទណ្ឌកម្មត្រូវបានដាក់លើអ្នកដែលប្រព្រឹត្តល្មើសច្បាប់។／ການລົງໂທດລຳລັບຜູ້ທີ່ລະເມີດກົດລະບຽບ.)

㉙ □ 規制(する)
きせい
(नियमन (गर्नु)／ការគ្រប់គ្រង, ការដាក់កម្រិត／ຄอบຄຸມ, ຈຳກັດ)

▷ 輸入を規制する
ゆにゅう
(आयात नियमन (गर्नु)／ដាក់កម្រិតការនាំចូល／ຄອບຄຸມການນຳເຂົ້າ)

㉚ □ 緩和(する)
かんわ
(अवस्था कमजोर (बनाउनु)／ការបន្ធូរបន្ថយ／ຜ່ອນ, ຜ່ອນຜັນ)

▷ 規制を緩和する
(नियमहरुनिस्क्रिय (हुनु)／បន្ធូរបន្ថយច្បាប់／ຜ່ອນຜັນລະບຽບ)

㉛ □ 移行(する)
いこう
(लागु (हुनु)／ការផ្លាស់ប្ដូរ／ການປ່ຽນແປງ)

▷ 移行期間
きかん
(संक्रमण काल／រយៈពេលផ្លាស់ប្ដូរ／ໄລຍະການປ່ຽນແປງ)

▶ 新システムに移行するまでの間、ご不便をおかけします。
しん あいだ ふべん

(नयाँ प्रणालीमा लागु नभएसम्म पर्न गएको असुविधाको लागि हामी क्षमाप्रार्थी छौं／ យើងសូមអភ័យទោស ចំពោះភាពអៅកំអូមដែលអាចកើតឡើងរហូតដល់ពេលយើងប្ដូរទៅប្រព័ន្ធថ្មី។／ພວກເຮົາຂໍອະໄພໃນ ຄວາມບໍ່ສະດວກທີ່ເກີດຂຶ້ນຈົນກ່ວາຈະມີການປ່ຽນໄປສູ່ລະບົບໃໝ່.)

㉜ □ 制約(する)
せいやく
(बाधा (गर्नु)／ការរឹតត្បិត／ຂໍ້ຈຳກັດ, ຈຳກັດ, ຫັກຫ້າມ)

▶ 時間の制約もあるので、どこまでできるかはわかりません。
じかん

(समयले बादा गरेकोले कति भ्याउन सकिन्छ थाहा छैन।／ដោយសារតែមានការកំណត់ពេលវេលា ដូច្នេះខ្ញុំ មិនដឹងថាអាចធ្វើបានដល់ណាទេ។／ເນື່ອງຈາກມີຂໍ້ຈຳກັດດ້ານເວລา, ຈຶ່ງບໍ່ຮູ້ວ່າຊິເຮັດໄດ້ຂອດໃສ.)

㉝ □ 所定
しょてい
(तोकिएको／ការកំណត់ទុកជាមុន／ກຳນົດ)

▶ 所定の用紙にご記入ください。
ようし きにゅう

(कृपया तोकिएको फारम भर्नुहोस्।／សូមសរសេរលើក្រដាសដែលបានកំណត់។／ກະລຸນາຕື່ມໃສ່ແບບຟອมທີ່ ກຳນົດ.)

㉞ □ (〜は)禁物
きんもつ
(निषेध／រឿងហាមឃាត់／ເຄື່ອງຕ້ອງຫ້າມ, ຂໍ້ຫ້າມ, ສິ່ງຕ້ອງ ຫ້າມ)

▶ 熱があるんだから、激しい運動は禁物だよ。
ねつ はげ うんどう

(ज्वरो आएको हुनाले कडा ब्यायाम गर्न निषेध गरिएको छ।／ហាមធ្វើលំបាក់ព្រោះខ្លាំងពេក ដោយสารเเมะ ក្តៅខ្លួន។／ເນື່ອງຈາກມີໄຂ້, ດັ່ງນັ້ນການອອກກຳລັງກາຍຫັກເປັນສິ່ງຕ້ອງຫ້າม.)

UNIT 20

司法・裁判
しほう さいばん
(ន្យាយាលយ, មុឃ្ចា／ប្រព័ន្ធតុលាការ, ការកាត់ក្ដី／ตุลาการ・การสอบสวน)

❶ □ 司法 (ន្យាយាលយ／ប្រព័ន្ធតុលាការ／ตุลาการ)
　しほう

　▷ 司法当局 (ន្យាយិក អធិការ／អាជ្ញាធរតុលាការ／ฝ่ายการตุลาการ)
　　とうきょく
　▷ 司法の独立は保たれているか。
　　どくりつ　　　たも
　　(ន្យាយបាលিकाको स्वतन्त्रता कायम छ？／តើមានភាពឯករាជ្យនៃតុលាការដែរឬទេ？／เขาຮกສາຂอງฝ่าย
　　ตุลาการยังรักสาไว้ບໍ?)

❷ □ 法廷 (अदालतको कोठा／តុលាការ／ห้องพิจาละนาคะดี)
　ほうてい

❸ □ 裁判官 (न्यायाधिस／ចៅក្រម／ผู้พิพากสา)
　さいばんかん

❹ □ 検事 (अभियोजक／ព្រះរាជអាជ្ញា／ໄอยะการ)
　けんじ

❺ □ 原告 (वादी／ដើមចោទ, ដើមបណ្ដឹង／ไจด, เจ้าทุก, ผู้ร้องทุก, ຄู่พิพากา)
　げんこく

❻ □ 対被告 (प्रतिवादी／ចុងចោទ／จำเลย)
　　ひこく

❼ □ 弁護(する) (बचाउन (खोज्नु)／ការការពារ／ป้องกัน, แก้ไตให้, เป็น
　べんご　　　　　　　ทะนายใช้, ສู้คะดี)

　▶ 彼を弁護するつもりはないが、報道が一方的だと思う。
　　かれ　べんご　　　　　　　　　　ほうどう　いっぽうてき　おも
　　(म उसैलाई बचाउन खोजिरहेको छैन, तर मलाई लाग्छ कि रिपोर्टिङ एकतर्फी छ।／ខ្ញុំមិនបំណងការការពារគាត់ទេ
　　ប៉ុន្តែខ្ញុំគិតថាៈនេះគឺជារបាយការណ៍តែម្ខាង។／ຂ້อยບໍ່ได้ສູ້คะดีใຫ้ລาວ, แต่ติดว่าการລາຍງານຂ่าวเริด
　　โดยฝ่าละการ)

❽ □ 容疑者 (संदिग्ध／ជនសង្ស័យ／ผู้ต้องຫา, ผู้ต้องສงໄສ, ผู้ฤกສงໄส)
　ようぎしゃ

❾ □ 逮捕(する) (पक्राउ (गर्नु)／ការចាប់ខ្លួន／จับกุม, ຮอบโต)
　たいほ

　▷ 容疑者を逮捕する (संदिग्ध व्यक्तिलाई पक्रनु／ចាប់ខ្លួនជនសង្ស័យ／จับกุมผู้ต้องສงໄส)
　　ようぎしゃ　たいほ

❿ □ 証人 (साक्षी／សាក្សី／พะยาน, ผู้เห็นเຫตุการ)
　しょうにん

音楽・美術
文学など 11

スポーツ 12

職業・身分立場 13

原料・材料 14

テクノロジー 15

メディア報道 16

政治・行政 17

国際 18

法・ルール 19

司法裁判 20

⓫ □ 証言(する) (गवाही (पाउनु)／ការផ្តល់ចម្លើយតសិណាសាក្សី／ พะยานຫຼັກฐาน, ปากคำ)
しょうげん

▶ 犯人を見たという証言が取れた。
はんにん　み

(उसले अपराधीलाई देखेको प्रमाण मिल्यो।／គេបានទទួលសក្ខីកម្មថាបានឃើញជនល្មើស។／
ມີพะยานຫຼັກฐานลาอໄດ້ເห็นผู้ຮ້າຍທำผິດ.)

⓬ □ 証拠 (प्रमाण／ភស្តុតាង／ຫຼັກฐาน)
しょうこ

▶ 犯人の特定に結びつく証拠は見つかっていない。
はんにん　とくてい　むす

(अपराधीको पहिचान हुने कुनै प्रमाण फेला परेको छैन।／គ្មានភស្តុតាងណាមួយត្រូវបានរកឃើញដើម្បីកំណត់
អត្តសញ្ញាណជនល្មើសទេ។／ບໍ່ພົບຫຼັກฐานที่ນำໄปສู่ການລະບุไตตัวຂອງผู้ຮ້າຍທำผิด.)

⓭ □ 訴訟 (मुद्दा दर्ता गर्नु／ការប្តឹងផ្តល់／ຄະดีความ, ການดำເนินຄะดี, ການตั้งฟ้องຄະดี)
そしょう

▷ **訴訟問題** (मुद्दाजन्माउनेसमस्या／បញ្ហាវិវាទ／ปัญหาການดำເนินຄະดี)
　　もんだい

▶ こうしたトラブルが訴訟に至ることも珍しくはない。
いた　　　　めずら

(त्यस्ता समस्याहरूले गर्दा मुद्दा दायर हुनु असामान्य होइन।／ការមិនមែនជារឿងចម្លែកទេដែលបញ្ហាបែបនេះ
នាំទៅដល់ការប្តឹងផ្តល់។／ບໍ່ແມ່ນເລื่องแปลกที่ปัນຫาตั่งกล่าวจะนำไปสู่ການดำເนินຄະดี.)

⓮ □ 告訴(する) (वयान (दिनु)／ការចោទប្រកាន់／ກ່າวຫา, ยื่นฟ้อง, ใส่ร้าย, ใส่ความ)
こくそ

▷ **告訴を取り下げる** (साबिती वयान दिनु／លើកលែងការចោទប្រកាន់／ถอนການยื่นฟ้อง)
　　　と　　さ

▶ 被害を受けた客5人がA社を告訴した。
ひがい　う　　きゃく　にん　　しゃ

(क्षति भएका पाँच ग्राहकले कम्पनी ए विरुद्ध मुद्दा दायर गरेका छन्।／អតិថិជនរងគ្រោះចំនួន៥នាក់បានដាក់
ពាក្យបណ្តឹងប្រឆាំងនឹងក្រុមហ៊ុន A។／ລูกค้า 5 ฅนที่ได้รับความเสยหายได้ยื่นฟ้องบໍລิสัด A.)

⓯ □ 賠償(する) (क्षतिपूर्ति (तिर्नु)／សំណង／ຊดเຊย, ທดแทน, เຈ้าค่าปับไฑ,
ばいしょう　　　　　　　　　　　　　　　　ถ่ายชดเຊย)

▷ **損害賠償を請求する**
　そんがい　　　せいきゅう

(क्षतिको लागि क्षतिपूर्ति दाबी／ទាមទារសំណងការខូចខាត／ຮຽกร้องค่าຊดเຊยความเสยหาย)

▶ 被害者に対し、A社は1000万円の賠償金を支払った。
ひがいしゃ　たい　　しゃ　　　　まんえん　　ばいしょうきん　しはら

(कम्पनी एले पीडितलाई १० मिलियन येन क्षतिपूर्ति दिएको छ।／ក្រុមហ៊ុន A បានបង់ប្រាក់សំណងចំនួន 10
លានយ៉េនដល់ជនរងគ្រោះ។／ບໍລิสัด A ได้ຈ่ายค่าຊดเຊยให้ผู้เฅราะຮ้าย เป็นจำนอนเฮิม10 ล้านเยัน.)

⓰ □ 和解(する) (मेलमिलाप (गर्नु),सहमति／ការផ្សះផ្សា, ការសម្រះសម្រួល／
わかい　　　　　　　　　　　　　　　　ปะนีปะนອມ, ไกเกรย)

▷ 二度目の話し合いを経て、両者は和解に至った。
にどめ　　はな　あ　　へ　　りょうしゃ　わかい　いた

(दोस्रो चरणको वार्तापछि दुवै पक्ष सहमतिमा पुगेका हुन्।／បន្ទាប់ពីការចរចាលើកទីពីរ ភាគីទាំងពីរបាន
នាំទៅដល់ការផ្សះផ្សា។／ຜ่ายຫຼักฐานเจละจาຮອບทีสอง, สองฝ่ายได้ปับลุความปะนีปะนອม.)

⓱ □ 自首(する) (आत्म समर्पण गर्नु／ការសារភាព／ยอมแพ้, ยอมจำนินบ)
じしゅ

⓲ □ 有罪 (दोषी／មានទោស／มีความผิด, มีโทด)
ゆうざい

▷ 有罪の判決が下る
けっ　くだ
(दोषी प्रमाणित हुनु／ត្រូវបានកាត់សេចក្ដីឲ្យមានទោស／ຖືກຕັດສິນວ່າມີຄວາມຜິດ.)

⓳ 対 無罪 (निर्दोष／គ្មានទោស／ຄວາມບໍລິສຸດ, ບໍ່ມີຄວາມຜິດ)
むざい

▶ 彼は一貫して無罪を主張している。
かれ　いっかん　　　　しゅちょう
(उनले सधैं आफ्नो निर्दोषिता कायम राखे／គាត់នៅតែអះអាងថាគាត់គ្មានទោសទេ។／ລາວຍັງຢືນຢັນຄວາມ
ບໍລິສຸດມາຕະຫຼອດ.)

⓴ 対 無実 (निर्दोष／គ្មានទោស／ຄວາມບໍລິສຸດ, ບໍ່ມີຄວາມຜິດ)
むじつ

▶ 彼は無実の罪を着せられたんです。
つみ　き
(उनलाई अपराधको झुटो आरोप लगाइएको थियो।／គាត់ត្រូវបានគេចោទប្រកាន់ពីបទឧក្រិដ្ឋដែលគាត់មិន
មានទោស។／ລາວຖືກກ່າວຫາແຈ້ງຄວາມບໍ່ຖືກຕ້ອງ.)

㉑ □ 刑 (सजाय／ទណ្ឌកម្ម／ອາຍາ, ການລົງໂທດ)
けい

▷ 実刑判決が出る
じっ　はんけつ　で
(जेल सजाय निणॉ हुनु／នឹងត្រូវកាត់ទោសឲ្យជាប់ពន្ធនាគារ／ຖືກຕັດສິນໃຫ້ລົງອາຍາ.)

㉒ □ 懲役(刑) (कैद (दण्ड)／ការជាប់គុក, ការជាប់ពន្ធនាគារ／ຈຳຄຸກ)
ちょうえき　けい

▷ 懲役3年の刑
ねん
(तीन बर्ष कैद／កាត់ទោសឲ្យជាប់ពន្ធនាគាររយៈពេល3ឆ្នាំ／ໂທດຈຳຄຸກ 3 ປີ)

㉓ □ 死刑 (मृत्यु दण्ड／ទោសប្រហារជីវិត／ໂທດປະຫານຊີວິດ)
しけい

㉔ □ 刑法 (फौजदारी कानून／ច្បាប់ព្រហ្មទណ្ឌ／ກົດໝາຍອາຍາ)
けいほう

㉕ □ 執行(する) (कार्यान्वयन (गर्नु)／ការអនុវត្ត／ບັງຄັບໃຊ້, ປະຕິບັດ,ດຳເນີນການ)
しっこう

▷ 死刑を執行する (मृत्युदण्ड कार्यान्वयन (गर्नु)／អនុវត្តទោសប្រហារជីវិត／ດຳເນີນໂທດປະຫານຊີວິດ)
しけい

UNIT 21

グループ・組織
そしき
(समूह, संगठन (संघ)／ក្រុម, អង្គភាព／กลุ่ม・องค์การจัดตั้ง)

21 グループ・組織
22 仕事・ビジネス
23 商品・サービス
24 読む・書く 聞く・話す
25 本
26 自然科学
27 宗教・信仰
28 場所・位置・方向
29 範囲
30 形式・スタイル

❶ □ **法人** ほうじん (निगम (फाउण्डेशन)／សាជីវកម្ម, នីតិបុគ្គល／นิติบุคคล)

▷ 財団法人、宗教法人、法人税
ざいだん　　しゅうきょう　　　　ぜい
(फाउण्डेशन, धार्मिक फाउण्डेशन, कर／មូលនិធិ, សាជីវកម្មសាសនា, ពន្ធសាជីវកម្ម／มูลนิธิ, องค์กรศาสนาเอกชน, ภาษีนิติบุคคล)

▶ この団体も法人扱いを受けるそうです。
だんたい　　　あつか　う
(यस संस्थालाई पनि निगमको रूपमा लिइने जस्तो छ।／ខ្ញុំលឺថាអង្គការនេះក៏នឹងត្រូវបានចាត់ទុកជានីតិបុគ្គលផងដែរ។／องค์กรนี้ก็จะถูกจัดการให้เป็นนิติบุคคล.)

❷ □ **部門** ぶもん (क्षेत्र (पार्ट)／នាយកដ្ឋាន／พะแนก, ทีม, ฝ่าย/องค์ธา)

▷ IT部門、教育部門
きょういく
(आईटी क्षेत्र (पार्ट), शिक्षा क्षेत्र (पार्ट)／នាយកដ្ឋាន IT, នាយកដ្ឋានអប់រំ／พะแนกไอที, พะแนกสึกสา)

▶ 今後は開発部門に力を入れていきたい。
こんご　かいはつ　　ちから　い
(यसपछि विकासको क्षेत्रमा जोड दिने विचार छ।／នៅពេលអនាគតខ្ញុំចង់ផ្ដោតលើនាយកដ្ឋានអភិវឌ្ឍន៍។／ในอะนาคต, อยากสุมเชื่อแรงใส่พะแนกพัดทะนา.)

❸ □ **部署** ぶしょ (विभाग／ផ្នែក／ฝ่าย, หน่วยงาน)

▶〈受付で〉部署はわからないのですが、原まり子さんにお会いする約束で参りました。
うけつけ　　　　　　　　　　　　　　はら　こ　　あ　　　やくそく　まい
((रिसेप्शनमा) विभाग थाहा भएन, मारिकोजिलाई भेट्ने आएको हूँ।／(ក្នុងទទួលភ្ញៀវ) ខ្ញុំមិនស្គាល់ផ្នែកដែលគាត់ធ្វើការទេ ប៉ុន្តែខ្ញុំមកទីនេះព្រោះខ្ញុំមានការណាត់ជួបជាមួយអ្នកនាងហារ៉ា ម៉ារីក្នុ។／<อยู่ฝ่ายต้อนรับ> ຂ້อยบ่ฮู้หน่วยงาน, แต่ข้อยมีนัดพับท่าน มาริโกะ ธาระ.)

❹ □ **機構** きこう (संयन्त्र (संगठन)／យន្តការ／การจัดตั้ง, องค์กอบ, องค์กาน)

▷ 官僚機構 かんりょう (व्युरोक्रेसी संयन्त्र／ការិយាធិបតេយ្យ／องค์การบิกคอง)

▷ 国の機構改革に伴い、事業は廃止された。
くに　　かいかく　ともな　　　じぎょう　はいし
(राष्ट्रिय संगठनात्मक सुधारका कारण आयोजना रद्द भएको हो।／អាជីវកម្មនេះត្រូវបានលុបចោលដោយសារតែការកែទម្រង់យន្តការរបស់រដ្ឋាភិបាល។／ใตยการตั้งว่าวองค์กายักององค์กานตามว่านปะเทิ่งธุในการจัดตั้งละดับชาด.)

❺ ☐ 連盟 (महासंघ／សម្ព័ន្ធ／ພັນທະມິດ, ສະຫະພັນ,ສະມາຄົມ, ສັນນິບາດ)
れんめい

▷ **国際連盟** (अन्तर्राष्ट्रिय महासंघ／សម្ព័ន្ធប្រជាជាតិ／ສັນນິບາດແຫ່ງຊາດ)
こくさい

▶ 試合のルールに不満があれば、連盟に意見を出してください。
　　しあい　　　　　　　　　ふまん　　　　　　　　　　　　　いけん　だ

(यदि तपाईं खेलका नियमहरूसँग असन्तुष्ट हुनुहुन्छ भने, कृपया तपाईंको राय महासंघलाई बुझाउनुहोस्।／
ប្រសិនបើអ្នកមានការមិនពេញចិត្តនឹងច្បាប់នៃការប្រកួត សូមបញ្ចេញមតិរបស់អ្នកទៅការាសម្ព័ន្ធ។／
ຖ້າທ່ານບໍ່ພໍໃຈກັບກົດລະບຽບຂອງການແຂ່ງຂັນ, ກະລຸນາສົ່ງຄວາມຄິດເຫັນຂອງທ່ານໄປຫາສະຫະພັນ.)

❻ ☐ 連合 (संघ (गठबन्धन)／សហភាព／ສະຫະພາບ, ສະມາຄົມ)
れんごう

▷ **国際連合** (संयुक्त राष्ट्र संघ／អង្គការសហប្រជាជាតិ／ສະຫະປະຊາຊາດ)
こくさい

▶ 競争を避けるため、企業連合が形成されそうだ。
　きょうそう　さ　　　　　　　　きぎょう　　　けいせい

(प्रतिस्पर्धाबाट बच्न व्यापार गठबन्धन बन्ने सम्भावना छ।／សហភាពក្រុមហ៊ុនហាក់ដូចជាត្រូវបានបង្កើត
ឡើងដើម្បីជៀសវាងការប្រកួតប្រជែង។／ເບິ່ງຄືວ່າສະມາຄົມທຸລະກິດຈະຖືກສ້າງຕັ້ງຂຶ້ນເພື່ອຫຼີກເວັ້ນການ
ແຂ່ງຂັນ.)

❼ ☐ 協会 (संघ (संगठन)／សមាគម／ສະມາຄົມ)
きょうかい

▶ 協会には、15の団体と200人を超える個人が属している。
　きょうかい　　　　　　だんたい　　　にん　こ　　　　こじん　ぞく

(संघमा 15 संस्था र 200 भन्दा बढी व्यक्तिहरू समावेश छन्।／សមាគមមានអង្គការ១៥និងបុគ្គល
ជាង២០០នាក់ចូលរួម។／ສະມາຄົມປະກອບມີ 15 ອົງການຈັດຕັ້ງແລະບຸກຄົນຫຼາຍກວ່າ 200 ຄົນ.)

❽ ☐ 同好会 (क्लब, समूह／ក្លិបដែលប្រមូលផ្ដុំអ្នកមានចំណង់ចំណូលចិត្តដូចគ្នា／
どうこうかい ສະມາຄົມຄົນທີ່ມັກກິດຈະກຳດຽວກັນ)

▶ 父は手品の同好会に入っている。
　ちち　てじな　　どうこうかい　はい

(मेरो बुबा जादु क्लबको सदस्य हुनुहुन्छ।／ឪពុករបស់ខ្ញុំគឺជាសមាជិកនៃក្លិបសៀកហូសកម្មវិធ្យា។／
ພໍ່ຂອງຂ້ອຍເຂົ້າເປັນສະມາຊິກຂອງສະມາຄົມຮັກມາຍາກົນ.)

❾ ☐ 世帯 (घरपरिवार／គ្រួសារ／ຄົວເຮືອນ, ຫ້ງ຺ຄາເຮືອນ)
せたい

▷ **世帯主** (घर मुली／មេគ្រួសារ／ຫົວໜ້າຄົວເຮືອນ)
ぬし

▶ 一世帯当たりの収入は、前年とほぼ同じです。
　いち　せ　たい　あ　　　しゅうにゅう　ぜんねん　　　おな

(प्रति घर आम्दानी गत वर्षको जस्तै छ／ប្រាក់ចំណូលក្នុងមួយគ្រួសារគឺប្រហែលដូចគ្នាទៅនឹងឆ្នាំមុន។／
ລາຍໄດ້ຕໍ່ຄົວເຮືອນແມ່ນເກືອບເທົ່າກັບປີທີ່ຜ່ານມາ.)

UNIT 22

仕事・ビジネス
しごと

(काम (पेशा), व्यापार／ការងារ, អាជីវកម្ម／ວຽກ・ທຸລະກິດ)

グループ・組織 21
仕事・ビジネス 22
商品・サービス 23
読む・書く 聞く・話す 24
本 25
自然科学 26
宗教・信仰 27
場所・位置・方向 28
範囲 29
形式・スタイル 30

❶ □ 出社(する) しゅっしゃ (काममा (जानु)／ការទៅធ្វើការ／ມາເຮັດວຽກ, ໄປເຮັດວຽກ)

▶ 田中さんは？ ――まだ出社してないようです。
たなか

(तानाकाजी अझै काममा आएका छैनन्／តើលោកតាណាកាទៅណា? —គាត់មិនទាន់មកធ្វើការ
នៅឡើយទេ។／ທ້າວ ທະນະກະເດະ？ —ຍັງບໍ່ຍ້ງບໍ່ທັນມາເຮັດວຽກເທື່ອ.)

❷ □ 退社(する) たいしゃ (कामबाट निस्कनु／ការចេញពីធ្វើការ, ការឈប់ធ្វើការ／ອອກຈາກຫ້ອງການ, ລາອອກ)

▶ ①田中さんはいますか。――今日はもう退社しました。
たなか　　　　　　　　　　　きょう

(? तानाकाजी हुनुहुन्छ? —आज उहाँ निस्किसक्नुभयो／(១) តើលោកតាណាកាទៅរឺ? —ថ្ងៃនេះគាត់បាន
ចេញពីធ្វើការហើយ។／1. ທ້າວ ທະນະກະຢູ່ບໍ? —ມື້ນີ້ລາວໄດ້ອອກຈາກຫ້ອງການແລ້ວ.)

▶ ②田中さんは先月、退社しました。
たなか　　せんげつ

(२ तानाकाजीले गत महिना काम छाड्नुभयो／(២) លោកតាណាកាបានឈប់ធ្វើការខែមុន។／
2. ທ້າວ ທະນະກະໄດ້ລາອອກຈາກບໍລິສັດໃນເດືອນແລ້ວນີ້.)

❸ □ 就業(する) しゅうぎょう (काम शुरु (गर्नु), जागिर (खानु)／ការធ្វើការងារ／ເລີ່ມເຮັດວຽກ)

▷ 就業規則 (काम शुरु (गर्नु), जागिर (खानु)／បទបញ្ញត្តិផ្ទៃក្នុងការងារ／ລະບຽບການເຮັດວຽກ)
きそく

❹ □ 従事(する) じゅうじ (संलग्न हुनु／ការចូលរួម／ປະກອບອາຊີບ, ເຮັດວຽກ)

▷ 農業／研究に従事する
のうぎょう　けんきゅう

(कृषि／अनुसन्धानमा संलग्न हुनु／ចូលរួមការងារកសិកម្ម／ការស្រាវជ្រាវ／ເຮັດວຽກ ກະສິກຳ／ການຄົ້ນຄວ້າ)

3年ほど、ウェブシステムの開発業務に従事していました。
ねん　　　　　　　　　　　　かいはつぎょうむ

(म तीन वर्षको लागि वेब प्रणाली विकास कार्यमा संलग्न थिएँ／ខ្ញុំបានចូលរួមការងារអភិវឌ្ឍន៍ប្រព័ន្ធវេប
សាយរយៈពេលប្រហែលពីរបីឆ្នាំ។／ຂ້ອຍເຮັດວຽກດ້ານການພັດທະນາລະບົບເວັບໄຊທ໌ໄດ້ປະມານ3ປີ.)

❺ □ 赴く おもむ (जानु, प्रस्थान गर्नु／ទៅ／ໄປ)

▷ 現地に赴く (साइटतिर जानु／ទៅទីកន្លែងផ្ទាល់／ໄປສະຖານທີ່ຈິງ)
げんち

▷ 彼はその後、従軍記者として戦地に赴いた。
かれ　　　　ご　じゅうぐんきしゃ　　　　せんち

(व्यक्तिपछि उनी युद्ध संवाददाताको रूपमा युद्धमा गए／ក្រោយមក គាត់បានទៅបេសកម្មជាអ្នកឆ្លើយឆ្លង
ព័ត៌មានសង្គ្រាម។／ຫຼັງຈາກນັ້ນລາວໄດ້ປະຮບຖານທີ່ເກີດສົງຄາມໃນນາມນັກຂ່າວສົງຄາມ.)

❻ □ 赴任(する) ふにん (सरुवा (हुनु)／ការតែងតាំង／ຍ້າຍໄປເຮັດວຽກໃໝ່ຢູ່ບ່ອນໃໝ່, ໄປເລີ່ມວຽກທີ່ໄດ້ຮັບການມອບໝາຍ)

▷ 海外赴任、単身赴任
かいがい　　　たんしん

(विदेशिक रोजगार, स्वरोजगार／ការតែងតាំងទៅធ្វើការនៅបរទេស, ការតែងតាំងទៅធ្វើការតែម្នាក់ឯង／
ຍ້າຍໄປເຮັດວຽກໃໝ່ຢູ່ຕ່າງປະເທດ, ຍ້າຍໄປເຮັດວຽກຜູ້ດຽວ)

▶ 来月から大阪に赴任することになった。
らいげつ　　　おおさか

(अर्को महिनादेखि ओसाकामा सरुवा हुनेभयो।／ខ្ញុំត្រូវបានគេចាត់តាំងឱ្យទៅធ្វើការនៅអូសាកាចាប់ពី
ខែក្រោយ／ຂ້ອຍຈະໄປເລີ່ມວຽກຢູ່ໂອຊາກາຕັ້ງແຕ່ເດືອນໜ້າ.)

❼ □ 携わる (संलग्न हुनु／ចូលរួម／ມີສ່ວນຮ່ວມ, ເຂົ້າຮ່ວມ, ມີສ່ວນກ່ຽວຂ້ອງ)
　たずさ

▷ 教育に携わる
　きょういく

(शिक्षामा संलग्न हुनु／ចូលរួមក្នុងការអប់រំ／ມີສ່ວນຮ່ວມໃນການສຶກສາ)

▶ 以前、テレビの仕事に携わったことがあります。
　いぜん　　　　　　　　　しごと

(पहिला म टेलिभिजनमा संलग्न थिएँ।／ពីមុន ខ្ញុំធ្លាប់ចូលរួមការងារទូរទស្សន៍។／ຂ້ອຍເຄີຍເຮັດວຽກກ່ຽວຂ້ອງ
ໂທລະພາບມາກ່ອນ.)

❽ □ 手がける (संचालन गर्नु, नेतृत्व गर्नु／ចាត់ចែង／ຈັດການ, ດຳເນີນການ, ເບິ່ງ
　て
แยกเอิใจใส่, ຜະລິດ)

▷ 監督はこれまでに20本以上の映画を手がけた。
　かんとく　　　　　　　　ほんいじょう　えいが

(निर्देशकले हालसम्म २० भन्दा बढी चलचित्र निर्देशन गरिसकेका छन्／រហូតមកដល់ពេលនេះ អ្នកដឹកនាំរឿង
បានចាត់ចែងជាង២០រឿងហើយ។／ມາຮອດປະຈຸບັນ, ຜູ້ກຳກັບໄດ້ຜະລິດຮູບເງົາຫຼາຍກວ່າ 20 ເລື່ອງ.)

❾ □ 業務 (काम／កិច្ចការ／ວຽກ, ພາລະໜ້າທີ່, ກິດຈະການ)
　ぎょうむ

▷ 業務命令、業務用の冷蔵庫
　　めいれい　　ようれいぞうこ

(व्यवसायिक अर्डर, व्यवसायिक फ्रिज／បញ្ជាការងារ, ទូរទឹកកកសម្រាប់ការងារ／ຄຳສັ່ງວຽກ, ຕູ້ເຢັນສຳລັບໃຊ້
ວຽກ)

▶ 〈アナウンス〉本日の業務は終了しました。
　　　　　　　ほんじつ　　　　しゅうりょう

((घोषणा) आजको काम सकियो।／(ការប្រកាស) ការងារថ្ងៃនេះបានបញ្ចប់ហើយ។／<ປະກາດ> ໄດ້ປິດ
ກິດຈະການລົງມື້ນີ້.)

▶ 日常業務をこなすだけでやっとで、余裕は全くありません。
　にちじょう　　　　　　　　　　　よゆう　まった

(म मुश्किलले मेरो दैनिक कार्यहरू व्यवस्थित गर्न सक्छु र अरु छुट छैन।／ខ្ញុំស្ទើរតែមិនអាចធ្វើការងារប្រចាំថ្ងៃ
បាន ហើយមិនមានពេលទំនេរឡើយតែសោះ។／ຂ້ອຍເຮັດວຽກປະຈຳວັນຝືດໆກໍ່ຍັງໄກໂທນແລ້ວແລະບໍ່ມີເວລາ
ແລະເຜື່ອແຮງເຫຼືອຝ່ຍ.)

❿ □ 職務 (जिम्मेवारी (कर्तव्य)／ការកិច្ច／ໜ້າທີ່ວຽກງານ)
　しょくむ

▶ まず、各人が自分の職務を果たすことが大切です。
　　　　かくじん　じぶん　　しょくむ　は　　　　　たいせつ

(पहिला सबैले आफ्नो जिम्मेवारी पूरा गर्नु आवश्यक छ।／ជាដំបូងពងរៀងសំខាន់ ដែលមនុស្សម្នាក់ៗៗមេត្រ
បានឯការកិច្ចផ្ទាល់ខ្លួន។／ກ່ອນອື່ນໝົດ, ສິ່ງສຳຄັນກໍ່ແມ່ນຄົນເຮົາຕ້ອງປະຕິບັດໜ້າວຽກງານທີ່ຂອງຕົນໃຫ້ສຳເລັດ.)

⓫ □ 任務 (जिम्मेवारी पूर्वक गर्नुपर्ने काम／បេសកកិច្ច／ໜ້າທີ່, ພາລະກິດ)
　にんむ

▷ 新しい任務に就く
　あたら　　　にんむ　つ

(पूरा गर्नु, सफल हुनु／ទទួលយកបេសកកម្មការងារថ្មី／ປະຕິບັດໜ້າທີ່ໃໝ່)

▷ 危険な任務だったが、彼は自ら名乗り出た。
　きけん　　にんむ　　　　　かれ　みずか　なの　で

(यो एक खतरनाक मिशन थियो, उनी आफैं अगाडि आए।／វាជាបេសកកម្មដ៏គ្រោះថ្នាក់ ប៉ុន្តែគាត់បាននិយាយ
ចេញមកដោយខ្លួនឯង។／ມັນເປັນພາລະກິດທີ່ອັນຕະລາຍ, ແຕ່ລາວກໍ່ອາສາ.)

⑫ □ ノルマ (कामको कोटा／កូតា／ການມອບໝາຍ, ການກຳນົດ, ການແຕ່ງຕັ້ງ, ເປົ້າ)

▷ ノルマを課す(か) (कोटा फुरा गर्नु／កំណត់កូតា／ບັນລຸການມອບໝາຍ)

▶ 今月(こんげつ)は何(なん)とか売上(うりあげ)のノルマを達成(たっせい)できそうだ。

(यस्तो देखिन्छ कि हामी यस महिना हाम्रो बिक्री कोटामा पुग्न सक्षम हुनेछौं／វាហាក់ដូចជាយើងនឹងអាចបំពេញតាមកូតានៃការលក់របស់យើងក្នុងខែនេះ។／ເບິ່ງຄືວ່າພວກເຮົາຈະສາມາດບັນລຸເປົ້າການຂາຍໃນເດືອນນີ້.)

⑬ □ 実務(じつむ) (संबन्धित कामको अनुभव／ការងារជាក់ស្តែង／ປະຕິບັດໂຕຈິງ, ເຮັດວຽກໂຕຈິງ)

▶ 実務の経験(けいけん)はありますか。

(के तपाईंसँग कुनै व्यावहारिक अनुभव छ?／តើអ្នកមានបទពិសោធន៍ការងារដែរឬទេ?／ເຈົ້າມີປະສົບການເຮັດວຽກໂຕຈິງບໍ່?)

⑭ □ 業績(ぎょうせき) (सफलता (रेकर्ड)／សមិទ្ធិផល／ຜົນງານ, ຜົນປະກອບການ)

▷ 業績不振(ふしん) (खराब (नराम्रो) रेकर्ड, प्रदर्शन／ដំណើរការអាជីវកម្មមិនល្អ／ຜົນປະກອບການບໍ່ດີ)

▶ 彼(かれ)はまだ若(わか)く、特(とく)に目立(めだ)った業績は上(あ)げていない。

(उ अझै कञ्चा भएकोले होला राम्रो रेकर्ड बेखिएको छैन।／គាត់នៅក្មេង ហើយមិនទាន់ទទួលបានស្នាដៃអ្វីលេចធ្លោជាពិសេសនោះទេ។／ລາວຍັງໜຸ່ມແລະບໍ່ທັນໄດ້ບັນລຸຜົນງານທີ່ພົ້ນເດັ່ນອັນໃດເປັນພິເສດ.)

▷ 彼女(かのじょ)は音楽(おんがく)の世界(せかい)で数々(かずかず)の業績を残(のこ)した。

(उनले संगीत क्षेत्रमा राम्रो रेकर्ड राखिन।／នាងបានបន្សល់ទុកនូវសមិទ្ធិផលជាច្រើននៅក្នុងពិភពតន្ត្រី។／ລາວໄດ້ຫຼົງເຫຼືອໄວ້ຜົນງານຫຼາຍຢ່າງໃນແວດວົງດົນຕີ.)

⑮ □ 成果(せいか) (सफलता／លទ្ធផល／ຄຳຕອບ, ໝາກຜົນ, ຜົນໄດ້ຮັບ)

▶ このやり方(かた)で6カ月(げつ)続(つづ)けてきたが、まだ成果は上(あ)がっていない。

(यो तरिकाले ६ महिना काम गरियो तर सफलता मिलेको छैन／ខ្ញុំបានបន្តធ្វើតាមវិធីនេះអស់រយៈពេល៦ខែ ហើយ ប៉ុន្តែមិនទាន់មានលទ្ធផលនៅឡើយទេ។／ຂ້ອຍເຮັດວິທີນີ້ຕິດຕໍ່ກັນມາ 6 ເດືອນແລ້ວ, ແຕ່ຍັງບໍ່ໄດ້ໝາກຜົນເທື່ອ.)

⑯ □ 採算(さいさん) (हिसाब किताब／ប្រាក់ចំណេញ／ກຳໄລ, ປະໂຫຍດ)

▷ 独立(どくりつ)採算制(せい) (स्वतन्त्र लेखा प्रणाली／ប្រព័ន្ធប្រាក់ចំណេញឯករាជ្យ／ລະບົບບັນຊີເອກະລາດ)

▶ 経費(けいひ)がかかりすぎて、これではとても採算が合(あ)わない。

(खर्च बढल भएकोले हिसाब किताब नै मिल्दैन／វាចំណាយច្រើនពេក ហើយវាមិនចំណេញសោះ។／ຄ່າໃຊ້ຈ່າຍຫຼາຍເກີນໄປແລະບໍ່ມີກຳໄລ.)

⑰ □ 分散(ぶんさん)(する) (भिन्न भिन्न (गर्नु)／ការបែងចែក／ກະຈາຍ)

▷ リスクを分散する

(जोखिम फैलाउनु／ការបែងចែកហានិភ័យ／ກະຈາຍຄວາມສ່ຽງ)

⓲ □ **待遇** (सेवा सुविधा／អត្ថប្រយោជន៍／ການຮອງຮັບ, ການຮັກສາ)
たいぐう

▶やはり大企業の方が待遇が良さそうだ。
だい き ぎょう ほう

(ठूला कंपनीहरूमानै सेवा सुविधा राम्रो हुने देखिन्छ।／យ៉ាងណាមិញ ក្រុមហ៊ុនធំៗផ្តល់អត្ថប្រយោជន៍ល្អ
ជាង។／ສຸດທ້າຍແລ້ວ, ບໍລິສັດໃຫຍ່ຂະໜາດໃຫຍ່ເບິ່ງຄືວ່າມີການຮອງຮັບທີ່ດີກວ່າ.)

⓳ □ **勤務時間** (कामको समय／ម៉ោងធ្វើការ／ໂມງການ, ໂມງລັດຖະການ)
きん む じ かん

⓴ □ **福利厚生** (कल्याणकारी सेवा／សុខុមាលភាព／ສະຫວັດດິການ)
ふく り こう せい

▷福利厚生が充実した会社
じゅうじつ かいしゃ

(कल्याणकारी लाभ दिने संपनी／ក្រុមហ៊ុនដែលមានកម្មវិធីសុខុមាលភាពល្អ／ບໍລິສັດທີ່ມີສະຫວັດດິຄົບຖ້ວນ)

㉑ □ **有給休暇** (तलब सुविधा पाइने विदा／ការឈប់សម្រាកមានប្រាក់ឈ្នួល／
ゆうきゅうきゅう か ມື້ພັກ (ທີ່ໄດ້ຮັບຄ່າຈ້າງ))

▷有休を取る (तलबी विदा लिनु／ឈប់សម្រាកដោយទទួលបានប្រាក់ឈ្នួល／ຂໍລາພັກ)
と

㉒ □ **定年** (अवकास／អាយុចូលនិវត្តន៍／ອາຍຸບຳນານ)
てい ねん

▷定年になる、定年退職
たいしょく

(अवकास लिनु／ដល់អាយុចូលនិវត្តន៍, ការឈប់ធ្វើការដោយសារដល់អាយុចូលនិវត្តន៍／
ບຳນານ, ອອກການເຂົ້າບຳນານ)

㉓ □ **正規** (नियमित／ពេញសិទ្ធិ／ປົກກະຕິ, ປະຈຳ, ສະໝໍ່າສະເໝີ)
せい き

▷正規採用 (नियमित रोजगारी／ការជ្រើសរើសបុគ្គលិកពេញសិទ្ធិ／ຮັບເຂົ້າເຮັດວຽກປະຈຳ)
さいよう

㉔ □ 対 **非正規** (गैर नियमित／មិនពេញសិទ្ធិ／ບໍ່ເຕັມເວລາ, ບໍ່ຖາວອນ, ຊົ່ວຄາວ)
ひ

▷非正規雇用 (गैर नियमित रोजगारी／ការងារមិនពេញសិទ្ធិ／ຮັບເຂົ້າເຮັດວຽກຊົ່ວຄາວ)
こよう

㉕ □ **共稼ぎ** (दोहोरो आर्जन／រកលុយទាំងពីរនាក់／ສ້າງລາຍຮັບທັງສອງ, ເຮັດວຽກ
とも かせ ທັງສອງ)

㉖ □ 同 **共働き** (दुबै जनाले काम गर्नु／ធ្វើការទាំងពីរនាក់／ສ້າງລາຍຮັບທັງສອງ, ເຮັດວຽກທັງສອງ)
ばたら

㉗ □ **分担(する)** (भागवण्डा (गर्नु)／ការបែងចែក／ແບ່ງ, ແບ່ງສັນ, ປັນສ່ວນ)
ぶんたん

▷役割を分担する (जिम्मेवारीहरूबाँड्नु／បែងចែកតួនាទី／ແບ່ງໜ້າທີ່)
やくわり

▶料理は私、掃除は夫というように家事を分担しています。
りょうり わたし そうじ おっと か じ

(मिले खाना पकाउने श्रिमानले घर सफाउ गर्ने गरि काम बाँडेका छौं।／ខ្ញុំបែងចែកការងារផ្ទះដោយខ្ញុំជាអ្នកធ្វើ
ម្ហូប ហើយប្តីខ្ញុំជាអ្នកបោសសម្អាត។／ພວກເຮົາແບ່ງງານເຮືອນກັນຂ້ອຍເຮັດອາຫານ ແລະຜົວເຮັດອະນາໄມ.)

86

21

仕事・ビジネス 22

商品・サービス 23

読む 書く 聞く 話す 24

本 25

自然科学 26

宗教・信仰 27

場所・位置・方向 28

範囲 29

形式・スタイル 30

グループ・組織 21

❷❽ □ **手配(する)** (व्यवस्थापन (गर्नु)／ការរៀបចំ／ກຽມ, ກະກຽມ, ຈັດແຈງ)
てはい

▷ 旅行の手配 (यात्राको व्यवस्था／ការរៀបចំដំណើរកំសាន្ត／ການກະກຽມການເດີນທາງ)
りょこう

▶ お客様がお帰りのようだから、タクシーを手配してくれる？
きゃくさま　　　　　　かえ

(अब पाहुना जाने जस्तो भएकोले ट्याक्सीको व्यवस्था गरिदिन्छौ कि?／ដោយសារអតិថិជនហាក់ដូចជា
ត្រូវត្រឡប់ទៅវិញ តើអ្នកអាចជួយរៀបចំតាក់ស៊ីបានទេ?／ເບິ່ງຄືວ່າແຂກຈະເມືອແລ້ວ, ກຽມຈັດລົດແທັກຊີໃຫ້ໄດ້ບໍ?)

❷❾ □ **委託(する)** (सुम्पिनु काम (गर्नु)／ការប្រគល់ឱ្យ／ມອບ, ມອບໝາຍ, ວານໃຈ,
いたく　　　　　　　　　　　　　ມອບຄວາມໄວ້ວາງໃຈ)

▷ 販売委託 (सुम्पिनु सामान बेच्नु, किन्नु／ការធ្វើកិច្ចសន្យាឱ្យក្រុមហ៊ុនផ្សេងធ្វើការលក់ឱ្យ／ຝາກຂາຍ)
はんばい

▶ 当社は美術館からの委託を受けて、美術品の運搬をしています。
とうしゃ　びじゅつかん　　　　　　　　　　　　　ひん　うんぱん

(हाम्रो कम्पनी संग्रहालयबाट सुम्पिएका कलाकृतिहरू ढुवानी गर्दछौं／យើងទទួលបានការងារពីសារមន្ទីរ ហើយធ្វើការ
ដឹកជញ្ជូនស្នាដៃសិល្បៈ／ບໍລິສັດຂອງພວກເຮົາໄດ້ຮັບຄວາມໄວ້ວາງໃຈຈາກຫໍພິພິທະພັນເພື່ອຂົນສົ່ງງານ
ສິລະປະ.)

1
27

❸❶ □ **整備(する)** (तयार, मर्मत संभार (गर्नु)／ការថែទាំ／ບຳລຸງຮັກສາ)
せいび

▷ 車の整備、道路を整備する
くるま　　　　　どうろ

(गाडीको मर्मत संभार, बाटोको मर्मत संभार गर्नु／ការថែទាំរថយន្ត, ការថែទាំផ្លូវ／ບຳລຸງຮັກສາລົດ, ບຳລຸງ
ຮັກສາເສັ້ນທາງ)

▶ まず、道路や水道、電気などのインフラを整備しなければならない。
すいどう　でんき

(पहिला सडक, खानेपानी, विद्युतजस्ता पूर्वाधारको तयारी गर्नुपर्छ／ជាដំបូង យើងត្រូវតែថែរក្សា
ហេដ្ឋារចនាសម្ព័ន្ធដូចជា ផ្លូវថ្នល់ ទឹកនិងអគ្គិសនីជាដើម។／ກ່ອນອື່ນໝົດ ຕ້ອງບຳລຸງຮັກສາພື້ນຖານໂຄງ
ລ່າງເຊັ່ນ: ຖະໜົນຫົນທາງ, ນ້ຳປະປາ, ໄຟຟ້າ.)

❸❶ □ **承諾(する)** (अनुमति (लिनु)／ការយល់ស្រប, ការយល់ព្រម／
しょうだく　　　　　　　　　ຍິນຍອມ, ເຫັນດີ, ຍອມຮັບ)

▶ 未成年の場合、アパートを借りるときに親の承諾が必要です。
みせいねん　ばあい　　　　　　　　　　　　　おや　　　ひつよう

(यदि तपाईं नाबालिग हुनुहुन्छ भने, तपाईंलाई अपार्टमेन्ट भाडामा लिंदा आमाबाबुको सहमति चाहिन्छ।／
ករណីមិនទាន់គ្រប់អាយុ ចាំបាច់ត្រូវការការយល់ព្រមពីឪពុកម្តាយនៅពេលជួលផ្ទះ។／
ຖ້າຍັງບໍ່ບັນລຸນິຕິພາວະ, ຈຳເປັນມີການເຫັນດີຈາກພ່ໍແມ່ໃນເວລາເຊົ່າອາພາດເມັນ.)

❸❷ □ **目途／目処** (लक्ष, समाधान／គោលដៅ／ເປົ້າໝາຍ, ຈຸດໝຸ່ງໝາຍ)
めど　　　めど

▶ 時間がかかったが、やっと解決の目処が立った。
じかん　　　　　　　　　　　かいけつ　　　た

(यसले केहि समय लियो अन्तत: हामीले समाधान भेट्यौं।／វាបានចំណាយពេលយូរ ប៉ុន្តែទីបំផុតយើងបានរក
ឃើញដំណោះស្រាយ។／ໃຊ້ເວລາຍຶດໄລຍາວ, ແຕ່ສຸດທ້າຍກໍມີຄວາມຫວັງວ່າງຈະແກ້ໄຂໄດ້.)

❸❸ □ **はかどる** (सजिलो सँग अघि बढ्नु／មានដំណើរការល្អ／
ມີຄວາມຄືບໜ້າ, ວຽກຄືບໜ້າດີ)

▶ 朝早い時間の方が仕事がはかどる。
あさはや　じかん　ほう　　しごと

(बिहान सबेरै काम गर्ने वातावरण बन्छ।／ការធ្វើការងារការតែប្រសើរឡើងនៅពេលព្រឹកព្រលឹម។／
ເຮັດວຽກແຕ່ເຊົ້າກວ່າເຮັດໃຫ້ວຽກຄືບໜ້າດີກວ່າ.)

㉞ □ 折り返す (तत्कालै, तुरुन्तै प्रतिक्रिया दिनु／ឆ្លើយតបមកវិញ／ไขกับ)
<small>お かえ</small>

㉟ □ 折り返し (तत्कालै, तुरुन्तको प्रतिक्रिया／ការឆ្លើយតបមកវិញ／ການໄขกับ)

▶ 田中が戻りましたら、折り返しお電話するように申し伝えます。
<small>たなか もど でん わ もう つた</small>

(तानाका फर्किएर आउनासाथ तत्काल फोन गर्न लगाउँछु／ពេលតាណាកាត្រឡប់មកវិញ ខ្ញុំនឹងប្រាប់គាត់
ឲ្យទូរស័ព្ទទៅវិញ។／ເມື່ອທ້າໆ ທະນະກະກັບມາ, ຂ້ອຍຈະບອກລາວໃຫ້ໂທກັບຫາເຈົ້າ.)

㊱ □ 追って (लगत्तै／ឆាប់ៗនេះ, ពេលក្រោយ／ອีກບໍ່ດົນ, ຕາມພາຍຫຼັງ)
<small>お</small>

▶ 詳細は追ってご連絡します。
<small>しょうさい れんらく</small>

(अर्को पटक लगत्तै बिस्तारमा कुरो गर्नैला।／ព័ត៌មានលម្អិត នឹងជូនដំណឹងនៅពេលក្រោយ។／
ພວກເຮົາຈະຕິດຕໍ່ຫາທ່ານກ່ຽວກັບລາຍละเอียดຕາມພາຍຫຼັງ.)

㊲ □ 使命 (मिशन／បេសកកម្ម／ພາລະກິດ, ໜ້າທີ່, ວຽກ)
<small>し めい</small>

▷ 使命感、報道の使命
<small>かん ほうどう</small>

(मिशनको भावना, रिपोर्टिङको मिशन／អារម្មណ៍នៃបេសកកម្ម, បេសកកម្មរបស់សារព័ត៌មាន／
ພາລະກິດ, ພາລະກິດການລາຍງານ)

㊳ □ 手作業 (हस्तकला／ការងារធ្វើដោយដៃ／แຮงງານຄົນ)
<small>て さ ぎょう</small>

▶ 一つ一つ手作業で色を付けています。
<small>ひと いろ つ</small>

(एक एक गरेर हातैले रङ लगिरहेको छ।／ព័ណ៌នីមួយៗលាបដោយដៃ។／ແຕ່ລະອັນແມ່ນຖิ้ມລิ້ງສີด้วยแຮງງານຄົນ.)

㊴ □ 手数 (काम, व्यस्तता／ការរំខាន／ຄວາມຫຍຸ້ງຍາກ, ຄວາມລຳບາກ)
<small>て すう</small>

▶ お手数をおかけして、申し訳ありません。
<small>もう わけ</small>

(व्यस्त बनाएकोमा माफ गर्नुहोला।／សូមទោសដែលរំខាន។／ພວກเຮົາຂໍໂທษໃพี่เฮັດໃຫ້ທ່ານຫຍຸ້ງຍາກ.)

㊵ □ 手数料 (शुल्क (कमिसन)／ថ្លៃសេវាកម្ម／ค่าทำบูม, ค่าบายขั้ว)
<small>りょう</small>

㊶ □ 労力 (प्रयास, संघर्ष／ការខំប្រឹងប្រែង／แຮງງານ, ความพะยายาม,)
<small>ろうりょく</small>

▶ この企画は、労力がかかる割には、あまりお金にならない。
<small>き かく わり かね</small>

(यो परियोजनालाई धेरै प्रयास चाहिन्छ, तर यसले थेरै पैसा बचत गर्दैन／គម្រោងនេះត្រូវប្រើការខំប្រឹងប្រែង
ច្រើន តែមិនសូវបានលុយទេ។／ໄຄງການນີ້, ໃช้ความพะยายามหຼาย, แຕ່ບໍ່ໄດ້ເຮັມຫາຍປานใด.)

グループ・組織 21
仕事・ビジネス 22
商品・サービス 23
読む・書く・話す 24
本 25
自然科学 26
宗教・信仰 27
場所・位置・方向 28
範囲 29
形式・スタイル 30

㊷ □ **手際**（てぎわ）(साबधानि／ស្ងាត់, ប៉ិនប្រសព្វ, ល្អ／ដឹមិ, ຄວາມສາມາດ, ຄວາມຊຳນານ, ไทวอພົ້ນ)

▷ 手際がいい (राम्रो साबधानि／ស្ងាត់, ប៉ិនប្រសព្វ／ຊຳນິຊຳນານ)

▶ 手際よくやらないと、焦げちゃいますよ。

(यदि तपाई साबधान हुनुहुन्न भने, यो जल्नेछ।／បើអ្នកធ្វើមិនបានល្អ នោះវានឹងខ្លោចៗ។／ຖ້າບໍ່ເຮັດຢ່າງຊຳນິຊຳນານ, ຊິໄຫ້ໄດ໌.)

㊸ □ **手回し**（てまわ）(कुशल, सिपालु／ការរៀបចំ／ການກະກຽມ)

▶ 彼女は手回しがいいね。もうほとんど準備が整っている。

(उनी एकदम कुशन रहिछन्।लगभग सबै तयारी पूरा भएको छ।／នាងពូកែរៀបចំណាស់។ ភាគច្រើនការត្រៀម ទុកស្រើចគ្រប់ហើយ។／ລາວກະກຽມດີ. ພ້ອມເກືອບໝົດແລ້ວ.)

㊹ □ **根回し**（ねまわ）(する) (परामर्श (लिनु)／ការផ្សព្វផ្សាយជានគ្រឹះ／ກະກຽມສິ່ງຈຳເປັນ)

▶ 会議がうまくいくよう、関係者に根回ししておこう。

(वैठकको सफलताका लागि सबैसँग परामर्श लिऔं।／ខ្ញុំនឹងរៀបចំមូលដ្ឋានសម្រាប់បុគ្គលដែលពាក់ព័ន្ធ ដើម្បី ធ្វើអោយកិច្ចប្រជុំដំណើរការទៅល្អ។／ກະກຽມສິ່ງຈຳເປັນກັບຜູ້ກ່ຽວຂ້ອງເພື່ອໃຫ້ແນ່ໃຈວ່າກອງປະຊຸມຈະດຳ ເນີນໄປດ້ວຍດີ.)

㊺ □ **(お)使いを頼む**（つか）（たの）(थोर: काम अराउनु／ប្រើអោយធ្វើអ្វីមួយ／ใຊ້ไปປຽກ)

▶ 卵を買い忘れたので、子供にお使いを頼んだ。

(अण्डा किनेर ल्याउन बिर्सिएकोले बच्चालाई अराएँ।／ខ្ញុំបានប្រើកូនអោយទៅទិញ ដោយខ្ញុំភ្លេចទិញ ពងមាន់។／ລືມຊື້ໄຂ, ກໍເລີຍໃຊ້ລູກໄປຊື້.)

㊻ □ **顧客**（こきゃく）(आफ्नो ग्राहक／ភ្ញៀវ, អតិថិជន／ລູກຄ້າ)

▷ 顧客名簿（めいぼ）(ग्राहकको नाम लिस्ट／តារាងឈ្មោះអតិថិជន／ລາຍຊື່ລູກຄ້າ)

㊼ □ **得意先**（とくいさき）(धेरै सामान किनिदिने ग्राहक／ម៉្យយ／ລູກຄ້າ)

▶ 午後は得意先を回ってきます。

(दिउँसो, म ग्राहकहरूलाई भेट्न जान्छु।／ខ្ញុំនឹងទៅជួបម៉្យយនៅពេលរសៀល។／ໃນຕອນບ່າຍ, ຂ້ອຍຈະໄປ ເລາະຫາລູກຄ້າ.)

㊽ □ **大手**（おおて）(प्रमुख／ធំ／ບໍລິສັດໃຫຍ່)

▷ 大手企業（きぎょう）(प्रमुखकम्पनीहरू／ក្រុមហ៊ុនធំ／ບໍລິສັດໃຫຍ່)

▶ 得意先は、大手をはじめ、全国数十社に上ります。（とくいさき）（ぜんこくすうじゅっしゃ）（のぼ）

(हाम्रा ग्राहकहरूमा प्रमुख कम्पनीहरू सहित देशभरका दर्जनौँ कम्पनीहरू समावेश छन्।／យើងមានអតិថិជនរាប់ សិបនាក់ទូទាំងប្រទេស រួមទាំងក្រុមហ៊ុនធំៗជាដើម។／ລູກຄ້າຂອງພວກເຮົານັບບໍລິສັດໃຫຍ່ເປັນຕົ້ນແລະບໍລິ ສັດອື່ນໆໃນທົ່ວປະເທດຫຼາຍສິບແຫ່ງ.)

(49) □ 小売（こうり） (खुद्रा／ការលក់រាយ／ການຂາຍຍ່ອຍ)

▷ 小売店（てん）、小売業（ぎょう）

(खुद्रा पसल, खुद्रा उद्योग／ហាងលក់រាយ, អាជីវកម្មលក់រាយ／ຮ້ານຂາຍຍ່ອຍ, ອຸດສາຫະກຳຂາຍຍ່ອຍ)

(50) □ 業者（ぎょうしゃ） (उद्योगी, व्यवसायी／អ្នកផ្គត់ផ្គង់／ພໍ່ຄ້າ, ຜູ້ຜະລິດ, ຜູ້ປະກອບການຄ້າ, ກ່ຽວກັບທຸລະກິດ)

▷ 配送（はいそう）業者 (ढुवानी व्यवसायी／អ្នកដឹកជញ្ជូន／ທຸລະກິດຂົນສົ່ງ)

▶ ミスが続（つづ）いたので、ほかの業者に変（か）えることにした。

(धेरै गल्ति भएकोले अर्को व्यवसायीलाई दिने निर्णय गरियो।／ដោយសារមានកំហុសជាបន្តបន្ទាប់ ខ្ញុំបានសម្រេចចិត្តប្តូរទៅអ្នកផ្គត់ផ្គង់ផ្សេង។／ມີຄວາມຜິດພາດຕິດຕໍ່, ສະນັ້ນຈຶ່ງຕັດສິນໃຈປ່ຽນເອົາຜູ້ຜະລິດອື່ນ.)

(51) □ 下請け（する）（したうけ） (अर्कोको काम (लिनु)／ការម៉ៅការងារបន្តពីគេ／ຮັບເໝົາຍ່ອຍ, ເຮັດສັນຍາຮັບເໝົາຍ່ອຍ, ຈ້າງເໝົາ)

▷ 工事（こうじ）を下請けする (निर्माणमा उपठेकेदारिता／ម៉ៅការងារការដ្ឋានបន្តពីគេ／ຈ້າງເໝົາວຽກກໍ່ສ້າງ)

▶ A自動車（じどうしゃ）は、部品製造（ぶひんせいぞう）のほとんどを下請けに出（だ）している。

(अटोमोबाइल्स ए ले यसको अधिकांश पार्टपुर्जा निर्माणलाई सबकन्ट्र्याक्ट गर्छ／ក្រុមហ៊ុនរថយន្តA បានផ្តល់ការម៉ៅការការផលិតគ្រឿងបន្លាស់ភាគច្រើន។／ບໍລິສັດລົດ A ຈ້າງເໝົາວຽກຜະລິດອາໄຫຼ່ເກືອບທັງໝົດ.)

(52) □ 設立（する）（せつりつ） (स्थापना (गर्नु)／ការបង្កើត／ສ້າງຕັ້ງ, ກໍ່ຕັ້ງ)

▷ 会社（かいしゃ）を設立する (कंपनी स्थापना गर्नु／បង្កើតក្រុមហ៊ុន／ສ້າງຕັ້ງບໍລິສັດ)

(53) □ 提携（する）（ていけい） (साझेदारी (गर्नु)／ការសហការ／ຮ່ວມມື)

▶ お互（たが）いにメリットがあれば、他社（たしゃ）と提携してもいい。

(एकापसमा फाइदा हुनेभएमा अरू कंपनी सँग साझेदारी गरिन्छ।／ប្រសិនបើមានផលប្រយោជន៍ទៅវិញទៅមក អ្នកអាចចាប់ដៃគូជាមួយក្រុមហ៊ុនផ្សេងទៀត។／ອາດຈະຮ່ວມມືກັບບໍລິສັດອື່ນຖ້າມີຜົນປະໂຫຍດຮ່ວມກັນ.)

(54) □ 合併（する）（がっぺい） (मर्ज (गर्नु)／ការរួមបញ្ចូលគ្នា／ລວມກັນ, ຄວບລວມກິດຈະການ)

(55) □ 新規（しんき） (नयाँ／ថ្មី／ໃໝ່)

▷ 新規開店（かいてん）、新規採用（さいよう）

(नयाँ पसल खोल्नु, नयाँ स्टाफ राख्नु／ហាងបើកថ្មី, ការជ្រើសរើសបុគ្គលិកថ្មី／ເປີດຮ້ານໃໝ່, ຮັບພະນັກງານໃໝ່)

(56) □ 特許（とっきょ） (अधिकार (पेटेन्ट)／ប៉ាតង់／ສິດທິບັດ, ຈົດທະບຽນ, ການອະນຸຍາດພິເສດ)

UNIT 23

商品・サービス
しょうひん

(उत्पादन (सामान), सेवा／ទំនិញ, សេវាកម្ម／ສິนค้า・ການບໍລິการ)

❶ □ 仕入れる (खरिद गर्नु／ទិញចូល／ສັ່ງຊື້ (ສินค้า, อัดทุกิบ))

▶ 新鮮な魚を毎日市場から仕入れています。
しんせん さかな まいにちいちば
(बजारबाट दिनदिनै ताजा माछा ल्याउने गरिन्छ।／យើងខ្ញុំទិញត្រីស្រស់ពីផ្សារជារៀងរាល់ថ្ងៃ។／ສັ່ງຊື້ປາສົດຈາກຕະຫຼາດທຸກມື້.)

❷ □ 仕入れ (खरिद／ការទិញចូល／ສິນค้าในลาง)

❸ □ 伝票 (रसिद (बिल)／បង្កាន់ដៃ／ใบบิน)
でんぴょう

❹ □ 入荷(する) (भित्र्नु, आइपुग्नु／ការមកដល់នៃទំនិញ／ສินค้าเຂ้าร้าน)
にゅうか

▶ こちらの商品は明日、入荷の予定です。
しょうひん あした にゅうか よてい
(यो सामान भोलि आइपुग्ने योजना छ।／ទំនិញនេះនឹងមកដល់នៅថ្ងៃស្អែក។／ສินค้านี้มีกำหนดเຂ้าร้านมื้ອื่น.)

❺ □ 購入(する) (किन्नु, खरिद गर्नु／ការទិញ／ຊื้)
こうにゅう

▷ ネットで購入する (नेटबाट किन्ने／សូមប្រយ័ត្នចំពោះបន្ទប់ទៅនេះ នៅពេលទិញខុនដូ។／ຊื้ออนลาย)

▶ マンションを購入する際は、次の点に注意してください。
さい つぎ てん ちゅうい
(घर किन्नेबेलामा यो कुरामा ध्यान दिनुहोला।／សូមប្រយ័ត្នចំពោះបន្ទប់ទៅនេះ នៅពេលទិញខុនដូ។／ເມื่ອຊื้อຫ้อງຊຸດ, ກะลุนาละมัดละอัງปะเด็นถัดไปนี้.)

❻ □ 配送(する) (ढुवानी गर्नु／ការយកមកអោយ, ការដឹកជញ្ជូនអោយ／ສ่ง, จัดส่ง)
はいそう

▷ 〈広告〉全国どこでも配送します。
こうこく ぜんこく
(बिज्ञको जुन ठाउँमा पनि ढुवानी गरिन्छ।／(ផ្សាយពាណិជ្ជកម្ម) យើងខ្ញុំនឹងដឹកជញ្ជូនអោយគ្រប់ទីកន្លែង នៅក្នុងប្រទេស។／<ໄคละบๆ> พอກเຮົาจัดส่งทิ่วปะเทด.)

❼ □ 陳列(する) (प्रदर्शन गर्नु／ការតាំងបង្ហាញ／ສะແดๆ, อๆสะแดๆ)
ちんれつ

▷ 商品を棚に陳列する
しょうひん たな
(उत्पादित सामान प्रदर्शन गर्नु／តាំងបង្ហាញទំនិញលើធ្នើ／ສะแดๆสินค้าเติງຊั้นอๆ)

❽ □ 流通(する) (वितरण (गर्नु)／ការចែកចាយ／ການກะจาย (ສินค้าจากผู้ ยะลิดสู่ผู้ยีบโพๆ))
りゅうつう

グループ・組織 21

仕事・ビジネス 22

商品 サービス 23

読む・書く 聞く・話す 24

本 25

自然科学 26

宗教・信仰 27

場所・位置・方向 28

範囲 29

形式・スタイル 30

❾ □ 販促(する)／販売促進 (विज्ञापन, प्रचार-प्रसार／ការផ្សព្វផ្សាយ/ ការផ្សព្វផ្សាយការលក់／ການສົ່ງເສີມການຂາຍ)
　はんそく　　　はんばいそくしん

▷ 販促キャンペーン

(प्रचार अभियान／យុទ្ធនាការផ្សព្វផ្សាយ／ການໂຄສະນາເພື່ອສົ່ງເສີມການຂາຍ)

---

❿ □ 通販／通信販売 (सूचना संचार मार्फतको प्रचार-प्रसार／ការលក់តាមអនឡាញ
　つうはん　　　つうしんはんばい (អ៊ីនធើណេត)／ຂາຍເຄື່ອງຜ່ານທາງໄປສະນີ)

▷ 通販のカタログ

(अनलाइन किनबेच／កាតាឡុកបញ្ជាទិញតាមអនឡាញ／ລາຍການຂາຍເຄື່ອງຜ່ານສາຍ)

⓫ □ 量販店 (होलसेल पसल／ហាងលក់ទំនិញច្រើនហើយមានតម្លៃថោក／
　りょうはんてん ຮ້ານຂາຍສິນຄ້າຈำนວนຫຼາຍໃນລາຄາຖືກ)

▷ 家電量販店
　かでん

(विद्युतीय सामान होलसेल पसल／ហាងលក់គ្រឿងអេឡិចត្រូនិច／ຮ້ານຂາຍເຄື່ອງໄຟฟ້າ)

⓬ □ 品質 (सामानको गुणस्तर／គុណភាព／ຄຸນະພາບ)
　ひんしつ

▷ 品質管理、品質の向上に努める
　　　かんり　　　　こうじょう つと

(गुणस्तर नियन्त्रण र गुणस्तर सुधारको प्रयास गर्नु／ការគ្រប់គ្រងគុណភាព, ឱតឱលើកកម្ពស់គុណភាព／
ຄວບຄຸມຄຸນະພາບ, ພະຍາຍາມปับปຸງຄຸນະພາບ)

▶ 当社では、品質維持のため、何重にもチェックをします。
　とうしゃ　　　　　　　　　　　なんじゅう

(हाम्रो कम्पनीले सामानको गुणस्तर कायम राख्न धेरै चेकजाँच गर्छ।／ក្រុមហ៊ុនយើងខ្ញុំធ្វើការត្រួតពិនិត្យជាច្រើន
ដងដើម្បីរក្សាគុណភាពទំនិញ។／ພວກເຮົາທำການກວດສอบຫຼາຍຄັ້ງເพื່อຮักສາຄຸນະພາบ.)

⓭ □ 保険 (बिमा／ធានារ៉ាប់រង／ການປະກັນໄพ)
　ほけん

▷ 保険をかける、生命保険、火災保険、健康保険、社会保険
　　　　　　　せいめい　　かさい　　　けんこう　　しゃかい

(बिमा गर्नु／जीवन बिमा, अग्नि बिमा,स्वास्थ्य बिमा／ទិញធានារ៉ាប់រង, ធានារ៉ាប់រងอាយុជីវិត,
ធានារ៉ាប់រងអគ្គិភัย, ធានារ៉ាប់រងសុខภาพ, ធានារ៉ាប់រងสังคม／ປະກັນໄພ, ປะกันຊีวิต, ปะกัน
ອัກคีໄพ, ปะกันสุขະພາบ, ปะกันสังคม)

▶ いざというときのために、保険に入っておいたほうがいい。
　　　　　　　　　　　　　　　　はい

(केहि परिहालेको बेलाका लागि, बिमा गरिराख्दा रामो हुन्छ।／មានធានារ៉ាប់រងជាការល្អ ក្នុងករណីมาน
អាសน្ន។／ຄວรมีปะกันໄพเพื่อก็ละบิสุกเสิม.)

⓮ □ 補償(する) (क्षतिको क्षतिपूर्ति दिनु／ការសង, សំណង／ຊดใຊ, ทิดแทน)
　ほしょう

▷ 損害補償 (क्षतिको क्षतिपूर्ति／សំណងការខូចខាត／ການຊดใຊ่ความเสยหาย)
　そんがい

▷ 事故の被害者に対し、国はしっかりと補償をすべきだ。
　じこ　ひがいしゃ　たい　　　くに

(दुर्घटनाका घाइतेहरूको राज्यले दुक्कसँग जिम्मा लिनुपर्छ।／រัฐាภិបាលគួរแต่ขัล់สำณងสมຮมຍสำรับ
អ្នកទទួลเຄ្រ្គាะฮ์។／ລัดถะบาລควรຊดใຊ่ค่าเสยຫ่ายให้ผู้ที่ได้รับเคัาะฮ์ย่างฺพຽງພໍ.)

グループ・組織 21

仕事・ビジネス 22

商品・サービス 23

読む 書く 聞く 話す 24

本 25

自然科学 26

宗教・信仰 27

場所・位置 方向 28

範囲 29

形式・スタイル 30

⑮ □ **特典**（सेवा, सुविधा／ការផ្ដល់ជូនពិសេស／ສິດທິພິເສດ）
とくてん

▷ **会員特典**（सदस्य सुविधा／ការផ្ដល់ជូនពិសេសសម្រាប់សមាជិក／ສິດທິພິເສດສຳລັບສະມາຊິກ）
かいいん

⑯ □ **まける／負ける**（सस्तोमा दिनु, छुट दिनु／បញ្ចុះតម្លៃ／ຫຼຸດລາຄາ, ໃຫ້ສ່ວນຫຼຸດ）
ま

▶ この服、ちょっと傷がついてたから、500円負けてもらった。
ふく　　　　　　きず　　　　　　　　　　　　　　　　　　　　えん　　ま

（यो कपडा सानो प्वाल फेला परेकोले ५०० येन घटाएर पाएँ।／គេបានចុះថ្លៃអោយ500យ៉េនដោយសារ
ខាងរនេះមានស្នាមប៉ូនៃ។／ເຄື່ອງນຸ່ງອັນນີ້ເສຍຫາຍຫນ້ອຍໜຶ່ງ, ຈະນັບຈັ່ງໃຫ້ຫຼຸດລາຄາ 500 ເຢັນ.）

⑰ □ **おまけ(する)**（छुट／ការថែមអោយ／ແຖມໃຫ້, ຂອງແຖມ）

▶ 今、このチョコを買うと、おまけが付いている。
いま　　　　　　　　　か　　　　　　　　　　　　　　つ

（अहिले यो चकलेट किनेमा छुटको व्यवस्था छन्छ।／ប្រសិនបើញុំញុំសុក្កុឡារនេះ ឥឡូវនេះ នឹងមានរបស់ថែម។
／ຖ້າຊື້ຊ໋ອກໂກແລັດຕອນນີ້, ຈະໄດ້ຂອງແຖມພ້ອມ.）

▶ 10個買うから、1個おまけしてよ。
こか　　　　　　　こ

（१० वटा किन्ने हुनाले एउटा उपहार दे!／ខ្ញុំនឹងទិញ១០គ្រាប់ ដូច្នេះសូមថែមអោយ១គ្រាប់មក។／
ຊື້ຊື້ 10 ອັນ, ຈະນັບແຖມໃຫ້ຂ້ອຍອີກອັນນຶ່ງແມະ.）

⑱ □ **値切る**（भाउ घटाउन अनुरोध गर्नु／តថ្លៃ／ຕໍ່ລາຄາ）
ねぎ

▶ あそこの魚屋は、値切ったら負けてくれるよ。
さかなや　　　ねぎ　　　　　ま

（त्यो माछा पसलमा अनुरोध गर्यौ भने भाउ घटाइदिन्छ।／ហាងលក់ត្រីនោះ បើតថ្លៃ នោះនឹងចុះថ្លៃអោយ។／
ຮ້ານຂາຍປາຢູ່ຫັ້ນ, ຖ້າຕໍ່ລາຄາເຮົາເຈົ້າກໍຊິຫຼຸດໃຫ້ໄດ້.）

⑲ □ **アフターサービス**（खरिद पछि पाइने सुविधा／សេវាកម្ម ក្រោយពេលទិញ／ບໍລິການຫຼັງການຂາຍ）　**類** アフターケア

⑳ □ **ニーズ**（आवश्यकता／តម្រូវការ／ຄວາມຕ້ອງການ,ຄວາມຈຳເປັນ）

㉑ □ **～用品**（~को सामान／ទំនិញរឺសម្ភារៈសម្រាប់~／ເຄື່ອງໃຊ້~）
ようひん

▷ **事務用品、生活用品、スポーツ用品店**
じむ　　せいかつ　　　　　　　　てん

（अफिसको सामान, घरायसी सामान, खेल संबन्धी सामान／សម្ភារៈការិយាល័យ, ទំនិញប្រើប្រាស់ប្រចាំថ្ងៃ,
ហាងលក់ទំនិញផ្នែកកីឡា／ເຄື່ອງໃຊ້ຫ້ອງການ, ເຄື່ອງໃຊ້ໃນຊີວິດປະຈຳວັນ, ຮ້ານຂາຍເຄື່ອງກິລາ）

㉒ □ **品数**（सामानको संख्या／ចំនួនទំនិញ／ຈຳນວນສິນຄ້າ）
しなかず

▶ この店は品数が豊富です。
みせ　　しなかず　　ほうふ

（यो पसलमा जे पनि पाइन्छ।／ហាងនេះមានទំនិញជាច្រើន។／ຮ້ານນີ້ມີຈຳນວນສິນຄ້າຢ່າງຫຼວງຫຼາຍ.）

UNIT 24

読む・書く・聞く・話す
よ　か　き　はな
（पढ्नु, लेख्नु, सुन्नु, बोल्नु／អាន, សរសេរ, ស្តាប់, និយាយ／ອ່ານ・ຂຽນ・ຟັງ・ເວົ້າ）

---

❶ □ 記す
しる （लेख्नु／សរសេរ／ຂຽນໄວ້, ບັນທຶກ）

▶ 具体的な条件は、すべて契約書の中に記してある。
ぐたいてき　じょうけん　　　　　　　けいやくしょ　なか

（सबै विशिष्ट सर्तहरू सम्झौतामा लेखिएको छ।／លក្ខខណ្ឌជាក់លាក់ទាំងអស់ត្រូវបានសរសេរនៅក្នុង កិច្ចសន្យា។／ເງື່ອນໄຂສະເພາະທັງໝົດແມ່ນໄດ້ຂຽນໄວ້ໃນສັນຍາ។）

❷ □ 記載（する）
きさい （छाप्नु／ការសរសេរ／ຂຽນບົດຄວາມລົງປື້ມຫຼືວາລະສານ, ກ່າວເຖິງ, ລົງຂາວ, ຕີພິມ）

▷ 記載事項 （छापिएको विषय／ចំនុចដែលត្រូវបានសរសេរ／ຫວ້ຂໍ້ທີ່ກ່າວເຖິງ）
きさいじこう

▶ パスポートに記載されている住所は以前のものです。
じゅうしょ　いぜん

（मेरो राहदानीमा लेखिएको ठेगाना पहिलेको हो।／អាស័យដ្ឋានដែលបានសរសេរនៅក្នុងលិខិតឆ្លងដែនគឺ អាសយដ្ឋានពីមុន។／ທີ່ຢູ່ທີ່ຕີພິມໃນໜັງສືຜ່ານແດນຂອງຂ້ອຍແມ່ນອັນເກົ່າ。）

❸ □ 記述（する）
きじゅつ （उल्लेख, वर्णन (गर्नु)／ការពណ៌នា／ການອະທິບາຍ, ໃຫ້ລາຍ ລະອຽດ, ການບັນລະຍາຍ）

▷ 記述問題 （उल्लेख भएको प्रश्न／សំណួរសរសេរ／ເລົ່າຂຽນ）
きじゅつもんだい

▶ 古い資料にそれに関する記述があった。
ふる　しりょう　　　　　かん

（पुराना कागजातहरूमा यो सन्दर्भहरू वर्णन गरिएकाछन्।／មានការពិពណ៌នាអំពីគំនិតនៅក្នុងឯកសារចាស់។／ ມີການອະທິບາຍກ່ຽວກັບເລື່ອງນັ້ນຢູ່ໃນເອກະສານເກົ່າ。）

❹ □ 描写（する）
びょうしゃ （चित्रण (गर्नु)／ការបរិយាយ, ការពណ៌នា／ພັນລະນາ, ວາດໃຫ້ ເຫັນ）

▶ 主人公の心の動きが細かく描写されている。
しゅじんこう　こころ　うご　　こま

（नायकको मनको भावनाहरू विस्तृत रूपमा चित्रण भएको छ।／ចលនានៃចិត្តរបស់តួឯកត្រូវបានបរិយាយ។／ ການເຄື່ອນໄຫວດ້ານຈິດໃຈຂອງໂຕເອກຖືກພັນລະນາຢ່າງລະອຽດ。）

❺ □ 要約（する）
ようやく （सारांश, छोटकरीमा (लेख्नु)／ការសង្ខេប／ສະຫຼຸບ）

▶ 次の文章を400字以内に要約してください。
つぎ　ぶんしょう　　　　じ　いない

（तलको निबन्धलाई ४०० शब्दमा नबढाइ सारांश लेख।／សូមសង្ខេបប្រយោគស្ថាប័នក្នុងចន្លោះ ក្រឹម៤០០តួអក្សរ។／ກະລຸນາສະຫຼຸບຂໍ້ຄວາມຕໍ່ໄປນີ້ໃນຄວາມຍາວບໍ່ເກີນ 400 ຄຳ。）

グループ・組織 21
仕事・ビジネス 22
商品・サービス 23
聞く 読む 書く 話す 24
本 25
自然科学 26
宗教・信仰 27
場所・位置・方向 28
範囲 29
形式・スタイル 30

❻ □ 箇条書き _{かじょうが} (बुँदागत／ការសរសេររៀបរាប់ជាចំនុច／ຂຽນເປັນຂໍ້ຍ່ອຍ)

▶ 箇条書きでいいので、改善案を提出してください。
_{かいぜんあん ていしゅつ}

(कृपया सुधारका लागि सुझावहरू पेश गर्नुहोस्, तिनीहरू केवल बुँदागत भए तापनि।／ សូមសរសេររៀបរាប់ជាចំនុច ក៏បានដែរ ដូច្នេះសូមបញ្ជូនសំណើកែលម្អមក។／ຂຽນເປັນຂໍ້ຍ່ອຍກໍ່ໄດ້, ກະລຸນາລົງຂໍ້ສະເໜີຄຳແນະນຳ ເພື່ອປັບປຸງ.)

❼ □ 前述（する） _{ぜんじゅつ} (पहिला भनिएको／ការបញ្ជាក់ពីខាងដើម／ດັ່ງກ່າວ, ດັ່ງກ່າວມາ ແລ້ວຂ້າງເທິງ, ດັ່ງກ່າວໄວ້ກ່ອນໜ້າ)

▶ 前述の通り、状況は改善されていません。
_{とお じょうきょう かいぜん}

(माथि उल्लेख गरिएझैँ स्थितिमा सुधार आएको छैन।／ដូចបានរៀបរាប់ខាងលើ ស្ថានភាពមិនបានប្រសើរ ឡើងទេ។／ດັ່ງກ່າວໄວ້ກ່ອນໜ້າ, ສະຖານະການຍັງບໍ່ທັນປັບປຸງ.)

❽ □ 対 後述（する） _{こうじゅつ} (पछि वर्णन गर्नु／ការបញ្ជាក់ពេលក្រោយ／ກ່າວນຳໜ້າ)

❾ □ 誇張（する） _{こちょう} (अतिरंजित, बढाईचढाई (गर्नु)／ការបំផ្លើស／ເວົ້າເກີນຈິງ, ຂີ້ໂມ້)

▶ 話がちょっと誇張されていると思う。実際は普通だったよ。
_{はなし おも じっさい ふつう}

(मलाई लाग्छ कथा अलि अतिरंजित छ। यो वास्तवमा सामान्य थियो।／ខ្ញុំគិតថារឿងនេះបំផ្លើសបន្តិច។ តាមពិត ទៅ វាជារឿងធម្មតាទេ។／ຄິດວ່າເວົ້າເກີນຈິງໜ້ອຍໜຶ່ງ. ຄວາມຈິງແລ້ວເປັນເລື່ອງປົກກະຕິໄດ້.)

❿ □ 音色 _{ねいろ} (आनन्दित स्वर／គុណភាពនៃសូរ／ນ້ຳສຽງ, ລັກສະນະຂອງສຽງ)

▶ チェロの美しい音色に気分も和らいだ。
_{うつく きぶん やわ}

(चेलोको आनन्दित स्वरले मलाई सहज महसुस गरायो।／សំឡេងដ៏ស្រស់ស្អាតនៃឧបករណ៍តន្ត្រីសែឡ (cello) បានបន្ធូរអារម្មណ៍ខ្ញុំ។／ສຽງຂອງເຊໂລທີ່ສວຍງາມເຮັດໃຫ້ຂ້ອຍຮູ້ສຶກສະບາຍໃຈ.)

⓫ □ 視聴（する） _{しちょう} (दर्शक, श्रोता／ការមើលនិងស្តាប់／ເບິ່ງແລະຟັງ, ຊົມແລະຟັງ)

▶〈テレビ〉視聴者の皆様にプレゼントをご用意しました。
_{しゃ みなさま ようい}

(<TV> हामीले सबै दर्शकहरूको लागि उपहार तयार गरेका छौं।／(ទូរទស្សន៍) យើងខ្ញុំបានរៀបចំអំណោយ សម្រាប់ទស្សនិកជនទាំងអស់។／<ໃນໂທລະທັດ> ພວກເຮົາໄດ້ກຽມຂອງລາງວັນໃຫ້ແກ່ທ່ານຜູ້ຊົມແລະທ່ານ ຜູ້ຟັງທຸກທ່ານ.)

⓬ □ 雑談（する） _{ざつだん} (सानोतिनो कुराकानि／ការនិយាយគ្នាលេង／ລົມຫຼິ້ນ)

▶ ちょっとした雑談から新しいアイデアが生まれることも多いです。
_{あたら う おお}

(नयाँ विचारहरू प्रायः सानोतिनो कुराकानीबाट उत्पन्न हुन्छन्।／គំនិតថ្មីៗតែងតែកើតចេញពីការនិយាយ ជជែកគ្នាលេង។／ແນວຄວາມຄິດໃໝ່ໆມັກຈະເກີດຂຶ້ນຈາກການລົມກັນຫຼິ້ນເລັກນ້ອຍ.)

⑬ □ 質疑(する) しつぎ （छलफल गर्नु／ការសួរសំណួរ／ຖາມ）

▷ 国会で質疑を行う
こっかい　　　おこな
（संसदमा छलफल चलाउनु／សួរសំណួរនៅរដ្ឋសភា／ຖາມຄຳຖາມຢູ່ໃນສະພາແຫ່ງຊາດ.）

⑭ □ 質疑応答 しつぎおうとう （प्रश्नोत्तर／សំណួរចម្លើយ／ວາລະຖາມຕອບ）

▶ 発表の後に10分間の質疑応答があります。
はっぴょう　あと　　　ぶんかん
（विषय प्रस्तुति पछि १० मिनेट प्रश्नोत्तर समय राखिएको छ।／មានវគ្គសំណួរនិងចម្លើយរយៈពេល ១០នាទី បន្ទាប់ពីការធ្វើបទបង្ហាញ។／ຈະມີວາລະຖາມຕອບ 10 ນາທີ ພາຍຫຼັງການນຳສະເໜີ.）

⑮ □ 釈明(する) しゃくめい （स्पष्टीकरण (दिनु)／ការបកស្រាយ, ការពន្យល់／ອະທິບາຍ）

▶ 事故について、社長による釈明が行われた。
じこ　　　　　しゃちょう　　　　　　おこな
（कम्पनीका साहुले दुर्घटनाको बारेमा स्पष्टीकरण दिए।／ការពន្យល់បកស្រាយអំពីគ្រោះថ្នាក់នេះត្រូវបាន ធ្វើឡើងដោយនាយកក្រុមហ៊ុន។／ປະທານບໍລິສັດໃຫ້ການອະທິບາຍຕ່ຽວກັບອຸປະຕິເຫດ.）

⑯ □ 祝辞 しゅくじ （बधाई भाषण (मन्तव्य)／ការជូនពរ／ຄຳອວຍພອນ, ຄຳນະແດງຄວາມຍິນດີ）

▶ 結婚式で祝辞を述べることになった。
けっこんしき　　　　　　の
（मैले विवाहमा बधाई भाषण दिने कार्यकम थियो／ខ្ញុំនឹងឡើងថ្លែងសុន្ទរកថាជូនពរនៅពិធីមង្គលការ។／ຖືກມອບໝາຍໃຫ້ກ່າວຄຳອວຍພອນໃນງານແຕ່ງງານ.）

⑰ □ 趣旨 しゅし （मर्म, तात्पर्य／គោលបំណង／ຈຸດມຸ່ງໝາຍ, ເປົ້າໝາຍ, ຈຸດປະສົງ）

▷ 会/活動の趣旨
かい　かつどう
（संगठन / कार्यक्रम को मर्म／គោលបំណងនៃក្រុម/សកម្មភាព／ຈຸດປະສົງຂອງປະຊຸມ／ກິດຈະກຳ）

▶ お話の趣旨はわかりましたが、具体的に私は何をすればいいですか。
はなし　　　　　　　　　　　　　　ぐたいてき　わたし　なに
（तपाईले भनेको कुराको मर्म बुझेँ, तर मैले के गर्नु पर्छ?／ខ្ញុំយល់ពីគោលបំណងនៃរឿង ប៉ុន្តែជាក់ស្ដែងតើខ្ញុំ គួរធ្វើដូចម្ដេច?／ຂ້ອຍເຂົ້າໃຈຈຸດປະສົງທີ່ເຈົ້າເວົ້າ, ແຕ່ລາຍລະອຽດຂ້ອຍຄວນເຮັດຫຍັງ?）

⑱ □ 主題 しゅだい （शिर्षक, टाइटल／ប្រធានបទ／ກະທູ້, ຫົວຂໍ້）　　　同 テーマ

▷ 主題歌 か （शिर्षक गीत／បទចម្រៀងប្រចាំភាពយន្ត／ບົດເພງ）

▶ 作品の主題は、家族の愛です。
さくひん　　　　　　かぞく　あい
（लेखको शिर्षक पारिवारिक प्रेम हो।／ប្រធានបទនៃស្នាដៃនេះគឺសេចក្ដីស្រឡាញ់របស់គ្រួសារ។／ຫົວຂໍ້ຂອງຜົນງານແມ່ນຄວາມຮັກຄອບຄົວ.）

グループ・組織 21
仕事・ビジネス 22
商品・サービス 23
読む・書く
聞く・話す 24
本 25
自然科学 26
宗教・信仰 27
場所・位置・方向 28
範囲 29
形式・スタイル 30

1
30

⑲ □ 本題 (ほんだい) (মুখ্য বিষয়／ប្រធានបទចម្បង／ປະເດັນສຳຄັນ, ບັນຫາທີ່ແທ້ຈິງ)

▶ そろそろ今日の本題に入りたいと思います。
(きょう・ほんだい・おも)
(म आजको मुख्य विषयमा जान चाहन्छु／ខ្ញុំគិតថានឹងចូលទៅប្រធានបទចម្បងឆាប់ៗនេះ។／ຈັກໜ້ອຍ, ຢາກ
ກ່າວໄປຫາປະເດັນສຳຄັນຂອງມື້ນີ້.)

⑳ □ 説得(する) (せっとく) (সম্মতি-বুঝাइ গর্নु／ការបញ្ចុះបញ្ចូល／ເກ້ຍກ່ອມ, ອະທິບາຍໃຫ້
ຍອມຮັບ, ໂນ້ມນ້າວ, ຊັກຊວນ)

▶ 警察の説得に応じ、中から犯人が出てきた。
(けいさつ・おう・なか・はんにん・で)
(प्रहरीले सम्झाएपछि अपराधी भित्रबाट निस्कियो／ដោយឆ្លើយតបនឹង ដោយឆ្លើយតបនឹង
ការបញ្ចុះបញ្ចូលរបស់ប៉ូលិស។／ພາຍຫຼັງການຕອບສະໜອງຕໍ່ການເກ້ຍກ່ອມຂອງຕຳຫຼວດ, ຜູ້ຮ້າຍກໍ່ໄດ້
ອອກມາຈາກຫາຍໃນ.)

▷ **説得力** (せっとくりょく) (बुझाउनु／សមត្ថភាពបញ្ចុះបញ្ចូល／ຄວາມສາມາດໃນການເກ້ຍກ່ອມ, ພະລັງໃນການໂນ້ມນ້າວ)

▶ 経験者だけに、彼女の話には説得力がある。
(けいけんしゃ・かのじょ・はなし)
(उनको बोलाइमा कुरो बुझाउन सक्ने शक्ति छ।／ការនិយាយរបស់នាងមានសមត្ថភាពបញ្ចុះបញ្ចូលគេអោយ
ជឿដោយសារនាងជាអ្នកមានបទពិសោធន៍។／ຍ້ອນວ່າເປັນຜູ້ທີ່ມີປະສົບການ, ເລື່ອງຂອງລາວຈຶ່ງມີພະລັງໃນການ
ໂນ້ມນ້າວ.)

㉑ □ 説く (と) (प्रचार／ពន្យល់／ອະທິບາຍໃຫ້ເຂົ້າໃຈ)

▶ 彼は以前から原発の危険性を説いている。
(かれ・いぜん・げんぱつ・きけんせい)
(उनले लामो समयदेखि आणविक शक्तिको खतराबारे प्रचार गरेका छन्।／គាត់បានពន្យល់ពីគ្រោះថ្នាក់នៃ
ថាមពលនុយក្លេអ៊ែរតាំងពីមុនមក។／ລາວໄດ້ອະທິບາຍໃຫ້ເຂົ້າໃຈນາບມານ້ານແລ້ວເຖິງອັນຕະລາຍຂອງ
ພະລັງງານໂຮເຣເລຍ.)

㉒ □ 討論(する) (とうろん) (छलफल (गर्नु)／ការពិភាក្សាវែកញែក／ໂຕ້ວາທະບາຍ, ໂຕ້ຖຽງ)

▷ **討論会** (とうろんかい) (छलफल बैठक／កិច្ចពិភាក្សាវែកញែក／ກຸ່ມໂຕ້ວາທະ)

▶ 各分野の代表が集まって、この問題について討論した。
(かくぶんや・だいひょう・あつ・もんだい)
(यस विषयमा छलफल गर्न विभिन्न क्षेत्रका प्रतिनिधिहरू भेला भएका थिए।／តំណាងមកពីវិស័យផ្សេងៗបានជួប
ពិភាក្សាគ្នាអំពីបញ្ហានេះ។／ຜູ້ຕາງໜ້າຈາກຫຼາຍຂະແໜງການໄດ້ໂຕ້ວາທະກັນຮ່ຽວກັບບັນຫານີ້.)

㉓ □ 協議(する) (きょうぎ) (संवाद, कुराकानि (गर्नु)／ការពិភាក្សា／ປຶກສາຫາລື, ປະຊຸມ,
ໂຕ້ວາທະ.)

▷ **協議を重ねる** (かさ) (संवाद चलाउनु／ធ្វើការពិភាក្សា／ປຶກສາຫາລືກັນຫຼາຍຄັ້ງ)

▶ 審判員が協議した結果、今のゴールは無効になりました。
(しんぱんいん・けっか・いま・むこう)
(रेफ्रीहरू संग छलफल (संवाद) पछि, वर्तमान गोल अमान्य भयो।／លទ្ធផលនៃការពិភាក្សារបស់អាជ្ញាកណ្ដាល
បានធ្វើឲ្យគោលបញ្ចូលទីពេលនេះជាមោឃៈ។／ຫຼັງຈາກປຶກສາຫາລືກັບຜູ້ຕັດສິນ, ບານທີ່ເຕະເຂົ້າວ່າໆ
ກໍ່ມີຖືວ່າເປັນໂມຄະ.)

㉔ □ 対談（する） （प्रत्यक्ष संवाद (गर्नु)／ការសន្ទនា／ລົມທະນາ, ລົມກັນ）
　たいだん

▶ 二人の対談記事を見たことがあります。
　ふたり　　きじ　　み

（मैले दुई बीचको कुराकानीको बारेमा लेख हेरेको छु।／ខ្ញុំបានអូនទមពីការសន្ទនារវាងពូកគេទាំងពីរ។／ຂ້ອຍໄດ້ເຫັນບົດຂ່າວກ່ຽວກັບການລົມທະນາລະຫວ່າງສອງຄົນ.)

㉕ □ 交渉（する） （वार्ता, कुराकानि, छलफल／ការចរចា／ເຈລະຈາ）
　こうしょう

▷ 値段交渉 （मूल्यको बारेमा वार्ता／តម្លៃ, ចរចាតម្លៃ／ເຈລະຈາລາຄາ）
　ねだん

▶ 交渉すれば、もうちょっと安くしてくれるかもしれない。
　　　　　　　　　　　　やす

（यदि तपाईं वार्ता गर्नुहुन्छ भने, तपाईं यसलाई अति सस्तो प्राप्त गर्न सक्षम हुन सक्नुहुन्छ।／ប្រសិនបើអ្នកចរចា ប្រហែលគាត់អាចចុះថ្លៃអោយបន្តិចទៀត។／ຖ້າເຈລະຈາ, ອາດຈະໄດ້ລາຄາຖືກລົງຕື່ມພ້ອຍຫນຶ່ງ.)

㉖ □ 回答（する） （जवाफ／ការឆ្លើយ, ចម្លើយ／ຕອບ, ຄຳຕອບ）
　かいとう

▶ メールで問い合わせたら、丁寧な回答をもらった。
　　　　　と　あ　　　　　ていねい

（ईमेलमा सोधेको थिएँ, विनम्रता पूर्वक जवाफ आयो।／ពេលខ្ញុំសួរសំណួរតាមអ៊ីមែលខ្ញុំបានទទួលបានចម្លើយ ដ៏គួរសម។／ຫຼັງຈາກສອບຖາມພວກເຂົາຜ່ານທາງອີເມລ, ກໍໄດ້ຮັບຄຳຕອບທີ່ສຸພາບ.)

㉗ □ 沈黙（する） （मौन (बस्नु)／ភាពស្ងៀមស្ងាត់／ບໍ່ເວົ້າບໍ່ຈາ, ງຽບ,ຄວາມງຽບ,
　ちんもく　　　　　　　　　　　　　　　ความสะຫງົບ）

▷ 沈黙を守る （निरन्तर मौन रहनु／រក្សាភាពស្ងៀមស្ងាត់／ຮັກສາຄວາມສະຫງົບ）
　　　まも

▶ 長い沈黙を破って、彼女が話し始めた。
　なが　　　　やぶ　　　　かのじょ　はな　はじ

（लामो मौनता तोडेर उनी बोलिन।／នាងបានទម្លាយភាពស្ងៀមស្ងាត់ដ៏យូរ ហើយបានចាប់ផ្ដើមនិយាយ។／ຫຼັງຈາກມິດງຽບມາດົນ, ລາວກໍເລີ່ມເວົ້າ.)

㉘ □ 無言 （निशब्द／ការមិននិយាយ／ບໍ່ເວົ້າ, ງຽບ）
　むごん

▶ 記者が質問したが、大臣は無言のまま車に乗った。
　きしゃ　しつもん　　　だいじん　　　　　くるま　の

（एक पत्रकारले उनलाई प्रश्न सोध्यो, तर मन्त्री एक शब्द नबोली आफ्नो कारमा चढे।／អ្នកយកព័ត៌មានបានសួរ សំណួរ ប៉ុន្តែរដ្ឋមន្ត្រីបានឡើងក្នុងរថយន្តដោយមិននិយាយស្ដីអ្វីទាំងអស់។／ນັກຂ່າວໄດ້ຖາມຄຳຖາມ, ແຕ່ລັດຖະມົນຕີໄດ້ຂຶ້ນໄປໃນລົດໂດຍບໍ່ໄດ້ເວົ້າຫຍັງ.)

グループ・組織 21

仕事・ビジネス 22

商品・サービス 23

聞く・読む・話す・書く 24

本 25

自然科学 26

宗教・信仰 27

場所・位置・方向 28

範囲 29

形式・スタイル 30

㉙ □ 無口（な）(कम बोल्ने, शान्त／ដែលមិនសូវនិយាយស្ដី／ខ្ញុំ, ប៉ឺម៉ាកປາກ, ງຽບ)

▶ 父は普段から無口で、機嫌が悪いわけじゃありません。
（मेरो बुबा सामान्यतया शान्त हुनुहुन्छ र खराब मुडमा हुँदैन।／ជាធម្មតា ឪពុកខ្ញុំមិនសូវនិយាយស្ដីទេ តែមិនមែន មានន័យថាមានអារម្មណ៍មិនល្អនោះទេ។／ບິດາກະຜີ້ຂອງຂ້ອຍບໍ່ມັກປາກ, ບໍ່ແມ່ນອາລົມບໍ່ດີ.)

㉚ □ 内緒 (गोप्य／សម្ងាត់, អាថិកំបាំង／ຄວາມລັບ)

▷ 内緒話 (गोप्य कुरा／រឿងសម្ងាត់／ລົມຄວາມລັບ)

▶ 今の話は内緒にしてください。
（योकुरोगोप्यराख्नुस्／សូមទុករឿងពេលនេះជាការសម្ងាត់។／ກະລຸນາຮັກສາເລື່ອງທີ່ລົມກັນນີ້ໄວ້ເປັນຄວາມລັບ.)

㉛ □ 訛り (शैली, मौलिकता／ការសង្កត់សម្ឡេង／ສຳນຽງ, ສຳນຽງທ້ອງຖິ່ນ, ສຳນຽງ ພື້ນເມືອງ)

▶ 彼は東北出身で、ちょっと訛りがある。
（उ पूर्व उत्तरको हो उसको बोलाइमा अलिकति मौलिकता छ।／គាត់មានស្រុកកំណើតនៅតំបន់តុហុកុតុ ហើយ ការនិយាយរបស់គាត់មានការសង្កត់សម្ឡេង។／ລາວມີສຳນຽງທ້ອງຖິ່ນພ້ອຍຫນ້ອຍ, ຍ້ອນມາຈາກພາກຕາເວັນ ອອກສຽງເໜືອ)

㉜ □ 前置き (यति सम्ममात्र गरेर／សេចក្ដីផ្ដើម／ຄຳຂຶ້ນຕົ້ນ, ອະລຳພະບົດ, ເວົ້າເປີດ ຫົວເລື່ອງ)

▶ 前置きはこれぐらいにして、本題に入りたいと思います。
（यो परिचयका साथ, म मुख्य विषयमा जान चाहन्छु।／ខ្ញុំគិតថាធ្វើសេចក្ដីផ្ដើមគ្រឹមប៉ុណ្ណេះបានហើយ ខ្ញុំចង់ ចូលទៅប្រធានបទម្យ៉ាង។／ຂໍເວົ້າເປີດຫົວເລື່ອງເທົ່ານີ້, ຂ້າພະເຈົ້າຢາກກ້າວເຂົ້າສູປະເດັນຫຼັກ.)

㉝ □ イントネーション (लय／ការលើកដាក់សម្ឡេង／ທຳນອງສຽງ)

㉞ □ 相槌を打つ (समर्थन／ឆ្លើយតប／ເວົ້າຫຼືງ່ຽກຫົວເປັນໄລຍະເພື່ອສະແດງໃຫ້ເຫັນ ວ່າກຳລັງຟັງອີກຝ່າຍເວົ້າຢູ່.)

▶ 彼女はよく相槌を打つけど、ちゃんと聞いてないことが多い。
（उनी प्रायः समर्थन गर्छिन्, तर प्रायः राम्ररी सुन्दिनन्।／នាងឆ្លើយតបជើរ ប៉ុន្តែភាគច្រើននាងមិនបានស្ដាប់ ដោយយកចិត្តទុកដាក់ទេ។／ລາວມັກງ່ຽກຫົວເປັນໄລຍະ, ແຕ່ສ່ວນຫຼາຍບໍ່ຄ່ອຍຟັງ.)

㉟ □ **朗読(する)** （आवाज निकालेर पढ्नु／ការអានលឺៗ／ອ່ານອອກກສຽງ, ລູດ, ເລົ່າ ບົດທ່ອງ, ບັນລະຍາຍ）
　　ろうどく

▷ **詩の朗読** （कवितापाठ／ការស្វ័គ្រកំណាព្យ／ການອ່ານບົດກະວີ）
　　し

㊱ □ **熟読(する)** （ध्यान पूर्वक／ការអានដោយយកចិត្តទុកដាក់／ອ່ານ, ອ່ານຢ່າງ ລະມັດລະວັງ）
　　じゅくどく

▶ **大事なところなので、熟読しておいてください。**
　　だいじ　　　　　　　　　　　　じゅくどく

（महत्वपूर्ण बिषय भएकोले ध्यान पूर्वक पढ्नुस／កន្លែងសំខាន់ ដូច្នេះសូមអានការដោយយកចិត្ត ទុកដាក់។／ນີ້ແມ່ນຈຸດສຳຄັນ, ລະນັ້ນກະລຸນາອ່ານຢ່າງລະມັດລະວັງ.）

㊲ □ **言及(する)** （उल्लेख (गर्नु)／ការយោង／ອ້າງອີງ, ກ່າວເຖິງ）
　　げんきゅう

㊳ □ **部首** （र्यडिकल／ផ្នែកខាងដើមនៃអក្សរការ់ជិ／ธาຕສັບ, ສ່ວນປະກອບເປັນໂຕ
　　ぶしゅ　 ໜັງສືຄັນຈີ）

㊴ □ **送り仮名** （फुरिगाना／អក្សរហ៊ីរ៉ាកាណាដែលបង្ហាញពេលប្រើអក្សរការ់ជិ／
　　おく　　がな 　ວິທີອ່ານທີ່ສະແດງດ້ວຍໂຕໜັງສືຮິຣະກະນະ）

㊵ □ **かっこ（　）** （कोष्ठ,ब्राकेट／វង្កៀតក្រចក／ວົງເລັບ）

▷ **かっこで括る** （कोष्ठमा राख्नु／ដាក់ក្នុងវង្កៀតក្រចក／ໃສ່ໃນວົງເລັບ）
　　　　　　　くく

㊶ □ **かぎかっこ「　」** （वर्गाकार कोष्ठ／វង្កៀតក្រចកជ្រុង／ວົງເລັບມຸມ）

㊷ □ **句点** （पूर्ण विराम／សញ្ញាខណ្ឌ／ຈ້ຳເມັດ）
　　くてん

㊸ □ **読点** （कम्मा／សញ្ញាក្បៀស／ໜາຍຈຸດ）
　　とうてん

▷ **句読点(＝句点と読点)** （विराम चिन्ह (पूर्णविराम र अल्पविराम)／ណ្ឌយុត្តិ／ຈ້ຳເມັດແລະໜາຍຈຸດ）
　　くとうてん

UNIT 25

グループ・組織 21
仕事・ビジネス 22
商品・サービス 23
読む・聞く・書く・話す 24
本 25
自然科学 26
宗教・信仰 27
場所・位置・方向 28
範囲 29
形式・スタイル 30

本
ほん
(पुस्तक, किताब／សៀវភៅ／ปึ้ม)

❶ □ 刊行(する) (प्रकाशन (गर्नु)／ការបោះពុម្ព／ພິມ, ສິ່ງພິມ)
かんこう

▷ 定期刊行物 (नियमित प्रकाशन／សៀវភៅឬទស្សនាវដ្ដីដែលត្រូវបានបោះពុម្ពជាយថាប្រចាំ／ວາລະສານ)
ていきかんこうぶつ

❷ □ 初版 (पहिलो प्रकाशन／ការបោះពុម្ពលើកដំបូង／ການພິມຄັ້ງທຳອິດ)
しょはん

❸ □ 改訂(する) (संशोधन (गर्नु)／ការកែសម្រួល／ແກ້ໄຂ, ปับปุງ)
かいてい

▷ 改訂版 (संशोधित संस्करण／ការបោះពុម្ពកែសម្រួល／ละบับปับปุງ)
かいていばん

▶ この辞書は10年ぶりに改訂されることになった。
じしょ　　　　ねん　　　　　かいてい

(यो शब्दकोष १० वर्ष पछि संशोधन गरिने भयो।／វចនានុក្រមនេះនឹងត្រូវបានកែសម្រួលបន្ទាប់ពី
រយៈពេល១០ឆ្នាំ។／ວັດຈະນານຸກົມນີ້ຈະຖືກປັບປຸງເປັນຄັ້ງທຳອິດໃນຮອບ 10 ปี.)

❹ □ 著書 (प्रतिनिधिमुलक／សៀវភៅ／ปึ้ม, ขั้าสิ, ๆบຂຽນ)
ちょしょ

▶ これは彼女の代表的な著書です。
かのじょ　だいひょうてき　ちょしょ

(यो उनको प्रतिनिधिमूलक पुस्तक हो।／នេះគឺជាសៀវភៅតំណាងរបស់នាង។／ນີ້ແມ່ນປึ້ມແບບຢ່າງๆຂອງລາວ.)

❺ □ 著作権 (प्रतिलिपि अधिकार／សិទ្ធិអ្នកនិពន្ធ／ลิຂະสิດ)
ちょさくけん

▷ 著作権の侵害 (प्रतिलिपि अधिकार उल्लङ्घन／ការរំលោភសិទ្ធិអ្នកនិពន្ធ／ການລະເມີດລิຂະสิດ)
しんがい

❻ □ 書評 (समिक्षा／ការវាយតម្លៃសៀវភៅ／ขั้าสิทิบขอบ, ບົດวิจาบ)
しょひょう

▷ 新聞の書評欄
しんぶん　　　らん

(अखबार समिक्षा खण्ड／កន្លែងវាយតម្លៃសៀវភៅរបស់កាសែត／ພາກບົດวิจาบใบໜັງສืพิม)

❼ □ ベストセラー (अधिक बिक्रि भएको (बेस्ट सेलर)／លក់ដាច់ជាងគេបំផុត／ปึ้ມที่ຂาຍดี)

❽ □ 文芸 (साहित्य／អក្សរសាស្ត្រ／ວັນນະกำ, ວັນນะคะดี, ການປະພັນ, ອักสอบสาด)
ぶんげい

▷ 文芸作品 (साहित्यिक काम (उत्पादन)／ស្នាដៃអក្សរសាស្ត្រ／ผิบຂ່ງງານວັນນะกำ)
さくひん

❾ □ 随筆 (निवन्ध／តែងសេចក្ដី, អត្ថបទ／ລຽງຄວາມ, ຂຽນໃบสิ่งที่คิด)
ずいひつ

▷ 同 エッセイ (एउटै निवन्ध／តែងសេចក្ដី, អត្ថបទ／ລຽງຄວາมๆຄວๆກับ)

⑩ □ **長編** (លាមៅ／ខ្សាតវែង／ເລື່ອງຍາວ) 　　　　　　　　　　　　対 **短編**
　　ちょうへん 　　　　　　　　　　　　　　　　　　　　　　　　たんぺん

　▷ **長編小説** (លាមៅ ប្រលោមលោក／ប្រលោមលោកខ្សាតវែង／ນະວະນິຍາຍເລື່ອງຍາວ)
　　しょうせつ

⑪ □ **教材** (ศึกษิก សាមគ្រ្រិ／សម្ភារៈអប់រំ／ຕຳລາການສອນ, ອຸປະກອນການສອນ, ສື່
　　きょうざい 　　ການສອນ)

⑫ □ **書物** (បុស្តក, កិតាប／សៀវភៅ／ປຶ້ມ, ໜັງສື)
　　しょもつ

　▷ **当時は、彼らを中心に古い書物の研究が盛んに行われていた。**
　　　とうじ　　　かれ　　　ちゅうしん　　ふる　　しょもつ　けんきゅう　さか　　おこな

　　(ឃ្យៅ សมยมៅ តិនិ្ហេ្លេ បុរាนៅ បុស្តកហ្គម្មៅ គហ្គ្រី អនុសន្ធាន គរិកៅ ឃ្យៅ។／ការសិក្សាសៀវភៅចាស់ត្រូវបាន
　　ដឹកនាំដោយពួកគេជាវៀរ្គ្រានសម័យនោះ។／ໃນເວລານັ້ນ, ພວກເຂົາໄດ້ເປັນຜູ້ຫນ້າໃນການດຳເນີນການຄົ້ນ
　　ຄວ້າໜັງສືເກົ່າໆຫ້າວຫັນ.)

⑬ □ **章** (អធ្យាយ (ភាគ)／ជំពូក／ບົດທີ)
　　しょう

　▷ **序章** (ប្រស្តាវនៅ／បុរេកថា／ຄຳນຳ)
　　じょ

　▶ **どういう章立てにするか、考えているところです。**
　　　　　　　しょうだ　　　　　　　かんが

　　(កស្តៅ ប្រស្តាវនៅ លើ្ងៃ ភ្នែរ បិចារ គឺ្ទឹ្គ／ខ្ញុំកំពុងគិតអំពីរចនាសម្ព័ន្ធប្រភេទណាដែលត្រូវប្រើ។／
　　ຕອນນີ້ຂ້ອຍກຳລັງຄິດວິທີການຈັດໂຄງສ້າງຂອງບົດຕ່າງໆ.)

⑭ □ **節** (ឃណ្ឌ／កថៅ៨ណ្ឌ／ພາກ)
　　せつ

　▷ **第1章第2節** (អធ្យាយ ១ ឃណ្ឌ ២／ជំពូកទី១ កថៅ៨ណ្ឌទី២／ບົດທີ 1 ພາກທີ 2)
　　だい　しょう

　▶ **これは『源氏物語』の有名な一節です。**
　　　　　　げんじものがたり　　ゆうめい　　いっせつ

　　(យៅ ហ្គេន្ជិកៅ កថាកៅ ប្រសិទ្ធ ឃណ្ឌ ហ្គៅ／នេះគឺជាកថៅ៨ណ្ឌដ៏ល្បីល្បាញមួយនៃ "រឿងនិទានរបស់ ហ្គែនជិ"។
　　／ນີ້ແມ່ນຂໍ້ຄວາມທີ່ມີຊື່ສຽງຈາກ "ເລື່ອງຂອງ ເກນຈິ")

⑮ □ **大意** (សារ័ត្ថ／ខ្លឹមសារ／ສະຫຼຸບ, ສະຫຼຸບຄວາມ, ສ່ວນສຳຄັນ)
　　たいい

　▷ **大意をつかむ**

　　(សារ័ត្ថ ភេ្គត្ហ／ចាប់យកខ្លឹមសារ／ເຂົ້າໃຈສ່ວນສຳຄັນ)

⑯ □ **付録** (បរិសិឞ／៨បសម្ព័ន្ធ／ເອກະສານເພີ່ມເຕີມ, ເອກະສານຄັດຕິດ)
　　ふろく

⑰ □ **購読(する)** (និយមិត អធ្យយន／ការជាវជាប្រចាំ (សៀវភៅឬ ទ ស្សនាវដ្ដី
　　こうどく 　　　ជាដើម)／ຂໍ້ມ຃ອ່ານ, ການຮັບ (ໜັງສືພິມ, ວາລະສານປະຈຳ))

UNIT 26

自然科学
し ぜん か がく
(ប្រាក/ៃ ្រតិ្ក / វិ ្ យ ្ រាសា ្ ្ តច ្ រ ធ ្ ្ ម ្ ្ ឫ ្ ្ ្ ្ ្ ្ ្ ្ ្ ្ ្ ្ ្ ្ ្ ្ /
 វិ ្ ្ ្ ្ ្ ្ ្ ្ ្ ្ ្ ្ ្ ្ ្ ្ ្ ្ ្)

グループ・組織 21
仕事・ビジネス 22
商品・サービス 23
読む・書く 聞く・話す 24
本 25
自然科学 26
宗教・信仰 27
場所・位置 方向 28
範囲 29
形式・スタイル 30

❶ □ たんぱく質／蛋白質
   しつ　　たんぱくしつ
   (ប្រូតេអ៊ីន／ប្រភេទអ៊ីន／ប្រូតេអ៊ីន)

   ▷ 高たんぱく (ប្រូតេអ៊ីន／ប្រភេទអ៊ីនខ្ពស់／ប្រូតេអ៊ីនខ្ពស់)
     こう

❷ □ でんぷん (ស្តាច់／ម្សៅ／ម្សៅ)

❸ □ 分子 (អាតូម／ម៉ូលេគុល／ម៉ូលេគុល)
   ぶんし

   ▷ 分子構造 (អាតូម／រចនាសម្ព័ន្ធម៉ូលេគុល／រចនាសម្ព័ន្ធម៉ូលេគុល)
     こうぞう

❹ □ 電子 (អេឡិចត្រុង／អេឡិចត្រុង／អេឡិចត្រុង)
   でんし

❺ □ アルカリ (ឃ្លារ／អាល់កាឡាំង／អាល់កាឡាំង, ..)

   ▷ アルカリ電池 (ឃ្លារ ថ្ម／ថ្មពិលអាល់កាឡាំង／ថ្មអាល់កាឡាំង)
     でんち

❻ □ アルカリ性 (ឃ្លារិច／ជាតិអាល់កាឡាំង／)
   せい

❼ □ 酸性 (អម្លតា／ជាតិអាស៊ីត／)
   さん

❽ □ 酸化(する) (អុកស៊ីកម្ម ឬ／ការធ្វើអុកស៊ីដកម្ម／
   さんか   ការប៉ះទង្គិច)

   ▶ 鉄製なので、酸化して錆びないよう、手入れが必要です。
     てつせい　　　　さ　　　　　　てい　　ひつよう

     (ផលិតពីវត្ថុ ដូចនេះ អុកស៊ីកម្មដោយ ខ្យាច្រាលមិនញ៉ា ក្នុង ស្មារតី គឺ ចាំបាច់។／ ចាំបាច់ត្រូវការការពេរកុំ
     អោយអុកស៊ីតកម្មឬ／ យ៉ាងនេះ)

❾ □ 有機 (ជីវិក／សរីរាង្គ／)
   ゆうき

   ▷ 有機栽培
     さいばい
     (ជីវិក ឧត្ជាត／ការដាំដុះធម្មជាតិ(សរីរាង្គ)／ការដាំ)

⑩ □ 化合物 (रासायनिक प्रतिक्रिया／សមាសធាតុ／ทาดปะสົມ, ลาบปะกอบ)
かごうぶつ

▷ 有機化合物 (जैविकप्रतिक्रिया／សមាសធាតុសរីរាង្គ／ลาบปะกอบอິນຊີ)
ゆうき

⑪ □ 物質 (भौतिक पदार्थ／សារធាតុ／ทาด, ลาบ)
ぶっしつ

⑫ □ 物体 (वस्तु／វត្ថុ／ວັດຖຸ, ทาดที่แบบเบິ່ງและจับต้อງได้)
ぶったい

▷ 謎の飛行物体
なぞ ひこう
(अपरिचित उड़ने वस्तु／វត្ថុអាកាសមិនស្គាល់អត្តសញ្ញាណ／ວັດຖຸที่ลอยมาย่าງปິດละຫ้า)

⑬ □ 加速(する) (रफ्तार बढ़ना／ការបង្កើនល្បឿន／เพີ່ມຄວາມໄວ, เລັ່ງຄວາມໄວ)
かそく

▶ モーターの回転速度をさらに加速させてみた。
かいてんそく ど
(मोटरको घुम्ने रफ्तारलाई बढि भन्दा बढि बढाएर हेरें।／ខ្ញុំបានល្បឿនយាមបង្វិលល្បឿនបន្ថែមរបស់ម៉ូទ័រ។／ลอງเพີ່ມຄວາມໄວใນການໝຸນຂອງມໍເຕີເພີ່ມຊิก.)

⑭ □ 重力 (गुरुत्वाकर्षण／ទំនាញ／แຮງດຶງດูด)
じゅうりょく

⑮ □ 法則 (सिद्धान्त／ច្បាប់／กົດ, ຫຼัก, กົดเกນ)
ほうそく

▷ 遺伝の法則 (आनुवंशिक सिद्धान्त／ច្បាប់មរតក／กົดเกນทาງพันທຸກຳ)
いでん

UNIT 27

宗教・信仰
しゅうきょう　しんこう

(धर्म / आस्था／សាសនា, ជំនឿ／
ສາດສະໜາ・ຄວາມເຊື່ອ)

❶ □ **教義** (धार्मिक सिद्धान्त／លទ្ធិ／ຫຼັກຄຳສອນ, ຄຳສັ່ງສອນ)
きょうぎ

❷ □ **教え** (धार्मिक शिक्षा／ការបង្រៀន／ການສອນ, ຫຼັກຄຳສອນ, ຄຳສັ່ງສອນ, ທຳມະ)
おし
▷ **教えを説く** (धार्मिक शिक्षा प्रचार गर्नु／អធិប្បាយការបង្រៀន／ເທດຫຼັກຄຳສອນ)
おし　と

❸ □ **教祖** (धर्म गुरु／ស្ថាបនិកសាសនា／ຜູ້ກໍ່ຕັ້ງນິກາຍທາງສາດສະໜາ)
きょうそ

❹ □ **教徒** (शिष्य / धर्मलम्बी／អ្នកជឿ／ຜູ້ເຊື່ອຖື, ຜູ້ສັດທາ, ສາລະນິກາະຊົນ)
きょうと
▷ **仏教徒、異教徒** (बौद्ध धर्मको शिष्य, फरक धर्मलम्बी／អ្នកកាន់សាសនាព្រះពុទ្ធ, អ្នកកាន់សាសនាដទៃ／ຊາວພຸດ, ຜູ້ເຊື່ອຖືຕ່າງສາດສະໜາ)
ぶっ　　　　い

❺ □ **信者** (विश्वासी／អ្នកជឿ／ຜູ້ເຊື່ອຖື, ຜູ້ສັດທາ, ສາລະນິກາະຊົນ)
しんじゃ

❻ □ **信仰(する)** (आस्था (राख्नु)／ការជឿ, ជំនឿ／ເຊື່ອຖື, ສັດທາ, ເລື່ອມໃສ)
しんこう
▷ **信仰心** (आस्थिक हृदय／ជំនឿក្នុងចិត្ត／ຈິດໃຈໃສສັດທາ)
しん

❼ □ **礼拝(する)** (प्रार्थना (गर्नु)／ការគោរពបូជា／ບູຊາ, ກາບໄຫວ້)
れいはい
▷ **礼拝堂** (प्रार्थनागृह／កន្លែងគោរពបូជា／ໂບດ, ສິມໃຫຍ່)
どう
▶ **ここには大勢の人が礼拝に訪れます。**
おおぜい　ひと　　　　　おとず
(यहाँ असंख्य मान्छेहरू प्रार्थना गर्न आउछन्।／មានមនុស្សជាច្រើនមកគោរពបូជានៅទីនេះ។／
ຄົນຈຳນວນຫຼວງຫຼາຍມາບ່ວງນີ້ເພື່ອສັກກາະລັດບູຊາ.)

❽ □ **巡礼(する)** (तीर्थ जानु／ធម្មយាត្រា／ລະແວງວງບຸນ, ທຸດີງ)
じゅんれい
▷ **巡礼の旅** (तीर्थयात्रा／ដំណើរធម្មយាត្រា／ເດີນທາງເພື່ອລະແວງວງບຸນ)
たび

❾ □ **懺悔(する)** (पाप-स्वीकार／ការទទួលកំហុស, ការសារភាព, សុំអភ័យទោស／ສາລະພາບບາບ, ສຳນຶກບາບ, ສຳນຶກຜິດ)
ざんげ
▶ **経営責任者は、まず事故の被害者に対して懺悔すべきだ。**
けいえいせきにんしゃ　　　じこ　ひがいしゃ　たい
(व्यापार सञ्चालन गर्ने व्यक्तिले सर्व-प्रथम दुर्घटना पीडितप्रति पाप-स्वीकार गर्नु न्यायसङ्गत हुन्छ।／ជាដំបូង នាយកប្រតិបត្តិគួរតែសុំអភ័យទោសចំពោះជនរងគ្រោះនៃឧបទ្ទវហេតុនេះ។／ກ່ອນອື່ນ, ຜູ້ບໍລິຫານງານຄວນ ສຳນຶກຜິດຕໍ່ຜູ້ປະສົບເຄາະຮ້າຍຈາກອຸບັດເຫດ.)

❿ □ **聖書** ((पवित्र) बाइबल／គម្ពីរគ្រឹស្ទសាសនា／ຄຳພີ)
せいしょ
▷ **新約聖書、旧約聖書** ((पवित्र) बाइबल／គម្ពីរសេញ្ញាថ្មី, គម្ពីរសេញ្ញាចាស់／ຄຳພີໃໝ່, ຄຳພີເກົ່າ)
しんやく　　きゅう

グループ・組織 21
仕事・ビジネス 22
商品・サービス 23
読む・書く
聞く・話す 24
本 25
自然科学 26
宗教・信仰 27
場所・位置・方向 28
範囲 29
形式・スタイル 30

⓫ □ 神聖（な）(पवित्र／សក្ការៈ, ពិសិដ្ឋ／ສັກສິດ)
しんせい

⓬ □ 敬虔（な）(भक्तिपूर्ण／ការគោរពប្រណិប័តន៍／ມີສັດທາ, ໃຈບຸນ, ຖຳມະຫຳໂມ)
けいけん

▷ 敬虔な祈りを捧げる (भक्तिपूर्ण प्रार्थनाको चढाउनु／ការថ្វាយបង្គំព្រះធម៌／ຂໍ້ະຫຼືຖຫາມສ່ວນບຸນກຸສົນ)
いの さき

⓭ □ 不吉（な）(अनिष्टकारी／សំណាងអាក្រក់／ເປັນລາງບໍ່ດີ)
ふ きつ

▶ どうも不吉な予感がする。
よかん
(किनहो किन अनिष्टहोला कि भनेे लाग्छ।／ខ្ញុំមានអារម្មណ៍ថាមានរឿងមិនល្អកើតឡើង។／ຂ້ອຍຮູ້ສຶກມີລາງບໍ່ດີ.)

⓮ □ 災い (अपशकुन／គ្រោះមហន្តរាយ／ໄພພິບັດ, ຄວາມສູນເສຍ, ເຫດຮ້າຍ)
わざわ

▷ 災いを招く女として、彼女は村を追放された。
まね おんな かのじょ むら ついほう
(अपशकुन निम्त्याउने स्त्रीको रूपमा ती महिलालाई गाउँबाट खेदियो।／នាងត្រូវបានគេបណ្ដេញចេញពីភូមិ
ដោយចាត់ទុកនាងជាស្ត្រីដែលនាំគ្រោះមហន្តរាយ ។／ລາວຖືກຂັບໄລ່ອອກຈາກໝູ່ບ້ານ, ຍ້ອນຖືວ່າເປັນ
ແມ່ຍິງທີ່ນຳໄພພິບັດມາໃຫ້.)

⓯ □ 縁起 (शकुन／ប្រផ្នូល／ລາງ, ລາງບອກເຫດ,ລາງສັງທອນ, ໂຊກລາງ)
えんぎ

▶ ツルやカメは長生きなので、昔から縁起のいい動物とされています。
ながい むかし どうぶつ
(सारस र कछुवा चिरन्जीवी प्राणी हुनाले पहिले पहिले देखि शकुनको रूपमा मानिने जनावर हुन्।／សត្វក្រៀល និង
សត្វអណ្ដើកត្រូវបានចាត់ទុកថាជាសត្វដែលមានសំណាងតាំងពីបុរាណកាលមក ដោយពួកគេមាន
អាយុវែង។／(ເນື່ອງຈາກ ມ້ຽນາງ ແລະເຕົ່າມີຊີວິດຍືນຍາວ, ຈຶ່ງຖືວ່າເປັນສັດທີ່ໃຫ້ລາງດີມາຕັ້ງແຕ່ກ່ອນ.)

▷ 縁起を担ぐ (शकुन／នាំលាភ／ເຊື່ອຖືລາງບອກເຫດ)
かつ

★物事に対して～
कुनै कुरा, जसले उप्रान्त हुने कामकुरा राम्रो हुने त्यसको उल्टो हुने, भन्ने कुरालाई ध्यानमा राख्ने।／
ការទស្សន៍ទាយអំពីអ្វីមួយថាតើនឹងមានរឿងល្អ រឺរឿងអាក្រក់កើតឡើង។／ເປັນການໃສ່ໃຈສິ່ງຕ່າງໆທີ່ເປັນ
ສັນຍານຂອງສິ່ງທີ່ດີທີ່ຈະເກີດຂຶ້ນຫຼືໃນທາງກົງກັນຂ້າມ.

⓰ □ 住職 [寺] (बौद्ध मन्दिरको मुख्य पुजारी／ព្រះសង្ឃ (វត្ត)／ເຈົ້າອາວາດວັດ)
じゅうしょく てら

⓱ □ 神主 [神社] (सिन्तो मन्दिरको पुजारी／ព្រះសង្ឃ (វត្តសិនតូ)／
かんぬし じんじゃ ນັກບວດ, ພະສົງ, ຜູ້ປະກອບພິທີທາງສາດສະໜາ)

⓲ □ 神父 [カトリック] (पादरी／លោកឪពុក (កាតូលិក)／
しんぷ ຄຸນພໍ່ (ກາໂຕລິກ))

106

グループ・組織　21

仕事・ビジネス　22

商品・サービス　23

読む・書く　聞く・話す　24

本　25

自然科学　26

宗教・信仰　27

場所・位置・方向　28

範囲　29

形式・スタイル　30

⑲ □ 牧師 [プロテスタント]
ぼくし
(पास्चर／អ្នកដឹកនាំ (ប្រតេស្តង់)／ຄຸນພໍ່ (ໂປເຕສຕັນ))

⑳ □ 仏像 (बौद्ध मुर्ति／ព្រះពុទ្ធរូប／ພະພຸດທະຮູບ)
ぶつぞう

㉑ □ 鳥居 [神社]
とりい じんじゃ
(सिन्तो मन्दिरको प्रवेश द्वार／ក្លោងទ្វារវត្តស៊ីនតុ／ໂທຣິອິ (ເຊິາປະຕູທາງເຂົ້າວັດຊິນໂຕ))

㉒ □ 伝説 (किंवदन्ती／ព្រេងនិទាន／ຕຳນານ, ນິທານ)
てんせつ

▶ この池には、古くから伝わる伝説がある。
いけ ふる つた

(यो पोखरीमा पुरानो समयदेखि सुन्दरमा आएको किंवदन्ती छ।／ស្រះទឹកនេះមានរឿងព្រេងនិទានតាំងពីបុរាណកាលមក។／ພອງນ້ຳແຫ່ງນີ້ມີນິທານທີ່ສືບທອດກັນມາແຕ່ບູຮານນະການ.)

㉓ □ 怪物 (दानव／សត្វចម្លែក／ສັດປະຫຼາດ)
かいぶつ

★ 理解を越えた不気味な生き物。

बुझन नसकिएको रहस्यमय प्राणी／សត្វសាហាវប្លែកពីគិត។／ສິ່ງມີຊີວິດທີ່ເປັນຕາຢ້ານເກີນຄວາມເຂົ້າໃຈ.

㉔ □ 化け物 (अमानवीय भयङ्कर प्राणी／ខ្មោច／ຜີ, ปีສາຈ)
ば もの

★ 人間以外のものが、人間の姿をして現れたもの。

अमानवीय वस्तु जो मान्छेको रूपमा देखा परेको हुन्छ।／ជាអ្វីផ្សេងៗក្រៅពីមនុស្ស ប៉ុន្តែបានបង្ហាញខ្លួនជាស្រមោលមនុស្ស។／ສິ່ງອື່ນທີ່ບໍ່ແມ່ນມະນຸດປະກົດໃນຮູບຮ່າງຂອງມະນຸດ.

㉕ □ 鬼 (राक्षस／បិសាច／ປີສາຈ, ມານ, ຍັກ,ผี)
おに

▶ ②彼女、最近、鬼のように練習しているね。
かのじょ さいきん れんしゅう

(2. ती महिला आजभोलि राक्षससरह अभ्यास गरिरहेकी छिन् हगि।／(២)ថ្មីៗនេះ នាងកំពុងហ្វឹកហាត់យ៉ាងខ្លាំង។／ໄລຍະນີ້ລາວฝຶກຝົນຢ່າງໜັກຄືກັບປີສາຈເລີຍ.)

★ ①人に災いをもたらす怪物。②程度がはなはだしい様子。

1. मान्छेलाई अपशकुन पुऱ्याउने दानव 2. गर्ने गतिविधि एकदम शक्तिशाली हुने।／(១) សត្វចម្លែកដែលនាំមកនូវគ្រោះមហាន្តរាយដល់មនុស្ស (២)លក្ខណៈដែលមានកម្រិតធ្ងន់ធ្ងរ／1. ສັດແປກທີ່ນຳເອົາໄພພິບັດມາສู่ມะนุด. 2. ລະดับຫຼາຍຈຶ່ງຫຼາຍ.

㉖ □ ～の鬼 (~को राक्षस／រាំងនឹង~／ผี~)

★ ～について全力かつ厳しい姿勢で行っていること。

~लाई दिलोज्यान दिइ भयङ्कर हाउभाउले गरिरहने व्यक्ति।／ការប្រើการខ្ជាប់ខ្ជួនដោយឥតសមផ្តុំការ／ຄຳເໜະ:~／ເຮັດ~ຕຸດຄວາມສາມາດແລະດ້ວຍທ່າທາງເຄັ່ງຄັດ.

UNIT 28

場所・位置・方向
ばしょ　いち　ほうこう

(स्थल／स्थान／दिशा／
ទីកន្លែង, ទីតាំង, ទិសដៅ／
ສະຖານທີ່・ທີ່ຕັ້ງ・ທິດທາງ)

---

❶ □ **先端** (छेउ／ខាងចុង／ปาย, ท้าวໜ້า, ແນວໜ້າ, ນຳສະໄໝ)
せんたん

▷ ナイフの先端、先端技術
ぎじゅつ

(चक्कुको छेउ, आधुनिकतम प्रविधि／ចុងកាំបិត, បច្ចេកវិទ្យាចុងក្រោយបង្អស់／ปາยมีด, ເຕັກໂນໂລຊີແນວໜ້າ)

▶ 彼女はもちろん、流行の先端を行っているつもりです。
かのじょ　　　　　　りゅうこう

(ती महिला त अवश्य पनि फेसन अनुसार चलिरहेकी छिन्।／ជាការពិតណាស់នាងមានបំណងដើរមុន
និន្នាការ។／ແມ່ນອນວ່າລາວຕ້ອງການເປັນແນວໜ້າຂອງຄວາມນິຍົມ.)

---

❷ □ **縁** (बिट／តែម, វិម／ขอบ, ริມ)
ふち

▷ 眼鏡の縁 (चस्माको बिट／តែមវ៉ែនตา／ขอบແວ່นตา)
めがね

▶ このグラス、縁の部分がちょっと欠けてる。
ぶぶん　　　　か

(यो गिलासको बिटमा अलिकति फुटेको छ।／តែមនៃកែវថ្ងៃនេះគឺបែកបន្តិច។／ປ້ຽມເຈມຮີມຈອກແກ້ວໜ່ອຍນີ້
ປ້ຽມໜ່ອຍໜຶ່ງ.)

---

❸ □ **側面** (पक्ष／ចំហៀង, ថ្នែក／ข้าง, ด้าน, ฟากก)
そくめん

▷ 側面の (पक्षको／ថ្នែក, ចំហៀង／ข้าง, ฟากก)

▶ いつも大人しい友人の意外な側面を見た。
おとな　　　ゆうじん　いがい　　　　　み

(जहिलेपनि शान्त साथीको नसोचेको पक्ष पनि देखें।／ខ្ញុំបានឃើញថ្នែកដ៏គួរឱ្យភ្ញាក់ផ្អើលមួយរបស់មិត្ត
របស់ខ្ញុំដែលគាត់តែងតែជាមនុស្សស្ងៀមស្ងាត់។／ໄດ້ເຫັນອີກດ້ານໜຶ່ງທີ່ແປກໃຈຂອງໝູ່ຄົນໜຶ່ງທີ່ປົກກະຕິ
ເປັນຄົນງຽບຂืม.)

---

❹ □ **斜面** (भिर／ចំណោត, ជម្រាល／พื้นຊัน, ເນີນ, ອຽງ)
しゃめん

▷ 急な斜面 (तारेभिर／ចំណោតដ៏ចោទ／ຄ້ອยຊัน)
きゅう

▷ 山の斜面に畑が作られている。
やま　　　　はたけ　つく

(पहाडको भिरपाखामा बारी बनाइएको छ।／ចំការត្រូវបានធ្វើឡើងនៅលើជម្រាលភ្នំ។／ມີການເຮັດນາຢູ່ເທິງ
ເນີນພู.)

---

❺ □ **溝** (कुलो नाल／ប្រឡាយ／ຄูน้ำ, ทางละบายน้ำ, ທໍ່, ຄອງ)
みぞ

▶ 道の両側に幅50センチくらいの溝がある。
みち　りょうがわ　はば

(बाटोको दुबैपट्टि 50 सेन्टिमिटरको कुलो छ।／មានប្រឡាយទទឹងប្រហែល ៥0 សង់ទីម៉ែត្រ នៅសងខាង
ផ្លូវ។／ມีຮ່ອງກว้างประมาณ 50 ຊມຢູ່ທັງສອງຟາກທາງ.)

グループ・組織　21

仕事・ビジネス　22

商品・サービス　23

読む・書く　聞く・話す　24

本　25

自然科学　26

宗教・信仰　27

場所・位置・方向　28

範囲　29

形式・スタイル　30

❻ □ **かたわら／傍ら** （नजिक / ឆ្ងៃ／ចំហៀង, ក្បែរ／ຂ້າງ, ໃກ້）

▶ 道のかたわらに小さな案内板が置かれていた。

（बाटोको छेउमा सानो जानकारी प्यानललाई राखिएको छ।／មានផ្ទាំងព័ត៌មានតូចមួយនៅក្បែរផ្លូវ។／ມີປ້າຍແນະນຳຂະໜາດນ້ອຍຖືກວາງໄວ້ຂ້າງທາງ.）

❼ □ **類脇** （ឆ្ងៃ／ចំហៀង, ក្បែរ／ຂ້າງ, ໃກ້）

▶ テーブルの脇に立ってください。

（टेबलको छेउमा उभिनुहोस्।／សូមឈរនៅចំហៀងតុ។／ກະລຸນາຢືນຢູ່ຂ້າງໂຕະ.）

❽ □ **手元** （साथमा भएको／នៅដៃ, នៅក្បែរ／ຢູ່ໃນມື, ໃກ້ມື, ຢູ່ມື）

▶ お手元の資料をご覧ください。

（कृपया साथमा रहेको कागजपत्र हेर्नुहोस्।／សូមមើលឯកសារដែលមាននៅក្នុងដៃ។／ກະລຸນາເບິ່ງເອກະສານ ຢູ່ໃນມືຂອງທ່ານ.）

❾ □ **前方** （अगाडि पट्टि／ខាងមុខ／ທາງໜ້າ, ດ້ານໜ້າ）

▷ 前方不注意

（गाडी चलाउँदा अगाडि ध्यान नदिएको／ការធ្វេសប្រហែសមិនមើលខាងមុខ／ບໍ່ລະວັງທາງໜ້າ）

❿ □ **対後方** （पछाडि पट्टि／ខាងក្រោយ／ທາງຫຼັງ, ດ້ານຫຼັງ）

⓫ □ **道なり** （बाटैबाटो／តាមបណ្ដោយផ្លូវ／ຕາມທາງ）

▶ このまま道なりに行くと、角に銀行があります。

（यसरी नै बाटैबाटो गएमा कुनामा बैंक भेटिन्छ।／ប្រសិនបើបន្តទៅតាមបណ្ដោយផ្លូវនេះ នោះនឹងមាន ធនាគារនៅកាច់ជ្រុង។／ຖ້າໄປຕາມທາງແບບນີ້, ຈະມີທະນາຄານຢູ່ທີ່ວມຸມ.）

⓬ □ **ところどころ** （ठाउँठाउँमा／ជាយកន្លែង, កន្លែងនេះកន្លែងនោះ／ບ່ອນນັ້ນບ່ອນນີ້, ບາງສ່ວນ, ຫຼາຍຈຸດ）

▶ あの看板は、ところどころ字が消えていて、読みづらい。

（त्यो प्यानेलमा ठाउँठाउँमा अक्षर मेटिएकोले पढ्न गाह्रो छ।／ផ្ទាំងសញ្ញានោះ មានបាត់តួអក្សរជាយកន្លែង ហើយពិបាកអាន។／ຕົວອັກສອນທີ່ຢູ່ເທິງປ້າຍນັ້ນໄດ້ຫາຍໄປບາງບ່ອນ ແລະອ່ານຍາກ.）

⑬ □ いたるところ （जताततै／គ្រប់ទីសិកទី／ทุกพื้นทุกพาแท่ງๆ, ທົ່ວ, ຕະຫຼອດ ທั่วฬ໌ດ, ເຕັມໄປໝົດ）

▶ 異常気象は、世界のいたるところで見られます。
いじょうきしょう せかい み

（असाधारण मौसम विश्वको जताततै देखिन्छ ।／អាកាសធាតុមិនប្រក្រតី ត្រូវបានមើលឃើញនៅគ្រប់ទីសកទី នៃពិភពលោក។／ສະพາบອາກາດผิดปักกะติสามาดพิบเຫັນใນทั่วโลກ.）

⑭ □ 目と鼻の先 （आँखै अगाडि／នៅជិតបង្កើយ／ใກ້ๆ, แวอ่าງໆก້อบขิมไปทั่ธอด）
め はな さき

▶ 目と鼻の先にコンビニがあるので、便利です。
べんり

（आँखै अगाडि कन्भिनियन्ट स्टोर भएकोले सुविधाजनक छ ।／មានហាងលក់ទំនិញនៅជិតបង្កើយ ដូច្នេះវាងាយ ស្រួល។／มีร้านสะดวกຊื้อใก้ๆ, จึ่ງสะดอกสะบาย）

⑮ □ 日なた （घामलाग्ने ठाउँ／កន្លែងដែលត្រូវពន្លឺថ្ងៃ／บ่อນมีแดด）
ひ

▶ 寒いから日なたに移ろう。
さむ うつ

（जाडो भएकोले घामलाग्ने ठाउँमा जाऔं ।／ເกาะ ព្រោះត្រជាក់ ដោយសារភាពត្រជាក់ៗ／ขาวຫนาว ຊิย้ายไปบ่อนมีแดด.）

⑯ □ 対 日陰 （घामको छायाँ／កន្លែងម្លប់／ຮ่ม, บ่อนแดดส่อງบໍ่ธอด）
ひかげ

▷ 日陰で休む （घामको छायाँमा विश्राम लिनु／សម្រាកនៅកន្លែងម្លប់／ພักผ่อนใນຮ่ม）
やす

⑰ □ 内部 （भित्री भाग／ខាងក្នុង／พายใນ）
ないぶ

▶ これは内部の事情に詳しい人に聞いた話です。
じじょう くわ ひと き はなし

（यो कुरा भित्री मामिलाराम्रोसँग थाहा भएको व्यक्तिबाट सुनेको हो ।／នេះជារឿងដែលខ្ញុំបានស្ដាប់ពីអ្នកដែលដឹង ស្ថានភាពល្អិតល្អន់ក្នុង។／ນี้แม่นสิ่ງທิ่ຂ้อยได้ยิນจากผู้ทิ่รู้ละอຽดຮ่ຽอกับสะพาบพายใນ.）

UNIT 29

範囲
はんい
(परिधि／ວິສາລະພາກ／ຂອບເຂດ)

❶ □ **領域**
りょういき
(अधिकारक्षेत्र／ກ្រៅ ដែន／ຂອບເຂດ, ແດນ, ເຂດ)

▷ **研究領域** (अनुसन्धान क्षेत्र／ក្រៅ ដែននៃការស្រាវជ្រាវ／ເຂດຄົ້ນຄວ້າ)
けんきゅう

❷ □ **エリア** (एरिया／ इलाका／តំបន់／ຂອບເຂດ, ແດນ, ເຂດ)

▷ **配達可能なエリア**
はいたつ か のう
(डेलिभरी गर्न सक्ने एरिया／តំបន់ដែលអាចដឹកជញ្ជូនឈោយបាន／ເຂດທີ່ສາມາດຈັດສົ່ງໄດ້)

❸ □ **カテゴリー** (श्रेणी／ប្រភេទ／ໝວດ, ປະເພດ)　　　**類** ジャンル

▶ **商品カタログで探したほうが早いよ。カテゴリー別になっているから。**
しょうひん　　さが　　　　はや　　　　　　　　　　べつ
(उत्पादित वस्तुको क्यार्टालगबाट खोजे राम्रो हुन्छ । श्रेणी अनुसार फरक फरक राखिएको हुन्छ नि त्यसैले ।／
រកមើលតាមកាតាឡុកទំនិញ ល្បឿនជាង ព័ក្រោះគេរៀបតាមប្រភេទទំនិញ។／ຄົ້ນຫາໃນລາຍການ
ສິນຄ້າໄດ້ໄວກວ່າໃດ. ຍ້ອນມັນຈັດເປັນໝວດ.)

❹ □ **枠** (परिधि भित्र／ស៊ីម, ក្រោប／ຂອບ, ໂຄງ)
わく

▷ **窓の枠** (झ्यालको परिधि／ក្រោបបង្អួច／ຂອບປ່ອງຢ້ຽມ)
まど

▶ **予算の枠内なら、買ってもいいですよ。**
よさん　　わくない　　　　か
(बजेटको परिधि भित्र भए किने पनि हुन्छ／ប្រសិនបើក្នុងស៊ីមនៅក្នុងថវិការបស់អ្នក អ្នកអាចទិញវាក៏បាន។／
ຖ້າຢູ່ໃນຂອບງົບປະມານ, ກໍ່ສາມາດຊື້ໄດ້ເດີ.)

❺ □ **一帯** (चारैतिर／តំបន់／ພາກ, ໂຊນ, ເຂດ)
いったい

▷ **関東一帯** (कान्तोको चारैतिर／តំបន់កាន់តូ／ເຂດຄັນໄຕ)
かんとう

▶ **山のふもと一帯にブドウ畑が広がっていた。**
やま　　　　　　　　　ばたけ　　ひろ
(पहाडको फेदमा चारैतिर अंगुर बारी फैलिएको थियो ।／មានចំការទំពាំងបាយជូរនៅជើងភ្នំ។／
ສວນອະງຸ່ນໄດ້ແຜ່ກະຈາຍໄປທົ່ວເຂດທີ່ຕີນພູ.)

グループ・組織　21
仕事・ビジネス
商品・サービス　23
読む、書く
聞く、話す
本　25
自然科学　26
宗教・信仰　27
場所・位置・方向
範囲　29
形式・スタイル　30

❻ □ 権限 (अधिकार／អំណាច／ຂອບເຂດອຳນາດ, ສິດ)
けんげん

▷ 顧客データへのアクセス権限
こきゃく

(ग्राहकको तथ्याङ्क डाटा हेर्न सकिने अधिकार／សិទ្ធិចូលទៅមើលទិន្នន័យអតិថិជន／ສິດໃນການເຂົ້າເຖິງຂໍ້ມູນ
ລູກຄ້າ)

▶ 入院した社長に代わって、副社長にすべての権限が与えられた。
にゅういん　　　しゃちょう　か　　　　　ふく　　　　　　　　　　あた

(अस्पतालमा भरना भएका कम्पनी प्रमुखको बदलामा उपप्रमुखलाई सम्पूर्ण अधिकार दिइएको ।／អំណាចទាំងអស់
ត្រូវបានផ្ដល់ទៅអោយនាយករងក្រុមហ៊ុន ជំនួសអោយនាយកក្រុមហ៊ុនដែលបានសម្រាកព្យាបាល
នៅមន្ទីរពេទ្យ។／ຂອບເຂດອຳນາດທັງໝົດໄດ້ຖືກມອບໃຫ້ຮອງປະທານບໍລິສັດແທນປະທານບໍລິສັດເຊິ່ງພວມ
ເຂົ້າຮັບການຮັກສາທີ່ໂຮງໝໍ.)

❼ □ 現行 (हाल चालुरत／បច្ចុប្បន្ន／ປະຈຸບັນ)
げんこう

▷ 現行法 (हाल चालुरत कानुन／ច្បាប់បច្ចុប្បន្ន／ກົດໝາຍປະຈຸບັນ)
ほう

▶ 現行のシステムでは、同時に申し込みをすることはできません。
どうじ　　もう　こ

(हाल चालुरत सिस्टममा, एकैपटक आवेदन गर्न सकिने छैन ।／នៅក្រោមប្រព័ន្ធបច្ចុប្បន្នគឺ មិនអាចស្នើសុំក្នុង
ពេលតែមួយបានទេ។／ລະບົບປະຈຸບັນບໍ່ສາມາດລະໝັກໃນເວລາດຽວກັນ.)

❽ □ 専用 (विशेष／एकान्तिक प्रयोग／សម្រាប់／ລຳດັບໃຊ້ສະເພາະ, ລຳດັບໃຊ້ສ່ວນບຸກຄົນ)
せんよう

▷ 女性専用車両、自分専用の棚
じょせい　せんようしゃりょう　じぶん

(महिलाको एकान्तिक प्रयोगको ट्रेन डिब्बा, आफ्नो एकान्तिक प्रयोगको दराज／ទូរថភ្លើងសម្រាប់នារី, ធ្នើរអីវ៉ាន់
ផ្ទាល់ខ្លួន／ຕູ້ລົດໄຟລຳດັບແມ່ຍິງ, ຊັ້ນວາງເຄື່ອງສ່ວນໂຕ)

❾ □ 及ぶ (हुन पुग्नु／ទៅដល់／ໄປເຖິງ, ມາເຖິງ, ຂະຫຍາຍອອກ, ຕໍ່ເວລາ, ຍືດອອກ)
およ

▷ この大雨で広範囲に及ぶ被害が出た。
おおあめ　こうはんい　ひがい

(यस घोर वर्षाद्वारा ठुलो परिधि सम्मपुग्ने गरी क्षति हुनपुग्यो ।／ភ្លៀងធ្លាក់ខ្លាំងបានបង្កឱ្យមានការខូចខាត
 យ៉ាងកវាលដាច។／ຝົນຕົກໜັກເຮັດໃຫ້ສ້າງຄວາມເສຍຫາຍຂະຫຍາຍອອກເປັນວົງກ້ວາງ.)

▷ 会議は深夜にまで及んだ。
かいぎ　しんや

(सभा राती अबेर सम्मपुग्ने गरी चल्यो ।／កិច្ចប្រជុំបានអូសបន្លាយដល់ពាក់កណ្ដាលអធ្រាត្រ។／
ກອງປະຊຸມໄດ້ຍືດອອກເຖິງຕອນເດິກ.)

❿ □ 及ぼす (गराउन पुग्नु／បញ្ចេញឥទ្ធិពល／ກໍ່ໃຫ້ເກີດ, ສົ່ງຜົນໃຫ້ເກີດ)

▷ 台風は各地に大きな被害を及ぼした。
たいふう　かくち　おお

(टाइफुनले विभिन्न क्षेत्रमा ठुलो क्षति गराउन पुग्यो ।／ព្យុះទីហ្វុងបានបង្កការខូចខាតយ៉ាងខ្លាំងនៅក្នុងតំបន់នី
មួយៗ។／ພະຍຸໄຕ້ຝຸ່ນໄດ້ກໍ່ໃຫ້ເກີດຄວາມເສຍຫາຍອັນໃຫຍ່ຫຼວງໃນສະຖານທີ່ຕ່າງໆ.)

⓫ □ 許容(する) (ध्याउने अनुसार हुनु／ការអនុញ្ញាត／ຍອມຮັບໄດ້, ອະນຸຍາດ)
きょよう

▶ 少し予算オーバーだけど、まあ、許容範囲です。
すこ　よさん　　　　　　　　　　　　　　　はんい

(अलिकति बजेट भन्दा बढि भयो तर ध्याउनेअनुसार नै छ ।／វាលើសថវិកាបន្តិច ប៉ុន្តែនៅទទួលយកបានៗ។
／ເກີນງົບປະມານໜ້ອຍໜຶ່ງ, ແຕ່ຢູ່ໃນຂອບເຂດທີ່ຍອມຮັບໄດ້.)

UNIT 30

形式（けいしき）・スタイル

(आकार / शैली ╱ ទ្រង់ទ្រាយ, ម៉ូដ ╱ ຮູບແບບ・ລັກສະນະທ່າທາງ)

❶ □ **本格（ほんかく）** (शुद्ध / प्रणालीगत ╱ ពេញលេញ, ពិតប្រាកដ ╱ ເຕັມຮູບແບບ, ແທ້ຈິງ)

▷ 本格派（は）のオペラ歌手（かしゅ）

(प्रणालीगत ╱ អ្នកចម្រៀងអូប៉េរ៉ាអាជីព ╱ ນັກຮ້ອງໂອເປຣາທີ່ແທ້ຈິງ)

▷ 新（しん）システムは来月（らいげつ）から本格導入（どうにゅう）される。

(नयाँ सिस्टमलाई अर्को महिना देखि प्रणालीगतरूपमा लागू गरिनेछ। ╱ ប្រព័ន្ធថ្មីនឹងត្រូវបានអនុវត្តយ៉ាងពេញលេញនៅខែក្រោយ។ ╱ ລະບົບໃໝ່ນີ້ຈະຖືກນຳເຂົ້າມາໃຊ້ເຕັມຮູບແບບໃນເດືອນໜ້າ.)

❷ □ **本格的（てき）(な)** (शुद्ध / सतप्रतिशत ╱ ដែលពិតប្រាកដ ╱ ຢ່າງເຕັມຮູບແບບ,ແທ້ຈິງ)

▷ 本格的なフランス料理（りょうり）

(शुद्ध फ्रान्सेली परिकार ╱ ម្ហូបបារាំងពិតប្រាកដ ╱ ອາຫານຝຣັ່ງອັນແທ້ຈິງ)

▶ これから本格的に中国語（ちゅうごくご）を勉強（べんきょう）するつもりです。

(अब शुद्धरूपमा चिनियाँ भाषा पढ्ने विचार छ। ╱ ខ្ញុំមានបំណងសិក្សាភាសាចិនដោយយកចិត្តទុកដាក់ចាប់ពីពេលនេះតទៅ។ ╱ ຂ້ອຍວາງແຜນທີ່ຈະຮຽນພາສາຈີນຢ່າງຈິງຈັງຕັ້ງແຕ່ນີ້ໄປ.)

❸ □ **正規（せいき）** (औपचारिक / नियमित / स्थायी ╱ ភាពពេញសិទ្ធិ, ភាពជាផ្លូវការ ╱ ທົ່ວໄປ, ປົກກະຕິ)

▷ 正規雇用（こよう）、正規の手続（てつづ）き

(स्थायी नियुक्ती, औपचारिक कागजपत्र ╱ ការងារពេញសិទ្ធិ, នីតិវិធីផ្លូវការ ╱ ການຈ້າງງານໂດຍທົ່ວໄປ, ຂັ້ນຕອນໂດຍທົ່ວໄປ)

❹ □ **体裁（ていさい）** (मस्यौदा / ढाँचा / आकार ╱ រូបរាងខាងក្រៅ ╱ ລັກສະນະພາຍນອກ, ຮູບແບບ)

▶ 内容（ないよう）はこれでいいから、あとは企画書（きかくしょ）として体裁を整（ととの）えて。

(यो विषयवस्तु राम्रो छ, अब परियोजना पत्रकोरूपमा मस्यौदा तयार गर। ╱ ខ្លឹមសារប៉ុណ្ណេះគឺល្អហើយ ដូច្នេះអ្វីដែលអ្នកត្រូវធ្វើបន្ទាប់គឺរៀបចំទ្រង់ទ្រាយភាជាក្លាយជាសំណើរ។ ╱ ເນື້ອໃນແມ່ນເອົາຕາມນີ້ກໍ່ໄດ້, ແລະສິ່ງທີ່ເຈົ້າຕ້ອງເຮັດແມ່ນຈັດຮູບແບບໃຫ້ເປັນແຜນ.)

❺ □ **様式（ようしき）** (ढाँचा / शैली ╱ ម៉ូដ, លំនាំ ╱ ຮູບແບບ, ແບບແຜນ)

▷ 建築（けんちく）様式、生活（せいかつ）様式

(निर्माणशैली / जीवनशैली ╱ ម៉ូដស្ថាបត្យកម្ម, លំនាំការរស់នៅ ╱ ຮູບແບບສະຖາປັດຕະຍະກຳຮູບແບບການໃຊ້ຊີວິດ)

❻ □ 形態 (शैली / आकार／ទ្រង់ទ្រាយ／รูปแบบ, รูปลักษณะบบะ)
けいたい

▷ 演奏形態 (संगीतप्रदर्शनशैली／ទម្រង់នៃការសម្តែង／รูปแบบการซุ้มเล่นติ)
えんそう

▶ 近年、日本でもさまざまな雇用形態が見られるようになった。
きんねん　　にほん　　　　　　　　　　こよう　　　　　　み

(हालका वर्षहरूमा जापानमा पनि विभिन्न रोजगार शैलीहरू देख्न सकिन्छ ।／នៅប៉ុន្មានឆ្នាំនេះ ទម្រង់ការងារ
ផ្សេងៗគ្នាត្រូវបានគេឃើញមាននៅក្នុងប្រទេសជប៉ុន។／ในชุมปิมัๆมานี้, การจ้างงๅรในรูปแบบต่างๆ
เขัมได้ด๊กขึ้นใปในปะเทดญี่ปุ่น.)

❼ □ 事項 (बुँदा／ចំនុច, កំណត់សម្គាល់／ทิอฉ็)
じこう

▷ 特記事項 (विशेष उल्लेखनिय बुँदा／កំណត់សម្គាល់ពិសេស／ทิอฉ็ทิท่าอเถๆเป็นพิเสด)
とっき

▶ 注意事項をよく読んでからお使いください。
ちゅうい　　　　　　　よ　　　　　　　つか

(ध्यान दिनुपर्ने बुँदा राम्रोसँग पढेर प्रयोग गर्नुहोस् ।／សូមអ្នកមេប្រើបន្ទាប់ពីអានកំណត់សម្គាល់ប្រុងប្រយ័ត្ន
ដោយអានបានចិត្តទុកដាក់។／กะลุมาอ่านทิอฉ็ละว้างๆละๆละ อๆๅดท่อนบำใฉ้.)

❽ □ 方式 (तरिका / पद्धति / तरिका / ढंग／វិធីសាស្ត្រ, របៀប／วิทิการ, รูปแบบ, แผนการ)
ほうしき

▷ 採点方式 (अङ्कन पद्धति／វិធីសាស្ត្រក្នុងការដាក់ពិន្ទុ／วิทิการใช้ฅะแบบ)
さいてん

▶ これはA社独自の生産方式です。
しゃどくじ　　せいさん

(यो पद्धति A कम्पनीको मौलिक उत्पादन पद्धति हो ।／នេះគឺជាវិធីសាស្ត្រផលិតតែមួយគត់របស់ក្រុមហ៊ុន
A។／ปิ่แม่บวิทิการฝะลิดทิเป็นเอกะลักຂອๆบ้ลิสัด A.)

❾ □ 立体 (त्रिविमीय आकृति／មានវិមាត្របី／ສามมิติ)
りったい

▷ 立体映像、立体的に描く
えいぞう　　てきえが

(त्रिविमीय दृश्य, त्रिविमीय तरिकाको चित्रण／រូបភាពដែលមានវិមាត្របី, គូរបែបលក្ខណៈមានវិមាត្របី／
 พาบສามมิติ, แต้มใຫ้มิมิติ)

❿ □ 階級 (दर्जा / पद / वर्ग / वर्ण／ឋ្នាក់:, ថ្នាក់／ຂั้นຂั้น, ยิด, ละดับ)
かいきゅう

▷ 中産階級、上流階級
ちゅうさん　　じょうりゅう

(मध्यम वर्ग, साभ्रान्त वर्ग／ឋ្នាក់:កណ្ដាល, ឋ្នាក់:អភិជន／ຂั้นຂั้นทาๆ, ຂั้นຂั้นสูๆ)

▶ 次の大会では、階級を1つ下げて出場することにした。
つぎ　　たいかい　　　　　　　　　　　　　　しゅつじょう

(अर्को पटकको प्रतियोगितामा 1 वर्ग तल झरेर भाग लिने निर्णय गरें ।／ខ្ញុំបានសម្រេចចិត្តទម្លាក់កំណត់ថ្នាក់
មួយលេខ ហើយទៅចូលរួមក្នុងការប្រកួតបន្ទាប់។／ในการแຂ่งๆฉันตั้งใจที่จะ, ຂ้อยได้ตัดสินใจลๆแຂ่ง
โดยฝดละดับลๆ1ຂั้น.)

グループ・組織 21

仕事・ビジネス 22

商品・サービス 23

読む・書く
聞く・話す 24

本 25

自然科学 26

宗教・信仰 27

場所・位置・方向 28

範囲 29

形式・スタイル 30

❶ □ 名簿 (नाम सूची／តារាងឈ្មោះ／ລາຍຊື່)

▷ 会員名簿 (सदस्यको नाम सूची／តារាងឈ្មោះសមាជិក／ລາຍຊື່ສະມາຊິກ)

❷ □ 同上 (माथि उल्लेख भएअनुसार／ដូចខាងលើ／ຄືກັບກັບຂໍ້ຄວາມຂ້າງເທິງ)

▶ A欄と同じ場合は「同上」と書いてください。

(A स्तम्भ सरह भएमा 'माथि उल्लेख भएअनुसार' भनि लेख्नुहोस् ।／ប្រសិនបើដូចគ្នានឹងក្រឡេក A សូម សរសេរ "ដូចគ្នា" ។／ໃນກໍລະນີຄືກັບກັບ A, ກະລຸນາຂຽນວ່າ: "ຄືກັບກັບຂ້າງເທິງ".)

❸ □ 下記 (तल उल्लेख भएअनुसार／ដូចបានសរសេរខាងក្រោម／ລະບຸໄວ້ດ້ານລຸ່ມ)

▷ 日程は下記の通りです。

(मिति तालिका तल उल्लेख भएअनुसार हुनेछ ।／កាលវិភាគមានដូចខាងក្រោម។／ກຳນົດການມີດັ່ງລຸ່ມນີ້:)

❹ □ 口頭 (मौखिक／ផ្ទាល់មាត់／ເວົ້າປາກເປົ່າ)

▷ 口頭試験、口頭で注意する

(मौखिक परीक्षा, मौखिकरूपमा सजग गराउनु／ការប្រឡងផ្ទាល់មាត់, ព្រមានផ្ទាល់មាត់／ການສອບເສັງເວົ້າ ປາກເປົ່າ, ລະມັດລະວັງປາກ)

❺ □ 簡易(な) (सरल／ដែលងាយស្រួល, ដែលធម្មតា, ដែលសាមញ្ញ／ລຽບງ່າຍ, ງ່າຍດາຍ, ງ້າຍໆ)

▷ 簡易書留、簡易ベッド、簡易な手続き

(साधारण रजिस्टरमा दर्ता भएको चिट्ठी, सरल खाट, सरल कागज प्रक्रिया／សំបុត្រប្រៃសណីយ៍ធម្មតា, គ្រែអ្នក, នីតិវិធីសាមញ្ញ／ລົງທະບຽນໄປຂະນີງ່າຍໆ, ຕຽງນອນລຽບງ່າຍ, ຂັ້ນຕອນງ່າຍໆ)

❻ □ 兼用(する) (साथसाथै (गर्नु)／ការប្រើបានទាំងពីរ／ໃຊ້ຮ່ວມກັນ, ໃຊ້ໄດ້ຫຼາຍ ຈຸດປະສົງ)

▷ 男女兼用、晴雨兼用の傘

(महिला-पुरुष साथसाथै प्रयोग गरिने, घाम-पानी दुबैमा साथसाथै प्रयोग गरिने छाता／ប្រើបានទាំងបុរសស្ត្រី, ឆ័ត្រដែលប្រើបានទាំងពេលភ្លៀងនិងពេលមេឃស្រឡះ／ຄັນຮົ່ມທີ່ໃຊ້ໄດ້ທັງຍິງແລະຊາຍ, ຄັນຮົ່ມກັນແດດ ແລະກັນຝົນ)

UNIT 31

順序・プロセス
じゅんじょ

(क्रम / सिलसिला／
ລំดับ, ຂັ້ນตอนการ／
ลำดับ・ຂະบวนການ)

---

❶ □ 先行(する) (अगाडि (हुनु) / अग्रिम／ការនាំមុខ, មុន／ລ່ວงໜ້າ)

▷ 先行研究、先行販売
けんきゅう　　はんばい

(अगाडि भएको अनुसन्धान／अग्रिम व्यापार／ការស្រាវជ្រាវពីមុន, ការលក់មុន／ການຄົ້นคว้าล่วงໜ້า, ການ
ขายล่วงໜ້า.)

▶ ファンクラブの会員は、チケットの先行予約ができます。
かいいん　　　　　　　　　　　　よやく

(फ्यान क्लबको सदस्यले टिकटको लागि अग्रिम बुकिङ गर्न सक्छन्।／សមាជិកក្លឹបអ្នកគាំទ្រអាចកក់សំបុត្រមុន
បាន។／ສະມາຊິກแฟนคลับสามาดจองปี้ได้ล่วงໜ້า.)

---

❷ □ 手順 (क्रम / तरिका / सिलसिला／បែបបទ, ទម្រង់ការ／ຂັ້ນตอน, ลำดับການดำ
てじゅん ເนີนງาน)

▶ 説明書の手順通りにやったらすぐできた。
せつめいしょ　　どお

(जानकारी पुस्तिकाको तरिकाअनुसार गरेपछि तुरुन्त गर्न सकियो।／ពេលខ្ញុំបានធ្វើតាមបែបបទនៅក្នុង
សៀវភៅណែនាំ ខ្ញុំក៏អាចធ្វើបានភ្លាម។／เຮັดเป็นไวຫຼັງจากปะติบัดตามຂັ້ນตอนในคู่มี.)

---

❸ □ 手はず／手筈 (योजना / तयारी／ប្រធាន／ការណាត់ទុក／ការរៀបចំ／
てはず ການกะภรม, ຂັ້ນตอน)

▷ 手はずを整える (योजना मिलाउनु／រៀបចំ／กะภรม)
ととの

▶ 15日に関係者が集まる手筈になっています。
にち　かんけいしゃ　あつ

(तारिखमा सम्बन्धित व्यक्तिहरू भेला हुने योजना छ।／ការណាត់ប្រជុំអ្នកពាក់ព័ន្ធនឹងត្រូវធ្វើឡើងនៅ
ថ្ងៃទី១៥។／ມີການกะภรมเຕิ้าโฮมผู้ที่ກ່ຽวຂ້องในวันที่ 15.)

---

❹ □ 段取り (तयारी / प्रबन्ध／ការរៀបចំ, គម្រោងការ／ການอางแผน, ການ
だんど ຈัดການ, ຂັ້ນตอน)

▶ 段取りが悪いから残業が多くなるんだよ。
わる　　　　　ざんぎょう　おお

(खराब प्रबन्धको कारणले ओभरटाइम काम बढ्छ।／ការងារថែមម៉ោងកាន់តែច្រើនឡើងដោយសារ
ការរៀបចំមិនល្អ។／ຂ້อยต้องเຮัดวຽกล่วงเวลาຫลายย้อนການอางแผนบ่ดี.)

---

❺ □ プロセス (प्रक्रिया / पद्धति／ដំណើរការ／ຂะบวนການ, ຂັ້ນตอน)

▶ 結果も大事だけど、そこに至るプロセスも大事です。
けっか　　だいじ　　　　　　　　いた

(नतिजा महत्वपूर्ण हुन्छ तर त्यस नतिजा सम्म पुग्ने प्रक्रिया पनि महत्वपूर्ण हुन्छ।／លទ្ធផលក៏សំខាន់ដែរ ប៉ុន្តែ
ដំណើរការដែលនាំទៅកាន់ទីនោះក៏សំខាន់ដូចគ្នា។／ผึนได้รับผลลำดับ, แต่ຂະบวนการไปเຖິงจุดນັ້ນກໍ່
ลำดับเຊິ່ນກັນ.)

順序・
プロセス 31

手続き 32

頻度 33

物の形状態 34

増減・伸縮 35

二つ以上のものの関係 36

人 37

人と人 38

見る・見せる 39

わかる 40

❻ □ 前倒し（する） （कुनै कामलाई योजना भन्दा अगाडिनै कार्यान्वयन गर्नु／មុនកាលកំណត់／ការເລື່ອນຄວາມໄວ, ເລັ່ງໃຫ້ໄວຂຶ້ນ)

▶ 来月から準備を始める予定でしたが、前倒しして今月下旬から始める
ことにしました。

（अर्को महिनादेखि तयारी सुरुगर्ने योजना थियो तर त्योभन्दा अगाडि यो महिनाको अन्तिम सातादेखि सुरु गर्ने निर्णय गरें।／ខ្ញុំបានគ្រោងចាប់ផ្តើមការរៀបចំពីខែក្រោយ ប៉ុន្តែក៏សម្រេចចិត្តធ្វើមុនកាលកំណត់ដោយចាប់ផ្តើម នៅចុងខែនេះវិញ។／ມີກຳນົດເລີ່ມການກະກຽມໃນເດືອນໜ້າ, ແຕ່ພວກເຮົາໄດ້ຕັດສິນໃຈເລັ່ງໃຫ້ໄວຂຶ້ນແລະ ເລີ່ມເຮັດໃນທ້າຍເດືອນນີ້.）

❼ □ 後回し

（कुनै कामलाई योजना भन्दा पछाडि कार्यान्वयन गर्नु／ពេល ក្រោយ／ការពន្យារពេល, ទុកពេលក្រោយ／ເລື່ອນອອກໄປ, ເອົາໄວ້ເຮັດນຳຫຼັງ)

▶ それは急がないから、後回しでいいよ。

（त्यो काममा शिघ्रता आवश्यक नभएकोले पछि सारे हुन्छ।／កិច្ចការនោះមិនបន្ទាន់ទេ ដូច្នេះអាចទុក ពេលក្រោយក៏បានដែរ។／ອັນນັ້ນບໍ່ຟ້າວ, ເອົາໄວ້ເຮັດນຳຫຼັງກໍໄດ້.）

❽ □ 並行（する） （कुनै दुई कामलाई एकैचोटि कार्यान्वयन गर्नु／ស្របគ្នា／ แบบຄູ່ຂະໜານກັນ, ເກີດຂຶ້ນໃນເວລາດຽວກັນ, ຊາງໄປນຳກັນ)

▶ 二つの作業を並行して進めることになります。

（दुबै कामलाई एकैचोटि कार्यान्वयन गर्नुपर्नेछ।／យើងបានសម្រេចថាធ្វើការងារពីរស្របពេលជាមួយគ្នា។／ເຮັດສອງວຽກງານແບບຄູ່ຂະໜານກັນໄປ.）

❾ □ 交替（する） （पालो परिवर्तन (गर्नु／फेर्नु)／ការផ្លាស់ប្តូរ／ສັບປ່ຽນ, ສະລັບກັນ, ປ່ຽນແປງ)

▶ 午後の受付を青木さんに交替してもらった。

（अपरान्हको रिसेप्सनको काममा आओकीज्यूले पालो फेरि दिनुभयो।／ខ្ញុំបានប្តូរការទទួលភ្ញៀវនៅពេលរសៀល ឱ្យទៅអ្នកនាងអូអ៊ីគិ។／ຂ້ອຍ ນາງ ອາໂอกิ สับป่ຽนมารับหน้าที่แนะต้อนรับใบตอนบ่าย.）

❿ □ 交互（に） （पालैपालो(मा)／ឆ្លាស់គ្នា, ជំនួស／ສະລັບກັນ)

▶ 〈体操〉これを左右交互にやってください。

（〈व्यायाम गर्दै〉यसलाई दायाँबायाँ पालैपालो गर्नुहोस्।／(លំហាត់ប្រាណ) សូមធ្វើបែបនេះឆ្លាស់គ្នាឆ្វេងស្តាំ។／<ออกกำลังกาย> เຮັດແບບນີ້ນີ້, ສະລັບກັນຊ້າຍ ແລະຂວາ.）

⓫ □ 代わる代わる （सट्टा／पालैपालो／परिवर्तन गर्नु／ប្តូរវេនគ្នា／ผัดป่ຽนกัน)

▶ 代わる代わる学生が質問に来て、お昼はまだ食べていません。

（पालैपालो गरेर विद्यार्थीहरू प्रश्न गर्ने आएकाले दिउँसोको खाना अझै खाएको छैन।／ខ្ញុំមិនទាន់បានញ៉ាំបាយ ថ្ងៃត្រង់នៅឡើយ ដោយសារសិស្សប្តូរវេនគ្នាមកសួរសំនួរ។／ນັກຮຽນຜັດປ່ຽນກັນມາຖາມຄຳຖາມ, ແລະ ຍັງບໍ່ທັນกินเຂົ້າທ່ຽງເທື່ອ.）

⓬ □ あべこべ （उल्टोपाल्टो／विपरीत／បញ្ច្រាស, ដូយ／ປີ້ນທ່ອປີ້ນທາງ, ປີ້ນກັນ)

▶ これじゃ、順序があべこべだ。

（यसो गर्दा त पालो उल्टोपाल्टो हुन्छ त।／នេះគឺលំដាប់លំដោយបញ្ច្រាសគ្នាហើយ។／ຖ້າເຮັດແບບນີ້ລຳດັບກໍ ປີ້ນກັນແຫຼະ.）

117

UNIT 32

手続き
てつづ (प्रक्रिया / कागजपत्र／ແບບບຯ／ຂັ້ນຕອນການດຳເນີນ)

❶ □ 申請(する) (निदेदन / आवेदन (गर्नु)／ការស្នើសុំ／ຍື່ນຂໍ, ລະໜັກ, ຍື່ນຄຳຮ້ອງ)
　　　しんせい
　▷ パスポートを申請する、休暇を申請する
　　　　　　　　　　　　　　　　　　きゅうか
　（राहदानीको आवेदन गर्नु, छुट्टिको निवेदन दिनु／ស្នើសុំលិខិតឆ្លងដែន, ស្នើសុំការឈប់សម្រាក／
　ຍື່ນຂໍເຮັດໜັງສືຜ່ານແດນ, ຂໍພັກ）

❷ □ 交付(する) (वितरण / प्रदान /जारी (गर्नु)／ការផ្ដល់អោយ, ការយល់ព្រម
　　　こうふ 　　　　　　　　　　　　　　　　　　អោយ／ແຈກ (ໃບອະນຸຍາດ), ອອກ (ເອກະສານສຳຄັນ), ມອບ)
　▶ 日本では、免許証は警察で交付されます。
　　　にほん　　　めんきょしょう　けいさつ
　（जापानमा सवारी चालक अनुमतिपत्र प्रहरीद्वारा वितरण गरिन्छ ।／នៅប្រទេសជប៉ុន បណ្ណបើកបររត្រូវបាន
　ផ្ដល់អោយដោយប៉ូលីស។／ໃນປະເທດຍີ່ປຸ່ນ, ໃບຂັບຂີ່ຈະອອກໃຫ້ໂດຍຕຳຫຼວດ.）

❸ □ 戸籍 (परिवार दर्ता／បញ្ជីគ្រួសារ／ລຳມະໂນຄົວ)
　　こせき

❹ □ 原本 (सकल / मूल किताब / मौलिक पत्र／ច្បាប់ដើម／ຕົ້ນສະບັບ)　对 複写、コピー
　　げんぽん 　　　　　　　　　　　　　　　　　　　　　　　　　　　　　ふくしゃ
　▷ 契約書の原本 (अनुबन्धपत्रको सकलपत्र／ច្បាប់ដើមនៃកិច្ចសន្យា／ສັນຍາຕົ້ນສະບັບ)
　　けいやくしょ

❺ □ 期限 (म्याद／ពេលកំណត់, កាលបរិច្ឆេទ／ມື້ຫົບກຳນົດ, (ເວລາທີ່) ກຳນົດໜົດ
　　きげん 　　　　　　　　　　　　　　　　　　　　　　　（ເວລາ, ກຳນົດ)
　▷ 支払/返却/提出期限、賞味期限
　　しはらいへんきゃくていしゅつ　　しょうみ
　（भुक्तान / फिर्ता / पेस गर्ने म्याद, खान लायक मिति／ពេលកំណត់បង់ប្រាក់/សងវិញ/ដាក់បញ្ជូន, ថ្ងៃ
　ផុតកំណត់／ກຳນົດຊຳລະ / ສົ່ງຄືນ / ຍື່ນ, ມື້ໜົດອາຍຸ /ຄວບຄຸມໃນການກ່ອນ）

❻ □ 有効(な) (लागू / वहाल / प्रभावकारी／សុពលភាព／ມີປະສິດທິຜົນ, ໃຊ້ໄດ້)
　　ゆうこう
　▷ 有効期限
　　　　きげん
　（लागू हुने म्याद／កាលបរិច្ឆេទសុពលភាព／ມື້ໝົດອາຍຸ）

❼ □ 無効(な) (अमान्य / प्रभावहीन / बदर／ចាត់ទុកជាមោឃ៖／ບໍ່ມີຜົນ, ບໍ່ມີປະໂຫຍດ)
　　むこう
　▶ 期限までに入学金を収めないと、合格が無効になる。
　　きげん　　　にゅうがくきん　おさ　　　　　ごうかく
　（म्याद सम्ममा भरनाशुल्क नबुझाएमा उतिर्ण नतिजा बदर हुन्छ ।／ប្រសិនបើមិនបង់ថ្លៃចូលសិក្សាក្រើម
　រយ៖ពេលកំណត់ នោះការប្រឡងជាប់នឹងត្រូវចាត់ទុកជាមោឃ៖។／ຖ້າບໍ່ຊຳລະຄ່າຮຽນພາຍໃນກຳນົດ,
　ຜົ່ວ່າການສອບເສັ່ງຜ່ານບໍ່ມີຜົນ.）

❽ □ **効力** (प्रभाव / असर／ប្រសិទ្ធិភាព／ມີປະສິດທິຜົນ, ປະສິດທິພາບ, ຜົນ, ຜົນບັງຄັບ)
りょく

▷ 薬の効力 (औषधिको प्रभावकारिता／ប្រសិទ្ធិភាពថ្នាំ／ປະສິດທິພາບຂອງຢາ)
くすり

▶ 本人のサインがなければ、法的には効力を持ちません。
ほんにん　　　　　　　　　　　ほうてき　　　　　も

(कुनैव्यक्ति स्वयंको सहीछाप नभएको खण्डमा कानुनितवरले अमान्य हुनेछ।／ប្រសិនបើគ្មានហត្ថលេខារបស់សាមីខ្លួនទេ នោះនឹងមិនមានប្រសិទ្ធិភាពតាមផ្លូវច្បាប់ទេ។／ຖ້າບໍ່ມີລາຍເຊັນຂອງຜູ້ກ່ຽວ, ກໍຈະບໍ່ມີຜົນທາງກົດໝາຍ.)

❾ □ **公募(する)** (विज्ञापन / सार्वजनिक आह्वान (गर्नु)／ការជ្រើសរើសជាសាធារណៈ: ［បើកឱ្យឆ្លើយតាមទូទៅ］)
こうぼ

▷ 橋の名前を公募する
はし　なまえ

(पुलको नामको सार्वजनिक आह्वान गरिने／ជ្រើសរើសឈ្មោះស្ពានជាសាធារណៈ: ［បើកឱ្យឆ្លើយ］.)

❿ □ **免除(する)** (छुट / कर्जाको माफी / मिनाहा (गर्नु)／ការលើកលែង／ຍົກເວັ້ນ (ຄ່າຢູ່ງ, ພາສີ))
めんじょ

▷ 学費の免除、試験の免除
がくひ　　　　しけん

(शैक्षिक शुल्कमा छुट, परीक्षा मिनाहा／ការលើកលែងថ្លៃសិក្សា, ការលើកលែងការប្រឡង／ຍົກເວັ້ນຄ່າຢູ່ງ, ຍົກເວັ້ນການສອບເສັງ)

⓫ □ **控除(する)** (कर–कट्टी / कटौती (गर्नु)／ដក, ដកចេញ, កាត់ចេញ／ຫັກອອກ, ລືບອອກ)
こうじょ

▶ 次のどれかに該当する場合、所得税の一部が控除されます。
つぎ　　　　　　がいとう　　　ばあい　しょとくぜい　いちぶ

(यहाँ उल्लिखित मध्ये कुनैमा मेलखाएको खण्डमा, आयकरको तिर्नुपर्ने आंशिक कर्मा कटौती गरिनेछ।／ប្រសិនបើចូលក្នុងចំនួនណាមួយក្នុងចំណោមខាងក្រោមនេះ នោះមួយផ្នែកនៃពន្ធលើប្រាក់ចំណូលនឹងត្រូវបានដកចេញ។／ຖ້າກົງກັບຂໍ້ໃດຂໍ້ໜຶ່ງດັ່ງຕໍ່ໄປນີ້:)

⓬ □ **照合(する)** (रुजु / तहकिकात / ढँगाइ / ढाँचे काम (गर्नु)／ការផ្ទៀងផ្ទាត់, ការត្រួតពិនិត្យ／ປຽບທຽບ, ກວດທຽບ)
しょうごう

▶ 紙の資料とパソコン上のデータを照合する作業をしています。
かみ　しりょう　　　　　　　じょう　　　　　　　　さぎょう

(कागजी सामग्री र कम्प्युटरको तथ्याइकलाई रुजु गरिरहेको छ।／ខ្ញុំកំពុងធ្វើការងារផ្ទៀងផ្ទាត់ឯកសារដែលនៅលើក្រដាសនិងទិន្នន័យលើកុំព្យូទ័រ។／ກຳລັງເຮັດການປຽບທຽບເຈ້ຍເອກະສານແລະຂໍ້ມູນໃນຄອມພິວເຕີ.)

⓭ □ **多数決** (बहुमतको निर्णय／ការសម្រេចចិត្តដោយមតិភាគច្រើន／ຄະແນນສຽງສ່ວນຫຼາຍ)
た すうけつ

⓮ □ **踏む** (कदम चाल्नु / देख्नु／ជាន់, ឈ្លងកាត់, ទៅតាម／ປະຕິບັດຕາມ)
ふ

▶ ちゃんと手続きを踏んで申し込んでください。
てつづ　　　　　もう　こ

(सही प्रक्रिया चलाएर आवेदन गर्नुहोस्।／សូមដាក់ពាក្យដោយធ្វើទៅតាមបែបបទអោយបានត្រឹមត្រូវ។／ກະລຸນາລະໝັກໂດຍປະຕິບັດຕາມຂັ້ນຕອນໃຫ້ຖືກຕ້ອງ.)

頻度
ひんど
(आवृत्ति／ភាពញឹកញាប់／ຄວາມຖີ່)

❶ □ しばしば (अक्सर / कहिलेकाहीं／ជាញឹកញាប់, ជារឿយៗ／ມັກ, ເລື້ອຍໆ, ເປັນປະຈຳ, ຫຼາຍຄັ້ງ)

▶ 国際結婚でしばしば問題になるのが、子供の国籍です。
こくさいけっこん　　　　　　もんだい　　　　　　こども　こくせき

(अन्तराष्ट्रिय विवाहमा कहिलेकाहीं सन्तानको राष्ट्रियतालाई लिएर विवाद हुन्छ ।／បញ្ហាដែលកើតមានជាញឹកញាប់នៃការរៀបការអន្តរជាតិ គឺសញ្ជាតិរបស់កូនៗ។／ສັນຊາດຂອງລູກມັກຈະເປັນບັນຫາໃນການແຕ່ງງານລະຫວ່າງປະເທດ.)

❷ □ しょっちゅう (बारम्बार／តែងតែ／ມັກ, ເລື້ອຍໆ, ເປັນປະຈຳ, ຫຼາຍຄັ້ງ)

▶ 東京には仕事でしょっちゅう行くので、地理は大体わかります。
とうきょう　しごと　　　　　　い　　　　　ちり　だいたい

(टोक्योमा कामको सिलसिलामा बारम्बार जानेहुनाले भौगोलिक रूपमा लगभग परिचित छु ।／ຂ້ອຍទៅទីក្រុងតូក្យូជាញឹកញាប់ ដោយសារតែងតែទៅធ្វើការនៅក្រុង។／ໄປໂຕກຽວເລື້ອຍໆເພື່ອເຮັດວຽກ, ດັ່ງນັ້ນຈຶ່ງພໍເຂົ້າໃຈ ຕຳແໜ່ງທີ່ຕັ້ງ.)

❸ □ ちょくちょく (बेलाबेलामा／ជាញឹកញាប់, ជារឿយៗ／ມັກ, ເລື້ອຍໆ, ເປັນ ປະຈຳ, ຫຼາຍຄັ້ງ)

▶ 友達がちょくちょく見舞いに来てくれるので、寂しくはありません。
ともだち　　　　　　　　みま　　　き　　　　　　さみ

(बेलाबेलामा साथी भेट्न आउनेहुनाले त्यासो अनुभव हुदैन ।／ຂ້ອຍមិនឯកោទេ ព្រោះមិត្តភក្តិមកកម្សាន្តសុខទុក្ខជាញឹកញាប់។／ໝູ່ຂອງຂ້ອຍມາຢາມເລື້ອຍໆ, ລະນັ້ນຈຶ່ງບໍ່ຮູ້ສຶກເຫງົາ.)

❹ □ 頻繁(な) (बारम्बार / पटक पटक／ជាញឹកញាប់, ជារឿយៗ／ຕໍ່ເນື່ອງ, ບໍ່ຢຸດບໍ່ເຊົາ)
ひんぱん

▶ 人が頻繁に出入りするので、このドアは開けっぱなしにしているんです。
ひと　　　ひん　でい　　　　　　　　　　　　　あ

(मान्छेहरू बारम्बार आवय-जावत गर्ने हुनाले यो ढोका खुल्लै छोडिएको छ ।／ដោយសារ មានមនុស្សចេញចូលជាញឹកញាប់។／ປະຕູນີ້ເປີດປະໄວ້ເພາະມີຄົນເຂົ້າອອກຢ່າງບໍ່ຢຸດບໍ່ເຊົາ.)

❺ □ 再三 (धेरै पटक / पटक पटक／ម្ដងហើយម្ដងទៀត／ບໍ່ຢຸດບໍ່ເຊົາ, ຫຼາຍຄັ້ງ, ເລື້ອຍ, ຊ້ຳແລ້ວຊ້ຳອີກ)
さいさん

▶ 再三注意しているのに、彼は今日も遅刻してきた。
さいさん　ちゅうい　　　　　　　かれ　きょう　　ちこく

(हजार पटक सचेत गराएँ तर उ आज पनि समयमा आएन ।／ໄດ້ເตือนม่ด้าบานมกฮ็ดเติ๊อก បើទោះបីជា ப្រមានម្ដងហើយម្ដងទៀត។／ເຖິງຢ່าเตือนລาๅๆฑาๆถั้ๆ, ลาๅท่าๆຊ้ำอิ๊กใบมิ้ขี.)

❻ □ 幾度(いくど)となく (धेरैपटक／ម្តងហើយម្តងទៀត／ຫຼາຍຄັ້ງ, ນັບຄັ້ງບໍ່ໄດ້)

▶ 彼(かれ)には幾度となく期待(きたい)を裏切(うらぎ)られてきた。

(उसले धेरैपटक धोका दियो।／គាត់បានធ្វើអោយខ្ញុំខកចិត្តម្តងហើយម្តងទៀត។／ລາວເຮັດໃຫ້ຜິດຫວັງນັບຄັ້ງບໍ່ໄດ້ແລ້ວ.)

❼ □ 相次(あいつ)ぐ (एकपछि अर्को आइलाग्नु／ជាបន្តបន្ទាប់／ເກີດຕິດໆກັນ, ຕາມມາເປັນລຳດັບ)

▶ 夏休(なつやす)みに入(はい)り、各地(かくち)で海(うみ)や川(かわ)での事故(じこ)が相次いでいます。

(गर्मीको बिदा सुरु भए लगत्तै विभिन्न क्षेत्रमा समुन्द्र तथा नदीनालाको दुर्घटना एकपछि अर्को घटिरहेका छन्।／វិស្សមកាលរដូវក្តៅចូលមកដល់ មានគ្រោះថ្នាក់ដែលកើតនៅតាមសមុទ្រនិងទន្លេនៃតំបន់នីមួយៗកើតឡើងជាបន្តបន្ទាប់។／ເມື່ອກ້າວເຂົ້າສູ່ຍາມພັກລະດູຮ້ອນ, ໃນແຕ່ລະທ້ອງຖິ່ນມີອຸບັດຕິເຫດທາງທະເລແລະແມ່ນ້ຳເກີດຂຶ້ນຕິດໆກັນ.)

❽ □ 時折(ときおり) (कहिलेकाँही／យូរៗម្តង, ម្តងម្កាល／ບາງຄັ້ງບາງຄາວ)

▶ 今(いま)でも時折、当時(とうじ)のことを思(おも)い出(だ)します。

(अहिले पनि कहिलेकाँही त्यसबेलाको कुरा याद आउँछ।／បច្ចុប្បន្ននេះក៏ខ្ញុំនៅតែនឹកឃើញអំពីរឿងកាលពីគ្រានោះម្តងម្កាល។／ທຸກມື້ນີ້, ຂ້ອຍຍັງຄິດພໍ້ເລື່ອງໃນຕອນນັ້ນບາງຄັ້ງບາງຄາວ.)

UNIT 34

物の形・状態
もの　かたち　じょうたい

（वस्तुको आकार / अवस्था／ຮູບຮ່າງ, ສະພາບຂອງວັດຖຸສິ່ງຂອງ）

❶ □ 正方形 （वर्गाकार／ຮູບສີ່ຫຼ່ຽມ, ຮູບ4ຫຼ່ຽມຈະຕຸລັດ）
せいほうけい

❷ □ 奥行 （गहिराइ／ຄວາມເລິກ/ຍາວ）
おくゆき

▷ 高さ10cm×幅20cm×奥行15cmの箱、奥行きのある部屋
たか　　　　　　はば　　　　　　おくゆき　　　はこ　　　　おくゆき　　　　へや

（उचाइ 10cm x चौँडाइ 20cm x गहिराइ 15cmको बाकस, ຂໍ້ມູນທີ່ມີຄວາມສູງ 10cm x ກວ້າງ 20cm x ເລິກ 15cm, ຫ້ອງທີ່ມີຄວາມເລິກ/ຍາວ）

❸ □ 起伏 （तलमाथी / उकाली–ओराली／ເຊື່ອງນິ່ງຈຸ່ະ／ຄວາມຜັນຜວນ, ການເຄື່ອນໄຫວ, ການຂຶ້ນລົງ, ສູງຕ່ຳ）
きふく

▷ 起伏の激しいコース
はげ

（भयङ्कर उकाली–ओराली भएको कोर्स／ผู้ร่างทางที่มีความขึ้นลงชัดเจน）

▶ 彼女は感情の起伏が激しい。
かのじょ　かんじょう

（ती महिलामा भावनात्मक तरङ्गको उकाली–ओराली धेरै छ।／ลาวมีอารมณ์ขึ้นลงຢ່າງรุนแรง।）

❹ □ 平たい （सम्म / समथर / सजिलो／ຮາບຮຽບ, ແປ, ລຽບ, ງ່າຍ） **話** 平べったい
ひら

▷ 平たい箱 （चेप्टो बाकस／ກ່ອງແປ）
はこ

▶ 昨日食べた料理は、平たく言うと、カレーです。
きのう　た　　りょうり　　　　ひら　　い

（हिजो खाएको परिकार सजिलो तरिकामा भन्दै हो भने करी थियो।／ອາຫານທີ່ກິນມື້ວານນີ້ແມ່ນແກງกะລี।）

❺ □ 光沢 （चमक / टलक / ज्योति／ແສງ, ເຫຼື້ອມ, ເປັນເງົາ, ເຫຼື້ອມເປັນເງົາ）
こうたく

▷ 光沢のある写真 （चमक भएको तस्वीर／ຮູບພາບເຫຼື້ອມເປັນເງົາ）
しゃしん

❻ □ 鮮やか（な） （नौरङ्गी / उज्यालो / भव्य／ສົດ, ສົດໃສ, ແຈ້ງ, ຈະແຈ້ງ）
あざ

▷ 鮮やかな色、鮮やかなゴール
いろ

（उज्यालो रंग / शानदार गोल／ສີສົດໃສ, ເປົ້າຫມາຍທີ່ຈະແຈ້ງ）

▷ この本には当時の生活が鮮やかに描かれている。
ほん　　とうじ　せいかつ　あざ　　えが

（यो पुस्तकमा व्यतिवेलाको दैनिक जीवनको बारिमा स्पष्टसँग वर्णन गरिएको छ।／ຊີວິດໃນເວລານັ້ນຖືກวาດພາບໄວ້ຢ່າງแจ้งใນປື້ມຫົວນີ້.）

31 順序・プロセス
32 手続き
33 頻度
34 物の形・状態
35 増減・伸縮
36 二つ以上のものの関係
37 人
38 人と人
39 見る・見せる
40 わかる

❼ □ 鮮明(な) せんめい (स्पष्ट / सफा स्पष्ट／รัស់រៃគ, ច្បាស់／ถิ่ม่ฮัด, จะแจ้ๆ, ลิดใส)

▶ 20年も前のことだが、まだ鮮明に覚えている。
ねん おぼ
(वर्ष अगाडिको कुरा हो तर अहिले पनि स्पष्टसँग याद छ ।／กาលเรื่องกาลๆกี่๒๐ឆ្នាំមុន ប៉ុន្តែខ្ញុំនៅចាំយ៉ាង ច្បាស់នៅឡើយ។／ເປັນເລື່ອງ 20 ปีก่อนขม้นี้, แต่ຂ້ອຍยังจื่ได้ทางจะแจ้ๆ.)

❽ □ 淡い あわ (हल्को (फिक्का / मधुरो)／ស្រាល, ទាប／อ่อน, จาๆ, จืดจาๆ) **類 薄い** うす

▷ 淡いピンク、淡い期待 きたい
(हल्को गुलाबी, मधुरो आशा／ពណ៌ផ្កាឈូកស្រាល, ក្ដីសង្ឃឹមទាប／สีป้ออ่อน, ຄວາມຄາດໝາຍຈາๆจืดจาๆ)

❾ □ 澄んだ す (निर्मल / सफा／ថ្លា, បរិសុទ្ធ／ใส, ลิดใส, บ่มีท้าๆอิ่ม, ฮัดเจม) **対 濁った** にご

▷ 澄んだ水/空気、澄んだ目 みず くうき め
(निर्मल पानी / हावा / निर्मल आँखा／ទឹកស្អាត/ខ្យល់អាកាស/ភ្នែកដែលភ្លឺថ្លា／บ้าใส, อากาดลิดใส, ตาใส)

❿ □ あせる／褪せる あ (रङ खुइलिएको / उडेको／ហើរពណ៌／จาๆลๆ, สีตๆก, ตายสี, ป่วมสี, อ่อมลๆ)

▷ 色褪せた服 いろ ふく (रङ उडेको लुगा／ខោអាវហើរពណ៌／เสื้อຢ่ๆตายสี)

⓫ □ 精巧(な) せいこう (सूक्ष्म / उत्कृष्ट / उत्तम / मेहनत परेको／ដែលល្អិតល្អន់／ละอๆด, ปามิด)

▷ 精巧な作り つく (सूक्ष्म बनावट／សំណង់ដ៏ល្អិតល្អន់／ปะดิดย่ๆปามิด)

⓬ □ 硬い かた (कडा / साह्रो / ठोस／រឹង, ស្វិត／ทยาบ, แຂๆ) **対 やわらかい**

▷ 硬い肉、硬い石 にく いし (साह्रो मासु, साह्रो ढुंगा／សាច់ស្វិត, ថ្មរឹង／ຊิ้มทยาบ, ทินแຂๆ)

⓭ □ ソフト(な) (नरम / मुलायम／ទន់, ស្រទន់／อ่อน, อ่อมโยม, มุ้มมอม)

▷ ソフトな色使い いろづか
(नरम तरिकाको रङगोगन／ការប្រើពណ៌ស្រទន់／ใช้สีอ่อน)

▶ 相手は女性なんだから、もう少しソフトな言い方はできなかったの？
あいて じょせい すこ い かた
(कुरा कानी त महिलासँग गरेको हो नि, अलिकति नरम तरिकामा बोल्न सकेनौ ?／ដោយសារតែជាស្ត្រីអ្នកជាទារំ តើអ្នកមិនអាចនិយាយអោយទន់ជាងនេះបន្តិចបានទេ?／เมื่อจากฝ่ายตรๆๆเป็นผู้ย้ๆ, สะมั้มเอิ๊าย่ๆ อ่อมโยมทอ่มี่ป้ได้ป้?)

⑭ ☐ **頑丈(な)** <ruby>頑丈<rt>がんじょう</rt></ruby>　(ठोस / मजबूत / पक्का ⁄ ໜ້ງໝໍາ ⁄ ໝັ້ນ, ໝັ້ນຄົງ, ແຂງແຮງ, ແຂງໜາ)

▷ <ruby>頑丈<rt></rt></ruby>な<ruby>箱<rt>はこ</rt></ruby>、<ruby>頑丈<rt></rt></ruby>な<ruby>体<rt>からだ</rt></ruby>

（मजबूत बाकस, मजबूत शरीर ⁄ ໂປຣແບບທີ່ໝັ້ນໝໍາ, ກາຍກາຍທີ່ໝັ້ນໝໍາ ⁄ ກ່ອງແຫ່ມໝາ, ຮ່າງກາຍແຂງແຮງ)

⑮ ☐ **もろい** (कमजोर / दुर्बल / निर्बल / अशक्त ⁄ ສ່ວຍ, ງາຍບາກ່ໃປກ ⁄ ແຕກງ່າຍ, ບອບບາງ, ບໍ່ແຂງແຮງ, ຮ້ອນແອ)

▶ この<ruby>家<rt>いえ</rt></ruby>は<ruby>建<rt>た</rt></ruby>って100<ruby>年<rt>ねん</rt></ruby>もたっているから、<ruby>柱<rt>はしら</rt></ruby>とか<ruby>壁<rt>かべ</rt></ruby>がもろくなっていると<ruby>思<rt>おも</rt></ruby>う。

（यो घर बनेको 100 वर्ष भइसकेकोले खम्बा तथा भित्ताहरू कमजोर भइसके जस्तो लाग्छ । ⁄ ຜູ້ະນະມານອາຍ900ປີ້ກໍ່ເຫືຍ ຈຸງໄຊຂ້ຶຄຶດວ່າສະຣະນິ້ງໜ້າຍຈະຍຸຍສ່ງຍະຍາຍບາກ່ໃປກໆ ⁄ ເຮືອນຫຼັງນີ້ປຸກໄດ້100 ປີແລ້ວ, ລະນັ້ນຄິດວ່າເສົາຄ້າແລະກຳແພງກໍ່ບໍ່ແຂງແຮງ.)

⑯ ☐ **圧縮(する)** <ruby>圧縮<rt>あっしゅく</rt></ruby>　(थिचथाच / दबाउनु ⁄ ສງ່ຄັ້, ເຮັ້ເອາຍຂກສາກກຸ່ຍ່ມໃຮການ່ໄຕຍຍ ⁄ ບິບອັດ (ຂໍ້ມຸນ), ບິບໃຫ້ມອຍລົງ, ບິບອັດ)

▷ ファイルを<ruby>圧縮<rt></rt></ruby>する、<ruby>予算<rt>よさん</rt></ruby>を<ruby>圧縮<rt></rt></ruby>する

（फाइलमा सङ्कुचित पार्ने, बजेट दबाउने ⁄ ເຮັ້ເອາຍຂກສາກການໃຕຸດ, ການບົ້ນຍງຍຈົກ ⁄ ບິບອັດເອກະສາມ, ບິບອັດຮັບປະມານ)

⑰ ☐ **密度** <ruby>密度<rt>みつど</rt></ruby>　(बाक्लोपन / घनता / घनत्व ⁄ ນໍງສິໃຕ, ສຸນກາທ ⁄ ຄວາມໜາແໜ້ນ, ຄວາມໜ້າແໜ້ນ)

⑱ ☐ **帯びる** <ruby>帯<rt>お</rt></ruby>びる　(धारण गर्नु / भिन्नु / कस्नु / बाँध्नु ⁄ ມາ ນ, ຄ້າຍຈາ ⁄ ມຸ່ງ, ຖີ, ແຕ່ງແຕ່ມດ້ວຍ)

▷ <ruby>赤色<rt>あかいろ</rt></ruby>を<ruby>帯<rt></rt></ruby>びる、<ruby>丸<rt>まる</rt></ruby>みを<ruby>帯<rt></rt></ruby>びる

（रातोरङ्ग धारण गर्नु, गोलाकारमा हुनु ⁄ ມາ ນຄທ໌ມກຮາມ, ມາ ນກ່ຶມູນ ⁄ ບຸ່ງສີແດງ, ແຕ່ງແຕ່ມດ້ວຍວົງມົນ)

▶ <ruby>夢<rt>ゆめ</rt></ruby>だと<ruby>思<rt>おも</rt></ruby>っていたことが<ruby>現実味<rt>げんじつみ</rt></ruby>を<ruby>帯<rt></rt></ruby>びてきた。

（सपनामा मात्र होला भनि सोचेको कुरा त वास्तविकता धारण गर्दै आयो । ⁄ ຜູ້ໃດ ສຖ໌ບາ ນຄຶດຄ່າຈາສຸບິ້ນຂ້າ ບາ ນ ຄ້າ ຍຈາການກິຈໆ ⁄ ມີຄວາມ ຮ້ສຶກແລ້ວວ່າສ່ຶ່ງທີ່ຄິດວ່າເປັນຄວາມ ຝັ້ ນຈະກາຍເປັນຄວາມ ຈິ້ງ.)

⑲ ☐ **とろける** (रहरलाग्दो / पग्लेर जाने ⁄ ຣ້ອມ ⁄ ລະລາຍ, ເປ້ອຍ)

▷ とろける<ruby>チーズ<rt></rt></ruby> (पग्लने चिज ⁄ ນ໌ຶ ສທີ່ແລ່ຣະລອມ ⁄ ຊີຣລະລາຍ)

▶ この<ruby>肉<rt>にく</rt></ruby>、<ruby>口<rt>くち</rt></ruby>の<ruby>中<rt>なか</rt></ruby>でとろけるような<ruby>柔<rt>やわ</rt></ruby>らかさですね。

（यो मासु त मुखभित्रै पग्लेर जाला जस्तो नरम रहेछ हगि । ⁄ ສາຕ໌ະນະຜຸຍຫາກ່ຊັງຈາຣະລອມ ໃນກ້ງມາຕ໌ ກທຶຶ ໆ ⁄ ຊ້ຶນມ້ຶອ່ອມຫ້າຍຈີນລະລາຍໃນປາກ.)

UNIT 35

増減・伸縮
ぞうげん・しんしゅく

（घटीबढी / विस्तार र सङ्कुचन／ការកើនឡើងនិងថយចុះ (ការប្រែប្រួល), ภาพยืดหดร／ການເພີ່ມແລະຫຼຸດ・ການຍືດແລະຫົດ）

順序・プロセス 31

手続き 32

頻度 33

物の形・状態 34

増減・伸縮 35

二つ以上のものの関係 36

人 37

人と人 38

見る・見せる 39

わかる 40

❶ □ 上昇（する）（वृद्धि हुनु / बढ्नु／ការកើនឡើង／เพิ่มขึ้น, ลอยขึ้น）
じょうしょう

▷ 気温が上昇する（तापक्रम वृद्धि हुनु／សីតុណ្ហភាពកើនឡើង／อุณหภูมิเพิ่มขึ้น）
き おん

❷ □ 下降（する）（कम हुनु / घट्नु／ការធ្លាក់ចុះ／หุดลง, ถิ่ง, ถิ่งต่ำ）
か こう

▷ 人気が下降する（लोकप्रियता घट्नु／ប្រជាប្រិយភាពធ្លាក់ចុះ／ความนิยมฮุดลง）
にん き

❸ □ 上回る（〜भन्दा अधिक हुनु／លើស, លើសពី, ហួស／เกินกว่า, ญากกว่า, เฟือกว่า, ดีกว่า）
うわまわ

▶ 新商品は、予想を上回る売れ行きとなった。
しんしょうひん　　よそう　　　　　　　　　う　　ゆ

（नयाँ उत्पादित सामग्रीको बिक्री अपेक्षा गरिभन्दा अधिक हुन गयो।／ផលិតផលថ្មីត្រូវបានលក់ដាច់លើសពីការព្យាករ។／ยอดขายผะลิดตะพันใหม่เกินกว่าความถาดฑมาย。）

❹ □ 下回る（〜भन्दा कम हुनु／តិច, តិចជាង／ต่ำกว่า）
した

▷ 今月の売上は、昨年の同月を下回った。
こんげつ　うりあげ　　さくねん　どうげつ

（यस महिनाको बिक्री गतवर्षको सोही महिना भन्दा कम भयो।／ការលក់ខែនេះបានធ្លាក់ចុះជាងខែដែលនៅ ឆ្នាំមុន។／ยอดขายเดือนนี้ต่ำกว่าเดือนฤวกันของปีทาย。）

❺ □ 後退（する）（पछि हट्नु / सर्नु／ថយក្រោយ／ถิ่งถอย, ถอยฮ่ำง）
こうたい

▷ 景気が後退する
けい き

（आर्थिक मन्दी हुनु／សេដ្ឋកិច្ចដើរថយក្រោយ／ละพาบเสดถะกิดถิ่งถอย）

❻ □ 高騰（する）（महँगी (बढ्नु)／ឡើង, កើនឡើង／สูงขึ้นย่างไถอา）
こうとう

▷ 物価が高騰する（बजारमा महँगी बढ्नु／តម្លៃទំនិញកើនឡើង／ถาถองสิบสูงขึ้นย่างไถอา）
ぶっ か

❼ □ 急騰（する）（तीव्र वृद्धि हुनु／ឡើងភ្លាមៗ／สูงขึ้นย่างไถอา, เพิ่มขึ้นย่างกะฑันฑัน）
きゅうとう

▷ 地価が急騰する
ち か

（जग्गाको मूल्यमा तीव्र वृद्धि हुनु／តម្លៃដីឡើងភ្លាមៗ／ลาถาดิมพุ่งขึ้นสูง）

❽ □ 下落（する）（गिरावट / पतन (हुनु)／ធ្លាក់, ធ្លាក់ចុះ／หุดลง, ถิ่งฮันดับ）
げ らく

▷ 物価が下落する（बजारमा मूल्य घट्नु／តម្លៃទំនិញធ្លាក់ចុះ／ถาถองสิบหุดลง）
ぶっ か

❾ □ 暴落（する）（भयङ्कर मूल्य ह्रास (हुनु)／ធ្លាក់ចុះភ្លាមៗ／ถิ่งย่างไถอา, ถิ่งแฮง）
ぼうらく

▷ 株価が暴落する
かぶ か

（धितोपत्र / सेयरको मूल्यमा भयङ्कर ह्रास हुनु／ភាគហ៊ុនធ្លាក់ចុះភ្លាមៗ／ลาถาหุ้นถิ่งย่างไถอา）

⑩ □ 倍増（する）（दुगुना (हुनु)／កើនឡើងទ្វេដង／ເພີ່ມຂຶ້ນເທົ່າໂຕ）
　ばいぞう
　▷ 売上が倍増する
　　うりあげ
　　（बिक्री दुगुना बढ्नु／ការលក់កើនឡើងទ្វេដង／ຍອດຂາຍຈະເພີ່ມຂຶ້ນຂອງເຫົາ）

⑪ □ 半減（する）（आधा (घट्नु)／ថយចុះពាក់កណ្ដាល／ຫຼຸດລົງເຄິ່ງໜຶ່ງ）
　はんげん
　▷ 喜びが半減する
　　よろこ
　　（हर्ष आधा घट्नु／ការរីករាយថយចុះពាក់កណ្ដាល／ຄວາມສຸກຫຼຸດລົງເຄິ່ງໜຶ່ງ）

⑫ □ 縮まる（ख्म्चन्／រួម, ត្រូវបានធ្វើអោយខ្លី／ຫຍໍ້, ຂົ້າມາໃກ້, ໃກ້ຊິດ）　類 縮む
　ちち
　▶ 最近、二人の距離が縮まったように感じる。
　　さいきん　ふたり　きょり　　　　　　　　　　　　　　　　　かん
　　（आजकल दुइजनाको दुरी नजिक भएको जस्तो लाग्छ ।／ខ្ញុំមានអារម្មណ៍ថា យើងពីរនាក់ស្និទ្ធស្នាលគ្នាជាង
　　មុន។／ໄລຍະນີ້, ຮູ້ສຶກຄືກັບວ່າໄລຍະຫ່າງຂອງສອງຄົນໃກ້ຊິດກັນຂຶ້ນ.）

⑬ □ 縮める（ख्म्चाउनु / छोटो गर्नु／បញ្ញ, ធ្វើអោយខ្លី／ຫຍໍ້, ຫຼຸດ, ເຮັດໃຫ້ສັ້ນ）
　ちぢ
　▷ 放送時間を縮める
　　ほうそうじかん
　　（प्रसारण समय छोटो गर्नु／បញ្ញម៉ោងផ្សាយ／ຫຍໍ້ເວລາອອກອາກາດ）

⑭ □ 縮れる（घुम्रन／ដែលអង្កាញ់／ເປັນລອນ, ຫຼຸດ）
　ちぢ
　▷ 髪が縮れる（केश घुम्रनु／សក់អង្កាញ់／ຜົມຫຍິກ）
　　かみ

⑮ □ 短縮（する）（छोटो (पार्नु)／ធ្វើអោយខ្លី／ຫຍໍ້, ຫຼຸດ, ເຮັດໃຫ້ສັ້ນ）
　たんしゅく
　▷ 営業時間を短縮する、短縮ダイヤル
　　えいぎょうじかん
　　（कारोबारको समय छोट्याउनु / छोटो डायल／ការកាត់បន្ថយម៉ោងអាជីវកម្ម, មុខងារហៅទូរស័ព្ទបែបផ្លូវកាត់
　　／ຫຍໍ້ເວລາເຮັດວຽກ, ໂທອອກດ້ວຍເລກສັ້ນ）

⑯ □ 縮小（する）（कटौती (गर्नु) सानो बनाउनु／ធ្វើអោយតូច, បង្រួម／ຫຍໍ້ຂະຫຍາດ）
　しゅくしょう
　▷ 縮小コピー
　　（सानो बनाएको फोटोकपी／ថតចម្លងបង្រួម／ຫຍໍ້ຂະຫຍາດກ໋ອບປີ້ເອກະສານ）

⑰ □ 膨張（する）（फुल्ने फुलेर आउनु / सुन्निनु／ រីក／ຂະຫຍາຍໂຕ, ບວມ, ເພີ່ມຂຶ້ນ）
　ぼうちょう
　▷ 空気が膨張する（हावा फुलेर आउनु／ខ្យល់រីកធំ／ອາກາດເພີ່ມຂຶ້ນ）
　　くうき

⑱ □ 対 収縮（する）（सुक्रे (गर्नु)／រួមតូច, រួញ／ແອບ, ຍຸບ, ປ່ອຍລົມອອກ, ຫົດ, ຫົດໂຕ）
　　しゅうしゅく
　▷ 血管が収縮する（रगतको नशा सुक्रे／សរសៃឈាមរួមតូច／ເສັ້ນເລືອດຫົດໂຕ）
　　けっかん

順序・プロセス 31

手続き 32

頻度 33

物の形・状態

増減・伸縮 35

二つ以上のものの関係 36

人 37

人と人 38

見る・見せる 39

わかる 40

UNIT 36

二つ以上のものの関係
ふた　　　　いじょう　　　　　　　　　　　　　　　　かんけい

(दुई वा दुईभन्दा बढि वस्तुको सम्बन्ध／ទំនាក់ទំនងរវាងរបស់ចាប់ពីពីរឡើងទៅ／ความสำพันละหว่าງຂອງສິ່ງຂື້ນໄປ)

---

❶ □ 沿う　(~ अनुसार चल्नु／តាម, ទៅតាម／ເຮັດຕາມ, ໄປຕາມ)
　　そ

▶ この川に沿ってしばらく行くと、駅が見えてきます。
　　　かわ　　　　　　　　　　　　　　　　　い　　　　　えき　　み

(यो खोलाको छेउ अनुसार चलेमा स्टेशन देखाउनेछ ।／បើអ្នកដើរទៅតាមបណ្ដោយទន្លេមួយសន្ទុះ អ្នកនឹង
ឃើញស្ថានីយ៍រថភ្លើង។／ໄປຕາມແມ່ນ້ຳສາຍນີ້ຈັກໄລຍະໜຶ່ງ, ກໍຈະແນມເຫັນສະຖານີມີ.)

▷ 先方の希望に沿うよう、内容を変更した。
　　せんぽう　きぼう　　　　　　　　ないよう　へんこう

(उनीहरूको चाहाना अनुसार चल्न सकियोस् भनि विषयलाई परिवर्तन गरें ।／ខ្ញុំបានប្ដូរខ្លឹមសារទៅតាមការ
ចង់បានរបស់ភាគីម្ខាងទៀត។／ໄດ້ປ່ຽນແປງເນື້ອໃນເພື່ອໃຫ້ໄປຕາມຄວາມຕ້ອງການຂອງອີກຝ່າຍ)

---

❷ □ 即する　(ख्याल मिल्नु／ស្របទៅតាម, អនុលោមតាម／ສອດຄ່ອງ)
　　そく

▶ 場面に即した表現を使うようにしましょう。
　　ばめん　　　　　　　ひょうげん　つか

(परिस्थितिसँग ख्याल मिले अभिव्यक्तिको प्रयोग गर्ने गरौं ।／សូមប្រើសំនួនវោហាស័ព្ទអោយស្របទៅតាម
ស្ថានភាព។／ພະຍາຍາມໃຊ້ຄຳເວົ້າທີ່ສອດຄ່ອງກັບສະຖານະການ.)

---

❸ □ 該当(する)　(मेलखाने (हुनु)／ភាពត្រូវគ្នា, ភាពស៊ីគ្នា／(ເຂົ້າຂ່າຍ, ກົງກັບ)　[類] 当てはまる
　　がいとう　　　あ

▷ 該当箇所　(पर्ने स्थान／កន្លែងដែលត្រឹមត្រូវ／ສ່ວນທີ່ກ່ຽວຂ້ອງ)
　　　かしょ

▶ 〈アンケート〉該当する項目にチェックをしてください。
　　　　　　　　　　　　　　　　こうもく

(〈प्रश्नावली〉मेलखाने विषयमा चेक चिन्ह गर्नुहोस् ।／(ការស្ទាបស្ទង់មតិ) សូមគូសចំណុចដែលត្រឹមត្រូវ។／
<ແບບສອບຖາມ> ກະລຸນາກວດເບິ່ງຂໍ້ທີ່ກ່ຽວຂ້ອງ.)

---

❹ □ 適応(する)　(घुलमिल / अनुकूल (हुनु)／ការសម្របខ្លួន／ປັບໃຫ້(ເໝາະສົມ, ປັບໂຕ)
　　てきおう

▶ 新しい環境になかなか適応できない子もいます。
　　あたら　　かんきょう

(नयाँ वातावरणमा जतिखेरैपनि घुलमिल हुन नसक्ने मान्छे पनि छ ।／មានកុមារដែលពិបាកនឹងសម្របខ្លួនទៅ
បរិស្ថានថ្មីដែរ។／ມີເດັກນ້ອຍບາງຄົນທີ່ບໍ່ສາມາດປັບໂຕໄດ້ງ່າຍໆເພື່ອໃຫ້ເຂົ້າກັບສະພາບແວດລ້ອມໃໝ່.)

---

❺ □ 適う　(सुहाउनु / मेलखानु／ត្រូវគ្នា, សម, សាកសម／(ເໝາະສົມ, ກົງ)　[類] 合う
　　かな　　　あ

▷ 条件に適う、理に適う
　　じょうけん　　　　　り

(सर्तसँग मेलखाने, तर्कसंगत／ត្រូវនឹងលក្ខខណ្ឌ, សមហេតុផល／ເໝາະສົມກັບເງື່ອນໄຂ, ມີເຫດຜົນ)

▶ 娘の理想に適う結婚相手がなかなかいないみたいで…。
　　むすめ　りそう　　　　けっこんあいて

(छोरीको सपनासँग मेलखाने दुलाह त जतिखोजे पनि भेटिएन जस्तो देखिन्छ .....।／មើលទៅដូចជាមិនមានដៃគូ
រៀបការដែលត្រូវនឹងការចង់បានរបស់កូនស្រីខ្ញុំទេ...។／ກໍຄ້ອບໍ່ມີຄູ່ລົດທີ່ກົງກັບອຸດົມການຂອງລູກສາວ
ປານໃດ...)

❻ □ 両立(する) (र्यौरित्सु) (दुवैमा सामञ्जस्य (गर्नु)／ការធ្វើទាំងពីរ, ភាពស្របគ្នា／ ຢູ່ຮ່ວມກັນ, ຢູ່ນຳກັນ, ເຮັດສອງຢ່າງໄດ້ພ້ອມກັນ)
りょうりつ

▶ 結婚しても仕事は続けて、家事と仕事を両立させるつもりです。
けっこん　　　　しごと　つづ　　　　かじ　しごと　りょうりつ

(विवाह गरेपनि काम जारी गर्छु र घरव्यवहार र कामकाज दुवैमा सामञ्जस्य गर्ने विचार छ।／ខ្ញុំមានគម្រោងបន្ត ធ្វើការក្រោយពេលរៀបការរួច ហើយខ្ញុំនឹងធ្វើការទាំងការងារផ្ទះនិងការងារខាងក្រៅអោយបានស្មើ។／ ເຖິງວ່າແຕ່ງງານ, ແຕ່ກໍຕັ້ງໃຈສືບຕໍ່ເຮັດວຽກແລະຈະເຮັດທັງວຽກເຮືອນແລະວຽກປະຈຳຢູ່ກັນ.)

❼ □ 添える (सोएरु) (संलग्न गर्नु／ភ្ជាប់ជាមួយ, អមជាមួយ／ ປະດັບ, ເພີ່ມເຕີມ, ເສີມ, ຕິດໃສ່ນຳ)
そ

▶ プレゼントには、カードも添えるといいと思うよ。
　　　　　　　　　　　　　　　　　　　　　　おも

(उपहारमा कार्ड पनि संलग्न गरिमा राम्रो हुन्छ जस्तो लाग्छ।／ខ្ញុំគិតគួភ្ជាប់កាតជូនពរជាមួយនឹងអំណោយ ជាការល្អ។／ຄິດວ່າດີໄດ້, ຖ້າຕິດບັດໃສ່ຂອງຂວັນນຳ.)

❽ □ ひっつける (हित्सुके～／ភ្ជាប់／ติด, ปะติด, แปะติด)

❾ □ 🈂ひっつく (हित्सिकु／ជាប់ជាមួយ／ยึด, ติด, เกาะ)

▶ 服に何かが引っ付いてる。
ふく　なに　　　ひ　つ

(लुगामा के हो के हित्सिएको छ।／មានអ្វីមួយជាប់ជាមួយនឹងខោអាវ។／ມີຫຍັງຕິດເຄື່ອງນຸ່ງ.)

❿ □ 密接(な) (मिस्सेत्सु／घनिष्ठ／ជិតស្និទ្ធ／ໃກ້ຊິດ, ຕັ້ງຢູ່ຕິດໆກັນ)
みっせつ

▶ 病気は、食生活や生活習慣と密接な関係があります。
びょうき　　しょくせいかつ　せいかつしゅうかん　みっせつ　かんけい

(रोगलाई खाना खानपिन तथा दैनिक जीवनका आनीबानी विचमा घनिष्ठ सम्बन्ध रहेको हुन्छ।／ជម្ងឺមានទំនាក់ទំនងជិត តស្និទ្ធនឹងការបរិភោគអាហារនិងទម្លាប់ក្នុងការរស់នៅ។／ໂລກພະຍາດແມ່ນກ່ຽວຂ້ອງຢ່າງໃກ້ຊິດກັບພຶດຕິ ກຳການກິນ ແລະການໃຊ້ຊີວິດ.)

⓫ □ 各種 (काकुशु／हरेक प्रकार／ប្រភេទផ្សេងៗ, គ្រប់ប្រភេទ／ ແຕ່ລະຊະນິດ, ຫຼາຍໆຢ່າງ, ຫຼາຍຊະນິດ)
かくしゅ

▶ 当店では、日本酒・ワイン・ビールなどを各種取り揃えております。
とうてん　　　にほんしゅ　　　　　　　　　　　　　　　と　そろ

(यस पसलमा निहोनस्यु, वाएन,बियर आदि हरेक प्रकारलाई जम्मा गरि तयार छ।／ ຫາງເຍີຍຂ້ອຍມານລກ່ຽວສຂຍເລົ່າ ສາຄຳທັງປາຍຜູ້ນິງສາຽເຽ່ນ ຽ່ນ ໄຖ່ອຽ／ ຮ້ານຂອງພວກເຮົາປະກອບມີເຫຼົ້າສາເກ, ເຫຼົ້າແວງ, ເບຍ, ແລະອື່ນໆຫຼາຍຊະນິດ.)

⓬ □ まちまち (मचिमचि／फरक-फरक／ផ្សេងៗ／ຕ່າງໆ, ແຕກຕ່າງໆກັນໄປ)

▶ 初めて作ったトマトの大きさはまちまちだったがおいしかった。
はじ　　つく　　　　　　　　　　おお

(पहिलो पटक फलाएको गोलभेँडाको आकार फरक-फरक भए पनि मिठो थियो।／ ផ្លែប៉េងប៉ោះដែលខ្ញុំបានដាំដាលើកដំបូងមានទំហំផ្សេងៗគ្នា ប៉ុន្តែមានរសជាតិឆ្ងាញ់។／ ໝາກເລັ່ນທີ່ຂ້ອຍປູກເປັນຄັ້ງທຳອິດມີຂະໜາດແຕກຕ່າງກັນ, ແຕ່ກໍແຊບຫຼາຍ.)

順序・プロセス 31
手続き 32
頻度 33
物の形・状態
増減・伸縮 35
二つ以上のものの関係 36
人 37
人と人 38
見る・見せる 39
わかる 40

❸ □ 対比(する) (तुलना (गर्नु)／ការប្រៀបធៀប／ປຽບທຽບ)

▷ この作品では、タイプの全く異なる二人の若者を対比して描いている。

(यस रचनामा अत्यन्त फरक स्वभावका दुइ नवजवानलाई तुलना गरि देखाइएको छ ।／
ស្នាដៃនេះបានសរសេរប្រៀបធៀបអំពីយុវវ័យពីរនាក់ដែលមានចរិតលក្ខណៈផ្សេងគ្នាទាំងស្រុង។／
ຫນັງນີ້ໄດ້ແຕ້ມອອກມາເພື່ອເປັນການສົມທຽບຄວາມແຕກຕ່າງຢ່າງໆລາຍໃຕ2ຂອງໄວຫນຸ່ມສອງຄົນ.)

❹ □ 比率 (अनुपात／អត្រា, សមាមាត្រ／ອັດຕາສ່ວນ)

▶ 参加者の男女の比率は、3：7だった。

(सहभागी पुरुष महिलाको अनुपात 3:7 थियो ।／អត្រាបុរសនារីនៃអ្នកចូលរួមគឺ មានក្នុងចំណោម
មនុស្ស90មានបុរសពានាក់ និងនារីៗពានាក់។／ອັດຕາສ່ວນຂອງຜູ້ເຂົ້າຮ່ວມເພດຍງກັບເພດຍງແມ່ນ 3:7.)

❺ □ 対照的(な) (भिन्नतापूर्ण／विपरीत／ដែលផ្ទុយគ្នា, ដែលខុសគ្នា／ກົງກັນຂ້າມ)

▶ 姉と私は、対照的な性格だとよく言われます。

(दिदी र म विपरीत स्वभाव भएको भनि सबैले भन्छन् ।／គេច្រើននិយាយថាអត្តចរិតខ្ញុំនិងបងស្រីខ្ញុំផ្ទុយគ្នា។
／ເອື້ອຍແລະຂ້ອຍມັກຈະຖືກເວົ້າວ່າມີໃສລັກກົງກັນຂ້າມກັນ.)

❻ □ 対照(する) (भिन्न／विपरित अवस्था (हुनु)／ភាពផ្ទុយគ្នា, ភាពខុសគ្នា／
ສົມທຽບ, ກົງກັນຂ້າມ)

▷ 対照言語学 (व्यतिरेकी भाषाविज्ञान／ភាសាវិទ្យាប្រៀបធៀប／ພາສາສາດທີ່ກົງກັນຂ້າມ)

❼ □ 類似(する) (समानता／मिल्दोपन／सादृश्य (हुनु)／ភាពដូចគ្នា, ស្រដៀងគ្នា／
ຄ້າຍຄືກັນ)

▶ 類似品がいろいろ出ていますが、品質はどれもよくありません。

(नकली बस्तु अनेक निस्किएको छ तर गुणस्तर भने कुनैपनि रामो छैन ।／ផលិតផលស្រដៀងគ្នាបានចេញលក់
ជាច្រើន ប៉ុន្តែគ្មានមួយណាមានគុណភាពល្អ។／ມີຜະລິດຕະພັນທີ່ຄ້າຍຄືກັບອອກມາຫຼາຍ, ແຕ່
ຄຸນນະພາບໃຕໃດກໍບໍ່ດີ.)

1
43

❽ □ 混同(する) (छ्यासमिस／गडबड (हुनु)／ការលាយឡំ, ភាពច្របូកច្របល់／
ປົນກັນ, ສັບສົນ, ແຍກບໍ່ອອກ)

▷ 公私混同

(व्यक्तिगत र सार्वजनिकताको छ्यासमिस／ការលាយឡំចូលគ្នារវាងបញ្ហាផ្ទាល់ខ្លួននិងការងារ／
ແຍກບໍ່ອອກລະຫວ່າງໆເລື່ອງສ່ວນລວມແລະສ່ວນໂຕ)

▶ これ、商品名がうちのと似ているから、混同されないか、心配ですね。

(यो मालको नाम हाम्रोसँग मिल्दोहुनाले छ्यासमिस हुन्छ कि भनि चिन्ता लाग्छ ।／
ខ្ញុំបារម្ភថាផលិតផលនេះត្រូវលាយឡំចូលគ្នាដោយសារ ផលិតផលនេះមានឈ្មោះស្រដៀងនឹង
ផលិតផលរបស់យើង។／ຂ້ອຍເປັນຫ່ວງວ່າຜະລິດຕະພັນນີ້ແມ່ນຄ້າຍຄືກັບຂອງເຮົາ, ດັ່ງນັ້ນຈຶ່ງກົວວ່າຂ້ອຍຈະສັບສົນ.)

⑲ ☐ 食い違い (मतभेद / असेल／ភាពខុសគ្នា, ភាពផ្សេងគ្នា／ຄວາມແຕກຕ່າງກັນ, ການບໍ່ສ່ວນລອຍກັນ) **動 食い違う**

▶ 二人の発言には、いくつか食い違いがあった。

(दुइजनाको भनाइमा केहि असेल थियो ।／ការនិយាយរបស់គាត់ទាំងពីរនោះក៏មានចំណុចខុសគ្នាមួយចំនួន។／ມີຄວາມແຕກຕ່າງບາງຢ່າງລະຫວ່າງການອອກຄໍາເຫັນຂອງເຂົາທັງຄູ່.)

⑳ ☐ ずれ (अन्तराल / मतभेद／ចន្លោះ, គម្លាត／ຄວາມຫ່າງກັນ, ຄວາມແຕກຕ່າງ) **動 ずれる**

▶ 今の政府は、言っていることとやっていることにずれがある。

(अहिलेको सरकारको बोल्ने र गर्ने कुरामा अन्तराल छ ।／រដ្ឋាភិបាលនៃអ្វីដែលរដ្ឋាភិបាលបច្ចុប្បន្ននិយាយ និងអ្វីដែលកំពុងធ្វើ។／ມີຄວາມແຕກຕ່າງກັນລະຫວ່າງສິ່ງທີ່ເວົ້າແລະສິ່ງທີ່ປະຕິບັດຂອງລັດຖະບານປະຈຸບັນ.)

㉑ ☐ 誤差 (फरक / बेमेल／កំហុស／ຜິດຕ່າງ (ຈາກການຄິດໄລ່), ຄວາມຜິດດ່ຽງ)

▶ 多少の誤差は気にしないで結構です。

(केहिहदसम्मको बेमेललाई मतलब नराखेपनि हुन्छ ।／កុំខ្វល់ខ្វាយពីកំហុសបន្តិចបន្តួចអើយ។／ຢ່າໃສ່ໃຈກັບຄວາມຜິດດ່ຽງເລັກນ້ອຍ.)

㉒ ☐ 一致(する) (एकसाथ / सहमत (हुनु) / मिल्नु／ត្រូវគ្នា／ກົງກັນ)

▷ 意見が一致する

(विचारमा सहमती हुनु／គំនិតត្រូវគ្នា／ຄໍາເຫັນກົງກັນ)

▶ 〈パーティーで〉何人か会ったことがあるけど、顔と名前が一致しない。

(〈पार्टीमा〉 कतिजनालाई भेटेको त छु तर नाम र अनुहार एकैसाथ सम्झन सकिन ।／(នៅឯពិធីជប់លៀង) ខ្ញុំបានជួបមនុស្សប៉ុន្មាននាក់ដែរ ប៉ុន្តែមុខនិងឈ្មោះមិនត្រូវៗ។／(ໃນງານລ້ຽງ) ເຄີຍພົບກັບບາງຄົນ, ແຕ່ໜ້າແລະຊື່ບໍ່ກົງກັນ.)

㉓ ☐ 合致(する) (मेल (खानु) / समान (हुनु) / मिल्नु／ភាពត្រូវគ្នា, ការព្រមព្រៀងគ្នា／ກົງກັນ)

▷ 両社の意向が合致し、業務提携をすることとなった。

(दुबै कम्पनीको मत मेलखाएकोले कारोबारमा सहकारिता हुने भयो ।／គំនិតរបស់ក្រុមហ៊ុនទាំងពីរត្រូវបាន ព្រមព្រៀងគ្នា ហើយយល់ព្រមសម្រេចចិត្តធ្វើការសហការការងារជាមួយគ្នា។／ຄວາມຕ້ອງການຂອງທັງສອງ ບໍລິສັດກົງກັນ, ແລະພວກເຂົາໄດ້ຕັດສິນໃຈຮ່ວມມືກັນດ້ານທາງທຸລະກິດ.)

㉔ ☐ 同一 (एकै / सोही／ដូចគ្នា, ដដែល, តែមួយ／ຄືກັນ, ອັນດ່ຽວກັນ, ເທົ່າຫຼາມກັນ)

▷ 同一の犯人(同一犯)

(एकै अपराधी (एउटै अपराधी)／ឧក្រិដ្ឋជនតែមួយ／ຄົນຮ້າຍຜູ້ດ່ຽວກັນ (ອາຊະຍາກາຳດ່ຽວກັນ))

▶ 申込者と使用者が同一の場合も、それぞれにご記入ください。

(आवेदक र प्रयोक्ता एकैव्यक्तिको खण्डमा पनि हरेकमा बेग्लाबेग्लै उल्लेख गर्नुहोस् ।／ករណីអ្នកស្នើរសុំនិងអ្នកប្រើប្រាស់ដូចគ្នាដែរនោះ សូមសរសេរនៅផ្នែកវៀងៗ។／ກະລຸນາຕື່ມຂໍ້ມູນໃສ່ແຕ່ລະບ່ອນ, ເຖິງແມ່ນວ່າຜູ້ສະໝັກແລະຜູ້ໃຊ້ແມ່ນບຸກຄົນດ່ຽວກັນ,)

順序・プロセス 31
手続き 32
頻度 33
物の形・状態
増減・伸縮 35
二つ以上のものの関係 36
人 37
人と人 38
見る・見せる 39
わかる 40

㉕ □ **対等(な)** (बराबर／សមភាព, ភាពស្មើគ្នា／ເທົ່າທຽມກັນ)

▷ 対等な関係 (बराबरीको सम्बन्ध／ទំនាក់ទំនងស្មើភាពគ្នា／ຄວາມສຳພັນເທົ່າທຽມກັນ)

▶ 私たちはパートナーとして対等の関係です。

(पार्टनरको रूपमा हामीहरू बिच बराबरीको सम्बन्ध छ।／ពួកយើងមានទំនាក់ទំនងស្មើភាពគ្នាក្នុងនាមជាដៃគូរ។／ພວກເຮົາເປັນຫຸ້ນສ່ວນທີ່ມີຄວາມສຳພັນເທົ່າທຽມກັນ)

㉖ □ **格差** (अन्तराल／अन्तर／ភាពមិនស្មើគ្នា／ຊ່ອງວ່າງ, ຄວາມແຕກຕ່າງ)

▷ 男女の格差、一票の格差

(लैंगिक असमानता／मतको असमानता／ភាពមិនស្មើគ្នារវាងបុរសនិងនារី, ភាពមិនស្មើគ្នានៃឥទ្ធិពលសន្លឹកឆ្នោត(ការបោះឆ្នោត)／ຄວາມແຕກຕ່າງທາງເພດ, ຕ່າງກັບໜຶ່ງຄະແນນສຽງ)

▷ 競争社会では、このような経済的な格差が生まれる。

(प्रतिस्पर्धाको समाजमा यस किसिमको आर्थिक अन्तरालको सृजना हुन्छ।／ភាពមិនស្មើគ្នានៃផ្នែកសេដ្ឋកិច្ចបែបនេះ កើតមានឡើងនៅក្នុងសង្គមប្រកួតប្រជែង ។／ໃນສັງຄົມທີ່ມີການແຂ່ງຂັນ, ຄວາມແຕກຕ່າງທາງດ້ານເສດຖະກິດແບບນີ້ກໍເກີດຂຶ້ນ.)

㉗ □ **より** (भन्दा／ជាង／ຍິ່ງຂຶ້ນໄປອີກ, ກວ່າເກົ່າ)

▷ 〈PR文〉今後も、ご利用の皆様のため、より良いサービスを目指します。

(〈PRको वाक्यांश〉 प्रयोग गरिरहनुहुने महानुभावहरूका लागि अझ गुणस्तरिय सेवामा लागि पर्नेछौं／(ឃ្លាឃោសនាផលិតផលជាដើម) យើងខ្ញុំនឹងប្រឹងប្រែងដើម្បីផ្តល់សេវាកម្មល្អមានគុណភាពជាងសម្រាប់អ្នកប្រើប្រាស់ទាំងអស់ នៅពេលក្រោយៗទៀត។／<ປະໂຫຍກໂຄສະນາ> ເພື່ອຜູ້ຊົມໃຊ້ທຸກທ່ານ, ພວກເຮົາຈະມຸ່ງສູ່ເປົ້າໝາຍການບໍລິການທີ່ດີກວ່າເກົ່າ.)

㉘ □ **断然** (अत्यन्त／धेरै नाप्ने／យ៉ាងពិតប្រាកដ／ຊັດເຈນ, ແບ່ນອນ)

▷ 他に比べて断然安い

(अन्यको तुलनामा अत्यन्त सस्तो／ថោកជាងយ៉ាងពិតមែនបើប្រៀបធៀបនឹងរបស់ផ្សេង／ຖຶກກັບບ່ອນອຶ່ນແລ້ວຖືກວ່າແບ່ນອນ)

▶ ネットで注文したほうが断然お得ですよ。

(इन्टरनेटबाट अर्डर गर्नमा अत्यन्त फाइदा हुन्छ।／កុម្ម៉ង់ទិញតាមអ៊ីនធឺណិតថោកជាងយ៉ាងពិតប្រាកដ។／ສັ່ງຊອງໄລນ໌ຄຸ້ມກວ່າແບ່ນອນໄດ້.)

㉙ □ **均衡(する)** (सन्तुलन (गर्नु)／លំនឹង, តុល្យភាព／ດຸ່ນດ່ຽງ, ສົມດຸນ) 同 バランス

▷ 均衡が崩れる (सन्तुलनविग्रिनु／បាត់លំនឹង／ຂູນເສຍຄວາມດຸ່ນດ່ຽວ.)

▷ 現在は、二つの勢力が均衡を保っている。

(हाल दुइ शक्ति सन्तुलमा रहेको अवस्था छ।／បច្ចុប្បន្ននេះ កម្លាំងទាំងពីរកំពុងរក្សាលំនឹង។／ປະຈຸບັນ, ຍັງຮັກສາຄວາມດຸ່ນດ່ຽງຂອງສອງກຳລັງ.)

㉚ □ 調和(する) ちょうわ (तालमेल / सामञ्जस्य (गर्नु)／ភាពចុះសម្រុងគ្នា, ភាពស៊ីសង្វាក់គ្នា／ກົມກືນ, ເຂົ້າກັນໄດ້ດີ, ປະສົມປະສານ)

▶ 古いものと新しいものが調和した見事なデザインですね。

(नयाँ बस्तु र पुरानो बस्तुको सामञ्जस्य मिलेको उत्कृष्ट डिजाइन छ हगि ।／នេះគឺជាម៉ូតដ៏អស្ចារ្យដែលបានរបស់ចាស់និងរបស់ថ្មីបានចុះសម្រុងនឹងគ្នា។／ເປັນການອອກແບບທີ່ໄດ້ປະສົມປະສານຄວາມເກົ່າແລະໃໝ່ໄດ້ຢ່າງງົດງາມ.)

㉛ □ 連携(する) れんけい (समन्वय (गर्नु)／ការសហការ／ຮ່ວມມື)

▶ スタッフ同士でうまく連携して、準備にあたってください。

(कर्मचारी बिचमा राम्रो समन्वय गरेर तयारी गर्नुहोस् ।／សូមរៀបចំដោយសហការរវាងបុគ្គលិកដូចគ្នាអោយបានល្អ។／ກະລຸນາຮ່ວມມືກັນເປັນຢ່າງດີລະຫວ່າງພະນັກງານເພື່ອກະກຽມ.)

㉜ □ 連帯(する) れんたい (एकता (हुनु) / सम्युक्त／សាមគ្គីភាព／(ຄວາມຮັບຜິດຊອບ) ຮ່ວມກັນ)

▶ もちろん、失くした彼が悪いんだけど、３人で借りたものだから、ほかの人にも連帯責任がある。

(अवश्य नै हराउनु उसको गल्ती हो तर 3जनाले सापटलिएको हुनाले अरू दुइमा पनि सामूहिक दायित्व हुन्छ नि ।／គាត់ដែលជាអ្នកធ្វើបាត់ ពិតជាមានកំហុសមែន ប៉ុន្តែវារបស់ដែលយើងទាំងបីនាក់បានខ្ចី ដូច្នេះអ្នកផ្សេងទៀតក៏មានទំនួលខុសត្រូវរួមដែរ។／ແນ່ນອນ, ມັນແມ່ນຄວາມຜິດຂອງລາວທີ່ເຮັດເສຍ, ແຕ່ຍ້ອນທັງສາມຄົນໄດ້ຢືມມັນມາ, ຜູ້ອື່ນກໍ່ມີຄວາມຮັບຜິດຊອບຮ່ວມກັນເຊັ່ນກັນ.)

㉝ □ 共有(する) きょうゆう (साझेदारी (गर्नु)／ការចែករំលែក, កម្មសិទ្ធិរួម／ມີສ່ວນ, ຮ່ວມກັນ, ເປັນເຈົ້າຂອງຮ່ວມກັນ)

▷ 共有財産 (साझा सम्पत्ति／ទ្រព្យសម្បត្តិរួម／ຊັບສິນສ່ວນກາງ)

▷ この村では、いくつかの農家で、農業用の機械を共有している。

(यो गाउँमा कतिपय कृषक परिवारको बिचमा खेतीपाती मेसिनको साझेदारी भइरहेको छ ।／នៅក្នុងភូមិនេះ គ្រួសារកសិករមួយចំនួនបានចែករំលែកគ្នាប្រើគ្រឿងម៉ាស៊ីនសម្រាប់ការងារកសិកម្ម។／ໃນໝູ່ບ້ານນີ້ມີຊາວກະສິກອນຫຼາຍຄົນເປັນເຈົ້າຂອງເຄື່ອງຈັກກະສິກຳຮ່ວມກັນ)

㉞ □ 結合(する) けつごう (गाभ्ने (गर्नु) / जोड्नु／បញ្ចូលគ្នា, ផ្គួប, ផ្សំគ្នា, លាយគ្នា／ລວມກັນ, ເກາະກຸ່ມ, ປະສົມສົມທົບ, ລວມເຂົ້າກັນ)

▷ 分子と分子の結合

(अणु र अणु गाभिनु／ការរួមបញ្ចូលគ្នានៃម៉ូលេគុលនិងម៉ូលេគុល／ໂມລີກຸນກັບໂມລີກຸນລວມເຂົ້າກັນ)

▷ 項目を揃えて２つの表を結合した。

(विषय मिलाएर 2वटा आवरणलाई गाभियो ।／ខ្ញុំបានបញ្ចូលតារាងទាំងពីរជាមួយនឹងមាត្រាចូលគ្នា។／ໄດ້ຈັດວາງຫົວຂໍ້ແລ້ວລວມ2ຕາຕະລາງເຂົ້າກັນ)

順序・プロセス 31
手続き 32
頻度 33
物の形・状態
増減・伸縮 35
二つのものの関係 36
人 37
人と人 38
見る・見せる 39
わかる 40

㉟ □ 複合 (ふくごう) (संयुक्त / मिश्रण／សមាសជាតុ, ការផ្សំុគ្នា／ລວມກັນ)

▶ ここには飲食店や映画館などが入った複合施設ができるそうです。

(यहाँ भोजनालय तथा सिनेमाघर आदि राख्ने संयुक्त सुविधाको निर्माण हुने छ रे।／ខ្ញុំលឺថានឹងមានអគាររួមដែលមានហាងលក់ទំនិញនិងរោងភាពយន្តជាដើមនៅទីនេះ។／ໄດ້ຍິນວ່າຢູ່ບ່ອນນີ້ຈະມີການສ້າງອາຄານຮ່ວມອັນມີຄວາມສະດວກຫຼາຍຢ່າງເຊັ່ນປະກອບມີຮ້ານອາຫານ, ໂຮງຮັບງແລະອື່ນໆ)

㊱ □ 複合的(な) (ふくごうてき) (सम्मिश्रित／ដែលសុតស្មុគស្មាញ, ដែលផ្សំុគ្នា／ເຊິ່ງລວມກັນ, ເຊິ່ງປະກອບກັນ)

▷ これはそんなに単純なことではなく、複合的な要因によるものだ。

(यो चाहि सोचेको जस्तो सरल नभएर सम्मिश्रित कारणहरूले गर्दा भएको हो।／វាមិនមែនជារឿងធម្មតានោះទេវាជារឿងដែលមានមូលហេតុសុតស្មុគស្មាញ។／ນີ້ບໍ່ແມ່ນເລື່ອງງ່າຍດາຍດາຍປານນັ້ນ, ເປັນສິ່ງທີ່ມີສາເຫດມາຈາກຫຼາຍຢ່າງປະກອບກັນ.)

㊲ □ 総合(する) (そうごう) (संश्लेषण (गर्नु) / समग्र／ការរួមបញ្ចូលគ្នា, សរុប／ລວມທັງໝົດ, ປະກອບດ້ວຍຫຼາຍພ້າງສ່ວນ)

▷ 総合成績 (せいせき) (समग्र प्रासाङ्गिक／លទ្ធផលសរុប／ຄະແນນລວມ)

㊳ □ 統合(する) (とうごう) (एकबद्ध / एकीकरण (गर्नु)／សមាហរណកម្ម, ការរួមបញ្ចូលគ្នា／ລວມເຂົ້າກັນ, ລວມເປັນອັນໜຶ່ງອັນດຽວ)

▷ 子供の数が減って、3つあった小学校が1つに統合された。

(बालबालिकाको सङ्ख्या घटेकोले 3वटा प्राथमिक विद्यालयलाई 1वटामा गाभियो।／ សាលាបឋមសិក្សាពីរបានរួមបញ្ចូលគ្នាតែមួយដោយសារចំនួនកុមាងថយចុះ។／ຈຳນວນເດັກນ້ອຍໄດ້ຫຼຸດລົງແລະໂຮງຮຽນປະຖົມສາມແຫ່ງໄດ້ຖືກລວມເຂົ້າກັນເປັນອັນດຽວ.)

㊴ □ 融合(する) (ゆうごう) (संयोजन (गर्नु)／ការលាយបញ្ចូលគ្នា／ປະສົມ, ຫຼອມລວມ)

▷ いろいろな文化が融合して、これらの料理が生まれた。

(विभिन्न संस्कृतिहरूको संयोजनबाट यो परिकारको जन्म भएको हो।／មូបទាំងអស់នេះបានកើតឡើងដោយសារការលាយបញ្ចូលគ្នារវាងវប្បធម៌ផ្សេងៗ។／ອາຫານເຫຼົ່ານີ້ເກີດຈາກການປະສົມຂອງວັດທະນະທຳຕ່າງໆ.)

㊵ □ 合成(する) (ごうせい) (संयुक्त (गर्नु) / जोड्नु／សមាសភាព, ការរួមបញ្ចូលគ្នា, សំយោគ／ປະສົມ, ປະສົມປະສານ, ປະກອບຂຶ້ນຈາກຂອງສິ່ງ)

▷ 合成洗剤 (せんざい) 、写真 (しゃしん) を合成する

(कृत्रिम डिटर्जेन्ट, केरालाबेसेँ तस्वीरलाई जोड्नु／សាប៊ូសំយោគ, ការកែថៃបញ្ចូលរូបថត／ແຟບສັງເຄາະ, ແຕ່ງຮູບ)

人
ひと
(मान्छे / व्यक्ति／មនុស្ស／ຄົນ)

❶ □ **社会人**
しゃかいじん
(काम गरेर खाने वयस्क／មនុស្សពេញវ័យដែលចូលរួមប្រឡូកក្នុងសង្គម
ຄົນທີ່ເຮັດວຽກແລ້ວ, ຄົນໃນສັງຄົມ)

★学生に対して、社会に出て働いている人。
विद्यार्थीको विपरितार्थक शब्द, समाजमा काम गरिरहेका व्यक्ति／សំដៅទៅលើអ្នកដែលចេញធ្វើការនៅក្នុង
សង្គម ដែលផ្ទុយពីសិស្ស។／ໃຊ້ສຳລັບນັກສຶກສາ, ໝາຍເຖິງຄົນທີ່ເຮັດວຽກຢູ່ໃນສັງຄົມ.

❷ □ **配偶者**
はいぐうしゃ
(पति वा पत्नी／គូស្វាមីភរិយា／ຄູ່ຜົວເມຍ, ຜົວ, ເມຍ)

★税務関係などの用語。
कर–कार्यालय आदिमा प्रयोग हुने शब्द／វាក្យសព្ទសម្រាប់ប្រើទាក់ទងនឹងការងារពន្ធជាដើម។／
ຄຳສັບສະເພາະທີ່ກ່ຽວຂ້ອງກັບວຽກພາສີແລະອື່ນໆ

❸ □ **婦人**
ふじん
(भद्र महिला／ស្ត្រី, នារី／ແມ່ຍິງ, ສຸພາບສະຕຣີ)

▷ 婦人科、婦人服
か ふく
(स्त्री रोग विभाग, महिलाको पहिरन／ផ្នែករោគស្ត្រី, សម្លៀកបំពាក់នារី／
ພະແນກພະຍາດຍິງ, ເຄື່ອງນຸ່ງແມ່ຍິງ)

❹ □ **若手**
わかて
(नौजवान／យុវវ័យ, មនុស្សក្មេង／ຂາວໜຸ່ມ)

▶ 最近、若手もだんだん力をつけてきた。
さいきん ちから
(आजकल नौजवानले पनि बिस्तार बिस्तार सामर्थ्य बढाउँदै आएकाछन्।／ថ្មីៗនេះ មនុស្សក្មេងៗបានចាប់ផ្ដើម
ខ្លាំងបន្តិចម្ដងៗ។／ໄລຍະນີ້, ຂາວໜຸ່ມເລີ່ມສ້າງຄວາມເຂັ້ມແຂງຂຶ້ນເລື້ອຍໆ.)

❺ □ **常連**
じょうれん
(नियमित ग्राहक／ម្ចាស់, ភ្ញៀវជាប្រចាំ／ຂາປະຈຳ, ລູກຄ້າປະຈຳ, ຄົນທີ່ໄປໃຊ
ມາໃສ່ນຳກັນເລື້ອຍໆ)

▷ カウンター席には、店の常連らしき人が座っていた。
せき みせ ひと すわ
(काउन्टरको सिटमा पसलको नियमित ग्राहक जस्तो देखिने मान्छे बसिरहेको थियो।／
មានអ្នកដែលមើលទៅដូចជាភ្ញៀវជាប្រចាំបានអង្គុយនៅកន្លែងកៅអីបញ្ជា។／
ຄົນທີ່ເບິ່ງຄືຂາປະຈຳຂອງຮ້ານນັ່ງຢູ່ບ່ອນບ່ຽງເຄົາເຕີ້.)

❻ □ **観衆**
かんしゅう
(दर्शक／អ្នកទស្សនា, អ្នកមើល／ຜູ້ຊົມ)

▷ 大観衆
だい
(विशाल सङ्ख्याका दर्शक／អ្នកទស្សនាដ៏ច្រើន／ຜູ້ຊົມຈຳນວນຫຼວງຫຼາຍ)

▷ 優勝パレードには、約20万人もの観衆が集まった。
ゆうしょう やく まんにん あつ
(विजययात्रामा लगभग 2 लाख जति विशाल सङ्ख्याका दर्शकहरू भेला भए।／
មានអ្នកទស្សនាដល់ទៅជិត២០ម៉ឺននាក់បានប្រមូលផ្តុំគ្នានៅក្នុងការដង្ហែរក្បួនជ័យជម្នះ។／
ມີຜູ້ຊົມເຖິງປະມານ 200,000 ຄົນໄດ້ເຕົ້າໂຮມກັນທີ່ຂະບວນແຫ່ໄຊຊະນະ.)

順序・プロセス 31
手続き 32
頻度 33
物の形・状態 34
増減・伸縮 35
二つ以上のものの関係 36
人 37
人と人 38
見る・見せる 39
わかる 40

❼ □ 当人 (कुनै व्यक्ति स्वयम्／អ្នកពាក់ព័ន្ធ／ເຈົ້າໂຕ, ຜູ້ກ່ຽວ)　　　同 本人
とうにん　　　　　　　　　　　　　　　　　　　　　　　　　　　　　　　　　　ほんにん

▶ あとは当人同士で話し合えばいいでしょう。
　　どうし　　　はな　あ

(अब उनिहरू आपसमा मिलेर कुराकानी गरेमा राम्रो होला।／បន្ទាប់មក អ្នកពាក់ព័ន្ធទាំងអស់គួរនិយាយ
ពិភាក្សាគ្នា។／ສ່ວນທີ່ເຫຼືອແມ່ນໃຫ້ລົມກັນລະຫວ່າງໆເຈົ້າໂຕກໍ່ໄດ້ແລ້ວເນາະ.)

❽ □ 別人 (बेग्लै मान्छे／មនុស្សផ្សេង／ຄົນລະຄົນກັນ)
べつじん

▶ その人に会ったけど、彼とは別人だった。
　　　　ひと　あ　　　　　　かれ

(त्यो मान्छेलाई भेटें तर उ नभएर अर्कै मान्छे थियो।／ខ្ញុំបានជួបបុគ្គលនោះ ប៉ុន្តែជាមនុស្សផ្សេង មិនមែនជា
គាត់ទេ។／ຂ້ອຍໄດ້ພົບກັບຜູ້ນັ້ນແລ້ວ, ແຕ່ລາວແມ່ນຄົນລະຄົນ.)

❾ □ 先方 (कुनै विषयको अर्कोपक्ष／ភាគីម្ខាងទៀត／ອີກຝ່າຍ, ຝ່າຍນັ້ນ)
せんぽう

▶ まず、先方の都合を聞いてみましょう。
　　　　　せんぽう　つごう　き

(सर्वप्रथम, अर्कोपक्षको अनुकूलता कस्तो छ सोधिहेरौँ।／គោះ សាកសួរពីកាលវិភាគរបស់ភាគីម្ខាងទៀតៗ／
ກ່ອນອື່ນໝົດ, ລອງຖາມຄວາມສະດວກຂອງຝ່າຍນັ້ນກັນເທາະ.)

❿ □ 先人 (पूर्वज／បុព្វបុរស,ដូនតា, អ្នកមុន／ຊະໄພກ່ອນ, ບັນພະບຸລຸດ)
せんじん

▷ 先人たちの知恵に改めて驚かされた。
　　　　　　ち え　あらた　　おどろ

(पूर्वजहरूको ज्ञानबुद्धिप्रति फेरि पनि चकित भइयो।／ខ្ញុំមានការភ្ញាក់ផ្អើលម្តងទៀតដោយសារគតិបណ្ឌិត
របស់បុព្វបុរសទាំងឡាយៗ／ຂ້ອຍຮູ້ສຶກດົກໃຈອີກເທື່ອໜຶ່ງກັບພູມປັນຍາຂອງບັນດາຄົນຊະໄພກ່ອນ.)

⓫ □ 偉人 (महान् व्यक्ति／មនុស្សអស្ចារ្យ／ວິລະບຸລຸດ)
いじん

▶ これは、世界の偉人の言葉を集めた本です。
　　　　　せかい　　いじん　ことば　あつ　　ほん

(यो संसारभरका महान् व्यक्तिहरूको वाणी सङ्कलन गरेको पुस्तक हो।／នេះគឺជាសៀវភៅដែលប្រមូលផ្តុំនូវ
ពាក្យរបស់មនុស្សអស្ចារ្យនានាលើពិភពលោកៗ／ນີ້ແມ່ນປຶ້ມທີ່ຮວບຮວມເອົາຄຳເວົ້າຂອງວິລະບຸລຸດຂອງໂລກ.)

⓬ □ 凡人 (सामान्य व्यक्ति／មនុស្សធម្មតា／ຄົນທຳມະດາ, ຄົນທົ່ວໄປ)
ぼんじん

▶ 私たちみたいな凡人には、何が何だか、さっぱりわからない。
　わたし　　　　　ぼんじん　　　なに　なに

(हामीजस्ता सामान्य व्यक्तिलाई त के हो कसो हो केही थाहा हुदैन।／មនុស្សធម្មតាដូចជាពួកយើង មិនយល់
សោះថាអ្វីជាអ្វីៗ／ຄົນທຳມະດາຄືພວກເຮົາບໍ່ຮູ້ວ່າອັນໃດເປັນອັນໃດ.)

⓭ □ 一人前 (आफ्नो खुट्टामा उभिने व्यक्ति／आत्मनिर्भर／ស្រ្មាប់ម្នាក់, ដែលមាន
いちにんまえ 　　　　 សមត្ថភាពពេញលេញ／ເປັນຜູ້ໃຫຍ່, ບັນລຸຄວາມເປັນຜູ້ຊ່າຍ/ແໜ້ຍີ່ງເຕັມໂຕ)

▶ 一人前の料理人になるには、最低でも10年は修行を積まないと。
　いちにんまえ　りょうりにん　　　　　　さいてい　　　ねん　しゅぎょう　つ

(आत्मनिर्भर भान्से बन्नको लागि कम्तिमा पनि 10 वर्षको तालिम अनुभव नभएर हुदैन।／ដើម្បីក្លាយជាចុងភៅ
ដែលមានសមត្ថភាពពេញលេញម្នាក់ ត្រូវការហ្វឹកហាត់យ៉ាងហោចណាស់ក៏១០ឆ្នាំដែរៗ／
ເພື່ອກາຍເປັນພໍ່ຄົວຢ່າງເຕັມໂຕ, ຕ້ອງລະສົມການຝຶກແລະຝຶກເປັນຢ່າງໜ້ອຍ 10 ປີ.)

⓮ □ 著名（ちょめい）（गन्यमान्य / ප්‍රසිද්ධ / ដែលល្បីល្បាញ / ມີຊື່ສຽງ）

▷ 著名な学者（がくしゃ）（ප්‍රසිද්ධ විද්වාන් / អ្នកប្រាជ្ញដ៏ល្បីល្បាញ / ນັກວິຊາການທີ່ມີຊື່ສຽງ）

⓯ □ 自我（じが）（अहम् / घमण्ड / ස්වාභිමානපන / ខ្លួនឯង / ຕົນເອງ）

▶ 一般的（いっぱんてき）には思春期（ししゅんき）を経（へ）て、自我（じが）が確立（かくりつ）するといわれます。

（साधारणतया किशोरावस्था पारभएपछि स्वाभिमानपन स्थापित हुन्छ भनिन्छ । / ជាទូទៅ គេនិយាយថាក្រោយពេលឆ្លងកាត់ភាពពេញវ័យ នោះយើងនឹងស្គាល់អំពីខ្លួនយើង។ / ໂດຍທົ່ວໄປແລ້ວ, ຕົນເອງຈະຕັ້ງຫາງການທີ່ໝັ້ນຄົງໄດ້ຫຼັງຈາກເປັນໄວລຸ້ນ.）

⓰ □ 自己（じこ）（आफू / आत्म / ខ្លួន, ខ្លួនឯង / ຕົນເອງ）

▷ 自己分析（ぶんせき）、自己申告（しんこく）

（आत्मविश्लेषण, स्वघोषणा / ការវិភាគខ្លួនឯង, ការរាយការណ៍ដោយខ្លួនឯង / ການວິເຄາະຕົນເອງ, ລາຍ ງານຕົນເອງ）

▶ 危険（きけん）な場所（ばしょ）に自（みずか）ら行（い）く以上（いじょう）、自己責任（せきにん）が原則（げんそく）です。

（खतरनाक स्थलमा आफूखुशीमा जाने हो भने, साधारणतया आफ्नै जिम्मेवार हुनुपर्छ । / ដោយសារអ្នកទៅកន្លែង មានគ្រោះថ្នាក់ដោយខ្លួនឯង នោះអ្នកត្រូវទទួលខុសត្រូវដោយខ្លួនឯង ដែលនេះជាគោលការណ៍ដែល បានកំណត់។ / ຕາບໃດທີ່ເຈົ້າໄປຍ່ອນອັນຕະລາຍດ້ວຍຕົນເອງ, ໂດຍຫຼັກການຄວນຮັບຜິດຊອບຕົນເອງ.）

▶ あまりに間抜（まぬ）けな発言（はつげん）をしてしまい、自己嫌悪（けんお）に陥（おちい）りました。

（अति नै मूर्खतापूर्ण कुरागर्न पुगेकोले आफैंप्रति घृणाको भावनामा डुबें । / ខ្ញុំបានខ្លួនឯងដោយសារតែខ្ញុំបាន និយាយបែបឆ្កួតៗយ៉ាងនេះ។ / ຂ້ອຍໄດ້ເວົ້າໆສິ່ງໆຢ່າງໆທີ່ໂງ່ຈ້າຫຼາຍຈົນຕົກຢູ່ໃນສະພາບທີ່ຊັງຕົນເອງ.）

⓱ □ 個性（こせい）（व्यक्तित्व / បុគ្គលិកលក្ខណៈ:, អត្តចរិត / ລັກສະນະສະເພາະ）

▶ このスクールでは、子供（こども）の個性（こせい）を生（い）かした教育（きょういく）をしています。

（यस स्कुलमा बालबालिकाको व्यक्तित्व हेरेर शिक्षा दिइने गरिन्छ । / នៅសាលានេះ យើងអប់រំដោយផ្អែកទៅ បុគ្គលិកលក្ខណៈ:របស់កុមារ។ / ໂຮງຮຽນນີ້ໃຫ້ການສຶກສາໆໂດຍໃຊ້ປະໂຫຍດຈາກລັກສະນະສະເພາະຂອງເດັກ ນ້ອຍແຕ່ລະຄົນ.）

⓲ □ 個性的（な）（てき）（(अरूभन्दा) फरक / ដែលម្នែកពីគេ, ដែលមានតែម្នួយ / ລະເພາະບຸກຄົນ, ແຕ່ລະບຸກຄົນ）

⓳ □ 性別（せいべつ）（लिङ्ग / ភេទ / ເพด）

▶ この名前（なまえ）だけだと、性別（せいべつ）はわからない。

（यो नाम मात्रले त कुन लिङ्गको हो, थाहै हुँदैन । / បើមានតែឈ្មោះនេះ នោះមិនដឹងភេទទេ។ / ບໍ່ຮູ້ເพດໂດຍການເບິ່ງແຕ່ຊື່ນີ້.）

⓴ □ 胎児（たいじ）（भ्रूण / ตัก្ភ / ລູກໃນທ້ອง）

順序・プロセス 31
手続き 32
頻度 33
物の形・状態 34
増減・伸縮 35
二つ以上のものの関係 36
人 37
人と人 38
見る・見せる 39
わかる 40

㉑ ☐ **孤児**（こじ）(अनाथ／ក្មេងកំព្រា／ເดັກກຳພ້າ)

　▷ **孤児院**（こじいん）(अनाथालय／មណ្ឌលក្មេងកំព្រា／ສະຖານລ້ຽງເດັກກຳພ້າ)

㉒ ☐ **老いる**（おいる）(उमेर ढल्नु／ចាស់, ទៅជាចាស់／ເຖົ້າ, ຊະລາ)

　▶ **老いた母を一人で残すわけにはいかない。**（おいたははをひとりでのこす）

　　(उमेर ढलेको आमालाई एक्लै छोड्न त सकिदैन ।／ខ្ញុំមិនអាចទុកម្ដាយខ្ញុំដែលមានវ័យចំណាស់ចោល
　　តែម្នាក់ឯងបានទេ។／ຂ້ອຍບໍ່ສາມາດປະແມ່ທີ່ເຖົ້າແລ້ວຢູ່ຄົນດຽວ.)

㉓ ☐ **還暦**（かんれき）(60 वर्षको जन्मदिन／ខួបកំណើតៃ៦០ឆ្នាំ／ອາຍຸ60 ປີ)

　▷ **還暦祝い**（かんれきいわい）(६० औँ वर्षको उत्सव／ការរំលែកសាទរខួបកំណើត ៦០ ឆ្នាំ／ສະຫຼອງວັນເກີດຄົບຮອບ 60 ປີ)

　★**生まれてから60年たったこと。**（うまれてから60ねん）
　जन्मबाट 60 वर्ष पुगेको।／យេ:ពេល៦០ឆ្នាំបន្ទាប់ពីកើតមក។／ໝາຍເຖິງ60 ປີໄດ້ຜ່ານໄປນັບຕັ້ງແຕ່ເກີດ.

㉔ ☐ **晩年**（ばんねん）(जीवनको अन्तिरत, जीवितदुइक्राय／ជីវិតដុងក្រោយ, ពេលដុងក្រោយនៃជីវិត／ບັ້ນປາຍຊີວິດ)

　▶ **晩年は故郷で過ごしたいと、父はずっと言っていました。**（ばんねんはこきょうですごしたいと、ちちはずっといっていました）

　　(बुबा उमेर ढलेपछि जन्मस्थानमा जीवन बिताउन चाहेको बारेमा भनिरहनुहुन्थ्यो ।／ឪពុកខ្ញុំតែងតែបាននិយាយ
　　ថា ចង់ចំណាយពេលដុងក្រោយនៃជីវិតនៅស្រុកកំណើត។／ພໍ່ຂອງຂ້ອຍເວົ້າຢູ່ສະເໝີວ່າຢາກໃຊ້ຊີວິດຢູ່
　　ບ້ານເກີດໃນບັ້ນປາຍຊີວິດ.)

㉕ ☐ **余生**（よせい）(बाँकी जीवन／យេ:ពេលជីវិតដែលសល់／ໄລຍະຊີວິດທີ່ເຫຼືອ)

㉖ ☐ **生涯**（しょうがい）(सारा जीवन / जीवनभर／ឆាកជីវិត／ຊີວິດ, ຊົ່ວຊີວິດ, ຕະຫຼອດຊີວິດ)

　▷ **彼は生涯にわたって、平和を訴え続けた。**（かれはしょうがいにわたって、へいわをうったえつづけた）

　　(उनले जीवनभर निरन्तर शान्तिको माग गरे।／គាត់បានបន្តអំពាវនាវរកសន្តិភាពយេ:ពេលពេញមួយជីវិត
　　របស់គាត់។／ລາວໄດ້ສືບຕໍ່ຮຽກຮ້ອງສັນຕິພາບຕະຫຼອດຊີວິດຂອງລາວ, .)

㉗ ☐ **身内**（みうち）(आफन्त / स्वजन／សាច់ញាតិ, ក្រុមគ្រួសារ／ພີ່ນ້ອງ, ຄອບຄົວ, ໝູ່ໃກ້ຊິດ, ຄົນໃນອົງກ້ອນດຽວກັນ)

　▶ **結婚式は身内だけで行うことにした。**（けっこんしきはみうちだけでおこなう）

　　(विवाह समारोह आफन्तहरू बिचमा मात्र हुने भयो।／ខ្ញុំបានសម្រេចចិត្តប្រារព្ធពិធីរៀបការជាមួយក្រុម
　　គ្រួសារប៉ុណ្ណោះ។／ພວກເຮົາຕັດສິນໃຈຈັດງານແຕ່ງງານພາຍໃນຄອບຄົວເທົ່ານັ້ນ.)

❷❽ □ 身元(みもと) (चिनारी / परिचय / सनाखत／អត្តសញ្ញាណ／ຮັດຕະລັກຂອງບຸກຄົນ, ປະຫວັດ)

▷ 身元保証人(みもとほしょうにん) (नाम ठेगाना आदि चिनारी／អ្នកធានា／ຜູ້ຄ້ຳປະກັນ)

▶〈ニュース〉けが人が出た模様(もよう)ですが、身元(みもと)はまだわかっていません。

（《समाचार》घाइतेहरू भएको अवस्था देखिन्छ तर तिनीहरूको पहिचान खुलेको छैन।／
(ពត៌មាន) មាក់ដូចជាមានអ្នករងរបួស ប៉ុន្តែមិនទាន់ស្គាល់អត្តសញ្ញាណនៅឡើយទេ។／
<ຂ່າວ> ປະກົດວ່າມີຄົນໄດ້ຮັບບາດເຈັບ, ແຕ່ຍັງບໍ່ຮັບຮູ້ປະຫວັດ.)

❷❾ □ 正体(しょうたい) (सही चिनारी／អត្តសញ្ញាណពិត／ເອກະລາກ, ລັກສະນະສະເພາະ, ສະຖາ ນະທີ່ແທ້ຈິງ)

▷ 正体不明(しょうたいふめい) (कुनैव्यक्तिकोसही चिनारी／មិនស្គាល់អត្តសញ្ញាណ／ບໍ່ສາມາດລະບຸໄດ້)

▶ 結局(けっきょく)、彼(かれ)は自分(じぶん)の正体(しょうたい)を明(あ)かさずに帰(かえ)った。

（आखिरमा, उसले आफ्नो सही चिनारी नदिइकन फर्क्यो।／ទីបំផុត គាត់បានត្រលប់ទៅវិញដោយមិនបាន
បង្ហាញអត្តសញ្ញាណពិតរបស់ខ្លួនឡើយ។／ໃນທີ່ສຸດ, ລາວກໍກັບເມືອໂດຍບໍ່ໄດ້ເປີດເຜີຍສະຖານະທີ່ແທ້ຈິງ
ຂອງຕົນເອງ.)

❸❶ □ 消息(しょうそく) (खबर / जानकारी / पत्ता／ដំណឹង, ពត៌មាន／ຂ່າວຄາວ, ການຕິດຕໍ່)

▶ 引退後(いんたいご)の彼女(かのじょ)の消息(しょうそく)は誰(だれ)も知(し)らない。

（कामबाट अवकाश भएपछि की महिलाको खबर कसैलाई थाहाछैन।／មិនមាននរណាម្នាក់ដឹងដំណឹងអំពីនាង
ក្រោយពេលនាងចូលនិវត្តន៍នោះទេ។／ບໍ່ມີໃຜຮູ້ຂ່າວຄາວຂອງຫຼ່ອນຈາກຫລ່ອງອອກຈາກວົງການ.)

▶ 漁船(ぎょせん)「さくら丸(まる)」が、15日(にちいこう)以降(いこう)、消息(しょうそく)を絶(た)っている。

（माछामार्ने पानी जहाज 'साकुरामारु'को १५ तारिखपछि कुनै पत्ता छैन।／ទូកនេសាទឈ្មោះ«សាគូរ៉ាម៉ារុ»បាន
បាត់ដំណឹងក្រោយថ្ងៃទី១៥មក។／ເຮືອຫາປາ "ຊາກຸຣະ ມາຣຸ" ຂາດການຕິດຕໍ່ຕັ້ງແຕ່ວັນທີ 15.)

❸❶ □ 身(み)の上(うえ) (व्यक्तिगत परिस्थिति / अवस्था／ជីវិតរបស់នរណាម្នាក់, រឿងរបស់
នរណាម្នាក់／ເລື່ອງສ່ວນໂຕ, ເລື່ອງຂອງຄົນໜຶ່ງຄົນ)

▷ 身(み)の上話(うえばなし)をする、不幸(ふこう)な身(み)の上(うえ)

（आफ्नो परिस्थितिको बारेमा बताउनु, दुखत परिस्थिति／និយាយរឿងជីវិតរបស់ខ្លួន, រឿងអកុសល／
ເວົ້າເຖິງກັບຊີວິດສ່ວນໂຕ, ຄວາມໂຊກຮ້າຍຂອງຄົນໜຶ່ງຄົນ)

▶ 彼女(かのじょ)の身(み)の上(うえ)に何(なに)があったのか、誰(だれ)も知(し)らなかった。

（ती महिलालाई के परिस्थिति आइलागेको थो, कसैलाई थाहाभएन।／គ្មាននរណាម្នាក់បានដឹងថាមានជីវិតនាង
មានអ្វីកើតឡើងនោះទេ។／ບໍ່ມີໃຜຮູ້ວ່າເກີດຫຍັງຂຶ້ນກັບລາວ.)

❸❷ □ 運命(うんめい) (भाग्य / कर्म／ព្រហ្មលិខិត, វាសនា／ວາດສະໜາ)

❸❸ □ 運命的(うんめいてき)(な) (भाग्यमा लेखे अनुसार／ព្រហ្មលិខិត, វាសនា／ດ້ວຍວາດສະໜາ, ດ້ວຍໂຊກຊະຕາ)

▷ その後(ご)、二人(ふたり)は運命的(うんめいてき)な出会(であ)いをした。

（त्यसपछि, दुबैको भाग्यमा लेखे अनुसार भेट हुनपुग्यो।／ក្រោយមក ពួកគេទាំងពីរនាក់បានជួបគ្នាដោយសារ
ព្រហ្មលិខិត។／ຫຼັງຈາກນັ້ນ, ທັງສອງໄດ້ພົບກັນດ້ວຍວາດສະໜາ.)

1
46
順序・プロセス 31
手続き 32
頻度 33
物の形・状態
増減・伸縮 35
二つ以上のものの関係 36
人 37
人と人 38
見る・見せる 39
わかる 40

UNIT 38

人と人
ひと
(व्यक्ति र व्यक्ति／មនុស្សនិងមនុស្ស／ຄົນແລະຄົນ)

❶ □ 交際(する) ((प्रेम) सम्बन्ध, आदान-प्रदान (गर्नु)／ការទំនាក់ទំនងស្នេហា／ຄົບຫາ, ເຂົ້າສັງຄົມ, ມີສຳພັນໄມຕີ)

▷ 交際費
こうさいひ
(सामाजिक खर्च／ចំណាយលើការរកប្រាក់／ຄ່າໃຊ້ຈ່າຍໃນການເຂົ້າສັງຄົມ)

▶ 二人は大学卒業後に交際を始めました。
ふたり　だいがくそつぎょうご　こうさい　はじ
(दुइजनाले विश्वविद्यालयको पढाइ पुरा गरेपछि (प्रेम) सम्बन्ध सुरु गरे ।／ពួកគេទាំងពីរបានចាប់ផ្ដើមទំនាក់ទំនងស្នេហាក្រោយពេលបញ្ចប់ការសិក្សានៅសាកលវិទ្យាល័យ។／ທັງສອງເລີ່ມຄົບຫາກັນຫຼັງຈາກຮຽນຈົບມະຫາວິທະຍາໄລ.)

❷ □ 浮気(する) (व्यभिचार (गर्नु)／ការជិតក្បត់／ນອກໃຈ, ມີຊູ້)
うわき

▶ もし彼がほかの女性と浮気したら、即、離婚します。
かれ　じょせい　うわき　そく　りこん
(यदि उसले अन्य महिलासँग व्यभिचार गरेमा तुरुन्त पारपाचुके गर्छु ।／ខ្ញុំនឹងលែងលះគ្នាភ្លាម ប្រសិនបើគាត់ជិតក្បត់ជាមួយនឹងស្រីផ្សេង។／ຖ້າລາວນອກໃຈຂ້ອຍກັບຜູ້ຍິງຄົນອື່ນ, ຂ້ອຍຈະຢ່າຮ້າງກັບລາວທັນທີ.)

❸ □ 妬む (डाह गर्नु／ច្រណែន／ອິດສາ)
ねた

▷ 人の才能を妬む
ひと　さいのう　ねた
(अर्काको प्रतिभामा ईर्ष्या गर्नु／ច្រណែននឹងសមត្ថភាពរបស់គេ／ອິດສາຄວາມສາມາດຂອງຄົນ)

▶ 幸せそうな人を見て妬む気持ちもわかる。
しあわ　ひと　み　ねた　きも
(हसिखुशी जस्तो देखिने मान्छे देखेमा डाह लाग्ने भावना बुझ्न सक्छु ।／ខ្ញុំយល់ពីអារម្មណ៍ច្រណែនពេលឃើញអ្នកដែលមានសុខមង្គល។／ຂ້ອຍເຂົ້າໃຈຄວາມຮູ້ສຶກອິດສາເມື່ອເຫັນຄົນມີຄວາມສຸກ.)

❹ □ 脅す (धम्क्याउनु／គំរាម, គំរាមកំហែង／ຂູ່, ຂົ່ມຂູ່, ເຮັດໃຫ້ຢ້ານ)
おど

▶ 二人組は、店員をナイフで脅して、金を奪ったとのことです。
ふたりぐみ　てんいん　かね　うば
(दुइजनाले पसलेलाई चक्कुले धम्क्याएर पैसा लुटेर गएको थाहाहुन आएको छ ।／ខ្ញុំលឺថា ក្រុមមនុស្ស២នាក់បានគំរាមបុគ្គលិកដឹងកាំបិត ហើយបានឆក់យកលុយទៅ។／ສອງຄົນນີ້ໄດ້ຂົ່ມຂູ່ພະນັກງານດ້ວຍມີດແລະລັກເງິນ.)

❺ □ 干渉(する) (हस्तक्षेप (गर्नु)／ការជ្រៀតជ្រែក, អន្តរាគមន៍／ແຊກແຊງ, ລົບກວນ)
かんしょう

▶ 相変わらず、子供に干渉しすぎる親が多い。
あいか　こども　かんしょう　おや　おお
(अहिले पनि पहिला जस्तै छोराछोरी माथि बढि हस्तक्षेप गर्ने बाबुआमा धेरै छन् ।／នៅតែមានឪពុកម្ដាយដែលជ្រៀតជ្រែករឿងរបស់កូនច្រើនពេក។／ຍັງມີພໍ່ແມ່ຫຼາຍຄົນທີ່ແຊກແຊງລູກຫຼາຍເກີນໄປ.)

❻ □ 勘弁(する) かんべん (क्षमा (गर्नु) ; माफ (गर्नु)／ការអត់ទោស, ការលើកលែងទោស／ໃຫ້ອະໄພ, ຍົກໂທດ,)

▶ ここで歌うんですか。それだけは勘弁してください。
うた

(यहाँ गाउने हो ? माफ गर्नुहोस् सक्दिनँ।／តើច្រៀងនៅកន្លែងនេះឬ? សូមលើកលែងអោយខ្ញុំទៅ។／ຮ້ອງເພງຢູ່ນີ້ຫວາ? ຍົກໂທດໃຫ້ແດ່ເດີ (ບໍ່ຂໍຮ້ອງ។).)

❼ □ 勧誘(する) かんゆう (निमन्त्रणा ; आमन्त्रित ; आह्वान (गर्नु)／ការអញ្ជើញ, ការបបួល／ເຊື້ອເຊີນ, ຊັກຊວນ)

▷ 保険の勧誘 (बीमामा आवद्ध हुने आह्वान／ការជំរុញអោយទិញធានារ៉ាប់រង／ປະກັນໄພໃຫ້ຂ້ຶໄປະກັນໄພ)
ほ けん

▶ テニスのサークルに勧誘されたけど、断った。
ことわ

(टेनिस क्लबमा सामेल हुन निमन्त्रणा आएको थियो तर अस्वीकार गरें।／ខ្ញុំត្រូវបានគេបបូលអោយចូលក្លិបតេនីស ប៉ុន្តែខ្ញុំបានបដិសេធ។／ຖືກຊັກຊວນໃຫ້ເຂົ້າຮ່ວມຊະໄມຂອບເທນນິດ, ແຕ່ໄດ້ປະຕິເສດ)

❽ □ 結成(する) けっせい (गठन (गर्नु)／ការបង្កើត／ກໍ່ຕັ້ງ)

▶ 高校の時、友達とバンドを結成しました。
こうこう とき ともだち

(हाइस्कुलमा हुँदा साथीसँग ब्याण्ड गठन गरें।／ពេលនៅវិទ្យាល័យ ខ្ញុំបានបង្កើតក្រុមតន្ត្រីជាមួយមិត្តភក្តិ។／ຕອນຮຽນຢູ່ໂຮງຮຽນມັດທະຍົມຕອນປາຍ, ໄດ້ກໍ່ຕັ້ງວົງດົນຕິກັບໝູ່.)

❾ □ 結束(する) けっそく (एकता (हुनु)／ការរួបរួម, សាមគ្គីភាព／ມັດເປັນກ້າ, ຮວມໂຕເປັນນ້ຳໜຶ່ງໃຈດຽວກັນ)

▷ これを機に、チームの結束力はいっそう固くなった。
りょく かた

(यस अवसर पछि टिमको संगठन शक्ति अझ बलियो भयो।／ឆ្លៀតពីឱកាសនេះ សាមគ្គីភាពរបស់ក្រុមយើង កៃតែខ្លាំងឡើង។／ຖືໂອກາດນີ້, ເຮັດໃຫ້ຄວາມສາມັກຄີຂອງທິມນັບມື້ນັບໜັ້ນຄືງຂຶ້ນ.)

❿ □ 孤立(する) こりつ (पृथकता ; पृथकीकरण ; अलग राख्ने काम ; एकलोपन／ភាពឯកោ, ភាពនៅឆ្ងាយដច់ពីគេ／ໂດດດ່ຽວ)

▶ 一人だけ反対意見を言ったら、クラスで孤立してしまった。
ひとり はんたい いけん

(एकजनाले मात्र विपरित विचार भनेपछि हुनाले क्लासमा एकलो हुनपुग्यो।／ខ្ញុំនៅដាច់ឆ្ងាយពីគេក្នុងថ្នាក់រៀន ដោយសារមានតែខ្ញុំម្នាក់គត់ដែលបាននិយាយមតិប្រឆាំង។／ຖ້າມີແຕ່ຕົນເອງເທົ່ານັ້ນທີ່ກ່າວຄ້ານ, ລາວຈະໂດດດ່ຽວໃນຫ້ອງຮຽນ.)

⓫ □ 圧倒(する) あっとう (अभिभूत (गर्नु)／ភាពលើសលុប, ការរំកើបយ៉ាងខ្លាំង／ມີກຳລັງເໜືອກວ່າ, ຄອບງຳ)

▶ 初めてナイアガラの滝を見た時は、その迫力に圧倒されました。
はじ たき み とき はくりょく

(पहिलो पटक नायग्रा फल्स देखदा त्यसको विशालतामा अभिभूत भए।／ពេលខ្ញុំបានឃើញទឹកជ្រោះណៃហ្គារ៉ា ជាលើកដំបូង ខ្ញុំមានអារម្មណ៍រំភើបយ៉ាងខ្លាំងដោយសារកម្លាំងរបស់វា។／ເມື່ອເຫັນນ້ຳຕົກໄນແອກາຣາເປັນເທື່ອທຳອິດ, ຂ້ອຍຮູ້ສຶກຕຶກໃນກໍາລັງຄອບງຳຂອງມັນ.)

⓬ □ 圧倒的(な) てき (अत्यधिक / अभिभूत／ដែលលើសលុប／ເຊິ່ງຄອບງຳ, ເຊິ່ງປົກຄຸມ, ລົ້ນເຫຼືອ)

▷ 圧倒的な強さ (अभिभूत गर्नु／កម្លាំងដ៏លើសលុប／ຄວາມແຮງອັນລົ້ນເຫຼືອ)
つよ

順序・プロセス 31
手続き 32
頻度 33
物の形・状態
増減・伸縮 35
二つ以上のものの関係 36
人 37
人と人 38
見る・見せる 39
わかる 40

⓭ □ **束縛(する)** (नियन्त्रण ; प्रतिबन्ध रोक／ការរឹតត្បិត, ការដាក់កម្រិត, ចងភ្ជាប់
／ຈຳກັດ, ຄວບຄຸມ, ຜູກมັດ)
そくばく

▶ たとえ収入が良くても、仕事に束縛されることが多いようでは意味がない。
しゅうにゅう よ しごと そくばく おお いみ

(आमदानी राम्रो भए पनि काममा धेरै बाँधिने हो भने अर्थ हुँदैन।／កម្មិនមាននន័យទេ បើទោះជាប្រាក់ចំណូលល្អ
ប៉ុន្តែមើលទៅដូចជាត្រូវចងភ្ជាប់នឹងការងារនោះៗ។／ເຖິງແມ່ນວ່າລາຍຮັບຈະດີ, ມັນກໍ່ບໍ່ມີຄວາມหมายຖ້າວ່າ
ຖືກຜູກมัດໄດ້ກັບວຽກ๗าย.)

⓮ □ **対抗(する)** (विरोध ; प्रतिरोध ; प्रतिकार／ការប្រឆាំង, ការតទល់／
たいこう ຄູ່แข่ง, แข่งขัน, ตั้สู้)

▶ A社に対抗して、うちも広告に有名人を使うことになった。
しゃ こうこく ゆうめいじん つか

(A कम्पनीसँग प्रतिस्पर्धा गर्दै हाम्रोमा पनि विज्ञापनमा प्रसिद्ध व्यक्तिलाई राख्ने निर्णय भयो।／
យើងបានសម្រេចប្រើភាពល្បីនៅក្នុងការផ្សាយពាណិជ្ជកម្មរបស់ក្រុមហ៊ុនយើង ដើម្បីតទល់នឹង
ក្រុមហ៊ុនA។／ເพื่อແข่งขันกับบริษัท A, ພวกເຮົาກໍ່ได้ตัดสินใจใช้คนດัງในการໂฆสะนา.)

⓯ □ **団結(する)** (एकता ; एकत्व एकजुट／សាមគ្គីភាព, ការរួបរួមគ្នា／
だんけつ ລວมกัน, เต็วໂมมกัน, เกาะกุม)

▷ 一致団結(する) (एकजुट हुनु／សាមគ្គីភាព／สามัคคีเป็นจิตหนึ่งใจฉุวกัน)
いっち

▶ 全員で団結して、この土地の自然を守ろう!
ぜんいん とち しぜん まも

(सबैले एकजुट भएर यस इलाकाको प्रकृतिको संरक्षण गरौं।／យើងត្រូវរួបរួមគ្នាទាំងអស់ ហើយថែរក្សាធម្មជាតិ
របស់ទឹកដីនេះៗ។／ຂໍ້ให้ทุกคนเต็วໂมมกันและ ปกปักรักสาธำมะຊาดຂອງดินแดนแห่งนี้!)

⓰ □ **指図(する)** (निर्देशन ; संचालन ; आदेश／ការបញ្ជា／ສັ່ງ, แนะนำ)
さしず

▶ 上からあれこれ指図されるとやる気がなくなるよ。
うえ さしず き

(माथिबाट यो गर् त्यो गर् भन्दै आदेश गरेमा गर्ने जाँगर पनि हराउँछ।／ຂ້ອยแหลงมีจิตใจตั้งใจเฮ็ดอีกแล้ว เมื่อเวลา
ຖูกเล่ินบญ่านะบญ่านนะ๗า♢ຖ้าถูกສັ່งให้เฮ็ดนั้นเฮ็ดนั้าจากเบื้องเทิง, จะเฮ็ดให้หมดแรงจูงใจ.)

⓱ □ **命じる** (आदेश दिनु／ការបញ្ជា／ສັ่ง)
めい

▶ 会社から転勤を命じられたら、従うしかない。
かいしゃ てんきん したが

(कम्पनीबाट सरुवाको आदेश आएकोले, पालन गर्नु बाहेक उपाय नै छैन।／ប្រសិនបើក្រុមហ៊ុនបញ្ជាអោយផ្លាស់
ទៅធ្វើការនៅកន្លែងផ្សេងวិញ គឺខ្ញុំមានតែត្រូវអនុវត្តតាម។／ຖ้าบริสัทສັ่งย้ายไปเฮ็ดวຽກບ່อนอื่น, ก๋บໍ่มี
ทางเลือกนอกจากจะปะติบัดตาม.)

⑱ □ 嘲笑(する)　(खिल्ली उडाउनु／ការសើចចំអក, ការចំអក／ເຍາະເຍີ້ຍ, ປະຊົດ, ລໍ້, ຫາກຫາກ)

▶ おかしな発言を繰り返す大臣は、今や嘲笑の的だ。

(पटक पटक जथाभावी बोल्ने मन्त्री अहिले त खिल्लीको पात्र बनेका छन्।／រដ្ឋមន្រ្តីដែលនិយាយចម្លែកៗជដែលៗ ពេលនេះគាត់គឺជាគោលដៅនៃការសើចចំអក។／ລັດຖະມົນຕີໄດ້ເຮັດເປັນເປົ້າໝາຍຂອງການ ເຍາະເຍີ້ຍໂດຍເວົ້າແປກໆຊ້ຳກັນຫຼາຍເທື່ອ, .)

⑲ □ 同 あざ笑う／嘲笑う　(खिल्ली गर्नु／ការសើចចំអក／ເຍາະເຍີ້ຍ, ປະຊົດ, ລໍ້, ຫາກຫາກ)

▷ 警察をあざ笑うかのように、事件は再び繰り返された。

(प्रहरीको खिल्ली गर्ने जस्तो तरिकाले घटना फेरि घट्न पुग्यो।／ឧបមាហេតុនេះបានកើតឡើងសារជាថ្មី ហាក់ដូចជាសើចចំអកអោយប៉ូលិស។／ເທດການໄດ້ເກີດຂຶ້ນອີກ, ຄືກັບວ່າປະຊົດຕຳຫຼວດ.)

⑳ □ サポート(する)　(सहायता (दिनु)／ការគាំទ្រ, ជំនួយ／ສະໜັບສະໜູນ, ຊ່ວຍເຫຼືອ, ປະຄັບປະຄອງ)

▷ サポートセンター　(सहायता केन्द्र／មជ្ឍមណ្ឌលគាំទ្រ／ສູນສະໜັບສະໜູນ)

▶ 新人の山田さんが困ってるから、サポートしてくれる?

(नव आगन्तुक कर्मचारी यामादाज्यु आपदमा हुनुहुन्छ, सपोर्ट गरिदिन्छौ?／លោកយ៉ាម៉ាដាដែលជាបុគ្គលិកថ្មី កំពុងជួបការលំបាក តើងាចជួយគាត់បានទេ?／ທ້າວອຍາມາດະ, ພະນັກງານໃໝ່ພວມເດືອດຮ້ອນ, ດັ່ງນັ້ນ ຊ່ວຍລາວໃຫ້ໄດ້ບໍ??)

㉑ □ 育成(する)　(पाल्नु हेरचाह गर्नु ; हुर्काउनु／ការបណ្ដុះបណ្ដាល／ອົບຮົມ, ລ້ຽງດູ, ຝຶກຫັດ)

▶ 会社にとっては、人材の育成は常に大きな課題です。

(कम्पनीको निम्ति जनशक्ति हुर्काउन भनेके ठुलो समस्या हो।／ការបណ្ដុះបណ្ដាលធនធានមនុស្សគឺតែងតែជា បញ្ហាធំរបស់ក្រុមហ៊ុន។／ການອົບຮົມຝຶກຝົນພະຍາກອນມະນຸດແມ່ນສິ່ງທ້າທາຍຫຍັງໃຫຍ່ຫຼວງສຳລັບບໍລິສັດຢູ່ ສະເໝີ.)

㉒ □ 主導(する)　(नेतृत्व अगुवाइ अधिपत्य／ការដឹកនាំ／ເປັນຜູ້ນຳ, ນຳພາໆ)

▷ 主導権を握る

(अधिपत्य जमाउनु／កាន់កាប់សិទ្ធិដឹកនាំ／ກຳອຳນາດໃນການເປັນຜູ້ນຳ)

▶ 計画は官僚主導で行われることになりそうだ。

(योजना त मन्त्रालयका अधिकारीको अधिपत्यमा कार्यान्वयन गरिने जस्तो छ।／ខ្ញុំលឺថាផែនការនេះនឹងត្រូវ អនុវត្តក្រោមការគ្រប់គ្រងរបស់មន្ត្រីរាជការៗ។／ແຜນການດັ່ງກ່າວມີແນວໂນ້ມທີ່ຈະຖືກນຳພາໂດຍຂ້າລາດຊະ ການ.)

㉓ □ 主導的(な)　(प्रमुख／ដែលលេចធ្លោ, ដែលនាំមុខ／ໃນການນຳພາໆ)

▷ 主導的な役割　(नेतृत्वको भूमिका／តួនាទីដែលនាំមុខ／ບົດບາດໃນການນຳພາໆ)

142

順序・プロセス 31
手続き 32
頻度 33
物の形・状態
増減・伸縮 35
二つ以上のものの関係 36
人 37
人と人 38
見る・見せる 39
わかる 40

㉔ □ **妥協(する)**
だきょう
(অভিসন্ধি ; মিলমিশ,झुक्कू／ការសម្របសម្រួល／
 បេ ៉ ាប េ ៉ ន, ពិបេ ៉ នេត ៉ េ ៉ ី ៗ ៗ, ៩េ ៉ នេ ៉ េ ៉ េ ៉ េ ៉ េ)

▷ 妥協案 (সমঝৌতাকো প্রস্তাব／សំណើរសុំសម្របសម្រួល／ ⸺ ⸺ ⸺)
あん

▷ 職人らしく、彼は常に完璧を求め、妥協を許さなかった。
しょくにん　　　　かれ　つね　かんぺき　もと　　　　　　　　　ゆる

(উনি মিস্ত্রী ভয়ার মিস্ত্রীকো রূপমা উসলে জহিলে পনি উৎকৃষ্টতাকो চাহ গরিরহে, কহিল্যৈ ঝুকেনন্।／
គាត់តែងតែធ្វើរអោយ មុត្តតស្មាះ៖ ដូចជាសិប្បករជំនាញ ហើយមិនអោយ មានការសម្របសម្រួល
ឡើយ ។／កិរាប់ទ ៗ ៗ ឌ ៉ ឌី, ៉ េ ៉ ០ត ៉ េ ៉ ១ ៉ វាងកេ ៉ ១ ៉ ១ ៉ ១ ៉ ១ ៉ ១ ៉ ១ ៉ ១ ៉ ១.)

㉕ □ **説教(する)**
せっきょう
(অর্তী–উপদেশ (দিনু)／ការស្តីប្រដៅ, ការទូន្មាន／ន្ទីន់ម, ស្តីᣧᣧន)

▶ こんな成績じゃ、また部長に説教されるよ。
せいせき　　　　　　　ぶちょう

(য়স্তো মূল্যাঙ্কন ভয়মা ফেরি শাখা প্রমুখলेঅর্তী–উপদেশ দিন থাল্ছন্।／ខ្ញុំនឹងត្រូវបានផ្ដែកស្តីប្រដៅ
ទៀតហើយ បើ ១ ៉ ផ ៉ លে ៉ ១ ៉ ១ ៉ ១ ៉ ១ ៉ ១ ៉ ១ ។／តិ ៗ ៗ ៉ ១ ៉ ១ ៉ ១ ៉ ១ ៉ ១ ៉ ១ ៉ ១.)

㉖ □ **侮辱(する)**
ぶじょく
(বেইজ্জত গর্নু／ការប្រមាថ, ការមាក់ងាយ, ការធ្វើ ɑ ⸺
អាម៉ាស់មុ ៖／ᣧ ᣧᣧᣧᣧᣧ, ᣧᣧᣧᣧᣧ, ᣧᣧᣧᣧ)

▶ あんな大勢の前で侮辱されたのは初めてだ。
おおぜい　　まえ　　　　　　　　　はじ

(ত্যতিধेরै মান্ছेको অগাডি বেইজ্জত গরेको त পহিলो পটক हो।／នេះជាលើកដំបូងហើយដែលខ្ញុំត្រូវបានគេ
មាក់ងាយ ᣧ ᣧ ᣧ ᣧ ᣧ ᣧ ᣧ ᣧ ᣧ ᣧ ᣧ ᣧ ᣧ ᣧ ᣧ ᣧ ។／ᣧᣧᣧᣧᣧᣧᣧᣧᣧᣧᣧᣧᣧᣧᣧᣧᣧ.)

㉗ □ **中傷(する)**
ちゅうしょう
(গালি-গলৌচ／ការនិយាយបង្ខូចបង្អាច／
ᣧᣧᣧᣧ,ᣧᣧᣧᣧᣧᣧᣧᣧ)

▶ ネットでは、他人を中傷する書き込みが平気で行われる。
　　　　　　たにん　　　　　　　　　　か　こ　　　へいき　おこな

(ইন্টরনেটমা পরায় মান্ছेপ্রতি গালি-গলৌচका লেখहरू নধিক্কিচাইকন भইরহेको छ।／
ការសសេរបង្ខូចបង្អាចអ្នកដ ៃ នៅលើប្រ ៉ ្គ ៉ ្ច ៉ ្អ ៉ ្ត ៉ ្ត ៉ ្ច ត្រូវ ៉ ្ត ៉ ្ត ៉ ្ត ៉ ្ត ៉ ្ត ៉ ្ត ៉ ្ត ៉ ្ត ៉ ្ត ៉ ្ត ៉ ្ត ៗ／
ᣧᣧᣧᣧᣧᣧᣧᣧᣧᣧᣧᣧᣧᣧᣧᣧᣧᣧᣧᣧᣧᣧᣧᣧᣧᣧᣧᣧᣧᣧ.)

㉘ □ **譲歩(する)**
じょうほ
(छुट ; সুবিধা ; সম্झৌতা ; অদলবদল／ការសុខចិត្តអោយ, ការ
ᣧᣧᣧᣧᣧ／យ ៉ ᣧᣧᣧᣧᣧ, បេ ៉ ᣧᣧᣧᣧᣧ)

▶ このままでは話がまとまらないから、価格面で譲歩するしかないだろう。
　　　　　　　　はなし　　　　　　　　　　　　　かかくめん

(য়স্তো অবস্থামা त কুরা দুइগो নলাग्ने হুনালे মূল্যमा छুট দিনু বাহेক উপায় छैन।／ʔ ៉ ᣧᣧᣧᣧᣧᣧ ៖ ការនិយាយ
គ្នានឹងមិនអាចលោះទៅកេ ៉ ᣧᣧᣧᣧᣧᣧᣧᣧᣧ, ᣧᣧᣧᣧᣧᣧᣧᣧᣧᣧᣧᣧᣧᣧᣧᣧᣧᣧᣧ ។／
ᣧᣧᣧᣧᣧᣧ, ᣧᣧᣧᣧᣧᣧᣧᣧᣧᣧᣧᣧᣧ, ᣧᣧᣧᣧᣧᣧᣧᣧᣧᣧᣧᣧᣧᣧᣧᣧᣧᣧᣧᣧ
ᣧᣧᣧᣧᣧᣧ.)

㉙ □ **辞退(する)**
じたい
(অস্বীকার গর্নু／លាឈប់, ច្រានចោល (សំណើ) បដិសេធ／
ᣧᣧᣧᣧᣧᣧ, ᣧᣧᣧᣧ)

▶ 代表して開会の挨拶をするように言われたけど、辞退させてもらった。
だいひょう　かいかい　あいさつ　　　　　　　　　　　　　　　い

(প্রতিনিধিত্ব গর্दै উদ্ঘাটন সমারোহको অভিবাদন গর্नে অনুরোধ আएको থিयो তর मैले অস্বীকার গरें।／ខ្ញុំត្រូវបានគេ
អោយ ធ្វើ ᣧᣧᣧᣧᣧᣧᣧᣧᣧᣧᣧᣧᣧᣧᣧᣧᣧᣧᣧᣧᣧᣧ ប៉ុន្តែខ្ញុំបានបដិសេធ ។／ᣧᣧᣧᣧᣧᣧᣧ
ᣧᣧᣧᣧᣧᣧᣧᣧᣧᣧᣧᣧᣧᣧᣧᣧᣧᣧᣧ, ᣧᣧᣧᣧᣧᣧᣧᣧᣧᣧ.)

㉚ □ 救援(する) （उद्धार；बचाउ；सहायता；राहत कार्य／ការជួយសង្គ្រោះ／
ช่วยเหลือ, สิ่งเคราะห์, บันเทิงทุกข）
きゅうえん

▷ 救援物資
きゅうえんぶっし
（राहत सामाग्री／បរិក្ខារជំនួយដល់ជនរងគ្រោះធម្មជាតិ／เครื่องบันเทิงทุกข）

▶ 被災者救援のための募金活動も行われている。
ひさいしゃ　　　　　　　　　　ぼきんかつどう　おこな
（पीडितहरूको लागि सहायताको चन्दा सङ्कलन पनि भइरहेको छ।／សកម្មភាពស្វែងរកការបរិច្ចាគសម្រាប់ជា
ជំនួយដល់ជនរងគ្រោះធម្មជាតិក៏ត្រូវបានធ្វើឡើងដែរ។／កិจจะทำละดมขึมเพื่อช่วยเหลือผู้ปະສົบไพบัง
พอมถึกจัดตั้งปะติบัต.)

㉛ □ 救済(する) （उद्धार／ការជួយសង្គ្រោះ／
ช่วยเหลือ, บันเทิงทุกข, ช่วย (ปิดหนี้))
きゅうさい

▷ 難民の救済 （शरणार्थीको उद्धार／ការជួយសង្គ្រោះជនរៀលសខុន／ການช่วยเหลือผู้อบพะยิก）
なんみん

▶ これは、ローンの返済ができなくなった人への救済措置です。
　　　　　　　　　へんさい　　　　　　　　ひと　　　　　　　　そち
（यो त ऋण चुक्ता गर्न नसकेकाहरूका निमित्त उद्धार को उपाय हो।／នេះគឺជាវិធានការជួយសង្គ្រោះដល់អ្នកដែល
មិនមានលទ្ធភាពសងប្រាក់កម្ចី។／ນี้แม่นมาตะการช่วยเหลือปะຊาຊົนที่บ่สามาดຊำລะຄืนເງินກู้.)

㉜ □ 救出(する) （बचाउनु；जोगाउनु उद्धार／ការសង្គ្រោះ／
ช่วยเหลือ, ช่วยຊิวิด, ภูไพ)
きゅうしゅつ

▷ 逃げ遅れた人を救出するため、ヘリコプターが向かった。
　に　おく　　　　ひと
（भाग्न अबेर भएकाहरूलाई उद्धार गर्नको लागि हेलिकप्टर गयो।／ຍ້ອນມูฉ្នាក្របាนฉ្លើเทอช่วยสงเคราะช้อ
 เฮ่สะอนค่อยบฮนขอบเຕ็ก路จ路ไปช่วยเหลือผู้ขับบ่ทัน.)

㉝ □ 接待(する) （स्वागत；सत्कार／ការទទួលស្វាគមន៍, បដិសណ្ឋារកិច្ច／
ຮับຮອງแขก, ต้อนรับ, ใຫ้บำລิການ)
せったい

▶ 今夜は、取引先の社長を接待しなければならない。
こんや　　　とりひきさき　しゃちょう
（आज राति क्लाइन्ट कम्पनीको प्रमुखको सत्कार गर्नुपर्छ।／ยบ์เนะ้ ຂ្ញុំต้องเฮ่ดขບิสัณฐารกิจ่ปะธานกรมฮ้อน
ดែลເป็นໄດ้គู่ຄ้าຄอนิจผู้กม្ម៉ា។／แล่ງມ้ี, ຂ້ອยต้องต้อนรับปะທานບัลิສัดຂองຊู่ຮ่วมทุละกิด.)

㉞ □ おだてる （उचाल्नु；फकाउनु；फकाइफुल्याइ गर्नु／បញ្ជោរ, លើកเชิง／
เป้าหู, ยอ, ກะตุ้น, ยักย่)

▶ 彼しか頼める人がいないから、おだてて、やってもらうしかない。
かれ　　　たの　　　ひと
（उ बाहेक भरपर्ने मान्छे छैन, फकाइफुल्याइ भएपनि गराउनुपर्छ।／មានតែគាត់ទេដែលអាចពឹកពាក់បាន ដូច្នេះ
មានតែបញ្ជោរគាត់ អោយគាត់ធ្វើអោយបុណ្ណោះ។／บ่ปีใช้ที่ช่อยได้ສามาดขໍร้องได้, มีแต่ລาวผู้ด្យว,
ສະນั้นຂ້อยปีຫ្នางเລือกนอกจากยักย่ลาว แล้วใซ้เຂาเຮ็ดเพื่อຂ้อย.)

㉟ □ ごまをする （चिप्लो घस्नु；बढी प्रशंसा गर्नु／បញ្ជោរ／ເຊ้าด้วຍ຅ຂອง)

▷ 上司にゴマをする （माथिल्ला कर्मचारीको चिप्लो घस्नु／បញ្ជោរ／เຊ้าด้วຍ຅ຂອງเจ็้านาย）
じょうし

順序・プロセス 31
手続き 32
頻度 33
物の形・状態
増減・伸縮 35
二つ以上のものの関係 36
人 37
人と人 38
見る・見せる 39
わかる 40

㊱ □ 争う <small>あらそ</small> (प्रतिस्पर्धा गर्नु टक्कर,सङ्कट／ប្រកួតប្រជែង／ແຂ່ງຂັນ, ຊີງ, ຜິດຖຽງກັນ)

▶ この分野でも、外国の企業と争うようになった。
<small>ぶんや　がいこく　きぎょう</small>

(यो क्षेत्रमा पनि विदेशी उद्योगसँग प्रतिस्पर्धा गर्नुपर्ने भयो।／ក្រុមហ៊ុនបរទេសបានចាប់ផ្តើមប្រកួតប្រជែងលើ វិស័យនេះៗដែរ។／ພວກເຮົາໄດ້ເລີ່ມແຂ່ງຂັນກັບບໍລິສັດຕ່າງປະເທດໃນຂະແໜງການນີ້ເຊັ່ນກັນ.)

▷ **一刻を争う事態**
<small>いっこく　じたい</small>

(आपतकालीन अवस्था／ស្ថានភាពដែលត្រូវធ្វើប្រណាំងនឹងពេលវេលា／ສະພາບການແຂ່ງຂັນໃນໄລຍະ ເວລາຍິ່ງ)

㊲ □ かなう/敵う <small>かな</small> (चाहेको पुग्नु／ប្រកួតប្រជែង／ສູ້ໄດ້)

▶ さすが。やっぱりプロには敵わないよ。

(ओहो सोचेको जस्तै कस्तो राम्रो！ पेशेवरलाई त जित्न सकिन्न है।／ដូចដែលខ្ញុំបានគិតមែនៗ ខ្ញុំមិនអាច ប្រកួតប្រជែងនឹងអ្នកអាជីពបានឡើយៗ／ສົມແລ້ວລະ. ດັ່ງທີ່ຄາດໄວ້ຍ່ບ່ສາມາດສູ້ກັບມືອາຊີບໄດ້.)

㊳ □ 欺く <small>あざむ</small> (ठग्नु धोका दिनु／ឃោក, បោកបញ្ឆោត, បោកប្រាស់／ຫຼອກລວງ)

▶ これも、相手を欺く一つのテクニックです。
<small>あいて　ひと</small>

(यो पनि त मान्छे ठग्ने एउटा टेक्निक हो।／នេះក៏ជាវិធីមួយក្នុងការបោកបញ្ឆោតដែគូដែរៗ／ນີ້ກ່ແມ່ນເຕັກນິກໃນການຫຼອກລວງຝ່າຍກົງກັນຂ້າມ.)

㊴ □ 慕う <small>した</small> (मनपराउनु मायाँ प्रेम गर्नु／ស្រឡាញ់, ចូលចិត្ត／ຮັກແພງ, ເຄົາລົບຮັກ, ຄິດຮອດ)

▶ たけしさんのことは、小さい頃から兄のように慕っていました。
<small>ちい　ころ　あに</small>

(ताकेसिज्युलाई सानोबेला देखि दाजुसरह माया गर्थें।／តាំងតែពីតូច ខ្ញុំស្រឡាញ់លោកតាកេស៊ីដូចជា បងប្រុស។／ຂ້ອຍຮັກແພງອ້າຍທາເຄຊິຄືກັບອ້າຍແທ້ໆມາຕັ້ງແຕ່ຍັງນ້ອຍ.)

㊵ □ かばう (आश्रय / बचाउनु / सहारा दिनु / रक्षा／ការពារ／ បិការប័ាង, ប័ាងກັນ, ຊ່ວຍແກມ)

▶ 先生に叱られていた友達をかばおうと、嘘をついたことがある。
<small>せんせい　しか　ともだち　うそ</small>

(गुरुले गाली गरिरहेको साथीलाई बचाऔं भनि झुटो बोलेको छु।／ខ្ញុំបានកុហកដើម្បីការពារមិត្តភក្តិដែលត្រូវ គ្រូស្តីបន្ទោសអោយៗ／ເຄີຍຕົວະເພື່ອບິກປ້ອງໝູ່ທີ່ຖືກຄູຮ້າຍ.)

㊶ □ 急かす <small>せ</small> (आत्तुरी (/ हतार) लाउनु (/ गराउनु)／ប្រញាប់ប្រញាល់／ຟ້າວ)

▶ あの人は急かさないと、なかなかやらないよ。
<small>ひと　せ</small>

(त्यो मान्छेलाई हतार नगराए पट्टक्कै गर्दैन।／តាត់ម្នាក់នោះ បើមិនអោយប្រញាប់ប្រញាល់ទេ តាត់មិនងាយ ធ្វើទេៗ／ຖ້າບໍ່ຟ້າວ, ຄົນນັ້ນກໍຈະບໍ່ເຮັດງ່າຍໆ.)

㊷ □ 甘える
<ruby>甘<rt>あま</rt></ruby>える
（पुलपुलिनु ; लाडिनु ; भरपर्नु／ទំនើប, ទំរឹស, ទទូលយកភាពចិត្តល្អរបស់ អ្នកដទៃ／ຕອບຮັບ (ຄວາມປາດຖະໜາດີ), ເຮັດຕາມ (ຄຳເຊີນ), ເพิ่ງพา）

▶ これまでは<ruby>親<rt>おや</rt></ruby>に<ruby>甘<rt>あま</rt></ruby>えてばかりでした。

（अहिलेसम्म म आमाबुबामा भर परेको छु।／តាំងពីមុនរហូតមកដល់ពេលនេះ ខ្ញុំត្រូវបានទំនើបដោយឪពុក ម្តាយរហូត។／ມາຮອດຕอນນີ້ຂ້ອຍກໍຍັງເพิ່ງพาพ่ໍ่ແມ່.）

▶ 〈<ruby>玄関<rt>げんかん</rt></ruby>で〉ちょっと<ruby>上<rt>あ</rt></ruby>がっていってください。 — そうですか。では、お<ruby>言葉<rt>ことば</rt></ruby> に<ruby>甘<rt>あま</rt></ruby>えて。

（((ढोकामा) एकछिन भित्र पस्नु न। लौ त त्यसो भइहाल्छ भने।／(នៅមាត់ទ្វារចូល) សូមឡើងទៅបន្តិចទៅ។ មែនឬ? អញ្ចឹងខ្ញុំធ្វើតាមពាក្យរបស់អ្នកហើយ។／〈ຢູ່ທາງເຂົ້າ〉 ຂึ້นมาพ้อยໜึ່ງແດ. —ໄດ້,ແມ່ນບໍ? ຄັ້ນ ຊັ້ນ, ຂະໃດ้ຕอบรับตามคำเชื้นเด้.）

㊸ □ ねだる
（फुस्ल्याउनु ; फकाउनु जोर／សុំងលោម,ល្បួង លោម／ເອาะເຂາະ, ອ້ອນຂໍ）
同 おねだりする

▶ <ruby>孫<rt>まご</rt></ruby>におもちゃをねだられるとつい<ruby>買<rt>か</rt></ruby>ってしまう。

（नातिनातिनीले खेलौना चाहिँर जोर्गर्दा भने किनिदिहाल्छु।／ពេលដែលចៅលួងលោមសុំប្រដាប់ក្មេងលេង ខ្ញុំក៏ទិញអោយក្មោ។／ເมื่ອຫລານເອາະເຂາະເອาของຫຼິ້ນ, ກໍ່ຊื້ໃຫ້ເລີຍ.）

㊹ □ せがむ
（मागु ; पीर (/ विन्ती / आग्रह / जोर) गर्नु ;／សុំអង្វរ, ទទូចសុំ／ລົບกวน, ຂຸ່ຍ, ຮ້องຂໍ）

▶ うちの<ruby>親<rt>おや</rt></ruby>は<ruby>厳<rt>きび</rt></ruby>しくて、<ruby>何<rt>なに</rt></ruby>かをせがんでも、<ruby>一度<rt>いちど</rt></ruby>も<ruby>買<rt>か</rt></ruby>ってくれませんでした。

（हाम्रो बाबुआमा एकदम कडा भएकोले केही मागे पनि एकपटक पनि किनिदिनुभएन।／ឪពុកម្តាយខ្ញុំការ ទោះបីជាសុំអង្វរសុំអ្វីក៏ដោយ ក៏មិនដែលទិញអោយសូម្បីតែម្តង។／พ่ໍ່ແມ່ຂองຂ້ອຍເຂ້ມງວດຫຼາຍ, ແລະ ເຖິงว่าຂ້ອยຮ້องຂໍ, ເຂົาเจ้าก็บ่ເຄີຍຊื้ໃຫ້.）

㊺ □ こね／コネ
（कनेक्सन／ទំនាក់ទំនង, ខ្សែ／ເສ້ນສາຍ）

▶ <ruby>彼女<rt>かのじょ</rt></ruby>がＡ<ruby>社<rt>しゃ</rt></ruby>に<ruby>就職<rt>しゅうしょく</rt></ruby>できたのは、<ruby>親<rt>おや</rt></ruby>のコネがあったからだよ。

（जी महिलाले A कम्पनीमा नियुक्ति पाउनुमा बाबुआमाको कनेक्सन भएकोले हो।／នាងបានចូលធ្វើនៅ ក្រុមហ៊ុនAដោយសារតែមានខ្សែរបស់ឪពុកម្តាយ។／ລາวสามาดเຂ้າເຮັດວຽກຢູ່บໍລິสัດ A ย้อมมีເສ້ນ ສາຍพ່ໍ່ແມ่ເด้.）

㊻ □ <ruby>親交<rt>しんこう</rt></ruby>
（हिमचिम आवत-जावत／មិត្តភាពជិតស្និទ្ធ／ມິດตະພາบແໜ້นແໜ້ນ, ละมิด ละมอม）

▶ <ruby>彼<rt>かれ</rt></ruby>とは<ruby>20年来<rt>ねんらい</rt></ruby>、<ruby>親交<rt>しんこう</rt></ruby>があります。

（उसँग त 20 वर्षदेखि आवत-जावत छ।／ខ្ញុំនិងគាត់មានជាមិត្តភ្លិជិតស្និទ្ធនឹងគ្នាអស់រយៈពេល២០ឆ្នាំហើយ។ ／ละมิດลະະมิມກັບลาวมาได้20ปีแล้ว.）

㊼ □ <ruby>親善<rt>しんぜん</rt></ruby>
（मैत्री／មិត្តភាព, ចិត្តសប្បុរស／ໄມຕີຈິດ, ມິດตะพาบ, ກະຊัບมิด）

▷ <ruby>親善試合<rt>しんぜんじあい</rt></ruby>
（मैत्री खेल／ការប្រកួតមិត្តភាព／บัดກะຊับมิด）

146

順序・プロセス 31
手続き 32
頻度 33
物の形・状態
増減・伸縮 35
二つ以上のものの関係 36
人 37
人と人 38
見る・見せる 39
わかる 40

㊽ □ 親密(な) (घनिष्टता गहिरो／ដែលស្និទ្ធស្នាល／ລຶ້ງເคີย, ໃກ້ຊິດ, ແໜ້ນແฟ້ນ)
しんみつ

▶ あの二人はいつ頃から親密な関係になったんですか。
ふたり ごろ かんけい

(ती दुईजना कहिले देखि गहिरो सम्बन्धमा छन्？／តើពីរនាក់នោះមានទំនាក់ទំនងជិតស្និទ្ធនឹងគ្នាពី
ពេលណាមក？／ສອງคົนนั้นลຶ້ງเคีຍกันตั้งแต่ตอนใด？)

㊾ □ 間柄 (सम्बन्ध ; नाता／ទំនាក់ទំនង／ความสำพัน)
あいだがら

▷ 親しい間柄 (गहिरो सम्बन्ध／ទំនាក់ទំនងជិតស្និទ្ធ／ความสำพันที่ใก้ຊິด)
した

▶ 彼とは中学の先輩後輩の間柄で、昔からよく知ってるんだよ。
かれ ちゅうがく せんぱいこうはい むかし し

(उसँग निम्नमाध्यमिक विद्यालयदेखिको सिनियर जुनियरको सम्बन्ध हो, धेरै अगाडिदेखि चिन्छु।／ខ្ញុំស្គាល់គាត់
ច្បាស់តាំងពីមុនមក ដោយសារខ្ញុំនាក់ទំនងជាសិស្សច្បងសិស្សប្អូននឹងគ្នានៅឯងสะใໝ่ใຫຍ่ลาย។／
ลาวและຂ้อยมีความสำพันแบบลุ้นอ้ายลุ้นน้องในโຮງຮຽนมัทธະยົมตื້น, ละนั้นພວกເຮົาเຮ้าຮู้จักกันดี
มาเป็นเวลาดົนนาน)

㊿ □ 息が合う／呼吸が合う (ताल मिल्नु／ចុះสម្រុงនឹងគ្នา／เຂົ้ากันได้ดี)
いき こきゅう

▷ 息の合った演技/演奏 (ताल मिलेको कला / वादन／การសម្តែង/ការសម្តែงดนตริที่ដែลចុะสម្រុงนึงគ្នา／
えん ぎ そう ການສະແດງ / ການຫຼິ້นดนตริที่เຂົ้ากันได้ดี)

▶ 〈スポーツなど〉彼らはペアを組んだばかりで、まだ息が合ってない。
かれ く

(〈खेलकुद आदि〉 उनीहरू भर्खर जोडा बनेकाले अझै ताल मिलेको छैन।／(ផ្នែกกีฬาजាเดิม) พวกเขาเพิ่งนຶ่ง
ចាប់គ្នាได់ វូច្បะមิនទាน់ចុะสម្រុงนึงគ្นาเນื้อเຜียเทื้อ។／(ກิລา และ ອื่นๆ) พวกเຂົาพ่ากำจับຄู่กัน
และ ยังบัๆทันเຂົ้ากันได้ดีเทื่อ.)

㊶ □ 気が置けない (दुख, हुन सकिने मन खुला गर्न सकिने／ງายចุะสម្រุงนึงគ្นา
き お เຂົ้าขาງ่าย, ลืมง่าย)

▶ 彼とは大学からの付き合いで、気の置けない友人なんです。
かれ だいがく つ あ ゆうじん

(उसँग विश्वविद्यालय देखिको हेलमेल हो, त्यसैले मन खोलेर कुरा गर्न सकिन्छ।／ខ្ញុំនึงគាត់រាบ់អានกันตาំងពีនៅ
សាកលวิທ្យาลัย เหิ่ยตกต่าจามิตูกกี้ដែลງายចุะสម្រុงนึงគ្นา។／ຂ้อยຮู้จักลาวๆตั้งแต่มะຫา
ວิทยาໄล, และลาวเป็นໝู่ທี่ลืมง่าย.)

㊷ □ 両者 (दुबै पक्ष／ทำนगักี้／ทั้งสอง)
りょうしゃ

㊸ □ 相性 (ग्रह स्वभाव प्रकृति／ภาคตรูวูโรั่งกัน／เຂົ้ากันได้, ถืกຊะຕากัน)
あいしょう

▶ 彼とは相性がいいみたいです。
かれ

(उसँग त ग्रह मिल्छ जस्तो छ।／ខ្ញុំนึงគាต់ดูจาตรูวูโรั่งกัน។／เบิ่งคือว่าຂ้อยกับลาวเຂົ้ากันได้ดี.)

1 49

UNIT 39

見(み)る・見せる (हेर्नु / देखाउनु／មើល, បង្ហាញ／ເບິ່ງ・ໃຫ້ເບິ່ງ)

❶ □ 覗(のぞ)く (चिहाउनु／លបមើល／ຈອບເບິ່ງ, ເຫຼືອກຕາເບິ່ງ)

▶ 窓(まど)から中(なか)を覗いてみたけど、誰(だれ)もいないようだった。

(झ्यालबाट भित्र चहाएर हेरें तर कोहि पनि नभएको जस्तो थियो।／ខ្ញុំបានលបមើលខាងក្នុងតាមបង្អួច ប៉ុន្តែហាក់ដូចជាមិនមាននរណានៅទេ។／ລອງຈອບເບິ່ງຜ່ານປ່ອງຢ້ຽມ, ແຕ່ເບິ່ງຄືວ່າບໍ່ມີໃຜຢູ່.)

❷ □ 展望(てんぼう)(する) (दुरदर्शन (गर्नु)／ការរំពឹងទុក, ការទស្សនា／ເບິ່ງໄປໄກໆ, ເບິ່ງແບບກວ້າງໆ, ທັດສະນີຍະພາບ)

▷ 展望台(だい)

(दूरदर्शन टावर／ប៉មទស្សនា／ຈຸດຊົມວິວ)

▶ 会(かい)の冒頭(ぼうとう)、社長(しゃちょう)が今後(こんご)の展望を語(かた)った。

(सभाको थालनीमा कम्पनी प्रमूखद्वारा उप्रान्तका आशाहरूका बारेमा बताउनुभयो।／ពេលចាប់ផ្តើមការប្រជុំ ប្រធានក្រុមហ៊ុនបាននិយាយអំពីការរំពឹកទុកនាពេលអនាគត។／ໃນຕອນຕົ້ນຂອງກອງປະຊຸມ, ປະທານບໍລິສັດໄດ້ກ່າວເຖິງທັດສະນະຫຼັງຈາກນີ້ໄປ.)

❸ □ 閲覧(えつらん)(する) (पढेर हेर्ने (गर्नु)／ការអាន／ອ່ານຄົ້ນຄວ້າ)

▷ 閲覧コーナー (पढ्ने-हेर्ने कुना／កន្លែងអាន／ມຸມອ່ານ)

▶ これらの資料(しりょう)は館内(かんない)に限(かぎ)り、閲覧することができます。

(यी कागजपत्रहरू भवन भित्र मात्र पढ्न-हेर्न सकिन्छ।／ឯកសារទាំងអស់អាចអានបានតែនៅបណ្ណាល័យទេ។／ສາມາດອ່ານຄົ້ນຄວ້າເອກະສານເຫຼົ່ານີ້ພາຍໃນບໍລິເວນອາຄານເທົ່ານັ້ນ.)

❹ □ 参照(さんしょう)(する) (सन्दर्भ (गर्नु)／សេចក្តីយោង／ອ້າງອີງ, ອີງໃສ່, ເບິ່ງປະກອບ)

▶ 添付(てんぷ)資料(しりょう)を参照してください。

(सँगै जोडिएको कागजपत्रको सन्दर्भ गर्नुहोस्।／សូមយោងទៅតាមឯកសារដែលបានភ្ជាប់អោយ។／ກະລຸນາອີງໃສ່ເອກະສານທີ່ຕິດຄັດມາ.)

❺ □ 視察(しさつ)(する) (निरीक्षण (गर्नु)／ការត្រួតពិនិត្យ／ກວດກາຢ່າງລະອຽດ, ກວດສອບ, ເບິ່ງວຽກ, ສັງເກດ)

▷ 工場(こうじょう)を視察する (कारखाना निरीक्षण गर्नु／ត្រួតពិនិត្យរោងចក្រ／ເບິ່ງວຽກໂຮງງານ)

▶ 森先生(もりせんせい)は、アメリカの教育現場(きょういくげんば)を視察してきたそうです。

(मोरी महाशयले संयुक्त राज्य अमेरिकाको शैक्षिक क्षेत्रको निरीक्षण गरेर आउनुभएको हो रे।／ខ្ញុំលឺថា លោកគ្រូម៉ូរីបានត្រឡប់មកពីទស្សនកិច្ចត្រួតពិនិត្យកន្លែងអប់រំនៅប្រទេសអាមេរិច។／ອາຈານໂມຣິໄດ້ໄປສັງເກດສະຖານສຶກສາຢູ່ປະເທດອາເມລິກາ.)

順序・プロセス 31
手続き 32
頻度 33
物の形・状態 34
増減・伸縮 35
二つ以上のものの関係 36
人 37
人と人 38
見る・見せる 39
わかる 40

❻ □ **着目（する）** (केन्द्रित (गर्नु)／ការយកចិត្តទុកដាក់／ใช้ความสนใจ, จับตาเบิ่ง)
　　ちゃくもく

▷ この点に着目したのが、大きな発見につながった。
　　てん　　　　　　　　　　おお　　はっけん

(यस बिन्दुमा केन्द्रित हुँदा ठुलो अन्वेषण हुनपुग्यो।／ការផ្តោតទៅលើចំនុចនេះ បាននាំទៅរកការបកគំហើញដ៏ធំ។／ภามใช้ความสนใจในจุดนี้ได้นำไปสู่ภามกิ้นพິบที่ใหย่ขຶ้ງ.)

❼ □ **視点** (दृष्टिकोण／ទស្សនៈ／มุมมอງ, ความຄิดເຫัน, วิໄສທัດ)　　　　　同 **観点**
　　してん　　　　　　　　　　　　　　　　　　　　　　　　　　　　　　　　　　かん

▶ ちょっと視点を変えてみたほうがいいんじゃない？
　　　　　　　か

(अलिकति फरक दृष्टिकोणबाट हेर्दा राम्रो हुन्छ कि।／ខ្ញុំគិតថា ឯងគួរតែសាកល្បងទស្សនៈបន្តិចទៅ ណាៗ?／ລອງປ່ຽນมุมมອງໜ້ອຍໜຶ່ງເບิ່ງຊิ่ງຄิ่ກ่าว่าດ่?)

❽ □ **提示（する）** (प्रस्ताव (गर्नु)／ देखाउनु／ការបង្ហាញ／ສະເໜี, ນำออกมาສະແດງ, ยื่น (ເอกะสาน))
　　ていじ

▶ 提示した金額では納得してもらえなかった。
　　　　　　きんがく　　　なっとく

(प्रस्ताव गरेको रकममा चित्त बुझाउन सकिएन।／តាមិនអស់ចិត្តនឹងចំនួនទឹកប្រាក់ដែលខ្ញុំបានបង្ហាញ។／ລาວบ่ยອมຮับจำมອบເງินທี่ສะເໜีໃห้.)

❾ □ **明示（する）** (स्पष्ट (गर्नु)／ការបំភ្លឺ, ការបកស្រាយ／ລະບຸ, ກำมิດ, (ເจาະจๆ))
　　めいじ

❿ □ **披露（する）** (प्रदर्शन (गर्नु)／ការបង្ហាញ／ສะແดງໃห้ເຫัน, ນำສะເໜี)
　　ひろう

▷ 結婚披露宴 (विवाह भोज／កម្មវិធីទទួលភ្ញៀវនៃពិធីរៀបអាពាហ៍ពិពាហ៍／ງานລ្ยງแต่ງງาน)
　　けっこんひろうえん

▷ 社長は完成したばかりの新製品を報道関係者に披露した。
　　しゃちょう　かんせい　　　　　　　　しんせいひん　ほうどうかんけいしゃ

(कम्पनी प्रमुखद्वारा भर्खर उत्पादित नयाँ सामाग्रीसँग सम्बन्धित माध्यम समक्ष प्रदर्शन भयो।／ប្រធានក្រុមហ៊ុន បានបង្ហាញអ្នកសារព័ត៌មានអំពីផលិតផលថ្មីដែលទើបបង្កើតឡើងៗ។／ปะຮานบໍລິສัດໄດ້ນ่าສะເໜีຜะລิตตะพัນใໝ່ທ້ายກ่າລ้อດต่ສิมອมຊิม.)

⓫ □ **外観** (बाहिरी स्वरूप／រូបរាងខាងក្រៅ／พายนอก, รูบຮ่าງพายมอก)
　　がいかん

▶ 店の外観はちょっと古くさい感じです。
　　みせ　　　　　　　　　ふる　　　かん

(पसलको बाहिरी स्वरूप अलिकति पुरानो खालको छ।／រូបរាងខាងក្រៅរបស់ហាងមើលទៅដូចជាចាស់បន្តិច។／ຮูบສຶກว่าพายมອกຮ้ານຂອງຮ้ານເກ่าแກ่ໜ้อยໜຶ່ງ.)

UNIT 40

わかる <small>(बुझ्नु／ยย่ล, ธิ๊ว, ສ่ากล่／เຂົ້าใจ)</small>

❶ □ 承知(する) <small>しょうち</small> <small>(राजी हुनु / बुझ्नु／ การเยรม, การยย่ลเยรม, การยย่ล／ ธับธู้, เຂົ้าใจ (ถวามจำเป็ม), ยยมธับ (ตามຂໍ), เຫັมถิ)</small>

▶ 田中さん、これを10部コピーして持ってきてくれる？ ── 承知しました。
<small>たなか</small>

<small>(तानाकाज्यू, यसको 10 वटा फोटोकपी लिएर आईदिनुहुन्छ कि ? —हुन्छ, बुझें ।／ภาຄาภา ท้อໆฉ่วยเฑ้าฏี้ เๆกสาๆฉับัม10ฉ่าว่าบๆนเฑ้ม? บๆ (ตาส) ยย่ลใปรม่า／ทะบะกาบ, อัถเอกะสาานั้ 10 ฉุดแล้อๆเมืๆา ใຫ້ใด้บ່ๆ？ —เຂົ้าใจแล้ว.)</small>

▶ 親はあなたが留学することを承知しているのね？
<small>おや りゅうがく</small>

<small>(बुबाआमालाई तपाई विदेशमा अध्ययन गर्नजाने भन्नेबारे थाहा छ त ?／ພໍ่แม่ຂอๆเจ้าธับธู้ว่าเจ้าจะไปธ฼๓นฑ่าๆปะเทถบໍ່？／ພໍ่แม่ຂอๆเจ้าธับธู้ว่าเจ้าจะไปธ฼๓นฑ่าๆปะเทถบໍ່？)</small>

❷ □ 了承(する) <small>りょうしょう</small> <small>(सहमति / मंजुरी / बुझाइ (गर्नु)／การเยรมเฉฎ๊ว, การยย่ลเยรม／ เຂົ้าใจ, ธับຊๆบ, ยยมธับ, ธับธอๆ)</small>

▷ 了承済み <small>ず</small> <small>(मंजुरी पाएको／ໄ๓รับการยย่ลเยรม／ໄ๓รับการยยมธับ)</small>

▶ 天候によっては延期の場合もありますので、ご了承ください。
<small>てんこう えんき ばあい</small>

<small>(मौसम अनुसार लम्बिने अवस्था पनि हुनसक्ने कुरा बुझनुहोस् ।／ສูมเมตๆายาถยย่ลๆาวโ๓ยสาๆฑำอกธ๊ๆ มีๆการเฉฺ๊ล่าๆเๆลาๆฑ่ายเฑ้ม์ยๆๆฑๆ้สุๆๆ／ภะลุมๆับฉ่าๆอ่า: (ๆๆบ) อๆๆจะฑีๆเฉฺ๊ลืๆๆออๆ ไปฉ่นฺๆับสะพๆบๆๆฑๆ๓.)</small>

❸ □ 究明(する) <small>きゅうめい</small> <small>(सत्यता (बुझ्नु)／การเสฎๆบมเฉฎฺ๊ต／ลิบฑๆ, ลิบสอบ, ลิกลๆ๓ใຫ้พๆๆจฺ๊ๆแจ๊ๆ)</small>

▶ なぜ、このような事故が起きたのか、原因の究明が待たれます。
<small>じこ お げんいん ま</small>

<small>(किन यस किसिमको दुर्घटना घटयो, त्यसको कारणको सत्यता चाँडो आओस् ।／ เຍ่໊ๆຫຍໆໆๆๆๆฑำๆๆๆการเสฎๆบมเฉฎฺ๊ตๆมีมูลเຫถุຫๆๆเทฺ๊ๆฑๆຫฏ้เຫถุฐๆ้มๆๆเฑๆๆฝๆ้ฑๆๆบๆบมิ์เๆๆเຍ่໊ໆ／พอມล็ฑำๆๆๆๆลิบสอบสๆเຫถุอ่าเฉฺ๊มฑๆຍๆ้อุขๆฑิ์เฑๆฑ้ๆฑ่ๆๆจๆๆจๆๆเฑๆๆຂๆ้.)</small>

❹ □ 判明(する) <small>はんめい</small> <small>(साबित (गर्नु)／การบฎ๊ๆฺฏ๓ๆๆเฑๆๆๆ๓ๆ๓, การเลๆๆๆฑๆจๆๆๆ๓／ปะฎๆๆถๆๆมจๆๆ, พิสูถ, ยืมยัม)</small>

▶ 今回の調査で新たな事実が判明した。
<small>こんかい ちょうさ あら じじつ</small>

<small>(यसपटकको सर्वेक्षणबाट नयाँ सत्य साबित भयो ।／การฑิๆฑ๊ๆมูๆๆฑๆๆบๆๆฏ๓ๆๆเฑๆๆๆ๓ๆ๓ๆฑๆๆมๆๆ: การสๆๆๆฺ๓ๆๆๆๆๆๆๆ.／ๆๆๆๆๆๆๆ๓ๆฑ่ๆๆมี์ๆ๓ปะฎๆๆถๆๆมจๆๆๆ๓.)</small>

順序・
プロセス 31

手続き 32

頻度 33

物の形・状態 34

増減・伸縮 35

二つ以上の
ものの関係 36

人 37

人と人 38

見る・見せる 39

わかる 40

❺ □ 解明(する) <ruby>解明<rt>かいめい</rt></ruby>（समाधान / ছর্ড্ड গ (গর্नु)／ການໄຂກຸ້, ການໄຂຄວາມກະຈ່າງ／ ອະທິບາຍ, ເຮັດໃຫ້ຈະແຈ້ງ, ຂໍ້ແຈງ）

▶ いずれこの<ruby>病気<rt>びょうき</rt></ruby>のメカニズムも解明されるでしょう。

（कुनैदिन यस रोगको बनावटको बारेमा ছর্ড्ड গ गरिनेछ होला।／ຍຸກການໃນຈຸດນີ້ເຮົາຈະຕ້ອງໄຂຄວາມກະຈ່າງໃນອີກບໍ່ດົນ.）

❻ □ 悟る <ruby>悟<rt>さと</rt></ruby>る（महसुस गर्नु / अनुभव गर्नु／ຮູ້ສຶກ, ຍອມ, ຍອມຮັບຮູ້／ເຂົ້າໃຈ, ຮູ້ແຈ້ງ, ສຳນຶກ, ຮູ້ຢູ່ແກ່ໃຈ）

▶ <ruby>私<rt>わたし</rt></ruby>には<ruby>才能<rt>さいのう</rt></ruby>がないと悟った。

（मसँग प्रतिभा छैन भन्ने कुराको महसुस भयो।／ຂ້ອຍຮູ້ຈາກ່ອນວ່າຂ້ອຍບໍ່ມີຄວາມສາມາດ.）

❼ □ 訳 <ruby>訳<rt>わけ</rt></ruby>（अर्थ / मतलब／ເຫດຜົນ, ມູນເຫດ／ເຫດຜົນ, ຄວາມໝາຍ） 同<ruby>理由<rt>りゆう</rt></ruby>

▷ 訳がわからない

（क अर्थ हो केही बुझिनँ／ບໍ່ມີຮູ້ເຖິງມູນເຫດ／ບໍ່ເຂົ້າໃຈວ່າເປັນຫຍັງ）

▶ どうして<ruby>彼女<rt>かのじょ</rt></ruby>があんなに<ruby>怒<rt>おこ</rt></ruby>るのか、訳がわからない。

（किन उनी त्यस्तो रिसाउनुको अर्थ के हो, केही बुझिनँ।／ຂ້ອຍບໍ່ມີຮູ້ຈາກມູນເຫດຜູ້ທີ່ນາງໄຈຮ້າຍຢ່າງນັ້ນ ／ຂ້ອຍບໍ່ເຂົ້າໃຈວ່າເປັນຫຍັງລາວຈຶ່ງໃຈຮ້າຍປານນັ້ນ.）

UNIT 41

言う (พูด/និយាយ/ເວົ້າ)
い

---

❶ □ 白状(する) (स्वीकारोक्ति (गर्नु) भित्री कुरा खोल्नु ; स्वीकार गर्नु मनको कुरा खोल्नु
はくじょう /ការសារភាព/ສາລະພາບ, ຍອມຮັບ)

▶ 容疑者は遂に白状したようだ。
ようぎしゃ つい

(अभियुक्तले आखिरमा स्वीकारोक्ति गरे जस्तो छ।/ទីបំផុត ជនសង្ស័យហាក់ដូចជាបានសារភាពហើយ។/
ປະກົດວ່າຜູ້ຕ້ອງສົງໄສໄດ້ສາລະພາບໃນທີ່ສຸດ.)

▶ 彼女のことが好きなんでしょ？ 白状したら？
かのじょ す

(त्यो महिला मनपर्छ होइन र ? मनको कुरा खोले भइहाल्छ नि ।/អ្នកស្រឡាញ់នាង ត្រូវទេ? ហេតុអ្វីមិន
សារភាពទៅ?/ເຈົ້າມັກລາວແມ່ນບໍ? ສາລະພາບລອງເບິ່ງລະ?)

---

❷ □ 宣言(する) (उद्घोषण ; घोषणा ; सार्वजनिक सूचना/ការប្រកាស, សេចក្ដី
せんげん ប្រកាស/ປະກາດ, ຖະແຫຼງ)

▷ 禁煙を宣言する、独立宣言
きんえん どくりつ

(चुरोट नखाने घोषणा/स्वतन्त्रताको घोषणा/ប្រកាសឈប់ជក់បារី, ការប្រកាសឯករាជ្យ/
ປະກາດຫ້າມສູບຢາ, ການປະກາດເອກະລາດ)

▶ ３日間にわたる大会は、市長の開会宣言で始まりました。
みっかかん たいかい しちょう かいかい はじ

(3दिनसम्म चलेको समारोह नगरप्रमुखको उद्घाटन घोषणाबाट सुरु भयो।/សន្និបាតដែលមានរយៈពេលៗ3ថ្ងៃ
បានចាប់ផ្ដើមដោយការប្រកាសបើកសន្និបាតរបស់ចៅហ្វាយក្រុង។/ການແຂ່ງຂັນຄັ້ງໃຫຍ່ເປັນເວລາ
ສາມວັນໄດ້ເລີ່ມຂຶ້ນໂດຍການປະກາດເປີດງານຂອງເຈົ້າເມືອງ.)

---

❸ □ 宣誓(する) (सपथ ग्रहण (गर्नु) ; कबुल ; वाचा ; वचनबद्धता/ការស្បថ, សម្បថ,
せんせい សច្ចាប្រណិធាន/ປະຕິຍານ, ສາບານ)

▷ 選手宣誓 (खेलाडीको सपथ ग्रहण/ការធ្វើសច្ចាប្រណិធានរបស់កីឡាករ/ຄำປະຕິຍານຂອງນັກກິລາ)
せんしゅ

▶ 真実のみを話すって宣誓して証言をする以上、法廷で嘘なんかつけないよ。
しんじつ はな せんせい しょうげん いじょうほうてい うそ

(सत्य मात्र बोल्छु भनेर सपथ ग्रहण गरेर गबाही दिने भएपछि इजलासमा कहाँ झुटो बोल्न सकिन्छ र ?/
ខ្ញុំមិនអាចនិយាយកុហកបានទេ ដោយសារសូបានស្បថធ្វើសាក្សីថាខ្ញុំនឹងនិយាយតែការពិត។/
ເຈົ້າໃຫ້ການເປັນພະຍານໂດຍສາບານວ່າເຈົ້າເວົ້າຄວາມຈິງເທົ່ານັ້ນ, ເຈົ້າຈະຕວະໃນສານບໍ່ໄດ້.)

---

❹ □ 申し出る (प्रस्ताव (/ प्रस्तावना / सुझाव) राख्नु/ស្នើផ្ដល់/
もう で ສະເໜີ, ສະແດງຄວາມປະສົງ)

▷ このニュースが報じられた後、寄付を申し出る人が相次いだ。
ほう のち きふ ひと あいつ

(यो समाचार सार्वजनिक भइसकेपछि चन्दाको प्रस्ताव राख्नेहरू धमाधम देखापरे।/មានអ្នកបរិច្ចាគជាបន្តបន្ទាប់
ក្រោយពីព័ត៌មាននេះត្រូវបានចុះផ្សាយ។/ຫຼັງຈາກຂ່າວນີ້ຖືກລາຍງານອອກໄປ, ກໍມີຄົນທີ່ສະແດງຄວາມ
ປະສົງບໍລິຈາກເຈີມຢ່າງຕໍ່ເນື່ອງ.)

言う 41

意見・考え 42

性格・態度 43

気持ち・心の状態 44

評価 45

言葉 46

パソコン・IT 47

問題・トラブル・事故 48

数量・程度 49

❺ □ 申し出 (प्रस्ताव(/प्रस्तावना/सुझाब)राख्नु／ការស្នើផ្ដល់／ການສະເໜີ)

▶ 知事は、他県からの援助の申し出に感謝の意を表明した。
　　ち じ　　　　　た けん　　　　　えんじょ　　　　　　　　　かんしゃ　　い　ひょうめい

(अञ्चल प्रमुखद्वारा अन्य अञ्चलबाटको सहयोग प्रस्तावप्रति आभार व्यक्त गरियो ।／ចៅហ្វាយខេត្តបានសម្ដែងការដឹងគុណចំពោះការស្នើផ្ដល់ជំនួយពីសំណាក់ខេត្តផ្សេងៗ។／ທ່ານເຈົ້າແຂວງໄດ້ສະແດງຄວາມຂອບໃຈຕໍ່ການສະເໜີການຊ່ວຍເຫຼືອຈາກແຂວງອຶ່ນໆ.)

---

❻ □ 告げる (घोषणा गर्नु；जनाउनु／जनाइदिनु；प्रचार गर्नु／ប្រាប់, ជូនដំណឹង／ບອກ, ແຈ້ງ)
　　　つ

▶ 医者に病名を告げられた時は、ショックでした。
　　い しゃ　びょうめい　　　　　　とき

(चिकित्सकबाट रोगको नाम जनाइदिँदा त छाँगाबाट खसे जस्तै भयो।／ពេលគ្រូពេទ្យបានប្រាប់ឈ្មោះជំងឺ។／ຕົກໃຈເມື່ອທ່ານໝໍແຈ້ງຊື່ໂລກພະຍາດ.)

▷ 朝を告げる鳥の声が心地いい。
　　あさ　　　つ　　　とり　こえ　ここち

(बिहान भएको जनाउने चरीको आवाज मनोहर हुन्छ।／សម្លេងសត្វចាបប្រកាសថាជាពេលព្រឹកហើយធ្វើឱ្យមើងមានអារម្មណ៍ល្អ។／ສຽງນົກຮ້ອງບອກວ່າເຊົ້າແລ້ວ, ເຮັດໃຫ້ຮູ້ສຶກດີ.)

---

❼ □ つぶやく (गुनगुनाउनु；गनगन (/ कच कच) गर्नु；भन्भनाउनु；फत्फताउनु；बडबडाउनु；ខ្សឹប／ຈົ່ມพึมพำๆ）

▶ 先生は何かつぶやいたけど、よく聞き取れなかった。
　　せんせい　なに　　　　　　　　　　　き　と

(गुरुले केही गुनगुनाउनु भएको तियो तर राम्रोसँग बुझिएन।／លោកគ្រូបានខ្សឹបប្រាប់ ប៉ុន្តែខ្ញុំស្ដាប់មិនបានឮសោះ។／ຄູจึมพึมพำๆ ຢ່างใดอย่างໜຶ່ง, ແຕ່ຂ້ອຍບໍ່ໄດ້ຍິນຄັກ.)

---

❽ □ お世辞 (चापलुसी／ការនិយាយបញ្ជោរ／ການຍ້ອຍเຍ່ອ)
　　　せ じ

▶ 別にお世辞を言っているんじゃないですよ。本当に上手いと思ってるんです。
　　べつ　　　　　　　　　い　　　　　　　　　　　　　　ほんとう　　う ま　　　おも

(चापलुसी गरेको चाहिँ होइन ल, साच्चै नै सिपालु हो भनेर लागेको छ।／ខ្ញុំមិនមែននិយាយបញ្ជោរទេ។ ខ្ញុំគិតថាអ្នកពិតជាពូកែមែន។／ບໍ່แม่นว่าຍ້ອຍเຍ່ອໄດ໋. ຄິดว่าเก่งຈິ่ງ.)

UNIT 42

意見・考え
い けん　　かんが
（सोच / विचार／មតិ, យោបល់, ការគិតគូរ, គំនិត／ຄວາມເຫັນ · ຄວາມຄິດ）

❶ □ 意図（する）（आशय／បំណង, គោលបំណង／ຄວາມຕັ້ງໃຈ, ເຈດຕະນາ, ຄວາມປະສົງ）

❷ □ 意図的（な）（अभिप्राय／ដោយមានបំណង, ដោយចេតនា／ໂດຍເຈດຕະນາ, ໂດຍຕັ້ງໃຈ, ໂດຍຈົງໃຈ）

▶ なぜ急に賛成になったのか、彼の意図がわからない。

（किन अकस्मात सहमति बनेको हो, उसको आशय कसैले बुझन सकेन । ／ខ្ញុំមិនយល់ពីគោលបំណងរបស់គាត់ទេ ថាហេតុអ្វីបានជាគាត់យល់ស្របភ្លាមៗ។／ຂ້ອຍບໍ່ເຂົ້າໃຈເຈດຕະນາຂອງລາວວ່າ:ເປັນຫຍັງລາວຈຶ່ງເຫັນດີກັບມັນ.）

▶〈スポーツ〉今のファウルは意図的と思われてもしかたない。

（<खेलकुद>अहिलेको नियम उल्लंघन त त्यसैको अभिप्रायमा गरेको भनै कुरालाई नकार्न सकिन्न । ／(កីឡា) ខ្ញុំគិតថាការលេងខុសច្បាប់វិន័យអំបាញ់មិញនេះគឺដោយចេតនា។／<ກິລາ> ອົດບໍ່ໄດ້ທີ່ຈະຄິດວ່າລາວ ຜິດພາດຢ່າງຈົງໃຈຖືກໝ່ນ ໂດຍເຈດຕະນາ.）

❸ □ 意向（मनसाय／បំណង, ឆន្ទ:／ຄວາມຕັ້ງໃຈ, ຄວາມຕ້ອງການ, ຄວາມມຸ່ງໝາຍ）

▷ 先方の意向に沿うよう、内容を一部変更した。

（अर्कोपक्षको मनसाय अनुसार चल्ने उद्देश्यले विषयलाई अलिकति परिवर्तन गरियो । ／ខ្ញុំបានប្ដូរខ្លឹមសារមួយផ្នែក អោយស្របទៅតាមបំណងរបស់ភាគីម្ខាងទៀត។／ໄດ້ປ່ຽນແປງເນື້ອໃນເພື່ອໃຫ້ໄປຕາມຄວາມຕ້ອງການ ຂອງອີກຝ່າຍ.）

❹ □ 確信（する）（पक्का गर्नु／ការរពឹង, ការអះអាង, ការជឿជាក់／ເຊື່ອໝັ້ນ, ແນ່ໃຈ, ໝັ້ນໃຈ）

▷ 確信犯
　　はん

（पूर्व नियोजित अपराध／បទល្មើសដែលធ្វើដោយជឿជាក់ថាអ្វីដែលខ្លួនធ្វើអំពើត្រឹមត្រូវ／ອາດຊະຍາກຳທີ່ຄິດໄວ້ລ່ວງໜ້າ）

▶ その字を見て、本人が書いたものと確信しました。

（त्यो अक्षर हेर्दा, उसैले नै लेखेको हो भनि पक्का गरें ／ពេលមើលអក្សរនោះហើយ ខ្ញុំជឿជាក់ថាជាអក្សរដែល សាមីខ្លួនបានសរសេរ។／ເມື່ອເຫັນໂຕໜັງສືນັ້ນ, ຂ້ອຍກໍໝັ້ນໃຈວ່າເປັນລາຍມືຂອງລາວ.）

❺ □ 決意（する）（अठोट गर्नु／ការសម្រេចចិត្ត, ការតាំងចិត្ត, ការប្ដេជ្ញា／ຕັດສິນໃຈ, ການກຳນົດ, ຄວາມຕ້ອງການ）

▷ 決意を固める、決意を語る
　　　かた　　　　　かた

（संकल्प गर्नु／សម្រេចចិត្ត, និយាយពីការប្ដេជ្ញាចិត្ត／ຕັດສິນໃຈຢ່າງໜວງແໜ້ນ, ກ່າວເຖິງຄວາມຕັດສິນໃຈ）

▷ 悩んだ末、彼は引退を決意した。
　　なや　　すえ　かれ　いんたい

（दोधारमा त थिए तर उनले अवकाश लिने संकल्प गरे । ／គាត់បានសម្រេចចិត្តចូលនិវត្តន៍ក្រោយពីបាន ពិចារណាជាយូរ។／ຫຼັງຈາກທີ່ໄດ້ກັງວົນໃຈ, ສຸດທ້າຍລາວກໍຕັດສິນໃຈລາອອກ.）

言う 41
意見・考え 42
性格・態度 43
気持ち・心の状態 44
評価 45
答案 46
パソコン・IT 47
問題・トラブル・事故 48
数量・程度 49

❻ □ 決断(する)
けつだん
(निर्णय गर्नु／ការសម្រេចចិត្ត／ການຕັດສິນໃຈ, ການຕັດສິນໃຈ ຢ່າງເດັດຂາດ)

▷ 決断が早い／遅い
はや　　おそ
(निर्णय गर्न छिटो／ढीलो／ការសម្រេចចិត្តលឿន／យឺត／ການຕັດສິນໃຈໄວ／ຊ້າ)

▷ 今こそ決断の時だ。
いま　　　　　とき
(अहिले गर्ने बेला त अहिले नै हो।／នេះគឺជាពេលដែលត្រូវសម្រេចចិត្តហើយ។／ຕອນນີ້ລະແມ່ນເວລາທີ່ຈະຕັດສິນໃຈ.)

▷ トップには決断力が求められる。
りょく　もと
(उच्च पदमा हुने व्यक्तिप्रति संकल्प शक्तिको माग गरिन्छ।／អ្នកដឹកនាំត្រូវរែអោយមានសមត្ថភាពក្នុងការសម្រេចចិត្ត។／ໃນຕຳແໜ່ງສູງແມ່ນຮຽກຮ້ອງໃຫ້ມີຄວາມເດັດຂາດໃນການຕັດສິນໃຈ)

❼ □ 理念
りねん
(धारणा ; विचारधारा／គោលការណ៍／ຄວາມຄິດ (ດ້ານປັດຊະຍາ), ຫຼັກການພື້ນຖານ)

▷ 教育理念、経営理念を掲げる
きょういく　　けいえい　　　かか
(शैक्षिक तथा प्रबन्धकीय सिद्धान्त／គោលការណ៍អប់រំ/ បង្កើតគោលការណ៍នៃការគ្រប់គ្រង／ປັດຊະຍາການສຶກສາ, ສົ່ງເສີມປັດຊະຍາການຄຸ້ມຄອງ)

❽ □ 構想(する)
こうそう
(रूपरेखा ; रचना ; धारणा संकल्पना ;／ផែនការ, ប្លង់, គំនិត／ຄິດເປັນຂັ້ນຕອນ, ແບບຄວາມຄິດ)

▷ 小説の構想を練る
しょうせつ　　　ね
(उपन्यासको रूपरेखा राम्रोसँग विचार पुऱ्याउनु／បង្កើតគំនិតនៃរឿងប្រលោមលោក／ປະດິດແບບຄວາມຄິດຂອງນິຍາຍ)

▶ 市は、新たな住宅計画の構想を発表した。
し　　あら　　じゅうたくけいかく　　　　　　はっぴょう
(नगरद्वारा नयाँ आवास परियोजनाको रूपरेखाको घोषणा भयो।／ក្រុងបានបង្ហាញប្លង់នៃគម្រោងសំណង់នៅដ្ឋានថ្មី។／ເມືອງໄດ້ປະກາດແນວຄວາມຄິດຂອງໂຄງການບ້ານຈັດສັນໃໝ່.)

❾ □ 見込む
みこ
(अनुमान／आशा (／ प्रत्याशा／अपेक्षा／प्रतीक्षा) गर्नु ; सोचाई राख्नु／រំពឹងទុក, ប៉ាន់ស្មាន／ຄາດຫວັງ, ຄາດການ, ຄາດຄະເນ)

▷ 開店初日は 1 万人の来客が見込まれている。
かいてんしょにち　　まんにん　　らいきゃく
(पसल उद्घाटन हुने पहिलो दिनमा 10 हजार जना ग्राहक आउने अपेक्षा राखिएको छ।／គេរំពឹងទុកថានឹងមានភ្ញៀវ១ម៉ឺននាក់មកនៅថ្ងៃបើកហាងដំបូង។／ຄາດຄະເນວ່າຈະມີລູກຄ້າໃນມື້ເປີດທຳອິດ.)

❿ □ 見込み
みこ
(अनुमान／आशा／ការរំពឹងទុក, ការប៉ាន់ស្មាន／ຄວາມເປັນໄປໄດ້, ການຄາດຄະເນ, ຄວາມຫວັງ)

▷ 見込みが外れる
はず
(अनुमानभन्दा फरक हुनु／ខុសពីការប៉ាន់ស្មាន, ធ្លុយពីការស្មាន／ການຄາດຄະເນຄາດເຄື່ອນ)

▶ あすの朝、台風15号は九州に上陸する見込みです。
　　　あさ　たいふう　　ごう　きゅうしゅう　じょうりく
(भोलि बिहान 15औं नम्बरको टाइफून क्युस्यु टापुमा प्रवेश गर्ला भनि सोचिएको छ।／ខ្យល់ព្យុះលេខ១៥នឹងគ្រូបានគេរំពឹងថានឹងមកដល់ប្យូស៊ូនៅក្រិកថ្ងៃស្អែក។／ຄາດຄະເນວ່າພະຍຸໄຕ້ຝຸ່ນເບີ 15 ຈະພັດເຂົ້າຝັ່ງເກາະຄິວຊູໃນຕອນເຊົ້າມື້ອື່ນ.)

⓫ □ **案の定**（सोचेजस्तो／ដូចដែលបានគិត, ដូចដែលបានរំពឹងទុក ／តាមការគ្រោងទុកមួយ, ដូចគិតទុក）　類 やはり
あん じょう

▶ いやな天気だなと思っていたら、案の定、雨が降り出した。
てんき　　　 おも　　　　　　　　　　　　あん じょう　あめ　ふ だ

（मौसम खराब होला जस्तो छ भनि सोचेको थिएँ नभन्दैपानी पर्न सुरूभयो।／ខ្ញុំគិតជាមាសកាសធាតុមិនល្អសោះ ស្របតែភ្លៀងធ្លាក់មកដូចដែលបានខ្ញុំបានគិត។／គិតว่าอากาศมับป็นใจม่า, ดั่งที่คิดไว้เลยฝันก็เริ่ม ติกลิ้าๆฯ）

⓬ □ **想定（する）**（परिकल्पना／ការស្មាន, ការសន្និដ្ឋ／สมมุต）
そうてい

▶ 万一の場合を想定して、緊急の連絡方法を確認しておいてください。
まんいち　ばあい　 そうてい　　　 きんきゅう れんらくほうほう　 かくにん

（कथमकदाचित केही परिस्थिति बारे सोचेर आकस्मिक सम्पर्क गर्ने तरिका निश्चय गरेर राख्नुहोस्।／ក្នុងករណីអាសន្ន សូមពិនិត្យមើលវិធីទំនាក់ទំនងសម្រាប់ពេលអាសន្ន។／สมมุตเพื่อไว้, กะลุมาทอดเป็นใช้แบบใจ ก่อวกับวิธิที่ติดต่ใมกละมิสุกเสิม.）

⓭ □ **予想外**（नसोचेको／មិននឹកស្មានដល់／ถาดบ่เที่า, គิดบ่เที่า, บ่ถาดคิด）
よ そうがい

▷ 予想外の結果になる
けっか

（सोचेको भन्दा बाहेकको परिणाम हुन्／លទ្ធផលដែលមិននឹកស្មានដល់／สิ่งสิบได้รับที่บ่ถาดคิด）

▶ 予想外の事態に予定は大幅に狂った。
じたい　 よてい　 おおはば　 くる

（नसोचेको परिस्थिति आइपर्दाकोले योजनाहरूमा ठुलो उथलपुथल भयो।／តម្រោងការរបស់ខ្ញុំបានប្រែជា រញ្ជេរញ្ជៃស្ទើរទាំងអស់ដោយសារស្ថានការណ៍ដែលមិននឹកស្មានដល់។／ກຳນิดการเผิดไปจากเดิม ขายย้อมละขยายภาวที่บ่ถาดคิด.）

⓮ □ **楽観（する）**（आशावादी／សុទិដ្ឋិនិយម／เบิ่งโลกใบแງ่ดิ）
らっかん

▷ 楽観ムード（आशावादीमुड／អារម្មណ៍សុទិដ្ឋិនិយម／อาມิดี）

▶ 決して楽観しているわけではありません。
けっ

（कदापि आशावादी भएर बसेको होइन।／មិនមែនសុទ្ធតែមានសុទិដ្ឋិនិយមទាំងអស់នោះទេ។／ บ่ได้ขายความว่าข้อยเบิ่งโลกใบแง่ดิ.）

⓯ □ **楽観的（な）**（आशावादी／ដែលសុទិដ្ឋិនិយម／เบิ่งโลกใบແງ่ดิ,ໃบທາງดิ）　 対 悲観的（な）
てき

▶ 何とかなるだろうと楽観的に考えていたら、大変なことになってしまった。
なん　　　　　　　　　　　 かんが　　　　　　　 たいへん

（केही न केही त हुन्छहोला भनि आशावादी भएर बस्दा त बरबादी भयो।／ពេលដែលខ្ញុំបានគិតបែបសុទិដ្ឋិនិយម ថាអ្វីៗនឹងមានដំណោះការស្រាយ នោះក៏មានបញ្ហាកើតឡើង។／เมื่อคิดว่าถอบเบิ่งโลกใบแง่ดิว่าทุกยๆ ขากขึ้เป็นไป, แต่พัดขายเป็นเลื่อງล้ำยาก.）

⓰ □ **悲観的（な）**（निराशावाद／ដែលទុទិដ្ឋិនិយម／เบิ่งโลกใบแง่ร้าย）　 対 楽観的（な）
ひ かん

▶ この状況では、悲観的にならざるを得ない。
じょうきょう　　　　　　　　 え

（यस्तो अवस्थामा निराशावादी हुन् बाहेक केही छैन।／នៅក្នុងស្ថានការណ៍បែបនេះ មានតែគិតទុទិដ្ឋិនិយម។ ／ใบละฤามะภาวมัธิ, ถิดบ่ได้ທิจะเบิ่งโลกใบแງ่ร้าย.）

言う 41
意見・考え 42
性格・態度 43
気持ち・心の状態 44
評価 45
言葉 46
パソコン・打 問題・トラブル・事故 47
数量・程度 48 49

⓱ □ 主観 (व्यक्तिनिष्ठता／គំនិតអត្តនោម័ត／ຄວາມຮູ້ສຶກອ່ອນໄຕ, ການ
ເບິ່ງຈາກການມມອງຂອງໄຕເອງ) **対 客観**
しゅかん　　　　　　　　　　　　　　　　　　　きゃっかん

▷ 主観を述べる
の
(आफ्नो धारणा व्यक्त गर्नु／បញ្ជាក់ពីគំនិតអត្តនោម័ត／ກ່າວຄວາມຮູ້ສຶກອ່ອນໄຕ)

⓲ □ 主観的(な) (व्यक्तिनिष्ठ／ដែលអត្តនោម័ត／ອ່ອນໄຕ)
てき

▶ 君の主観的な意見はいいから、客観的な事実だけを伝えてくれ。
きみ　しゅかんてき　いけん　　　　　　　　きゃっかんてき　じじつ　　　つた

(तिम्रो आत्मनिष्ठात्मक विचार चाहिँदैन, निष्पक्षतापूर्वक सत्यतथ्य मात्र बताइदेऊ।／ខ្ញុំមិនខ្វល់ពីគំនិតបែបអត្តនោ
ម័តរបស់ឯងទេ ជួនេះសូមប្រាប់ពីការពិតដោយកុំបំភ្លើស។／ຂ້ອຍບໍ່ສົນໃຈຄວາມຄິດເຫັນສ່ວນໄຕຂອງ
ເຈົ້າ, ມີແຕ່ບອກຄວາມຈິງຕາມວັຖປະສົງໃຫ້ຂ້ອຍຮູ້.)

⓳ □ 唱える (जप गर्नु／ស្រែក, ពស្រ្ងមតិ／ຮ້ອງ, ລວດມົນ, ເທດ, ອ່ານອອກສຽງ,
とな ຍົບຍັນ, ຽງກຮ້ອງ, ເວົ້າອອກມາ)

▷ 増税反対を唱える、呪文を唱える
ぞうぜいはんたい　　　　　じゅもん
(कर वृद्धिप्रति विरोध जप गर्नु／និយាយប្រឆាំងនឹងការតឡើងពន្ធ/ សូត្រអមនុ／
ເວົ້າອອກມາຕ້ານການເພີ່ມພາສີ, ເສກຄາຖາ)

▷ 会の決定に異議を唱える者もいた。
かい　けってい　いぎ　　　もの
(सभाले गरेको निर्णयमा विरोध जनाउने व्यक्ति पनि थिए।／មានអ្នកមិនយល់ស្របនឹងការសម្រេចរបស់
អង្គប្រជុំ។／ມີຫຼາຍຄົນເວົ້າອອກມາຄັດຄ້ານຕໍ່ການຕັດສິນໃຈຂອງສະມາຄົມ.)

⓴ □ 提唱(する) (प्रवर्तन गर्नु ; अघि सार्नु ;／ការស្នើ, ការធ្វើសំណើ／
ていしょう ຽງກຮ້ອງ, ລະຊັບລະຫນູມ, ໂຄສະນາຊວນເຊື່ອ)

▷ 改革を提唱する
かいかく
(सुधार अघि सार्नु ;／ស្នើសុំការកែទម្រង់／ລະຊັບລະຫນູມການປະຕິຮູບ)

▷ この研究分野においては、教授が20年前に提唱した理論が基礎になっ
けんきゅうぶんや　　　　　　きょうじゅ　ねんまえ　　　　　りろん　きそ
ている。
(यस अनुसन्धान क्षेत्रमा प्राध्यापकद्वारा 20 अघि सारिएको सिद्धान्तलाई आधार बनाइएको छ।／
ទ្រឹស្តីដែលសាស្ត្រាចារ្យបានលើកជាសំណើបានក្លាយជាមូលដ្ឋានគ្រឹះនៅក្នុងវិស័យស្រាវជ្រាវនេះ។／
ການຄົ້ນຄວ້າແຂນງການນີ້ໄດ້ອີງໃສ່ພື້ນຖານຄວາມຄິດສະດີທິສາດສະດາຈານໄດ້ລະຊັບລະຫນູມແຕ່ 20 ປີກ່ອນ.)

㉑ □ 提言(する) (सल्लाह／अनुसासन्, ការលើកជាសំណើ／
ていげん ออกคำเห็ม, ละเ฿บคำเห็ม)

▷ 会議では、災害時の行政の対応について、専門家からいくつかの提言
かいぎ　　　さいがいじ　ぎょうせい　たいおう　　　　　せんもんか
があった。
(सभामा, आपत्–विपत् आइलान्दा सरकारी निकायको तालमेल सम्बन्धी विशेषज्ञहरूबाट केही सुझाव आएको थियो／
នៅពេលប្រជុំ មានអនុសាសន៍មួយចំនួនពីសំណាក់អ្នកជំនាញការស្នើពីការឆ្លើយតបរបស់រដ្ឋាភិបាល
នៅពេលមានគ្រោះមហន្តរាយ។／ທີ່ກອງປະຊຸມ, ມີການລະເຝີບຄຳເຫັນບາງຢ່າງຈາກບັນດາຜູ້ຊ່ຽວຊານກ່ຽວກັບ
ການຮັບມືຂອງລັດຖະບານໃນເວລາເກີດໄພພິບັດ.)

㉒ □ 考案(する)
こうあん

(चाल ; युक्ति ; उपाय／បង្កើតឡើង, គិតដល់／
པะៈດิดគិดคิ້ม, គិดขา, គិดขา (ᨾᨲᨲะᨠᨶᨶᩣ))

▶ これらは高齢者のために考案されたメニューです。
こうれいしゃ

(यी सबै, वृद्धवृद्धाको लागि सोचेर बनाइएको मेन्यु हुन्।／ទាំងអស់នេះគឺជាមុខម្ហូបដែលបង្កើតឡើងសម្រាប់
មនុស្សចាស់។／ເຈົ້ານີ້ແມ່ນເມນູທີ່ຖືກປະຌິດคิดคิ้มมาເພื่อຜู้ສูงอายุ.)

㉓ □ 表明(する)
ひょうめい

(अभिव्यक्ति ; प्रकटीकरण ; स्पष्टीकरण／ការបញ្ចេញអោយយល់ញ, ការបញ្ចេញមតិ, ការប្រកាស／ฆะแฑฆ
ออก, ฆะแฑฆຄวามคิด, ฆะแฑฆออกຫฑฎฎຠฎ้ช่ฆแฑฆฎฑຠ຺฾຺฾຺ด฾ฅขฺ้ฅเจน, ฎะกาด, ฑะฑฦฆฺฆฑฎฉ, แจฺ้)

▷ 参加の意思を表明する、引退表明
さんか いし   いんたい

(भागलिने इच्छा स्पष्टसँग देखाउने, अवकाश लिने इच्छा व्यक्त गर्ने／បង្ហាញពីបំណងចូលរួម, ការប្រកាស
ចូលនិវត្តន៍／ฆะแฑฆຄวามตัฺ้ใจฑิจะເຂ้าร่อม)

▷ 市の決定に対し、いくつかの市民団体が反対を表明した。
し   けってい たい   しみんだんたい はんたい

(नगरको निर्णयप्रति केही नागरिक संगठनहरूले विरोधाभास व्यक्त गरे।／អង្គការសិវិលមួយចំនួនបានបង្ហាញពី
ការប្រឆាំងនឹងការសម្រេចរបស់ក្រុង។／กุ่มปะຊาຊฦฆຫฺายกุ่มได้ฆะแฑฆຄวามบ่ฆเห็ฆต่ฆาฑตัดฆิฦใจຂอฺเฆือฺ.)

㉔ □ 声明
せいめい

(विज्ञप्ति / घोषणा／សេចក្តីថ្លែងការណ៍, ការប្រកាស／ฑะแฑฦฺฆาฑ, คำ
ฑะแฑฦฺฆาฑ)

▶ 国連は、この問題に関する新たな専門機関を設けるとの声明を発表した。
こくれん   もんだい かん あら せんもんきかん もう   はっぴょう

(संयुक्त राष्ट्र संघद्वारा यस समस्या सम्बन्धी नयाँ विशेषज्ञिय निकायको गठन गरिने विज्ञप्ति जारी गरियो।／
អង្គការសហប្រជាជាតិបានធ្វើសេចក្តីថ្លែងការណ៍អំពីការបង្កើតអង្គភាពជំនាញថ្មីដែលទាក់ទងនឹងបញ្ហា
នេះ។／อฺฆຫาฑฎะຊาຊาฑโฦได้ฎะฑาฦออฑฎะแฑฦฺฆาฑว่าจะตัฺّຫฆ่วฺฆะเฑาะฑิดใหม่ท่ฆกับบับຫาด้วฑฑฎ.)

▶ 犯人からマスコミ各社に声明文が届いた。
はんにん   かくしゃ   ぶん とど

(अपराधीले विभिन्न सञ्चार मिडियामा विज्ञप्ति पठायो।／សេចក្តីថ្លែងការណ៍របស់ជនឧក្រិដ្ឋបានមកដល់
ក្រុមហ៊ុនសារគមនាគមន៍នីមួយៗ។／คำฑะแฑฦฺฆาฑຊิຉ่ำฑจาฑฎ้ฆฦ่ำฑ่ำฅ฾ดไฎยัฺฆื่ออฺฅัฆต่ำฑฎ.)

㉕ □ 代弁(する)
だいべん

(क्षतिपूर्ति सुल्टा／និយាយជំនួសអោយនរណាម្នាក់, តំណាងអោយ
ໃฑฆ, เอ้ำໃฑฆ, ฅิดໃຊ้ໃฑฆ, ເฎ็ฆตัวໃฑฆ)

▶ この歌は若者の気持ちを代弁する歌として、当時、学生の間ですごく
うた わかもの   きも   とうじ がくせい あいだ
流行った。
はや

(यो गीतले युवाहरूको भावनालाई प्रतिनिधित्व गर्दै भनि व्यतिबेला विद्यार्थीहरूको माझमा एकदम लोकप्रिय भएको
थियो।／បទចម្រៀងនេះមានភាពប្រជាប្រិយភាពយ៉ាងខ្លាំងក្នុងចំណោមសិស្សានុសិស្សនាពេលនោះ ដោយសារ
បទចម្រៀងនេះជាបទចម្រៀងបង្ហាញពីអារម្មណ៍របស់យុវវ័យ។／ເฑฦฺฆี้แฆฆฑฎฆิยฆธฑฆฺຽฆิฦฑຂอฺไวໆฑุ່ฆ
และเฎ็ฆฑ่ิ฾ฆิ฾ฆฆ຾ฆใฆฑุ่ฆฆักฦึฑฦาใฆເฆฦาฆั้ฆ.)

言う 41

意見・考え 42

性格・態度 43

気持ち・心の状態 44

評価 45

言葉 46

パソコン・IT 47

問題・トラブル・事故 48

数量・程度 49

㉖ □ 同感（する）（सहमत／ការយល់ស្របជាមួយ／
どうかん　ຮູ້ສຶກຮ່ວມ, ເຫັນໃຈ, ຄິດເຂົ້າຂ້າງໆ, ຄິດຄືກັນ, ເຫັນດີ)

▶ 私も高橋さんの意見に同感です。
わたし　たかはし　　　　いけん

（म पनि ताकाहासीज्यूको विचारसँग सहमत छु ।／ខ្ញុំយល់ស្របនឹងគំនិតរបស់លោកតាកាហាស៊ី។／
ຂ້ອຍກໍຄິດຄືກັນກັບກັບຄວາມຄິດເຫັນຂອງທ່ານ ທ່ະຄາຮະຊິ.)

㉗ □ 共感（する）（सहानुभूति／ការមានអារម្មណ៍ដូចគ្នា／　　類 共鳴（する）
きょうかん　ຮູ້ສຶກຮ່ວມ, ເຫັນໃຈ, ຄິດເຂົ້າຂ້າງໆ)　　　　　　　　　きょうめい

▷ 共感を覚える（សហានុភូតិ ហុន／មានអារម្មណ៍ដូចគ្នា／ຮູ້ສຶກເຫັນໃຈ）
　　おぼ

▶ 年が近いこともあり、彼女とは共感する点が多い。
とし　ちか　　　　　　　　　　かのじょ　　　　　　　てん　おお

（उमेर नजिक नजिक भएर होला, ती महिलासँग धेरै सहानुभूति छ ।／ដោយសារតែមានអាយុប្រហែលគ្នាផង
ទើបខ្ញុំមានអារម្មណ៍ជាមានចំនុចជាច្រើនដែលដូចនឹងនាង។／ມີຫຼາຍຈຸດທີ່ເຫັນໃຈລາວຫຼາຍ, ຍ້ອນມີອາຍຸ
ໃກ້ຽງກັນ.)

㉘ □ 共鳴（する）（सहमति／ការណ៏តមសួរ, ការយល់ស្របជាមួយ　　類 共感（する）
きょうめい　ສຽງສຽງກ້ອງ, ສຽງສຽງສະທ້ອນ, ເຫັນດີ, ເຫັນໃຈ)　　　　　きょうかん

▶ 番組へは、彼女の意見に共鳴した多くの人からメッセージが届いた。
ばんぐみ　　　　かのじょ　いけん　　　　　　おお　　ひと　　　　　　　　　とど

（कार्यक्रममा ती महिलाको भावनामा सहमति जनाउने असंख्य व्यक्तिबाट सन्देश आयो ।／
សារបស់មនុស្សជាច្រើនដែលបានយល់ស្របនឹងគំនិតរបស់នាងបានផ្ញើមកដល់កម្មវិធី។／
ລາຍການໄດ້ຮັບຂໍ້ຄວາມຈາກປະຊາຊົນຈຳນວນຫຼາຍທີ່ເຫັນດີ/ເຫັນໃຈກັບຄວາມຄິດເຫັນຂອງນາງ.)

㉙ □ 異論（आपत्ति जनाउनु／គំនិតប្រាំង, គំនិតផុយ／ការຄັດຄ້ານ, ຄວາມເຫັນ
いろん　　ແຕກຕ່າງໆ, ບໍ່ເຫັນດີ)

▷ 異論を唱える
　　　　とな

（आपत्ति जनाउनु／ប្រាំងនឹង／ເວົ້າອອກມາການຄັດຄ້ານ）

▶ これについて、異論のある人はいないだろう。
　　　　　　　　　　ひと

（यस सम्बन्धमा आपत्ति जनाउने व्यक्ति छैनन् होला ।／ប្រហែលមិនមានអ្នកប្រាំងនឹងរឿងនេះទេ។／
ຂ້ອຍບໍ່ຄິດວ່າຈະມີໃຜບໍ່ເຫັນດີກັບເລື່ອງນີ້.)

㉚ □ 反論（する）（खण्डन／ការជំទាស់, ការប្រាំង／ການຄັດຄ້ານ, ບໍ່ເຫັນດີ, ໂຕ້ຖຽງ)
はんろん

▶ 裁判では、片方の主張だけでなく、相手にも反論の機会を与えなけれ
さいばん　　かたほう　しゅちょう　　　　　　あいて　　　はんろん　きかい　あた
ばならない。

（अदालतमा एकपक्षको दाबीलाई मात्र नभएर अर्कोपक्षलाई खण्डन गर्ने अवसर पनि नदिइहुँदैन ।／នៅក្នុងការកាត់ក្ដី
អ្នកមិនត្រូវអោយតែម្ខាងទេ ប៉ុន្តែអ្នកក៏ត្រូវផ្ដល់ឪកាសឲ្យការជំទាស់ដល់ភាគីម្ខាងទៀតផងដែរ។／
ໃນການສອບສວນ, ບໍ່ພຽງແຕ່ຝ່າຍດຽວເທົ່ານັ້ນທີ່ຍື່ນຍັນຄວາມຄິດຂອງຕົນເອງ, ແຕ່ຕ້ອງໃຫ້ໂອກາດຝ່າຍ
ກົງກັນຂ້າມໂຕ້ຖຽງນຳອີກ.)

㉛ □ 弁解(する) (बहाना／ការដោះសារ, ការតេចរសមិន ទទួលខុសត្រូវ／ແກ້ໂຕ, ຂໍ້ແກ້ງ) 同 言い訳

▶ 今回のミスはすべて自分の不注意によるもので、弁解のしようがなかった。

(यसपटकको गल्ती सम्पूर्ण आफ्नै लापरवाहीबाट हुनगएको हुनाले बहाना बनाउने त कुरै हुँदैन ।／ខ្ញុំគ្មានអ្វីដោះសារឡើយ ដោយសារកំហុសលើកនេះកើតឡើងពីការខ្វះការប្រុងប្រយ័ត្នរបស់ខ្ញុំទាំងអស់ៗ។／ຄວາມຜິດພາດນີ້ທັງໝົດແມ່ນຍ້ອນຄວາມບໍ່ລະມັດລະວັງຂອງຂ້ອຍເອງ, ແລະບໍ່ມີຂໍ້ແກ້ໂຕ.)

㉜ □ 抗議(する) (विरोध／ការប្រឆាំង, ការតវ៉ា／ຄັດຄ້ານ, ປະທ້ວງ)

▷ 抗議デモ (विरोध जुलुस／បាតុកម្មប្រឆាំង／ການລາຍຊ່ງການປະທ້ວງ)

▶ 彼は審判の判定に強く抗議した。

(उसले निर्णयप्रति कडा विरोध जनायो ।／គាត់បានប្រឆាំងយ៉ាងខ្លាំងនឹងការសម្រេចរបស់ការកាត់ក្តី។／ລາວປະທ້ວງການຕັດສິນຂອງຜູ້ຕັດສິນຢ່າງຮຸນແຮງ.)

㉝ □ 非難(する) (आलोचना／ការរិះគន់／ຕຳນິ, ຕຳຕຳນິຕິຽນ, ວິຈານ, ວິພາກວິຈານ)

▷ 非難を浴びる (आलोचित हुनु／រងការរិះគន់／ຖືກວິພາກວິຈານ)

▷ 大臣の発言は、女性を差別したものだと激しく非難された。

(मन्त्रीको वचनले महिलाप्रति भेदभाव गरेको छ भनि कडा आलोचना गरियो ।／ការបញ្ចេញមតិរបស់រដ្ឋមន្ត្រី បានរងការរិះគន់យ៉ាងខ្លាំងដោយគេចាត់ទុកថាជាការរើសអើងស្រ្តី។／ຄำปาไลຂອງທ່ານລັດຖະມົນຕີໄດ້ຖືກຕຳນິຕິຽນຢ່າງໜັກໜ່ວງວ່າມີຄວາມສະເໜີພາບຕ່ຳແມ່ຍິງ.)

㉞ □ 擁護(する) (समर्थन／ការការពារ／ปิกป้อง, ละขับละขบบ)

▷ 人権擁護団体 (मानव अधिकार संरक्षा संगठन／អង្គការការពារសិទ្ធិមនុស្ស／ອົງການປິກປ້ອງສິດທິມະນຸດ)

▶ 政府を擁護するわけじゃないが、非難しているマスコミにも大いに責任があると思う。

(सरकारको समर्थन गर्न चाहेको त होइन तर आलोचना गर्ने सञ्चार माध्यमहरूमा पनि यसमा ठूलो जिम्मेवारी छ जस्तो लाग्छ ।／ខ្ញុំមិនមែនការពាររដ្ឋាភិបាលទេ ប៉ុន្តែខ្ញុំគិតថាប្រព័ន្ធផ្សារព័ត៌មានដែលរិះគន់ក៏មាន ចំណែកទទួលខុសត្រូវមួយផ្នែកធំដែរៗ។／ຂ້ອຍບໍ່ໄດ້ປິກປ້ອງລັດຖະບານ, ແຕ່ຂ້ອຍຄິດວ່າສື່ມວນຊົນທີ່ວິຈານ ກໍມີສ່ວນຮັບຜິດຊອບເຊັ່ນກັນ.)

㉟ □ 断言(する) (दाबी／ការអះអាង／ยืนยัน, เວົ້າຢ່າງໝັ້ນໃຈ, ມີຄວາມເຫັນທີ່ ຊັດເຈນ)

▶ 証拠がない以上、あの男が犯人だと断言することはできない。

(प्रमाण नभेटिएपछि त त्यो पुरुष नै अपराधी हो भनेर तोक्न गर्न सकिदैन ।／យើងមិនអាចអះអាងថាបុរសនោះ ជាជនល្មើសបានទេ បើគ្មានភស្តុតាង។／ເมื่อຈາກບໍ່ມີຫຼັກຖານ, ບໍ່ສາມາດເວົ້າຢ່າງໝັ້ນໃຈວ່າຜູ້ຊາຍນັ້ນ ແມ່ນຄົນຮ້າຍ.)

言う 41

意見・考え 42

性格・態度 43

気持ち・心の状態 44

評価 45

言葉 46

パソコン・IT 47

問題・トラブル・事故 48

数量・程度 49

㊱ □ 忠告(する) (चेतावनी／ការផ្ដល់ដំបូន្មាន／ເຕືອນ, ຕັກເຕືອນ (ໃຫ້ລະວັງ))

▶ 連中とは付き合わないほうがいいと彼に忠告しておきました。

(त्यस्ता मान्छेहरूसँग हिमचिम नगरेको राम्रो भनि उसलाई चेतावनी दिएँ ।／ខ្ញុំបានផ្ដល់ដំបូន្មានដល់គាត់ហើយ ថាកុំឆាយសេពគប់ជាមួយមិត្តភក្តិទាំងនោះ្បបយ ។／ຂ້ອຍເຕືອນລ່ວງບໍ່ໃຫ້ຄົບຫາກັບພວກເຂົາເຈົ້າ.)

㊲ □ 同意(する) (मन्जुरी／ការយល់ស្រប, ការយល់ព្រម／ເຫັນດີ, ຕົກລົງ, ຍອມຮັບ)

▷ 同意を得る (मन्जुरी लिनु／ទទួលបានការយល់ព្រម／ໄດ້ຮັບການຕົກລົງ)

▷ 上記の内容に同意いただける場合は、「同意する」をクリックしてください。

(माथि उल्लिखित विषयमा मन्जुरी छ भने 'मन्जुर छ'मा क्लिक गर्नुहोस् ।／ករណីយល់ព្រមនឹងខ្លឹមសារដែលបានសរសេរខាងលើ សូមចុចពាក្យ「យល់ព្រម」។／ຖ້າທ່ານທ່ານເຫັນດີກັບຂໍ້ຄວາມຂ້າງເທິງນີ້, ກະລຸນາກົດ "ຕົກລົງ".)

㊳ □ 本音 (मनको कुरा／ការគិតចេញពីចិត្ត, និយពិត／ໃຈຈິງ, ສິ່ງທີ່ເຊື່ອງໄວ້ໃນໃຈ, ຄວາມຮູ້ສຶກທີ່ແທ້ຈິງ)

▷ 本音を探る (मनको कुराको अड्कल लगाउनु／ស្វែងរកគំនិតដែលចេញពីចិត្ត／ຂອດຫາຄວາມຮູ້ສຶກທີ່ແທ້ຈິງ)

▶ 酔うと、つい本音が出る。

(मादक पदार्थ लागेर आयो भने मनको कुरा निस्किहाल्छ ।／ពេលស្រវឹង ទីបំផុតអារម្មណ៍ពិតចេញមក។／ເມື່ອຂ້ອຍເມົາເຫົ້າ, ຄວາມຮູ້ສຶກທີ່ແທ້ຈິງຂອງຂ້ອຍຈະປະກົດອອກມາ.)

㊴ □ 建前 (बाहिरी बोली व्यवहार मुखले बोल्नु／គំនិតរឺវិហារដែលបង្ហាញ នៅចំពោះមុខអ្នកដទៃ／ການສະແດງອອກພາຍນອກ) 対 **本音**

▶ 建前でああ言っているけど、本当は彼も行きたくないんだと思う。

(मुखले त त्यस्तो भनिरहेको छ तर खासमा उसलाई पनि जान मन छैन जस्तो लाग्छ ।／គាត់បាននិយាយអញ្ចឹង នៅមុខអ្នកដទៃ ប៉ុន្ដែខ្ញុំគិតថាតាមពិតទៅគាត់ក៏មិនចង់ទៅដែរ។／ລາວເວົ້າສະແດງອອກພາຍນອກແບບນັ້ນຢູ່, ແຕ່ຂ້ອຍຄິດວ່າຕົວຈິງແລ້ວລາວກໍ່ບໍ່ຢາກໄປ.)

㊵ □ 察する (अड्कल गर्नु／គិត, ស្មាន, ទាយ／ຄາດຄາມ, ສັນນິຖານ, ເຂົ້າໃຈ)

▶ 娘の表情から察するに、今日は負けたんじゃないかと思う。

(छोरीको अनुहारको भावबाट अनुमान लगाउँदा आज हारेको जस्तो देखिन्छ ।／បើទាយតាមយៈទឹកមុខរបស់ នាង ខ្ញុំគិតថាថ្ងៃនេះនាងបានចាញ់។／ຄາດຄາມຈາກສີຫນ້າຂອງລູກສາວແລ້ວຂ້ອຍຄິດວ່າມື້ນີ້ລາວຄົງ ່ຫ່າຍແພ້.)

▶ こっちの気持ちも少しは察してほしい。

(हाम्रो भावनालाई पनि अलिकति त अड्कल गरिदिए हुन्थ्यो ।／ខ្ញុំចង់អោយគិតដល់អារម្មណ៍របស់ខ្ញុំបន្ដិច ផង។／ຂ້ອຍຢາກໃຫ້ເຂົ້າໃຈຄວາມຮູ້ສຶກຂອງຂ້ອຍອີກໜ້ອຍໜຶ່ງ.)

UNIT 43

性格・態度
せいかく　たいど

(बानी／व्यहोरा／អត្តចរិត, ពีរិយាបថ／
ນິໄສ・ກິລິຍາທ່າທາງໆ)

❶ □ 寛大 (な)
かんだい
(उदारचित्तको／ដែលមានចិត្តទូលាយ, ដែលមានចិត្តសប្បុរស,
ដែលអត់អោន／ໃຈກວ້າງ, ມີນ້ຳໃຈ, ຜ່ອນຜັນ, ກະລຸນາໆ)

▷ 寛大さ (उदारपना／ចិត្តសប្បុរស, ចិត្តទូលាយ, ភាពអត់អោន／ຄວາມກະລຸນາໆ)

▶ 今回の過失について、彼には寛大な措置がなされた。
こんかい　かしつ　　　　　かれ　　　　　　　　　　そち

(यसपटकको गलतीप्रति उसको सजायमा उदारपना देखाइयो।／តាត់ត្រូវបានគេអត់អោនអោយចំពោះការ
ធ្វេសប្រហែសលើកនេះ។／ລາວໄດ້ຮັບມາດຕະການຜ່ອນຜັນຈາກຄວາມຜິດພາດເທື່ອນີ້.)

❷ □ 寛容 (な)
かんよう

(लचिलो／ដែលមានចិត្តទូលាយ, ដែលមានចិត្តសប្បុរស, ដែលអត់អោន／ອົດທົນ, ຫ້າວຫ້ານ, ເປີດໃຈ,
ໃຈກວ້າງ, ບໍ່ຖືໂທດ)

▷ 寛容さ (लचिलोपना／ចិត្តសប្បុរស, ចិត្តទូលាយ, ភាពអត់អោន／ຄວາມອົດທົນ)

▶ 自分と反対の意見にも耳を傾ける寛容な気持ちが大切です。
じぶん　はんたい　いけん　　みみ　かたむ　　　　　　　きも　　たいせつ

(आफूभन्दा फरक विचारधारा राख्नेप्रति पनि लचिलोभाव राख्नु महत्त्वपूर्ण हुन्छ।／ការបើកចិត្តទូលាយស្តាប់
មតិយោបល់ដែលមិនស្របនឹងគំនិតរបស់ខ្លួនក៏មានសារៈសំខាន់ដែរ។／ຄືງສຳຄັນທີ່ຕ້ອງເປີດໃຈຮັບຟັງ
ຄວາມຄິດເຫັນທີ່ກົງກັນຂ້າມກັບຕົນເອງ.)

❸ □ 柔軟 (な)
じゅうなん
(लचकदार मनोवृत्तिको／ដែលអាចបត់បែនបាន／ປັບໂຕໄດ້, ຄ່ອງໂຕ)

▶ いろいろなお客さんが来ますので、柔軟に対応してください。
きゃく　　き　　　　　　　　　　　じゅうなん　たいおう

(अनेक थरिका ग्राहक आउने हुनाले लचकदार भावनाले स्वागत गर्नुहोस्।／សូមបត់បែនទៅតាមកាលៈទេសៈ
ពីព្រោះមានភ្ញៀវផ្សេងៗនឹងអញ្ជើញមក។／ป๊ຸลูกค้ามาຫຼายຫຼาย, ดั่งนั้นกะลุนาตอบรับใช้ค่องโต.)

❹ □ 気さく (な)
き
(फरासिलो／ដែលរាក់ទាក់, ដែលរូសរាយ／ກ້າໄປກ້າມາ,
ບໍ່ອ້ອມຄ້ອມ, ຈິງໃຈ, ເປັນກັນເອງ)

▶ 社長はパートのおばさんにも気さくに声をかけます。
しゃちょう　　　　　　　　　　　　　　　　　き　　こえ

(कम्पनी मालिकले पार्ट्टाइममा काम गर्ने महिलाप्रति फरासिलो भएर कुरा गर्छन्।／ប្រធាននិយាយដោយភាពរូស
រាយទៅកាន់ម្ដាយដែលជាបុគ្គលិកធ្វេីការក្រៅម៉ោងដែរ។／ປະທານບໍລິສັດກໍ່ຍັງໄດ້ໂອ້ລົມກັບບັນດາແມ່ອ້ຽທີ່ເຮັດ
ງງງານເສີມດ້ວຍຄວາມເປັນກັນເອງ.)

❺ □ 大らか (な)
おお
(उदार／ដែលសុខ្សាត់, ដែលធូរស្បើយ／
ປ່ອຍໄປໆ, ໃຈເຢັນ, ສະບາຍໆ)

▶ 自然に囲まれていると、大らかな気持ちになります。
しぜん　かこ　　　　　　　　　　　　　　　　きも

(प्रकृतिद्वारा घेरिएको जीवन भए उदार मनको हुइन्छ।／ខ្ញុំមានអារម្មណ៍ធូរស្បើយពេលមានធម្មជាតិនៅ
ជុំវិញខ្លួន។／ການຖືກຮ້ອມຮອບດ້ວຍທຳມະຊາດເຮັດໃຫ້ຂ້ອຍຮູ້ສຶກສະບາຍໆ.)

言う 41

意見・考え 42

性格・態度 43

気持ち・心の状態 44

評価 45

言葉 46

パソコン・IT 47

問題・トラブル・事故 48

数量・程度 49

❻ □ 明朗（な） (গুড়/ដែលស្ងាតស្ងំ, ដែលច្បាស់លាស់, ដែលស្មោះត្រង់/แจ่มใส, ม่อนຊื่ນ, โปງใส)

▷ 明朗会計 (স্পষ্টিসাবকিতাব/គណនេយ្យដែលច្បាស់លាស់ស្មោះត្រង់/ບັນຊີทิจະแจ້ງ)

❼ □ 対 不明朗（な） (অস্পষ্কাস্পদ/ដែលមិនច្បាស់លាស់, ដែលមិនស្មោះត្រង់/บ่โปງใส, บ่ຊัด)

▷ 不明朗なやり方 (অস্পষ্কাস্পদ তরিকা/របៀបធ្វើដែលមិនស្មោះត្រង់/ວິทีการที่บ่โปງใส)

❽ □ 几帳面（な） (সুব্যৱস্থিত/ដែលស្អិតល្អន់, ដែលហ្មត់ចត់/ພิทิພิถัน, เจ้าๆ ละยูບ)

▶ 几帳面な性格なもので…。少しでもずれていると気になるんです。

(সুব্যৱস্থিত স্বভাৱকো ভয়কোলে...। অলিকতি মিলেন ভনেপনি মনলে মান্দৈন।/ខ្ញុំមានចរិតស្អិតល្អន់...។ ជូរចេះពេលមានអ្វីខុសតែបន្ទិចខ្ញុំមានការចារម្ម។/ลาวมີນີ໌ໄສທີ່เจ้าๆ ละยูບ... ก็ทำกาดเทื่อมเล็กม้อยๆก็เฮ็ดใຫ້ຫັ່ງใจ.)

❾ □ まめ（な） (স-সানো কুরামা পনি ধ্যান দিনে/ដែលឧស្សាហ៍, ដែលប្រឹងប្រែងធ្វើការ/ດຸໝັ່ນຂ້າວขัน, พาวพยาม)

▶ 彼はまめだから、メールを送ったらその日のうちに必ず返事が来ますよ。

(উ त স-সানো কুরামা পনি ধ্যান দিনে স্বভাৱকো ভয়কো হুনালে ইমেল পঠাউদা জৱাফ ত্যহী দিনমै ফর্কাউঁছ।/តាត់ជាមនុស្សឧស្សាហ៍ព្យាយាម ជូរចេះបើអ៊ុំមែលទៅ តាត់តែងតែឆ្លើយឧបមកវិញក្នុងថ្ងៃនោះ។/ลาวดຸໝັ່ນຂ້າวขัน, ถ้ามั่นท่าลิ้อเมอขาลาว, เจ้าจะได้ถ้าตอบพายในมื้อๆกับแม่นอນ.)

❿ □ 繊細（な） (কোমল/সংৱেদনশীল/ដែលឆាប់អន់ចិត្ត, ដ៏ប្រណីត, ដែលងាយប៉ះពាល់ដល់អ្នកដៃ/ละยอดอ่อน, บอບບາງ, อ่อນໄຫວງ่าย)

▶ あの子は繊細だから、ちょっとした一言ですぐ傷つくんです。

(উ त কোমলমনको হুনালে সানো কুরালে পনি মন দুখাউঁছ।/កូននោះជាមនុស្សឆាប់អន់ចិត្ត ជូរចេះពាក្យពេជន៍និយាយបន្ទិចបន្ទួចก៏អាចធ្វើអោយពលឃីចិត្តដែរ។/เด็กม้อยนั้นผู้นั้นเป็นคับอ่อນໄຫວງ่าย, ถ้วมั่นเอื้อทย้ง ใหัม้อยขึ้ง้ทำร้ายจิดใจได้.)

⓫ □ 同 デリケート（な）

(সংৱেদনশীল/ដែលឆាប់អន់ចិត្ត, ដ៏ប្រណីត, ដែលងាយប៉ះពាល់ដល់អ្នកដៃ/ละยอดอ่อน, บอບບາງ, อ่อນໄຫວງ่าย)

▶ 人事にかかわるデリケートな問題なので、ここではちょっと話せません。

(যো চাহ্রি কর্মচারীको নিযুক্তিসँগ সম্বন্ধিত সংৱেদনশীল মামিলা ভয়কো হুনালে অহিলে যহाँ বতাউন সक্দিন।/នេះគឺជាបញ្ហាយប៉ះពាល់ដល់អ្នកដៃដែលទាក់ទងនឹងផ្ទៃរដ្ឋបាល ជូរចេះមិនអាចនិយាយនៅទីនេះបានទេ។/เนื่อງจากว่าอันนี้เป็นขหาหิ้ละยอดอ่อนຽ่ງກับຽ่ງบุกกะละากอມ, บ่ສามาดปิ้กสาขาลิมั่นຢ่บ่อນมี้.)

⓬ □ 用心深い (হোসিয়ার/ដែលប្រយ័ត្នប្រយែង/ຮอບຄอບ, ละมัดละวั้ງເต็มที่)

▶ 父は用心深いので、簡単にはサインしないと思います。

(বুবা একदमै হোসিয়ার স্বভাৱকো ভয়কো হুনালে সজিলैসँগ হস্তাক্ষর গর্नুহুन্ছ জস্তो লাग্দैন।/ខ្ញុំគិតថាឪពុកខ្ញុំមិនចុះហត្ថលេខាដោយយាយាយ ពីព្រោះតាត់ជាមនុស្សប្រយ័ត្នប្រយែង។/พ่ออຽ้อยຂ้อยมิดอามละมัดละวั้ງ เต็มที่, ละมั่นบ่คิดว่าลาวจะ เຊ็นງ่ายๆ.)

⓭ □ 勤勉（な） (মেহনতী/লগনশীল/ដែលឧស្សាហ៍ព្យាយាម/ດຸໝັ່ນ, พาวพยาม)

⓮ □ 実直(な) (जितच्छोकु) (इमानदार／ដែលស្មោះត្រង់／ខ្ជិលាត, តៀរាំ, ແນ່ນອนแน่เໜຍ)

▶ 明るく実直な人柄から、父は友人も多かったみたいです。
(あか) (ひとがら) (ちち) (ゆうじん) (おお)

(हसिलो र इमानदार स्वभावले गर्दा बुबाको साथीहरू थुप्रै थिए जस्तो छ।／ដោយសារគាត់ជាមនុស្សរួសរាយនិងស្មោះត្រង់។／ເນื่องจากລาวมี ນิໄสที่ខ្ជិลาด.)

⓯ □ 忠実(な) (ちゅうじつ) (बफादारी／ដែលស្មោះត្រង់, ដែលមានភក្តីភាព／ខ្ជិลาดต่..., ຍึดໝั้น, ຖืกต้อງ)

▷ 原文に忠実に訳す、基本に忠実なプレー
(げんぶん) (やく) (きほん)

(मूल किताबप्रति बफादार भइ अनुवाद गर्नु, मौलिक नियममा बफादार खेल／បកប្រែទៅតាមការពិតតាមឯកសារ ដើម, ការលេងដែលស្មោះត្រង់ទៅតាមមូលដ្ឋានគ្រឹះ／แปตามខ្ទឹมความถืกแນ่ນໍบย่างຖืกต้อง, การ ຫลิ้นแตๆที่ຖืกต้อງตามพื้นฐาน.)

▷ 警官は、職務を忠実に行っただけだと主張した。
(けいかん) (しょくむ) (おこな) (しゅちょう)

(प्रहरीले कर्तव्यप्रति बफादारी भई काम गरेको मात्र हो भनी दाबी गन्यो／ប៉ូលីសបានអះអាងថាបាន បំពេញការងារដោយភាពស្មោះត្រង់តែបុណ្ណោះ។／เจ้าໜ้าที่ตำຫຼอดได้ยืนยันว่า: ลาวพຽງแต่เຮัดໜ้าທี่ ย่างខ្ជิลาด.)

⓰ □ 誠意 (せいい) (इमानदारी／សេចក្តីស្មោះត្រង់, ភក្តីភាព／ຈิดใจ, ຊื่สัด, ບໍลิສุดใจ)

▷ 誠意を示す (इमानदारी देखाउनु／បង្ហាញភាពស្មោះត្រង់／ແນ่ແตงความບໍลิສุด)
(しめ)

▶ それで謝っているつもり？ 誠意が全く感じられないんだけど。
(あやま) (まった) (かん)

(के त्यसो गरेर माफी मागे भनि सोचेको हो？ त्य इमानदारी पटक्कै देखिन्न त।／គិតថាងងកំពុងសុំទោសឬ？ ខ្ញុំមិន គិតថាឯងសុំទោសដោយស្មោះ នោះទេ។／เจ้าตั้งใจจะไขทดเຊื่องมั้ນ？ຊ้อยบໍ่ຮู้ສึกเຖิງความຈิງใจเลย.)

⓱ □ 真摯(な) (しんし) (इमानदारीपूर्ण／ដែលស្មោះត្រង់／ย่างຈิງใจ)

▶ お客様からの言葉を真摯に受け止め、改善に努めたいと思います。
(きゃくさま) (ことば) (まった) (かいぜん) (つと) (おも)

(ग्राहक महानुभावको आवाजलाई इमानदारीपूर्वक मनन गरी सुधारमा लाग्ने भनि चाहन्छु।／ខ្ញុំទទួលយកពាក្យ សម្តីរបស់ភ្ញៀវដោយស្មោះ ហើយខ្ញុំចង់ខិតខំប្រឹងប្រែងក្នុងការកែលម្អ។／พວกเราເອาคำติຊมຂอง ลูกค้าย่างຈิງใจและจะพຍายามปับปุງ.)

⓲ □ 素朴(な) (そぼく) (सरलता／ដែលសាមញ្ញ, ដែលងាយស្រួល／ບໍ่ติบแต่ງ, ລบบง่าย, ງ่ายดาย)

▷ 素朴な人柄 (सरल स्वभाव／អត្តចរិតបែបសាមញ្ញ／บุกคะลิກກะพาบลบบง่าย)
(ひとがら)

▶ そこでふと、素朴な疑問がわいた。
(きもん)

(त्यतिबेला अकस्मात सरल जिज्ञासा उत्पन्न भयो।／ភ្លាមៗនោះ ស្រាប់តែសំនួរសាមញ្ញមួយបានលេចឡើង មក។／ฮັນทิฮันใดก็ว่าเຖิดมีคำถามທี่ง่ายดาย.)

1
55

言う 41
意見・考え 42
性格・態度 43
気持ち・心の状態 44
評価 45
言葉 46
パソコン・IT 47
問題・トラブル・事故 48
数量・程度 49

⑲ □ 勇敢(な) (साहसी／ដែលក្លាហាន／ກ້າຫານ)

▶ 勇敢な若者が、線路に落ちた子供を助けた。
(साहसी युवाले रेलको लाइनमा खसेको बच्चालाई जोगायो ।／យុវវ័យដ៏ក្លាហានបានជួយក្មេងដែលបានធ្លាក់ចូលក្នុងផ្លូវរថភ្លើង។／ຂາຍໜຸ່ມຜູ້ກ້າຫານໄດ້ຊ່ວຍຊີວິດເດັກນ້ອຍທີ່ຕົກລົງລາງລົດໄຟ.)

⑳ □ 対 臆病(な) (डरपोक／ដែលកំសាក,ដែលខ្លាចញញើត／ບໍ່ກ້າ, ຂີ້ອາຍ)

▶ うちの犬は臆病で、すぐ吠えるんです。
(हाम्रो पाल्तु कुकुर डरपोक भएकोले तुरुन्त भुक्न थाल्छ ।／ឆ្កែខ្ញុំខ្លាចញញើត ហើយស្រែកឆ្កាមៗ។／ໝາຂອງຂ້ອຍຂີ້ອາຍແລະເຫົ່າງ່າຍ)

㉑ □ 優柔不断(な) (दोधारे／ដែលរារែក, ដែលស្ទាក់ស្ទើរ, ដែលមិនអាចសម្រេចចិត្តបាន／ບໍ່ເດັດຂາດ, ລັງເລໃຈ)

▶ 彼は優柔不断だから、メニューもなかなか決まらないんです。
(उ एकदम दोधारे भएकोले मेन्यु पनि हत्तपत्त निश्चित गर्न सक्दैन ।／គាត់ជាមនុស្សរារែក ដូច្នេះមុខម្ហូបក៏ពិបាកសម្រេចចិត្តដែរ។／ລາວເປັນຄົນບໍ່ເດັດຂາດຈຶ່ງຕັດສິນໃຈເມນູຍາກ.)

㉒ □ 気まぐれ(な) (अस्थिर चित्त भएको／ដែលមានចិត្តសាប៉, ដែលនឹកគិតភ្លាមៗ／ປ່ຽນໃຈງ່າຍ, ບໍ່ແນ່ນອນ)

▶ 彼女は気まぐれだから、来ると言っても来ないかもしれない。
(ती महिला त अस्थिर चित्त भएकोले आउँछु भने पनि नआउने सक्छिन् ।／នាងជាមនុស្សមានចិត្តសាប៉ ដូច្នេះទោះបីនាងនិយាយថានឹងមក ប្រហែលអាចនឹងមិនមកក៏ថាបាន។／ລາວເປັນຄົນບໍ່ແນ່ນອນ, ເຖິງແມ່ນວ່າ ເຈົ້າວ່າຈະມາ, ແຕ່ກໍອາດຈະບໍ່ມາ.)

㉓ □ 八方美人 (सर्वप्रिय／មនុស្សមុខពីរ／ເປັນມິດກັບທຸກຄົນ)

▶ 彼女は八方美人だから、誰にでもいい顔をするんだよ。
(ती महिला सर्वप्रिय स्वभावको भएकोले जसलाई पनि मिठो बोल्छिन् ।／នាងជាមនុស្សមុខពីរ ដូច្នេះនាងធ្វើទឹកមុខល្អជាពិសេសចំពោះអ្នកគ្រប់គ្នា។／ລາວເປັນມິດກັບທຸກຄົນ, ແລະມັກຍິ້ມແຍ້ມໃສ່ທຸກຄົນ.)

㉔ □ 意地 (ढिपि गर्भभाव／ឆន្ទៈ, មោទនភាព／ອາລົມ, ຄວາມປະສົງ)

▷ 意地が悪い (कपटी छुच्चो／ចិត្តអាក្រក់／ປະສົງຮ້າຍ)

▶ 私にも元代表選手としての意地がある。
(मसँग पनि भूतपूर्व राष्ट्रिय खेलाडी हुनुको गर्भभाव छ ।／ខ្ញុំមានមោទនភាពក្នុងនាមជាអតីតកីឡាករ ជម្រើសជាតិដែរ។／ໃນຖານະເປັນອະດີດນັກເຕະຫົວໜ້າ, ຂ້ອຍກໍມີຄວາມປະສົງເຊັ່ນກັນ.)

㉕ □ 意地悪(な) (छुच्चो／ដែលមានចិត្តអាក្រក់／ປະສົງຮ້າຍ)

㉖ □ 意地を張る (ढिपि／ដែលចចេស, ដែលរឹងរូស／ສວບຍາກ, ດື້, ເສຍບໍ່ໄລ)

▶ 意地を張らないで、素直に謝ったら?
(ढिपि नकसेर इमानदारी साथ माफि मागे हुन्छ नि ।／សុំទោសដោយត្រង់ដោយកុំរឹងរូសអ៊ី យ៉ាងມິດ ដៃវ?／ຢ່າເຮັດເສຍບໍ່ໄລ, ຂໍໂທດຢ່າງຈິງໃຈເປັນແນະ?)

㉗ □ **卑しい** (नीच／ដែលថោកទាប／ຕ່ຳຕ້ອຍ, ຖ່ອມໂຕ, ສຸພາບ)
_{いや}

▶ 最初から人の援助をあてにするなんて、考え方が卑しい。
_{さいしょ} _{ひと} _{えんじょ} _{かんが} _{かた}

(सुरुदेखि नै कसैले सहयोग गरिदेला भनी आश गर्नु त नीच विचार हो।／គំនិតដែលគិតចាំងពឹងលើការជួយរបស់ អ្នកដទៃតាំងពីដំបូង គឺជាគំនិតថោកទាប។／ເປັນຄວາມຄິດທີ່ຕໍ່ຕ້ອຍທີ່ຈະເອາໃສການຊ່ວຍເຫຼືອຂອງຜູ້ອື່ນ ຕັ້ງແຕ່ຕົ້ນ.)

㉘ □ **思いやる** (विचारशिल／ដែលចេះគិតគូរដល់អ្នកដទៃ／ເຫັນອົກເຫັນໃຈ)
_{おも}

▶ この子には、人を思いやる優しい心を持った人になってほしい。
_こ _{ひと} _{おも} _{やさ} _{こころ} _も _{ひと}

(यो ठुलो हुँदा अरू मान्छेप्रति दया-मायाको भावना राख्ने व्यक्ति बनोस्।／ខ្ញុំចង់អោយកូននេះក្លាយជាមនុស្ស ដែលមានចិត្តល្អនិងចេះគិតគូរដល់អ្នកដទៃ។／ຢາກໃຫ້ລູກຄົນນີ້ກາຍເປັນຄົນທີ່ມີຈິດໃຈໃຈແລະເຫັນອົກເຫັນ ໃຈຜູ້ອື່ນ.)

㉙ □ **思いやり** (विचारशिल／ការចេះគិតគូរដល់អ្នកដទៃ／ນ້ຳໃຈ, ຄວາມເຫັນອົກເຫັນໃຈຜູ້ອື່ນ)

▷ 思いやりの気持ち (दया-मायाको भावना／អារម្មណ៍ដែលគិតគូរដល់អ្នកដទៃ／ຄວາມຮູ້ສຶກເຫັນອົກເຫັນໃຈ)
_{き も}

㉚ □ **協調性** (सहयोगी भाव／ការសហការគ្នា, ការបត់បែនគ្នា／ການຮ່ວມມື,
_{きょうちょうせい} ການປະສານງານ)

▶ 何かを共同で作り上げることが好きなので、協調性はあるほうだと思います。
_{なに} _{きょうどう} _{つく} _あ _す _{きょうちょうせい} _{おも}

(कुनै कुरा सँगैमिलेर बनाउन मलाई मनपर्छ, त्यसैले समन्वय शक्ति भएको व्यक्ति म जस्तो मलाई लाग्छ।／ ខ្ញុំគិតថាខ្ញុំមានភាពសហការ ដោយសារខ្ញុំចូលចិត្តធ្វើការបង្កើតអ្វីមួយមួយគ្នា។／ ຂ້ອຍມັກສ້າງສິ່ງຕ່າງໆຮ່ວມກັນ, ຈະນັ້ນຂ້ອຍຄິດວ່າຂ້ອຍເປັນຄົນທີ່ມັກການຮ່ວມມື.)

㉛ □ **自己主張** (आफ्नो दाबीलाई अघि सार्ने काम／ការអះអាងដោយខ្លួនឯង／
_{じ こ しゅちょう} ການຢືນຢັນຄວາມຄິດເຫັນຂອງຕົນເອງ)

▶ 自己主張ばかりしないで、もっと全体のことを考えないと。
_{じこしゅちょう} _{ぜんたい} _{かんが}

(आफ्नो दाबीलाई अघि सार्ने मात्र नगरी समग्रको बारेमा पनि सोचिन् हुँदैन।／ត្រូវគិតពីរឿងទាំងមូលអោយបាន ច្រើនជាងនេះ ដោយកុំនិយាយអះអាងតែឯងៗ។／ຢ່າຢືນຢັນແຕ່ຄວາມຄິດຂອງຕົນເອງ, ຕ້ອງຄິດເຖິງ ພາບລວມທັງໝົດເຕີມອີກ.)

㉜ □ **押し切る** (अँचेटनु／ धकेल्नु／ जिद्दी नछाडी गर्नु／ដំណុះ, កុះការ／ເອົາຊະນະຄວາມ
_{お き} ຕ້ານທານ)

▶ 彼女は、親の反対を押し切って結婚したそうだ。
_{かのじょ} _{おや} _{はんたい} _{けっこん}

(ती महिलाले बाबुआमाको विरोध हुँदा पनि त्यसलाई धकेलेर विवाह गरेकी हुन्रे।／ខ្ញុំលឺថានាងបានរៀបការ ដោយដំណុះការប្រឆាំងរបស់ឪពុកម្ដាយ។／ໄດ້ຍິນວ່ານາງເອົາຊະນະຄວາມຄັດຄ້ານຂອງພໍ່ແມ່ແລະໄດ້ແຕ່ງງານ.)

㉝ □ **馴れ馴れしい** ((चाहिने भन्दा) घनिष्ठ तवरको／ដែលស្និទ្ធស្នាលហួសហេតុ／
_な ທຳທ່າລື້ງເຄີຍ, ທຳທ່າສະນິດສະນົມ)

▶ あの人、原さんに随分馴れ馴れしかったけど、彼女の知り合い?
_{ひと} _{はら} _{ずいぶん} _な _な _{かのじょ} _{し あ}

(त्यो मान्छे हाराएमासँग घनिष्ठ तवरमा कुराकानी गरिरहेको थियो, उनको चिनेको मान्छे हो?／ម្នាក់នោះស្និទ្ធស្នាល ហួសហេតុនឹងនាងហារ៉ា គឺគាត់ជាមិត្តភក្តិរបស់នាងឬ?／ຜູ້ນັ້ນເບິ່ງຄືທຳທ່າລື້ງເຄີຍກັບ ທ່ານ ຮາຣະ, ເປັນຄົນຮູ້ຈັກຂອງລາວບໍ?)

166

意見・考え

性格・態度

気持ち・心の状態

評価

言葉

パソコン・IT

問題・トラブル・事故

数量・程度

❸❹ □ おせっかい（な） (किचलो / ហួសហេតុ／ដែលច្រៀតជ្រែកកិច្ចការអ្នកដទៃ, ដែល ចូលចិត្តចង់ដឹងរឿងគេ／ហប្បុប់ឈ្លើះឈ្លើង, ແຊກແຊງ)

▶あの人、聞いてもないのにいろいろ調べたりアドバイスしてきたり、ちょっとおせっかいなところがある。

(त्यो मान्छे कसैले सोध्दै नसोधि अनेक कुरा सोधखोज गर्ने, सरसल्लाह दिनखोज्ने आदि हस्तक्षेप गर्ने स्वभावको छ ।／ មនុស្សម្នាក់នោះ ជាមនុស្សចូលចិត្តច្រៀតជ្រែករឿងរ៉ាវរបស់គេ ដោយហេតុគេមិនបានសួរអ្វីផង តែគាត់បាន ស្រាវជ្រាវព័ណនាពីគេដោយៗ ហើយផ្តល់ដំបូន្មានជាដើម។／ຜູ້ນັ້ນ ຫບູ້ບໍ່ໄດ້ຖາມ ໄລຍະຍາວ ຖາມໄລຍະຍາວລ້ວງໄລຍະ ຕ່າງໆແລະໃຫ້ຄຳແນະນຳເຫັນແມ່ນວ່າໃຫ່ໄດ້ໆຫນາ.)

❸❺ □ 横柄（な） (घमण्ड／ដែលក្រអឺតក្រទម, ដែលឈ្នើយ／ຍິ່ງ, ຈອງຫອງ, ຂວດເກ້ອ, ຫະມິ່ງ)

▶ここの店員は客に横柄な態度をとるから別の店にしよう。

(यो पसलको पसले ग्राहकप्रति घमण्डी व्यवहार गर्ने हुनाले अरु नै पसलमा जाऔं ।／ពោះទៅហាងផ្សេងវិញ ព្រោះ បុគ្គលិកហាងនេះមានអកប្បកិរិយាក្រអឺតក្រទមចំពោះភ្ញៀវៗ។ ຫະນັ້ງຫ້ານນີ້ຢະຜືດໃຫ້ຍິ່ງໃສ່ລຸກຄ້າ, ละນັ້ນໄປຮ້ານອຶ່ນເທາະ.)

❸❻ □ 勝気（な） (अटेरि／ដែលមានមនោនឫទ្ធិ:ខ្ពស់, ដែលនៅរក្សាជំហរយ៉ាងម៉ាំ／ມັກເອົາຊະນະ) **対 弱気**

▶彼女は勝気だから、よく人と衝突する。

(ती महिला अटेरि भएको हुनाले बारम्बार अरु मान्छेसँग भनाभन हुन्छ ।／នាងជាមនុស្សប្រកាន់ជំហររបស់ខ្លួន ជួនច្រើននាងច្រើនតែប៉ះទង្គិចជាមួយអ្នកដទៃ។ ຍ້ອນລາວມັກເອົາຊະນະ, ລາວຈຶ່ງມັກປະທະກັບຜູ້ອື່ນ.)

❸❼ □ うぬぼれる (घमण्ड／មានឫទ្ធភាព, មានអំនួត／ຍິ່ງ, ຂວດດີ, ຂວດເກ້ອ, ຫະມິ່ງ)

▶賞をもらったからって、うぬぼれないでほしいよね。 —— そうそう。彼女はちょっと運がよかっただけだよ。

(पुरस्कार पायो भन्देमा घमण्डी नहुनु के । हो भनेको । ती महिलाको त संयोग राम्रो भएको मात्र हो नि ।／បើទោះបីជាដោយសារបានទទួលរង្វាន់ក៏ដោយ សូមកុំមានអំនួតៗ។ —ត្រូវហើយៗ។ នាង គ្រាន់តែ មានសំណាងល្អបន្តិចប៉ុណ្ណោះ។／ຫວ້ງວ່າລາວຈະຂວດເກ້ອຍ້ອນໄດ້ຮັບລາງວັນ. —ໄອ້, ລາວໄດ້ຍ້ອນ ຄວາມໂຊກດີເລັກນ້ອຍເທົ່ານັ້ນ.)

❸❽ □ うぬぼれ (घमण्डी／ឫទ្ធភាព, អំនួត／ຄວາມຫະມິ່ງ)

▷うぬぼれが強い

(एकदम घमण्डी／មានអំនួតខ្លាំង／ຄວາມຫະມິ່ງສູງ)

❸❾ □ 腰が低い (नम्र／ដែលដាក់ខ្លួន, ដែលបន្ទាបខ្លួន／ຖ່ອມໂຕ, ສຸພາບ, ຈຽມເນື້ອ ຈຽມໂຕ)

▶中村さんは大学の偉い先生なのに、誰に対しても腰が低い。

(नाकामुराज्यू त विश्वविद्यालयमा पढाउने ठुलो शिक्षक भएपनि जोसँग पनि नम्र हुनुहुन्छ ।／ទោះបីលោកណា កាមុីរ៉ាជាសាស្ត្រាចារ្យល្បីៗនៅសាកលវិទ្យាល័យក៏ដោយ ក៏គាត់ដាក់ខ្លួនចំពោះអ្នកគ្រប់គ្នា។ ເຖິງແມ່ນວ່າທ່ານ ນາກາມຸລະ ຈະເປັນສາດສະດາຈານທີ່ຍິ່ງໃຫຍ່ຢູ່ໃນມະຫາວິທະຍາໄລ, ແຕ່ລາວກໍ່ຍັງຖ່ອມໂຕຕໍ່ ທຸກໆຄົນ.)

㊵ □ へりくだる (आफैलाई तल खसाल्नु／ដាក់ខ្លួន, បន្ទាបខ្លួន／ຖ່ອມໂຕ)

▷ へりくだった言い方

(नम्र बोली／ការនិយាយបែបដាក់ខ្លួន／ວິທີການເວົ້າທີ່ຖ່ອມໂຕ)

▶ 相手は得意先だけど、そんなにへりくだらなくてもいいんじゃないかなあ。

(अर्कोपक्ष व्यवसायको क्लाइन्ट हो भन्दैमा त्यतिधेरै आफूलाई तल खसाल्न त पर्दैन नि।／ទោះបីជាដៃគូម្ខាងទៀត ជាអ្នកជំនួញក៏ដោយ ខ្ញុំគិតជាអ្នកមិនចាំបាច់បន្ទាបខ្លួនបែបនោះក៏បានដែរ។／ຜູ້ນັ້ນເຖິງເປັນລູກຄ້າ, ແຕ່ບໍ່ຕ້ອງ ຖ່ອມໂຕສະຂະໜາດນັ້ນກໍໄດ້.)

㊶ □ 謹む (सतर्क हुनु, रोकिनु／ប្រុងប្រយ័ត្ន, ដោយការគោរព／ຮອບຄອບ, ລະມັດລະວັງ)

★「謹んで」で「敬意を持って」という意味。

विनम्रताका साथ/ भन्नाले 'श्रद्धाभावले' भन्ने अर्थ／ស៊ុំស៊ុនថិ (謹んで)មានន័យថាដោយការគោរព។／ດ້ວຍຄວາມເຄົາລົບ "ทมายถามอ่า" ມີຄວາມເຄົາລົບ.

▷ 〈年賀状〉謹んで新年のお祝いを申し上げます

(〈नयाँ वर्षको शुभकामना पत्र〉 नयाँ वर्षको शुभकामना व्यक्त गर्दछु।／(ការជូនពរឆ្នាំថ្មី) ខ្ញុំសូមជូនពរឆ្នាំថ្មី ដោយការគោរព។／<ບັດອວຍພອນປີໃໝ່> ພວກເຮົາຂໍອວຍພອນໃຫ້ທ່ານຈົ່ງໂຊກດີປີໃໝ່.)

▶ 謹んでお詫び申し上げます。

(हृदयदेखि क्षेमा प्रार्थी छु।／ខ្ញុំសុំទោសដោយការគោរព។／ພວກເຮົາຂໍອະໄພດ້ວຍຄວາມເຄົາລົບ)

㊷ □ 愛想 (मिजास／ភាពរសរាយរាក់ទាក់／ອັດທະຍາໄສລດີ, ເປັນມິດ, ເອື້ອເຟື້ອ ເພື່ອແຜ່)

▶ あそこの店員は愛想が良くて、いつ行っても気持ちいい。

(त्यो पसलको पसले मिजासिलो हुनाले जहिले जाँदा पनि मन प्रफुल्ल हुन्छ।／បុគ្គលិកហាងនោះរសរាយរាក់ទាក់ ទៅពេលណាក៏មានអារម្មណ៍ល្អដែរ។／ພະນັກງານຢູ່ຮ້ານນັ້ນມີຄວາມເປັນມິດ ແລະຂ້ອຍຮູ້ສຶກສະບາຍໃຈທຸກ ຄັ້ງທີ່ໄປຍ່ອມນັ້ນ.)

▶ 彼はいつも約束を守らないからなあ。本当に愛想が尽きる。

(उसले कहिल्यै पनि वचनको पालना गर्दैन, साँच्चि नै मपर्न छोड्यो।／ខ្ញុំគិតជាផ្ដេកផ្ដួលនឹងគាត់ ដោយសារគាត់ តែងតែមិនគោរពការសន្យា។／ລາວບໍ່ຮັກສາສັນຍາຕະຫຼອດ. ຂ້ອຍຊາວຊ້ຶງກັບຄວາມຮັກແພງແທ້ໆ.)

㊸ 対 □ 無愛想(な) (अभद्र／ដែលមិនរាក់ទាក់／ໜ້າຕາບໍ່ຮັບແຂກ, ບໍ່ເຍັ້ມຍາຍ)

▶ 無愛想な人だね。 — 挨拶ぐらいは普通に返してほしいよね。

(कस्तो अभद्र मान्छे! नमस्कार गर्दा पनि सानो जवाफ दिए भइहाल्थ्यो नि।／ពិតជាមនុស្សមិនរាក់ទាក់មែន។ ខ្ញុំ ចង់បានតែការដំណូស្សមេការជាធម្មតាបុ៉ណ្ណោះ។／ລາວເປັນຄົນບໍ່ມັກຫາກາເນາະ. —ຢ່າງໜ້ອຍກໍທັກທາຍກໍ່ ຢາກໃຫ້ຕອບຮັບຕາມປົກກະຕິເນາະ.)

㊹ □ そっけない (रुखो／ដែលព្រងើយ កន្ដើយ, ដែលមិនខ្វល់ខ្វាយ／ບໍ່ມີນ້ຳໃຈ, ບໍ່ມີເອື້ອເຟື້ອເພື່ອແຜ່, ເຍັ້ມຍາ)

▶ 苦労してプレゼントを選んだのに、「あ、どうも」の一言だけ。
　 — それだけ？ そっけないね。

(दुःख गरेर उपहार रोजेको थिएँ तर 'ए ल हुन्छ' मात्र भन्दे कस्तो रुखो मान्छे!／ខ្ញុំបានជ្រើសរើសអំណោយ យ៉ាងលំបាក តែមានតែពាក្យម្ដ អរគុណតែបុ៉ណ្ណោះ។／តែបុ៉ណ្ណោះទេឬ? គាត់ជាមនុស្សព្រងើយកន្ដើយ មែន។／ເຖິງວ່າຕັ້ງໃຈເລືອກຂອງຂວັນຢ່າງເດັມທີ່, ແຕ່ສິ່ງທີ່ລາວເວົ້າຄື: "ໂອ້, ຂອບໃຈ." —ເທົ່ານີ້ຫວາ? ເຍັ້ມ ຍາເນາະ.)

言う 41

意見・考え 42

性格・態度 43

心の状態・気持ち 44

評価 45

言葉 46

パソコン・IT 47

問題・トラブル・事故 48

数量・程度 49

㊺ □ **揚げ足をとる** （वचन काढ्नु／ចាប់កំហុសរៀងគូចភាគ／ジ를 찔러서）

▶ 人の揚げ足を取るようなことばかり言わないでほしい。

（सान्केको कुरा तान्खेखालको कुरा मात्र नगर्नु होल्या ।／សូមកុំនិយាយរឿងដែលចាំតែចាប់កំហុសអ្នកដ‍ទៃៗ／ 남의 약점만 찾아 들춰내는 소리만 하지 않았으면 좋겠어.）

㊻ □ **いやらしい**（अश्लिल भद्दा 1. नराम्रो खालको 2. अश्लील／ដែលអាក្រក់, ដែលអោយ ស្អប់ខ្ពើម (9) ដែលអាក្រក់, ភាពមិនពេញចិត្ត (២)ដែលអាសអាភាស／ 1.싫은, 싫은느낌의 2.추잡한, 야비한）
①感じの悪い、いやな感じの ②卑猥な

▶ ①彼は社長に気に入られようと、いい加減なことばかり言うからね。 いやらしいよ。

（1. उत्त कम्पनीका प्रमुखले मन पराओस् भनि जथाभावी भन्छ, कस्तो नराम्रो स्वभाव！／(9) គាត់និយាយតែរឿង ដើម្បីអោយប្រធានក្រុមហ៊ុនចូលចិត្តៗ អាក្រក់មែនៗ／ 그 사람은 사장의 마음에 들려고 무책임한 말만 한다니까. 정말 치사해.）

▷ ②いやらしい目つき/本

（2. अश्लील नजर पुस्तक／ភ្នែកដែលសម្លឹងមើលដោយ ចិត្តស្រើបស្រាល／ 음탕한 눈길/책）

㊼ □ **潔い**（पुरुषार्थी／ដែលក្លាហាន, ដែលសមជាបុរស／ 깨끗한, 미련없는）
いさぎよ

▶ 彼は潔く負けを認め、相手を称えた。

（उसले पुरुषार्थी ढंगमा आफ्नो हार स्वीकार गर्यो र विपक्षिको गुण गायो।／គាត់បានទទួលស្គាល់ការបរាជ័យ យ៉ាងក្លាហាន ហើយបានសរសើរដៃគូប្រកួតៗ／ 그는 깨끗하게 패배를 인정하고 상대를 칭찬했다.）

㊽ □ **執着（する）**（आसक्त / लगाव／ដែលឆ្លក់រឮង, ដែលនឹកឃើញជានិច្ច／ 집착（하다）, 얽매임, 구애받다）

▷ お金に執着する（पैसा माथिको लगाव／ឆ្លក់រឮងនឹងលុយ／ 돈에 집착하다）

▶ 終わったことにいつまでも執着しないで、次に行こう。

（सकिएको कुरामा जहिले सम्मपनि टाँसिएर नबसिकन अगाडि बढौं ।／កុំនៅស្ទីកគិតពីរឿងដែលបានចប់ទៅ ហើយអី ត្រូវបន្ដដំណើរទៅមុខទៀតៗ／ 끝난 일에 언제까지나 집착하지 말고, 다음으로 가자.）

㊾ □ **重んじる**（जोड दिनु／គោរព, អោយតម្លៃ／ 중시하다, 소중히 여기다）
おも

▷ 伝統を重んじる
でんとう

（परम्परामा जोड दिनु／គោរពប្រពៃណី／ 전통을 중시하다）

▶ 本校では、子供の自主性を重んじた教育を行っています。
ほんこう　こども　じしゅせい　きょういく　おこな

（यस विद्यालयमा बालबालिकाको स्वाभलम्बनमा जोड दिएर शिक्षादिक्षा दिने गरिन्छ।／នៅសាលានេះ យើង ធ្វើការអប់រំដោយគោរពគោរពភាពឯករាជ្យរបស់កុមារៗ／ 본교에서는 아이의 자주성을 중시한 교육을 하고 있습니다.）

㊿ □ 対 **軽んじる**（अपमान गर्नु／ មើលងាយ／ 경시하다, 깔보다, 얕보다）
かろ

▶ 安いからといって、決して安全性を軽んじているわけではありません。
やす　けっ　あんぜんせい

（सस्तो छ भन्दैमा सुरक्षामा लापरवाही गरिएको भने हुदैन ।／ទោះបីជាមានតម្លៃថោកក៏ដោយ ក៏មិនមែន ព្រោះជាយើងមិនមើលស្រាលសុវត្ថិភាពទេៗ／ 싸다고 해서 결코 안전성을 얕보는 것은 아닙니다.）

(51) □ 省みる かえり (आत्मवोध गर्नु／គិតមកវិញ, គិតឡើងវិញ／ເບິ່ງກັບຄືນຫຼັງ)

▷ 政府は自らの判断を省みる必要がある。
せいふ　みずか　はんだん　ひつよう

(सरकारले आफ्नो निर्णयप्रति आत्मवोध गर्नु आवश्यक छ।／រដ្ឋាភិបាលចាំបាច់ត្រូវគិតឡើងវិញពីការសម្រេចរបស់ខ្លួន។／ລັດຖະບານຕ້ອງເບິ່ງຄືນຫຼັງການພິຈາລະນາຂອງຕົນເອງ.)

(52) □ 疎か(な) おろそ (उपेक्षा／ដែលធ្វេសប្រហែស, ដែលមិនយកចិត្តទុកដាក់／ບໍ່ເອົາໃຈໃສ່, ລະເລີຍ,ປະລະ)

▶ 音楽ばかりやって、勉強が疎かになってない？
おんがく　べんきょう

(सङ्गित मात्र गरेर हुन्छ ? अध्ययनमा लापारवाही त भएको छैन ?／ឯងគិតតែពីលេងតន្ត្រី តើការសិក្សាមានធ្វេសប្រហែសទេ?／ເຈົ້າຫຼິ້ນແຕ່ດົນຕີແລະປະລະການຮຽນແມ່ນບໍ?)

(53) □ 怠る おこた (लापारवाही गर्नु／ធ្វេសប្រហែស, មិនយកចិត្តទុកដាក់／ບໍ່ສົນໃຈ, ບໍ່ເອົາໃຈໃສ່, ລະເລີຍ)

▷ 確認/努力を怠る
かくにん　どりょく

(पुष्टीकरण / परिश्रम नगरेर अल्छि गर्नु／ធ្វេសប្រហែសមិនបានត្រួតពិនិត្យមើល, ខ្ជិលច្រអូស (មិនខិតខំប្រឹងប្រែង)／ບໍ່ເອົາໃຈໃສ່ກວດສອບ / ພະຍາຍາມ)

(54) □ 怠慢(な) たいまん

(ढिलासुस्ती / अल्छिपना／ដែលធ្វេសប្រហែស, ដែលមិនយកចិត្តទុកដាក់／ລະເລີຍ, ບໍ່ມີຄວາມຮັບຜິດຊອບ, ບໍ່ເອົາໃຈໃສ່)

▷ 職務怠慢 (कामकाजमाअल्छिपना／ការធ្វេសប្រហែសក្នុងការងារ／ການລະເລີຍໜ້າທີ່)
しょくむ

▶ 未だにこの問題が解決しないのは、国の怠慢だと思う。
いま　もんだい　かいけつ　くに

(अझै पनि यो समस्या समाधान नहुनुको कारण केन्द्रिय सरकार अल्छि हुनाले हो।／ខ្ញុំគិតថាបញ្ហានេះនៅមិនទាន់បានដោះស្រាយនៅឡើយរហូតមកដល់ពេលនេះ គឺវាជាការធ្វេសប្រហែសក្នុងការធ្វើការងាររបស់ប្រទេស។／ຄິດວ່າມັນເປັນການລະເລີຍຂອງປະເທດທີ່ບັນຫານີ້ຍັງບໍ່ໄດ້ຮັບການແກ້ໄຂ.)

(55) □ 欠如(する) けつじょ (अभाव / कमी／ភាពខ្វះខាត, កង្វះខាត／ຂາດ, ຂາດເຂີນ, ຄວາມບົກພ່ອງ)

▷ 責任感の欠如
せきにんかん

(जिम्मेवारीको कमी／កង្វះខាតទំនួលខុសត្រូវ／ຂາດຄວາມຮັບຜິດຊອບ)

▶ 彼女には人として重要な何かが欠如している気がする。
かのじょ　ひと　じゅうよう　なに　き

(ती महिलामा मानवियताको महत्वपूर्ण कुनै पक्षको कमी छ जस्तो लाग्छ।／ខ្ញុំមានអារម្មណ៍ថានាងមានខ្វះខាតអ្វីម្យ៉ាងដែលសំខាន់ក្នុងនាមជាមនុស្ស។／ຂ້ອຍຮູ້ສຶກຄືກັບວ່າລາວຂາດສິ່ງທີ່ສຳຄັນໃນຖານະທີ່ເປັນມະນຸດ.)

(56) □ 良識 りょうしき (विवेक／ការយល់ដឹងទូទៅ, សុភវិនិច្ឆ័យ／ຄວາມສະຫຼາດ, ປັນຍາດີ, ຮູ້ສຶກດີ)

▷ 良識を疑う (विवेकप्रति शङ्का／សង្ស័យពីការយល់ដឹង(របស់នរណាម្នាក់)／ສົງໄສໃນຄວາມສະຫຼາດ)
うたが

▶ 個人攻撃のメールを全員宛てで送るなんて、良識がある人の行動とは思えない。
こじんこうげき　ぜんいんあ　おく　ひと　こうどう　おも

(कुनै व्यक्तिप्रतिको आक्रामक इमेल सबैलाई लक्षित गरि पठाउन हुन्छ त ? विवेक छैन कि क्या हो ?／ខ្ញុំមិនគិតថាការផ្ញើអ៊ីម៉ែលវាយប្រហារបែបលក្ខណៈបុគ្គលទៅមនុស្សគ្រប់គ្នា គឺជាសកម្មភាពរបស់មនុស្សដែលមានសុភវិនិច្ឆ័យទេ។／ບໍ່ຄິດວ່າມັນຈະເປັນພຶດຕິກຳຂອງຄົນສະຫຼາດທີ່ຈະສົ່ງອີເມວສ່ວນໂຕໂຈມຕີຫາທຸກຄົນ.)

(57) □ 善良(な) (असल／ដែលល្អ／ນິໄສດີ, ເກັ່ງ, ດີ)

▷ 善良な市民 (असलनागरिक／ពលរដ្ឋល្អ／ພົນລະເມືອງດີ)

▶ 教師だからって誰もが善良だとは限らないよ。

(शिक्षक हो भन्दैमा सबैजना असल हुन्छन् भन्ने हुदैन ।／ទោះបីជាគ្រូក៏ដោយ ក៏មិនប្រាកដថានរណាក៏ល្អនោះទេ។／ຍ້ອນວ່າເປັນຄູ, ແຕ່ບໍ່ໄດ້ໝາຍຄວາມວ່າທຸກຄົນເກັ່ງໄດ໋.)

(58) □ 人情 (मानविय भावना／សមានចិត្ត, មេត្តាធម៌／ຄວາມກະລຸນາ, ຄວາມເປັນມະນຸດ, ການເອົາໃຈໃສ່)

▶ 地元の人とのちょっとした出会いの中に、人情を感じました。

(स्थानीय गाउँलेसँगको सानो भेटमा मानविय भावनाले भावुक बनें ।／ខ្ញុំមានអារម្មណ៍ទទួលបានសមានចិត្តពេលបានជួបជាមួយប្រជាជនក្នុងតំបន់។／ຂ້ອຍຮູ້ສຶກເຖິງຄວາມເປັນມະນຸດໃນການພົບປະນ້ອຍໆຂອງຂ້ອຍກັບຄົນທ້ອງຖິ່ນ.)

(59) □ 人情味 (मानविय भावना भएको／សមានចិត្ត, មេត្តាធម៌／ຄວາມເມດຕາ, ຄວາມກະລຸນາ, ຄວາມເປັນມິດ, ບໍ່ມີນ້ຳໃຈ)

▶ 人情味のない人と言われて、ちょっとショックでした。

(मलाई मानविय भावना नभएको मान्छे भनेको सुनेर भयङ्कर दुःख लाग्यो ।／ខ្ញុំភ្ញាក់ផ្អើលបន្តិច នៅពេលត្រូវបានគេថាអោយថាជាមនុស្សគ្មានសមានចិត្ត។／ຂ້ອຍຮູ້ສຶກຕົກໃຈເລັກນ້ອຍທີ່ຖືກເວົ້າໃຫ້ວ່າເປັນຄົນບໍ່ມີນ້ຳໃຈ.)

(60) □ 義理人情 (कर्तव्य र मानव स्वभाव／កាតព្វកិច្ចនិងមនុស្សធម៌／ມີຄວາມຮັບຜິດຊອບໃນໜ້າທີ່ ແລະ ມະນຸດສະທຳ)

▶ 彼は義理人情に厚い人だから、きっと助けてくれるよ。

(ऊ कर्तव्यनिष्ठ र भावपूर्ण व्यक्ति भएकाले अवश्य सहयोग गरिदिन्छ।／គាត់ជាមនុស្សមានចិត្តធម៌និងកាតព្វកិច្ចខ្លាំង ដូច្នេះគាត់ពិតជានឹងជួយ។／ລາວເປັນຄົນທີ່ມີຄວາມຮັບຜິດຊອບໃນໜ້າທີ່ ແລະ ມະນຸດສະທຳສູງ, ສະນັ້ນຂ້ອຍແນ່ໃຈວ່າລາວຈະຊ່ວຍເຈົ້າໄດ້.)

(61) □ 情け (दया माया / सहानुभूति／មេត្តាធម៌, ការប្រោសប្រណី, ក្តីមេត្តាករុណា／ຄວາມເມດຕາ, ຄວາມເຫັນອົກເຫັນໃຈ, ຄວາມອີຕົນສົງສານ)

▶ 先生が情けをかけてくれて、追加の試験をしてくれることになった。

(गुरुले सहानुभूति दिनुभयो जसले गर्दा अतिरिक्त परिक्षाको आयोजना हुने भयो ।／លោកគ្រូបានផ្តល់មេត្តាធម៌ដោយបានអោយខ្ញុំប្រលងសងវិញ។／ຄູອີຕົນສົງສານຂ້ອຍ ແລະໃຫ້ຂ້ອຍເສັງຕື່ມ.)

(62) □ 情け深い (सहानुभूतिशिल／ដែលមានចិត្តមេត្តា／ມີຄວາມເຫັນອົກເຫັນໃຈ, ໃຈດີ)

1
58

(63) □ 人望 (सम्मानित／ប្រជាប្រិយភាព／ຄວາມນິຍົມ, ຊື່ສຽງ, ໂດ່ງດັງ)

▷ 人望が厚い

(अत्यन्त लोकप्रिय／មានប្រជាប្រិយភាពខ្លាំង／ຄວາມນິຍົມສູງ)

▶ 部長は仕事ができて部下にも優しいから、人望がある。

(विभाग प्रमुख काम पनि राम्रो गर्ने र तल्ला कर्मचारीप्रति पनि नम्र स्वभाव गर्ने हुनाले लोकप्रिय हुनुहुन्छ ।／ប្រធានផ្នែកជាមនុស្សមានប្រជាប្រិយភាពដោយសារគាត់ពូកែធ្វើការ ហើយមានចិត្តល្អចំពោះបុគ្គលិកក្រោមបង្គាប់។／ຜູ້ຈັດການໄດ້ຮັບຄວາມນິຍົມເພາະວ່າລາວທັງເຮັດວຽກເກັ່ງແລະໃຈດີຕໍ່ລູກນ້ອງ.)

64 ☐ **意気込み** (उत्साह／ការប្រេ្តជ្ញាចិត្ត／ຄວາມກະຕືລືລົ້ນ)

▶ 選手たちは、大会に向け、意気込みを語った。
せんしゅ　　　　　　　　　　たいかい　　む　　　　　　　　かた

(खेलाडीहरूले प्रतियोगितामा भाग लिनको लागि उत्साह व्यक्त गरे।／ក្រុមកីឡាករបាននិយាយអំពីភាព
រីករាយបញ្ចេញចំពោះការប្រកួត។／ນັກກິລາໄດ້ແລ່ງຄວາມກະຕືລືລົ້ນຂອງພວກເຂົາຕໍ່ການແຂ່ງຂັນ.)

65 ☐ **意気込む** (अठोट／ប្រេ្តជ្ញាចិត្ត／ມີຄວາມກະຕືລືລົ້ນ)

▶ 必ず優勝すると意気込んだものの、結果は5位だった。
かなら　　ゆうしょう　　　　　いき ご　　　　　　　　　けっか　　　　い

(अवश्य प्रथम हुन्छु भनि अठोट त गरेको थिएँ तर परिणाम 5 औं स्थान भएँ।／ខ្ញុំបានប្រេ្តជ្ញាចិត្តយកជ័យជម្នះ
ហើយបានទទួលចំនាត់ថ្នាក់លេខ5។／ເຖິງວ່າລາວມີຄວາມກະຕືລືລົ້ນທີ່ຈະຊະນະ,ແຕ່ລາວໄດ້ຈັບທີ່ອັນດັບທີ5.)

66 ☐ **せっかち(な)** (अधीरता／ដែលមិនចេះអត់ធ្មត់, ដែលគ្មានអំណត់／ໃຈຮ້ອນ)

▶ 妹はせっかちで、一緒に旅行に行くと、すぐ「次はどこ?」と聞いてくる。
いもうと　　　　　　　　　いっしょ　りょこう　い　　　　　　　　つぎ　　　　　　き

(बहिनी अधीर स्वभावको हुनाले सँगै यात्रामा जाँदा तुरुन्तै 'अब कहाँ जाने' भनि सोध्न थाल्छिन्।／ប្អូនស្រីខ្ញុំជា
មនុស្សមិនចេះអត់ធ្មត់ គេលទៅដើរលេងដជាមួយគ្នា តែគេសួរស្វាមថាបន្ទាប់មកទៅណាវិញថ្លៃងំណា?។
／ນ້ອງສາວຂອງຂ້ອຍເປັນຄົນໃຈຮ້ອນ, ຖ້າໄປທ່ຽວນຳກັນ, ລາວກໍ່ຈະຖາມຫັນທິວ່າ, "ໄປໃສຕໍ່?")

67 ☐ **熱意** (जोश／ភាពមោះមុត, ភាពងប់ងល់／ຄວາມກະຕືລືລົ້ນ)
ねつい

▷ 熱意を買う、熱意を伝える
か　　　　　　　　　つた

(जोशलाई मान्नु उत्साह बाढ्नु／អោយតម្លៃទៅលើភាពមោះមុត, បង្ហាញភាពមោះមុត／ຊື່ຄວາມກະຕືລືລົ້ນ,
ບົງບອກຄວາມກະຕືລືລົ້ນ)

▶ 彼の熱意に負けて、弟子にすることにしました。
かれ　　ねつい　　ま　　　　　　でし

(उसको जोशसँग हारखाएर उसलाई शिष्य बनाउने निर्णय गरे।／ខ្ញុំបានចុះចាញ់ភាពមោះមុតរបស់គាត់ ហើយ
បានសម្រេចយកគាត់ធ្វើជាកូនសិស្ស។／ຍອມແພ້ໃຫ້ກັບຄວາມກະຕືລືລົ້ນຂອງລາວແລະຕັດສິນໃຈໃຫ້ລາວ
ເປັນລູກສິດຂອງຂ້ອຍ)

68 ☐ **根気** (धैर्य／ការស្ងៀទ្រាំ, ការអត់ធ្មត់／ຄວາມອົດທົນ)
こんき

▷ 根気よく待つ (धैर्यताका साथ पर्खनु／រងចាំយ៉ាងអត់ធ្មត់／ລໍຖ້າດ້ວຍຄວາມອົດທົນ)
　　　　　ま

▶ 完成までに何年もかかるから、根気のいる仕事になります。
かんせい　　　　なんねん　　　　　　　　　　　　　しごと

(पूर्णरूपमा तयार हुन धेरै वर्ष लाग्नेहुनाले यो काममा धैर्यताको आवश्यकता पर्नेछ।／វាជាការងារដែលត្រូវការភាព
អត់ធ្មត់ដោយសារវាវិងធ្វំណាយពេលច្រើនឆ្នាំទើបមានបានសម្រេចរួចរាល់។／ໃຊ້ເວລາຫຼາຍປີກ່ວາຊິສຳ
ເລັດ, ຈຶ່ງເປັນວຽກທີ່ຕ້ອງໃຊ້ຄວາມອົດທົນ.)

69 ☐ **心構え** (मानसिकता／ការត្រៀមខ្លួនជាស្រេច／ການກຽມໃຈ, ຄວາມພ້ອມ, ການ
こころがま　　　　　　　　　　　　　　　　　　　ກະກຽມ)

▶ 研修では、まず警察官としての心構えについての話があった。
けんしゅう　　　　　　けいさつかん　　　　　　　　　　　　　　　　　はなし

(अध्ययन-तालीममा सर्वप्रथम प्रहरी भएर के कस्तो मानसिकता चाहिन्छ भन्नेबारे छलफल भयो।／
នៅឯការហ្វឹកហាត់ការងារ ជាដំបូងគេបាននិយាយអំពីការត្រៀមខ្លួនក្នុងនាមជាប៉ូលីស។／
ໃນການຝຶກອົບຮົມໄດ້ມີການໃຫ້ຄຳກ່ຽວກັບຄວາມພ້ອມໃນການເປັນຕຳຫລວດ.)

意
う 41

意
見
・
考
え 42

性
格
・
態
度 43

気
持
ち
・
心
の
状
態 44

評
価 45

言
葉 46

パ
ソ
コ
ン
・
IT 47

問
題
・
ト
ラ
ブ
ル
・
事
故 48

数
量
・
程
度 49

⑦⓪ □ 肝に銘じる （कलेजमै नमुर्ले गरी याद राख्नु／ចងចាំទុកក្នុងចិត្ត／ຈື່ໄວ້, ບໍ່ລືມ, ຄອບຈື)
きも めい

▶ 二度とこのようなことがないよう、肝に銘じます。
にど

（आइन्दा कहिल्यै पनि यस्तोकुरा नदोहोरियोस् भनि सक्त ध्यान दिनेछु।／ខ្ញុំនឹងចងចាំក្នុងចិត្តមិនឲ្យមានរឿងបែបនេះជាលើកទី២ទៀត។／ຂ້ອຍຈະຈື່ໄວ້ວ່າຈະບໍ່ໃຫ້ມີເຫດການແບບນີ້ອີກ.）

⑦① □ 人柄 （व्यक्तित्व／បុគ្គលិកលក្ខណៈ, អត្តចរិត／ນິໄສ, ຄຸນສົມບັດຂອງຄົນ, ບຸກຄະລິກກະພາບ）
ひとがら

▶ 面接では、人柄を最も重視します。
めんせつ もっとじゅうし

（अन्तरवार्तामा उसको व्यक्तित्व सबभन्दा महत्वको विषय हुन्छ।／នៅឯការសម្ភាសន៍ គេផ្តោតសំខាន់បំផុតលើអត្តចរិត។／ໃນການສຳພາດຕົ້ນບຸກຄະລິກກະພາບຖ_າຍທີ່ສຸດໃນລະຫວ່າງການສຳພາດ.）

⑦② □ 人格 （व्यक्तित्व／បុគ្គលិកលក្ខណៈ, អត្តចរិត／ບຸກຄະລິກ, ນິໄສ）
じんかく

▶ そんなひどいことしたの？　彼の人格を疑うよ。
かれ うたが

（क्यस्तो कठोर व्यवहार गर्यो उसको व्यक्तित्वप्रति शङ्का लाग्यो है।／តើគាត់បានធ្វើរឿងអាក្រក់ដល់ថ្នាក់ហ្នឹងឬ? ខ្ញុំមានមន្ទិលសង្ស័យនឹងអត្តចរិតរបស់គាត់។／ລາວເຮັດສິ່ງທີ່ໂຫດຮ້າຍແບບນັ້ນບໍ? ຂ້ອຍສົງໄສໃນບຸກຄະລິກຂອງລາວ.）

⑦③ □ 気品 （सुसंस्कृत／ភាពថ្លៃថ្នូរ, ភាពប្រណិត／ກ_ຍດ, ລາສີ, ຄວາມສະຫງ່າ）
きひん

▶ いかにも育ちがよさそうで、彼女には気品を感じる。
そだ かのじょ

（पक्कै उनको बाल्यपन साम्भ्रान्तिक थियो होला, किनभने एकदम सुसंस्कृत स्वभावको देखिन्छ।／មើលទៅនាងដូចជាត្រូវបានចិញ្ចឹមបីបាច់បានល្អណាស់ ហើយខ្ញុំអាចឃើញពីភាពថ្លៃថ្នូររបស់នាង។／ເບິ່ງຄືວ່າລາວໄດ້ຮັບການລ້ຽງດູດີ, ແລະຮູ້ສຶກໄດ້ເຖິງກຽດຂອງລາວ.）

⑦④ □ 色気 （यौनआकर्षक／ភាពមានមន្តស្នេហ៍／ສະເໜ່ດຶງດູດ(ເພດກົງກັນຂ້າມ)）
いろけ

▶ 彼女は顔がかわいいだけじゃなく、女性らしい色気もある。
かのじょ かお じょせい

（ती महिलामा राम्रोअनुहार मात्र नभएर नारीमा हुनुपर्ने आकर्षण पनि छ।／នាងមិនត្រឹមតែមានមុខមាត់គួរឲ្យស្រឡាញ់ប៉ុណ្ណោះទេ ហើយក៏មានមន្តស្នេហ៍បែបលក្ខណៈជានារីដែរ។／ລາວບໍ່ພຽງແຕ່ມີໜ້າທີ່ງາມ, ແຕ່ຍັງເປັນແມ່ຍິງທີ່ມີສະເໜ່ດຶງດູດ(ເພດກົງກັນຂ້າມ).）

⑦⑤ □ 気性 （स्वभाव／អត្តចរិត／ອາລົມ, ນິໄສ）
きしょう

▶ 彼女は父親に似て気性が荒く、すぐかっとなる。
かのじょ ちちおや に あら

（ती महिलाको अशान्त स्वभाव उनको बुबासँग मिल्छ रहेछ, तुरुन्तै रिसाइहाल्छे।／នាងមានចរិតនៅរឿយៗភ្លាមៗដូចឪពុករបស់នាង។／ລາວເປັນຄົນອາລົມຮ້ອນແຮງແລະຈຽວຈ່າຍຄືກັບພໍ່.）

⑦⑥ □ 気質 （स्वभाव／អត្តចរិត, ភាវៈចិត្តចៃ, បុគ្គលិក, ນິໄສ, ລັກສະນະ
きしつ／かたぎ ສະເພາະ）

▷ 職人気質 （कारिगरकोजस्तोस्वभाव／ហត្ថករសល្ប／ຈ_ນຜີມື）
しょくにん

▶ 北の方の人と南の方の人では、気質が違うんでしょうね。
きた ほう ひと みなみ ちが

（उत्तरतिर र दक्षिणतिरका मान्छेको स्वभावमा फरक हुनेरहेछ हगि।／អ្នកនៅភាគខាងជើងនិងអ្នកនៅភាគខាងត្បូង មានអត្តចរិតខុសគ្នា។／ຄົນຈາກພາກເໜືອແລະພາກໃຕ້ອາດຈະມີບຸກຄະລິກທີ່ແຕກຕ່າງກັນເນາະ.）

気持ち・心の状態
きもち・じょうたい

(मनको भावना / मानसिक अवस्था／អារម្មណ៍, ស្ថានភាពផ្លូវចិត្ត／ຄວາມຮູ້ສຶກ・ສະພາບຈິດໃຈ)

❶ □ うんざり(する) (अघाउनु / दिक्क (लाग्नु)／ភាពធុញទ្រាន់／ໜ່າຍເບື່ອ)

▶ こう毎日毎日雨が続くとうんざりする。
まいにち　あめ　つづ

(यसरी हरेकदिन पानी मात्रै परिरह्यो भने त दिक्क लाग्छ ।／បើភ្លៀងធ្លាក់រាល់ថ្ងៃបែបនេះគឺគួរអោយធុញទ្រាន់។／ຂ້ອຍເບື່ອໜ່າຍຕໍ່ກັບຝົນຕົກທຸກໆມື້.)

❷ □ 悩ましい (दोधार आकर्षक ; यौनआकर्षण उत्तेजक／ដែលនាំអោយព្រួយខ្វល់, ដែលគួរអោយព្រួយបារម្ភ／ຫຍຸ້ງ, ທໍລະມານໃຈ, ໜັກໃຈ)
なや

▶ どっちの側についても問題が残るので、悩ましい選択になる。
がわ　もんだい　のこ　せんたく

(दुबै मध्ये कुनै एककोे पक्ष लिए पनि समस्या समाधान नहुने हुनाले कुन छनौट गर्ने दोधारमा परिन्छ ।／វាជាជម្រើសដែលនាំអោយព្រួយបារម្ភ ដោយសារតែនៅតែមានបញ្ហានៅតែមានៗ។／ມັນເປັນທາງເລືອກຍຍາກໃຈ, ຍ້ອນວ່າຫັຼງຈາກຝ່າຍຍັງມີບັນຫາ.)

❸ □ 片思い (एकतर्फी प्रेम／ការគិតតែម្ខាង／ຮັກຂ້າງດຽວ)

▶ その人とは付き合っていたんですか。— いえ、私の片思いでした。
ひと　つ　あ　わたし

(त्यो मान्छेसँग प्रेम सम्बन्ध थियो कि ? —होइन, मेरो एकतर्फी प्रेम थियो ।／តើអ្នកមានទំនាក់ទំនងស្នេហាជាមួយម្នាក់នោះឬ? —អត់ទេ, វាជាការគិតតែម្ខាងរបស់ខ្ញុំៗ។／ເຈົ້າຄົບຫາກັບຜູ້ນັ້ນບໍ? —ບໍ່, ຂ້ອຍມັກລາວຂ້າງດຽວ.)

❹ □ 一目ぼれ (पहिलो दृष्टिको प्रेम／ឃើញភ្លាមស្រឡាញ់ភ្លែត／ຕົກຫຼຸມຮັກຕັ້ງທຳອິດທີ່ພົບ)
ひとめ

▶ パーティーで会った時に、彼女に一目惚れしてしまったんです。
あ　とき　かのじょ　ひとめ

(पार्टीमा भेटेको बेला ती महिलासँग पहिलो दृष्टिमा नै प्रेम गर्न पुगेँ ।／ខ្ញុំបានឃើញនាងហើយស្រឡាញ់ភ្លែតនៅពេលខ្ញុំបានជួបគ្នានៅពិធីជប់លៀង។／ຕົກຫຼຸມຮັກລາວຕັ້ງແຕ່ຕອບທຳອິດທີ່ພົບກັບລາວຢູ່ງານລ້ຽງ.)

❺ □ 焼餅 (ຍາह／ភាពច្រណែន／ຫິງຫວງ, ອິດສາ)
やきもち

▷ 焼餅を焼く (ຍाह गर्नु／ច្រណែន／ອິດສາ)
や

▶ マキさんはいつもの彼女ことを悪く言うね。— ただの焼き餅だよ。
かのじょ　わる　い
たかしさんと彼女が仲がいいもんだから。
かのじょ　なか

(माकीज्यू त जहिले पनि ती महिलाको कुरा कटिछन, हमि ? —त्यो त खालि डाह्ले मात्र हो ।／វាគឺតែងតែនិយាយអាក្រក់ពីគាត់។／ภาคราม่ตैការច្រណែនប៉ុណ្ណោះ ដោយសារលោកតាកាយុស្សីនិងគត់គឺតែមានទំនាក់ទំនងល្អនឹងគ្នា។／ນາງກີ້ແຕ່ເຕີ້ໃນ້ຍາຍທາງກ່ຽວກັບຜູ້ຍິງນັ້ນໆ。 —ຮ้ດສาแదะ. เพาะอ่าท้าว ทะเทสิ และลาวเຂົ້າກັນໄດ້ດີ.)

174

言う 41
意見・考え 42
性格・態度 43
心気持ち・の状態 44
評価 45
言葉 46
パソコン・IT 47
問題・トラブル・事故 48
数量・程度 49

❻ □ 嫉妬(する)　(ईर्ष्या गर्नु／ការច្រណែន／ອິດສາ, ອິດຕາ)
　　　しっと

　▷ 嫉妬心 (ईर्ष्यालु मन／ចិត្តច្រណែន／ຄວາມອິດສາ)
　　　しん

　▶ 子供の頃は、親が妹をかわいがるのを見て、よく嫉妬していました。
　　こども ころ　　おや いもうと　　　　　　　　　　　　　み

　　(सानो छँदा बुबाआमाले बहिनीलाई माया गरेको देख्दा ईर्ष्या गर्ने गर्थें।／ពេលនៅក្មេង ខ្ញុំច្រណែនច្រើនពេល ឃើញឪពុកម្តាយស្រឡាញ់ប្អូនស្រី។／ຕອນຂ້ອຍຍັງນ້ອຍ, ຂ້ອຍມັກອິດສາຍາມເຫັນພໍ່ແມ່ແພງນ້ອງສາວຂອງ ຂ້ອຍ.)

❼ □ 好意　(अनुग्रह／मन पराउनु／ការពេញចិត្ត／ເຈຕະນາດີ, ຄວາມຫວັງດີ)
　　　こうい

　▶ 彼女はずっと村田さんに好意を寄せていたようです。
　　かのじょ　　　　むらた　　　　　　よ

　　(ती महिला लामो समय देखि मुरातज्यू लाई मन पराएको रहेछ नि।／នាងហាក់ដូចជាពេញចិត្តនឹងលោកម៉ីក ការ្យតមក។／ເບິ່ງຄືວ່າລາວມອບຄວາມຫວັງດີໃຫ້ແກ່ທ້າວມຸຣະຕະມາໂດຍຕະຫຼອດ.)

　▶ お店の人の好意で、無料で修理してもらえました。
　　　みせ ひと　　こうい　　　むりょうしゅうり

　　(पसलेको कृपाले निःशुल्क मर्मत गरउन पाएँ।／ម្ចាស់ហាងបានជួសជុលអោយដោយឥតគិតថ្លៃ ដោយសារការពេញចិត្តរបស់ម្ចាស់ហាង។／ພະນັກງານຮ້ານຫວັງດີຈ່ອມແປງໃຫ້ຟຣີ.)

❽ □ 好意的(な)　(कृपालु；निगाह；राम्रो／ដែលពេញចិត្ត／ເປັນທີ່ຊື່ນຊົມ, ໃນແງ່ດີ)
　　　こういてき

　▶ 彼がチームを移ることについて、多くの人は好意的に見ている。
　　かれ　　　　うつ　　　　　　　おお　ひと　こういてき　み

　　(उसले टिम बदल्ने बारे धेरैले राम्रो सोचिरहेका छन्।／មនុស្សភាគច្រើនពេញចិត្តអំពីរឿងដែលគាត់នឹងផ្លាស់ ប្តូរក្រុម។／ຫຼາຍຄົນເບິ່ງໃນແງ່ດີຽວກັບການຍ້າຍໄປຢູ່ທິມອື່ນຂອງລາວ.)

❾ □ 苦心(する)　(दुःखकष्ट；कडा परिश्रम (गर्नु)／ការខិតខំប្រឹងប្រែង, ភាពលំបាប／ພະຍາຍາມຢ່າງໜັກ, ເຮັດວຽກໜັກ)
　　　くしん

　▶ いろいろ苦心して、ようやく新しいメニューを完成させました。
　　　　くしん　　　　　　　あたら　　　　　　かんせい

　　(धेरै दुःखकष्ट गरेर बल्ल नयाँ मेन्यु तयार गर्ने कम पुरा भयो।／ខ្ញុំបានខិតខំប្រឹងប្រែងយ៉ាងច្រើន ហើយទីបំផុត ខ្ញុំបានបញ្ចប់ការបង្កើតមុខម្ហូបថ្មី។／ຫຼັງຈາກພະຍາຍາມຢ່າງໜັກ, ສຸດທ້າຍພວກເຮົາກໍເຮັດເມນູໃໝ່ສຳເລັດ.)

❿ □ 一心(に)　(एकाग्रता；एकत्व；एकचित्त／ដោយមានចិត្តតែមួយ／ຈິດໃຈມຸ່ງໜັ້ນ, ຈິດໜຶ່ງໃຈດຽວ)
　　　いっしん

　▶ 子供たちはアニメを見たい一心で宿題を終わらせた。
　　こども　　　　　　　　み　　いっしん しゅくだい お

　　(केटाकेटीहरूले कार्टुन हेर्ने इच्छाले मात्र होमवर्क सकाए।／កុមារបានបញ្ចប់កិច្ចការសាលាដោយមានចិត្តតែមួយ ក្នុងការមើលរឿងកំส្ទ័រជើរឧណ។／ລູກໆເຮັດວຽກບ້ານຫຼ່ອຍດ້ວຍຈິດໃຈມຸ່ງໜັ້ນທີ່ຈະໄດ້ເບິ່ງກາຕຸນອານິເມ.)

⓫ □ 心配り(する)　(ध्यान／सत्कार (गर्नु)／ការគិតគូរ／ມີນ້ຳໃຈ, ຄວາມໃສ່ໃຈ, ຄວາມເອົາໃຈໃສ່)
　　　こころくば

　▶ 皆さんの心配りのおかげで、楽しく参加させていただくことができました。
　　みな　　　こころくば　　　　　たの　　さんか

　　(तपाईंहरूको राम्रो सत्कार पाएकोले रमाइलोसँग भाग लिने सकें।／អរគុណចំពោះការគិតគូររបស់អ្នក ទាំងអស់គ្នា ដែលបានធ្វើអោយខ្ញុំអាចចូលរួមបានយ៉ាងសប្បាយរីករាយ។／ຂ້ອຍໃຈໃນຄວາມເອົາໃຈ ໃສ່ຈາກທຸກຄົນ, ເຮັດໃຫ້ຂ້ອຍໄດ້ມ່ວນຊື່ນນຳການເຂົ້າຮ່ວມ.)

⑫ □ 心強い （आश्वसनदायी ;प्रोत्साहनदायी हुन्छ／មានចិត្តក្លាហាន, ទំនុកចិត្ត／
こころづよ　　อุ่นใจ, ฟันใจ, อาวใจได๋）

▷ 心強い味方
みかた
（प्रोत्साहनदायी शुभचिन्तक／ការគាំទ្រដែលធ្វើអោយមានទំនុកចិត្ត／ผับหะมีตอาวใจได๋）

▶〈海外出張〉今回は英語ができる吉田さんが一緒だから、心強いです。
かいがいしゅっちょうこんかい　　えいご　　　　　　　　よしだ　　　　　　いっしょ

（〈विदेशको काम–यात्रा〉यसपटक त अङ्ग्रेजी भाषा जान्ने योसिदा ज्यू संगै भएकोले हुन्छ छ।／ເບສກມການງານເນ໌
ເຄຶາ໌ປຣເທຂ） ខ្ញុំមានចិត្តក្លាហាន ដោយសារលើកនេះបានលោកយ៉ូស៊ីដាដែលចេះភាសាអង់គ្លេស
ទៅជាមួយគ្នា។〈ไปอวกต่าๆปะเທด〉 เพื่อนี, อุ่นใจย้อนมี ท่าน โยธิดะเพิ๊ได๋ฬาสาอัๆกิดไปน้ำ.）

⑬ □ 心に刻む （मनमा गहिरो छाप पर्नु／ចង់ចាំក្នុងចិត្ត, ឆ្លាក់ជាប់ក្នុងចិត្ត／
こころ　きざ　　จื๋ไฝ้ไว้, ฝัๆไว้ในใจ）

▶ この日の出来事を心に刻んで、これから一生懸命生きていきたいと思
でき　　ごと　　　　　　　　　　　　　　　いっしょうけんめい　い　　　　おも
います。

（आजदिनको घटनाले मनमा गहिरो छाप पारेकोले उप्रान्त ईमान-परिश्रममा जिउन चाहन्छु।／ចង់ចាំរឿងដែល
បានកើតឡើងនៅថ្ងៃនេះ ហើយខ្ញុំចង់ប្រើប្រែសរបស់នៅបន្តទៀត។／ຂ້ອຍຈະຝັງເທດການໃນມື້ນີ້ໄວ້ໃນ
ใจและจะใຊ้ຊ້ວິตใຫ້ເตັ้มທີ່ຈากນີ້ໄປ.）

⑭ □ 心残り （पछ्तो ; खेद／ការសោកស្តាយ, ការស្តាយក្រោយ, ใบ្ុនិសារី／
こころのこ　　ติดค้าๆใນใจ, ถอามຮู้ສึกເສยใจ）

▶ この島を去るにあたって心残りが全くないと言えばうそになる。
しま　さ　　　　　　　　　　　　　　　　　　　　　い

（यो द्विपबाट निस्कँदा कुनै पछ्तो ्छैन भनेमा त्यो असत्य हुन्छ।／ពាក់ការសោកស្តាយ ប្រសិនបើខ្ញុំនិយាយថាមិន
មានការសោកស្តាយទាល់តែសោះពេលចាកចេញពីកោះនេះ។／ຂ້ອຍຈະต้อะถ่าຂ້ອຍເວົ້າວ່າຂ້ອຍບໍ່ຮູ້ສຶກ
ເສຍใจ ที่ต้อๆออกจากเกาะນี้.）

⑮ □ 心細い （एक्लो ; एकान्त ; ;चिन्ता／ដែលមានអារម្មណ៍ស្ងៀ ្រ រ៉ី តែល គោល／
こころぼそ　　ບໍ່ฟันใจ, ฟมัดຫວัๆ, ບໍ່ກ້ำลัๆใจ, ໂดดด่ຽว）

▶ 一人で海外に行くのは心細い。
ひとり　かいがい　い

（एक्लै विदेश जानलाई के हुने हो अलिकति चिन्ता लाग्छ।／ខ្ញុំមានអារម្មណ៍តែលគោលបើទៅដំរណើរងនៅ
 បរទេសតែម្នាក់។／ການໄປต่าๆปะเທดคิນดຽວมัນໂดด่ຽว.）

⑯ □ 心を奪われる （मन हर्नु／ជាប់ចិត្ត, ចាប់អារម្មណ៍ខ្លាំង／จับใจ, ฎ๊ๆรัก,
こころ　うば　　　　　　　ฎ๊ๆละเฟ้, ฎ๊ๆไฝ）

▷ 少年は初めて会ったその女性の美しさに心を奪われた。
しょうねん　はじ　　あ　　　　　　　　じょせい　うつく

（त्यो युवकको मन पहिलो भेटको उक्त महिलाको सौन्दर्यले हरेर लग्यो।／ក្មេងប្រុសបានចាប់ចិត្តនឹងសម្រស់
របស់នារីនោះពេលដែលបានជួបនាងដំបូង។／ເด็กน้อยຂາຍฎ๊ๆไฝใນความๆามຂອๆแม่ยิๆที่ลาวได๋ພັບ
ຄั้งທำอิด.）

⑰ □ 心情 （मनोभावना मानसिक अवस्था／អារម្មណ៍, ចិត្ត／ຄວາມຮู้ສຶກໃນใจ, ຄວາມ
しんじょう　　เຫ็ນใจ, ฮู้ສຶກນຶກຄิด）

▶ 被害者の家族の心情を察すると、言葉も出ない。
ひがいしゃ　かぞく　　　　　　　さっ　　　　　ことば　で

（पिडित परिवारका मानसिक अवस्थालाई बुझ्दा शब्द नै भेटिन्न।／ខ្ញុំគ្មានពាក្យអ្វីនឹងនិយាយទេ ពេលដែលខ្ញុំ
នឹកគណនាដល់អារម្មណ៍របស់គ្រួសារជនរងគ្រោះ។／ເມื່อถำนิๆเຖิๆຄວາມຮู้ສຶກในใจຂອๆคอบคัอຂอๆผู้
ເຄາະຮ້าย, ຂ้อยเคือบเอ็๊ยขยับ่ออภ.）

言う 41
意見・考え 42
性格・態度 43
心の状態・気持ち 44
評価 45
言葉 46
パソコン・IT 47
問題・トラブル・事故 48
数量・程度 49

⑱ □ 内心 (भित्री मन／ក្នុងចិត្ត／ພາຍໃນໃຈ, ເລິກໆໃນໃຈ)
ないしん

▶ 顔には出さなかったけど、内心怖くてしょうがなかったんだよ。
かお　　だ　　　　　　　　　　ないしん こわ

(अनुहारमा नदेखाए पनि भित्री मनमा डरले थरथर थिएँ।／ខ្ញុំមិនបានបញ្ចេញតាមទឹកមុខទេ ប៉ុន្តែក្នុងចិត្តខ្ញុំ
ក៏ឃ្លា_ាស់។／ບໍ່ໄດ້ສະແດງໃຫ້ເຫັນເທິງໃບໜ້າ, ແຕ່ໃນໃຈກໍຢ້ານຫຼາຍຈົນອົດບໍ່ໄຫວ.)

⑲ □ 野心 (महत्वाकांक्षा ; अभिलाषा／មហិច្ឆតា／ຄວາມທະເຍີທະຍານ, ຄວາມມັກໃຫຍ່
やしん ໃຝ່ສູງ, ຄວາມປາດຖະໜາອັນແຮງກ້າ)

▷ 野心家、野心的な作品
や　しん か　　やしんてき　 さくひん

(महत्वाकांक्षी, महत्वाकांक्षी रचना／មនុស្សដែលមានមហិច្ឆតា, ស្នាដៃដែលមានមហិច្ឆតា／ຄົນງານທີ່ມີຄວາມ
ທະເຍີທະຍານ, ກິນມັກໃຫຍ່ໃຝ່ສູງ)

▶ 彼は社長になりたいなんて野心は持ってないと思いますよ。
かれ　しゃちょう　　　　　　　　やしん　　も　　　　　　おも

(उनीमा कम्पनी प्रमुख बन्ने महत्वाकांक्षा छ जस्तो मलाई लाग्दैन।／ខ្ញុំគិតថាគាត់គ្មានមហិច្ឆតាចង់ក្លាយជា
ប្រធានក្រុមហ៊ុនទេ។／ຂ້ອຍບໍ່ຄິດວ່າລາວຈະມີຄວາມທະເຍີຢ້ານທີ່ຈະເປັນປະທານບໍລິສັດ.)

⑳ □ 気まずい (अप्ठ्यारो पर्नु／ដែលមានអារម្មណ៍មិនស្រួល／ອຶດອັດ)
き

▶ この間、彼女を怒らせちゃったから、今日会うのはちょっと気まずい
あいだ　 かのじょ　おこ　　　　　　　　　　きょう あ　　　　　　　　　　 き
感じなんです。
かん

(अस्ति मैले उनको रिस उठाएको हुनाले आज उसँग भेट गर्न अप्ठ्यारो लागिरहेको छ।／ថ្ងៃនេះខ្ញុំមានអារម្មណ៍មិន
ស្រួលទេក្នុងការជួបជាមួយនាង ដោយសារខ្ញុំថ្ងៃមុន ខ្ញុំបានធ្វើឱ្យនាងខឹង។／
ເມື່ອບໍ່ດົນມານີ້, ຂ້ອຍເຮັດໃຫ້ລາວໃຈຮ້າຍ, ດັ່ງນັ້ນຈຶ່ງຮູ້ສຶກອຶດອັດເລັກນ້ອຍເມື່ອພົບລາວ.)

㉑ □ 気まま(な) (मनपरी आफूखुशी／ដែលសេរី, ដែលតាមអំពើចិត្ត／
き ເອົາແຕ່ໃຈໂຕ(ເອງ), ຕາມໃຈໂຕ(ເອງ))

▶ 私はずっと一人暮らしで、気ままにやってます。
わたし　　　　　　ひとり ぐ　　　　　　き

(म त लामो समय देखि एक्लै बसेको र आफ्नैखुशीमा दिन बिताउँदैछु।／ខ្ញុំរស់នៅម្នាក់ឯងរហូតមក ហើយ
ធ្វើអ្វីតាមអំពើចិត្ត។／ຂ້ອຍຢູ່ຄົນດຽວມາຕະຫຼອດແລະເຮັດຕາມໃຈໂຕເອງ.)

㉒ □ 気兼ね(する) (अप्ठ्यारो हुनु／हिचकिचाउनु／ការអែបចិត្ត, ការក្រែងចិត្ត／
き が ເກງໃຈ, ຢືນໃຈ, ກິດຕັບ)

▶ 個室にすれば、小さいお子さんがいても気兼ねなく食事ができますよ。
こしつ　　　　　　　ちい　　こ　　　　　　　　き が　　　　　しょくじ

(प्राइभेट रुम रोजेमा साना केटाकेटी भएपनि नहिचकिचाईकन खाना खान सकिन्छ।／បើយកបន្ទប់ឯកជន អ្នក
អាចបរិភោគអាហារដោយមិនបាច់ក្រែងណាបើទោះជាមានកូនតូចនៅជាមួយក៏ដោយ។／
ຖ້າເອົາຫ້ອງດ່ຽວ, ທ່ານຈະສາມາດຮັບປະທານອາຫານໂດຍບໍ່ຕ້ອງເກງໃຈເຖິງແມ່ນວ່າທ່ານມີລູກກໍຕາມ.)

㉓ □ 気味(が)悪い (घीनलाग्दो／डरलाग्दो／គួរអោយខ្លាច／ຮູ້ສຶກຂົນພຍານແຕກ,
き　　　　わる ບໍ່ສະບາຍໃຈ, ຫຍຸດຫຍິດ)

▶ 夜、このオフィスに一人でいると、ちょっと気味が悪い。
よる　　　　　　　　　　ひとり

(राती एक्लै यो कोठामा बस्दा डरलाग्दो वातावरण हुन्छ।／ពេលនៅការិយាល័យនេះតែម្នាក់ឯងនៅពេល
យប់ គួរឱ្យខ្លាច។／ການຢູ່ຄົນດຽວຢູ່ຫ້ອງການນີ້ໃນຕອນກາງຄືນເຮັດໃຫ້ຮູ້ສຶກຂົນພຍານແຕກພ້ອຍຫຼີງ.)

▶ 社長がああいう優しい言い方をすると、気味が悪い。
（कम्पनी प्रमुखले त्यसरी मायालु स्वरमा बोलेको देखेदा कतिकता डर लाग्छ ।／ពេលប្រធានក្រុមហ៊ុននិយាយបែប ទន់ភ្លន់បែបនោះ គួរអោយខ្លាច។／ຖ້າຮູ້ສຶກບໍ່ສະບາຍໃຈ, ເມື່ອປະທານບໍລິສັດເວົ້າຈາຢ່າງໃຈດີແບບນັ້ນ.）

㉔ □ **気合い** （कम्मर कस्नु ; मन लगाउनु／ការជំរុញទឹកចិត្ត／ພະລັງ, ຄວາມຕັ້ງໃຈ, ແຮງຈູງໃຈ）
　きあ
　▷ 気合いを入れる、気合いが足りない
　　（कम्मर कस्नु, कम्मर कस्न नपुग／ជំរុញទឹកចិត្ត, ខ្វះការជំរុញទឹកចិត្ត／ເພີ່ມຄວາມຕັ້ງໃຈ, ຂາດພະລັງ）
　▶ 今日はみんな見に来てくれていたから、いつもより気合いが入った。
　　（आज सबैजना हेर्न आउने हुनाले अरू बेला भन्दा बढि कम्मर कसियो ।／ខ្ញុំបានជំរុញទឹកចិត្តខ្លួនឯងច្រើនជាង កាលដង ដោយសារថ្ងៃនេះអ្នកទាំងអស់គ្នាបាននាំគ្នាមកមើល។／ຍ້ອນທຸກຄົນພາກັນມາເບິ່ງໃນມື້ນີ້, ພວກເຮົາກໍ່ ເລີຍມີແຮງຈູງໃຈຫຼາຍກ່ອນປົກກະຕິ.）

㉕ □ **志す** （उद्देश्य (लक्ष्य) राख्नु／ចង់ក្លាយជា, ប្រាថ្នា／ວາງແຜນ, ຕັ້ງໃຈ, ປາດຖະໜາ）
　こころざ
　▷ 医者を志す （चिकित्सक कोलक्ष्यराख्नु／ចង់ក្លាយជាគ្រូពេទ្យ／ປາດຖະໜາທີ່ຈະເປັນໝໍ）

㉖ □ **志** （उद्देश्य (/ लक्ष्य) राख्नु (/ गर्नु) ; विचार राख्नु／បំណងប្រាថ្នា , នន្ទៈ／ຄວາມຕັ້ງໃຈ,
　こころざし ຄວາມປາດຖະໜາ, ສິ່ງຈູງໃຈ）
　▷ 志を高く持つ （उच्चलक्ष्यराख्नु／មាននន្ទៈខ្ពស់／ມີຄວາມປາດຖະໜາສູງ）
　▷ 彼は志半ばで亡くなったが、彼の意志は弟子たちに引き継がれた。
　　（उनी आफ्नो लक्ष्य पुरा गर्न नपाई स्वर्गवास भए तर उनको इच्छालाई शिष्यहरूले निरन्तरता दिए ।／គាត់បានស្លាប់ នៅពាក់កណ្ដាលនៃបំណងប្រាថ្នារបស់គាត់ ប៉ុន្តែនន្ទៈរបស់គាត់ត្រូវបានបន្ដដល់កូនសិស្ស ទាំងឡាយ។／ເຖິງວ່າລາວໄດ້ເສຍຊີວິດກາງຖາງ,ແຕ່ຄວາມປາດຖະໜາຂອງລາວໄດ້ຖືກສືບຕໍ່ໄປໃຫ້ບັນດາລູກສິດ.）

㉗ □ **信念** （दृढता ; संकल्प ; आत्मबल ; अठोट／ជំនឿ／ຄວາມເຊື່ອ）
　しんねん
　▶ 事業を始めるなら、必ず成功するという強い信念を持つことが大切です。
　　（व्यवसाय सुरुगर्ने भए अनिवार्यरूपमा सफल हुन्छ भनि बलियो मनोबल लिनु महत्वपूर्ण हुन्छ ।／ប្រសិនបើចាប់ផ្ដើម អាជីវកម្ម ការមានជំនឿជាងឹងនឹងបានជោគជ័យគឺជាការសំខាន់។／ເມື່ອເລີ່ມຕົ້ນທຸລະກິດ, ມັນເປັນສິ່ງ ສຳຄັນທີ່ຈະມີຄວາມເຊື່ອອັນໜັກແໜ້ນວ່າຈະປະສົບຜົນສຳເລັດຢ່າງແນ່ນອນ.）

㉘ □ **念願** （धोको / आकांक्षा／បំណងប្រាថ្នា／ຄວາມປາດຖະໜາໃນໃຈ）
　ねんがん
　▶ 弟もやっと念願のマイホームを持つことができた。
　　（भाइले पनि बल्ल चजितिए जस्तो आफ्नो घर बनाउन सक्यो ।／ទីបំផុតប្អូនប្រុសខ្ញុំក៏មានផ្ទះដែលលខ្លួនប្រាថ្នា ដែរ។／ໃນທີ່ສຸດ ນ້ອງຊາຍຂອງຂ້ອຍກໍ່ສາມາດມີເຮືອນເປັນຂອງຕົນເອງໄດ້, ເຊິ່ງເປັນຄວາມປາດຖະໜາໃນໃຈ ຂອງລາວ.）

意見・考え 41
意見・考え 42
性格・態度 43
心・気持ち・状態 44
評価 45
言葉 46
パソコン・IT 47
問題・トラブル・事故 48
数・量・程度 49

㉙ □ **無念(な)** (खेद ; दुःख पश्चाताप／ដែលគួរអោយសោកស្តាយ／ผิดหวัง, เสียใจ)
  むねん

▶ 優勝を狙っていたのに、初戦で負けるなんて、無念でなりません。
  ゆうしょう ねら　　　　　　しょせん　ま　　　　　　　　　むねん

(प्रतियोगितामा प्रथम हुन खोजेको थिएँ तर पहिलो खेलमा नै हार्नु पुगेर एकदम दुःख लागेको छ ।／ខ្ញុំពិតជាសោក ស្តាយកម្មវិធីប្រើប្រើមិនបានដោយសារខ្ញុំចង់បានជ័យជម្នះ ប៉ុន្តែបែរជាចាញ់នៅក្នុងការប្រកួតដំបូង។ ／ตั้งเป้าที่จะคว้าแชมป์แต่พัดเสียแต่รอบแรกก็ผิด, ผิดหวังมาก.)

㉚ □ **善意** (असल नियत ; चोखो मनसाय ; सद्भाव／សប្បុរសធម៌, ចិត្តសប្បុរស／ ความปรารถนาดี, ความหวังดี, เจตนาบริสุทธิ์)
  ぜんい

▶ この活動は、多くの人の善意によって成り立っています。
  かつどう　　おお　ひと　　　　　　な　た

(यस गतिविधि असंख्य व्यक्तिको सद्भावद्वारा चलिरहेको छ ।／សកម្មភាពនេះ ត្រូវបានបង្កើតឡើងដោយសារ សប្បុរសធម៌របស់មនុស្សជាច្រើន។／กิจกรรมนี้เกิดขึ้นได้ด้วยความปรารถนาดีของหลายคน.)

㉛ □ **意欲** (उत्सुकता ; इच्छा ; राजी जाँगर／ឆន្ទៈ／ความปะสงค์, ความตั้งใจ, ความ ปรารถนา, ความกระเยือกระยาบ)
  いよく

 ▷ **意欲的(な)** (जाँगरिलो／ដែលមានឆន្ទៈ／กระเยือกระยาบ, จูงใจ)
    てき

▶ 給料は上がらない、評価もされないじゃ、働く意欲もなくなる。
  きゅうりょう あ　　　　　ひょうか　　　　　　はたら　いよく

(तलब पनि नबढ्ने जस पनि नपाउने भए कामगर्ने जाँगर पनि खत्तम हुन्छ ।／ប្រាក់ខែក៏មិនឡើង ការវាយតម្លៃ ក៏មិនមានអ្វីទេ នោះលែងមានឆន្ទៈធ្វើការហើយ។／ถ้าเงินเดือนบ่เพิ่มขึ้นและบ่ได้รับการประเมิน, ก็ จะบ่มีความตั้งใจที่จะเฮ็ดวยก.)

㉜ □ **動機** (उत्प्रेरणा ; कारण／ហេតុដែលជំរុញទឹកចិត្តអោយធ្វើអ្វីមួយ／ เหตุจูงใจ, เหตุผิน)
  どうき

 ▷ 犯行の動機、志望動機
   はんこう　　　　しぼう

(अपराधको कारण, इच्छाको कारण／មូលហេតុដែលជំរុញអោយប្រព្រឹត្តបទឧក្រិដ្ឋ, មូលហេតុនៃការ ដាក់ពាក្យសុំ／เหตุจูงใจในการก่ออาชญากรรม, เหตุผินของการสมัคร)

▶ 弁護士になろうと思った一番の動機は何ですか。
  べんごし　　　　　　おも　　いちばん　どうき　なん

(वकिल बन्न चाहेको सबैभन्दा ठूलो प्रेरणा के होला ?／តើមូលហេតុអ្វីដែលជំរុញអោយអ្នកចង់ក្លាយជា មេធាវី?／แม่นหยังคือเหตุจูงใจดั้งต้นที่เจ้าที่ในการเป็นทะนายความ?)

㉝ □ **テンション** (तनाव／उत्साह／उत्तेजना／អារម្មណ៍, ចិត្ត／ความตึงเครียด)

 ▷ テンションが上がる/下がる
             あ　　　さ

(उत्तेजित उत्साही हुनु／हतोत्साही हुनु／កើនឡើបចិត្ត, ដួលបចិត្ត/ ត្រៀមក្រាំចិត្ត, ធ្លាក់ទឹកចិត្ត／ความตึงเครียด เพิ่มขึ้น / ขูดลง)

▶ 彼女はお酒を飲むとテンションが高くなって、急におしゃべりになる。
  かのじょ　さけ　の　　　　　　　　　　　たか　　　　　きゅう

(ती महिला रक्सी पियो कि उत्तेजित भइ अकस्मात फतफत बोल्न थाल्छिन् ।／ពេលនាងផឹកស្រា នាងក៏ដែលចិត្ត ហើយនិយាយច្រើន។／เมื่อเลาดื่มเหล้า, เลาจะรู้สึกตึงเครียดเพิ่มขึ้นและกายเป็นคนຂ่าๆเว้าฉับพิ.)

㉞ □ 反発(する) (विरोध／मुख छाड्ने／ការប្រឆាំង, ការរឹងទទឹង／ຕໍ່ຕ້ານ, ຕອບໂຕ້)

▶ 昔は上司に反発してばかりだったけど、よくクビにならなかったと思う。
(पहिला पहिला माथिल्ला कर्मचारीलाई खाली मुख छाड्ने गर्थें, अहिले सोच्दा धन्न कामबाट निकालिनन्।／ពេលមុនខ្ញុំតែងតែប្រឆាំងនឹងចៅហ្វាយខ្ញុំ ប៉ុន្តែមិនដឹងថាហេតុអ្វីមិនត្រូវបានបញ្ឈប់ពីការងារៗ／ທີ່ຜ່ານມາ, ຂ້ອຍຕອບໂຕ້ຫລາຍຢູ່ເລື້ອຍໆ, ແຕ່ກໍ່ຍັງບໍ່ຖືກໄລ່ອອກ.)

㉟ □ おびえる／怯える (डराउनु／ភ័យខ្លាច／ຕົກໃຈ, ຂວັນເສຍ, ຢ້ານ)

▶ そんな怯えなくてもいいよ。この犬、すごくおとなしいから。
(त्यतिभरै डराउनु पर्दैन। यो कुकुर एकदम शान्त स्वभावको छ।／មិនបាច់ភ័យខ្លាចដល់ថ្នាក់នោះទេ ដោយសារវាគឺជាសុនខទេ។／ເຈົ້າບໍ່ຈຳເປັນຕ້ອງຢ້ານຫລາຍປານນັ້ນ. ໝາໂຕນີ້ງຽບຫລາຍ.)

㊱ □ キレる (झर्किनु／ខឹង／ໃຈຮ້າຍ)

▶ 話をしていたら、突然、彼がキレて、大声でわめきだしたんです。
(कुरा गरिरहँदा अकस्मात उ रिसाएर हल्ला स्वरले झर्किने थाल्यो।／ពេលកំពុងនិយាយគ្នា ស្រាប់តែគាត់ខឹងហើយស្រែកយ៉ាងខ្លាំងៗ／ໃນຂະນະທີ່ພວກເຮົາກຳລັງລົມກັນຢູ່ນັ້ນ, ທັນທີທັນໃດລາວກໍໃຈຮ້າຍແລະ ຮ້ອງສຽງດັງຂຶ້ນ.)

㊲ □ 逆ギレ (उल्टै झर्किनु／ខឹងត្រឡប់មកវិញ／ຮ້າຍກັບ, ຮ້າຍຄືນ)

▶ 騒音について注意をしに行ったら、逆ギレされたんです。
(हल्लाभयो त्यसो नगर्नुभनी भन्न जाँदा उल्टै झर्किर आयो।／ខ្ញុំបានទៅព្រមានពីរឿងសម្លេងខ្លាំង ស្រាប់តែខ្ញុំត្រូវបានគេខឹងទៅវិញៗ／ເມື່ອຂ້ອຍໄປຕັກເຕືອນເລື່ອງສຽງດັງ, ພັດຖືກຮ້າຍຄືນ.)

㊳ □ いたわる (विचारवान् हुनु／दयाभाव राख्नु／ចេះគិតគូរ／ເຮົ້ອອາທອນ, ເບິ່ງແຍງ, ດູແລເອົາໃຈໃສ່, ມີນ້ຳໃຈ)

▷ 高齢者をいたわる、体をいたわる
(वृद्धवृद्धाप्रति दयालुभाव राख्नु, शरीरको ख्याल राख्नु／គិតគូរដល់មនុស្សចាស់, គិតគូរដល់រាងកាយ／ເບິ່ງແຍງຜູ້ສູງອາຍຸ, ດູແລຮ່າງກາຍ)

▶ 子供たちには、弱者をいたわる優しい気持ちを持ってほしい。
(बालबालिकामा कमजोर मान्छेप्रति दयालु भावना रहेमा राम्रो हुन्थ्यो।／ខ្ញុំចង់ឲ្យកូនៗមានចិត្តល្អចេះគិតគូរ ដល់អ្នកទន់ខ្សោយៗ／ຢາກໃຫ້ລູກນ້ອຍມີຈິດໃຈດີ ແລະເບິ່ງແຍງຄົນອ່ອນແອ.)

㊴ □ 配慮(する) (समझदारी／सहानुभूति／विचारशीलता／ការយកចិត្តទុកដាក់, ការចេះគិតគូរ／ຄຳນຶງເຖິງຜູ້ອື່ນ, ການພິຈາລະນາ, ຄວາມເຫັນອົກເຫັນໃຈ)

▷ 配慮に欠ける (असमझदारी／हेप्नेबालको／មិនចេះគិតគូរ, ខ្វះការពិចារណា／ຂາດການພິຈາລະນາ)

▶ さすが老舗の旅館だけあって、細かいところまで配慮が行き届いている。
(आखिरमा ऐतिहासिक लज नै त हो, सोचेअनुसार सानो भन्दा सानो कुरामा पनि ध्यान पुर्‍याइएको छ।／ដូចដែល បានរំពឹងទុក មានការគិតគូរដល់ទំនង់ចុងៗដែលសាកសមជាផ្ទះសំណាក់ដែលមានប្រវត្តិសាស្ត្រ យូរអង្វែងមកៗ／ຕາມທີ່ຄາດໄວ້ ເປັນໂຮງແຮມເກົ່າທີ່ເອົາໃຈໃສ່ທຸກລາຍລະອຽດ.)

㊵ □ 実感(じっかん)(する) (वास्तविकताको आभास／ការដឹង, ការភ្ញាក់ខ្លួន, អារម្មណ៍ថាជាការពិត／ສຳຜັດດ້ວຍຕົນເອງ, ຄວາມຮູ້ສຶກແທ້ໆ)

▷ 実感をこめる (आफ्नो भावना सहित／ដាក់អារម្មណ៍ពិត／ຮູ້ສຶກເຖິງຄວາມເປັນຈິງ)

▶ 住(す)んでみて初(はじ)めて、この土地(とち)の冬(ふゆ)の寒(さむ)さを実感した。

(बसोबास गरी हेरेर बल्ल यो इलाकाको हिउँदे जाडोको वास्तविक अनुभव गरें।／ខ្ញុំទើបបានដឹងច្បាស់ពីភាពត្រជាក់នៃរដូវរងានៅតំបន់នេះ ពេលចាប់ផ្ដើមរស់នៅទីនេះ។／ເປັນຄັ້ງທຳອິດໃນຊີວິດຂອງຂ້ອຍທີ່ສຳຜັດດ້ວຍຕົນເອງວ່າລະດູໜາວຢູ່ບ່ອນນີ້ໜາວປານໃດ.)

▶ 来週(らいしゅう)卒業(そつぎょう)だけど、まだ実感が湧(わ)かない。

(अर्को हप्ता दीक्षान्त समारोह हो, तर अझै त्यसको आभास भएको छैन।／អាទិត្យក្រោយជាថ្ងៃបញ្ចប់ការសិក្សា ប៉ុន្តែខ្ញុំនៅមិនទាន់មានអារម្មណ៍ថាវាជាការពិតនៅឡើយ។／ຊິຮຽນຈົບໃນອາທິດໜ້າ, ແຕ່ຍັງບໍ່ມີຄວາມຮູ້ສຶກແທ້ໆ.)

㊶ □ 痛感(つうかん)(する) (तीव्र महसुस गर्नु／ការដឹងខ្លួនយ៉ាងខ្លាំង, ការមានអារម្មណ៍យ៉ាងខ្លាំង／ຄຳນຶງເຖິງ, ຮູ້ສຶກເຖິງ)

▶ 初(はじ)めて国際大会(こくさいたいかい)に出(で)て、実力(じつりょく)のなさを痛感した。

(पहिलोपटक अन्तराष्ट्रिय प्रतियोगितामा सहभागी हुदा आफ्नो असक्षमताको नराम्रो अनुभव गरें।／ខ្ញុំបានភ្ញាក់ខ្លួនយ៉ាងខ្លាំងអំពីកង្វះខាតសមត្ថភាពពិតនៅពេលខ្ញុំបានចេញប្រកួតលក្ខណៈអន្តរជាតិជាលើកដំបូង។／ເມື່ອລາວເຂົ້າຮ່ວມການແຂ່ງຂັນລະດັບສາກົນຄັ້ງທຳອິດ, ລາວຮູ້ສຶກເຖິງການຂາດຄວາມສາມາດ.)

㊷ □ 胸騒(むなさわ)ぎがする (अप्ठेरो महसुस ; चिन्ता／មានអារម្មណ៍មិនស្រួល (ដោយគ្មានមូលហេតុច្បាស់លាស់)／ມີຄວາມບໍ່ສະບາຍໃຈ, ມີຄວາມກະວົນກະວາຍ, ກັງວົນ)

▷ 胸騒ぎを覚(おぼ)える (मनमा चिन्ता उत्पन्न हुनु／មានអារម្មណ៍មិនស្រួល／ຮູ້ສຶກກັງວົນ)

▶ 何(なん)だか胸騒ぎがしたので、家(いえ)に電話(でんわ)をしたんです。

(किन हो किन मनमा चिन्ता उत्पन्न भएकोले घरमा फोन गरें।／ខ្ញុំបានទូរសព្ទទៅផ្ទះដោយសារខ្ញុំមានអារម្មណ៍ថាមានអ្វីមួយមិនស្រួល។／ຂ້ອຍກັງວົນກັບບາງສິ່ງບາງຢ່າງ, ສະນັ້ນຂ້ອຍຈຶ່ງໂທກັບບ້ານ.)

㊸ □ 挑(いど)む (चुनौती दिनु／ល្បងសមត្ថភាព／ຕໍ່ສູ້ເພື່ອ, ສູ້)

▷ 世界新記録(せかいしんきろく)に挑む

(विश्व रेकर्डमा चुनौती दिनु／ល្បងសមត្ថភាពកំណត់ត្រាពិភពលោក／ທ້າທາຍສະຖິຕິໂລກໃໝ່)

▷ 多(おお)くの数学者(すうがくしゃ)がこの謎(なぞ)に挑(いど)んできた。

(थुप्रो गणितज्ञहरूले यस रहस्यलाई चुनौती दिइरहे।／គណិតវិទូជាច្រើនបានសាកល្បងដោះស្រាយអាថ៌កំបាំងនេះ។／ນັກຄະນິດສາດຫຼາຍຄົນໄດ້ຕໍ່ສູ້ແກ້ໄຂປິດສະໜານີ້.)

㊹ □ 案(あん)じる (चिन्तित हुनु / फिक्री गर्नु／ព្រួយបារម្ភ, ខ្វល់ខ្វាយ／ກັງວົນ, ໜັກໃຈ, ຢ້ານ, ເປັນຫ່ວງ)

▷ 国(くに)の/子供(こども)の将来(しょうらい)を案じる

(देश / बालबालिकाको भविष्यको फिक्री गर्नु／ព្រួយបារម្ភពីអនាគតប្រទេសជាតិ/កូន／ກັງວົນອະນາຄົດຂອງປະເທດ/ເດັກນ້ອຍ)

▶ 多(おお)くの人(ひと)が私(わたし)の身(み)を案じてくれていたことを知(し)って、とても嬉(うれ)しかったです。

(असङ्ख्य मान्छेहरूले मेरो सञ्चोबिसञ्चोको बारेमा चिन्ता गरेको कुरा सुन्दा एकदम खुसी लाग्यो।／ខ្ញុំសប្បាយចិត្តណាស់ពេលដឹងមានមនុស្សជាច្រើនព្រួយបារម្ភពីខ្លួនខ្ញុំ។／ຂ້ອຍດີໃຈຫຼາຍທີ່ຮູ້ວ່າມີຫຼາຍຄົນເປັນຫ່ວງຂ້ອຍ.)

㊺ □ 恥じる _は (लजाउनु / लज्जित हुनु／ខ្មាស់／ອັບອາຍ, ລະອາຍໃຈ)

▷ 自分の言動を恥じる
_{じ ぶん} _{げんどう}

(आफ्नो वचनप्रति लज्जित हुनु／ខ្មាស់នឹងអាកប្បកិរិយារបស់ខ្លួនឯង／ລະອາຍໃຈຕໍ່ພຶດຕິກຳຂອງຕົນເອງ)

▶ あなたは正しいことをしたんだから、少しも恥じることはないよ。
_{ただ} _{すこ}

(तपाईंले त उचित काम गरिरहनुभएको छ नि अलिकति पनि लज्जित हुनु पर्दैन ।／អ្នកមិនមានអ្វីត្រូវខ្មាស់សម្បើតែ បន្ដិចឡ ព្រោះអ្នកបានធ្វើរឿងត្រឹមត្រូវ។／ເຈົ້າໄດ້ເຮັດສິ່ງທີ່ຖືກຕ້ອງ, ດັ່ງນັ້ນບໍ່ຕ້ອງລະອາຍໃຈເລີຍ.)

㊻ □ 強がる _{つよ} (फुर्ती लगाउनु／बलियो जस्तो देखाउनु／ធ្វើខ្លួនជាមនុស្សខ្លាំង／ທຳທ່າເຂັ້ມແຂງ)

▶ 彼女は強がって平気なふりをしているけど、ほんとはすごく辛いはず
_{かのじょ} _{つよ} _{へいき} _{つら}
なんです。

(ती महिलाले केही नभएको जस्तो गरिरहेकी छिन् तर वास्तवमा एकदम दुःखी भएकी हुनुपर्छ ।／នាងធ្វើខ្លួនជាមនុស្សខ្លាំងដូចមិនមានបញ្ហាអ្វីៗ ប៉ុន្ដែតាមការពិត នាងពិតជាឈឺចាប់ខ្លាំង។／ລາວທຳທ່າເຂັ້ມແຂງແລະທຳທ່າວ່າບໍ່ເປັນຫຍັງ, ແຕ່ຄວາມຈິງແລ້ວລາວຄືຊິເຈັບປວດຫຼາຍ.)

㊼ □ 懲りる _こ (विगतको अनुभवबाट सिक्नु／ទទួលបានមេរៀន, ទទួលបានបទពិសោធន៍／ຮຽນຈາກປະສົບການ)

▶ まだ株をやってるんですか。— いえ、もう懲りました。損をするばかりで。
_{かぶ} _{そん}

(अझपनि शेयरको किनबेच गर्दै हुनुहुन्छ ? होइन, अब त चेतें । नोक्सान मात्र हुन्छ त्यसैले ।／តើអ្នកនៅលេងភាគហ៊ុននៅឡើយឬ? —អត់ទេ ខ្ញុំបានទទួលមេរៀនហើយ។ ខ្ញុំបានចាញ់ហូរ។／ເຈົ້າຍັງຫຼິ້ນຫຸ້ນຢູ່ບໍ? —ບໍ່, ຂ້ອຍໄດ້ຮຽນຮູ້ຈາກປະສົບການແລ້ວວ່າມັນເປັນຫຍູງແຕ່ຂາດທຶນ.)

㊽ □ 快い _{こころよ} (आनन्द／आरामदायी／ដែលធ្វើឱ្យញញញ់ចិត្ត, ដែលធ្វើឱ្យរីករាយ／ສະບາຍ, ສະບາຍໃຈ, ພໍໃຈ, ຍິນດີ, ເຫັນດີ, ສວຍງາມ)

▷ 快い返事 (सकारात्मक जवाफ／ចម្លើយដែលធ្វើឱ្យរីករាយ／ຄຳຕອບທີ່ພໍໃຈ)
_{へんじ}

▶ 急なお願いにも関わらず、彼女は快く引き受けてくれた。
_{きゅう} _{ねが} _{かか} _{かのじょ} _{ひ う}

(अकस्मात काम गरिदिन अनुरोध गर्दा पनि ती महिलाले खुशी साथ मानिन् ।／នាងបានយល់ព្រមទទួលយកក ដោយការញញញ់ចិត្ត បើទោះបីជាការស្នើសុំបន្ទាន់ក៏ដោយ។／ເຖິງວ່າຈະແມ່ນການຮ້ອງຂໍຢ່າງ ກະທັນຫັນ, ແຕ່ລາວກໍຮັບປ່າງຍິນດີ.)

㊾ □ 心地いい _{ここち} (मनोहर／आनन्दमय／रमाइलो／មានអារម្មណ៍ល្អញ្ញួស្រួល／ສະບາຍ, ສະບາຍໃຈ, ສຸກໃຈ, ສະດວກສະບາຍ)

▷ 心地いいベッド (आनन्दमय ओछ्यान／គ្រែដែលគេងស្រួល／ຕຽງນອນສະດວກສະບາຍ)

▶ 窓を開けると心地いい風が吹いてきた。
_{まど} _あ _{ここち} _{かぜ} _ふ

(झ्याल खोल्दा आनन्दमय हावा आइरहेको थियो ।／ពេលបើកបង្អួច ខ្យល់បក់មកមានអារម្មណ៍ស្រួល។／ເມື່ອ ຂ້ອຍເປີດປ່ອງຢ້ຽມ, ລົມເຢັນສະບາຍກໍພັດເຂົ້າມາ.)

㊿ □ 不快（な） _{ふ かい} (नरमाइलो／राम्रो नलाग्ने घृणा लाग्दो／មានអារម្មណ៍មិនល្អ／ບໍ່ມ່ວນ, ບໍ່ພໍໃຈ, ບໍ່ສະດວກສະບາຍ, ບໍ່ສະບາຍໃຈ)

▶ 彼のあの言い方には不快感を感じる。
_{かれ} _{い かた}

(उसको त्यस्तो किसिमको भनाइ राम्रो लाग्दैन ।／ខ្ញុំមានអារម្មណ៍មិនល្អចំពោះការនិយាយបែបនោះរបស់ គាត់។／ຂ້ອຍຮູ້ສຶກບໍ່ສະບາຍໃຈກັບວິທີທີ່ລາວເວົ້າແບບນັ້ນ.)

言う 41

意見・考え 42

性格・態度 43

心・気持ち・の状態 44

評価 45

答葉 46

パソコン・IT 47

問題・トラブル・事故 48

数量・程度 49

㉛ □ 煩わしい（わずら）（झ्याउ लाग्दो ; झन्झटिलो／ដែលធ្វើអោយខ្ញល់／ລົບກວນ, ລຳຄານ, ລຳບາກ, ສັບສົນ, ຫຍຸ້ງຍາກຫຍັບລຳຄານ,ຊັບຊ້ອນ）

▶ 近所付き合いが煩わしく感じることもある。
（きんじょづ）（かん）

（कहिलेकाहीं छरछिमेकसँगको बोलिव्यवहारसँग झ्याउ लाग्दो।／ពេលខ្លះ ទំនាក់ទំនងជាមួយអ្នកជិតខាងក៏មានរឿងធ្វើអោយខ្ញល់ខ្លាយដែរ។／ບາງຄັ້ງການຄົບຫາສະມາຄົມກັບບ້ານໃກ້ເຮືອນຄຽງກໍ່ເຮັດໃຫ້ຮູ້ສຶກຫຍຸ້ງຍາກຫຍັບລຳຄານ.）

▶ 煩わしい手続きは一切不要。お電話1本でOKです。
（てつづ）（いっさいふよう）（でんわ）（ほん）

（झन्झटिलो कागजप्रक्रिया केही चाहिँदैन, केबल 1 पटकको टेलिफोन भए पुग्छ।／មិនត្រូវការការបំពេញបែបបទដែលធ្វើអោយខ្ញល់ខ្លាយនោះទេ។ សូមទូរសព្ទមកតែ១ដង ជាការស្រេច។／ບໍ່ຕ້ອງມີຂັ້ນຕອນທີ່ຫຍັບຫຍ້ອນ ພຽງແຕ່ໂທລະສັບເທື່ອດຽວກໍ່ໄດ້ແລ້ວ.）

㉜ □ 切実（な）（せつじつ）（गम्भीर ; आग्रहपूर्ण／ដែលជ្រៅជ្រះ, ដែលសំខាន់បំផុត／ຈິງຈັງ, ຮ້າຍແຮງ, ເຂັ້ມງວດ）

▷ 切実な訴え（गम्भीर ; आग्रहपूर्ण अनुरोध／បណ្ដឹងដែលសំខាន់បំផុត／ການຮ້ອງຂໍຢ່າງຈິງຈັງ）
（うった）

▶ 輸出産業にとって、円高は切実な問題です。
（ゆしゅつさんぎょう）（えんだか）（もんだい）

（नियार्त उद्योगको लागि येनको भाउवृद्धि गम्भीर समस्या हो।／ឧស្សាហកម្មនាំចេញ ថ្លៃកើនជាបញ្ហាសំខាន់បំផុត សម្រាប់ឧស្សាហកម្មនាំចេញ។／ເງິນເຢັນທີ່ແຂງຄ່າເປັນບັນຫາທີ່ຮ້າຍແຮງຕໍ່ອຸດສາຫະກຳສົ່ງອອກ.）

㉝ □ のどか（な）（शान्त ; शान्तिपूर्ण ; धीर／ដែលស្ងប់ស្ងាត់, ដែលមានសុខសាន្ត／ສະຫງົບ, ສະຫງົບສຸກ, ຣົ່ມເຢັນ）

▷ 電車を降りると、のどかな田園風景が広がっていた。
（でんしゃ）（お）（でんえんふうけい）（ひろ）

（ट्रेनबाट ओर्लंदा शान्तमय खेतबारीको दृश्य फैलिएको थियो।／ទេសភាពស្រុកស្រែដែលស្ងប់ស្ងាត់បានលាតសន្ធឹងឡើង នៅពេលខ្ញុំចុះពីរទេះភ្លើង។／ເມື່ອລົງຈາກລົດໄຟ, ຊ່ອຍໄດ້ຮັບການຕ້ອນຮັບຈາກທິວທັດອັນສະຫງົບສະຫງົບສຸກ.）

㉞ □ 呆然（ぼうぜん）（द्वाल्ल पर्नु ; अनुत्सुक निरुत्साही／ការភ្ញាក់ផ្អើល, ការស្រងេំរំាំងកំាំង／ຕື້ມ, ງົງ, ແປກໃຈ, ຕົກໃຈ）

▶ 恩師の急死の知らせを聞き、呆然としてしまった。
（おんし）（きゅうし）（し）

（माया गर्ने गुरुको अकस्मातको मृत्युको खबर सुन्दा द्वाल्ल परें।／ខ្ញុំស្រងេំរំាំងកំាំង នៅពេលបានលឺដំណឹងអំពីមរណ ភាពភ្លាមៗរបស់អតីតគ្រូរបស់ខ្ញុំ／ເມື່ອໄດ້ຍິນຂ່າວກ່ຽວກັບການຕາຍຢ່າງກະຊັບຊັບຂອງຄູຂອງຂ້າພະ ເຈົ້າ, ຕົກໃຈຫຼາຍ.）

㉟ □ 切ない（せつ）（विरहपूर्ण भावुक／ដែលសោកសៅ／ທຳໃຈບໍ່ໄດ້, ທໍລະມານໃຈ, ເຈັບໃຈ, ເສົ້າໃຈ）

▶ この映画は、愛し合っても結ばれない、切ない恋の物語なんです。
（えいが）（あいあ）（むす）（せつ）（こいものがたり）

（यो सिनेमाको कथा, परस्परमा प्रेमगरे पनि मिलन नहुने विरहपूर्ण प्रेमकहानी हो।／ភាពយន្តនេះគឺជារឿងស្នេហា សោកសៅទោះបីជាស្រឡាញ់គ្នាក៏មិនអាចនៅជាមួយគ្នាបាន។／ຮູບເງົາເລື່ອງນີ້ເປັນເລື່ອງ ຄວາມຮັກທີ່ທໍລະມານໃຈ, ຂອງຄົນຮັກກັນແຕ່ກໍ່ບໍ່ໄດ້ຢູ່ນຳກັນ.）

㊱ □ 空しい（むな）（खाली ; फोस्रो ; निर्थक ; अर्थहीन／ទទេ／ອ່າງເປົ່າ, ເສຍລ້າ, ບໍ່ມີ ປະໂຍດ, ບໍ່ໄດ້ຜົນ, ໂມຄະ）

▶ 今までの努力が無駄だったとわかり、空しくなった。
（いま）（どりょく）（むだ）

（अहिले सम्मको मेहनत व्यर्थ भएकोले निर्थक अनुभव भयो।／ខ្ញុំដឹងការខំប្រឹងប្រែងរហូតមកដល់ពេលនេះគឺ ឥតប្រយោជន៍ ហើយមានអារម្មណ៍ទទេៗ។／ຊ່ອຍຮູ້ສຶກວ່າເປົ່າ, ເພາະຮູ້ວ່າຄວາມພະຍາຍາມທັງໝົດ ຂອງຊ່ອຍມາຮອດຕອນນີ້ບໍ່ມີປະໂຍດ.）

(57) □ きまり(が)悪い (अप्ठ्यारो महसुस／ខ្មាស់, អាម៉ាស់／ຮູ້ສຶກອຶດອັດ, ຮູ້ສຶກອັບອາຍ, ຮູ້ສຶກລະອາຍໃຈ)

▶ たくさん釣ってくると言ったのに２匹しか釣れなくて、父はきまり悪そうだった。

(धेरै माछा मारेर आउँछु भनेकोमा २ वटा मात्र हात लागेकोले बुबा लज्जित भएको देखिनुभयो ।／ឪពុកខ្ញុំហាក់ដូចជាអាម៉ាស់មុខដោយសារគាត់បាននិយាយថាគាត់ទៅស្ទូចត្រីអោយបានច្រើនប៉ុន្តែស្ទូចបានតែ២ក្បាលគត់។／ໄດ້ເວົ້າວ່າຊິຕຶກເບັດໃຫ້ໄດ້ປາຫຼາຍມາ, ໄດ້ແທ້ພຽງແຕ່ສອງໂຕ, ພໍ່ຂອງຂ້ອຍເລີຍຮູ້ສຶກອັບອາຍ.)

(58) □ 恥をかく (बेइज्जत हुनु / लज्जित हुनु／ខ្មាស់, អាម៉ាស់／ເສຍໜ້າ,ຂາຍໜ້າ, ອັບອາຍ)

▶ 小学校で習う漢字なんだから、書けないと恥をかくよ。

(प्राथामिक विद्यालयमा सिक्ने कान्जि भएकोले लेख्न नसकेमा लाजमर्दो हुन्छ है ।／វាជាការគួរអោយខ្មាស់បើឯងមិនចេះអក្សរហ្នឹង ព្រោះអក្សរហ្នឹងជាអក្សរកាន់ជិដែលរៀននៅថ្នាក់បឋមសិក្សា។／ມັນເປັນໂຕໜັງສືຄັນຈິທີ່ເຈົ້າຮຽນຕອນຢູ່ໃນໂຮງຮຽນປະຖົມ, ສະນັ້ນຖ້າຂຽນບໍ່ໄດ້ກໍ່ເສຍໜ້າໄດ໋.)

(59) □ 自尊心 (आत्मसम्मान／ការជឿជាក់លើខ្លួនឯង／ຄວາມຍິ່ງໃນສັກສີ, ການນັບຖືຕົນເອງ)

▶ みんなの前で恥をかかされて、自尊心を傷つけられた。

(सबैको अगाडि बेइज्जत पारेर आत्मसम्मानमा चोटपुग्यो ।／ខ្ញុំត្រូវបានអាម៉ាស់នៅចំពោះមុខអ្នកទាំងអស់គ្នា ហើយវាបានប៉ះពាល់ដល់ជំនឿចិត្តរបស់ខ្ញុំ។／ຖືກຂາຍໜ້າຕໍ່ໜ້າຂອງທຸກຄົນແລະຄວາມນັບຖືຕົນເອງກໍ່ເສຍຫາຍ.)

(60) □ 郷愁 (जन्मथलोको याद दिलाउने／ការនឹករលឹកស្រុកកំណើត／ຄວາມຄິດຮອດ, ຄິດຮອດບ້ານ)

▶ どこか郷愁を感じる町並みにひかれました。

(कताकता जन्मथलोको याद दिलाउने शहरीबस्ती मलाई मनपर्‍यो／ចិត្តរបស់ខ្ញុំត្រូវបានទាក់ទាញដោយទេសភាពទីក្រុងដែលមានអារម្មណ៍ដូចជានឹករលឹកដល់ស្រុកកំណើត។／ທິວທັດຂອງເມືອງໄດ້ດຶງດູດຈິດໃຈເຊິ່ງເຮັດໃຫ້ຂ້ອຍຄິດຮອດບ້ານ.)

(61) □ 息が詰まる (निसास्सिनु／ស្ទះខ្យល់／ແຄັ້ນ, ຫາຍໃຈບໍ່ອອກ)

▶ 会議はずっと重苦しい雰囲気で、息が詰まりそうだった。

(मिटिङ तनाबपूर्ण वातावरण भएको हुनाले निसास्सिएला जस्तो थियो ।／ការប្រជុំស្ថិតក្នុងបរិយាកាសអាប់អួរ ហួត ហើយខ្ញុំហាក់ដូចជាចង់ស្ទះខ្យល់។／ບັນຍາກາດໃນກອງປະຊຸມແມ່ນອຶດອັດຈົນຫາຍໃຈບໍ່ອອກ.)

(62) □ 劣等感 (हीनभावना／ការមានអារម្មណ៍ថាអន់ជាង រឺទាបជាង／ປົມດ້ອຍ)

▷ 彼は劣等感をばねに頑張った。

(उसले हीनभावनालाई कमानीको रूपमा प्रयोग गरी मेहनत गर्‍यो／គាត់បានខំប្រឹងប្រែងដើម្បីលុបបំបាត់អារម្មណ៍ដែលគិតថាអន់ជាងគេ។／ລາວໃຊ້ປົມດ້ອຍເປັນກຳລັງສຳຄັນໃນການພະຍາຍາມ.)

言う 41

意見・考え 42

性格・態度 43

心の状態・気持ち 44

評価 45

言葉 46

パソコン・IT 47

問題・トラブル・事故 48

数量・程度 49

UNIT 45

評価
ひょうか
(मूल्याङ्कन / मूल्यांकन ; मूल्य-निर्धारण ; मूल्य लाउने काम ; मोल तोके काम／ការវាយតម្លៃ／ການປະເມີນ)

❶ □ **実績** (परिणाम ; नतीजा／លទ្ធផល, សមិទ្ធិផល／ຜົນງານ)
じっせき

▶ 研究実績が認められ、彼女は教授になった。
けんきゅう　　　みと　　　　　　　かのじょ　きょうじゅ

(अनुसन्धानको नतीजाले मान्यता पायो र ति महिला प्राध्यापक भइन् ।／លទ្ធផលនៃការស្រាវជ្រាវត្រូវបានគេ ទទួលស្គាល់ ហើយគាត់បានឡាយជាសាស្ត្រាចារ្យ។／ຜົນງານການຄົ້ນຄວ້າຖືກຍອມຮັບແລະລາວໄດ້ ກາຍເປັນສາດສະດາຈານ.)

❷ □ **功績** (उपलब्धिहरू जनहित सेवा／សមិទ្ធិផល／ຄຸນງາມຄວາມດີ, ຜົນສໍາເລັດ, ຜົນງານ)
こうせき

▶ 彼は報道分野での長年の功績が認められ、表彰された。
かれ　ほうどうぶんや　　　ながねん　こうせき　みと　　　　ひょうしょう

(उनको लामो समयदेखिको सञ्चार क्षेत्रको उपलब्धिले मान्यता पायो र उनलाई पुरस्कृत गरियो ।／ គាត់ត្រូវបានគេទទួលស្គាល់និងផ្តល់ម្តងៗអោយចំពោះសមិទ្ធិផលជាច្រើនឆ្នាំនៅក្នុងវិស័យពត៌មាន។ ／ລາວຖືກຍອມຮັບໃນຜົນງານດ້ານການລາຍງານຂ່າວມາເປັນເວລາຫຼາຍປີແລະໄດ້ຮັບການຍ້ອງຍໍ.)

❸ □ **名誉** (इज्जत ; सम्मान ; आदरभाव ; प्रशंसा ; गुनगान ; नाक／កិត្តិយស, កេរ្តិ៍ឈ្មោះ／ ຍ້ອງ, ຍ້ອງຄົງຄໍ, ຄວາມເຄົ່າລົບ, ຄວາມນັບຖື, ຊື່ສຽງ)
めいよ

▷ 名誉ある地位 (सम्मानजनक पद／តំណែងកិត្តិយស／ຕໍາແໜ່ງອັນມີນ)
ちい

▷ 記事で名誉を傷つけられたと、彼女は出版社を訴えた。
きじ　　めいよ　きず　　　　　かのじょ　しゅっぱんしゃ　うった

(व्या लेखले आफ्नो मानहानि गरेको छ भनि ति महिलाले प्रकाशन कम्पनीको उजुरी दिइन् ।／ នាងបានខឹងក្រុមហ៊ុនបោះពុម្ពដោយអះអាងថាងត្រូវបានគេបង្ខូចកេរ្តិ៍ឈ្មោះនៅលើអត្ថបទឯកសារ។／ ລາວໄດ້ຟ້ອງຮ້ອງສໍານັກພິມ, ໂດຍກ່າວວ່າຫົວຂໍ້ລາວໄດ້ເຮັດໃຫ້ລາວເສື່ອມເສຍຊື່ສຽງ.)

❹ □ **名高い** (प्रख्यात ; प्रसिद्ध ; नामी ; नाम चलेको／ល្បីល្បាញ／ມີຊື່ສຽງ)
なだか

▶ 竜安寺は、美しい庭があることで名高いお寺です。
りょうあんじ　うつく　にわ　　　　　　　　なだか　　　てら

(रिउआनजी मन्दिर यसको बगैंचाको सुन्दरताद्वारा प्रख्यात छ ।／វត្តរ្យអានជីជាវត្តដ៏ល្បីល្បាញដោយសារមាន សួនច្បារដ៏ស្រស់ស្អាត។／ວັດຮຽວອັນເປັນວັດທີ່ມີຊື່ສຽງດ້ານຄວາມສວຍງາມຂອງສວນ.)

❺ □ **偉大(な)** (महान् ; बृहत् ; बडा ; महत्वपूर्ण ; गौरवशाली／ដែលអស្ចារ្យ, ដ៏ឧត្តម／ ຍິ່ງໃຫຍ່)
いだい

▷ 偉大な人 (महान्व्यक्ति／មនុស្សអស្ចារ្យ, មនុស្សឧត្តម／ບຸກຄົນຍິ່ງໃຫຍ່)
ひと

▷ 偉大な功績を残した人の名前がここに書かれている。
こうせき　のこ　　ひと　　なまえ　　　　か

(महान् उपलब्धि छोडेका व्यक्तिहरूको नाम यहाँ लेखिएको छ ।／ឈ្មោះអ្នកដែលបានបន្សល់សមិទ្ធិផលដ៏ អស្ចារ្យត្រូវបានចារទុកនៅទីនេះ។／ຊື່ຂອງບຸກຄົນທີ່ປະໄວ້ຜົນສໍາເລັດຍ່າງຍິ່ງໃຫຍ່ຖືກຂຽນໄວ້ບ່ອນນີ້.)

❻ □ 称える (को प्रशंसा (/ स्तुति / गुणगान / तारिफ) गर्नु／សរសើរ／ย้อง, ย้อງยໍ,
ສັນລະເສີນ)
たた

▶ 両チームは、お互いの健闘を称えて握手をした。
りょう   たが   けんとう   あくしゅ

(दुबै टिमले परस्पर उत्तम खेलको प्रशंसा स्वरूप हात मिलाए।／ក្រុមទាំងពីរបានសរសើរពីសំណាងរៀងៗខ្លួន
ហើយបានចាប់ដៃគ្នា។／ທັງສອງທິມໄດ້ຈັບມືກັນແລະย้อງยໍກັບໃນຄວາມพะยายามบากบั่นຂອງพวกเขົา.)

❼ □ 値する (लायक (/ लायकको / योग्यको / महत्त्वको / मोलको) हुनु／សមនឹងបាន,
あたい   សមនឹងទទួល／ມີຄ່າຄວນແກ່...)

▶ まさに称賛に値する演技だった。
しょうさん   えんぎ

(साँच्चै नै प्रशंसागर्न लायक अभिनय थियो।／វាជាការសម្តែងដែលសាកសមនឹងទទួលបានការសរសើរ
យ៉ាងពិតប្រាកដ។／ເປັນການສະແດງທີ່ມີຄ່າຄວນແກ່ການย้อງยໍ.)

❽ □ 利点 (नाफा / नाफा ; मुनाफा ; फाइदा ; लाभ／គុណសម្បត្តិ, សារៈប្រយោជន៍／
りてん   ຂໍ້ໄດ້ປຽບ, ຂໍ້ດີ, ຈຸດດີ)

▶ 通信販売の一番の利点は、家にいながら買い物ができることです。
つうしんはんばい いちばん   いえ   か もの

(संचार माध्यमद्वारा हुने बिक्रीवितरणको सबैभन्दा ठूलो फाइदा घरमै बसेर किनमेल गर्न सकिने भन्ने हो।／
គុណសម្បត្តិរបស់ការជំរុញលក់ទំនិញដោយឈរដឹកនាំជាមួយនឹងដល់ផ្ទះ៖ គឺយើងអាចទិញទំនិញបាន
៨ណ:ពេលនៅផ្ទះ។／ຈຸດດີທີ່ສຸດຂອງການຂາຍເຄື່ອງອ້ອມລາຍແມ່ນທ່ານສາມາດເລືອກຂໍ້ເຄື່ອງຢູ່ເຮືອນໄດ້.)

❾ □ 同 メリット (फाइदा／គុណសម្បត្តិ, សារ:ប្រយោជន៍／ຂໍ້ໄດ້ປຽບ, ຂໍ້ດີ, ຈຸດດີ)

▶ 彼に協力しても、私には何のメリットもない。
かれ きょうりょく   わたし   なん

(उसलाई सहयोग गरेपनि मलाई केहीपनि फाइदा छैन।／វាគ្មានសារៈប្រយោជន៍អ្វីចំពោះខ្ញុំទេ បើទោះជាខ្ញុំ
សហការជាមួយគាត់ក៏ដោយ។／ເຖິງວ່າຊ່ວຍຫ້ອມມືກັບລາວວ, ກໍບໍ່ມີຂໍ້ໄດ້ປຽບหยัງสำລັບຂ້ອຍ.)

❿ □ 対 デメリット (बेफाइदा／គុណវិបត្តិ, ចំនុចមិនល្អ／ຂໍ້ເສຍ)

▶ この料金プランにした場合のデメリットは何ですか。
りょうきん   ばあい

(यो शुल्क रहेको प्लानलाई अपनाएमा हुनसक्ने बेफाइदा के होला？／ករណីយកគម្រោងបង់ប្រាក់នេះ？ តើមាន
គុណវិបត្តិអ្វីដែរ？／ຖ້າເອົາທາງເລືອກຄ່ານ້ຳ (ໄຫ) ນີ້, ຂໍ້ເສຍຈະແມ່ນຫยัง?)

⓫ □ 辛い (पीडो / कठिन ; कटु ; कठोर／ដែលគិតសិ្និទ／ຮຸນແຮງ, ໂหดร้าย)
から

▷ この映画に対する彼の評価は少々辛いものだった。
えいが   たい   かれ ひょうか しょうしょう

(यो सिनेमाप्रतिको उसको मुल्याङ्कन अलिकति कटु नै थियो।／ការវាយតម្លៃរបស់គាត់ចំពោះភាពយន្តនេះ គួរ
ឲ្យឈឺចាប់បន្តិចក្នុងចិត្តបន្តិច។／ການປະเมินຂອງລາວຕໍ່ຮູບເງົາເລື່ອງນີ້ຮຸນແຮງพ้อยขึ้น.)

⓬ □ 審査(する) (परीक्षण ; जाँच ; जाँचे काम／ការត្រួតពិនិត្យ, ការវិនិច្ឆ័យ／
しんさ   ຕັດສິນ, ພິຈาລະນາ)

▷ 審査員 (परीक्षण दल／អ្នកវិនិច្ឆ័យ, អ្នកជាត់ពិនុ／ຄณะການຕັດສິນ/ຕັດສິນ)
いん

▶ 審査結果が間もなく発表されます。
けっか   ま   はっぴょう

(परीक्षण नतिजालाई केही समयमा नै सार्वजनिक गरिने छ।／លទ្ធផលនៃការវិនិច្ឆ័យនឹងត្រូវប្រកាសក្នុងពេល
ឆាប់ៗនេះ។／ຜົນການຕັດสินจะถึกประกาดใໝໃນໄວໆນີ້.)

⑬ □ 審議(しんぎ)(する) (छलफल ; विचार–विमर्श ; परामर्श／ការពិភាក្សា, ការពិចារណា／ພິຈາລະນາໃນກອງປະຊຸມ)

▶ 市議会(しぎかい)で、来年度(らいねんど)の予算案(よさんあん)の審議が行(おこな)われる。

(नगर परिषदको साधारण सभामा आउने सालको बजेट सम्बन्धी विचार–विमर्श हुने भएको छ ।／ការពិភាក្សាអំពីសំណើរថវិកាសម្រាប់ឆ្នាំក្រោយត្រូវបានធ្វើឡើងនៅឯការប្រជុំថ្នាក់ក្រុង។／ກອງປະຊຸມເມືອງຈະພິຈາລະນາຮ່າງງົບປະມານປະຈຳປີໜ້າ.)

⑭ □ 吟味(ぎんみ)(する) (जाँच ; परीक्षा ; केलाइकुलाइ／ការត្រួតពិនិត្យយ៉ាងហ្មត់ចត់／ກວດສອບ/ຄັດເລືອກຢ່າງພິຖີພິຖັນ, ສືບສວນ)

▶ どの教科書(きょうかしょ)を使(つか)うか、内容(ないよう)を吟味しているところです。

(कुन पाठ्यपुस्तक चलाउने भनि त्यसको विषयको बारेमा केलाइकुलाइ हुदैछ ।／ខ្ញុំកំពុងត្រួតពិនិត្យខ្លឹមសារយ៉ាងហ្មត់ចត់ថាតើត្រូវប្រើសៀវភៅសិក្សាមួយណា។／ພວກເຮົາກຳລັງກວດສອບເນື້ອໃນຢ່າງພິຖີພິຖັນວ່າຈະໃຊ້ປຶ້ມແບບຮຽນຫົວໃດ.)

2
02

⑮ □ 採択(さいたく)(する) (ग्रहण गर्नु ; अपनाउनु छनौट हुनु／ការទទួលយក, ការយល់ព្រម／ຄັດເລືອກ, ເລືອກນຳມາໃຊ້)

▶ 国(くに)の環境計画(かんきょうけいかく)に、A大学(だいがく)のエネルギー再生(さいせい)プランが採択された。

(राष्ट्रको पर्यावरण परियोजनामा A विश्वविद्यालयको नविकरणीय ऊर्जा प्लान छनौट भयो ।／ផែនការនៃការផលិតថាមពលឡើងវិញរបស់សាកលវិទ្យាល័យAត្រូវបានទទួលយកនៅក្នុងការផែនការបរិស្ថានជាតិ។／ແຜນການຟື້ນຟູພະລັງງານຂອງມະຫາວິທະຍາໄລ A ໄດ້ຖືກຄັດເລືອກເອົາເປັນສ່ວນໜຶ່ງຂອງແຜນສິ່ງແວດລ້ອມແຫ່ງຊາດ.)

⑯ □ 軽視(けいし)(する) (हेलचेक्र्याइँ बेवास्ता ; उपेक्षा ;／ការធ្វេសប្រហែស, ការមើលស្រាល／ດູຖູກ, ບໍ່ເຫັນຄວາມສຳຄັນ, ບໍ່ສົນໃຈ)

▶ 今回(こんかい)の事故(じこ)は安全(あんぜん)を軽視した結果(けっか)だと、非難(ひなん)が出(で)ている。

(यसपटक दुर्घटना सुरक्षापक्षमा हेलचेक्र्याइँ गरेको परिणाम स्वरुप घटेको भनि निन्दा भइरहेको छ ।／មានការរិះគន់ថាគ្រោះថ្នាក់លើកនេះគឺជាលទ្ធផលដែលកើតចេញពីការធ្វេសប្រហែសផ្នែកសុវត្ថិភាព។／ອຸບັດຕິເຫດຄັ້ງນີ້ຖືກຕຳນິວ່າເປັນຜົນມາຈາກການບໍ່ສົນໃຈຄວາມປອດໄພ.)

⑰ □ 好(この)ましい (शोभनीय ; रहरलाग्दो ; मुनासिब ; मनपर्दो／ដែលគួរអោយចូលចិត្ត／ພໍໃຈ, ຖືກໃຈ, ປາດຖະໜາ)

▷ 好ましい人物(じんぶつ) (शोभनीय व्यक्ति／មនុស្សដែលគួរអោយចូលចិត្ត／ບຸກຄົນທີ່ປາດຖະໜາ)

▶ 絶対(ぜったい)だめというわけではないが、あまり好ましくない。

(कुनै हालतमा पनि हुदैन भन्न खोजेको त होइन तर त्यतिधेरै मुनासिब चाहिं होइन ।／មិនមែនដាច់ខាតមិនល្អនោះទេ ប៉ុន្តែគ្រាន់តែមិនសូវចូលចិត្ត។／ບໍ່ໄດ້ໝາຍຄວາມວ່າບໍ່ດີຢ່າງແນ່ນອນແຕ່ບໍ່ຖືກໃຈ.)

⑱ □ 好評（な） （राम्रो मुल्याङ्कन／ដែលមានប្រជាប្រិយភាព, ដែលគេនិយម／បីខ្ញុំៗ, ได้รับถวามนิยม）

▶ こちらのツアーは、お客様に大変好評をいただいています。
きゃく さま　　　たいへん

（यस टुरप्रति ग्राहकहरूबाट राम्रो मुल्याङ्कन प्राप्त भइरहेको छ ।／ដំណើរកំសាន្តនេះបានទទួលការពេញនិយម យ៉ាងខ្លាំងពីសំណាក់ភ្ញៀវៗ។／ทัวร์นี้ได้รับความนิยมอย่างมากจากลูกค้าฯ.）

⑲ □ 対 不評（な） （नराम्रो मुल्याङ्कन／ដែលមិនមានប្រជាប្រិយភាព, ដែលគេមិននិយម／ខ្ញុំៗប៉ិ, ບໍ່ເປັນທີ່ນິຍມ）

▶ 新しいメニューはどうやら不評のようだ。
あたら

（नयाँ मेन्युप्रति नराम्रो मुल्याङ्कन आइरहेको जस्तो देखिन्छ ।／មុខម្ហូបថ្មីហាក់ដូចជាមិនមានការពេញនិយម ទេ។／เมนูใหม่เบิ่งคือว่าบໍ່เป็นที่นิยม.）

⑳ □ 絶好 （साह्रै उत्तम／ល្អបំផុត／(ເໝາະ)ທີ່ສຸດ, ดีที่สุด）
ぜっこう

▷ 絶好のチャンス （साह्रै उत्तम मौका／ឱកាសដ៏ល្អបំផុត／โอกาสดีที่สุด）

▶ あすはよく晴れて、お出かけには絶好の天気になりそうです。
は　　　　　で　　　　　　　　　　　　てん き

（भोलि राम्रो घाम लागेर बाहिर घुमफिर गर्नलाई साह्रै उत्तम मौसम होला जस्तो छ ।／ថ្ងៃស្អែកមេឃស្រឡះល្អ ហើយអាកាសធាតុល្អបំផុតសម្រាប់ការចេញដើរខាងក្រៅ។／มื้ออื่นอากาศปอดใสๆและเป็นอากาศເໝາะທີ່ສຸດສำລັບການออกไปนอก.）

㉑ □ 好調（な） （राम्रो अनुकूल／ស្ថានភាពល្អ／ໄປໄດ້ດີ, ບໍ່ខัดข้อง, ความเพิ่งพ่ใจ）
こう ちょう

▷ 好調を維持する （अनुकूलतालाई निरन्तरता दिनु／រក្សាទុកស្ថានភាពល្អ／ຮักສาความเพิ่งพ่ใจ）
い じ

▶ 新規店は、売上が好調のようです。
しん き てん　　　うりあげ

（नव उद्घाटित पसलको बिक्रीवितरण अनुकूल छ जस्तो देखिन्छ ।／ការលក់ដូររបស់ហាងថ្មីមានស្ថានភាពល្អ។／ເບິ່ງຄ้ายออกขายยอดร้ายกับใหม่ไปได้ดี）

㉒ □ 対 不調（な） （नराम्रोप्रतिकूल／ស្ថានភាពមិនល្អ／ລະພຽບບ່ดี）
ふ

▶ チームは不調が続いている。
つづ

（टिमको प्रतिकूल अवस्था चलिरहेको छ ।／ក្រុមនៅតែមានស្ថានភាពមិនល្អ។／ລະພຽບບ່ดียังฮ่องสืบต่อยู่ในทีม.）

▷ 絶好調（な） （उत्कृष्ट अवस्था／ស្ថានភាពល្អណាស់／ລ้ มບູ ແບບ）
ぜっ

㉓ □ 適正（な） （सही उचित／ដែលសមរម្យ／(ເໝາະ)ສ ม, มีເหดสิผน）
てきせい

▷ 適正価格 （उचित मूल्य／តម្លៃសមរម្យ／ລາຄາທີ່(ເໝາະ)ສ ม）
か かく

▶ この料金が適正なのかどうか、私にはよくわからない。
りょうきん　　　　　　　　　　　わたし

（यो शुल्क रकम उचित हो कि होइन, मलाई राम्रोसँग थाहा छैन ।／ខ្ញុំមិនដឹងថាតម្លៃនេះសមរម្យឬយ៉ាងណាទេ។／ຂ้อยບ່ຮ ้ວ่าถาวัมนี้(ເໝາະ)ສ ม(ฤั)ບ.）

㉔ □ 最適（な） （सर्बोचित／ដែលល្អបំផុត, ដែលប្រសើរបំផុត／(ເໝາະ)ສ ມທີ່ສຸດ）
さいてき

▶ この部屋は、ワインを保管するのに最適な温度になっている。
へ や　　　　　　　　　ほ かん　　　　　　　　　おん ど

（यो कोठा वाइन भण्डारनको लागि सर्बोचित तापक्रमको छ ।／បន្ទប់នេះមានសីតុណ្ហភាពដែលល្អបំផុត សម្រាប់រក្សាទុកស្រាវ៉ាញ់។／ห้องนี้มีอุนหะพูมที่(ເໝາະ)ສ ມທີ່ສຸດສ ำລັບການເກັບรักสาเຫ ้าอะวัญ.）

言う 41
意見・考え 42
性格・態度 43
気持ち・心の状態 44
評価 45
薬 46
パソコン・IT 47
問題・トラブル・事故 48
数量・程度 49

㉕ □ **正当（な）**
せいとう
（न्यायोचित；सत्यता；औचित्य／ដែលត្រឹមត្រូវ／
ເໝາະສົມ, ຖືກຕ້ອງ）　　　　対 **不当（な）**
ふとう

▷ 正当性を主張する
せい　しゅちょう
（औचित्यको दाबी गर्नु／អះអាងភាពត្រឹមត្រូវ／ຢາກຮ້ອງຄວາມຖືກຕ້ອງຕາມກົດໝາຍ）

▶ 正当な理由があれば、再受験も可能です。
り ゆう　　　　　　　　さいじゅけん　　か のう
（न्यायोचित कारण भएमा पुन:परीक्षा पनि सम्भव हुन्छ।／ប្រសិនបើមានមូលហេតុត្រឹមត្រូវ អាចនឹងប្រលង
ម្ដងទៀតបាន។／ຖ້າມີເຫດຜົນທີ່ຖືກຕ້ອງ, ເຈົ້າສາມາດເຂົ້າສືບໄດ້.）

㉖ □ **正当化（する）** （न्यायोचित गर्नु／ការបង្ខាញអោយឃើញថាត្រូវ／ເຮັດໃຫ້ຖືກຕ້ອງ）

▶ 他人を批判して自分を正当化しようとしているだけだよ。
た にん　ひ はん　　　じ ぶん
（कसैको आलोचना गरेर आफ्नो कार्यलाई उचित बनाउन खोजेको मात्र हो।／តាមរិះគន់អ្នកដទៃ ហើយបង្ហាញ
អោយឃើញថាខ្លួនត្រូវតែប៉ុណ្ណោះ។／ເຈົ້າພຽງແຕ່ພະຍາຍາມເຮັດໃຫ້ໂຕເອງຖືກຕ້ອງໂດຍການວິຈານກ່ຽວກັບຄົນອື່ນ.）

㉗ □ **的確（な）**
てきかく
（ठीक；सही；शुद्ध／ដែលត្រឹមត្រូវ, ដែលច្បាស់លាស់／
ຖືກຕ້ອງ, ກົງ, ແມ່ນຍຳ）

▷ 的確な判断 （सही निर्णय／ការសម្រេចដែលត្រឹមត្រូវ／ການຕັດສິນທີ່ຖືກຕ້ອງ）
はんだん

▶ コーチの的確なアドバイスのおかげで、記録が伸びた。
き ろく　の
（प्रशिक्षकको सही सल्लाहको फलस्वरूप नयाँ अभिलेख प्राप्त हुनसक्यो।／អរគុណចំពោះដំបូន្មានដ៏ត្រឹមត្រូវរបស់
គ្រូបង្វឹក បានធ្វើអោយកំណត់ត្រាប្រសើរឡើង។／ຍ້ອນຄຳແນະນຳທີ່ຖືກຕ້ອງຂອງຄູຝຶກ, ເຮັດໃຫ້ເກັບ
ຕະແນນຂອງຂ້ອຍດີຂຶ້ນ.）

2
03

㉘ □ **模範**
も はん
（नमुना／नमूना；आदर्श；उदाहरण／គំរូ／ແບບຢ່າງ, ໂຕແບບ）

▷ 模範演技、模範的な生徒
えんぎ　　　てき　　　せい と
（आदर्श अभिनय, उदाहरणात्मक विद्यार्थी／ការសម្ដែងគំរូ, សិស្សគំរូ／ການສະແດງໂຕແບບ, ນັກຮຽນ
ແບບຢ່າງ）

▶ 後輩の模範になってほしいと、課長に言われた。
こうはい　　　　　　　　　　　　　　か ちょう　い
（जुनियरहरूको आदर्श बन्नु भनेर शाखाप्रमुखले भन्नुभयो।／ខ្ញុំត្រូវបានប្រធានផ្នែកប្រាប់ថាគាត់ចង់អោយខ្ញុំ
ក្លាយជាគំរូរបស់សិស្សប្អូន។／ຜູ້ຈັດການບອກວ່າຢາກໃຫ້ຂ້ອຍເປັນແບບຢ່າງໃຫ້ກັບລຸ້ນນ້ອງ.）

㉙ □ **画期的（な）**
か っ き てき
（नयाँ मोड दिने；अभूतपूर्व／ដែលធ្វើអោយមានការប្រែប្រួលប្រវត្តិសាស្ត្រ／
ເປັນການເລີ່ມຍຸກໃໝ່, ເປັນການເປີດສັກກະລາດໃໝ່, ບໍ່ເຄີຍມີມາກ່ອນ）

▷ 画期的な方法／アイデア
ほうほう
（अभूतपूर्व तरिका／आइडिया／វិធី/គំនិតដែលធ្វើអោយមានការប្រែប្រួលប្រវត្តិសាស្ត្រ／
ວິທີການ / ແນວຄວາມຄິດທີ່ບໍ່ເຄີຍມີມາກ່ອນ）

▶ もしこれが実現されれば、画期的な出来事になるだろう。
じつげん　　　　　　　　　　　　　　　　　で き ごと
（यदि यसले वास्तविकरूप लिएमा अभूतपूर्व घटना बन्ने होला।／ប្រសិនបើវាកើតមានឡើងមែន នោះវានឹង
ក្លាយជាព្រឹត្តិការណ៍ដែលធ្វើអោយមានការប្រែប្រួលប្រវត្តិសាស្ត្រ។／ຖ້າເຮັດສິ່ງນີ້ໃຫ້ປະກົດຕົວເປັນຈິງ,
ມັນຈະເປັນເຫດການທີ່ບໍ່ເຄີຍມີມາກ່ອນ.）

㉚ □ **軽率（な）**
けいそつ
（हतार ; हड्बडी ; हड्बडाइ ; व्यग्रता／ដែលមិនប្រុងប្រយ័ត្នប្រៃង, ដែល ធ្វេសប្រហែស／ບໍ່ລະມັດລະວັງ, ປະໝາດ, ລະເຫຼີ່ງ, ບໍ່ເອົາໃຈໃສ່）

対 慎重（な）
しんちょう

▶ 一人の軽率な行動が、大きな問題を招いた。
ひとり　　けいそつ　こうどう　　　　おお　　　もんだい　まね

（एक्लानको अविवेकपूर्ण कार्यले ठूलो समस्यालाई निम्त्यायो ।／។ស្ថីធ្វេសប្រហែសរបស់បុគ្គលម្នាក់បានបង្កជា បញ្ហាធំ។／ການກະທຳທີ່ປະໝາດຂອງຄົນຜູ້ດຽວໄດ້ກໍ່ໃຫ້ເກີດບັນຫາໃຫຍ່.）

㉛ □ **難解（な）**
なんかい
（गुबुझिने ; अस्पष्ट ; अस्फूट ; लुकेको ; दुर्बोध／ដែលពិបាកយល់／ខ្យាកใจยาก）

▷ 難解な本（अस्फूट पुस्तक／សៀវភៅដែលពិបាកយល់／ປຶ້ມທີ່ເຂົ້າໃจยาก）
ほん

㉜ □ **粗悪（な）**
そあく
（कच्चा ; रामग्री नगरिएको ; घटिया कमसल खालको／ដែលអន់ （គុណភាព）／คุนนะพาบบໍ่ดี, ບໍ່มีคุนนะพาบ）

▷ 粗悪品（घटिया वस्तु／ទំនិញមានគុណភាពអន់／ສິນค้าທີ่ບໍ່มีคุนนะพาบ）
ひん

㉝ □ **アピール（する）**
（ध्यान खिचनु ; हृदय (/ मन) छुनु ; रोचक हुने गर्नु／ការអំពាវនាវ, ការស្នើសុំ, ការបង្ហាញ／ดึງดูด, ดึງดูดใจ, ดึງดูดความสົนใจ）

▷ 自己アピール（आत्माकर्षण／ការបង្ហាញអំពីខ្លួនឯង／ການສ້າງເສີມຕົນເອງ）
じこ

▶ もっと商品の特長をアピールしたほうがいい。
しょうひん　とくちょう

（पहिले भन्दा पनि बिक्री सामाग्रीको विशेषता सम्बन्धी ध्यानाकर्षण गरे राम्रो हुन्छ ।／ខ្ញុំគិតថាអ្នកគួរបង្ហាញអំពី លក្ខណៈពិសេសរបស់ទំនិញឱ្យច្រើនថែមទៀត។／ควรส้างเสีมจุดพิเสดຂอງผะลิดตะพันให้ຫຼายຂึ้น.）

㉞ □ **舌を巻く**
した　ま
（छक्क हुनु／ដែលត្រូវបានគេភ្ញាក់ផ្អើល／ຮู้สึกแปกใจ, ຮู้สึก ຮัดสะจับใจ）

▶ その子の記憶力のすごさに、誰もが舌を巻いた。
こ　きおくりょく　　　　　だれ　　した

（उसको स्मरण शक्तिको सामर्थ्य देखेर त जोसुकै पनि छक्क भयो ।／នរណាក៏បានភ្ញាក់ផ្អើលនឹងភាពអស្ចារ្យនៃ សមត្ថភាពចងចាំរបស់ក្មេងនោះដែរ។／ทุกคนรู้สึกแปกใจในความสามาดจิดจำຂอງเด็กน้อยผู้นั้น.）

㉟ □ **気力**
きりょく
（आत्मबल ; मनोबल ; साहस ; आँट ; हिम्मत／ឆន្ទៈ／กำลังใจ, จิดใจທี่เຂັ້ມแຂງ）

▶ 体はもう限界だったが、気力だけで最後まで走った。
からだ　　　　げんかい　　　　きりょく　　　さいご　　　はし

（शरीर त चल्नै नसक्ने अवस्थामा पुगेको थियो तर आत्मबलले मात्र अन्तिमसम्म दौडें ।／រាងកាយខ្ញុំបានដល់ដែន កំណត់ហើយ ប៉ុន្តែខ្ញុំបានរត់ដល់ទីបញ្ចប់ដោយសារតែឆន្ទៈប៉ុណ្ណោះ។／ຮ่าງกายแม้ຮອດຂີດจำกัดแล้ว, แต่ก็ได้แล่นไปจົนสุดด้วยจิดใจที่เຂັ້ມแຂງເຫຼົ່ານั้น.）

㊱ □ **知能**
ちのう
（बुद्धि ; दिमाग ; मानसिक शक्ति／បញ្ញា, ភាពវៃឆ្លាត／ละติปันยา, ละพຫอງປัน）

▷ 知能が高い動物
たか　どうぶつ

（उच्चबुद्धि भएको जनावर／សត្វដែលមានបញ្ញាខ្ពស់／สัดที่ละຫຼาดຫຼาย）

言う 41
意見・考え 42
性格・態度 43
気持ち・心の状態 44
評価 45
言葉 46
パソコン・IT 47
問題・トラブル・事故 48
数量・程度 49

㊲ □ 知性 (प्राज्ञत्व；बौद्धिकता；बुद्धितत्त्व；तर्कशक्ति／ប្រាជ្ញា／ປັນຍາ, ຄວາມສະຫຼາດ, ຄວາມສະຫຼາດທາງສະໝອງ)
ちせい

▷ **知性的(な)** (प्राज्ञिकबौद्धिकबुद्धिमान／ដែលមានប្រាជ្ញា／ມີຄວາມຮູ້)
ちてき

▶ **話していて知性を感じる人が好きです。**
はな　　　　　ちせい　　　ひと　す

(कुराकानी गर्दा बौद्धिकताको आभास हुने व्यक्ति मनपर्छ।／ខ្ញុំចូលចិត្តមនុស្សដែលមានប្រាជ្ញាពេលនិយាយជាមួយ។／ຂ້ອຍມັກຄົນທີ່ລົມນຳແລ້ວເຮັດໃຫ້ຮູ້ສຶກເຖິງຄວາມສະຫຼາດທາງສະໝອງ.)

㊳ □ 知的(な) (बौद्धिक／ដែលមានប្រាជ្ញា／ມີຄວາມຮູ້)
ちてき

▷ **知的な女性** (बौद्धिकमहिला／នារីដែលមានប្រាជ្ញា／ແມ່ຍິງທີ່ມີຄວາມຮູ້)
じょせい

㊴ □ 技能 (कारिगरी；प्रविधि；प्राविधिक सीप；खुबी；सीप；कला；तरिका；दक्षता／ជំនាញ, សមត្ថភាព／ທັກສະ, ຄວາມຊຳນານ)
ぎのう

▷ **技能検定、特殊技能**
けんてい　とくしゅ

(कौशलता परीक्षा, विशेष कौशल／ការប្រឡងសមត្ថភាពជំនាញ, សមត្ថភាពពិសេស／ການທົດສອບທັກສະ, ທັກສະພິເສດ)

▶ **半年の技術研修で、専門的な技能を身につけます。**
はんとし　ぎじゅつけんしゅう　せんもんてき　ぎのう　み

(ち महिने प्राविधिक सीप तालिममा विशेषज्ञीय कौशलताको ज्ञान हासिल गरिन्छ।／ខ្ញុំទទួលបានជំនាញបច្ចេកទេសតាមរយៈការហ្វឹកហ្វឺនបច្ចេកទេសរយៈពេលកន្លះឆ្នាំ។／ໄດ້ຮຽນຮູ້ທັກສະດ້ານວິຊາການຜ່ານການຝຶກອົບຮົມເຕັກນິກເປັນເວລາເຄິ່ງປີ.)

㊵ □ 特技 (विशेष कौशल／សមត្ថភាពពិសេស／ຄວາມສາມາດພິເສດ)
とくぎ

▶ **特技というほどではないですが、フラメンコを習っています。**
なら

(विशेष कौशल भन्दा त होइन तर फ्लामेन्को नृत्य सिकिरहेको छु।／ខ្ញុំមិនគិតថាវាមិនដល់ថ្នាក់ហៅថាសមត្ថភាពពិសេសនោះទេ ប៉ុន្តែខ្ញុំបានរៀនរាំហ្វាមែងកូ។／ບໍ່ເຖິງຂັ້ນເອີ້ນວ່າຄວາມສາມາດພິເສດ, ແຕ່ຂ້ອຍກຳລັງຮຽນເຕັ້ນຟລາເມງໂກ.)

㊶ □ 審判(する) (इन्साफ；न्यायाधीश न्यायाधीशको फैसला／អាជ្ញាកណ្តាល, ការកាត់ក្តី／ຕັດສິນ, ພິຈາລະນາ)
しんぱん

▷ **野球の審判** (बेसबलको फैसला／អាជ្ញាកណ្តាលនៃការប្រកួតបេសបល／ຜູ້ຕັດສິນກິລາເບສບອນ)
やきゅう

▷ **選挙で国民の審判が下されるだろう。**
せんきょ　こくみん　　　くだ

(निर्वाचनद्वारा देशवासीले फैसला दिनेछन् होला।／សេចក្តីសម្រេចរបស់ប្រជាពលរដ្ឋនឹងត្រូវធ្វើឡើងតាមរយៈការបោះឆ្នោត។／ການເລືອກຕັ້ງຈະຖືກຕັດສິນໂດຍປະຊາຊົນ.)

㊷ □ さほど〜ない (व्यति～छैन／មិនសូវ~ទេ／ບໍ່—ຂະໜາດນັ້ນ)

▷ **さほど高くない店**
たか　　　みせ

(व्यतिधैरै महङ्गो नभएको पसल／ហាងមិនសូវថ្លៃ／ບໍ່ແພງຮ້ານແພງຂະໜາດນັ້ນ)

UNIT 46

言葉
ことば

（भाषा / शब्द / बोली / कुराकानी／ពាក្យ, ពាក្យសម្ដី／ຄຳສັບ, ພາສາ）

---

❶ □ **口語**（こうご）（बोलचाली भाषा／ភាសានិយាយ／ພາສາເວົ້າ, ຄຳເວົ້າ）　類**話し言葉**（はなことば）

▷ **口語的な表現**（てきひょうげん）

（बोलचाली भाषात्मक अभिव्यक्ति／សំនួនសេចក្ដីបែបភាសានិយាយ／ການລະແດງອອກດ້ວຍຄຳເວົ້າ）

❷ □ 対 **文語**（ぶんご）（साहित्यिक भाषा／ភាសាសរសេរ／ພາສາຂຽນ, ພາສາໃນວັນນະກຳ）（類**書き言葉**（かことば））

▷ **文語的な表現**

（साहित्यिक भाषात्मक अभिव्यक्ति／សំនួនសេចក្ដីបែបភាសាសរសេរ／ການລະແດງອອກເປັນລາຍລັກ
ອັກສອນ）

---

❸ □ **俗語**（ぞくご）（बोलचालको भाषा／ពាក្យសាមញ្ញ／ພາສາບໍ່ເປັນທາງການ, ຄຳສັບບໍ່ເປັນ
ທາງການ）

---

❹ □ **死語**（しご）（बोल्न छोडिएको शब्द／ពាក្យដែលគេលែងប្រើ／ຄຳສັບລ້າສະໄໝ, ຄຳສັບທີ່
ເຊົາໃຊ້ (ຄຳສັບເຈົ້າຂອງພາສາ)）

▶ **この言葉、昔流行ったけど、今はもう完全に死語だね。**（ことばむかしはや　いまかんぜん）

（यो शब्द पहिला चलेको थियो तर अहिले त पूर्णरूपमा बोल्न छोडिएको ।／ពាក្យនេះ កាលពីមុនមានប្រជាប្រិយ
ប៉ុន្តែពេលឥឡូវនេះវាជាពាក្យដែលគេលែងប្រើហើយ។／ຄຳສັບນີ້ເປັນທີ່ນິຍົມໃນສະໄໝກ່ອນ, ແຕ່ປະຈຸບັນເປັນ
ຄຳສັບທີ່ເຊົາໃຊ້ໄປແລ້ວ.）

---

❺ □ **用語**（ようご）（शब्द／ពាក្យ, វិក្យសព្ទ／ຄຳສັບສະເພາະ）

▷ **専門用語**（せんもん）（पदावली／ពាក្យបច្ចេកទេស／ຄຳສັບວິຊາສະເພາະ）

---

❻ □ **略語**（りゃくご）（आद्याक्षर／ពាក្យកាត់／ຄຳຫຍໍ້）

---

❼ □ **母語**（ぼご）（मातृभाषा／ភាសាកំណើត／ພາສາແມ່）

❽ □ **母国語**（ぼこくご）（राष्ट्रभाषा／ភាសាកំណើត／ພາສາແຫ່）

---

❾ □ **私語**（しご）（व्यक्तिगत कुराकानी／ការនិយាយខ្សិបៗ／ລົມລັບໆ, ຊຶ່ມກັນ, ຝອຍກັນ,
ລົມກັນ (ໃນເລື່ອງສ່ວນໂຕ)）

▶ **講演中は私語は慎んでください。**（こうえんちゅう　つつし）

（प्रवचन चलिरहँदा व्यक्तिगत कुराकानी गर्नबाट टाढा रहनुहोस् ।／សូមប្រុងប្រយ័ត្នចំពោះការនិយាយខ្សិបៗខ្ញុរ
នៅពេលកំពុងស្ដាប់ការបង្រៀន។／ກະລຸນາລະເວັ້ນການລົມກັນໃນລະຫວ່າງການບັນຍາຍ.）

言う 41
意見・考え 42
性格・態度 43
気持ち・心の状態 44
評価 45
言葉 46
パソコン・IT 47
問題・トラブル・事故 48
数量・程度 49

⑩ □ 名言 (महान वाणी／ສຸພາສິດ／ຄຳເວົ້າທີ່ມີຊື່ສຽງ)
　めいげん

▷ **名言集** (महान वाणी सङ्कलन／ກະເປົ້າ ສຸພາສິດ／ການຮວບຮວມຄຳເວົ້າທີ່ມີຊື່ສຽງ)
　　しゅう

⑪ □ 遺言 (वसियतनामा／ບັນດຳມໍລະຕົກ／ພິໄນກຳ, ຄຳສັ່ງເສຍ)
　ゆいごん

▷ **遺言を残す** (वसियतनामा छोड्नु／ບັນຈຸຸ ມໍລະຕົກ／ປະພິໄນກຳໄວ້)
　　のこ

⑫ □ 独り言 (एकालाप／ການນິຍາຍແຕ່ຜູ້ກ່ຽວ／ເວົ້າກັບຕົນເອງ, ເວົ້າຜູ້ດຽວ)
　ひと ごと

▶ 彼女、また独り言を言っている。
　かのじょ　　　　　い

(ती महिला फेरि एकालाप गरिरहेकी छिन् ।／ນາງກຳລັງນິຍາຍແຕ່ຜູ້ກ່ຽວຢູ່ຕະຫຼື່ຍາໆ／
ລາວກຳລັງເວົ້າຜູ້ດຽວອີກ.)

⑬ □ 失言 (गलत टिप्पणी／ການບຸດມາຄໍ່ນິຍາຍ／ເວົ້າຜິດພາດ, ໃຊ້ຄຳເວົ້າທີ່ບໍ່ເໝາະສົມ)
　しつげん

▶ 大臣の度重なる失言に、党内からも批判が出ている。
　だいじん　たびかさ　　　　　とうない　　　　ひはん　で

(मन्त्रीको बारम्बारको गलत टिप्पणीप्रति सोही पार्टीबाट नै आलोचना भइरहेको छ ।／
ມານການະຕິຄໍ່ສັ່ນຄມາຈົກໃນກຸ່ງບຕຸ່ຍຜົດ ການນິຍາຍຊຸດມາຄໍ່ນິຍາຍມຸ່ງເຫັຍມຸ່ງເຢຈຸກ ບາ
ຈຸ່ມຈຽນ／ການໃຊ້ຄຳເວົ້າທີ່ບໍ່ເໝາະສົມຂ້ຳກັນຫຼາຍເທື່ອຂອງລັດຖະມົນຕີໄດ້ຖືກວິພາກວິຈານຫັງພາຍໃນພັກ.)

⑭ □ ニュアンス (अभिप्राय／ລັກສະນະ:ກິນິຍາຍບ່ຽກຜິດຄວາມ／ຄວາມແຕກຕ່າງໆກັບໜ້ອຍໜື່ງ
　　　　　　　　(ດ້ານຄວາມຮູ້ສຶກ, ຄວາມໝາຍ))

▶ この２つの言葉は、微妙にニュアンスが違う。
　　　　　ことば　　びみょう　　　　　　　ちが

(यो दुई शब्दको अभिप्रायमा अलिकति फरक छ ।／ຄຳຄູ່ນີ້ເນະມາ ລ ກສ ນະ:ຄຸ ສຫ ກ ຈ ນຶ່ງໆ／
ສອງຄຳສັບນີ້ມີຄວາມໝາຍແຕກຕ່າງໆກັບໜ້ອຍໜື່ງ.)

UNIT 47

パソコン・IT (パーソナル コンピューター／アイ ティ／កុំព្យូទ័រ, បច្ចេកវិទ្យាពត៌មាន／ຄອມພິວເຕີ້ · IT)

---

❶ □ アカウント (एकाउन्ट／គណនី／ບັນຊີ)

▶ メールを使うには、まずアカウントを設定する必要がある。
(इमेलको प्रयोग गर्नकोलागि सुरुमा एकाउन्ट बनाउन आवश्यक हुन्छ ।／ដើម្បីប្រើប្រាស់អ៊ីម៉ែល ជាដំបូងចាំបាច់ត្រូវបង្កើតគណនី។／ເພື່ອໃຊ້ອີເມວ, ກ່ອນອື່ນພົດຕ້ອງໄດ້ຕັ້ງບັນຊີ.)

❷ □ ログイン／ログオフ (लग इन／लग अफ／ចូល／ចេញ, ចាកចេញ／ເຂົ້າ/ອອກ)

▷ サイトにログインする
(वेब साइटमा लग इन गर्नु／ចូលក្នុងវេបសាយ／ລ໋ອກອິນເຂົ້າໃນເວັບໄຊທ໌)

❸ □ アプリ (एप्लिकेसन／एपस／កម្មវិធី／ແອັບພລິເຄຊັ່ນ)

▷ アプリを購入する (एपस किन्नु／ទិញកម្មវិធី／ຊື້ແອັບພລິເຄຊັ່ນ)

❹ □ アイコン (आइकन／រូបតំណាង／ຮູບພາບ, ຮູບ)

▷ アイコンをクリックする (आइकनलाई क्लिक／ចុចរូបតំណាង／ກົດຮູບພາບ)

❺ □ 動画 (भिडियो／វីដេអូ／ພາບເຄື່ອນໄຫວ, ວິດີໂອ)

▷ 動画サイト (वेब भिडियो／វេបសាយវីដេអូ／ເວັບໄຊທ໌ວິດີໂອ)

▶ 画面は小さいですが、動画を見ることもできます。
(स्किन सानो भएपनि भिडियो हेर्न सकिन्छ ।／អេក្រង់តូច ប៉ុន្តែអាចមើលវីដេអូបាន។／ເຖິງວ່າໜ້າຈໍນ້ອຍ, ແຕ່ກໍ່ເບິ່ງວິດີໂອໄດ້ຢູ່.)

❻ □ 閲覧(する) (पढेर हेर्ने काम／ब्राउज गर्नु／ការចូលមើល／ເບິ່ງ, ອ່ານ)

▷ サイトを閲覧する (वेबसाइटपढेरहेर्नेकाम／ចូលមើលវេបសាយ／ເບິ່ງເວັບໄຊທ໌)

❼ □ 投稿(する) (पोस्ट गर्नु／ការបង្ហោះ, ការប្រកាស／ລົງ (ຂ່າວ, ຮູບ))

▷ 画像を投稿する、新聞の投稿欄
(पोस्ट गर्नु／បង្ហោះរូបភាព, កន្លែងផ្សព្វផ្សាយមតិអ្នកអានរបស់កាសែត／ລົງຮູບ, ພາກສ່ວນລົງໜັງສືພິມ)

言う 41

意見・考え 42

性格・態度 43

気持ち・心の状態 44

評価 45

言葉 46

パソコン・IT 47

問題・トラブル・事故 48

数量・程度 49

❽ □ 書き込み (टिपोट / लेबोट／ការសរសេរ／ຂຽນລົງ)

▷ 掲示板への書き込み
けい じ ばん
(बुलेटिन बोर्डको लेबोट／ការសរសេរលើក្តារខៀនផ្សាយដំណឹង／ຂຽນລົງກະດານຂ່າວ)

❾ □ アップ(する) (अपलोड गर्नु／បញ្ចូលរើដាក់ចូលក្នុងប្រព័ន្ធ／ອັບໂຫລດຂໍ້ມູນ)

★サイトなどに載せる、新たに用意する、などの意味。
वेबसाइटमा राख्नु, नयाँ तयार गर्नु राख्नु आदि जस्ता अर्थ／មានន័យថាការចុះផ្សាយក្នុងវេបសាយ, ការរៀបចំ ជាថ្មីជាដើម។／ເອົາລົງເວັບໄຊທ໌ແລະອື່ນໆ, ກຽມໃໝ່

▶ 今日撮った写真は、あすにもブログにアップするつもりです。
きょう と　　　　しゃしん
(आज लिएको फोटोलाई भोलि ब्लगमा अपलोड गर्न सकिन्छ।／ខ្ញុំមានគម្រោងនឹងចុះផ្សាយរូបថតដែលបាន ថតថ្ងៃនេះនៅលើប្លុកនៅថ្ងៃស្អែក។／ຕັ້ງໃຈຊິເອົາຮູບຖ່າຍມື້ນີ້ລົງລົງບລ໋ອກມື້ອື່ນ.)

❿ □ 起動(する) (सुरु (/ प्रारम्भ) गर्नु ; स्टार्ट गर्नु／ការចាប់ផ្តើម, បើកដំណើរការ／ເປີດ (ຄອມ))
き どう

▷ パソコンを起動する (पर्सनलकम्प्युटरस्टार्टगर्नु／បើកដំណើរការកុំព្យូទ័រ／ເປີດຄອມພິວເຕີ)

⓫ □ 再起動(する) (रिबुट／ការចាប់ផ្តើមឡើងវិញ, ការចាប់ដំណើរការឡើងវិញ／ປິດເປີດ, ມອດແລ້ວເປີດຄືນໃໝ່)
さい き どう

▶ 設定を変更したら、一度再起動したほうがいいよ。
せってい へんこう　　　いち ど
(सेटिङ चेन्ज गरेमा एकचोटि रिबुट गरेको राम्रो हुन्छ।／ពេលប្ដូរការកំណត់ហើយ គួរអោយរាចាប់ដំណើរការ ឡើងវិញ។／ຖ້າຈາກາານປ່ຽນແປງການຕັ້ງຄ່າແລ້ວ, ປິດເປີດຄອມພິວເຕີຄືນໃໝ່ເທື່ອໜຶ່ງກໍດີກວ່າ.)

⓬ □ (パソコンが)固まる (फ्रिज／តាំង／ຄ້າງ)
かた

▶ また固まっちゃったの? とりあえず再起動してみたら?
さい き どう
(फिरि फ्रिज भयो ? अहिलेलाई एकचोटि रिबुट गरेर हेर त।／តាំងទៀតហើយឬ? ដំបូងសាកអោយរាចាប់ ដំណើរការឡើងវិញមើល?／ຄ້າງອີກແລ້ວບໍ? ລອງປິດເປີດໃໝ່ເບິ່ງແມະ?)

⓭ □ メディア (मिडिया／ប្រព័ន្ធផ្សព្វផ្សាយ／ສື່, ອຸປະກອນສື່ສານ)

▷ 記録メディア (रेकर्ड मिडिया／ឧបករណ៍សម្រាប់ថតទិន្នន័យ／ສື່ບັນທຶກ)
き ろく

▶ 今回使うデータは、何か持ち運びのできるメディアに入れて持ってき
こんかいつか　　　　　　　　なに　も　はこ　　　　　　　　　　　い　も
てください。
(यस पटक प्रयोग गर्ने डाटालाई पोर्टाबल मिडियामा राखी लिएर आउनुहोस् ।／សូមដាក់ទិន្នន័យដែលត្រូវ ប្រើលើកនេះចូលក្នុងឧបករណ៍ណាដែលអាចយកតាមខ្លួនបាន ហើយយកកាមកជាមួយ។／ກະລຸນາເອົາຂໍ້ມູນທີ່ຈະໃຊ້ເທື່ອນີ້ໃສ່ໃນສື່ຢັນໃດອັນໜຶ່ງທີ່ພົກພາໄດ້.)

⓮ ☐ スマホ／スマートフォン (ស្មាតហ្វូន／ទូរស័ព្ទស្មាតហ្វូន／ໂນະมาດໂฟນ)

▶ スマホがないと、いろいろと不便です。
　　　　　　　　　　　　　　　　　　　ふべん

(ស្មាតហ្វូន នមាឫ អនេក កុរាមា អសុបិធា ហុन्छ ।／បើគ្មានទូរស័ព្ទស្មាតហ្វូនទេ នោះមានភាពពិបាកផ្សេងៗ។／ຖ້າບໍ່ມີໂທລະສັບໂນะมาดໂฟน, ກໍຈະມີຫຍຸ້ງຍາກບໍ່ໜ້ອຍເວລา.)

⓯ ☐ タブレット (ट्याबलेट／ថាប្លេត／ແທັບເບລັດ)

▷ タブレット端末 (ट्याबलेट／ឧបករណ៍ថាប្លេត／อุปกรณ์ແທับເบລັด)
　　　　　　たんまつ
▶ このサービスは、スマホでもタブレット端末でも利用することができます。
　　　　　　　　　　　　　　　　　　　　　　　　　　　　　りよう

(यो सर्विस त स्मार्टफोनमा पनि ट्याबलेटको डिभाइसमा पनि प्रयोग गर्न सकिन्छ ।／សេវាកម្មនេះអាចប្រើប្រាស់ទាំងលើទូរស័ព្ទស្មាតហ្វូន និងឧបករណ៍ថាប្លេត។／ການບໍລິການນີ້ສາມາດໃຊ້ໃນອຸປະກອນໂທລະສັບໂนะมาดໂฟนແລະແທับເບລັด.)

⓰ ☐ 機種 (मोडेल／ម៉ូដែល／ម៉ូដែល／ລຸ່ນ)
　　きしゅ

▷ 機種変更 (मोडेल बदल्ने／ផ្លាស់ប្តូរម៉ូដែល／ປ່ຽນลุ่น)
　　へんこう
▶ 新しい機種が出たら、買い替えをするかもしれない。
　あたら　　　　　　で　　　　　か　か

(नयाँ मोडेल निस्केमा सायद मोडेल नेग्न गर्नेछु होला।／ខ្ញុំប្រហែលនឹងប្តូរ ប្រសិនបើម៉ូដែលថ្មីចេញ។／ຖ້າລຸ່ນໃໝ່ออกมา, ຂ້ອຍอาจจะປ່ຽນລุ่น.)

⓱ ☐ 通話(する) (टेलिफोन कुराकानी／ការនិយាយទូរស័ព្ទ／ลมโທละสับ)
　　つうわ

▷ 通話時間、通話料 (कुराकानी समय कुराकानी शुल्क／រយៈពេលនិយាយទូរស័ព្ទ, ថ្លៃនិយាយទូរស័ព្ទ／ຂ้อໃมงโທ, ค่าໂທ)
　　　じかん　　りょう

⓲ ☐ 着信 (आएको फोन／ការហៅទូរស័ព្ទចូលមក／ສາຍເຂົ້າ)
　　ちゃくしん

▶ 携帯に着信があったので、電話しておきました。
　けいたい　　　ちゃくしん　　　　　　　でんわ

(मोबाइलफोनमा आएको फोन देखेर फोन गरेको हो ।／ខ្ញុំបានទូរស័ព្ទទៅដោយសារមានការហៅទូរស័ព្ទចូលមក។／ມີສາຍເຂົ້າໂທລະສັບມືຖື, ເລยນັ້ນจึงໂທกับ.)[1]

⓳ ☐ 履歴 (विगतको विवरण／ប្រវត្តិ／ปะหวัด)
　　りれき

▷ 着信履歴 (विगतमा आएका फोनहरू／ប្រវត្តិនៃការហៅទូរស័ព្ទចូលមក／ປະຫวัดການໂທເข้า)
　　ちゃくしん

⓴ ☐ ユーザー (युजर／អ្នកប្រើប្រាស់／ຜູ້ໃຊ້)

言う 41
意見・考え 42
性格・態度 43
気持ち・心の状態 44
評価 45
言葉 46
パソコン・IT 47
問題・トラブル・事故 48
数量・程度 49

UNIT 48

問題・トラブル・事故
もんだい　　　　　　　　　　　　　　じこ

(समस्या / दुर्घटना/ចំណោមបញ្ហា, បញ្ហា, គ្រោះថ្នាក់/ បញ្ហា, ความยุ่งยาก, อุบัติเหตุ)

❶ □ 天災 (दैवी प्रकोप /គ្រោះធម្មជាតិ/ ไพทำมะຊาด, ไพພิบัดทาๆทำมะຊาด)
てんさい

▷〈ことわざ〉天災は忘れた頃にやって来る。
わす　　　ころ　　　く

(उखान) दैवी प्रकोप त बिर्सेको बेलामा आइपर्छ ।/(សុភាសិត) គ្រោះធម្មជាតិកើតឡើងនៅពេលដែលយើង
ភ្លេចច``ឋ។/〈ຄำสุพาสิด〉ไพພิบัดทาๆทำมะຊาดจะมายามจ้ำลิมมับ.)

❷ □ 人災 (मानवजन्य दुर्घटना/គ្រោះមហន្តរាយបង្កឡើងដោយមនុស្ស/ ไพພิบัดที่มะบุดส้างຂึ้ม)
じんさい

▷今回の悲劇はまさに人災といえるだろう。
こんかい　ひげき

(यसपटकको दुःखत घटना मानवजन्य दुर्घटना हो भनि भन्दा दुइ मत नहोला ।/យើងអាចនិយាយបានជា
សោកនាដកម្មលើកនេះគឺថាគ្រោះមហន្តរាយដែលបង្កឡើងដោយមនុស្ស។/ในการๆตะว้าล้ำนี้
สามาดเว้าได้ว่าเป็นไพພิบัดที่มะบุดส้างຂึ้มแท้ๆ.)

❸ □ 被災(する) (दुर्घटना पीडित हुनु/ការទទួលរងគ្រោះមហន្តរាយ/ ຮับเฎาะ, ปะสิบไพ)
ひさい

▷被災者 (दुर्घटना पीडित/អ្នករងគ្រោះមហន្តរាយ/ຜู้เฎาะร้าย, ຜู้ปะสิบไพ)
しゃ

▶被災した住民の多くが、まだこの避難所で生活しています。
じゅうみん　おお　　　　　　　　　　ひなんじょ　せいかつ

(दुर्घटना पीडित मध्येका अधिकांश बासिन्दाहरू अझै यो सेल्टरमा दिन बिताइरहेका छन् ।/ប្រជាជនដែលរងគ្រោះ
មហន្តរាយជាច្រើនកំពុងរស់នៅក្នុងកន្លែងជ្រកសុវត្ថិភាពនេះនៅឡើយ។/ปะຊาຊົນที่ได้ปะสิบไพຫຼายຄົนยัງ
ใຊ้ຊีวิดยู่ในสะຖานที่ຫຼົบไพແຫ່ງนี้.)

❹ □ 惨事 (बिल्लबाठ ; कोलाहल घोर आपत्ति/សោកនាដកម្ម/ มะຫัນตะไພ, ไພພิบัด,
さんじ　　　　　　　　　　　　　　　　　　　　　　ໂສກນາฏกำ)

▶死者・行方不明者が千人を超えるという大惨事に至ったその原因は、
ししゃ　ゆくえふめいしゃ　せんにん　こ　　　　　　だい　　　いた　　　　　げんいん
未だ解明されていない。
いま　かいめい

(मृतक तथा गायबको सङ्ख्या हजार भन्दा बढि हुन गएको यस महादुःखत दुर्घटनाकोकारण के हो भन्ने बारे अझै खुलासा
हुन सकेको छैन ।/មូលហេតុដ៏ធ្ងន់ធ្ងរនៃសោកនាដកម្មដ៏ធំនេះ ដែលបណ្តាលឱ្យមានអ្នកស្លាប់
និងអ្នកបាត់ខ្លួនជាងមួយពាន់នាក់នោះ នៅមិនទាន់បានបំភ្លឺនៅឡើយទេ។/ຍัງບໍ່ມีการฮะ ฮิบายให้ຈะ
แຈ้ງເຖิງสาเຫดຂອງมะຫัນตะไພที่เຮ็ดใຫ้มีผู้เสຍຊีวิดและຜู้สูນຫายทาງกว่า 1,000 คัน.)

❺ □ 犠牲 (बलिदान ज्यान गुम्नु/ការលះបង់, ការបូជា(ជីវិត), ការរងគ្រោះ/ เสຍ
ぎせい　　　　　　　　　　　　　　　　　　　　　　สะละ, เຫยื่อ, ຜู้ຮับเฎาะ, ຜู้ปะสิบไພ)

▷事故の犠牲者 (दुर्घटना पीडित/ជនរងគ្រោះដោយសារគ្រោះថ្នាក់/ ຜู้ปะสิบอุบัติเຫตุ)
じこ　ぎせいしゃ

▶家族と過ごす時間を犠牲にしてまで働こうとは思わない。
かぞく　す　　　じかん　　ぎせい　　　　　　はたら　　　　おも

(परिवारसँग बिताउने समयको बलिदान गरिकन कामगर्ने भन्ने सोचाई लाग्दैन ।/ខ្ញុំមិនគិតថានឹងធ្វើការហួត
លះបង់ពេលវេលាជាមួយគ្រួសារឡើយ។/ບໍ່คิดจะเฮ็ดอຽากจิมต้องเสຍสะละเวลายู่กับคอบคัว.)

❻ □ 汚染(する) (प्रदूषण/ការបំពុលបរិស្ថាន/ มินละພาอะ, มินละ ພิด)
おせん

▷大気汚染 (वायुप्रदूषण/ការបំពុលបរិយាកាស/ มินละ ພิดทาๆອากาด)
たいき

❼ □ 排気ガス （दूषित धुवाँ／ឧស្ម័នផ្សែង／ຄວັນຈາກທໍ່ອາຍເສຍ）
はいき

❽ □ 有害（な） （हानिकारक／ដែលមានគ្រោះថ្នាក់, ដែលបង្ក 対無害（な）
ゆうがい គ្រោះថ្នាក់／មិនមានតោះលាយ） む

▶ 水質調査の結果、川には有害物質が含まれていることがわかった。
すいしつちょうさ けっか かわ ぶっしつ ふく

（जलगुणस्तर परीक्षणको नतिजाबाट नदीमा हानिकारक वस्तु सामेल रहेको कुरा थाहा हुनआयो।／ តាមរយៈ
លទ្ធផលនៃការស្រាវជ្រាវគុណភាពទឹកបានបង្ហាញអោយដឹងថាមានសារធាតុគ្រោះថ្នាក់នៅក្នុងទន្លេ។／
ຜົນການສຳຫຼວດຄຸນນະພາບນ້ຳໃຫ້ຮູ້ວ່າ: ແມ່ນ້ຳມີສານອັນຕະລາຍປົນຢູ່.）

❾ □ 追突（する） （पछाडिबाट ठोकिनु／ការបុកពីក្រោយ／ຕຳທ້າຍ）
ついとつ

▶ 停車中のトラックに車が追突したようだ。
ていしゃちゅう くるま

（बत्ति लागेको बेला ट्रकमा अटो ठोकिएको जस्तो देखिन्छ।／មើលទៅដូចជាឡានបានបុកពីក្រោយឡាន
ដឹកទំនិញដែលកំពុងឈប់។／ປະກົດວ່າມີລົດຕໍ່ຫຼັງຫຍິ້ງຕຳທ້າຍລົດບັນທຸກທີ່ຈອດຢູ່.）

❿ □ 墜落（する） （झर्ने काम;／ការធ្លាក់ចុះ／ຕົກຈາກບ່ອນສູງ）
ついらく

⓫ □ 遭難（する） （दुर्घटनामा पर्नु, धुर्घटनामा हराउनु／ការជួបគ្រោះថ្នាក់ដែលទាក់ទង
そうなん នឹងជីវិត／ປະສົບໄພ/ປະສົບອັນຕະລາຍ (ທີ່ອາດຈະເອົາຊີວິດບໍ່ລອດ)）

▷ 遭難事故
じこ

（हराउने दुर्घटना।／ឧបទ្ទវហេតុនៃការជួបគ្រោះថ្នាក់ដែលទាក់ទងនឹងជីវិត／ປະສົບອຸບັດຕິເຫດ）

▶ 男女4人の登山グループが、遭難した模様です。
だんじょ にん とざん もよう

（महिला पुरुष 4जनाको पहाड चढ्ने समूह हराएको जस्तो देखिन्छ।／ក្រុមអ្នកឡើងភ្នំប្រុសស្រីចំនួន៤នាក់
ទំនងជាបានជួបគ្រោះថ្នាក់ដែលទាក់ទងនឹងជីវិត។／ປະກົດວ່າກຸ່ມນັກປີນພູຊາຍແລະຍິງຈຳນວນ 4 ຄົນໄດ້
ປະສົບອັນຕະລາຍ.）

⓬ □ 捜索（する） （तलासी／ការស្វែងរក, ការរុករក／ຄົ້ນຫາ, ສືບສວນ, ສືບຫາ）
そうさく

▷ 捜索願い （खोजतलासका लागि अनुरोध／សំណើសុំអោយធ្វើការស្វែងរកឬរុករក／ຄำຮ້ອງຂໍຄົ້ນຫາ）
ねが

▶ 警察や消防などが捜索を行っています。
けいさつ しょうぼう おこな

（प्रहरी तथा अग्नि नियन्त्रक आदिले खोजतलास गरिरहेका छन।／ប៉ូលីសនិងអ្នកពន្លត់អគ្គីភ័យជាដើម
កំពុងធ្វើការរុករក។／ຕำຫຼວດ ແລະເຈົ້າໜ້າທີ່ດັບເພີງພອມດຳເນີນການຄົ້ນຫາ.）

⓭ □ 凍死（する） （हिउँले खाएर मर्नु／ការស្លាប់ដោយភាពត្រជាក់／ໜາວຕາຍ）
とうし

▶ 雪山で遭難したら、最悪の場合、凍死する恐れもある。
ゆきやま そうなん さいあく ばあい おそ

（हिउँ पर्ने पहाडमा बाटो हराएमा सबैभन्दा नराम्रो परिणाम चाहिं हिउँले खाएर मर्ने सम्भावना हुने हो।／
ប្រសិនបើជាគួនៅភ្នំព្រិល ករណីអាក្រក់បំផុតគឺអាចស្លាប់ដោយសាភាពត្រជាក់។／
ໃນກໍລະນີມີອັນຕະລາຍທີ່ຮ້າຍທີ່ສຸດແມ່ນອາດຈະໜາວຕາຍ, ຖ້າເຈົ້າປະສົບໄພຢູ່ເຫຼືງພູເຫຼືງທີ່ມະ.）

誘う 41

意見・考え

性格・態度 43

気持ち・心の状態 44

評価 45

言葉 46

パソコン・IT 47

問題・トラブル・事故 48

数量・程度

⓮ ☐ **破損(する)** (दुइने काम／ការខូចខាត／ເพ, แตกหัก, เสຍขาย)
    は そん

▶ 落とした衝撃でケースの一部が破損したんです。
   お   しょうげき   いち ぶ

(खस्नुपछिको झट्कालाई केसको केही भाग दुह्यो।／មួយផ្នែកនៃប្រអប់បានខូចខាតដោយសារការប៉ះទង្គិចនៃការ
ធ្វើអោយជ្រុះ។／ບາງສ່ວນຂອງກ່ອງໄດ້ຮັບຄວາມເສຍຫາຍຍ້ອນການກະທົບຈາກການຕົກ.)

⓯ ☐ **不備** (अधूरो अपूरो／ភាពមិនល្អឥតខ្ចោះ, ភាពខ្វះចន្លោះ／ຄວາມບໍ່ຄົບພ້ອງ,
    ふ び   ບໍ່ສົມບຸນ, ບໍ່ຄົບຖ້ວນ)

▶ 書類に不備があったので、今日は手続きができなかった。
   しょるい   きょう てつづ

(कागजपत्र अधूरो थियो, त्यसैले आज कागजपत्र हुन सकेन।／ខ្ញុំមិនអាចធ្វើបែបបទថ្ងៃនេះបានទេ
ដោយសារតែឯកសារមានខ្វះចន្លោះ។／ບໍ່ສາມາດດຳເນີນຂັ້ນຕອນໃນມື້ນີ້, ເນື່ອງຈາກວ່າເອກະສານບໍ່
ຄົບຖ້ວນ.)

⓰ ☐ **不手際** (अनाड़ीपन／ភាពឆ្គាំឆ្គង／ບໍ່ລະມັດລະວັງ, ເຈື່ຍະ)
    ふ て ぎわ

▶ こちらに不手際があったようで、大変申し訳ありませんでした。
                          たいへんもう   わけ

(हाम्रो अनाड़ीपनले यहाँलाई दुःख भयो, त्यसको लागि माफि चाहन्छौं।／ខ្ញុំសូមអភ័យទោសយ៉ាងខ្លាំង
ដោយសារខាងខ្ញុំមានការឆ្គាំឆ្គង។／ເບິ່ງຄືວ່າທາງເຮົາບໍ່ໄດ້ລະມັດລະວັງ, ຂໍໂທດຫຼາຍໆ.)

⓱ ☐ **しくじる** (असफल／ធ្វើខុស, ធ្វើអោយមានះកំហុស／ເຮັດຜິດພາດ)

▶ しくじったよ。録画予約するつもりだったのに、忘れちゃった。
                  ろく が よ やく   わす

(असफल भएँ नि, भिडियो रेकर्ड गर्छु भनि बारेमा सोचेको थिएँ तर भुसुक्कै बिर्सेछु।／
ខ្ញុំបានធ្វើអោយមានកំហុសហើយៗ ខ្ញុំគ្រោងរៀបចំការថតវីដេអូមុក ប៉ុន្តែខ្ញុំក៏បានភ្លេចបាត់ទៅៗ／
ເຮັດຜິດພາດເຂ, ຕັ້ງໃຈວ່າຈະຈົດຈອງບັນທຶກວິດີໂອ. ລືມຂ້ຳ.)

⓲ ☐ **過ち** (भूल; गलती／កំហុស／ຄວາມຜິດພາດ)
    あやま

▷ 同じ過ちを繰り返す、過去の過ちを認める
   おな   く かえ   か こ   みと

(फेरि पहिलेकै गलती दोहोऱ्याउन्छ, बिगतको गलतीलाई स्वीकार्छु／ប្រព្រឹត្តកំហុសដែលធ្លាប់ហើយមួងទៀត／
ទទួលស្គាល់កំហុសពីអតីតកាល／ເຮັດຄວາມຜິດພາດອັນເກົ່າຄືນຊ້ຳມາ, ຍອມຮັບຄວາມຜິດພາດໃນ
ອະດີດ)

▷ 人が人を殺すことは、人間が犯す過ちの中で最も罪深いものだ。
   ひと ひと ころ   にんげん おか   なか もっと つみぶか

(मान्छेले मान्छे मार्नु भनेको मान्छेले गर्ने अपराध मध्ये सबैभन्दा ठुलो पाप हो।／ការដែលមនុស្សសម្លាប់មនុស្ស
គឺជាបាបកម្មដ៏ធំធ្ងន់នៃកំហុសដែលប្រព្រឹត្តដោយមនុស្សលោក។／ການທີ່ຄົນຂ້າງຄົນຄືນເປັນສິ່ງທີ່
បាបឃ្មុំសุดในบັนดาຄวามผิดพาดที่มะนุดเຮັดได้.)

⓳ ☐ **過失** (लापरवाही／ការធ្វេសប្រហែស／ຄວາມຜິດພາດ)
    か しつ

▷ 過失の割合 (लापरवाहीको दर／ភាគរយនៃការធ្វេសប្រហែស／ອັດຕາສ່ວນຂອງຄວາມຜິດພາດ)
     わりあい

▶ 裁判の結果、製造元のA社に重大な過失があったと判断された。
   さいばん けっか せいぞうもと しゃ じゅうだい   はんだん

(अदालतको निर्णय अनुसार, निर्माण कम्पनीको A कम्पनीप्रति ठुलो लापरवाही ठहर गरेको छ।／
លទ្ធផលនៃការកាត់ក្ដីបានសម្រេចថាក្រុមហ៊ុនAដែលជាអ្នកផលិតមានការធ្វេសប្រហែសដ៏ធ្ងន់ធ្ងរៗ／
ຜົນຂອງການຕັດສິນເຫັນວ່າບໍລິສັດAເຊິ່ງເປັນຜູ້ຜະລິດມີຄວາມຜິດພາດຢ່າງຫຼັກຫຼວງ.)

⑳ □ 謝罪(する) (क्षमायाचना／ការសុំទោស, ការសុំអភ័យទោស／ខំទោស)

▶ 住民は市に対して、事故の責任を認め謝罪するよう求めた。

(बासिन्दाहरूले नगरप्रति दुर्घटनाको जिम्मेवारिता बहन गरी माफी माग माग गरे।／ប្រជាជនបានទាមទារអោយ
ក្រុងទូលស្ថាលទទួលខុសត្រូវនៃគ្រោះថ្នាក់និងធ្វើការសុំទោស។／ປະຊາຊົນຮຽກຮ້ອງໃຫ້ເມືອງ
ຍອມຮັບຜິດຊອບຕໍ່ອຸບັດເຫດດ້ວຍກ່າງ ແລະຂໍໂທດ.)

㉑ □ 償う (क्षतिपूर्ति गर्नु／गल्ती तिर्नु／ការសង, ការបះប៉ូរ／ຊົດເຊີຍ, ຊົດໃຊ້, ທົດແທນ)

▶ これではちゃんと罪を償ったとはいえない。

(यतिले मात्र त राम्रोसँग गल्ती तिर्यो भन्न त मिल्दैन।／ខ្ញុំមិនអាចនិយាយថាខ្ញុំបានសងបាបកម្មអោយបាន
គ្រឹមត្រូវ។／ບໍ່ສາມາດເວົ້າໄດ້ວ່າ: ນີ້ເປັນການຊົດໃຊ້ທີ່ເໝາະສົມສຳລັບຄວາມຜິດ.)

㉒ □ 緊急 (संकट ; आपत्काल／ដែលបន្ទាន់, ដែលមានអាសន្ន／ສຸກເສີນ)

▷ 緊急事態の発生

(सङ्कटकालिन अवस्थाको सुरुवात／ការកើតឡើងនៃភាពអាសន្ន／ມີເຫດການສຸກເສີນ)

▶ 緊急の際は、こちらの番号におかけください。

(सङ्कटकालिन अवस्थामा यो नम्बरमा फोन गर्नुहोस्।／ពេលមានអាសន្ន សូមទូរស័ព្ទមកលេខនេះ។／
ໃນກໍລະນີສຸກເສີນ, ກະລຸນາໂທຫາເບີນີ້.)

㉓ □ 警戒(する) (सावधान (हुनु)／ការប្រុងប្រយ័ត្ន／ລະວັງ, ກຽມພ້ອມຮັບມື)

▷ 警戒区域 (सावधान एरिया／តំបន់ប្រុងប្រយ័ត្ន／ເຂດທອງຫ້າມ)

▶ 台風が近づいていますので、強風と高波に警戒してください。

(टाइफुन आउँदैछ, उग्रो हावा र अग्लो छाल्प्रति सावधान रहनुहोस्।／សូមប្រុងប្រយ័ត្នខ្យល់ខ្លាំងនិងទឹកវិលព
ខុសៗដោយខ្យល់ព្យុះទីហ្ងងក៏ពុងខិតជិតមកដល់ហើយ។／ພາຍຸໃຕ້ຝຸ່ນກຳລັງເຂົ້າໃກ້, ລະນັ້ນ ຈົ່ງລະວັງ
ລົມແຮງ ແລະ ຄື້ນຂຸງ.)

㉔ □ 取り締まり (व्यवस्थापन नियन्त्रण／ការគ្រប់គ្រង／
ຄວບຄຸມ) **動 取り締まる**

▶ スピード違反の取り締まりが強化されている。

(रफ्तारको नियम उल्लङ्घनप्रति कडा नियन्त्रण गरिँदैछ।／ការគ្រប់គ្រងបទល្មើសល្បឿនបើកបរកំពុងត្រូ
បានពង្រឹងឡើង។／ມີການເສີມສ້າງການຄວບຄຸມການລະເມີດຄວາມໄວ.)

㉕ □ 暴動(する) (दङ्गा／ការបះបោរ／ການຈາລະຈົນ, ການກໍ່ການຮ້າຍ)

▶ 反対派の市民が暴動を起こし、軍の治安部隊と衝突しています。

(विपक्षी वर्गका नागरिकहरूले दङ्गा मच्चाए र सेनाको सुरक्षागणसँग भिडन्त हुदै छ।／ប្រជាជនដែលជា
ក្រុមប្រឆាំងបានបង្កការបះបោរ ហើយបានប៉ះទង្គិចនឹងក្រុមការពារសន្តិសុខរបស់យោធា។／
ປະຊາຊົນຝ່າຍຄັດຄ້ານໄດ້ກໍ່ການຈາລະຈົນ ແລະປະທະກັບກຳລັງຮັກສາຄວາມປອດໄພຂອງທະຫານ.)

言う 41

意見・考え

性格・態度 43

気持ち・心の状態 44

評価 45

言葉 46

パソコン・IT 47

問題・トラブル・事故 48

数量・程度

㉖ □ 妨害(する) （बाधा／ការរំខាน, ការគាបាกาว／ກິດຂວາງ, ເປັນອຸປະສັກ)
ぼうがい

▶ こんなところに看板を置かれたら困るなあ。営業妨害だよ。
かんばん　　お　　　　　　こま　　　　　　　　　えいぎょう

(यस्तो ठाउँमा साइनबोर्ड राख्दा त आपद पर्छ त, व्यवसायमा बाधा भयो । ／ បើដាក់ស្លាកសញ្ញានៅកន្លែង
បែបនេះ ការធ្វើអោយមានបញ្ហា។ គឺជាការរំខានដល់ការធ្វើជំនួញ។ ／ ถ้าป้ายโฆษณาถูกวางไว้ในที่แบบนี้มันก็จะน่ารำคาญ, ເດືອດຮ້ອນມ່າ. ມັນກິດຂວາງການດຳເນີນທຸລະກິດ.)

㉗ □ 悩ます （~लाई सताउनु ; पिरोल्नु／រំខាน, ធ្វើអោយឈឺមុខ／ເຮັດໃຫ້ເດືອດຮ້ອນ,
なや　　　　　　　　　　　　　　　　　　　　　　　　　　　　　　　ເຮັດໃຫ້ລຳບາກ)

▶ 最近、近所の騒音に悩まされているんです。
さいきん　きんじょ　そうおん　なや

(हिजोआज छिमेकीको होहल्लाले पिरोलेको छ ।／រឿងនេះ ខ្ញុំមានឈឺនឹងសម្លេងរំខានរបស់អ្នកជិតខាង។／
ช่วงนี้ผมถูก, ເດືອດຮ້ອນຍ້ອນສຽງລົບກວນຈາກເພື່ອນບ້ານ.)

㉘ □ 嫌がらせ （उत्पीडन गर्नु／ការុกគួន, ការរំខាน／ກໍ່ກວນ, ລົບກວນ）
いや

▷ 嫌がらせをする （उत्पीडन गर्नु／រុកគួន, រំខាន／ລົບກວນ）

▶ 知らない人から、嫌がらせのメールが毎日来るんです。
し　　　ひと　　　　　　　　　　　　　　　　　　まいにちく

(नचिनेको मान्छेबाट उत्पीडन गराउने इमेल हरेक दिन आउँछ ।／ខ្ញុំទទួលអ៊ីម៉ែលដែលបង្កការរំខានជា
រៀងរាល់ថ្ងៃពីមនុស្សដែលមិនស្គាល់។／ได้รับอีเมลลบกวนอ่วมทุกๆมื้อจากคนที่ไม่รู้จัก.)

㉙ □ セクハラ(セクシャル・ハラスメント) （यौन दुर्व्यवहार उत्पीडन／ការបៀតបៀ
នផ្លូវភេទ／ລ່วงລະເมີດทางເพດ)

㉚ □ 迫害(する) （उत्पीडन दिनु／ការធ្វើទុក្ខបុក្មេញ, ការធ្វើបាប／ລົບກວນ,
はくがい　　　　　　　　　　　　　　　　　　　　　　　　　　　ເຮັດເສັ້ນ)

▷ 迫害を受ける （उत्पीडित हुनु／ត្រូវបានគេធ្វើបាប ទើទុក្ខបុក្មេញ／ຖืກລົບກວນ）

▷ 当時、日本では宗教の自由はなく、キリスト教は迫害されていた。
とうじ　にほん　　しゅうきょう　じゆう　　　　　　　　　　きょう　はくがい

(त्यतिबेला जापानमा धर्मको स्वतन्त्रता नभएर इसाई धर्मलाई खेदो गरिएको थियो ।／នៅសម័យមុន នៅប្រទេស
ជប៉ុនមិនមានសេរីភាពសាសនាទេ ហើយសាសនាគ្រិស្តត្រូវបានគេធ្វើទុក្ខបុក្មេញ។／
ใນເອລານັ້ນ, ใນປະເທດຍີ່ປຸ່ນບໍ່ມີເສລິພาบใນການນັບຖือສาสนาสะໜา, ແລະສาຊนาคริสติได้ถืกລົບກวน.)

㉛ □ 苦難 （कष्ट／ការលំបាក, ភាពលំ១ាก／ความทุละมาน, เลื่อกทิ่ยากລำบาก）
くなん

▶ いくつもの苦難を乗り越えながら、彼らはここで医療活動を続けた。
く　　　　　　　　　　の　　こ　　　　　　　　　　かれ　　　　　　いりょうかつどう　つづ

(अनेकखालको कष्टलाई पार गरेर उनीहरुले यहाँ स्वास्थोपचार गतिविधि गरिरहे ।／ពួកគេបានបន្តសកម្មភាព
ថែរក្សាសុ១ភាពនៅទីនេះ ខណៈពេលកំពុងជម្នះនូវការលំបាកយ៉ាងច្រើន។／ເຖິງได้ผ่านผ่าเลื่อกทิ่ยาก
ลำบากຫຼายๆย่างก็ตาม, แต่เ៧เจ็กได้สืบต่กิดจะกำເบีนบิ่งยู่บ่อนนี้.)

㉜ □ 不振(な) (मन्दी／ដែលធ្លាក់ចុះ／ຄວາມທົດຖອຍ, ຄວາມຕົກຕ່ຳ, ຄວາມຖົດຖອຍ)

▷ 食欲不振 (खाना नरुच्नु／ការបាត់ចំណង់អាហារ／ອາການເບື່ອອາຫານ)

▶ 業績不振の責任をとって、社長は辞任することになった。
(व्यापार मन्दीको जिम्मेवारी लिदै कम्पनी प्रमुखले राजिनामा दिने निर्णय गरे।／ប្រធានក្រុមហ៊ុនបានសម្រេចចិត្តលាលែងពីតំណែង ដើម្បីទទួលខុសត្រូវនៃការធ្លាក់ចុះនៃលទ្ធផលអាជីវកម្ម។／ປະທານບໍລິສັດໄດ້ລາອອກເພື່ອຮັບຜິດຊອບຕໍ່ຜົນປະກອບການທີ່ຕົກຕ່ຳ.)

㉝ □ 不調(な) (गडबड／ដែលមិនប្រក្រតី／ສະພາບບໍ່ດີ, ລົ້ມເຫຼວ) **対** 好調(な)こうちょう

▷ 体の不調を訴える
(शरीरमा गडबड अनुभव गर्नु／ត្អូញត្អែរអំពីភាពមិនប្រក្រតីនៃរាងកាយ (សុខភាព)／ຈົ່ມເລື່ອງສະພາບຮ່າງກາຍທີ່ບໍ່ດີ)

▶ 彼自身は不調に陥っているが、チームは好調を維持している。
(उ आफू चाहिं गडबड अवस्थामा छ तर टिम भने राम्रो स्थितिमा चलिरहेको छ।／ពេលធ្វើប្រក្រត ខ្លួនគាត់ផ្ទាល់ស្ថិតនៅក្នុងស្ថានភាពធ្លាក់ចុះ ប៉ុន្តែក្រុមរបស់គាត់រក្សាបាននូវស្ថានភាពល្អ។／ເຖິງວ່າລາວເອງຈະຕົກຢູ່ໃນສະພາບບໍ່ດີ, ແຕ່ທີມງານກໍ່ຍັງຄົງຮັກສາໄດ້ເປັນຢ່າງດີ.)

㉞ □ 脱する (मुक्त हुन／គេចចេញ, ដកចេញ／ໜີ, ຫຼຸດພົ້ນ, ຫຼຸດລອດ)
だっ

▶ 何とか危機を脱することができた。
(जसोतसो सङ्कट मुक्त हुन सकियो।／ខ្ញុំបានគេចផុតពីវិបត្តិ។／ແນວໃດກໍ່ສາມາດຫຼຸດພົ້ນຈາກວິກິດ.)

㉟ □ 不当(な) (अन्याय／ដែលអយុត្តិធម៌／ບໍ່ຖືກຕ້ອງ, ບໍ່ມີເຫດ ຜົມ／ລົ້ມເຫີນ) **対** 正当(な)せい

▷ 不当な扱いを受ける
(अन्यायपूर्ण व्यवहार हुनु／រងអំពើអយុត្តិធម៌／ໄດ້ຮັບການປະຕິບັດຢ່າງບໍ່ມີເຫດຜົມລົ້ມເຫີນ)

▶ 原告からは極めて不当な判決だ、とのコメントが発表された。
(उजुरवालाबाट अत्यन्त अन्यायपूर्ण फैसला हो भनि टिप्पणी आयो।／មតិរបស់ដើមចោទស្តីៗងត្រូវបានប្រកាសឡើង ដោយយាយថាជាការការត់ក្តីដែលអយុត្តិធម៌យ៉ាងខ្លាំង។／ຄຳເຫັນຂອງໂຈດໄດ້ຖືກລາຍງານວ່າ: ການຕັດສິນຄະດີທ່ຽວບໍ່ຖືກຕ້ອງ(ເຮືອງນີ້.)

㊱ □ 不良(な) (खराब／ដែលមិនល្អ／ບໍ່ດີ)

▷ 不良少年、天候不良
(बदमास केटा, खराब मौसम／ក្មេងមិនល្អ, អាកាសធាតុមិនល្អ／ເດັກບໍ່ດີ, ອາກາດບໍ່ດີ)

▶ これ、不良品なのかなあ。電源が入らない。
(यो त खराब सामान रहेछ कि क्या हो।स्वीच अन हुदैन त।／របស់នេះជារបស់មិនល្អ (ខូច)ទេដឹង។ អគ្គិសនីមិនចូល។／ບໍ່ແມ່ນເຄື່ອງບົດປົກກະຕິບໍ? ໄຟບໍ່ເຂົ້າ.)

㊲ □ 悪質(な) (खराब वृत्ति／ដែលមានបំណងអាក្រក់, ដែលអាក្រក់／ຄຸນນະພາບບໍ່ດີ, ຂີ້ໂກງ, ບໍ່ດີ, ຮ້າຍແຮງ)

▷ 悪質ないたずら (वृत्ति व्यवहार／ការលេងសើចក្នុងបំណងអាក្រក់／ຂີ້ຕົວແຮງ)

▶ 高額な請求をする悪質な業者もいますので、注意してください。
(महङ्गो रकमको माग गर्ने वृत्ति व्यापारी पनि हुने गर्छन, त्यसैले होस गर्नुहोस्।／សូមប្រ្យ័ត្នប្រ្យែងដោយសារតែមានអ្នកលក់មានបំណងអាក្រក់ដែលទារលុយចំនួនដ៏ច្រើនដែរ។／ລະວັງຜົນໂຮ, ເພື່ອງຈາກມີຜູ້ค້າบໍ່ດີ ทีเรียກเກ็บจำนวนสูง.)

言う 41

意見・考え

性格・態度 43

気持ち・心の状態 44

評価 45

言葉 46

パソコン・IT 47

問題・トラブル・事故 48

数量・程度

㊳ □ 偽造(する) (जाली／ការក្លែងបន្លំ／ปอม)

▷ 偽造紙幣 (जालीनोट／ក្រដាសប្រាក់ក្លែងក្លាយ／ทะนะบัดปอม, ເງິນປอม)

㊴ □ 破壊(する) (विनाश／ការបំផ្លាញ, ការបំផ្លិចបំផ្លាញ／ทำลาย)

▷ 環境破壊 (पर्यावरण विनाश／ការបំផ្លាញបរិស្ថាន／ການทำลายสิ่งแวดล้อม)

㊵ □ 破壊的(な) (ध्वंस पार्ने／ដែលបំផ្លាញ／ເຊິ່งทำลาย, ເຊິ่งล้างผลาน)

㊶ □ 爆弾 (बम बिस्फोटक वस्तु／គ្រាប់បែក／ลูกละเบิด, ລะเบิด)

㊷ □ 爆破(する) (विस्फोटन ; पड्काइ／ការបន្ទុះ, ការធ្វើអោយផ្ទុះ／ອาງละเบิด)

▷ ビルの爆破予告
(बिल्डिङ्गको विष्फोट गर्ने चेतावनी／ការប្រកាសអំពីការបន្ទុះអាគារ／แจ้งอาງละเบิดอาคาน)

㊸ □ 腐敗(する) (सड्नु ; कुहिनु ; माटिनु／អំពើពុករលួយ／ເສື່อมສลายตัว, ເນ่าເປื่อย)

▷ 権力は腐敗するものだ。 (शक्तिभित्रको भ्रष्टाचार हो।／អំណាចគឺពុករលួយៗ／อำนาจแม่นสิ่งที่ເສื่อมສลายได้.)

㊹ □ 疑惑 (सन्देह ; शंका／ការសង្ស័យ, មន្ទិលសង្ស័យ／ຄວາມສงไส) 【類 疑い】

▷ 疑惑が晴れる (शंकाको सफाइ हुनु／អស់មន្ទិលសង្ស័យ／ລบล้างຂ้สงไส)

▶ 不正な取引があったのではないかと疑惑の声が上がっている。
(सन्देहपूर्ण स्टक किनबेच भएको भनी आशङ्काको कुरा उठेको छ।／ការសង្ស័យបានកើនឡើងដោយថាអាចមានការប្រព្រឹត្តិការក្លែងបន្លំ។／ມີความສงไສ์ສ่วมว่าอาจจะมีความเຊ็ดทุละกิดทีບ่ถืกต้อง.)

㊺ □ 捜査(する) (जाँच／छानबीन／ការស្រាវជ្រាវ／ສอบสวน, ສืบสวน)

▷ 警察の捜査 (प्रहरीको छानबीन／ការស៊ើបអង្កេតរបស់ប៉ូលីស／ການສืบสวนຂองตำຫຼวด)

㊻ □ 突きとめる (पत्ता लगाएर छोड्नु／ស្វែងរក／ໄล่ຽา, ຂอກຫา)

▷ 犯人を突き止める、原因を突き止める
(अपराधी पत्ता लगाएर छोड्नु, कारण पत्ता लगाएर छोड्नु／ស្វែងរកជនល្មើស, ស្វែងរកមូលហេតុ／ຂอກຫาຜู้ก่อเຫດ, ຂอກหาສาเຫດ)

㊼ □ 誘拐(する) (अपहरण／ការចាប់ជំរិត／ลักพาໄต) 【同 さらう】

▶ 8歳の女の子が何者かに誘拐され、未だ行方不明です。
(8वर्षकी केटीको अज्ञात व्यक्तिद्वारा अपहरण भएको र अझै कहाँ छिन् पत्तो छैन।／ក្មេងស្រីអាយុ8ឆ្នាំត្រូវបានចាប់ជំរិតរណាម្នាក់ ហើយនៅពាត់ខ្លួននៅឡើយៗ／ເด็กน้อยยิงอายุ 8 ปีถืกลักพาไปโต และ ยัງหายສาบสูน.)

203

㊽ □ 人質 (बन्धक／ចំណាប់ខ្មាំង／ໂຕປະກັນ)
　ひとじち

▶ 犯人は、子供を人質にとって逃げている模様です。
　はんにん　　こども　　ひとじち　　　　に　　　　もよう

（अपराधीले केटीलाई बन्धककोरुपमा राखेर भागिरहेको छ जस्तो देखिन्छ।／ដូនឃើញទំនងជាជនជាប់ចាប់ក្រុង
ជាចំណាប់ខ្មាំងហើយរត់គេច។／ປະກົດວ່າຄົນຮ້າຍໄດ້ຈັບເດັກນ້ອຍເປັນໂຕປະກັນແລະໜີ້ພົ້ນໄປ.)

㊾ □ 不審（な） (शङ्कास्पद／គួរឲ្យសង្ស័យ／ໜ້າສົງໄສ)
　ふしん

▷ 不審者 (शङ्कास्पद व्यक्ति／មនុស្សដែលគួរឲ្យសង្ស័យ／ບຸກຄົນໜ້າສົງໄສ)
　　しゃ

▶ 現場近くで不審な車を見た、との情報も寄せられている。
　げんばちか　　ふしん　くるま　み　　　　　じょうほう　よ

（घटना स्थल नजिकमा शङ्कास्पद गाडी देखेको भनी सूचना पनि आइरहेको छ।／មានការផ្ដល់ព័ត៌មានមកថាគេ
បានឃើញរថយន្តគួរឲ្យសង្ស័យនៅក្បែរកន្លែងកើតហេតុ។／ບອກນີ້ຍັງມີການໃຫ້ຂໍ້ມູນເຊັ່ນວ່າເຫັນ
ລົດໜ້າສົງໄສຢູ່ໃກ້ກັບສະຖານທີ່ເກີດເຫດ.)

㊿ □ ストーカー (अहेरी／អ្នកដើរតាមជាន／ຄົນສະກິດຮອຍຕາມ)

▷ ストーカー行為 (अहेरीकाम／សកម្មភាពដើរតាមជាន／ພຶດຕິກຳແບບຄົນສະກິດຮອຍຕາມ)
　　　　こうい

51 □ いきさつ (सिलसिला／ការណ៍ទេស៖／ລຳດັບເຫດການ, ເລີ່ມຕົ້ນ　　㊣ 経緯
　　　　　　　　　　　　ແນວໃດ)　　　　　　　　　　　　　　　　　けいい

▷ 彼女がボランティアを始めたいきさつは知りません。
　かのじょ　　　　　　　はじ　　　　　　　　　し

（ती महिलाले कुन सिलसिलामा स्वयंसेवकको काम गर्न थालिन् थाहा भएन।／នាងមិនស្គាល់ពីការណ៍ទេស៖ន
ការចាប់ផ្ដើមការស្ម័គ្រចិត្តទេ។／ບໍ່ຮູ້ວ່າລາວເລີ່ມເປັນອາສາສະໝັກໄດ້ແນວໃດ.)

52 □ 口実 (बहाना／ការយកលេស, ការដោះសារ／ຂໍ້ອ້າງ,　　㊣ 言い訳（する）
　　　こうじつ　　ຂໍ້ແກ້ໂຕ)　　　　　　　　　　　　　　　　　　　　　　いわけ

▷ 仕事を口実に、面倒なことは全部私に押し付けるんです。
　しごと　こうじつ　　めんどう　　　　　ぜんぶわたし　お　つ

（कामको बहानामा झन्झटिलो काम सबै ममाथि थुपर्छ।／គាត់យកលេសការងារ ហើយបានបញ្ជូនការងារដែល
មានបញ្ហាទាំងអស់មកឲ្យខ្ញុំ។／ລາວໃຊ້ວຽກເປັນຂໍ້ແກ້ໂຕ, ລາວເອົາວຽກທີ່ຫຍຸ້ງຍາກທັງໝົດມາໃຫ້ຂ້ອຍ.)

53 □ 手口 (चाल／ល្បិច, វិធី／ວິທີ, ກົນອຸບາຍ)
　　てぐち

▶ 犯行の手口が徐々に明らかになってきた。
　はんこう　てぐち　じょじょ　あき

（अपराधको चाल विस्तार विस्तार थाहा हुदै आइरहेको छ।／ល្បិចរបស់ជនល្មើសត្រូវបានបង្ហាញឈោយឃើញ
បន្តិចម្ដងៗហើយ។／ວິທີການກໍ່ອາຊະຍາກຳແມ່ນຄ່ອຍໆຊັດເຈນຂຶ້ນ.)

54 □ 虐待（する） (दुर्व्यवहार／ការធ្វើទុក្ខបុកម្នេញ／ອຳມະຫິດ, ໂຫດຮ້າຍ, ທາລຸນ)
　　ぎゃくたい

数量・程度
すうりょう　ていど
(मात्रा / परिमाण／បរិមាណ, កម្រិត／ปะลิมาน・ละดับ)

---

❶ □ **多量** (たりょう) (ठूलो परिमाण／បរិមាណច្រើន, ចំនួនច្រើន／ปะลิมานຫຼาย)

▷ **多量の雨** (あめ) (ठूलो परिमाणको वर्षा／ភ្លៀងច្រើន／ฝົນใบปะລิมานຫຼาย)

❷ □ **微量** (びりょう) (सानो अंश／ចំនួនតិចតួចណាស់, បរិមាណតិចតួចណាស់／ปะลิมานน้อยດຽວ)

▷ **微量のガス** (सानो अंशको ग्यास／ហ្គាសដែលមានបរិមាណតិចតួចណាស់／แກ๊สปะລิมานน้อยດຽว)

---

❸ □ **多数** (たすう) (असङ्ख्य／ភាគច្រើន, ច្រើន／จำนวนຫຼาย, ส่วนຫຼาย)

▷ **多数の支持** (しじ) (असङ्ख्यको समर्थन／ការគាំទ្រភាគច្រើន／ละยับละขุนด้วยสຽงส่วนຫຼาย)

❹ □ **少数** (しょうすう) (अल्पसङ्ख्य／ភាគតិច, តិច／ส่วนน้อย, กุ่มน้อย)

▷ **少数意見** (いけん) (अल्पसङ्ख्यको विचार／មតិភាគតិច／ความคิดเห็นຂอງกุ่มน้อย)

❺ □ **大多数** (だい) (अधिकांश／ភាគច្រើនបំផុត／ส่วนใหย่,ส่วนຫຼาย,กุ่มใหย่)

---

❻ □ **大方** (おおかた) (अक्सर／ភាគច្រើន／ส่วนใหย่, ส่วนຫຼาย, ถึบส่วนຫຼาย)

▷ **大方の予想** (よそう)

(अक्सरको भविष्यवाणी／ការរំពឹងទុកភាគច្រើន／ການถาດถะເນส่วนຫຼาย)

---

❼ □ **概ね** (おおむ) (अन्दाजी / लगभग／ស្ទើរតែ, ប្រហែល, ភាគច្រើន／ส่วนຫຼาย, โดยทั่วไป)

▷ **概ね賛成** (さんせい) (लगभगकोसहमति／ការយល់ស្របស្ទើរទាំងស្រុង／โดยทั่วไปแม้นเห็นดี)

---

❽ □ **多大(な)** (ただい) (निक्कै / अधिक／ដ៏ច្រើន, ដ៏ធំធេង／มะຫาສาม, ใหย่ຫຼວງ)

▷ **多大な貢献** (こうけん) (निक्कै/अधिकको योगदान／ការចូលរួមចំណែកដ៏ធំធេង／ການละยับละขุนอันใหย่ຫຼວງ)

❾ □ **絶大(な)** (ぜつだい) (अद्भुत／ដ៏ធំសម្បើម, ដ៏ធំធេង／ใหย่ຫຼວງ, ກວ້າງຂວาง)

▷ **絶大な人気** (にんき) (अद्भुतको लोकप्रियता／ប្រជាប្រិយភាពខ្លាំង／เป็นที่นิยมย่าງกວ້าງຂວาง)

---

❿ □ **かすか(な)** (मन्द / अल्प / अलिकति／ដែលមានពន្លឺតិចៗ／น้อยขึ้ๆ, มึดมົວ, คุมเคือ, จิ๊ดๆๆ)

▷ **かすかな望み** (のぞ) (मन्द / अल्प / अलिकतिको आशा／សេចក្ដីសង្ឃឹមដែលមានពន្លឺតិចៗ／ความຫວัງมึดมົວ)

---

⑪ ☐ 希少(な)（きしょう） (विरल／ដ៏កម្រ／ทายาก, มีน้อย, ບໍ່ພຽງພໍ, ບໍ່ค่อยมี, ຂາດແຄນ)

▷ 希少な資源（しげん）（विरलको साधन-स्रोत／ធនធានដ៏កម្រ／ຊັບພະຍາກອນທີ່ມີน้อย)

⑫ ☐ 乏しい（とぼ） (कम / गरिब / अपर्याप्त／ក្រ, ខ្វះខាត, ខ្វះខាត／ບໍ່ພຽງພໍ, ບໍ່ค่อยมี, ຂາດແຄນ)

▷ 乏しい資源（しげん）

（कम / अपर्याप्त साधन-स्रोत／ធនធានខ្វះខាត／ຊັບພະຍາກອນທີ່ທາຍາກ)

⑬ ☐ 満たす（み） (भर्नु / सन्तुष्ट बनाउनु／បំពេញ, ជាក់អោយពេញ／ຕື່ມໃຫ້ເต็ม, ເຮັດໃຫ້พໍใจ)

▷ 容器を満たす（ようき）（भाँडो भर्नु／ជាក់អោយពេញប្រអប់／ຕື່ມໃส่พาຊะบะเต็ม)

⑭ ☐ 半端(な)（はんぱ） (अपूरो／ដែលមិនពេញលេញ／ບໍ່ຄົບจำนวน, เสี้ยงๆกากๆ, เสด)

▷ 半端な数（かず）（अपूरो संख्या／ចំនួនដែលមិនពេញលេញ／จำนวนບໍ່ຄົບ)

⑮ ☐ 厳密(な)（げんみつ） (कडा / सुनिश्चित／ដែលតឹងរឹង, ដែលច្បាស់លាស់, ដែល ជាក់លាក់／ละเอຍด, เคຣ่งคัด, เข้มงวด)

▷ 厳密な調査（ちょうさ）（कडा / सुनिश्चितको सर्वेक्षण／ការស្រាវជ្រាវដែលជាក់លាក់／ການสำຫຼວดอย่างເຂັ້ມງวด)

⑯ ☐ 圧倒的(な)（あっとうてき） (प्रभुत्व जमाउने / छक्क पार्ने／ដែលលើសលុប, ឃ្លាំងឃ្លង／ຂາດຕอຍ, ລອຍລຳ)

▶ 昨年に続き、A大学が圧倒的な強さで優勝した。（さくねん／つづ／だいがく／つよ／ゆうしょう）

（गत बर्षबाट निरन्तर A विश्वविद्यालयले सबैलाई छक्क पार्ने बल देखाएर बिजयी भयो ।／ សាកលវិទ្យាល័យAបានទទួលជ័យជម្នះដោយកាំងខ្លាំងបន្ទាប់ពីឆ្នាំមុន។／ ສືບຕໍ່ຈາກປີທີ່ผ่านมา, มะหาวิทะยาไล A ຊะนะด้วยความແຂ່ງเก่าຢ่างຂາດຕอຍ.)

⑰ ☐ 凄まじい（すさ） (भयानक / असाधारण / अति उत्तम／ដែលគួរអោយភ័យខ្លាច, ដ៏អាក្រក់, ដ៏អស្ចារ្យ／ธุนแຮง, ເປັນຕາ໤ิวຄัว, ເປັນຕາย้าน, ເປັນຕาヒ๑)

▶ 爆発の瞬間、凄まじい音がした。（ばくはつ／しゅんかん／おと）

（बिस्फोटको क्षणमा भयानक आवाज आयो ।／មានសម្លេងដ៏គួរអោយភ័យខ្លាចនៅពេលមានការផ្ទុះ។／ ຊะบะที่ละเບີดแตก, ได้ยิน␣ງด้วยๆย่างธุนแຮง.)

⑱ ☐ とりわけ (विशेष गरी／ជាពិសេស／ໂดຍສะเพาะ, ເປັນพิเลด)

▷ とりわけ有名な曲（ゆうめい／きょく）

（विशेष गरी प्रसिद्ध गीत／បទចម្រៀងដែលល្បីល្បាញជាពិសេស／ໂดຍສะเพาะแม่บๆที่มีຊฺ่ຊຽง)

⑲ ☐ そこそこ (कुनै हदसम्म／ល្មម, គួរសម／ລิมເขตຄลิมປิน, พัลิมถอม, พๆใຂ่ได้)

▷ そこそこ有名な店（ゆうめい／みせ）

（कुनै हदसम्म प्रसिद्ध पसल／ហាងដែលល្បីគួរសម／ธ้านที่มีຊฺ่ຊຽงพัลิมถอม)

大小のカテゴリーに分けて
覚えよう、基本の言葉

ठुलो-सानो वर्गमा बाँडेर याद गरौं, आधारभूत शब्द

បែងចែកជាប្រភេទធំនិងតូចហើយចងចាំ ពាក្យមូលដ្ឋានគ្រឹះ

ຈົ່ງຈຳຄຳສັບພື້ນຖານໂດຍແບ່ງອອກເປັນໝວດນ້ອຍໃຫຍ່

1 "何"を含む表現
なに ふく ひょうげん

☐ **何もかも**
なに

(भएभरको सबै / ទាំងអស់, អ្វីៗទាំងអស់ /
ທັງໝົດ, ໝົດ)

▶ あんなに練習したのに、ステージに立ったら、何もか
れんしゅう た なに
も忘れてしまった。
わす

(यति अभ्यास गरेको थिएँ तर स्टेजमा चढ़ने बित्तिकै भएभरको सबै बिर्से। / ខ្ញុំបានអនុវត្តយ៉ាងច្រើន ប៉ុន្តែខ្ញុំភ្លេចបាត់
អស់រលេងខ្ញុំឡើងលើឆាកការ។ / ເຖິງແມ່ນວ່າຂ້ອຍໄດ້ຝຶກຊ້ອມຫຼາຍ, ແຕ່ຂອງທຸກຢ່າງເມື່ອຂຶ້ນເວທີ, ຂ້ອຍກໍລືມໝົດ.)

☐ **何でもかんでも**
なん

(जे भेट्यावो त्यही /
ทามគ្រប់បែបយ៉ាងធ្វើ
ទាំងអស់, អ្វីៗទាំងអស់ / ແບບທຸກໆ
ຢ່າງ)

▶ 何でもかんでもやればいいというものではない。
なん

(जे भेट्यावो त्यही गरे हुन्छ भन्ने होईन। / មិនមែនអាចធ្វើអ្វីៗទាំងអស់បាននោះទេ។ / ຊົ່ງເຮັດຢ່າງໃດກໍ, ບໍ່ໄດ້ໝາຍຄວາມວ່າດີ
ຄືນເບິ່ງໄປ.)

☐ **何だかんだ**
なん

(जे सरे त्यसो सरेपनि / ผู้ใน៉ងៗ
ก็នេះก៏ នោះ / ບາງສິ່ງບາງຢ່າງ)

▶ あの人は、何だかんだと文句ばかり言うんです。
ひと なん もんく い

(त्यो मान्छे त जे सरे त्यसो सरेपनि कुनामा मात्रै गर्छ। / គាត់ជា:ใกลใกลี្ยយាมៗ៩ើ៩ៗ/ຜູ້ນັ້ນມັກຈົ່ມກ່ຽວກັບບາງ
ສິ່ງບາງຢ່າງ.)

☐ **何が何でも**
なに なん

(जसरी भएपनि / ตามគ្រប់បែបយ៉ាងបាយ
ទាំងអស់, នេះ:បិतमालताक्षणक्षणांशानिताक्षयायाय /
ບໍ່ວ່າແບບໃດຢ່າງໃດກໍຕ້ອງ)

▶ 2回目だから、何が何でも合格しないと。
かいめ なに なん ごうかく

(दोस्रो पटक भएकोले जसरी भएपनि उतिर्ण नभइ हुंदैन। / ເນ:ಜ៣លੀ្កទੀ២ ដូចនេះ: நਾੈঃਭੂਕਾਂਕੰਘਾਂ ខ្ញុំត្រូវតែប្រឡង
អោយជ័យ។ / ນີ້ແມ່ນເທື່ອທີ່ສອງຂອງຂ້ອຍ, ດັ່ງນັ້ນ ຕ້ອງຜ່ານໃຫ້ໄດ້ບໍ່ວ່າແບບໃດຢ່າງໃດກໍ.)

☐ **何かと**
なに

(स-सानो कुरा / ผู้บุญ៍, ฌก, เฉีวๆ /
ກັບບາງສິ່ງບາງຢ່າງ)

▶ 不在の間は何かとご不便をおかけしますが、よろしく
ふざい あいだ なに ふべん
お願いします。
ねが

(यहाँ नभएन्जेल बेला स-सानो कुरामा अप्ठ्यारो पर्नसक्छ तर सहयोगको लागि अनुरोध गर्दछु। / ຂ្ញុ្ំសูมชุณณาณໍเฮีย
ຊຸมขุณกาฉามอภ่จาะ:กาฉุนจุฉาขุย៉ุินจุ้ยคุวามสะอเด็กຂ់ຍบໍ่นเจิ้បเที/ ຂ້ອຍໃນໄລຍະເລລ຺ຂອງຂ້ອຍຂໍຂອບໃຈສำหรับບາງສິ່ງບາງຢ່າງ
ຢ່າງທີ່ຂ້ອຍຈະເຮັດໃຫ້ລ຺ຂອງກ຺ໄດ້ລ຺ບຶ຺ນ ແລ ຂ໐ໃຈທີ່ເຮັດໃຫ້.)[1]

▶ 森先生には何かとお世話になった。
もりせんせい なに せわ

(मिस्टरले स-सानो कुरामा सहयोग गरिदिनुभयो। / เลขาตๆ์บ้านจุยจั้ย៩ าเ฿ี่ถ๔า / ອາຈານໂມຣີໄດ້ใหัຄวามช่อยเตือลาย
ກັບບາງສິ່ງບາງຢ່າງ.)

☐ **何卒**
なにとぞ

(कृपया सकेसम्म / ຝุ / ຂอบใจຫຼาย)

▶ 何卒ご協力のほど、お願い申し上げます。
なにとぞ きょうりょく ねが もう あ

(कृपया सकेसम्म यहाँहरूको सहयोगको लागि अनुरोध गर्दछु। / ខ្ញុ្ំសูมชุณากาฉ:กาฉเฉะฉาภาฉ / ຂอบใจຫຼายสำหลับกาฉ
ລ຺ມมี.)

☐ **何なり**
なん

(सबैकुरा नमानिकन /
ผู้ก็เฉ៍ / ແບບຢ່າງກໍຕາມ)

▶ ご用がありましたら、何なりとお申し付けください。
よう なん もう つ

(केही भएमा कृपया सबैकुरा नमानिकन भन्नुहोला। / ப្រសិนเบ้เมิฉเาณา ผู้ก็เฉ៍ยสูมก្រាบ់มាเฉ។ / ถ้าตาฉนตัอๆกาฉ฿ะย຺้ยๆ
ฉุฎ฿ฉุฎแจ้งขอภเช็ก.)

1 何を含む表現

2 前に付く語

3 後ろに付く語

4 同じ漢字を持つ語

5 動詞＋動詞

6 いろいろな意味を持つ言葉

7 春夏のいろいろな形

8 連語・短い句

9 体に関する名詞を使った慣用句

10 四字熟語

□ **何分**
なにぶん

（क भन्दा कि／យ៉ាងណាមិញ, ចុះ：បើជា
យ៉ាងណាក៏ដោយ／ແມ່ນຫຍັງກໍຕາມ）

▶ なにぶん初めてのことなので、至らないところもある
かと思います。
はじ　　　　　　　　　　　　　　　　　　いた
おも

（क भन्दा कि पहिलो पटक भएको हुनाले अपर्याप्त ध्यान दिन नसकिने पनि हुन सक्छ।／ដ្បិតនេះជាលើកដំបូងមានអាជំនាញ
ត្រូវរៀនរៀបរាប់ ដោយសារវាជាលើកដំបូងដែលខ្ញុំបានធ្វើការងារនេះៗ／ແມ່ນຫຍັງກໍຕາມ, ນີ້ແມ່ນເທື່ອທຳອິດທີ່ຂ້ອຍເຮັດ
ສິ່ງນີ້, ຂ້ະນັ້ນ ຂ້ອຍແມນໃຈວ່າມັນຫຍັງບາງຢ່າງທີ່ບໍ່ເຖິງ.）

□ **何も（～ことな**
なに
い）

（व्यतीत ~ नपर्ने／のっぃ$ស្រ់~／ບໍ່ມີຫຍັງ）

▶ ちょっと遅れたからって、何もそんなに怒ることな
おく　　　　　　　　なに　　　　　　　おこ
いじゃない。

（अलिकति ढिलो भयो भन्दैमा त्यति धेरै रिसाउनु त पर्दैन नि।／のっぃ$ស្រ់ឥឌដល់ថ្នាក់នេះៗ ចុះ：បើជាដោយសារណ៍តយ៉ាំ
បន្តិចក៏ដោយ។／ບໍ່ມີຫຍັງທີ່ຈະເຮັດໃຫ້ຄຸຄຽງກ່ຽວຈໍ້ນາຄ່ຽຫ່ໂຍຂໍ່ໂປ.）

□ **何やら**
なに

（जस्तो देखिनु／ម៉ុំម្ដ៉ុយ, ម៉ុំម្ដ៉ុឪ／ແມ່ນຫຍັງ
ບາງຢ່າງ）

▶ 何やらあそこでおいしそうな物を食べているみたいだ
なに　　　　　　　　　　　　　　もの　た
よ。

（क हो, त्यहाँतिर मिठोखानेको खानेकुरो खाइरहेको जस्तो देखिन्छ नि।／ ពាក់ដូចជាកំពុងញ៉ាំរបស់ញ្ចាញ់ម៉ង់ក្នុងនៅឯទីនោះៗ
／ເບິ່ງຄືວ່າພວກເຂົາຍັງ ກິນແມ່ນແມ່ນບາງຢ່າງຢູ່ບ່ອນນັ້ນໄດ້.）

□ **何より**
なに

（सबैभन्दा उत्तो／ស៍ខ់ជាងបងអ៉ុ្វគ៉ាងណៃល្ម,
ក៉ាងស៉ខ់ជាងៗ／ບໍ່ມີຫຍັງດີເກີນໄປ
ກວ່າ）

▶ おかげさまで、家族皆、元気に過ごしております。─
かぞくみな　　げんき　　す
それは何よりですね。
なに

（भगवानको कृपाले परिवारमा सबैजना आरामले छौ विसिरहनुभएको छ। ।─यो त सबैभन्दा उत्तो कुरा हो नि हमि।／ សូមអរគុណ ក្រុម
គ្រសាលខ្ញុំទាំងអស់សុខស្រួល្យបាយទៀងៗ─ស៍ខ់ជាងបងៗការសុខស្រួលៗ／ຂອບໃຈທີ່ເປັນຫ່ວງ, ຄອບຄົວຂ້ອງ
ຂ້ອຍສະບາຍດີ. ─ບໍ່ມີຫຍັງດີເກີນໄປກວ່ານັ້ນທີ່ໄດ້ຍິນແນວນັ້ນ.）

② 前(まえ)に付(つ)く語(ご) (अगाडि आउने शब्द／ពាក្យដែលភ្ជាប់នៅខាងមុខ／ຄຳນຳໜ້າ)

☐ **私(し)〜** ▷ 私物(しぶつ)、私用(しよう)の電話(でんわ)、私語(しご)を慎(つつし)む、私生活(しせいかつ)、私見(しけん)を述(の)べる

(व्यक्तिगत वस्तु, व्यक्तिगत टेलिफोन, व्यक्तिगत कुराकानी व्यक्तिगत जीवन व्यक्तिगत विचार पोख्नु／របស់ផ្ទាល់ខ្លួន (របស់ឯកជន), ទូរសព្ទសម្រាប់ប្រើប្រាស់ផ្ទាល់ខ្លួន, កុំនិយាយរឿងឯកជន, ជីវិតឯកជន, បង្ហាញគំនិតផ្ទាល់ខ្លួន／ເຄື່ອງໃຊ້ສ່ວນໂຕ, ໂທລະສັບສ່ວນໂຕ, ຫ້າມເວົ້າກະຊິບເລື່ອງສ່ວນໂຕ, ຊີວິດສ່ວນ ໂຕ, ກ່າວຄວາມຄິດເຫັນສ່ວນໂຕ.)

☐ **純(じゅん)〜** ▷ 純愛(じゅんあい)、純金(じゅんきん)、純利益(じゅんりえき)、純国産(じゅんこくさん)

(पवित्र प्रेम, शुद्ध सुन, शुद्ध नाफा, शुद्ध स्वदेशी／ស្នេហាបរិសុទ្ធ, មាសសុទ្ធ, ប្រាក់ចំនេញសុទ្ធ, ផលិតផលក្នុងស្រុកសុទ្ធ／ຄວາມຮັກທີ່ບໍລິສຸດ, ຄຳບໍລິສຸດ, ກຳໄລສຸດທິ, ສິນຄ້າພື້ນເມືອງແທ້ໆ.)

☐ **直(ちょく)〜** ▷ 直輸入(ちょくゆにゅう)(する)、直営店(ちょくえいてん)、直通(ちょくつう)の番号(ばんごう)、直感(ちょっかん)で答(こた)える、直観力(ちょっかんりょく)を高(たか)める、現実(げんじつ)を直視(ちょくし)する

(प्रत्यक्ष आयात, (गर्नु) प्रत्यक्ष कारोबारको पसल, प्रत्यक्ष लाग्ने फोन, प्रत्यक्ष भावनले उत्तर दिनु, अन्तरज्ञानको क्षमता बढाउनु, वास्तविकताको प्रत्यक्ष दर्शन गर्नु／ការនាំចូលដោយផ្ទាល់, ហាងលក់ដោយផ្ទាល់ដោយក្រុមហ៊ុនផ្ទាល់, លេខទូរសព្ទផ្ទាល់, ឆ្លើយដោយវិចារណញ្ញាណ (ផ្ដើមគំនិតមកយៈយល់ផ្ទាល់ដោយ មិនទាន់គិតពិចារណា), បង្កើនអំណាចញ្ញាណ, ប្រឈមមុខនឹងការពិត／ນຳເຂົ້າໂດຍກົງ, ຮ້ານທີ່ບໍລິຫານໂດຍກົງ, ເບີໂທລະສັບສາຍກົງ, ຕອບຢ່າງສັງຫອນ ໃຈ, ເພີ່ມສະມັດຖະພາບການໃນການໃຊ້ສັນຊາດ, ປະເຊີນໜ້າກັບຄວາມເປັນຈິງ.)

☐ **生(なま/き)〜** ▷ 国民(こくみん)の生(なま)の声(こえ)、生放送(なまほうそう)、魚(さかな)の生臭(なまぐさ)い匂(にお)い

(देशवासीको वास्तविक आवाज, प्रत्यक्ष प्रसारण, माछाको काँचो गन्ध／សម្លេងផ្ទាល់របស់ប្រជាពលរដ្ឋ, ការផ្សាយបន្តផ្ទាល់, ក្លិនឆ្អាប់របស់ត្រី／ສຽງທີ່ແທ້ຈິງຂອງ ປະຊາຊົນ, ຖ່າຍທອດສົດ, ກິ່ນຄາວປາ.)

▶ 私(わたし)たちはロボットではなく、生身(なまみ)の人間(にんげん)なんです。

(हामीहरू रोबोट होइनौं, रगत बग्ने जीउँदो मान्छे हौँ।／ពួកយើងមិនមែនជាមនុស្សយន្តទេ គឺជាមនុស្សពិតៗ។／ພວກເຮົາບໍ່ແມ່ນຫຸ່ນຍົນ, ພວກ ເຮົາເປັນມະນຸດທີ່ແທ້ຈິງ.)

▶ 生(なま)ものなので、お早(はや)めにお召(め)し上(あ)がりください。

(आगोमा नपकाएको कैन त्यसैले चाँडो खानुहोस्।／សូមប្រញាប់បរិភោគដោយសារវាជារបស់ស្រស់ៗ។／ກະລຸນາຮັບປະທານໃຫ້ໄວທີ່ສຸດ, ເພາະວ່າມັນແມ່ນຂອງດິບ.)

▶ 一日(いちにち)30分(ぷん)? そんな生(なま)ぬるい練習(れんしゅう)ではだめだ。

(एकदिनमा 30 मिनेट मात्र ? त्यस्तो आरामी पाराको अभ्यासले त हुँदैन।／ មួយថ្ងៃ30នាទីឬ? ការហ្វឹកហាត់ស្រាលៗបែបនេះមិនគ្រប់គ្រាន់ទេ។／ 30ນາທີຕໍ່ມື້? ຝຶກຊ້ອມຢ່າງບໍ່ເອົາຖືແບບນັ້ນບໍ່ໄດ້.)

▶ 彼(かれ)は生真面目(きまじめ)な性格(せいかく)で、考(かんが)え過(す)ぎるところがある。

(उ त कट्टर इमानदारी मान्छे हो, त्यसैले बढी सोच्ने गर्छ।／គាត់ជាមានអត្តចរិកត្រង់ពេកនិងឆ្លៀតៗ ហើយមានទំនោរគិតគូរច្រើនពេក។／ລາວມີ ບຸກຄະລິກທີ່ຈິງຈັງ ຈຶ່ງ ມັກຄິດຫຼາຍເກີນໄປ.)

何 を含む表現

1

前に付く語 2

後ろに付く語 3

同じ漢字を持つ語 4

動詞＋動詞 5

いろいろな意味を持つ言葉 6

言葉のいろいろな形 7

連語・短い句 8

体に関する言葉を使った慣用句 9

四字熟語 10

□ **丸〜**
まる

▷ 丸一日かかる、丸暗記（する）、丸写し（する）、丸ごと食べる
　　まるいちにち　　　まるあんき　　　まるうつし　　　　　まる　　　た

（पुरै एकदिन लाग्ने, पुरै कण्ठ पार्ने, पुरै सार्ने (कुरा), डन्छै खाने／ผมังกะ:เถะปา่ນ เຈั่ง, การเรฎ๋ะฌลบนาพต๊ (เฒนยสฎา3ผบบ), การฉะมูด ซั่งำสรูถ, ถูก ທั่งมูถ／ใช้เวลาทั้งวัน, ท่องจำขึ้นใจ, ลอกมาทั้งหมด, กินทั้งลูก(ผล)）

▶ これじゃ、外から丸見えだ。
　　　　　　　そと　　　まるみ

（यसलाई त बाहिरबाट सबै देख्नुहुन्छ नि／เบิ๊บเบ๋ะ: ມองเบี๊ຍฉ้ຫ ซั่งำสรูถ ทีຫ่ຫา้ก่ากา／เป็นแบบนี้ก็มองเห็นจากภายนอกหมดเลย）

□ **密〜**
みつ

▷ 密室、密会（する）、密約（する）、密輸（する）、アマゾンの密林
　　みっしつ　みっかい　　　みつやく　　　みつゆ　　　　　　　　みつりん

（बन्दकोठा, गुप्तिविधि भेट (कुरा), गुप्त सन्धि (कुरा), तस्करी (कुरा), अमेजनको घनाजङ्गल／บ่ออูบ่สมัด, การปอีดสมัภัต, การสาๆๆขฒนยสมัภัต, การสักถอด, ไฦ่มะฝากบูฮ3／ห้องลับ, ปะชุมลับ, ข้อตกลงลับ, การลักลอบขนสินค้า, ป่าดิบทึบอามาซอน）

▶ 駅周辺に住宅が密集している。
　　えきしゅうへん　じゅうたく　みっしゅう

（रेल स्टेशन वरिपरि घरहरू बाक्लो केन्द्रित भएका छन्।／ຫສ3ฐะ:เรื๊อฮโฉนสะกาสถ่ามืมาฎ์ใฬ๊ฎ๋ะ:ฆมื้อ:ฆเรื่อๆ1／อาคาบบ้านที่พักอาศัยตั้งอยู่ย่านๆแฉ่ณใบ บริเวณสถานี...）

□ **猛〜**
もう

▷ 猛暑、猛獣、猛反対（する）、猛勉強（する）
　　もうしょ　もうじゅう　もうはんたい　　　　　もうべんきょう

（भयङ्कर गर्मी, हिंस्रक जन्तु, भयङ्कर प्रतिबाद (कुरा), भयङ्कर अध्ययन (कुरा)／การท์า้กูาฐ้ฉ่ ง, สักกามถุๆฐาๆฑา3, การปะฉ่มฒ่ฌ ัฐ้ฉ่ ง, การธเิบ๊เรียฌมฐตร ฬา่ฆฐ่ฉ่ ง／อ่อนใอบเอ็ง, สัตว์ร้าย, การคัดค้านอย่างรุนแรง, การตั้งใจเรียนอย่างเต็มที่）

▶ 監督の猛抗議は 15 分も続いた。
　　かんとく　もうこうぎ　　　　ふん　つづ

（निर्देशकको भयङ्कर प्रतिबाद 15 मिनेट सम्म चल्यो।／การปะฉ่มฒ่ฌ ัฐ้ฉ่ ฆเรบ่สฆุบฆู่ทถ้ฎ๊าฆ 3สฆฆฮ3 เฆฎฮษฎฎหู 9 5 ฌา๊5า／การประท้วงอย่างรุนแรงของ ผู้กำกับได้นายาวถ.เถีย 15 นาที.）

③ 後ろに付く語
うし　　つ　　ご

(पछाडि लाग्ने शब्द／
ពាក្យដែលភ្ជាប់នៅខាងក្រោយ／
ຄำຕໍ່ທ້າຍ)

□ ～界
　　かい

▷ 政界の動向、業界の主要団体、文学界の新星、芸能界のニュース、自然界の掟
せいかい　どうこう　ぎょうかい　しゅようだんたい　ぶんがくかい　しんせい　げいのうかい
しぜんかい　おきて

(संसारको गतिविधि, व्यापारी संसारको प्रमुख संगठन, साहित्यसंसारको नयाँ तारा, रङ्गमञ्चको समाचार, प्रकृतिको नियम／និន្នាការនយោបាយ, សមាគមសំខាន់នៃពិភពជំនួញ, តារាវ័យក្មេងក្នុងពិភពអក្សរសិល្ប៍, ពត៌មានអំពីពិភពភាព, ច្បាប់នៃពិភពធម្មជាតិ／ທ່າອ່ຽງຂອງດ້ານການເມືອງ, ອົງການຈັດຕັ້ງທຸລະກິດສຳຄັນທີ່ສຸດ, ດາວດວງໃໝ່ໃນແວດວົງວັນນະຄະດີ, ຂ່າວວົງການບັນເທີງ, ກົດເກນທຳມະຊາດ)

▷ 財界のトップたちが集まり、会合を開いた。
ざいかい　　　　　　　　　あつ　　　かいごう　ひら

(वित्तीय संसारका प्रमुखहरू भेला भई सभा आयोजना गरे।／អ្នកដឹកនាំទាំងឡាយនៃផ្នែកហិរញ្ញវត្ថុបានជួបជុំគ្នាបើកការប្រជុំ។／ຜູ້ບໍລິຫານລະດັບຊ້ອງຫາວົງການຫຼຸດລວດກັນໄດ້ເຮັດໃຫ້ເກີດການປະຊຸມ.)

□ ～がい

▷ やりがいのある仕事
しごと

(कामवर्द सन्तुष्टि मिल्ने काम／ការងារដែលមានន័យនឹងខ្លឹមសារ／ວຽກທີ່ທ້າທາຍ)

▷ 孫の成長をみるのが生きがいです。
まご　せいちょう　　　　　　い

(नितुन् भनोँको नातिनातिना हुर्केदै बढेको हेर्ने झार् मेरो जीवनको उद्देश्य हो।／មូលហេតុដែលអោយខ្ញុំរស់នៅ គឺដើម្បីមើលឃើញការធំធាត់ឡើងរបស់ចៅខ្ញុំ។／ຈຸດປະສົງໃນຊີວິດຂອງຂ້ອຍແມ່ນການເບິ່ງການເຕີບໃຫຍ່ຂອງຫຼານໃນໄສ.)

□ ～柄
　　がら

▷ 場所柄をわきまえる
ばしょがら

(ठाउँको स्वभाव अनुसार／គិតពីកាលៈ ទេសៈដែលខ្លួនកំពុងនៅ／ຮູ້ຈັກສະຖານທີ່)

▷ 仕事柄、出張が多いんです。
しごとがら　しゅっちょう　おお

(कामको सिलसिलामा काम-यात्रा गर्नुपर्ने धनि धेरै हुन्छ।／ខ្ញុំមានរបបសកម្មច្រើនដោយសារតែការងាររបស់ខ្ញុំ។／ວຽກທີ່ຂ້ອຍເຮັດມັກເດີນທາງຫຼາຍ.)

▷ 季節柄、体調を崩しやすいので気をつけてください。
きせつがら　たいちょう　くず　　　　　　　　き

(यस्तो ऋतु छ कि सजिलैसँग स्वास्थ्य खराब हुन्छ, त्यसैले होस् राख्नुहोस्।／ស្បូវចែករ្យាសុខភាពពិព្រោះឈឺងាយណាមរូនៃរ្ដូវៃបបនេះ។／ລະວັງ່ໄວໄດ, ເພາະເປັນລະດູການພະພຽນໃຫ້ເຈັບປ່ວຍງ່າຍ.)

□ ～刊
　　かん

▷ 夕刊、月刊、週刊誌、創刊（する）
ゆうかん　げっかん　しゅうかんし　そうかん

(सन्ध्या कालिन अड्डक, मासिक अड्डक, सामाहिक अड्डक पत्रिका, प्रथम प्रकाशन (गर्नु)／ការសែតពេលល្ងាច, ការសែតប្រចាំខែ, ទស្សនាវដ្តីប្រចាំសប្តាហ៍, ការបោះពុម្ពផ្សាយលើកដំបូង／ໜັງສືພິມຕອນແລງ, ໜັງສືພິມປະຈຳເດືອນ, ວາລະສານປະຈຳອາທິດ, ໜັງສືພິມທຳຄັ້ງທຳອິດ)

□ ～観
　　かん

▷ 人それぞれの価値観、人生観、結婚観
ひと　　　　　　　　かちかん　じんせいかん　けっこんかん

(मान्छे अनुसारको सिद्धान्त, जीवनप्रतिको दृष्टिकोण, विवाहप्रतिको दृष्टिकोण／គុណតម្លៃរបស់មនុស្សម្នាក់ៗ, ទស្សនៈចំពោះជីវិត, ទស្សនៈចំពោះការរៀបការ／ຄ່ານິຍົມຂອງແຕ່ລະຄົນ, ທັດສະນະຕ່ຽວກັບຊີວິດ, ທັດສະນະຕ່ຽວກັບການແຕ່ງດອງ)

何 *を含む表現

前に付く語

後ろに付く語 3

同じ漢字を持つ語 4

動詞+動詞 6

いろいろな意味を持つ言葉

言葉のいろいろな形

連語・短い句 8

体に関する言葉を使った慣用句 10

四字熟語

□ 〜気
き

▷ 陽気（な）、陰気（な）、強気（な）、弱気（な）、勝気（な）、内
気（な）、狂気
き　　　　きょうき

（उज्यालो मनको, अध्यारो मनको, कठोर मनको,कमजोर मनको, हिम्मत नहारे,चुसुचुसे,बौलाहा／ផ្លូវចិត្តភ្លឺ, ផ្លូវចិត្តងងឹត (ផ្លូវអន់ចិត្ត), ផ្លូវ
មានទំនុកចិត្ត, ផ្លូវចិត្តអោន, ផ្លូវមានឆន្ទៈ,ខ្មាស់អៀនៗ:ចាញ់, ផ្លូវអៀនៗខ្លាំង, ភាពឆ្កួត／ອ່ອນຊື່ນ, ໂສກເສົ້າ, ເຂັ້ມແຂງ, ອ່ອນແອ,
ຈິດໃຈ,ບ່ມ ໜ້າ,ອ່ອນໄຫວ, ຄວາມອາຍ, ຄວາມບ້າ)

▶ これは邪気を払うための儀式です。
じゃき　　はら　　　　　　　　ぎしき

（यो त दुराव्मा हटाउने अनुष्ठान हो।／เ8ะ:គីជាពិធីសម្រាប់បណ្ដេញវិញ្ញាណអាក្រក់។／ນີ້ແມ່ນພິທີເພື່ອຂັບໄລ່ວິນຍານຮ້າຍ.）

□ 〜ぐるみ
▷ 町ぐるみ、地域ぐるみ
まち　　　　ちいき

（सम्पूर्ण नगर, सम्पूर्ण इलाका／ទាំងនគរទាំងមូល, ត័ំបន់ទាំងមូល／ທັ່ງເມືອງ, ຊຸມຊົນທັ່ງໝົດ）

▶ 野村さんとは家族ぐるみのお付き合いをしている。
の むら　　　　　　か ぞく　　　　　　　　つ　あ

（नोमुराज्यूसँग पारिवारिककपमा हेलमेल छ।／ខ្ញុំបង្កភាពលោកណូមូរ៉ាជិតស្និតក្រុមគ្រួសារ។／ພວກຂ້ອຍໄປມາຫາສູ່ກັບຄອບຄົວທ່ານໂນມຸລະ.）

□ 〜圏
けん

▷ 首都圏、都市圏、イスラム文化圏、半径５キロ圏内
しゅとけん　としけん　　　　　ぶんかけん　はんけい　　　　けんない

（टोक्यो वा सो वरिपरिको भू-भाग, शहर-नगर वरिपरिको भू-भाग, मुसलमानी सांस्कृतिक क्षेत्र, केन्द्रबाट अर्धव्यास 5 किलोमिटर भित्रको
क्षेत्र／ត័ំបន់ទីក្រុង:t (រង់ាមរ), ត័ំបន់ទីក្រុង, ត័ំបន់សាសនាអ៊ីស្លាម, នៅក្នុងកាំ:កង់5គីឡូម៉ែត្រ។／ເຂດນະຄອນຫຼວງ, ເຂດເມືອງໃຫຍ່,
ເຂດວັດທະນະທຳອິສລາມ, ພາຍໃນລັດສະໝີ 5 ກິໂລແມັດ.）

□ 〜源
げん

▷ エネルギー源、水源、情報源、美の根源、古い音源を利用する
げん　すいげん　じょうほうげん　び　こんげん　ふる おんげん　りよう

（ऊर्जा स्रोत, जलस्रोत, सूचना स्रोत, सुन्दरताको स्रोत, पुराको ध्वनीको प्रयोग गर्ने／ប្រភពថាមពល, ប្រភពទឹក, ប្រភពព័ត៌មាន, ប្រភពដើមៃ
សម្រស់, ប្រើប្រាស់សម្លេងថាស／ແຫລ່ງພະລັງງານ, ແຫລ່ງນ້ຳ, ແຫລ່ງຂໍ້ມູນຂ່າວສານ, ຮາກເຫງົ້າຂອງຄວາມງາມ, ການນຳໃຊ້ແຫລ່ງສຽງເກົ່າ.）

□ 〜産
さん

▷ アメリカ産、名産、特産
さん　めいさん　とくさん

（अमेरिकामा बनेको, प्रसिद्ध उत्पादन, विशेष उत्पादन／ផលិតនៅសហរដ្ឋអាមេរិច, ផលិតផលដ៏ល្បីល្បាញ:ប្រចាំត័ំបន់, ផលិតផលពិសេស
ប្រចាំត័ំបន់／ຜະລິດໃນອາເມຣິກາ, ຜະລິດຕະພັນທີ່ມີຊື່ສຽງ, ສິນຄ້າພິເສດ(ເຂດ).）

□ 〜視
し

▷ 重要視（する）、軽視（する）、疑問視（する）、注視（する）
じゅうようし　　けいし　　　　ぎもんし　　　　ちゅうし

（महत्वपूर्ण दृष्टि (दिनु), अवहेलना (गर्नु), शङ्कास्पद भावना (राख्नु), ध्यानमग्न राख्नु／ការផ្ដល់សារ:សំខាន់, ការមើលស្រាល, ការផ្ដល់សារ(ប្រយោគ),
ឈ្មោង, ការសម្លឹងមើល／ການໃຫ້ຄວາມສຳຄັນ, ການເບິ່ງບໍ່ເຫັນຄ່າ, ສົງໃສ, ໃຫ້ຄວາມສົນໃຈ.）

□ 〜省
しょう

▷ 外務省、法務省
がいむしょう　ほうむしょう

（विदेश मन्त्रालय, न्याय मन्त्रालय／ក្រសួងកិច្ចការបរទេសជាតិ, ក្រសួងយុត្តិធម៌／ກະຊວງການຕ່າງປະເທດ, ກະຊວງຍຸຕິທຳ）

□ 〜層
そう

▷ 年齢層、若年層、富裕層、貧困層、読者層、党の支持層、地層、
ねんれいそう　じゃくねんそう　ふゆうそう　ひんこんそう　どくしゃそう　とう　しじそう　ちそう
階層
かいそう

（वर्ग उमेरका, युवा वर्ग, साम्पन्न वर्ग, गरिब वर्ग, पाठक वर्ग, दलको समर्थन वर्ग, चट्टानको तह, सामाजिक वर्ग／ក្រុមអាយុ, ក្រុមវ័យក្មេង,ក្រុម
អ្នកមាន, ក្រុមអ្នកក្រ, ក្រុមអ្នកអាន, ក្រុមគាំទ្រចារ, ស្រទាប់, ហានានុក្រម／ກຸ່ມອາຍຸ, ກຸ່ມໄວໜຸ່ມ, ກຸ່ມຄົນຮັ່ງມີ, ກຸ່ມຄົນທຸກຍາກ, ກຸ່ມ
ນັກອ່ານ, ຖານສະໜັບສະໜຸນພັກ,ການເມືອງ, ຊັ້ນດິນ, ຊັ້ນຊັ້ນ.）

□ ～違い
ちが

▷ 勘違い、色違いのシャツ
かんちが　　いろちが
(गलत बुझाइ, फरक रङको सर्ट／ការយល់ច្រឡំ, អាវពណ៌ខុសគ្នា／ການເຂົ້າໃຈຜິດ, ເສື້ອຜິດຈາກ.)

▶ 友達かと思ったら、人違いだった。
ともだち　　おも　　　　　　ひとちが
(साथी भनेर सोचेको त अर्कै रहेछ।／ខ្ញុំស្មានថាមិត្តភ្ក្តិ តែច្រឡំខ្ញុំឆ្គងមនុស្ស។／ຄິດວ່າໝູ່ພຸ້, ແຕ່ຜິດໝູ່ບົງຄົມ.)

□ ～点
てん

▷ 要点を述べる、視点を変える、注意点、疑問点、盲点を突く、
ようてん　　の　　　　してん　　か　　　　ちゅういてん　　ぎもんてん　　もうてん　　つ
接点を持つ、起点、終点、満点、沸点
せってん　　も　　　　きてん　しゅうてん　まんてん　　ぶってん
(आवश्यक बुँदा लेख्ने, दृष्टिकोण बदल्ने, ध्यानदिने बुँदा, सबैसँगको बुँदा, नदेख्नेको बुँदामा औंला ठडाउनु, सम्पर्क बिन्दु,शुरु हुने बिन्दु, अन्तिम बिन्दु, उत्कृष्ट बिन्दु,／បញ្ជាក់ចំណុចសំខាន់, ផ្លាស់ប្ដូរទស្សនៈ:វិស័យ, ចំនុចគួរយកចិត្ត, ចមងល់(សំណួរ), ចំនុចឃ្លាតឃ្លាចំនុចដែលអ្នកដន៍ងឃើល មិនឃើញ, មានទំនាក់ទំនង, ចំនុចចាប់ផ្ដើម, ចំនុចបញ្ចប់, ពិន្ទុពេញ, សីតុណ្ហភាពដែលធ្វើអោយទឹកពុះ:／ បอกไขเข็ปนບันได, ปุ่น ฐ์กตบมวม, จุดเริ่มตยมดองว้ำ, ຂໍ້ສົງໄສ, ຈຸດໂชปบ่บฝอบไปต,ຮับ, ມີจุดรเชื่อมต์, จุดเริ่มต้น, จุดสุดๆ, จุดเต็ม, จุดเดือด)

▷ この成功が、会社にとって大きな分岐点となった。
せいこう　　　　かいしゃ　　　　　おお　　　ぶんきてん
(यो सफलता नै कम्पनीको लागि ठूलो मोड बन्यो।／ភាពជោគជ័យនេះ:បានក្លាយជាចំណុចគន្លឹះ:ដ៍សំខាន់របស់ក្រុមហ៊ុន។／ความสໍเลืวขอิโกภีคิวนัอี นี้ จุดปุ่วຄ์ตຂອຽ໌บ่ມີສ็ด.)

□ ～並み
なみ

▷ 例年並みの気温、プロ並みの技、町並み
れいねん　な　　　きおん　　　　なみ　　わざ　まちな
(हरेक वर्षको तापक्रम, पेसेवर सरहको सिप,शहरको दृश्य／សីតុណ្ហភាពដែលដូចឆ្នាំមុនៗ, ជំនាញដែលស្មើនឹងអ្នកអាជីព, ទេសភាព ទីក្រុង／ອຸນຫະພູມໃກ້ຄຽງກับปीต่ถ่าถมมา, ฝักสแสີຟปม์อาຊีพ, ฮิอวิถ่ของเมือง.)

▶ 人並みの生活ができればいい。
ひとな　　　せいかつ
(मान्छे सरहको जिवन जिउन पाए पुग्छ।／ត្រាន់តែមានជីវិតដ៍ធម្មតាគ្រប់គ្រាន់ខ្ញុំទៅបានហើយ។／ຄิ5ມิຖ้าเຮ็ดຊิลาๆๆๆไฮ้ຊ์ดิลถวามปิกาถี5.)

□ ～年来
ねんらい
(～ साल पछिल्लो／ក់ពីឆ្នាំ~ឆ្នាំមុនមក／ทุ้ยปีท่อน)

▷ 10年来、ここで商売をしています。
ねんらい　　　　　　しょうばい
(10 वर्ष अगाडि देखि यही व्यापार गर्दै आइरहेको छु।／ខ្ញុំកំពុងแต่มีวะ:กำลัำกิ១0ឆ្នាំមុនមកៗ／ຂ້อยเຮ็ดฮุ๊กคิวผู้นี้ได่10ปีแล้ว.)

□ ～派
は

▷ 保守派、革新派、賛成派
ほしゅは　　　かくしんは　　　さんせいは
(रूढिवादी, कातरकारी, सहमतकारी／ក្រុមអភិរក្ស, ក្រុមកំណែទម្រង់, ក្រុមគាំទ្រ／ฝ่ายอะมรักฝ้ยม, ฝ่ายปะติวัต, ຝ่ายเຫ็ນບ้ยมขวบขบ.)

□ ～味
み

▷ 現実味のある話、人間味のない人、面白味のないドラマ
げんじつみ　　　　はなし　にんげんみ　　　ひと　おもしろみ
(बास्तविकताको आभास हुने, रोमाञ्चक नभएको केहि नगर्ने व्यक्ति, मनोरञ्जनविहीन नाटक／ រឿងដែលមានភាពជាក់ស្ដែង, មនុស្សដែលឥតភាពរសជាតិអារម្មណ៍មិនសប្បាយរម្យាយ, គ្មានរសជាតិ, ភាពយន្តដែលមិនចាប់អារម្មណ៍／เรื่อวจร็ว, ถีนบ่บมีมนุดຂະໄກ, ละถอนบ่ทัวมใจ.)

▶ 大自然に直接触れられるのが、キャンプの醍醐味です。
だいしぜん　ちょくせつふ　　　　　　　　　　　　だいごみ
(भुद्ध प्रकृतिसँग प्रत्यक्ष छुनमिलेन हुनसकिने, यो त क्याम्पमा सबै रोचक पक्ष हो।／ថ្លៃ:ពដ៍ឮលំល្អញ៍ខ្នឹស្ង:ដ៍គឺការបៈ:ជ័យពិតការលេខ៏សំខាន់ជ័មួយ:ចម្បងហៗ/ความสึมมสัນໍ์ดเล่ำຊ่ທี่ของงานตั้งแคมป์มแมมสัນພັนກับຮລมມຊ <ติ.)

④ 同じ漢字を持つ語
おな　かんじ　も　ご

(एउटै खान्जी भएका शब्द／ㄲ甲
ដែលមានអក្សរការន់ជំដូចគ្នា／
ถ้าที่มีจีใดดชูอภับปะกอบ)

□ **有毒(な)**
ゆうどく
(विषालु／ដែលមានជាតិពុល／
มีพิต, เป็นพิต)

▷ 有毒ガス
ゆうどく
(विषालु ग्यास／ឧស្ម័នឬឧ្យាសមានជាតិពុល／อายแท้สที่มีพิต.)

□ **有望(な)**
ゆうぼう
(होनहार／ដែលមានឱនឌាគលជាឧឌ័យ／
มีอนาคต, มีความหวัง)

▷ 将来有望な新人
しょうらいゆうぼう　しんじん
(भविष्यमा होनहार नयाँ कर्मचारी／អ្នកចូលថ្មីដែលមានឧនឧឆាតសក្តល／คนทำตินใหม่ที่มีอนาคต.)

□ **有益(な)**
ゆうえき
(उपयोगी／ដែលមានប្រយោជន៍／
มีประโยชน์, เป็นประโยชน์)

▷ 有益な情報
ゆうえき　じょうほう
(उपयोगी जानकारी／ពតិមានដែលមានប្រយោជន៍／ข้อมูลที่เป็นประโยชน์.)

□ **有力(な)**
ゆうりょく
(शक्तिशाली／ដែលមានអំណាច, ដែល
មានឧឆអក្តល／มีอิทธิพล, มีอำนาจ,
ขึ้ายเชื่อได้)

▷ 地元の有力者、有力な説
じもと　ゆうりょくしゃ　ゆうりょく　せつ
(स्थानिय इलाकाको शक्तिशाली व्यक्ति, शक्तिशाली तर्क／អ្នកមានអំណាចនៅក្នុងស្រុក, ទ្រឹស្តីដែលមានឧឆអក្តល／ผู้มีอิทธิพลในท้องที่น, ทิดษฎีที่น่าเชื่อถือ.)

▷ 有力な証拠を得て、警察は強気だった。
ゆうりょく　しょうこ　え　　けいさつ　つよき
(शक्तिशाली प्रमाण हातपारेको पछि प्रहरी पनि तर्कहरू बलशाली थियो।／ប៉ូលិសមានទំនុកចិត្តពេលទទួលបានភស្តុតាងមានឧឆអក្តល។／
ตำรวจจากได้รับข้อพิสูจน์ทนที่มีน่าเชื่อถือ, ทำให้ตำรวจทำใจยอมแพ้.)

□ **無茶(な)**
むちゃ
(नमिल्दो पनि तर्क／ដែលមិនសម
ហេតុផល, ធ្វើហួសហេតុ／ป้าเกิน
สินนิษ, ป่วยคอบ, ปะขาด)

▷ 無茶な行動
むちゃ　こうどう
(गर्न नमिल्ने व्यवहार／អកប្បកិរិយាដែលមិនសមហេតុផល／มีอกิท่าที่ป่วยขาด.)

▷ 1日100個の漢字を覚えるの？そんなの無茶だよ。
にち　　こ　かんじ　おぼ　　　　　　　　　　むちゃ
(1 दिनमा 100 वटा खान्जी याद गर्ने?, त्यो त नमिल्ने हुन्छ त／តើឯងចង់ចាំអក្សរការន់ជំ900អក្សរក្នុងមួយថ្ងៃឬ? នោះមិនសម
ហេតុផលសោះ។／เจ้าจัดจำจี 100 ใจใหม่ภ้ายมี๊? นั่นป่วยเกินสินน.)

▷ あんまり無茶しないで、たまには休んでね。
むちゃ　　　　　　　　　　　　　　　やす
(धेरै नमिल्ने पनि नगर है, बेलाबेलामा आराम गर न।／កុំធ្វើឱ្យហួសហេតុពេក ពេលខ្លះសូមសម្រាកខ្លះៗទៅ។／
ย่าปะขาดจันเกินไป, บัางๆก็พักถอนบ้าง.)

□ **無難(な)**
ぶなん
(आराम नहुने／ដែលមានសុវត្ថិភាព／
ปัลอดิเย, ปลอดไพ)

▷ 無難な選択
ぶなん　せんたく
(आराम नहुने विकल्प／ជំរើសដែលមានសុវត្ថិភាព／ทาๆเลือกที่ปลอดไพ)

▷ 記者の挑発には乗らず、大臣は無難な答え方に終始した。
きしゃ　ちょうはつ　　の　　　だいじん　ぶなん　こた　かた　しゅうし
(पत्रकारको संवेदनशील ब्यवहारमा नलागी नागरिकमा मन्त्रीले सुरदेखी अन्तसम्मा आराम नहुनेवालाका उत्तर दिएको।／រៀងស្ទើរមិនបាន
តបនឹងការបង្កជំរៀងរបស់អ្នកកាសែត ឈ្មោះតអ្វើឆ្លើយដែលមានសុវត្ថិភាព／រัฐมนตรีมิเปิดตอบด้วยท่าทางได้ย่างๆ
ปลอดไพ, โดยเริ่มไปจากทางต้นมูลถึงปลาย.)

□ **無邪気(な)**
むじゃき
(असोझतो／ដោយមិនដឹងអី,
ឆី, ប៉ៃធីត, ใสๆไร้ดฺยๆเฆา)

▷ 親の心配をよそに、子供たちは無邪気に笑っていた。
おや　しんぱい　　　　　こども　　むじゃき　わら
(बाबुआमा एकातिर चिंतित थिए भने अर्कोतिर केटाकेटीहरू अबोध अनुहारले हाँसिरहेका थिए।／ពុកម្តាយសម្ចៃ甲រ.)

□ **無人**（む じん）
（मानव रहित／ដែលគ្មានមនុស្ស／ບໍ່ມີຄົນ, ບໍ່ມີຄົນອາໄສຢູ່, ຮ້າງ)）

▷ 無人島、無人駅（む じんとう　む じんえき）
（मानव रहित द्वीप, मानव रहित रेल स्टेशन／កោះដែលគ្មានមនុស្ស, ស្ថានីយ៍ចេះភ្លើងដែលគ្មានមនុស្ស／ເກາະຮ້າງ, ສະຖານີບໍ່ມີຄົນຢູ່)

□ **無論**（む ろん）
（अवश्य／ពិតប្រាកដៗ, ជាការពិត／ແນ່ນອນ, ບໍ່ຕ້ອງເວົ້າເຖິງກໍ່ຮູ້)

▷ これで目的が果たされたのだろうか。無論、そんなこと
はない。むしろ、これからが大事だ。
（もくてき　は　　　　　　　　　　む ろん　　　　　　　　　　　だい じ）
（यतिभएर लक्ष्य पूरा भयो होला त ? अवश्य छैन । बरु अब आउने दिनहरू महत्त्वपूर्ण हुनेछन् ।／តើគោលបំណងត្រូវបានសម្រេចដោយ
ប្រសិទ្ធ? ពិតជាការណាស់ កង់បានផ្ទុយទេៀត។ ផ្ទុយទៅវិញ ចាប់ពីពេលនេះទៅគឺសំខាន់។／ສິ່ງນີ້ໄດ້ຜະລະຂອງເປົ້າໝາຍ
ຂອງມັນແລ້ວບໍ? ແນ່ນອນວ່າບໍ່ໄປໄປທາງນັ້ນ. ແຕ່ອັນນີ້ທີ່ສຳຄັນແມ່ນຕໍ່ຈາກນີ້ໄປ.)

□ **未知**（み ち）
（अपरिचित／មិនស្គាល់, គ្មានឧបករណ៍
ស្គាល់／ບໍ່ຮູ້ຈັກ, ແປກໜ້າ, ບໍ່ເຄີຍຮູ້ຈັກ
ມາກ່ອນ)

▷ 未知の世界（み ち せ かい）
（अपरिचित संसार／ពិភពដែលគ្មានឧបករណ៍ស្គាល់／ໂລກທີ່ບໍ່ຮູ້ຈັກ)

▷ 彼の才能はまだまだ未知数です。
（かれ さいのう　　　　　　　　　　み ちすう）
（उसको प्रतिभा त अझै अपरिचित नै छ ।／វិញកោសល្យរបស់គាត់នៅនងនៅនងបានគេដឹងនៅៀៀ។／ບໍ່ຮູ້ຈັກພອນສະຫວັດ
ຂອງລາວ.)

□ **未練**（み れん）
（मायालु चासो／ស្ដាយក្រោយ, មាន
ប្រៀងដិស្ន៍／ອາໄລອາວອນ, ຫ່ວງອາວອນ,
ຄວາມເສຍດາຍ)

▷ 彼女と別れたって言ってたけど、まだ未練があるみたい。
（かのじょ　わか　　　　　　い　　　　　　　　　　み れん）
（प्रेमिकासँग छुट्टिएँ भन्नथो तर मायालु चासो छ जस्तो छ ।／តាំងពានិនិយាយថាបែកគ្នាជាមួយនាង ប៉ុន្តែគាត់ហាក់ដូចជានៅ
ស្ដាយក្រោយនៅៀៀ។／ລາວເວົ້າວ່າເຂົາ່ກັບແຟນແລ້ວ, ແຕ່ເບິ່ງຄືຍັງມີຄວາມຫ່ວງອາວອນ.)

□ **補給**（する）（ほ きゅう）
（आपूर्ति／ការផ្គត់ផ្គង់, ការ្ស្គល់
ថែមបន្ថែម, ថែម, ເຕີມ)

▷ 水分を補給する（すいぶん　ほ きゅう）
（पेय पदार्थको आपूर्ति गर्नु／ការផ្គត់ផ្គង់ជាទឹក／ເຕີມນ້ຳ)

□ **補欠**（ほ けつ）
（रुक्त／បំរុងខ្លុត／ການສຳຮອງ່ຄົນ,
ແທນຕຳແໜ່ງທີ່ຫວ່າງ)

▷ 補欠選手（ほ けつせんしゅ）
（रुक्त खेलाडी／កីទ្បករបម្រុង／ຜູ້ຫຼິ້ນສຳຮອງ)

□ **補充**（する）（ほ じゅう）
（भराइ／ការបំពេញបន្ថែម／ការບໍ່ເຕີມ
ເຕີມ, ການເຕີມໃຫ້ຄົບ)

▷ 内容を補充する、欠員補充（ないよう　ほ じゅう　　けついん ほ じゅう）
（विषय भराइ गर्ने, अभाव सदस्यता भराइ／បំពេញបន្ថែមខ្លឹមសារ, បំពេញបន្ថែមអ្នកអវត្តមាន／ເຕີມເນື້ອໃນ, ເຕີມຄົນໃຫ້ຄົບຕາມ
ທີ່ວ່າງ)

□ **補助**（する）（ほ じょ）
（सहायता (गर्नु)／ជំនួយ／ช่วยเหลือ,
ອຸດໜູນ, ສະໜັບສະໜູນ)

▷ 国からの補助金、補助スタッフ（くに　　　　　ほ じょきん　ほ じょ）
（सरकारबाटको सहायता रकम, सहायता स्टाफ／លុយឧបត្ថម្ភពីរដ្ឋ, បុគ្គលិកជំនួយ／ເງິນອຸດໜູນຈາກລັດຖະບານ,
ພະນັກງານຊ່ວຍເຫຼືອ)

▷ 会社を始める時は、親が資金の一部を補助してくれました。
（かいしゃ はじ　　　とき　　おや　し きん　いち ぶ　ほ じょ）
（कम्पनी सुरूगर्नेबेला बुबाआमाले पूँजीको केहीभाग सहायता गरिदिनुभयो ।／ពេលចាប់ផ្ដើមបើកក្រុមហ៊ុន ឪពុកម្ដាយខ្ញុំបានជួយជា
លុយខ្លះខ្លួខ្ចួមួយផ្នែក។／ຕອນຂ້ອຍເບີ່ງທຸລະກິດ, ພໍ່ແມ່ໄດ້ຊ່ວຍສະໜັບສະໜູນເງິນທືນບາງສ່ວນ.)

□ **補足**（する）（ほ そく）
（अतिरिक्त थप (गर्नु)／ការបន្ថែម／
ຕື່ມ, ขໍ้ມູນ, ເສີມ, ເສີມເຕີມ)

▷ 補足説明、内容を補足する（ほ そくせつめい　ないよう　ほ そく）
（अतिरिक्त वर्णन, विषयमा थप गर्नु／ការពន្យល់បន្ថែម, បន្ថែមខ្លឹមសារ／ຄຳອະທິບາຍເພີ່ມເຕີມ, ເສີມເນື້ອໃນ)

1 何を含む表現

2 前に付く語

3 後ろに付く語

4 同じ漢字を持つ語

5 動詞＋動詞

6 いろいろな意味を持つ言葉

7 类義のいろいろな形

8 連語・短い句

9 体に関する名葉を使った慣用句

10 四字熟語

□ **一員**
いちいん
（एक सदस्य／សមាជិកម្នាក់／ສະມາຊິກໜຶ່ງ）

▷ 組織／社会の一員
そしき　しゃかい　いちいん
（संगठन／कम्पनीको एक सदस्य／សមាជិកក្នុងអង្គការ/សង្គម／ສະມາຊິກຂອງອົງກອນ/ສັງຄົມ/ສ້ຽງຄົມ）

□ **一因**
いちいん
（एउटा कारण／មូលហេតុមួយ, កត្តា／ສາເຫດໜຶ່ງ）

▶ 近所付き合いが減ったことも、孤独死が増えた一因となっている。
きんじょづ　あ　　　へ　　　　　こどくし　ふ　　　いちいん
（छरछिमेकको हेलमेल कमहुनु पनि एकलीमरणको एउटा कारण बनेको छ।／ការថយចុះនៃទំនាក់ទំនងជាមួយអ្នកជិតខាងក៏ជាមូលហេតុមួយដែលធ្វើឲ្យការស្លាប់ឯកោកើនឡើងថែមទៀត។／ການຫຼຸດລົງຂອງການພົວພັນກັບຄົນສ້ຽງຄົມຍັງເປັນສາເຫດໜຶ່ງທີ່ເຮັດໃຫ້ຄົນຕາຍຢ່າງໂດດດ່ຽວ.）

□ **一環**
いっかん
（एक भाग／ផ្នែកមួយ／ສ່ວນໜຶ່ງ）

▷ コンサートは開会式の一環として行われた。
かいかいしき　いっかん　　　おこな
（कन्सर्टलाई उद्घाटन समारोहको एक भागकोरुपमा आयोजना गरियो।／ការប្រគំតន្ត្រីត្រូវបានធ្វើឡើងជាផ្នែកមួយនៃការប្រារព្ធពិធីបើកពិធី។／ຄອນເສີດຖືກຈັດຂຶ້ນເພື່ອເປັນສ່ວນໜຶ່ງຂອງພິທີເປີດ.）

□ **一連**
いちれん
（शृंखला／សៀវ៉ី, ជាបន្តបន្ទាប់／1ນັດ, ຊຸດ, ກ່ຽວຂ້ອງ）

▷ 一連の事件
いちれん　じけん
（शृंखलाबद्ध घटना／ឧបទ្ទវហេតុជាបន្តបន្ទាប់／ຊຸດຂອງຄະດີ, ເຫດການຕໍ່ເນື່ອງ.）

▶ 一連の協議の末、両社は合併することとなった。
いちれん　きょうぎ　すえ　りょうしゃ　がっぺい
（शृंखलाबद्ध वृत्तान्तीको फलस्वरूप दुबै कम्पनी संयुक्त हुने कुरामा सहमत भए।／បន្ទាប់ពីការពិភាក្សាជាបន្តបន្ទាប់ ក្រុមហ៊ុនទាំងពីរបានសម្រេចបញ្ចូលគ្នាជាមួយគ្នា។／ຫຼັງຈາກປະຊຸມກ່ຽວພິກັນຫຼາຍຄັ້ງ, ທັງສອງບໍລິສັດກໍ່ຕັດສິນໃຈຄວບລວມກິດຈະການກັນ.）

□ **一筋**
ひとすじ
（केवल／មួយសរសៃ, ការបន្តធ្វើអ្វីមួយមួយ／ຊື່ຍກ່ຽວ）

▷ 野球一筋の人生
やきゅうひとすじ　じんせい
（केवल बेसबलमा मात्र अर्पेको जीन्दगी／ជីវិតដែលលះបង់ឆ្ពោះកីឡាបេសបល／ຊີວິດທີ່ອຸທິດໃຫ້ກັບກິລາເບສບອນ.）

▶ 暗い世の中に一筋の光が差したようだった。
くら　よ　　なか　ひとすじ　ひかり　さ
（निराशापूर्ण यो संसारमा आशाको केवल एउटा किरण आएको जस्तो लाग्यो।／ វាដូចជាពន្លឺមួយចែងចាំងក្នុងពិភពលោកដ៏ងងឹត។／ຄືກັບວ່າມີແສງໜຶ່ງສ່ອງເຂົ້າໃນໂລກທີ່ມືດມົວ.）

□ **一目置く**
いちもくお
（ध्यान ताक्ने／គោរពចំពោះ、ទទួលស្គាល់ សមត្ថភាពរបស់នរណាម្នាក់／ຍອມຮັບນັບຖື, ນັບຖືກ່ຽວ）

▶ パソコンに強い彼は、クラスの中で一目置かれる存在だった。
つよ　かれ　　　　　なか　いちもくお　　　そんざい
（कम्प्युटरमा पोख्त उ कक्षामा पनि ध्यान ताक्ने व्यक्ति थियो।／គាត់ពូកែខាងកុំព្យូទ័រ ដូច្នេះគាត់គឺមនុស្សដែលគេគោរពនៅក្នុងថ្នាក់។／ລາວເກັ່ງຄອມພິວເຕີ ແລະລາວຖືວ່າເປັນຜູ້ທີ່ໄດ້ຮັບການຍອມຮັບໃນຫ້ອງຮຽນ.）

□ **一式**
いっしき
（आवश्यक सबै औजार／គ្រប់គ្រាន់／ຄົບຊຸດ, ຊຸດ）

▷ 道具一式
どうぐいっしき
（आवश्यक सबै औजार／ឧបករណ៍មួយកំប្លេ／ຊຸດເຄື່ອງມື）

▶ 入学手続に必要な書類一式をそこで受け取った。
にゅうがく てつづき　ひつよう　しょるいいっしき　　う　と
（विद्यालय भर्नाको लागि नामिनी आवश्यक कागजपत्र सबै त्यहाँबाट लिएँ।／ខ្ញុំបានយកឯកសារទាំងអស់ដែលចាំបាច់សម្រាប់ការ ចុះឈ្មោះចូលរៀននៅទីនោះ។／ຂ້ອຍໄດ້ຮັບຊຸດເອກະສານທີ່ຈຳເປັນສຳລັບຂັ້ນຕອນການເຂົ້າຮຽນຢູ່ທີ່ນັ້ນ.）

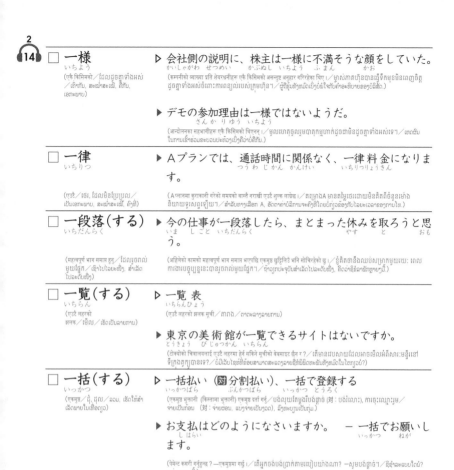

□ **一様**
いちよう
(एक किसिमको／ໄປໃນຮູບແຊກດຽວກັນໝົດ
／ເຖິກັນ, ລະເນຍ໌ສະເໝີ, ຄືກັນ,
ເອກະພາບ)

▷ 会社側の説明に、株主は一様に不満そうな顔をしていた。
かいしゃがわ　せつめい　　かぶぬし　いちよう　　ふまん　　かお
(कम्पनीको व्याख्या प्रति सेयरधनीहरू एक किसिमको असन्तुष्ट अनुहार गरिरहेका थिए।／ຜູ້ຖືຫຸ້ນມີໃບໜ້າທີ່ບໍ່ພໍໃຈຕໍ່ຄຳອະທິບາຍຂອງບໍລິສັດ.)

▷ デモの参加理由は一様ではないようだ。
さんかりゆう　いちよう
(आन्दोलनका सहभागीहरू एक किसिमको विचारका／ຜູນເຫດຜູນເຂົາຮ່ວມຊຸມນຸມກໍ່ບໍ່ຫວານມິສະຫນ່ວຍເທົ.／ເຫດຜົນ
ໃນການເຂົ້າຮ່ວມຂະບວນປະທ້ວງເບິ່ງຄືວ່າບໍ່ຄືກັນ.)

□ **一律**
いちりつ
(एउटै／चैन, ໄປໃນແນວ່ບໍ່ມີຂໍ້ປ່ຽນແປງ／
ເປັນເອກະພາບ, ສະເໝີ໌ສະເໝີ, ຄືກັນ)

▷ Aプランでは、通話時間に関係なく、一律料金になります。
つうわじかん　かんけい　　　いちりつりょうきん
(Aप्लानमा कुराकानी गर्नेको समयको बास्ती नराखी एउटै शुल्क लाग्नेछ।／ຄ່າ໌ແພ໌ຄ/A ໂຕນ໌ຈະໄປໃນແນວ່ບໍ່ມີຄິດເກີ່ນຂຶ້ນເຫງົ່ກັ
ອີຍາບຊ່ງເວລາໂຫງ໌ເຫງ໌ຍາ／ສຳລັບແຜນການເລືອກ A, ຫັງຄ່າທຫ່ໂທຈະຖືກຄິດໃນລາຄາຢ່າງລະຢ່າງ໌ອຍ່າງໂລຍບໍ່ໃສ່ເວລາຫກ່ອງການໂທ.)

□ **一段落（する）**
いちだんらく
(महत्वपूर्ण भाग समाप्त हुनु／ໄປໃນຮອບໜໍ
ມູນ໌ໄປ໌ຕ້ອ／(ເຊົາໄປ໌ໂລຍບໍ່ກຊິ້ງ, ສຳເລັດ
ໂປຊະດັບຫຶງ)

▷ 今の仕事が一段落したら、まとまった休みを取ろうと思う。
いま　しごと　いちだんらく　　　　　　　　　やす　と　　　おも
(अहिलेको कामको महत्वपूर्ण भाग समाप्त भएपछि एकमुष्ट छुट्टिलिने भनि सोचिरहेको छु।／ຜູ້ຄິດຈະ໌ຊ້ໍໄດ້ພັກຜ່ອນບ໌ພໍກຜອກ໌ຊ: ເຫງ໌
ການ໌ເຂົາ໌ບ໌ຮຸງບໍ່ຊ: ຫວ໌ຊ່ອງຮອບໜໍມູນ໌ໄປ໌ຕ້ອ／ຖ້າ໌ອຍ່າງປະຈຸ໌ບັນ໌ສໍາ໌ເລັດໂປຂະດັບໜຶ່ງ, ກໍ່ວ່າ໌ອຊິໄຂເອົາ໌ພັກ໌ຮາຍ໌ຍາ໌ວໆ.)

□ **一覧（する）**
いちらん
(एउटै नहेर्नको／เบ๊ล／ເຮັດເປັນ໌ລາຍ໌ການ)

▷ 一覧　表
いちらんひょう
(एउटै नजरको सुची／ตากง／ຕາຕະ໌ລາ໌ງ໌ລາຍ໌ການ)

▷ 東京の美術館が一覧できるサイトはないですか。
とうきょう　びじゅつかん　いちらん
(टोक्योको चित्रसंग्रहालय एउटै नजरमा हेर्न सकिने सूचीको वेबसाइट छैन र?／ເຮັ໌ມສ໌ແບ໌ວສາ໌ໄຊ໌ໂນ໌ໄ໌ຊ໌ພາ໌ຫອ໌ຍ໌ພິ໌ພິ໌ທະ໌ພັ໌ນ໌ເຫງ໌
ທີ໌ກຮ໌ຸງ໌ຕຸງ໌ໄ໌ຊ໌ໄ໌ດ໌?／ບໍ່໌ມີ໌ເວັ໌ບ໌ໄຊ໌ທີ່໌ເບິ່ງ໌ພາບ໌ລວມ໌ແຫ໌ງ໌ລາຍ໌ຊື່໌ພິ໌ພິ໌ທະ໌ພັນ໌ຫໍ໌ສະ໌ແດງ໌ສິ໌ລະ໌ປະ໌ຫຸ໌ມ໌ໂຕ໌ກຽ໌ວ໌ໃນ໌ໂຕ໌ກຽ໌ວ໌ບໍ່໌?)

□ **一括（する）**
いっかつ
(एकमुष्ट／ष्टैँ, थुम्रो／ລວມ, ເຮັ໌ດ໌ໃຫ໌ສໍ໌
ເຮັ໌ດໃຫຍ໌ໃນ໌ເຫື໌ອ໌ງ໌ບ໌)

▷ 一括払い（対 分割払い）、一括で登録する
いっかつばら　　　　ぶんかつばら　　いっかつ　とうろく
(एकमुष्ट भुक्तानी (किस्तामा भुक्तानी) एकमुष्ट दर्ता गर्नु／ບ໌ດໍ໌ພຍ໌ໃຫ໌ໝ໌ດ໌ໃນ໌ເທຶ໌ອ໌ດຽ໌ວ (対: ບໍ໌ໄ໌ເບົາ໌:), ການ໌ລະ໌ເບຽ໌ນ໌ມ໌
ຈາຍ໌ເປັ໌ນ໌ຫອ໌ (対 : ຈາຍ໌ຊອ໌ນ, ແບ໌ງ໌ຈາ໌ຍ໌ເປັ໌ນ໌ຫອ໌), ລົ໌ງ໌ທະ໌ບຽ໌ນ໌ເປັ໌ນ໌ຫອ໌ມ.)

▷ お支払はどのようになさいますか。　－一括でお願いします。
し はら　　　　　　　　　　　　　　　　　　　　　いっかつ　ねが
(भुक्तानी कसरी गर्नुहुन्छ ?／एकमुष्ट गर्छु।／ເຮິ໌ມ໌ທ໌ຈ໌ະ໌ບໍ໌ຈ໌າ໌ກ໌ສາ໌ຍ໌ແ໌ບ໌ບ໌ຍ໌າ໌ງ໌ໃ໌ດ໌ຍ໌າ໌? － ຊຸ໌ຍ໌ນ໌ບໍ໌ຈ໌າ໌ຍ໌ວ໌າ໌、ຂໍ໌ຊ໌ຳ໌ລ໌ະ໌ແ໌ບ໌ບ໌ໃ໌ດ໌?
--ຈາຍ໌ລ໌ວ໌ມ໌ຊໍ໌.)

□ **一貫（する）**
いっかん
(लगातार／ධ්රुवता, धुवत／ຢ໌ະ໌ຫ໌ມັ໌ນ໌ກ໌ຽ໌ວ໌ຄ໌ຳ.／ຄ໌ວ໌າ໌ມ໌ສ໌ອ໌ດ໌ຄ໌ລ໌ອ໌ງ໌, ສ໌ະ໌ເໝີ໌ສ໌ະ໌ເໝີ໌)

▷ 彼は一貫して反対の立場だった。
かれ　いっかん　　　はんたい　たちば
(उ लगातार रूपमा विरोधको पक्षमा थियो।／ລ໌າ໌ວ໌ມ໌ັກ໌ຈ໌ະ໌ມີ໌ຈ໌ຸ໌ດ໌ຢ໌ືນ໌ທ໌ີ່໌ກ໌ົງ໌ກ໌ັນ໌ຂ໌້າ໌ມ໌
ກ໌ັນ໌.)

何を含む表現 1

前に付く語 2

後ろに付く語 3

同じ漢字を持つ語 4

動詞＋動詞 5

いろいろな意味を持つ言葉 6

言葉のいろいろな形 7

連語・短い句 8

体に関する言葉を使った慣用句 9

四字熟語 10

□ **一挙に**
いっきょ
(एकैचोट सबै／ក្នុងពេលមួយរំពេច／ໃນຫາດດຽວ, ໃນເຫື່ອດຽວ)

▷ 一挙に解決する
いっきょ かいけつ
(एकैचोट समाधान गर्नु／ដោះស្រាយមួយរំពេច／ແກ້ໄຂທັງໝົດໃນເທື່ອດຽວ.)

▶ 新作映画を一挙に紹介します。
しんさくえいが いっきょ しょうかい
(नयाँ सिनेमाको एकैचोट परिचय दिलाउँछु।／ខ្ញុំនឹងបង្ហាញពីភាពយន្តថ្មីៗដែលថានាំ្យៗនេះ។／ແນະນຳຮູບເງົາເລື່ອງໃໝ່ທັງໝົດໃນເວລາດຽວກັນ.)

□ **一斉**
いっせい
(एकैचोट गर्नु／ក្នុងពេលដំណាលគ្នា／ພ້ອມໆກັນ, ພ້ອມກັນ)

▷ 一斉捜査
いっせいそうさ
(एकैचोटको जाँच／ការស្រើបអង្កេតក្នុងពេលដំណាលគ្នា／ການສືບສວນພ້ອມກັນ)

▶ 「ほしい人？」と聞くと、子供たちは一斉に手を上げた。
ひと き こども いっせい て あ
(चाहिने कोही छ? भनी सोध्दा केटाकेटीहरूले एकैचोटि हात उठाए।／ពេលសួរថា 「មានអ្នកចង់បានទេ？」 ក្មេងៗបានលើកដៃក្នុងពេលដំណាលគ្នា／ເມື່ອຖາມວ່າ 「ຜູ້ໃດຢາກໄດ？」 ເດັກນ້ອຍກໍຍົກມືຂຶ້ນພ້ອມກັນ.)

□ **一手に**
いって
(एक्लैले सबै／ໃតម្នាក់ឯង／ທຸກຢ່າງໃນເທື່ອດຽວ)

▷ 仕事を一手に引き受ける
しごと いって ひ う
(काम सबै एक्लैले जिम्मा लिने／ទទួលយកគ្រប់ភារៈកិច្ចដោយខ្លួនឯង／ຮັບເອົາທຸກຢ່າງໆໃນເທື່ອດຽວ.)

▶ 外科手術用の注文加工を一手に引き受けているのが、この会社です。
げかしゅじゅつよう ちゅうもんかこう いって ひ う かいしゃ
(सर्जरीको लागि आवश्यक सामग्रीको अर्डर तथा प्रोसेसिङको काम सबै एक्लैले जिम्मा लिने कम्पनी यही हो।／ក្រុមហ៊ុនដែលទទួលការកម្មង់ទិញហ្វៃអេកវើនិបខ្លួនឯងៗ៖ការតែងកម្មង់ក្រុមហ៊ុននេះ។／ບໍລິສັດນີ້ຄືຜູ້ທີ່ຮັບການຕາມບາບຂອງຊ່ອງຊິ້ນສ່ວນທາງການຜ່າຕັດ.)

□ **一概に～ない**
いちがい
(एउटै हो भनेर नसकिने／មិនមែន ទាំងអស់នោះៗ／ໂດຍທົ່ວໄປ~ບໍ່)

▶ 相手との相性もあるので、この方法がいいかどうか、一概には言えない。
あいて あいしょう ほうほう いち
がい い
(अर्को पक्षसँगको मेल बेमेलको पनि कुरा हुने हुनाले, यो उपाय नै हुन्छ भनि दावी भन्न सकिन्न।／ខ្ញុំមិនអាចនិយាយបានថាៗដៃនេះ្ណ៍ យ៉ាងណាយ៉ាងបានឡើយ ដោយមានសភាពស្រុយ្យៗផ្លូវ៖គ្នាផ្គុរមាយម៉េនៗ៖ដៃ សុខៗនៃ៖្បៅៗ។／ໂດຍທົ່ວໄປຂອງໃນ໊ວເລືອກ່ວ່າຈະດີຫຼືບໍ່ດີ, ເພາະ ນັ້ນໃຫ້ຊຸ່ກ່ວ່າກັບທຽ່ນຂ້າງໆ່ຂ້ອງ໌ກັບແຕ່.)

□ **権力**
けんりょく
(अधिकार／អំណាច／ອຳນາດ, ອິດຕິພົນ)

▷ 権力者、権力を握る
けんりょくしゃ けんりょく にぎ
(अधिकारवाला, अधिकार हातमा लिनु／អ្នកមានអំណាច, កាន់អំណាច／ຜູ້ມີອຳນາດ, ກຳອຳນາດ)

□ **威力**
いりょく
(प्रभाव／កម្លាំង, អំណាច／ອຳນາດ, ອິດທິພົນ, ປະສິດຕິພາບ)

▶ この洗剤は、頑固な油汚れに威力を発揮しますよ。
せんざい がんこ あぶらよご いりょく はっき
(यो डिटर्जेंटले कडा तेलको दाग्समा प्रभाव जमाउँछ।／សាប៊ូនេះបញ្ចេញអំណាចលើស្នាមប្រឡាក់ដែលមិនងាយ្យ។／ແຜ່ນນີ້ມີປະສິດຕິພາບໃນການກຳຈັດຄາບນ້ຳມັນທີ່ຕິດແໜ້ນ.)

□ **勢力**
せいりょく
(शक्ति／កម្លាំង, ឥទ្ធិពល, អំណាច／ພະລັງ, ອິດທິພົນ, ກຳລັງ)

▷ 勢力争い
せいりょくあらそ
(शक्तिको लुछालुछ／ការប្រយុទ្ធដើម្បីអំណាច／ການຕໍ່ສູ້ເພື່ອຍາດຊິງອຳນາດ.)

▶ 台風は勢力を強めながら、東に進んでいます。
たいふう せいりょく つよ ひがし すす
(टाइफूनले शक्ति कम गर्दै पूर्वतिर अगाडि बढिरहेको छ।／ខ្យល់ព្យុះទីហ្វុងបានបង្កើនឥទ្ធិពល ខណៈកំពុងឆ្ពោះទៅទិសខាងកើត។／ພາຍຸໄຕ້ຝຸ່ນມີກຳລັງມີກຳລັງແຮງຂຶ້ນ ແລະເຄື່ອນໂຕໄປທາງທິດຕາເວັນອອກ.)

□ **戦力**
せんりょく
(सैन्यशक्ति／កម្លាំងប្រយុទ្ធ／ກຳລັງໃນການສູ້ຮົບ, ກຳລັງທະຫານ)

▶ 今度入る新人は即戦力として期待されている。
こんど はい しんじん そくせんりょく きたい
(अब आउने नयाँ कर्मचारीप्रति तुरुन्त काममा आउने शक्तिकोरुपमा आशा गरिएको छ।／អ្នកចូលថ្មីលើកនេះត្រូវបានរំពឹងទុកថានឹងជាកម្លាំងប្រយុទ្ធភ្លាមៗ។／ມີຄວາມຫວັງວ່າຜູ້ເຂົ້າໃໝ່ໃນເທື່ອໜ້າຈະພ້ອມໃຊ້ທັນທີ.)

□ **有人**
ゆうじん
(मानवसहित／ដែលប្រើដោយមនុស្ស／ມີຜູ້ຄວບຄຸມ)

▷ 有人ロケット
ゆうじん
(मानवसहित रकेट／រ៉ុក្កែតមានមនុស្ស／ຈະຫຼວດທີ່ບັນຈຸຄົນ)

□ **一般人**
いっぱんじん
(साधारण मान्छे／សាធារណជនទូទៅ／ຄົນທົ່ວໄປ)

▶ 会場には、一般人は入ることができません。
かいじょう いっぱんじん はい
(आयोजना स्थलमा साधारण मान्छे जान पाउँदैन।／សាធារណជនមិនអាចចូលកន្លែងនេះបានទេ។／ຄົນທົ່ວໄປຈະບໍ່ໄດ້ຮັບອະນຸຍາດໃຫ້ເຂົ້າໄປໃນສະຖານທີ່.)

□ **人体**
じんたい
(मानव शरीर／រាងកាយមនុស្ស／ຮ່າງກາຍມະນຸດ)

▷ 人体の模型、人体実験
じんたい もけい じんたいじっけん
(मानव शरीरको नमुना, मानव शरीरको प्रयोग／គំរូនៃរាងកាយមនុស្ស, ការពិសោធន៍លើរាងកាយមនុស្ស／ແບບຈຳລອງຮ່າງກາຍມະນຸດ, ການທົດລອງກັບມະນຸດ.)

□ **人気**
ひとけ
(मान्छेको आभास／គ្មានមនុស្សរស់នៅ／ບໍ່ມີຄົນ)

▶ 夜、人気のない場所には行かないでください。
よる ひとけ ばしょ い
(राती मान्छेको आभास नहुने ठाउँमा नजानुहोस्।／ពេលយប់ សូមកុំទៅកន្លែងដែលគ្មានមនុស្សរស់នៅ។／ຢ່າໄປບ່ອນບໍ່ມີຄົນໃນຕອນກາງຄືນ.)

□ **人目**
ひとめ
(मान्छेको नजर／ភ្នែកអ្នកដទៃ／ສາຍຕາຄົນອື່ນ)

▶ 彼は人目を気にするようなタイプじゃない。
かれ ひとめ き
(उ मान्छेको नजरको वास्ता गर्ने मान्छे होइन।／គាត់មិនមែនជាមនុស្សខ្វល់ខ្វាយនឹងភ្នែកអ្នកដទៃ។／ລາວບໍ່ແມ່ນຄົນທີ່ຈະສົນໃຈສາຍຕາຄົນອື່ນ.)

2-15

5 動詞(どうし)＋動詞(どうし)（複合動詞(ふくごうどうし)）

(क्रिया + क्रिया／កិរិយាសព្ទ + កិរិយាសព្ទ／ຄຳກຳມະ+ຄຳກຳມະ)

□ **歩(ある)き回(まわ)る**

(यताउती हिड्नु／ដើរជុំវិញ, ដើរទៅនេះទៅនោះ／ຍ່າງອ້ອມໆ, ຍ່າງໄປຍ່າງມາ)

▶ 今日(きょう)は一日中(いちにちじゅう)歩(ある)き回(まわ)ったから、すごく疲(つか)れた。

(आज एकदिन भर कहिले यता कहिले उता हिडेको हिँड्यै गरेकोले एकदम थाकें।／ខ្ញុំហត់នឿយណាស់ដោយសារថ្ងៃនេះខ្ញុំបានដើរទៅនេះទៅនោះពេញមួយថ្ងៃ។／ມື້ນີ້ຍ່າງໄປຍ່າງມາໝົດມື້, ເມື່ອຍຫຼາຍ.)

□ **言(い)い合(あ)う**

(विवाद गर्नु／ឈ្លោះប្រកែកគ្នា／ລົມກັນ, ຖຽງກັນ)

▷ 言(い)い合(あ)い

(विवाद／ការឈ្លោះប្រកែកគ្នា／ການລົມກັນ, ການຖຽງກັນ)

▶ 子(こ)どもの教育(きょういく)のことで、妻(つま)とちょっと言(い)い合(あ)いになってしまった。

(छोराछोरीको शिक्षाको बारे श्रीमतीसँग अलिकति विवाद भयो।／ខ្ញុំបានឈ្លោះប្រកែកគ្នាបន្តិចជាមួយប្រពន្ធដោយសាររឿងការអប់រំកូន។／ຂ້ອຍຖຽງກັນກັບເມຍໜ້ອຍໜຶ່ງກ່ຽວກັບການສຶກສາຂອງລູກ.)

□ **言(い)い換(か)える**

(बेग्लै तरिकाले भन्नु／និយាយឡើងវិញដោយប្រើពាក្យផ្សេង／ປ່ຽນວິທີເວົ້າ)

▷ 言(い)い換(か)え

(बेग्लै तरिकाको भनाइ／ការនិយាយឡើងវិញដោយប្រើពាក្យផ្សេង／ການປ່ຽນວິທີເວົ້າ)

▶ 子供(こども)にもわかるように、簡単(かんたん)な言葉(ことば)に言(い)い換(か)えてください。

(बालबालिकाले पनि बुझ्नेगरी सरल भाषामा बदलेर भन्नुहोस्।／សូមនិយាយឡើងវិញដោយប្រើពាក្យសាមញ្ញដែលកូនក្មេងក៏អាចយល់បានដែរ។／ກະລຸນາປ່ຽນວິທີເວົ້າໂດຍໃຊ້ຄຳສັບງ່າຍເພື່ອໃຫ້ເດັກນ້ອຍເຂົ້າໃຈໄດ້.)

□ **行(い)き違(ちが)い**

▶ 未(いま)だに連絡(れんらく)がないのはおかしい。何(なに)か行(い)き違(ちが)いがあったのかもしれない。

(दुइ वस्तु बिच विचारमा अन्तर／ការយល់ច្រឡំ／ສວນກັນ, ຄາດເຄື່ອນ)

(अझै खबर किन आएन, अनौठो लाग्यो। दुइ पट्टिको विचारमा सायद अन्तर आएको हुनसक्छ।／វាចម្លែកណាស់ដែលមិនទាន់មានការទំនាក់ទំនងមកនៅឡើយ។ ប្រហែលមានការយល់ច្រឡំអ្វីហើយ។／ແປກທີ່ຍັງບໍ່ທັນໄດ້ມີການຕິດຕໍ່. ອາດຈະມີການການຄາດເຄື່ອນບາງຢ່າງ.)

□ **入(い)れ替(か)える**

(दुइ वस्तु बिचमा परिवर्तन गर्नु／ជំនួស, ប្តូរ, ផ្លាស់ប្តូរ／ໃສ່ແທນ, ສັບປ່ຽນ)

▷ 入(い)れ替(か)え

(दुइ वस्तु बिचको परिवर्तन／ការផ្លាស់ប្តូរ／ການສັບປ່ຽນ)

▶ メンバーを大幅(おおはば)に入(い)れ替(か)えた。

(सदस्यहरूमा ठूलो परिवर्तन गरियो।／ខ្ញុំបានផ្លាស់ប្តូរសមាជិកយ៉ាងច្រើន។／ມີການສັບປ່ຽນສະມາຊິກຢ່າງຫຼວງຫຼາຍ.)

□ 受け入れる
<small>うけいれる</small>

(स्वीकार गर्नु, जिम्मा लिनु／បញ្ចូលយក／ສັບເຂົ້າ, ຍອມຮັບ)

▷ 移民を受け入れる、留学生の受け入れ
<small>いみん　う　い　　　　りゅうがくせい　う　い</small>

(नरबासीको जिम्मा लिनु, विदेशी विद्यार्थीको जिम्मा लिनु।／បញ្ចូលយកជនជ្វ(ប)សូន្, បញ្ចូលយកនិស្សិតបរទេស／ສັບເຂົ້າຄົນອົບພະຍົບ, ສັບເຂົ້ານັກສຶກສາຕ່າງປະເທດ)

▶ 結局、A社の提案を受け入れることにした。
<small>けっきょく　　　　しゃ　ていあん　う　い</small>

(जाखिरमा A कम्पनीको प्रस्तावलाई स्वीकार गर्ने निर्णय भयो।／ខ្ញុំបានសម្រេចចិត្តទទួលយកសំណើរបស់ក្រុមហ៊ុន A.／ໃນທີ່ສຸດ, ພວກເຮົາໄດ້ຕົກລົງໃຈຮັບເອົາຂໍ້ສະເໜີຂອງບໍລິສັດ A.)

□ 受け止める
<small>う　と</small>

(भालेर लिनु, समालेर लिनु／ទប់យក, ទទួលយក／ສັບໄວ້, ຮັບເອົາ, ຮັບມື)

▶ じゃ、これ投げるから、ちゃんと受け止めてね。
<small>な　　　　　　　　　　う　と</small>

(यो ह्याल्दैछु त्यसैले राम्रोसँग समालेर लिन्ह ल।／អញ្ចឹង ខ្ញុំបោះនេះហើយ ជួយចាប់សួនឲ្យបានត្រឹមត្រូវនៃ។／បាប់ផ្ទៃ, ខ្ញុំប៉ោលម៉ាញប៉ោម។／ດັ່ງນັ້ນ, ຂ້ອຍຊິໂຍນອັນນີ້ໃຫ້, ຮັບໄວ້ໃຫ້ດີເດີ້.)

▶ お客様のご意見を重く受け止め、改善に努めます。
<small>きゃくさま　　いけん　おも　う　と　　　　かいぜん　つと</small>

(ग्राहकको सुझावलाई गम्भीरतापूर्वक सुझारना लागिपर्ने छौँ।／យើងនឹងទទួលយកមតិរបស់អតិថិជនជាយ៉ាងធ្ងន់ធ្ងរ ទុកជាការកែល្ម្អ។／ພວກເຮົາເອົາຄວາມຄິດເຫັນຂອງລູກຄ້າຢ່າງຈິງຈັງ ແລະ ຈະພະຍາຍາມປັບປຸງ.)

□ 打ち明ける
<small>う　あ</small>

(खोल्नु／លាតត្រដាងអាថកំបាំង／ເປີດໃຈ, ລ່ວງລ່ວງລາຍ, ເປີດເຜີຍ)

▷ 秘密を打ち明ける
<small>ひみつ　う　あ</small>

(गोप्यता खोल्नु。／លាតត្រដាងអាថ៌កំបាំង។／ເປີດເຜີຍຄວາມລັບ)

□ 打ち切る
<small>う　き</small>

(समाप्त गर्नु／បញ្ចប់, លុបចោល／ລົ້ມເລີກ, ເລີກ, ຢຸດຕິ)

▶ 連載の打ち切りが決まった。
<small>れんさい　う　き　　　き</small>

(धारावाहिक प्रकाशन समाप्त हुने निर्णय भयो।／ការផ្សព្វផ្សាយប្រចាំត្រូវបានបញ្ចប់។／ມີການຕົກລົງຢຸດຕິການລາຍລົງ ເລື່ອງເປັນຕອນ.)

□ 打ち込む
<small>う　こ</small>

(प्रबलताका साथ लागिपर्नु／កម្មវុទ្ធមាអក្សរទាយពងர់នុ/ខ្ញុំប្រើប្រធ្លាំង, បញ្ចូល／ທຸ່ມເທ, ຈົດໃສ່)

▶ 勉強／テニスに打ち込む、データを打ち込む
<small>べんきょう</small>

(पढाई／टेनिसमा लागिपर्नु, कम्प्युटरमा डाटा टाइप गर्नु。／ខ្ញុំពុំប្រយ៉ានស៊ីក្បល/លេងកីឡាតេនីស, បញ្ចូលទិន្នន័យ／ທຸ່ມເທໃສ່ການຮ່ຳຮຽນ/ກິລາເທນນິສ)

▶ 学生時代に何か打ち込んだものはありますか。
<small>がくせいじだい　なに　う</small>

(विद्यार्थी हुँदा प्रबलताका साथ लागिपरेको कुनै विषय छ ？／កលពេលជានិស្សិត តើអ្នកបានខ្ញុំប្រើប្រខ្លាំងអ្វីមួយទេ？／ສະໄໝເປັນນັກຮຽນມີຫຍັງໃຫ້ເຈົ້າໄດ້ທຸ່ມເທຫຼືບໍ່?)

□ 追い込む
<small>お　こ</small>

(धिस्नु／បណ្ដេញ, ចង្រ/ໄລ່ຕ້ອນ, ຮັບໄລ່, ບັງຄັບ, ກົດດັນ)

▶ 政府軍は反乱軍を川岸まで追い込んだ。
<small>せいふぐん　はんらんぐん　かわぎし　お　こ</small>

(सरकारी सेनाले विद्रोही सेनालाई खोलाको किनारासम्म धेदेर ल्यायो।／ទាពាលជា ពិលានបានបណ្ដេញពួកកបាលទៅពាមក្រោមទន្លេ។／ກອງກຳລັງຂອງລັດຖະບານໄດ້ໄລ່ຕ້ອນກອງທະຫານກຳບົດໄປຮອດແຄມນ້ຳ.)

▶ 一つの記事が大臣を辞職へと追い込んだ。
<small>ひと　　き　じ　だいじん　じしょく　　お　こ</small>

(एउटा लेखले मन्त्रीलाई राजिनामा दिन बाध्य पार्‍यो।／អត្ថបទមួយបានបង្ខំអនុមន្ត្រីឲ្យលាឥសមេខណៀ។／ຫົວຂ່າວອັນໜຶ່ງໄດ້ກົດດັນໃຫ້ລັດຖະມົນຕີລາອອກ.)

□ 起き上がる
<small>お　あ</small>

(उठ्नु／ក្រោក (ពីដេក)／ລຸກຂຶ້ນ (ຈາກບ່ອນ), ຕື່ນນອນ)

▶ すごく眠くて、ベッドから起き上がれなかった。
<small>ねむ　　　　　　　　　　お　あ</small>

(एकदम निन्द्रा लागेर ओछ्यानबाट उठ्नै सकिनँ।／ខ្ញុំងងុយគេងណាស់ ហើយមិនអាចក្រោកឡើងពីគ្រែបានឡើយ។／ເຫງົານອນຫຼາຍຈົນບໍ່ປານລຸກຂຶ້ນຈາກຕຽງ.)

2
16

☐ **置き換える**
おか
(बदलनमा अर्को बस्तु राख्नु／ដំឡូស, ផ្លាស់ប្ដូរ／
ປ່ຽນແທນ, ຍ້າຍ, ສັບປ່ຽນແຈ່)

▷ 別の場所に置き換える
べつ ばしょ おか
(अर्को ठाउँमा राख्नु／ផ្លាស់ប្ដូរទៅកន្លែងផ្សេង／ປ່ຽນແທນບ່ອນອື່ນ.)

▷ 牛乳の代わりに、チーズやヨーグルトで置き換えて
ぎゅうにゅう か   おか
も結構です。
けっこう
(दुधको सट्टा चिज अथवा दहीलाई बदलमा राख्दै पनि हुन्छ।／អ្នកអាចប្ដូរជាលើសពីទឹកដោះ:ជាច្វីសឬដំឡូសឬកាយ
ទឹកដោះ:ជោ។／ສາມາດນ¶າເອົາຊີສຫລືໂຢເກີຣ໌ມ¶ເຊີຍໃສ່ນ¶ຶຊ¶ຄ.)

▶ 自分に置き換えて考えてみたら?
じぶん おか   かんが
(आफू त्यो स्थानमा भए के गर्थे बनि सोचेर हेर त।／ហេតុអ្វីបានជាអ្នកមិនឧបមាជាខ្លួនអ្នកហើយគិតមើល?／
ລອງຄິດເບິ່ງຖ້າວ່າປ່ຽນແທນໂຕເອງ?)

☐ **押し寄せる**
おし よ
(ठूलो मात्रामा आउनु／សម្រុកគ្នាចូលមក, ប្រញាប់
ប្រញាល់ចូលមក／ຫຼັ່ງເຂົ້າ, ຫຼັ່ງເຂົ້າໆ)

▷ 波が押し寄せる
なみ おし よ
(छाल ठूलो मात्रामा बहेर आउनु／ទឹករលកបក់ចូលមក／ຄື້ນຊັດເຂົ້າ)

▶ 開店と同時に、客がどっと押し寄せた。
かいてん どうじ   きゃく   おし よ
(पसल खुल्ने बित्तिकै ग्राहकहरु स्वार्र आए।／ភ្លៀតបានសម្រុកចូលមកក្នុងពេលបោះបើកហាង／ພໍແຕ່ເປີດຮ້ານລູກຄ້າກໍ່ຫຼັ່ງ
ເຂົ້າມາທັນທີ.)

☐ **書き込む**
か こ
(लेखलेख्नु／សរសេរចូល／ຂຽນໃສ່, ປ້ອນ
ຂໍ້ມູນ)

▷ 書き込み
か こ
(लेखको लेख／ការសរសេរចូល／ການຂຽນ)

▶ ネットの掲示板にも、彼を非難する多数の書き込み
けいじばん   かれ ひなん   たすう の か こ
があった。
(इन्टरनेटको बुलेटिनबोर्डमा पनि उसको निन्दागर्ने लेख थुप्रै थिए।／មានការសរសេរ:ស់ជាច្រើននៅលើ៉ន់ង
កពំនភានានផ្ទះនៅ:លោកផងដែរ។／ບອດບົ້ນ, ຍັງມີໂພສຕ໌ຫຼຍອັນລງຂຽນວ່າຮ້າຍຂ່າວຕຳນິ៌ນⁿⁿⁿ.)

☐ **組み込む**
くみ こ
(समावेश गन्नु／បញ្ចូល／ລວມເຂົ້າໃນ, ປະກອບ
ໄປດ້ວຍ)

▷ 予算に組み込む
よさん   くみ こ
(बजेटमा समावेश गन्नु／បញ្ចូលក្នុងថវិកា／ລວມເຂົ້າໃນງົບປະມານ)

▶ 工場見学も予定に組み込んだ。
こうじょうけんがく よてい   くみ こ
(कारखाना अवलोकन पनि योजनामा समावेश गरें।／ខ្ញុំបានបញ្ចូលការទស្សនៈកិច្ចរោងចក្រក្នុងកាលវិភាគផងដែរ។／
ການທັດສະນະສຶກສາໂຮງງານກໍ່ໄດ້ລວມເຂົ້າໃນແຜນ.)

☐ **差し替える**
さ か
(बदलनमा फेर्नु／ប្ដូរ, ផ្លាស់ប្ដូរ, ដំឡូស／
ປ່ຽນແທນ)

▶ 用意した資料の一部に間違いがあったので、正しい
ようい   しりょう いちぶ まちが   ただ
ものに差し替えた。
さ か
(तयार गरेको कागजपत्रको आंशिक भागमा गल्ती भेटिएकोले सही कागजपत्रसँग फेरें।／ខ្ញុំបានប្ដូរឯកសារដែលបានរៀបចំមួយ
ដែលមានផ្នែកខ្លះខុស:យកឯកសារដែលបានត្រឹមត្រូវមកផ្លាស់ប្ដូរ។／ມີສ່ວນໃນເອກະສານທີ່ໄດ້ກຽມ
ໄວ້, ສະນັ້ນຈຶ່ງປ່ຽນອັນທີ່ຖືກແທນ.)

何を含む表現　1
前に付く語　2
後ろに付く語　3
同じ漢字を持つ語　4
動詞＋動詞　5
いろいろな意味を持つ言葉　6
言葉のいろいろな形　7
連語・短い句　8
体に関する言葉を使った慣用句　9
四字熟語　10

□ 差し引く
さ ひ

(कटाउनु／ដកចេញ, កាត់ចេញ／ຫักออก, ลืบออก, ถอบທิ່(ເງิນ))

▶ 税金や手数料を差し引くと、8万円くらいです。
ぜいきん て すうりょう さ ひ えん

(कर तथा कमिसन शुल्क कटाएपछि 8 हजार जति हुन्छ ।／បើកាត់ពន្ធ និង ថ្លៃសេវាចេញ ប្រហែល៨ម៉ឺនយ៉េន។／ถ้าหัກจ่ายค่าพาสีและค่ากำเนิมูลค่าออก, ຈะເหลือປະມาน 80,000 ເຢ็น.)

▶ 差し引き、いくらになりますか。
さ ひ

(कटाएर पछिको रकम कति भयो होला ?／កាត់កងហើយ តើអស់ថ្លៃប៉ុន្មាន？／ถอบทิ່เງินແล้วເหลือเท่าใด?)

□ 仕上がる
しあ

(तयार हुनु／ត្រូវបានបញ្ចប់, ត្រូវបានធ្វើរួចរាល់／ແล้วเสัຍเรียบร้อย)

▶ 仕上がり
しあ

(तयारी／ការធ្វើរួចរាល់, ការបញ្ចប់／ຢະລิดຫรือຜันส่ำเร็จเຊ่น)

▶ 仕上がりには大満足で、またその店に頼みたいと思っ
しあ だいまんぞく みせ たの おも
た。

(पुरा भएको काम देख्दा अत्यन्त सन्तुष्ट लाग्यो र फेरि पनि त्यहि पसलमा अर्डर गर्नमन लाग्यो ।／ខ្ញុំពេញចិត្តយ៉ាងខ្លាំងចំពោះ លទ្ធផលដែលបានធ្វើរួចរាល់ ហើយខ្ញុំបានគិតថាចង់ឱ្យឈ្មួញដដែលនៅហាងនោះធ្វើ)។／ถ้อยคำใจຈ่ายกับ ຢະລิดทะผันสำเร็จเຊ่นและຈะมาใຊ้ບ้ลิกำรบำนนี้ถีก.)

□ 仕上げる
しあ

(तयार गर्नु／បញ្ចប់ទាំងស្រុង, បន្ថែម／ສะຫລ่าง, (ເຮັ้ດໃຫ้ແລ้ว))

▶ 仕上げ
しあ

(तयारी／ការបញ្ចប់ទាំងស្រុង, ការបន្ថែម／ການເຮັ້ດໃຫ้ສำເร็ด, ຂัນ்ตอบສุดท้าย)

▶ 明日までに原稿を仕上げないと締め切りに間に合わ
あす げんこう しあ し き ま あ
ない。

(भोलि सम्ममा पाण्डुलिपि पुरा नगरेमा बुझाउने म्याद सम्म भ्याइन्न ।／បើមិនអាចបញ្ចប់អត្ថបទ១សំណេរត្រឹមថ្ងៃស្អែកទេ នោះនឹងមិនទាន់ពេលកំណត់ទេ។／ถ้าเຮັ້ดต้นສະບับบໍ່ແລ้วขายใมมื่ລืน, ຈะຢับບໍ່ທัນກำนด(ເວลา.)

▶ 仕上げにオリーブオイルを加えて軽く混ぜると出来
しあ くわ かる ま でき
上がりです。
あ

(परिकार तयार हुन लाग्दा अन्तिममा ओलिभको तेल थपेर हल्कासँग माझेपछि पुर्णरुपमा तयार हुन्छ ।／ បន្ថែមប្រេងអូលីវហើយ ច្របល់ស្រាលៗនៅពេលចុងក្រោយ នោះជាការស្រេច។／ຂັນตอบສุดท้ายໃส่น้ำมัນນ้ำมันຫมากออก, ຄับถอยๆ ແล้วก็ຈ่าสำเร็ด.)

□ 仕切る
しき

(बार लगाएर भिन्न गर्नु／បំបែក, រៀបចំ／ຂั้น, ແບ່ງເຂต)

▶ 仕切り役
しき やく

(बार लगाएर भिन्न गर्ने व्यक्ति／អ្នករៀបចំ／ຜู้ຈัด)

▶ 建設予定の場所は、ロープで仕切られていた。
けんせつよてい ばしょ しき

(निर्माण योजनामा रहेको स्थानमा डोरिले घेरा लगाएर र राखिएको थियो ।／ទីកន្លែងដែលមានគ្រោងសាងសង់ច្រូវបាន បំបែកដោយខ្សែពួរ។／ສะຖานที່มีแผนก่ສ้างຖืกຂั้นด้วยเຊือก.)

▶ パーティーは山田さんに仕切ってもらった。
やまだ しき

(पार्टीमा यामादाज्यूले सबै सम्हाल्नुभयो ।／ពិធីជប់លៀងត្រូវបានរៀបចំដោយលោកយ៉ាម៉ាដា។／ງานລ้ຽງได้ເຮັ้ดຈัดຂึ้น ໂดยท่ำนยามาดะ.)

□ **備え付ける**
そな つ

(जडान गर्नु राख्नु／ តម្កើង, ប៉ាក់ក់／
ติดตั้ง, ทรายม)

▶ 寮の各部屋にエアコンが備え付けられてあった。
りょう かく へ や　　　　　　　　　　　そな つ

(छात्रावासको हरेक कोठामा एयरकण्डिसनर जडान गरेर राखिएको थियो／បន្ទប់នីមួយៗនៅសណ្ឋាគារមានម៉ាស៊ីនត្រជាក់ក់／ปักการติดตั้งแอร์เป็นได้ทุกๆห้องของหอพัก.)

□ **立ち寄る**
た よ

(यसो छिर्नु／ឈប់ចូល／แวะ)

▶ この本屋には帰りによく立ち寄ります。
ほん や　　　かえ　　　　　　　た よ

(यो पुस्तक पसलमा घर फर्केनेबेला प्रायजसो छिर्ने गर्छु।／ខ្ញុំឈប់ចូលហាងលក់សៀវភៅនេះជាញឹកញាប់ពេលត្រលប់មកផ្ទះវិញ។／ผมแวะเข้าร้านหนังสือนี้ ในขณะขากลับทุกๆครั้งที่กลับบ้าน.)

□ **辿り着く／**
たど つ
たどり着く
つ

(बल्ल पुग्नु／ទៅដល់／ออกมาถึง (ยากลำบาก))

▶ 5時間かかって、やっと頂上に辿り着いた。
じ かん　　　　　　　　　　ちょうじょう たど つ

(5 घण्टा लगाएर बल्ल टुप्पोमा पुग्न सकियो।／ចំណាយពេល 5 ម៉ោង, ខ្ញុំបានទៅដល់កំពូលភ្នំដោយធ្វើដំណើរដោយលំបាក／ใช้เวลาจากบนมาถึง 5 ชั่วโมง, ในที่สุดผมก็เดินทางถึงยอดภูเขาสูงๆ.)

□ **使いこなす**
つか

(सिपालुसंग चलाउनु／ប្រើប្រាស់(អោយ មានប្រយោជន៍)／ใช้ประโยชน์เต็มที่, ใช้อย่างไทยได้ดี)

▶ この携帯、買って半年たつけど、全然使いこなせてない。
けいたい　か　　 はんとし　　　　 ぜんぜんつか

(यो मोबाइल फोन किनेको छ महिना भयो तर अझै पट्ने चलाउँन सकेको छैन।／ខ្ញុំសុបៃ៍ដៃនេះ៖ ទិញ្ញុយកបានកន្លះ ឆ្នាំ ហើយ ប៉ុន្តែខ្ញុំមិនទាន់ប្រើប្រាស់អោយមានប្រយោជន៍ទាំងអស់ទេសោះ។／มือถือเครื่องนี้ซื้อมาตั้งครึ่งปีแล้ว, แต่ยังใช้ไม่ได้เลย.)

□ **付き添う**
つ そ

(साथमा रहनु／ទៅជាមួយ, អមជាំណើរ／เป็นพยายิงพาง/ให้ที่อ)

▶ 付き添いの人
つ そ　　 ひと

(साथमा रहेको मान्छे／អ្នកអមជាំណើរ, អ្នកទៅជាមួយ／คีบเป็นพยาง.)

▶ 妹に付き添って病院に行ってきた。
いもうと つ そ　　 びょういん い

(बहिनीलाई साथ दिएर अस्पताल सम्म गएराआएँ।／ខ្ញុំបានអមជាំណើរប្អូនស្រីទៅមន្ទីរពេទ្យ។／ได้พาน้องสาวไปโรงพยาบาล.)

□ **付け替える**
つ か

(पुरानोको सट्टामा नयाँ बदल्नु／ប្តូរថ្មី／ เปล่ยน, เปล่ยนใหม่)

▷ 値札を付け替える作業
ねふだ　つ か　　 さぎょう

(मूल्यको ट्याग पुरानोको सट्टामा नयाँ बदल्ने काम／ការងារប្តូរស្លាកតម្លៃថ្មី／ขั้นตอนการเปลี่ยนป้ายราคาใหม่.)

□ **付け加える**
つ くわ

(थप्नु राख्नु／បន្ថែម／เติม, เติมเติม)

▷ 条件を付け加える
じょうけん つ くわ

(सर्त थप्नु राख्नु／បន្ថែមលក្ខខណ្ឌ／เติมเงื่อนไข)

▶ 課長から今の説明に付け加えることはありませんか。
か ちょう　いま せつめい つ くわ

(साहब प्रमुखबाट अहिले गरेको बर्णनामा केही थप गर्ने चाहानुहुने कुरा छ कि ?／តើលោកប្រធានខ្ញុំមានអ្វីត្រូវបន្ថែមលើការពន្យល់នេះដែរឬទេ?／หวหน้าแผนกต้องการเสริมแจม, ปักป้อเติมเติมใส่คำอธิบายตอนนี้บ้างไหม?)

□ **詰め替える**
つ か

(सिद्धिएको वस्तुको सट्टामा नयाँ हाल्नु／បំពេញ ឡើងវិញ／เติม, ถิม)

▷ 詰め替え用の洗剤
つ か　 よう せんざい

(सिद्धिएको वस्तुको सट्टामा नयाँ हाल्ने डिटरजेट／ម្សៅសាប៊ូសម្រាប់បំពេញឡើងវិញ／แป้งสบู่ที่เติม.)

何*を含む表現
前に付く語
後ろに付く語
同じ漢字を持つ語
動詞＋動詞
いろいろな種類を持つ言葉
表裏のいろいろな形
連語・短い句
体に関する言葉を使った慣用句
四字熟語

□ **取り返す**（と かえ）

(गुमेको बस्तु पुनः हातपार्नु／យកបានមកវិញ／ກັບຄືນສູ່ສະພາບເດີມ, ໄດ້ຄືນ, ເອົາຄືນ)

▷ 損した分を取り返す（そん ぶん と かえ）

(नोक्सान भएको भाग पुनः हातपार्नु／យកចំនែកដែលបានខាតបង់មកវិញ／ໄດ້ຄືນສິ່ງທີ່ສູນເສຍໄປ.)

▶ 貸したお金を取り返したいけど、無理かもしれない。（か かね と かえ む り）

(सापटदिएको पैसा फिर्ता गराउन त चाहन्छु तर फर्कन असम्भव हुन्छ होला।／ខ្ញុំចង់យកលុយដែលបានអោយខ្ចីមកវិញ ប៉ុន្តែប្រហែលជាមិនអាចទៅរួចទេ។／ຢາກໄດ້ເງິນທີ່ໃຫ້ຢືມຄືນ, ແຕ່ຄືຊິເປັນໄປບໍ່ໄດ້.)

□ **取り替える**（と か）

(बदल्नु／ប្តូរ,ផ្លាស់ប្តូរ／ປ່ຽນ, ສັບປ່ຽນ, ແທນທີ່)

▷ 部品の取り替え（ぶ ひん と か）

(पाटपुर्जा बदल्नु／ការប្តូរទំនិញ／ການປ່ຽນອາໄຫຼ່)

□ **取りかかる**（と）

(कुनै काममा लाग्न सुरुगर्नु／ចាប់ផ្តើម／ເລີ່ມຕົ້ນ, ລົງມື)

▶ そろそろ作業に取りかからないと、間に合わなくなる。（さ ぎょう と ま あ）

(बिस्तार बिस्तार काम गर्न सुरु नगरे नभ्याइने हुन्छ।／បើមិនចាប់ផ្តើមការងារឆាប់ៗនេះ នោះនឹងមិនទាន់ពេលឡើយ។／ຖ້າບໍ່ລົງມືເຮັດວຽກໃນໄວໆນີ້, ຈະແລ້ວບໍ່ທັນເວລາ.)

□ **取り組み**（と く）

(गतिविधि／ការខំប្រឹងប្រែង, ការផ្តួចផ្តើមគំនិត／ການຈັດການ (ບັນຫາ))

▶ 環境保護のために、さまざまな取り組みが行われている。（かん きょう ほ ご と く おこな）

(पर्यावरण संरक्षणको लागि विभिन्न गतिविधिहरू चलाईदै आइरहेको छ।／មានការផ្តួចផ្តើមគំនិតនានាដើម្បីការពារបរិស្ថាន។／ການຈັດການຕ່າງໆໄດ້ຖືກຈັດຕັ້ງປະຕິບັດ, ເພື່ອປົກປັກຮັກສາສິ່ງແວດລ້ອມ.)

□ **取り巻く**（と ま）

(लपेट्नु／ជុំវិញ, ឡោមព័ទ្ធ／ວົນວຽນ, ອ້ອມຮອບ, ອ້ອມຂ້າງ)

▷ 企業を取り巻く環境はますます厳しくなっている。（き ぎょう と ま かん きょう きび）

(उद्योगहरूको वरिपरिको वातावरण दिनदिनै कठिन बन्दै गइरहेको छ।／បរិស្ថានជុំវិញក្រុមហ៊ុនមានស្ថានភាពធ្ងន់ធ្ងរទៅៗ។／ສະພາບແວດລ້ອມອ້ອມຂ້າງພາກທຸລະກິດແມ່ນມີຄວາມເຄັ່ງຄັດຫຼາຍຂື້ນ.)

□ **取り戻す**（と もど）

(हातबाट गएको बस्तुलाई फर्काउनु／ទទួលបានមកវិញ／ເອົາກັບຄືນ, ເອົາຄືນ, ໄດ້ຄືນມາ)

▷ 元気を取り戻す、笑顔を取り戻す（げん き と もど え がお と もど）

(जाँगरलाई फर्काउनु, फेरि हसिलो हुनु／ទទួលបានថាមពលមកវិញ, ទទួលបានស្នាមញញឹមមកវិញ／ເອົາພະລັງກັບຄືນມາ, ເອົາຮອຍຍິ້ມກັບຄືນມາ.)

▶ 遅れを取り戻すには、人を増やすしかない。（おく と もど ひと ふ）

(पछाडि हरेको अवस्थाबाट अगाडि आउनलाई मान्छेको सङ्ख्या बढाउनु बाहेक उपाय छैन।／ដើម្បីដេញតាមភាពយឺតយ៉ាវ គឺមានតែបន្ថែមមនុស្សប៉ុណ្ណោះ។／ພຽງແຕ່ເພີ່ມຄົນເທົ່ານັ້ນ, ຈຶ່ງຈະນຳທັນ.)

□ **取り寄せる**（と よ）

(टाढाबाट मगाउनु／បញ្ជាទិញ, កុម្ម៉ង់／ສັ່ງໃຫ້ເອົາມາສົ່ງ)

▷ 取り寄せ（と よ）

(टाढाबाट मगाउने काम／ការបញ្ជាទិញ, ការកុម្ម៉ង់／ສັ່ງ (ສິນຄ້າ))

▶ A社からサンプルを取り寄せた。（しゃ と よ）

(A कम्पनी बाट नमूना मगाएर ल्याएँ।／ខ្ញុំបានកុម្ម៉ង់ផលិតផលគំរូពីក្រុមហ៊ុនA។／ສັ່ງສິນຄ້າຕົວຢ່າງຈາກບໍລິສັດ A.)

▶ ほしい色がない場合、取り寄せができる。（いろ ば あい と よ）

(चाहिएको रङ नभएमा मगाउन सकिन्छ।／ប្រសិនបើគ្មានពណ៌ដែលអ្នកចង់បានទេ អ្នកអាចកុម្ម៉ង់បាន។／ຖ້າບໍ່ມີສີທີ່ທ່ານຕ້ອງການ, ສາມາດສັ່ງໄດ້.)

□ **投げ出す**（なだ）
(हुत्याउनु／បោះចោល／ໂຍນອອກ)

▷ 仕事を投げ出す、足を投げ出す
しごと な だ あし な だ
(काम गर्न छोडेर हुत्याउनु, खुट्टा पसार्नु／បោះបង់ចោលការងារ, សណ្ដូកជើង／ປະວຽກ, ຢຽດຂາ)

▶ 彼は途中で投げ出すようなことはしません。
かれ とちゅう な だ
(उ कुनै कुरा बिचमै हुत्याउने खालको मान्छे होइन।／គាត់មិនបោះបង់ចោលពាក់កណ្ដាលទីទេ។／ລາວບໍ່ຍອມແພ້ກາງທາງ.)

□ **逃げ出す**（にだ）
(भागेर निस्कनु／រត់គេច／ໜີໄປ)

▷ １匹のサルが檻から逃げ出し、一時、騒ぎとなった。
ぴき おり に だ いちじ さわ
(एउटा बाँदर खोरबाट भागेर, एकछिन त होहल्ला मच्चियो।／សត្វស្វាមួយក្បាលបានរត់គេចចេញពីទ្រុង ហើយភាពឆោឡោបានកើតឡើងមួយរយៈពេល។／ລິງໂຕໜຶ່ງໄດ້ໜີອອກຈາກຄອກ, ເຮັດໃຫ້ເກີດຄວາມວຸ້ນວາຍໄລຍະໜຶ່ງ.)

▶ 時々、現実から逃げ出したくなる。
ときどき げんじつ に だ
(कहिलेकहिले वास्तविकतादेखि भाग्नमन लाग्छ।／ពេលខ្លះ ខ្ញុំចង់រត់គេចពីការពិត។／ບາງຄັ້ງກໍ່ຢາກແລ່ນໜີຈາກຄວາມເປັນຈິງ.)

2
18
□ **抜け出す**（ぬだ）
(फुत्कनु／ចាកចេញ, ចេញពី／ຫຼົບ, ໜີ)

▶ 仕事を抜け出して、試合の中継を見ました。
しごと だ しあい ちゅうけい み
(कामबाट फुत्केर खेल प्रतियोगिताको प्रत्यक्ष प्रसारण हेरें।／ខ្ញុំចេញពីការងារហើយបានមើលការផ្សាយបន្តអំពីការប្រកួត។／ໜີວຽກມາເບິ່ງຖ່າຍທອດສົດການແຂ່ງຂັນກິລາ.)

□ **引き返す**（ひかえ）
(फर्कनु／ត្រឡប់ទៅវិញ／ກັບຄືນບ່ອນເກົ່າ)

▶ 雨が降ってきたから、引き返そう。
あめ ふ ひ かえ
(पानीपर्न थालेकोले फर्कौं अब।／តោះត្រឡប់ទៅវិញ ពីព្រោះភ្លៀងបានធ្លាក់មកហើយ។／ຝົນເລີ່ມຕົກແລ້ວ, ກັບຄືນບ່ອນເກົ່າເທາະ.)

□ **引き起こす**（ひお）
(कुनै घटना हुनु／បង្កហេតុ／ເຮັດໃຫ້ເກີດ)

▷ 事故を引き起こした要因が特定された。
じこ ひ お よういん とくてい
(दुर्घटना घट्नुको कारण पत्ता लाग्यो।／កត្តាដែលបង្កអោយមានគ្រោះថ្នាក់ត្រូវបានរកឃើញ។／ມີການລະບຸສາເຫດທີ່ເຮັດໃຫ້ເກີດອຸປະຕິເຫດ.)

□ **引きずる**（ひ）
(घिसार्नु／អូស, ទាញ／ລາກ, ດຶງ, ເຮັດໃຫ້ແກ່ຍາວອອກໄປ, ດຶງໄວ້)

▷ 足をひきずる、過去を引きずる
あし かこ ひ
(खुट्टा घिसार्नु, विगतलाई भुल्न नसक्नु／ស្តឹកជើង, ទាញចូលទៅក្នុងអតីតកាល／ບໍ່ມີແຮງ, ຈົມປັກກັບອະດີດ)

▶ 床が傷つくから、荷物を引きずらないで。
ゆか きず にもつ ひ
(भुइँमा चोट लाग्छ, त्यसैले सामान नघिसार।／សូមកុំអូសអីវ៉ាន់អី ពីព្រោះវាធ្វើអោយស្នាមក្ដារក្រាល។／ຢ່າລາກກະເປົາ, ເພາະຊິເຮັດໃຫ້ພື້ນມີຮອຍຂູດ.)

□ **引っ込む**（ひこ）
(भित्र पस्नु / नदेखिने हुनु／ពន្លិចចូល, ទាញចូល／ຢູ່ທາງໃນ, ແອບເຂົ້າ)

▶ ジョギングを始めたら、お腹が少し引っ込んだ。
はじ なか すこ ひ こ
(जोगिङ सुरु गरेकोले पेट भित्र पसेर अलिकति सानो भयो।／ខ្ញុំបានចាប់ផ្ដើមហាត់ប្រាណដោយរត់ត្រឹកៗ ហើយក្បាលពោះក៏រាបស្មើបន្តិច។／ນັບແຕ່ເລີ່ມແລ່ນ, ທ້ອງກໍ່ແອບເຂົ້າໜ້ອຍໜຶ່ງ)

□ **拭き取る**（ふと）
(पुछ्नु／ជូតជម្រះ／ປັດຖູເຊັດອອກ)

▶ ここ、汚れてるから、ちゃんと拭き取っておいて。
よご ふ と
(यहाँ फोहोर भएको छ त्यसैले राम्रोसँग पुछ ल।／សូមជូតជម្រះអោយស្អាតល្អ ពីព្រោះកន្លែងនេះកខ្វក់។／ບ່ອນນີ້ເປື້ອນ, ສະນັ້ນຄວນເຊັດໃຫ້ສະອາດ.)

□ **放り出す**
ほう　だ
(फिंचा त्याग्नु／छोड्नु／ເຊາະ:ເຖລບ, ຊຸກ່ຽວເຖລบ／ໄยบ∂∂nไປ, ไยขทิ้ม, ไ∂∂n ไป, (ເຊົາເຮັດກາງຄັນ))

▷ 仕事を放り出す
しごと　ほう　だ
(कामलाई विचैमा छोड्नु／ເຊາະ:ປະ່ໂຖລບການງານ／ເຊົາເຮັດວຽກ.)

□ **待ち望む**
ま　のぞ
(आशा गरेर पर्खनु／ลุ้มีมเบถ่า／ลำมั (ยากใจจจักใจจ))

▷ 多くのファンが、彼の復活を待ち望んでいた。
おお　　　　　　かれ　ふっかつ　ま　のぞ
(धेरै समर्थकहरूले उसको पुनर्आगमनलाई कहिले होला भनि प्रतिक्षा गरिरहेका थिए।／ผุกตัๆเรากรู้ส็ຖ້ອ຺จ຺ลຖ้ำຍໃຫ้ມเๆຖ័ກ຺ໍການกลับม
ยกใถ้ขของเๆ่า./ แขบ่รๆรุายลิมลิ่งว่าๆทๆมัมาของเๆ่าๆ.)

□ **見合わせる**
み　あ
(नमिलेको कुरामा तालमेल मिलाउनु／ถลๆมเณฑ
/ເລື່อน∂∂nไปทอน)

▷ 購入を見合わせる
こうにゅう　み　あ
(खरिदीमा तालमेल मिलाउनु／ถลๆมเณฑ຺ການຈ຺຺ໃ/ เลื่อมกๆร຺ฑ຺ใๆ้.)

▶ 台風の影響で、登山鉄道は運転を見合わせている。
たいふう　えいきょう　　とざんてつどう　うんてん　み　あ
(टाइफुनको असरले गर्दा, डोंरेगमो ट्रेकिङ रेलसेवाले रेलको समय तालिकामा फेरबदल गरिरहेका छन्।／ການເບິກบ๊ไລຍเຖ้ຖ
เฑๆะ:เๆๆຖ຺ลำภูຍຖๆ຺ลๆมเฑฑຖ຺ฑๆຍຊๆฑ຺ฑ:ฉิฃัฑ້/ ฑ຺มๆฑ຺ฑ฿฼ออฑฑูๆๆเฑ่๊ใຖ຺้ยั຺ไຖ้เฃิຖ้ใฃ้ภๆฑฑฃิฑ์ฃอฑวฑๆลิถๆไ຺
เฑ่้ฑูฉ้ฉูฑᵂฃ้ฑ.)

□ **見出す**
み　いだ
(अर्थ भेट्नु／เกเຍิฑ／ถิ้ນ฿ນ, ฿ນ, เฉๆ∂∂n)

▶ 今の仕事にやりがいを見出すことができない。
いま　しごと　　　　　　　　み　いだ
(अहिलेको कामलाई कामगर्नुको कुनै अर्थ भेट्न सकेको छैन।／ถ຺ุ฿มอๆ຺ຖเฑเ฿ใฑฑ฿฽งๆ຺ฑฑ฽ฑๆฑๆฑ฿ฑฑฑๆฉᵁฺฉ฿ฃเๆ่ๆ
／ย่ๆมๆฑ຺฿ปฑ຺เฑๆๆฉฺ຺฿ๆฑ຺เฑ่ๆฑๆ຺.) ¹

□ **見送る**
み　おく
(योजनालाई पछाडि सार्नु／ดู฿฿มิเฑ฿ๆ,
ถลๆมเณฑ／ไปฉຖ຺, ปอຍใฉๆ (ไຖๆฑอๆ຺่ๆ
ไป), ฑ຺มฉ฿ฑ຺, ปฑ຺ฉฑ຺฿ (ไຖๆฑฑ))

▷ 開催を見送る、参加を見送る
かいさい　み　おく　　さんか　み　おく
(आयोजना पछाडि सार्नु, सहभागितालाई पछाडि सार्नु／ถลๆมเณฑ຺ຖๆฑ຺เฉิຖ຺ฑຍ฿ฑົ, ถลๆมเณฑ຺ฉ຺຺ลฑ຺ฒ຺
ฑ຺เ฿ใฉๆฑ຺ฉิฑฑฑ຺, ปฑ຺ฉฑ຺฿ฑๆฉเฉ่ๆฃอฑฑ຺)

□ **見落す**
み　おと
(गलतीबस नदेख्नु／เมิฑ຺ใฑฉ/
มอฺ຺ฑ้ๆฑ຺, เ฿฼฿ฑ຺ๆฑ຺)

▷ 見落とし
み　お
(गलतीबस नदेखेको／ฑๆฑ຺เมิฑ຺ใฑฉ／ฑๆฑ຺มอฺฑ้ๆฑ຺)

▶ 注意書きの部分を見落としていた。
ちゅうい　が　　　　　ぶぶん　み　お
(ध्यानदिनु पर्ने झैंचा उल्लेख गरेको ठाउँ देखिनँ।／ฃ຺ูฑๆฑ຺เมิฑ຺ใฑฉใฉ຺ฑ຺ฃฑ຺ถๆฑ຺ลฑ຺ฉฑๆฉๆฺ຺, /มอฺฑ฿้ฑ຺ฉอฑฑ຺฿ฑฉฺฉ຺เฑฑ຺ฃๆฉฉๆฺฑ.)

▶ 見落としがないか、もう一回確認してください。
み　お　　　　　　　　　　　　いっかいかくにん
(के छुटेको त छैन, फेरि एकपटक निश्चय गर्नुहोस्।／ຊ຺มฑ຺฿ฉ຺ฉ຺ฑเมิฑ຺ใฑฉฑ຺ฉ຺ฃฃฺฑๆฉฑ຺เฃ่ฑ຺มๆฑ຺เมิฑ຺ใฑฉใฉ຺฿฿ฉๆ่ๆ.／ฑ຺ฉ຺ฉฑอฑฉฑ຺เ฿฼฿ฑฑ຺ฉฑ຺฿฿เ฿฼ใฉ฼ฑฉฺฉฑ຺มฺฉ຺ใฉ฿ใ฿฿ฑ฿ฃฉๆฃฉๆฉฑ຺฿ฃ฿ใฉ.)

□ **見苦しい**
み　ぐる
(फोहोरी／฿฿ฉฑฑ຺เมิฑ຺/฿เฉฺฑฉๆฺฑเฉฺฑ຺, ฿฿ๆฑ຺,
฿ฉฺฑฉอฑ຺)

▶ 人前で夫婦喧嘩なんて見苦しいよ。
ひとまえ　ふうふけんか　　　　み　ぐる
(मान्छेको अगाडि लोग्नेस्वास्नीको झगडा नगर, लाजमर्दो हुन्छ।／ฑๆฑ຺เฑๆฑๆ:฿้ๆฑ຺ปฑๆฉฉฺฑฉๆฉฉฺมฉๆฑ຺ไฃฉ฿฿เ฿฼มใฉ຺฿฿เฉ่๊ๆ
／฿ฑ຺฿฿ฑ຺เฃ฼฿฿ฑ຺้฿ฑ຺เฉฑ຺ฑฉฺฉฺ฿฼มฃฉฉฑ຺฿ฉิฉ຺ฑฑฉ຺฿฼ฉ຺ใฑใฑฑฉๆฉ຺฿ฉ຺.)

"何"を含む表現

前に付く語

後ろに付く語

同じ漢字を持つ語

動詞＋動詞 5

いろいろな意味を持つ言葉

言葉のいろいろな形

連語・短い句

体に関する言葉を使った慣用句

四字熟語

2
19

☐ 見直す
　みなお
（कुनै कुरा फेरि एकपटक गर्नु／ពិនិត្យឡើងវិញម្ដងទៀត／ប្រើថ្មីម្ដងទៀត, មើលឡើងបាទិត្យ, ការពិនិត្យ
ឡើង）

▷ 見直し
　みなお
（दोहो-याएर गर्ने काम／ការពិនិត្យមើលឡើងវិញ／ការកែលម្អ, មើលឡើងបាទីហ៊ី）

▶ 提出する前に、念のため、もう一度見直した。
　ていしゅつ　まえ　　ねん　　　　　　　　いちどみなお
（पेस गर्नुभन्दा अगाडि, कथमकदाचित गलती होला कि भनि फेरि एकपटक सुरक्षित हेरें।／ មុនពេលដាក់បញ្ជូនទៅ ខ្ញុំបាន ពិនិត្យមើលឡើងវិញម្ដងទៀតក្រៅពេលម្ដងក្រៅ។／រាលជាពិភិ្ភបាលើសាលាពុលើកពេលេផ្សេងៗ)

▶ 今まで頼りないと思ってたけど、今回のことで彼を 見直した。
　いま　　たよ　　　　　おも　　　　　　　　こんかい　　　　　　かれ
　みなお
（अहिले सम्म त के भर होला भनि सोचेको थिएं तर यसपालिको कुराले उ त त्यस्तो होइन भनि लाग्यो।／ខ្ញុំបានគិតថាការវាជា មនុស្សដែលមិនអាចពឹងផ្អែកបានរហូតមក ប៉ុន្ដែនៅពេលសារឿងលើកនេះ ខ្ញុំបានប្ដូរការគិតរបស់ខ្ញុំ។／ខ្ញុំបានគិតថា គាត់ជាមនុស្សមិនគួរពឹងផ្អែកបាន ប៉ុន្ដែនៅពេលនេះ ខ្ញុំបានផ្លាស់ប្ដូរគំនិតរបស់ខ្ញុំ។）

☐ 見習う
　みなら
（कसैको हेरेर सिक्नु／ហាត់រៀន, ធ្វើតាម／ ពិក្សាអោយ, ធ្វើឆ្លើនឆ្លើយ／ ឡើ ។បៀ）

▷ 見習いの身、見習い期間
　みなら　　み　みなら　きかん
（सिकारु, सिक्ने अवधि／អ្នកហាត់រៀនការក្រម, រយ:ពេលហាត់រៀន／ការរៀននាម, ឡើនៈខ្លឹករាម.）

▶ 彼女を見習って、私も早起きすることにした。
　かのじょ　みなら　　　　わたし　はやお
（सी महिलाको अनुसार म पनि चिाडो विहान सबेरै उठ्ने गर्छु भनें।／ខ្ញុំធ្វើតាមនាង ហើយខ្ញុំក៏បានសម្រេចចិត្តថានឹងព្រលឹមដែរ ／ខ្ញុំបានសម្រេចចិត្តក្រោកព្រលឹមដែរ ដោយយកតម្រាប់នាង）

☐ 見計らう
　みはか
（अनुमान गर्नु／ស៊ែរ／ ជ្រើស（ពេលវេលាស្ថិត）（ កាលៈ)）

▷ タイミングを見計らう
　みはか
（उपयुक्त मिल्ने समयको अनुमान गर्नु／ជ្រើសពេលវេលាសមស្រប／ជ្រើសពេលវេលាត្រឹមត្រូវ）

▶ 彼女が家に着く頃を見計らって電話した。
　かのじょ　いえ　つ　ころ　みはか　　　でんわ
（सी महिला घर पुग्ने समयको अनुमान गरेर टेलिफोन गरें।／ខ្ញុំជ្រើសពេលដែលនាងនៅដល់ផ្ទះ ហើយខ្ញុំបានទូរស័ព្ទទៅ នាង។／ខ្ញុំបានជ្រើសពេលវេលាត្រឹមត្រូវទូរស័ព្ទទៅពេលនាងដល់ផ្ទះ.）

☐ 結びつく
　むす
（कुनै दुइ वस्तु जोडिनु／សម្ពន្ធ ភ្ជាប់／ ផ្សំ, រួបរួមភ្ជាប់／ ជួបជុំ, ទាក់ទង, ភ្ជាប់）

▷ 世界各国との結びつき
　せかいかっこく　　　むす
（विश्वका विभिन्न देशको सम्बन्ध／ការជាប់ទាក់ទងរវាងប្រទេសនានានៅលើពិភពលោក／ការជាប់ទាក់ទងជាមួយប្រទេសផ្សេងៗ ក្នុងពិភពលោក.）

▷ こうした日々の努力が合格に結びついていく。
　　　　　ひび　　どりょく　ごうかく　むす
（यसरी दिनदिनै गरेको परीश्रमले उतीर्णको नतिजा ल्याउने हो।／ការខិតខំប្រឹងប្រែងរៀនរាល់ថ្ងៃបែបនេះនឹងនាំអោយ ប្រឡងជាប់។／ ความพยายามในแต่ละมื้ฯนี้ฌ្ញានិឹ៍ช่วยให้ป្ุរฌ่ความสำเร็จ.）

☐ 結びつける
　むす
（कुनै दुइ वस्तुलाई जोड्नु／ ចងភ្ជាប់, រួបរួមភ្ជាប់／ ផ្សំ, ភ្ជាប់）

▷ 家庭と地域を結びつける取り組みとして、毎年こう した行事が行われている。
　かてい　ちいき　むす　　　と　く　　　　　　まいとし
　　　　　　　ぎょうじ　おこな
（परिपरिवार र छरछिमेरलाई जोड्नु गतिविधिकोरूपमा हरेक वर्ष यस किसिमका गतिविधिहरू हुने गर्दान।／ ក្នុ ងការ ប ណ្ដ ះ នេះ ក្រុ ម បានធ្វើឡើងរៀនសម្ព័ន្ធដែលភ្ជាប់ការ ចងភ្ជាប់គ្រួសារ និងសហគមន៍។／ កិ ច្ច ការ ៗ ដ៏ រ ប ៏ បិ ក ្ ឡៀ ៅ ឆ្ នំ ភ្ ៏ភ្ ។ （ ខ្ញុ ំ ខ ប ច្ ច ើ ម ៅ ក ្ ន ្ រ ្ ប ្ ាន ទ ៅ ក ្ ្ រ ្ ម ្ ្ ៅ ១ ណ ្ ្ ្ ៅ ្ ្)）

229

□ 盛り上がる
もりあがる
(हल्ला-गुल्ला हुनु／ឡើងដល់កម្រិតកំពូល／ມ່ວນຊື່ນ, ນຸນຂຶ້ນ, ຄຶກຂຶ້ນ)

▷ 盛り上がり
もりあがり
(हल्ला-गुल्ला／ការឡើងដល់កម្រិតកំពូល／ຄວາມຄຶກຄື້ນ)

▶ 昨日の飲み会、盛り上がったんだって？ ―そうそう。
きのう の かい　も あ
最後はみんなで校歌歌ったよ。
さいご　こうかうた
(हिजो पटकको जलपान समारोह भयङ्कर रमाइलो भयो रे？―हो नि, अन्तिममा त सबैले विद्यालयको गाना गाँयौं।／ខ្ញុំលឺថាការ ជួបជុំផឹកញ៉ាំស្រាកាលពីម្សិលមិញចុងឧណ្ហភាពឡើងដល់កម្រិតខ្ពស់មែនទេ？―មែនហើយណា៎ កាលបុនចុងក្រោយដើ ទាំងអស់គ្នាបាន ច្រៀងបទចម្រៀងនៃសាលាឯណាៗ／ງານລ້ຽງດື່ມມື້ວານນີ້ມ່ວນຫວາ？―ແມ່ນໆ, ໃນຕອນທ້າຍ, ພວກຮ່ວມກັນຮ້ອງເພງ ໂຮງຮຽນ。)

▶ あの辺は少し地面が盛り上がっている。
へん すこ じめん も あ
(त्यहाँतिर अलिकति जमिन अग्लो भएको छ।／ខ្លែនោះដូចជាប៉ោងឡើងពីដីដូចន្តិច។／ຂຶ້ນແຖວນັ້ນດິນແດ່ລຶກຂຶ້ນໜ້ອຍໜຶ່ງ。)

□ やり遂げる
やりとげる
(अन्तिम सम्म गरेर छोड्नु, सिद्ध्यौं／เสร็จໃຫ້ສຳເລັດ)

▶ きつい仕事だったけど、何とか最後までやり遂げた。
しごと　なん　さいご と
(कठिन्त काम थियो तर जसोतसो अन्तिमसम्म गरेर सकाएँ।／កាការលំបាកែ៏ណា ប៉ុន្តែខ្ញុំបានធ្វើវារហូតដល់ចប់ ដោយជ៉បៗ។／ເປັນວຽກທີ່ໜັກກໍຈຶງໆ, ແຕ່ສຸດທ້າຍກໍສາມາດເຮັດໃຫ້ສຳເລັດ。)

□ 呼び止める
よびとめる
(बोलाएर रोक्नु／ហៅ／ເອີ້ນໃຫ້ຢຸດ)

▶ 帰ろうとしたら、課長に呼び止められた。
かえ　かちょう　よ と
(फर्कन लाग्दा पिच्छे तर आफ्ना प्रमुखले बोलाएर रोक्नुभयो।／ខ្ញុំត្រូវបានប្រធានផ្នែកហៅ កាលពីខ្ញុំរៀបគ្រប់ទៅផ្ទះ។／ຕອນທີ່ເຫັນຈະເມືອເອີ້ນໃຫ້ຢຸດທ້ອຍໆນ້ອຍໆ。)

□ 読み返す
よみ かえす
(पटक पटक पढ्नु／អានឡើងវិញ／ອ່ານຄືນ, ອ່ານແລ້ວອ່ານອີກ)

▶ この本は大好きで、何度も読み返しています。
ほん だいす　なんど　よ かえ
(यो किताब एकदम मनपर्नेहोले पटकपटक पढेको छ।／ខ្ញុំចូលចិត្តសៀវភៅនេះណាស់ ហើយខ្ញុំបានអានឡើងវិញច្រើនដង ហើយ។／ນັກນ້ຳຮັກໜັງສື และอ่านแล้วอ่านอีก。)

□ 読み取る
よみとる
(हेरेर बुझ्न सक्नु／អាន／อ่าน (ให้เข้าใจในเลิก))

▷ 情報を読み取る力
じょうほう　よ とちから
(सूचना प्राप्त सर्नसके क्षमता／សម្ត្រភាពអានពត៌មាន／ความสามารถในการอ่านขึ้นมม。)

▶ 彼の表情からは何も読み取れなかった。
かれ ひょうじょう　なに よと
(उसको अनुहारको भावबाट केहिपनि बुझ्न सकिनँ।／ខ្ញុំមិនអាចដឹងអ្វីសោះតាមរយ:ទឹកមុខរបស់គាត់។／ບໍ່ສາມາດອ່ານ ພຽງກຈາກສີໜ້າຂອງລາວ。)

□ 寄り掛かる
よりかかる
(अडेस लाग्नु／ភ័ណលេបួ, ផ្អែកលេបួ／ອິງເອືອຍ)

▶ 壁に寄り掛かって立っている男性が友達です。
かべ よ か　た　だんせい ともだち
(भित्तामा अडेस लगाएर उभिरहेको पुरुष साथी हो।／បុរសដែលឈរក្នុងណឌផ្នែកខ្នុងលើជញ្ជាំងនោ: គឺជាមិត្តភ័ក្តិ របស់ខ្ញុំ។／ຜູ້ຊາຍທີ່ຢືນເອືອຍກຳແພງຄືໝູ່ຂ້ອຍ。)

□ 湧き上がる
わ　あ
(उम्लेर आउनु／ពុះ, ហុរក្ឡោងឡើង／ເດືອດ, ພຸ່ງຂຶ້ນ, ຄິດຄຶກຂຶ້ນ)

▷ 温泉が湧き上がる
おんせん　わ　あ
(हटस्प्रींग उम्लेर आउनु／ទឹកក្តៅពុះ ហុរក្ឡោងឡើង／ບໍ່ນ້ຳຮ້ອນພຸ່ງຂຶ້ນ.)

▶ 温かい拍手に感謝の気持ちが湧き上がってきた。
あたた　は　くしゅ　かんしゃ　き　も　わ　あ
(सुमधुर तालिप्रति आभारको भावना जागेर आयो।／ខ្ញុំពិតជាមានអារម្មណ៍ដឹងគុណចំពោះការទះដៃដ៏កក់ក្តៅ។／ຮູ້ສຶກຂອບໃຈທີ່ໄດ້ຮັບສຽງຕົບມືຢ່າງອົບອຸ່ນຂຶ້ນໃຈຂຶ້ນມາ.)

▶ ゴールの瞬間、すさまじい歓声が湧き上がった。
しゅんかん　かんせい　わ　あ
(गोल हुने बेला विकराल हर्षोल्लासको आवाज गुन्ज्यो।／ឧណ្ហៈពេលទាត់បញ្ចូលទី សម្រែកលើកទឹកចិត្តដ៏ខ្លាំងក្លាបានកុះករឡើង។／ໃນຂະນະທີ່ເຮັດເປົ້າໄດ້, ສຽງເຊຍຢ່າງຮຸນແຮງກໍ່ພຸ່ງຂຶ້ນ.)

□ 沸き起こる
わ　お
(एकाएक/अकस्मात घडी हुनें लहर उठ्नु／ផុសឡើង, ផ្ទុះឡើង／ພຸ:/ເກີດຂຶ້ນ)

▶ 上映が終わると、会場のあちこちから拍手が沸き起こった。
じょうえい　お　かいじょう　は　くしゅ　わ　お
(प्रदर्शन समाप्त भएपछि हलमा चारैतिरबाट ताली बज्नथाल्यो।／នៅពេលការបញ្ចាំងភាពយន្តបញ្ចប់បានបញ្ចប់ សម្រែកៈដៃ បានឮឡើងពីគ្រប់ទិសទីនៃវិមានកមុវិធី។／ເມື່ອການສາຍຮູບເງົາໃກ້ສິ້ນສຸດລົງ, ສຽງຕົບມືກໍ່ດັງຂຶ້ນໄປທົ່ວຫໍປະຊຸມ.)

□ 置く
お

▷ 重点を置く、時間を置く、一日置いて返事する
じゅうてん お じかん お いちにちお へんじ

(महत्व राख्ने, समयको अन्तर राख्ने, 1 दिनपछि जवाफ दिने／ស្ដង់ដាចុងផ្ទុ, ចុកពេលមោយ, ចុកពេលទៃ១ថ្ងៃហើយឆ្លើយតប／
เน้น, ใช้เวลา, ทำมื้อปีๆแล้วจึงตอบกลับ.)

□ 送る
おく

▷ 駅まで人を送る、声援を送る、充実した日々を送る
えき ひと おく せいえん おく じゅうじつ ひび おく

(ट्रेन स्टेशनसम्म कसैलाई पुऱ्याउने, प्रोत्साहनको आवाज दिने, सुखमयजीवन बिताउने／ជូនដំណើរមនុស្សទៅដល់ស្ថានីយ៍
រថភ្លើង, ផ្ដល់ការសាប៊ែកទឹកចិត្ត, រស់នៅជីវិតប្រចាំថ្ងៃដ៏សម្បូរសប្បាយ／ส่งคนไปถึงสถานี, ส่งกำลังใจ, มีชีวิตที่สมบูรณ์.)

□ 構える
かま

▷ カメラを構える、店を構える、身を構える
かま みせ かま み かま

(क्यामेरा ह्वातमा लिने, पसल चलाउने, शारीरिकरूपमा तयार हुने／កាន់ម៉ាស៊ីនថត, បើកហាង, គ្រៀបខ្លួនជាស្រេច／
ตั้งกล้อง, ตั้งร้าน, ทรงไว้ให้พร้อม.)

□ 買う
か

▷ 怒りを買う、才能を買う
いか か さいのう か

(अरुको कारण बनाउनु, प्रतिभाको कदर गर्ने／ធ្វើអោយនរណាម្នាក់ខឹង, គោរពសមត្ថិភាពនរណាម្នាក់／
เช็คให้ใจร้อน, ยอมรับในความสามารถ.)

□ 稼ぐ
かせ

▷ 学費を稼ぐ、時間を稼ぐ
がくひ かせ じかん かせ

(शैक्षिक शुल्क कमाउनु, समयको आलटाल गर्ने／រកលុយបង់ថ្លៃសិក្សា, បង្កើតពេលវេលាដើម្បីអ្វីមួយ／
หาเงินจ่ายค่าเทอม, หาเวลา.)

□ からむ／絡む
から

▷ ひもが絡む、お金がからむ問題、人にからむ
から かね もんだい ひと

(धागो अल्झिनु, पैसाको झमेलामा अल्झिनु, मान्छेको समस्यामा अल्झिनु／ខ្សែចំណងជំពាក់ខ្សែ, បញ្ហាទាក់ទិននឹងរឿងលុយកាក់,
ឈ្លោះជាមួយគេ／เชือกพันกัน, ปัญหาที่เกี่ยวข้องกับเงิน, เถียงกับคน.)

□ 切る
き

▷ 1万円を切る、水を切る
えん き みずき

(1,000 हजार येन भन्दा कम हुने, पानीरहित बनाउने／ក្រោម១ម៉ុន៉ន្យែន, សម្រោះអោយអស់ទឹក／ต่ำกว่า 10,000 เยน.
สะเด็ดน้ำ.)

□ 組む
く

▷ 予定を組む、足を組む、バンドを組む、A社と手を組む
よてい く あし く く しゃ て く

(तालिका योजना बनाउने, उपरथट्टा लगाउने, ब्याण्ड बनाउने, A कम्पनीसँग हात मिलाउने／រៀបចំកាលវិភាគ, (ជើង) តង់ទាក់គ្នា, បង្កើត
ក្រុមភ្លេង, ចាប់ដៃគូជាមួយក្រុមហ៊ុនA／ตั้งแผนการณ์, ขาพับกันๆ, ตั้งวงดนตรี.)

□ 惜しむ
お

▷ 別れを惜しむ、手間を惜しむ、協力を惜しまない
わか お て ま お きょうりょく お

(विछोडलाई दु:खमान्नु, स-साना कुरालै अल्झन गच्चाउनु, सहयोगमा लाग्न तयार／និយាយលាគ្នាដោយក្ដុកក្ដរ, ខ្ជិលប្រើងប្រែង
បន្ដិចបន្ដួច, មិនជេជាយមសលីសអេម្ភពារពងការ／ถ่อมเสียดายกับการจากจากกัน, เสียดายกับการเสียแรงและ
เวลา, บังถ้อมละเอียดจะไม่ลดความร่วมมือ.)

何を含む表現 1

前に付く語 2

後ろに付く語 3

同じ漢字を持つ語 4

動詞＋動詞 5

いろいろな意味を持つ言葉 6

言葉のいろいろな形 7

連語・短い句 8

体に関する言葉を使った慣用句 9

四字熟語 10

□ 出す だ	▷ 広告を出す、新製品を出す、お金を出す（提供する、の意味）、アイデアを出す、結論を出す、けが人を出す こうこく だ しんせいひん だ かね だ ていきょう だ けつろん だ にん だ (विज्ञापन दिनु, नयाँ उत्पादित सामाग्री निकाल्नु, पैसा निकाल्नु, आईडिया निकाल्नु, निस्कर्ष निकाल्नु, घाइलामा निस्कनु／ផ្សាយពាណិជ្ជកម្ម, បើកដាក់លក់ការផលិតផលថ្មី, ចេញលុយ, បញ្ចេញគំនិត, សន្និដ្ឋាន, ធ្វើឱ្យមានអ្នករបួស／ออกโฆษณา, เปิดตัวผลิตภัณฑ์ใหม่, ให้เงิน, ออกความคิด, ให้ได้ผลสรุป, มีผู้ได้รับบาดเจ็บ)
□ 出る で	▷ 結果が出る、記事が出る、熱が出る、大学を出る、大通りに出る、旅に出る けっか で きじ で ねつ で だいがく で おおどお で たび で (परिणाम निस्कनु, लेख निस्कनु, ज्वरो निस्कनु, विश्वविद्यालयबाट निस्कनु, ठूलो सडकमा निस्कनु, यात्रामा निस्कनु／ចេញលទ្ធផល, ចេញផ្សាយអត្ថបទ, ក្ដៅខ្លួន, បញ្ចប់ការសិក្សាពីសាលលវិទ្យាល័យ, ចេញទៅផ្លូវធំ, ទៅដើរលេង／ มีผล, บทความถูกเขียนลงพิมพ์, เป็นไข้, จบจากมหาวิทยาลัย, ออกสู่ถนนใหญ่, ออกไปเที่ยว)
□ 流れる なが	▷ 音楽が流れる、噂が流れる、計画が流れる おんがく なが うわさ なが けいかく なが (सङ्गीत बज्नु, अफवाह फैलिनु, योजना तुहिनु／លឺបទភ្លេង, ពាក្យចចាមអារ៉ាមរីករាលដាល, គម្រោងការមិនបានសម្រេច／ ดนตรีบรรเลง, ข่าวลือแพร่สะพัด, แผนการล้มเหลว)
□ のむ	▷ 息をのむ、条件をのむ いき じょうけん (अन्हार दवाल्नु पर्नु, सर्त स्वीकार गर्नु／ភ្ញាក់ពពើលក្ដើមពុំញ់ង, ទទួលយកលក្ខខណ្ឌ／ถึงกับอึ้งใจ, ยอมรับเงื่อนไขได้)
□ 乗る の	▷ 波に乗る、調子に乗る、誘いに乗る、相談に乗る なみ の ちょうし の さそ の そうだん の (परिस्थितिमा समय मिलाउन बन्नु, बढ्ता जोशिलो हुनु, निमन्त्रणालाई स्वीकार गर्नु, कसैलाई सल्लाह दिनु／ទៅតាមដំណើរ, បានចិត្ត, ទទួលយកការអញ្ជើញ, ជួយប្រឹក្សា／ได้จังหวะ, ฮึกเหิม, รับคำเชิญ, ให้คำปรึกษา)
□ 読む よ	▷ 先を読む、相手の気持ちを読む さき よ あいて きも よ (भविष्यको बारेमा अनुमान लगाउन सक्नु, अर्कोपक्षको भावना बुझ्नसक्नु／គិតពីស្ពរុងខាងមុខនោះមុន, យល់អារម្មណ៍ម្ខាងទៀត／เป็นไปตามคาดการณ์, อ่านความรู้สึกของอีกฝ่าย)
□ ①沸く 　　わ 　②湧く 　　わ	▷ ①拍手が沸く　②勇気が湧く、疑問が湧く、興味が湧く はくしゅ わ ゆうき わ ぎもん わ きょうみ わ (1.प्रशंसाको ताली बज्नु, आशा जाग्नु 2. साहस उत्पन्न हुनु, प्रश्न उत्पन्न हुनु／(१)ការស្វាគមន៍ដោយទះៃដ, កើតមានទឹកចិត្តមោះ／(២)មានភាពសង្ស័យ, មានចំណាប់ / 1. ฮึกเหิมได้รับไมตรี, เกิดความหวังใจ, 2. เกิดความกล้าหาญ, เกิดข้อสงสัย)
□ 当たる あ	▷ 予想が当たる、宝くじに当たる、日に当たる、食べ物に当たる、失礼に当たる よそう あ たから あ ひ あ た もの あ しつれい あ (पूर्वानुमान सफल हुनु, ताकारुकुजी चिट्ठा पर्नु, घाम ताप्नु, खाना आहार पेट खराब हुनु, अशिष्ट हुन सक्नेहुन्／ការៃ្រាមកាអ៏ដឹងឧក, ក្រុប្រ្នាត, ក្រុ{ម្ន៉}ឱ្យ, ញ៉ាំអាហារខុស, មិនគួរសម, (ៃ្រាយ)／คาดคะเนได้ใกล้ๆๆความจริง, ถูกลอตๆ, ถูกแดด, ถูกแพรมอาหาร, (ฉบับ)ผลายายๆ)

□ 受ける
う

▷ 誤解を受ける、被害を受ける、ショックを受ける、注文
ごかい う ひがい う う ちゅうもん
を受ける、相談を受ける、試験を受ける
う そうだん う しけん う

(गलत बुझाइमा पर्नु, क्षति बेहोर्नु पुग्नु, धातलाग्धे कुराले अवाक हुनु, अर्डर लिनु, सल्लाह दिनु, परीक्षा दिनु／យល់ច្រឡំ, ខូចខាត:, ឆក់អូត, ១១ុលការកម្មង់ង, ១១ុ្យបកតាមប្រើក្បុក, ប្រសង／ເອົາໃຈຫ້ອ, ໄດ້ຮັບຄວາມເສຍຫາຍ, ຕົກໃຈ, ຮັບຄຳສັ່ງ (ອໍເດີ), ຮັບ ການປຶກສາ, ຮັບການສອບເສັງ.)

□ いじる

▷ 髪をいじる、機械をいじる、文章をいじる
かみ きかい ぶんしょう

(कपाल यताउति चलाउनु, मेसिन यताउति चलाउनु, वाक्य यताउति चलाउनु／ក្លួនសក់, លេងជាមួយ嚸ឥង嚸ាស្ទ្ឆ, កែប្រយោគ／ຫ້ຍ່ຜົມ, ຈຸ້ມຈ້ຳເຄື່ອງຈັກ, ປັບປຸງຂໍ້ຄວາມ.)

□ ①まずい／
不味い
まず

②まずい／
拙い
まず/つたな

▷ ①まずい料理　②拙いやり方、拙い状況
りょうり つたな かた まず じょうきょう

(1. नमिठो परिकार 2. अपरिपक्व तरिका, नराम्रो अवस्था／(9) អាហារដែលមិនឆ្ងាញ់ (ៗ)វិធីដែលខ្វៈខ្វៈ/មិនម៉ាស់, ស្ថានភាព ដែលគ្មានឈ្មោះមាល់／1. อาหารບໍ່ແຊບ, 2. ວິທີການທີ່ບໍ່ເໝາະສົມ, ສະຖານະການບໍ່ດີ.)

□ すじ／筋
すじ

▷ 首筋、筋の通った話、筋がいい
〈びすじ すじ とお はなし すじ

(गर्दनको मासु, तर्कसङ्गतसको कुरा, राम्रो प्रतिभा／កឆ្វើ កឆ្វើ, រឿងដែលសមហេតុផល, មានសមត្ថភាព／ເສ້ນຄໍ, ເປັນເລື່ອງທີ່ ມີເຫດມີຜົນ, ກ້ານແຮງແຮງ.)

□ 明るい
あか

▷ 明るい性格、法律に明るい
あか せいかく ほうりつ あか

(उज्यालो स्वभाव, कानूनी ज्ञान भएको／អឆ្ណាឆ្លអ្នកមាន, មានចំណេះដឹងផ្នែកច្បាប់／ບຸກຄະລິກກະພາບແຈ່ມໃສ, ມີຄວາມຮູ້ ຫຼາຍກ່ຽວກັບກົດໝາຍ.)

□ 甘い
あま

▷ 甘い考え、甘い話に注意する
あま かんが あま はなし ちゅうい

(सपना जस्तो सोचाई, मिठो कुरामा होस गर्नु／ការគិតដែលលោភលន់, ប្រយ័ត្នស្ម័្ណផ្អែម／ຄິດງ່າຍໆ, ລະວັງການເວົ້າຫວານໆ.)

□ 強い
つよ

▷ 強い風、強い意志、強い酒、寒さに強い、機械に強い
つよ かぜ つよ いし つよ さけ さむ つよ きかい つよ

(उन्दो हावा, बलियो अठोट, कडा रक्सी, जाडो सहन्छे, मेसिनको राम्रो ज्ञान भएको／ខ្យល់ខ្លាំង, ឆន្ទៈ:ដ៏រឹងម៉ាំ, ស្រាខ្លាំង, ធន់នឹង ភាពត្រជាក់, ពូកែផ្នែកគ្រឿងម៉ាស៊ីន／ລົມແຮງ, ຄວາມຕັ້ງໃຈອັນແຮງກ້າ, ເຫຼົ້າແຮງ, ທົນຕໍ່ຄວາມໜາວ, ເກັ່ງໃນການໃຊ້ ເຄື່ອງຈັກ.)

7 言葉のいろいろな形

(शब्दको विभिन्न स्वरूप／
ទម្រង់ផ្សេងៗនៃពាក្យ／
ຄຳສັບໃນຮູບແບບຕ່າງໆ)

N←V	
□ 飽き(がくる)	←飽きる
□ 空き(がない)	←空く
□ 諦め(が早い)	←諦める
□ (豊かな)味わい	←味わう
□ 焦り(が見える)	←焦る
□ 扱い(が悪い)	←扱う
□ (親への)甘え	←甘える
□ (孫の)甘やかし	←甘やかす
□ (予測の)誤り	←誤る
□ (庭)いじり	←いじる
□ いたわり(の気持ち)	←いたわる
□ (毎日の)営み	←営む
□ (留学生の)受け入れ	←受け入れる
□ (番組の)打ち切り	←打ち切る
□ 訴え(を取り下げる)	←訴える
□ (親友の)裏切り	←裏切る
□ (肌の)潤い	←潤う
□ (試験までの)追い込み	←追い込む
□ (災害の)恐れ	←恐れる
□ おだて(に弱い)	←おだてる
□ 落ち込み(が激しい)	←落ち込む
□ 落ち着き(がある)	←落ち着く

□ (秋の)訪れ	←訪れる
□ (体力の)衰え	←衰える
□ 買い替え(の時期)	←買い替える
□ (書類の)書き直し	←書き直す
□ (栄養の)偏り	←偏る
□ (仕事の)絡み	←絡む
□ (英語の)聞き取り	←聞き取る
□ (床の)きしみ	←きしむ
□ (日頃の)心がけ	←心がける
□ ごまかし(が利かない)	←ごまかす
□ (上司への)ごますり	←ごまをする
□ 差し支え(がない)	←差し支える
□ 悟り(を開く)	←悟る
□ (作品の)仕上がり	←仕上がる
□ 仕切り(のカーテン)	←仕切る
□ (難しい)仕組み	←仕組む
□ 親しみ(を感じる)	←親しむ
□ (子どもの)しつけ	←しつける
□ (一時)しのぎ	←しのぐ
□ (親からの)勧め	←勧める
□ (台風への)備え	←備える
□ だまし(のテクニック)	←だます
□ ためらい(がある)	←ためらう

□（道の）突き当たり ←突き当たる
□（罪の）つぐない ←つぐなう
□つぶやき（が聞こえる）←つぶやく
□（機械の）つまみ ←つまむ
□（トイレの）詰まり ←詰まる
□（勉強の）積み重ね ←積み重ねる
□詰め（が甘い）←詰める
□（洗剤の）詰め替え ←詰め替える
□釣り合い（がとれている）←釣り合う
□（休みの）届け出 ←届け出る
□（仕事への）取り組み ←取り組む
□（電話の）取り次ぎ ←取り次ぐ
□（親の）嘆き ←嘆く
□なまけ（癖）←なまける
□（漢字の）成り立ち ←成り立つ
□（紐の）ねじれ ←ねじれる
□（友人への）妬み ←妬む
□粘り（が足りない）←粘る
□（電車の）乗り継ぎ ←乗り継ぐ
□励み（になる）←励む
□大はしゃぎ ←はしゃぐ
□（最近の）流行り ←流行る
□（ガス代の）引き落とし ←引き落とす
□（券と）引き換え ←引き換える
□（料金の）引き下げ ←引き下げる

□（お金の）引き出し ←引き出す
□振り込み（期限）←振り込む
□（社会人としての）ふるまい ←ふるまう
□（日本の）誇り ←誇る
□（運転の）見合わせ ←見合わせる
□（髪の）乱れ ←乱れる
□（先生の）導き ←導く
□見積もり（金額）←見積もる
□見直し（が必要）←見直す
□（大工の）見習い ←見習う
□（人との）結びつき ←結びつく
□（観光地）巡り ←巡る
□（胃の）もたれ ←もたれる
□もてなし（を受ける）←もてなす
□（水）もれ ←もれる
□許し（が出る）←許す
□（ネジの）緩み ←緩む

N←A/NA

□痛み（を感じる）←痛い
□快適さ（を追求する）←快適な
□苦しみ（に耐える）←苦しい
□（老後の）楽しみ ←楽しい
□（女性の）強み（を生かす）←強い
□豊かさ（の基準）←豊かな

8 連語・短い句
れんご みじか く

(શ્રૃંખલાત્મક શબ્દ / છોટા શબ્દ／ពាក្យលើសពីរ ភ្ជាប់គ្នាតែរៀបចលនាដូចគ្នានិងពាក្យមួយ, ឃ្លាខ្លី／ຄຳສັບບລ្បຽบກັน・ວะລិສັ້ນ)

□ **あしからず／悪しからず**
あ あ
(कसैको दोष नहुनु／កុំគិតក្នុងចិត្តមិនល្អ, ទុំចិត្តឯ, ຂໍ
ຢ່າໄດ້ຄึดใฮ2)

▸ 年内は休業とさせていただきます。あしからず
ねんない きゅうぎょう
ご了承ください
りょうしょう

(यस बर्षभित्र आराम बन्द गरिन्छ । तसमा हामो दोष नमान्नो कुरालाई बुन्झुन अनुरोध गरिन्छ ।／ហាងយើងខ្ញុំ សូមអនុញ្ញាតឈប់សម្រាកនៅចុងឆ្នាំនេះឡើង។ សូមអភ័យទោសសម្រាប់ការរំខានផងណា។／ພวกเຮົาຈะປິດ ກິຈกาน...ปายในปีนี้. ຂໍອ์ไทในความຂัดຂ้อง.)

□ **味気ない**
あじけ
(बेस्वादको / फुस्रो／ គ្មានរសជាតិ／ផ្អែមៗ, (ឆ្ងាញ់) បំ ពិ ลิดญาด, ບໍ່ມີສีสัน)

▸ こっちのデザインは文字だけで、ちょっと味気ない。
もじ あじけ

(यहाँको डिजाइन त अक्षरमात्र भएकोहुनाले अलिकति नै लाग्छ ।／ម៉ូដនេះមិនគួរអោយចាប់អារម្មណ៍ដោយសារ មានតែក្អក្សរ៕／ແບບນี้มีแต่ตัวໜັງສือ, ຊ้อนຂ้างฮ์ดใจเลีนน้อย.)

□ **あてにする**
(भाथि भरपर्नु／ពឹងពាក់, ពឹងផ្អែក／ຫวังเพึง)

▸ いつまでも親をあてにするんじゃないよ。
おや

(सधैं सम्म पनि बाबुआमामाथि भर नपर । ／ឈប់ពឹងផ្អែកលើឪពុកម្ដាយរហូតបាន៕／
ย่าไปຫວังพึ่ງพ่อแม่ໄปตລอด.)

□ **後を絶たない**
あと た
(एकपछि अर्को गर्दै जानुन／គ្មានទីបញ្ចប់／
ບໍ່ສิ้นสุด, ບໍ່มีวันສิ้นสุด.)

▹ このような事件が後を絶たない。
じけん あと た

(यस किसिमका घटना एकपछि अर्को गर्दै घटिरहेका छन् ।／ឧបទ្ទេរហេតុបែបនេះគ្មានទីបញ្ចប់ឡើយ។／
ເหตุกานแบบนี้บ์มีวันສิ้นສุด.)

□ **ありふれた**
(जतासुकै पाइने／ធម្មតា／ປกกะติ, ທຳມะดา, ดาถไป)

▹ ありふれた表現／毎日
ひょうげん まいにち

(जतासुकै पाइने अभिव्यक्ति／ ធម្មតា ／ ស៊ាំ／ สำนวนສะเໝี/ไ่ขึมกุตา／ทำมะดาทุกมี.)

□ **きりがいい**
(स्थगन गर्न सकिने राम्रो अवस्था／ល្អ／ພໍດีงาม)

▹ きりのいい数字
すうじ

(स्थगन गर्न सकिने राम्रो सह्ख्या／ លេ០គគ／ເลาทูม)

▸ もう12時だ。きりがいいからお昼にしようか。
じ ひる

(अब 12 बज्यो । स्थगन गर्न सकिने राम्रो समय भएकाले दिउँसोको खाना आउँ ।／12ម៉ោงហើយ! ងោះជាពេលគ្នា ញ៉ាំ់អាហារថ្ងៃត្រង់ ព្រោះថ៍មានឈ្ង៕／12โมງແລ้ว. ພໍดีเวลา, กินเข้าທ่ຽງกันเນาะ.)

□ **きりがない**
(भाधव नहुनु／គ្មានទីបញ្ចប់／ບໍ່ສิ้นສุด, ບໍ່แລ้ว)

▸ 〈部屋探し〉上を見てもきりがないからね。この二つのどっちかにしよう。
へや さが うえ み
ふた

(〈कोठा खोज्दै〉 माथि माथि खोजे पनि भाधव नहुने हुनाले यो दुइटा मध्ये कुनै एउटालाई रोजौं ।／(ការស្វែងរកបន្ទប់) เ่ณะ:ฆ្រើสเພ៉ីดែលเลีຍเลือกเช៌ອកមិนមกมានទីបញ្ចប់ณ่ណา เ่ณะ: ฆ្រือยคเลือกเอาณีนึน2อันนี้เณา: ／ຂ็ນ้ำตอ์งเ้อน) ยิ่งไปเບิ่ງສิ่งอื่นๆกับ์มีเพ่า. เลือกเอาๆอย่าง 2 อย่าง...ปานนี่เທ.)

□ **計算に入れる**
けいさん い
(ध्यानमा राख्नु／បញ្ចូលក្នុងការគណនា／ຄິดໄລ่เຂ้ั)

▸ 乗り換えの時間も計算に入れといてね。
の か じかん けいさん い

((यातायातको साधन) परिवर्तनका लाग्ने समयलाई पनि ध्यानमा राख ।／បញ្ចូលម៉ោង៣ប៉ុរ(ចេ្ង្ង)ក្នុងการ គណនាផង។／ຄິດໄລ่เวลาป่ຽนລົດเຂ้ันำแถ่เด.)

□ さじを投_なげる

▶ 病気_{びょうき}の進行_{しんこう}は予想以上_{よそういじょう}に進_{すす}み、医者_{いしゃ}もさじを投_なげたようだ。

(निरन्तरता दिन छोड्नु／ເຊະບໍ່ເບນ, ຖ:ຫຍ້ / ໝົດຄິນກຕຣ, ຖອນໄຈ, ຍກເລີກ, ຍອມແພ້)

(रोग मोचे भन्दा तिव्र गतिमा बढिरहेकोले चिकित्सकले पनि उपचारलाई निरन्तरता दिन छोडे । ／ການລຸກລາມຂອງພະ ຍາດເກີນເກີນໄປກ່ວາທີ່ຄາດຄິດ, ແພດກໍ່ປ່ຽນທີ່ຈະສືບຕໍ່ການປິ່ນປົວ ໄປໃນທາງທີ່ດີຂຶ້ນ, ແພດກໍ່ປ່ຽນທ່າຕ່າສືບຕໍ່ຍອມແພ້ແລ້ວ.)

□ 世話_{せわ}を焼_やく

▶ 当時_{とうじ}、世話_{せわ}を焼_やいてくれたのが、現在_{げんざい}の妻_{つま}です。

(स्याहार-सुसारको आवश्यकता हुनु／ໄຂ່ຢ້າ, ເບິ່ງແຍງ)

(त्यतिवेला स्याहार-सुसार गरिदिने मान्छे नै अहिलेको मेरो श्रीमती हो।／ຜູ້ທີ່ຄອຍຫ່ວງໃຍເອົາໃຈໃສ່ເບິ່ງແຍງໃນເວລານັ້ນແມ່ນເມຍຄົນປະຈຸບັນຂອງຂ້ອຍ.)

□ 底_{そこ}を突_つく

▶ ついに貯金_{ちょきん}が底_{そこ}をついた。

(रीत्ता आदि समाप्त हुनु／ໝົດເກີນ／ຂອດ, ຫາມີ, ເຖິງຫຼັອຍ)

(अब त पैसा आदि समाप्त भयो नै।／ຈົນກະທັ່ງໃນທີ່ສຸດເງິນຝາກກໍ່ໝົດລົງ.)

□ それとなく

▶ それとなく断_{ことわ}ったんだけど、わかってくれたかなあ。

(चाहा नचलाउने गरी／ເປົາໝຢາມານາລ／ໂດຍທາງອ້ອມ, ປ່າງອ້ອມຄ້ອມ)

(चाहा नपाउने गरी अस्वीकार गरेको थिएँ, बुझ्यो कि बुझेन।／ຜູ້ກ່ອນອຍປິຊສະໂດຍທາງປ່າງອ້ອມ, ຊິເຂົ້າໃຈຢູ່ບໍ່?)

□ 頼_{たよ}りない

▶ 頼_{たよ}りない上司_{じょうし}

(भर नपर्दो／विश्वास गर्न नहुने／ໝ້ວຍາງ◌ຶ່ງກິກບໍ່ໄດ້, ເພິ່ງພາບໍ່ໄດ້, ບໍ່ໜ້າໄວ້ວາງໃຈ)

(भर नपर्दो माथिल्लो कर्मचारी।／ເຈົ້ານາຍໝ້ວຍາງ◌ຶ່ງກິກບໍ່ໄດ້, ເພິ່ງພາບໍ່ໄດ້.)

▶ 頼_{たよ}りないなあ。ほんとにそれ（その金額_{きんがく}）で合_あってるの？

(विश्वास लागेन, साचिं नै यतिको(पैसा)ले मिल्केको छ र？／ໝ້ວຍາງ◌ຶ່ງກິກບໍ່ໄດ້ເນາະ។ ເຫັ(ຈຳນວນ◌ຶ່ງກໍ່ຖີກເສາະ)ເຕັກຖູກແມ່ນບໍ？／ໄວ້ໃຈບໍ່ໄດ້ແທ້. (ຈຳນວນນັ້ນ) ຫຼືຕົວຈິງຖືກຕ້ອງ?)

□ つじつまが合_あう

▶ 話_{はなし}のつじつまが合_あってない気_きがする。

(कुरा नमिल्ने／ສ໌ໄສ◌ຣ◌ກໍ◌ສ, ◌ຫ◌ຕໍ◌ອງ◌ກັນ, ລົງຕົນ)

(कुराकानीको पारा मिलेको छैन जस्तो लाग्छ।／ຮູ້ສຶກວ່າການໂອ້ລົມ◌ມ◌ຫ◌ສ◌ຣ◌ກໍ◌ສ◌ເສາະ។ ຮູ້ສຶກວ່າການໂອ້ລົມບໍ່ໄດ້ສ◌ຣ◌ກໍ◌ສ◌ ◌ລົງຕົນ.)

□ どうしようもない

▷ どうしようもない人_{ひと}

(कुनै उपाय नभएको／काम न काजको／◌ມ◌ອ◌ກ◌ເ◌ຮ◌ຄ◌ຂ◌ ◌ກ◌ສ◌ຍ, ໂດຍບໍ່ໝ◌ຂ◌ສ◌, ◌ຍ◌ບໍ◌ໄດ◌, ບໍ◌ເ◌ກ◌ອ◌ ◌ຂ◌ຫ◌ຍ, ◌ເ◌ຮ◌ຄ◌ບໍ◌ໄດ◌.)

(काम न काजको मान्छे／◌ມ◌ສ◌ອ◌ສ◌ ◌ມ◌ອ◌ກ◌ເ◌ຮ◌ຄ◌ຂ◌◌ ◌ກ◌ສ◌ຍ／◌ຄ◌ບໍ◌ໄດ◌ຫຍັງ)

▷ 連絡_{れんらく}がつかないんじゃ、どうしようもない。

(सम्पर्क हुन नसक्ने भए कुनै उपाय नै छैन।／◌ມ◌ອ◌ກ◌ເ◌ຮ◌ຄ◌ຂ◌◌ ◌ກ◌ສ◌ຍ ◌ເ◌ປ◌ນ◌ທ◌ງ◌ອໍ◌ກ◌ເ◌ຮ◌ຄ◌ຂ◌◌／◌ຕ◌ດ◌ຕໍ◌ບໍ◌ໄດ◌, ◌ສ◌ເ◌ຈ◌ຫ◌ຍ◌ບໍ◌ໄດ◌.)

□ 遠回_{とおまわ}し

▷ 遠回_{とおまわ}しに断_{ことわ}る

(घुमाउरो पाराको／ເ◌ປ◌ຍ◌ມ◌ານ◌າລ◌／◌ອ◌ມ◌ຄ◌ອ◌ມ, ◌ທ◌ງ◌ອ◌ອ◌ມ)

(घुमाउरो पाराले अस्वीकार गर्नु／ບໍ◌ເ◌ສ◌ນ◌ໂ◌ຍ◌ທ◌ງ◌ຍ◌ບ◌ມ◌ານ◌າ◌ລ◌／◌ປ◌ຕ◌ເ◌ສ◌ທ◌າງ◌ອ◌ອ◌ມ)

□ 取_とり返_{かえ}しがつかない

▶ 今_{いま}やらないと、取_とり返_{かえ}しがつかなくなるよ。

(नराम्रो परिणामलाई फर्काउन नसकिने／◌ມ◌ອ◌ກ◌ເ◌ກ◌ຍ◌ກ◌ເ◌ກ◌ປ◌◌ ◌ກ◌ພ◌ະ◌ຫ◌ຍ◌◌, ◌ມ◌ອ◌ກ◌ໂ◌ຄ◌ກ◌ບ◌ານ◌◌, ◌ຍ◌ກ◌ເ◌ລ◌ກບໍ◌ໄດ◌◌, ບໍ◌ ◌ສ◌ານ◌ຄ◌ໄ◌ດ◌ກ◌ບ◌ມ◌ໄ◌ດ◌.)

(अहिले नगरे त्यसको नराम्रो परिणामलाई कहिल्यै समेट्न सकिंदैन।／◌ເ◌ບ◌ຫ◌ມ◌ເ◌ຮ◌ດ◌ເ◌ດ◌ຽວ◌ນ◌ ◌ມ◌ອ◌ກ◌ເ◌ກ◌ຍ◌ກ◌ປ◌◌／◌ຫ◌ກ◌ເ◌ຣ◌ອ◌ມ◌ວ◌ນ◌ນ◌, ◌ຊ◌ແ◌ກ◌ໄ◌ຂ◌ຄ◌ນ◌ບໍ◌ໄ◌ດ◌.)

□ 取_とるに足_たらない

▷ 取_とるに足_たらない話_{はなし}／理由_{りゆう}

(नगन्य／कुनै महत्व नभएको／◌ໄ◌ດ◌ສ◌ານ◌◌, ◌ບໍ◌ສ◌◌ຄ◌ນ, ◌ໄ◌ລ◌ທ◌າ◌ມ◌ປ◌ໄ◌ດ◌, ◌ໄ◌ຂ◌◌◌)

(कुनै महत्व नभएको कुरा／कारण／◌ເ◌ລ◌ອ◌ງ／◌ບ◌ນ◌ຫ◌າ◌ຕ◌ໄ◌ລ◌ທ◌ມ◌ປ◌◌ ◌ໄ◌ດ◌ສ◌ານ◌◌／◌ຄ◌ຳ◌ເ◌ລ◌ກ◌ / ◌ຫ◌ດ◌ກ◌ບ◌ທ◌ໄ◌ດ◌ກ◌ບ◌ຫ◌ຍ◌ບ◌ໄ◌ດ◌.)

2
21

238

何を含む表現 1

前に付く語 2

後ろに付く語 3

同じ漢字を持つ語 4

動詞＋動詞 5

いろいろな意味を持つ言葉 6

言葉のいろいろな形 7

連語・短い句 8

体に関する言葉を使った慣用句 9

四字熟語 10

□ 情けない
なさ
(ខ្វះចេតនា／ខាងអន់／គួរឱ្យអាណិតអាសូរ, គួរសោកស្តាយ／ເປັນຕາຫນ່າຍ, ເປັນຕາເຮັດໃຈ)

▷ 情けない成績
なさ せいせき
(ណានលាវនៃ មុនាសហេតុន／លទ្ធផលការសិក្សាជំនួសអាណិតអាសូរឃ／ຄະແນນທີ່ເປັນຕາຫນ່າຍ.)

▶ こんなことも一人でできないなんて、情けない。
ひと り なさ
(ລ្រឿ ខ្ពរាហ្វនី ថូលៃតេ តម្ងៃ អានៃលៃ ត ສາຮៃ ການៃលៃ ហ្វវៃ ໄอ່／គួរឱ្យអាណិតអាសូរយ៉ាងណាម្លែអ្វីមិនអាចធ្វើការបែបนេះដែលម្នាក់កឈ្ជងបាន។／ເປັນຕາເຮັດໃจທ່ວີຄນລາກະເຮັດແບບนี้ຜູ້ດຽວບໍ່ໄດ້.)

□ 果てしない
は
(អនន្ត／ຖ្វានាมือบ៉ៃ, ຖ្វានาກ្រៃៃ, ບໍ່ມីที่ស្រុด, ບໍ ໂอบไอก, ຫ្ວานๆ⊃ៗ)

▷ 果てしなく続く草原
は つづ そうげん
(អននৃរ៤पमा फैलेको मैदान／ពលស្ងៃព์ៃដៃលលាតសន្ធឹឯធៃ⊃ນ៤ໃຜ្រៃ／ຫ្ວ៤ยม์៤ที่ต⊃ៗລ⊃ៗ⊃ๆ)

□ 波紋を呼ぶ
は もん よ
(तरङ्ग मच्याउनु／បង្កភាពចម្រុ⊃ងចម្រាស់／เฮใต้เกิดผลกะທใ)

▷ 大臣の発言が波紋を呼んでいる。
だいじん はつげん は もん よ
(मन्त्रीको वचनले तरङ्ग मच्याइरहेको छ।／पाक्यसម្ដีรບസ្ម្ងๅ⊃ຖ្វៃ⊃ងบៃ⊃ภាពចម្រុ⊃ងចម្រា⊃ស់។／ຄำกล่าวของຮัฐมนตรีเกิดใต้เกิดผลกะທใ)

□ 反感を買う
はんかん か
(निन्दा गराउनु／เฮ้ใต้เขายืงสม្ងๅ／เฮใต้ขุ้นใ⊃, เฮใต้ขุ่นเคือง)

▶ 遠慮を知らない彼の言動は、周囲の反感を買った。
えんりょ し かれ げんどう しゅうい はんかん か
(उसले बोलिचाली गर्विचालेहरू कुरै परवाह नगरौ व्यवहारहरुले निन्दा भयो ।／អាកៃ⊃ៃthat กิริ⊃យ⊃៤รៃ⊃ส់គๅត់ដៃលเฮใต้៤បៃ⊃ฅๅๅ⊃ຖ្វ⊃៤ຖ្វๅ⊃⊃៤⊃ຖ្វๅ⊃⊃ฅ⊃ភាពอี⊃ยังสม្ងๅ／ลใ⊃⊃៤น៤พฤติกรรมของ⊃ขๅ⊃ที่ต่ๅแลๅๅ⊃⊃វ⊃／เฮใต้ทๅ⊃រอ⊃ขๅๅๅ⊃ขุ่นเคือง。)

□ 一息つく
ひといき
(छोटो विश्राम लिनु／សម្រាក／ພักผ่อน)

▶ 〈作業〉もうちょっとしたら、一息つこうか。
さぎょう ひといき
(〈कामकाज〉 अब अलिकति पछि छोटो विश्राम लिनौ।／(ការ⊃ងៅ) เฮใ⊃⊃ຖ្វ⊃៤⊃ฅใ⊃ฅ⊃ฅ⊃ฅ⊃ฅ⊃ฅ⊃។／<ๅๅ>⊃ทใ⊃ทใมอ⊃ข⊃อ⊃น, ພักผ่อนໂมๅๆ?)

同 一息入れる
ひといき い

□ 氷山の一角
ひょうざん いっかく
(लुक्नर रहेको कुनैवस्तुको सानो अंश／មុ⊃យ⊃ភ្ន⊃ก, ⊃ឲលบ្មៅ⊃ยๆ, เฮๅ⊃เฮ⊃ๅน້ๅๆ)

▶ このような不正は氷山の一角に過ぎないという見方もあり、今後の捜査の行方が注目される。
ふ せい ひょうざん いっかく す かた こんご そうさ ゆくえ ちゅうもく
(यस किसिमको भ्रष्टाचार लुक्नर रहेको सानो अंश भाको हुनपर्छ भन्ने मानिस छ, त्यसैले उपरान्त छानविन अनुसन्धानको गतिविध चाक्कको विषय बनेको छ।／ការ⊃ป្រ⊃⊃បៃ⊃⊃បៃ⊃ฅៃฅៃมៅ⊃⊃ยๅๅ⊃ขๅๅ⊃ย⊃ยๅๅ⊃ณๅๅ, เฮๅ⊃⊃ลๅๅๅ⊃⊃สๅๅๅ⊃⊃ย⊃ยๅๅๅ⊃⊃⊃⊃ฅ⊃⊃⊃⊃⊃⊃เฮๅๅⅈⅈⅈ⊃⊃⊃⊃⊃ยๅๅๅ⊃⊃ยๅๅ⊃ยๅๅ／ๅๅๅ⊃⊃⊃⊃น្⊃⊃⊃⊃ภาพล្ๅৎ⊃⊃⊃⊃⊃⊃⊃⊃⊃⊃⊃⊃⊃⊃⊃⊃⊃⊃⊃⊃⊃⊃⊃⊃สืบสอบ.)

□ 非を認める
ひ みと
(दोष स्वीकार गर्नु／⊃⊃⊃ลสๅๅ⊃กๅฮๅๅ／ยอมຮับความผิด)

▶ 結局、彼は非を認めた。
けっきょく かれ ひ みと
(आखिरमा उसले दोष स्वीकार गर्यो।／⊃⊃ฅๅ⊃ทๅๅๅๅ⊃⊃⊃⊃⊃ลๅๅกๅฮๅๅเฮๅ⊃។／ในທี่ສุด, ລาวยอมຮับความผิด.)

□ ひんしゅくを買う
か
(तिरस्कार हुनु／เฮใ⊃⊃⊃เฮๅ⊃⊃⊃⊃⊃⊃ฅๅৎ⊃⊃⊃⊃ฅ⊃ (ขีๅ)／เฮๅๅใต้ขีๅ, เฮๅๅใต้ขๅๅๅๅ)

▶ 取引先との会議に遅れて、ひんしゅくを買ってしまった。
とりひきさき かいぎ おく か
(आपूर्तिकर्ताहरूको सभामा अबेर पुगेकोले तिरस्कार हुनुपर्यो।／⊃⊃ไปⅈ⊃⊃⊃ใต้⊃⊃⊃ฅๅๅๅ⊃⊃⊃⊃⊃⊃เฮๅๅ⊃⊃ๅๅ⊃⊃⊃⊃ใต้ฅๅๅ⊃⊃⊃⊃⊃⊃⊃។／⊃⊃⊃⊃⊃⊃⊃⊃⊃⊃⊃⊃⊃⊃⊃⊃⊃, เฮๅๅๅ⊃⊃⊃ฅ⊃ใต้ขีๅ⊃⊃⊃.)

□ 物議を醸す
ぶつぎ かも
(विवादास्पद वस्तु／បង្កការជជៃ⊃⊃⊃⊃⊃ⅈ⊃／เฮใต้เกิดการวิจาร).

▷ 当時、この映画のラストシーンは物議を醸した。
とうじ えいが ぶつぎ かも
(त्यतिबेला यस मिनेमाको अन्तिम दृश्य विवादास्पद बनेको थियो।／ㅋㅜㅈㅓㅈㅗㅗ เฮๅๅ⊃⊃⊃ฅㅇㅗㅗ⊃⊃ภาพยนๅๅ⊃⊃⊃⊃បង្កៃ⊃⊃⊃⊃។／ในเวลานั้น, ฉากสุดท้ายของหนังเรื่องนี้ใต้เกิดการวิจาร.)

□ 面倒を見る
めんどう み
(देखभाल गर्नु／ថៃ⊃⊃⊃⊃, เฮๅใต้⊃⊃／เฮๅ⊃⊃⊃ยๅๅ, ⊃⊃ใจใส่)

▶ 入った頃、面倒を見てくれたのが野村先輩でした。
はい ころ めんどう み の むらせんぱい
(बहुसे भएमा आएकोबेला नोमुरा सिनियरले देखभाल गरिदिनुभयो।／⊃⊃⊃⊃⊃⊃⊃⊃⊃⊃⊃⊃⊃⊃⊃⊃⊃⊃⊃⊃⊃⊃⊃⊃⊃⊃⊃⊃ฅๅๅ⊃⊃⊃⊃⊃ⅈ⊃⊃⊃ฅ⊃⊃។／⊃⊃⊃⊃⊃⊃⊃⊃⊃⊃⊃⊃⊃⊃⊃⊃⊃⊃⊃, ⊃⊃⊃⊃⊃⊃⊃⊃ในมๅๅ⊃, เฮๅ⊃⊃⊃⊃⊃ยๅๅ.)

□ **申し分(が)ない**
もう ぶん

(उत्कृष्ट हुनु／ល្អឥតខ្ចោះ／ບໍ່ມີຫຍັງຕິຕ່ຽນ, ບໍ່ມີຂໍ້ຕຳນິ, ສົມບຸນແບບ.)

▶ 提示された条件は申し分ないものだった。
　　てい じ　　　　じょうけん　　もう　ぶん

(पेश गरिएका सर्तहरू उत्कृष्ट थिए।／លក្ខខណ្ឌដែលបានផ្តល់អោយគឺល្អឥតខ្ចោះ។／ເງື່ອນໄຂທີ່ສະເໜີມາແມ່ນ
ສົມບຸນແບບ.)

□ **八つ当たり**
や　あ

(कोधको प्रकोप／មួរហើ／ໃຈຮ້າຍແລ້ວລາມໃສ່ (ຜູ້ອື່ນ))

▶ 私に八つ当たりしないでよ。怒られたのは自分の
　わたし　や　あ　　　　　　　　　　　　　おこ　　　　　　　じ ぶん
　せいでしょ？

(मलाई आफ्नो कोधको प्रकोप नबनाऊ। तिमीले गाली खानुपरेको त आफ्नै कारणले होइन र?／កុំយកមកដាក់ខ្ញុំអ្វី។ក
ដ្បិតហេតុផលរបស់ឯងដែលបានធ្វើអោយគាត់ខឹង ក្រៃ៧។／ໃຈຮ້າຍແລ້ວຢ່າລາມໃສ່ຂ້ອຍແມ່. ໃຈຮ້າຍທີ່ແມ່ນ
ຍ້ອນໄຕເອງຕວະ?)

□ **良し悪し**
よ　あ

(राम्रो नराम्रो／ល្អឬអាក្រក់／ດີຫຼືຊົ່ວ, ດີຫຼືບໍ່ດີ, ມີທັງດ້ານ
ບວກທັງດ້ານລົບ, ມີທັງດີແລະຊົ່ວ, ດີຫຼືບໍ່ດີ)

▶ この映画、内容のよしあしはわからないけど、話
　　えい が　　ないよう　　　　　　　　　　　　　　　わ
　題になってるね。
　だい

(यो सिनेमा, कथा राम्रो नराम्रो हो वाह्रा छैन तर चर्चामा छ हजि।／ខ្ញុំមិនដឹងថាភាពយន្តនេះល្អឬអាក្រក់ទេ
ប៉ុន្តែភាពយន្តនេះគឺពុំងត្តាយជាប្រធានបឧន័ក្រៅតសុក។／ບໍ່ຮູ້ວ່າຮູບເງົາເລື່ອງນີ້ດີຫຼືບໍ່ດີ, ແຕ່ມັນກໍລາເປັນເລື່ອງ
ມາລ.)

⑨ 体に関する言葉を使った慣用句
からだ かん ことば つか かんよう く

(ສรีรังก สมพนธิต ชัพทะหรู／គ្រាមភាសា ដែលប្រើពាក្យទាក់ទងនឹងរាងកាយ／ສຳນວນທີ່ໃຊ້ຄຳສັບກ່ຽວຂ້ອງກັບຮ່າງກາຍ)

□ **頭を抱える**
あたま かか
(=悩む)
なや

▶ 先月も赤字だとわかり、社長は頭を抱えている。
せんげつ あか じ しゃちょう あたま かか

(यो महिना पनि नोक्सानमा गयो भनि थाहा पाएर हाकिम झोक्राएकाछन्भने । ／ពេលដឹងថាខែមុនក្រុមហ៊ុនខាត ខ្ញុំ ខាត ប្រធានក្រុមហ៊ុនមានការព្រួយបារម្ភ។／ປອນນມ້ນອສິເໂສລຄໃຊຈຫວຫວກຄເຄເຄດຄໄທຫວມແລວ.）

□ **頭を冷やす**
あたま ひ

(=冷静になる)
れいせい

▶ 勢いで申し込んだけど、もう一回、頭を冷やして考えよう。
いきお もう こ いっかい あたま ひ かんが

(जोसमा आएर आवेदन दिएँ तर एकपटक फेरि शान्त भएर सोचौँ।／ខ្ញុំចង់ដាក់ពាក្យភ្លាមតែចង់គិតឱ្យបានល្អសិនមួយរយថា។／ໄດເສໂຍດງຫຍແລວ, ແຕເຮໃຫໃຈເຢເສຈແລຄດໃໝອກເຕືອນງ.）

□ **顔を合わせる**
かお あ
(=会う)
あ

▶ あの二人は、顔を合わせる度にけんかをしているね。
ふた り かお あ たび

(ती दुईजना भेट भयो कि झगडा गर्छन्।／ពីរនាក់នេះ, ពេលណាជួបគ្នាតែងតែឈ្លោះគ្នា។／ສອງຄນນນພບກນເມອໃຫຍກທະເລາະກນແ.）

▶ 彼とはなかなか顔を合わせる機会がない。
かれ かお あ きかい

(उसँग त हतपत भेट्ने अवसर हुँदैन।／ខ្ញុំមិនសូវមានឱកាសជួបគាត់មុខទល់មុខទេ។／ບຄອຍມໂອກາດໄດພບກບລາວ.）

□ **顔色をうかがう**
かおいろ
(=機嫌や様子を気にする)
きげん ようす き

▷ 上司の顔色をうかがう
じょうし かおいろ

(मालिकको कर्मचारीकोसँग डरारहनु／ក្រពះចិត្តអ្នកផ្សេងម្នាក់ចេញទៅហើយ។／ໃຫໃຈເຈົ້ານາຍ.）

▷ 昔は、周囲の顔色をうかがってばかりでした。
むかし しゅうい かおいろ

(पहिलापहिला त वरिपरिका व्यक्तिहरूप्रति डर लाग्थ्यो।／កាលពីមុន ខ្ញុំបានក្រពះចិត្តអ្នកផ្សេងម្នាក់ចេញទៅហើយ។／ແຕກອນ, ມແຕໃຈຄນອມແລະພຣມຄຣອບຄວ.）

□ **顔が利く**
かお き
(=信用や力によって相手に無理な頼みができる)
しんよう ちから あいて む り たの

▶ この店は顔が利くから予約なしでも大丈夫だよ。
みせ かお き よやく だいじょうぶ

(यो पसलमा मेरो अनुहार परिचित हुनाले रिजर्व नगरिक पनि समस्या हुँदैन।／ខ្ញុំអាចទិញទំនិញនៅហាងនេះ បានដោយមិនចាំបាច់កក់មុនព្រោះខ្ញុំស្គាល់គេច្បាស់។／ຮານນຮຈກດ ຈຶງບຈຳເປນຕອງຈອງລວງໜ.）

□ **顔を立てる**
かお た
(=その人のプライドが保てるようにする)
ひと たも

▶ ここは私の顔を立てて、先方に謝ってくれないか。
わたし かお た せんぽう あやま

(यसतो बेला, मेरो इज्जत राख्न अर्कोपक्षसँग माफी मागिदिन्छौ कि?／តើអ្នកអាចជួយឱ្យមុខខ្ញុំស្អាតដោយសុំទោសភាគីខាងនោះឱ្យខ្ញុំបានទេ?／ຊວຍຮກສາໜາຕາຂອງຂອຍໂດຍການຂໂທດອກຝາຍໄດບ?）

□ **目にする**
め
(=見る、見かける)
み み

▶ この女優さん、最近、よく目にするようになったね。
じょゆう さいきん め

(यो अभिनेत्रीलाई हिजोआज धेरै देख्न थालेको छ नि।／តារាស្រីនេះឃើញញឹកញាប់ណាស់ពេលថ្មីៗនេះ។／ໄລຍນນ, ເຫນນກສະແດງຍງນເລອຍ.）

□ **目に留まる**
め　と

(=(自然に)見る、注意が行く)
しぜん　み　ちゅうい　い

▶ こういう地味な表紙はなかなか目に留まらないと思
じみ　ひょうし　　　　　　　　　　　め　と　　　　　　　　おも
うよ。

(वस्तो साधारण आवरण त हतपत्त मान्छेको नजरमा अडिकंदैन जस्तो लाग्छ ।／ខ្ញុំគិតថៃច្រើនមិនងាយបានប៉ះពាល់នឹងគម្រប(ស្រោប) បែបស្លូតបូតបែបនេះឡើយ។／ข้อคิดว่าปกหน้าปกบ๊อปแบบนี้ค่อนข้างสะดุดตายาก)

□ **目を奪う**
め　うば

(=注意を引く)
ちゅうい　ひ

▶ デザインに目を奪われがちですが、実は機能が素晴
め　うば　　　　　　　　　じつ　きのう　すば
らしいんです。

(डिजाइनमा मान्छेको मन जाला जस्तो देखिन्छ तर वास्तवमा यसको क्षमता उत्कृष्ट छ ।／ការយាយស្រូចក្នុងការចាប់អារម្មណ៍ទៅលើការរចនា ប៉ុន្តែការពិតទៅវូងនៃមុខងារ ។／การออกแบบมักจะดึงดูดตาคนแต่จริงๆ ใจ, แตความจริงแล้อเนน์งานในใช้รูปแบบได้เลิศ.)

□ **目が届く**
め　とど

(=注意が及ぶ)
ちゅうい　およ

▶ 小さいお子さんの場合は、必ず目の届く範囲で遊ば
ちい　　お　　　　　ばあい　　かなら　め　とど　はんい　あそ
せるようにしてください。

(साना केटाकेटीहरूलाई अनिवार्य रूपमा आफ्नो आँखाले देख्न सकिने ठाउँमा मात्र खेलाउनुहोस् गर्नुहोस् ।／ចំពោះកុមារតូចៗ សូមអោយពួកគេ លេងនៅក្នុងរង្វង់ដែលអ្នកគេនមើលឃើញបានជានិច្ច ។／ก็ละเป็นเด็กน้อย,กรุณาให้เล่นในข้อขางใจในขอบเขตที่ตาสอดงาย.)

▶ 高級旅館だけあって、細かいところまでよく目が届
こうきゅうりょかん　　　　　　　　こま　　　　　　　　　　　め　とど
いている。

(अयल्त विलासी पसल भएकोले, नम्रदै स-मानो कुरामा पनि राम्रो ध्यान पुऱ्याएको छ ।／ដូចជាភ្នាក់ងារខ្ពង់ខ្ពស់ដុតៗ ថៃរ៉ាលៃ ។／ย่อมว่าแมนไร่ขางสมควร, จึงเป็นขยอๆทุก ลายละอ่อยเยือบปิศากี.)

□ **目をそむける**
め

(=(怖かったり辛かったりし
こわ　　　　　から
て)見ないようにする)
み

▶ 事故現場は、目をそむけたくなるような状況だった。
じこげんば　　　め　　　　　　　　　　　じょうきょう

(दुर्घटना स्थल त आँखे खोल्न नसकिने गरि भयावह थियो ।／កន្លែងហេតុការណ៍គឺជាកន្លែងស្ថានការណ៍ដែលចង់ហេបភ្នែកខ្ពេច មើលខ្ពេចមើលៗ ។／สถานๆที่เกิดอุบัติเหตุเล็กได้ช่วยยั้งในสถายๆที่อยากเบ็นไปทายๆเทือ.)

□ **目の色を変える**
め　いろ　か

(=熱中する)
ねっちゅう

▶ 試験まであと１カ月になり、娘は目の色を変えて勉
しけん　　　　　　　げつ　　　　　むすめ　め　いろ　か　　　べん
強している。
きょう

(परीक्षा आउन अब 1 महिना मात्रै बाँकि रहेकोले छोरी त सम्मिरि भएर अध्ययन गर्दैछ ।／សល់តៃមួយខៃ១ខៃទើបដល់ថៃ ប្រលង កូនស្រីខ្ញុំកំពុង(រឿ)ងៈសួត្រៀមរៀវកខិ្លៃ។／เพื่อย้อๆเถืขนๆยองๆต่อนๆกานๆสอบปเอง และ ลูกๆสาวๆก็กำลังๆตุเน

□ **～目にあう／遭う**
め　あ

(=～という事態になる)
じたい

▷ 辛い目にあう ⟷いい目を見る
つら　め　　　　　　め　み

(कठिनाइ परिस्थिति आइपर्नु／ឆា ងៃ⟷ពិសេសៈ好តអ្ញាក្រ⟷ត្រៃពេកៈ好 នៃ ⟷ ✓／ปะสบการณ์แย่/ดายๆ)

▶ 信頼していた友達に裏切られて、ひどい目にあった。
しんらい　　　　　　ともだち　うらぎ　　　　　　　　　　め

(विश्वास गरेको साथीले धोका दिएकोले साह्रै दुःख पाएँ ।／ខ្ញុំមានបទពិសោធន៍ៈគួរៈ好តៈ好ៈ好នៅ好បដោយៈ好សារ好មិត្តភក្ដិ好ៈ好ៈ好 ។／ปะสบการณ์ๆเถๆย่ายๆเทๆๆที่ฮๆๆจๆๆๆ好ๆใจๆๆ好ๆๆ.)

□ **大目に見る**
おおめ　み

(＝失敗や欠点などを厳しく責めず、寛大に扱う)
しっぱい　けってん　　　きび　せ　　かんだい　あつか

▶ 彼はまだ入って１カ月だから、今回のミスは大目に見ることにした。
かれ　　　はい　　　　げつ　　　　こんかい　　　　　　おおめ　み

(उ आएको भएर 1 महिना मात्र भएकोले, यसपालीको गल्तीलाई उदारभावले लिने बारे सोचें।／ខ្ញុំសម្រេចចិត្តមើលរំលង កំហុសឆ្គងលើកនេះ ដោយសារគាត់ទើបចូលមកបម្រើការងារនៅទីនេះ។／ຂ້ອຍຕັດສິນໃຈ, ເພາະລາວ ເຂົ້າມາຢູ່ໃນບໍລິສັດໄດ້ 1 ເດືອນ.)

□ **長い目で見る**
なが　　め　　み

(＝現状で評価や判断をしないで、長い期間をかけて物事を見る)
げんじょう　ひょうか　はんだん　　　なが　きかん　　　ものごと　み

▶ 結果を急がず、長い目で見たほうがいい。
けっか　いそ　　　なが　め　み

(नतिजामा हतार नगरि दुरदृष्टिले हेरेमा राम्रो।／កុំប្រញាប់រកលទ្ធផលអី គួរមើលអោយបានវែងឆ្ងាយ។／ບໍ່ຕ້ອງຟ້າວ ເຮັດໃນໄລຍະນັ້ນ, ເບິ່ງໃນໄລຍະຍາວດີກວ່າ.)

□ **目に余る**
め　　あま

(＝あまりにひどくて、そのままにはしておけない)

▶ 彼女のわがままは目に余る。
かのじょ　　　　　　　め　あま

(ती महिलाको जिद्दीपना अमर्यादित छ।／ភាពអត្តនោម័តរបស់នាងនេះខ្លាំងពេកមិនអាចអនុគ្រោះបាន។／ຄວາມເຫັນ ແກ່ຕົວຂອງນາງແມ່ນເກີນໄປກວ່າທີ່ຈະຍອມຮັບໄດ້.)

□ **見る目がある**
み　　め

(＝物事のよしあしなどを見分ける力がある)
ものごと　　　　　　　　　みわ　ちから

▶ 人を見る目がある
ひと　み　め

(मान्छेको योग्यता चिन्ने क्षमता भएको।／ID: មើលមនុស្ស។／ເປັນຄົນເບິ່ງຄົນ.)

▶ 見る目がないなあ。あんな男のどこがいいんだ？
み　め　　　　　　　　　おとこ

(आँखाले देख्दैनौ ? त्यस्तो केटाको के राम्रो लाग्यो ?／កុំគ្មានវិនិច្ឆ័យ។មើលមនុស្សមែន? តើបុរសប្រភេទនោះល្អត្រង់ណា ទៅ?／ເປັນຄົນບໍ່ແກ່ຄົນ, ຜູ້ຊາຍແບບນັ້ນມີຫຍັງດີ?)

□ **目が高い**
め　　たか

(＝良いものを見分ける力がある)
よ　　　　　　みわ　ちから

▶ さすが社長、お目が高い。これは、なかなか手に入らない貴重な品なんですよ。
しゃちょう　め　たか　　　　　　　　　て　はい
きちょう　しな

(बाह हाकिमज्यू! तपाईलाई वाहा गर्छु कि यो त हचल्न हातमा नपर्ने बहुमुल्य वस्तु हो भनेर।／ប្រធានពិតជាមានភ្នែកមុត ម៉ែន។ នេះគឺជាវត្ថុមានតម្លៃដែលពិបាករកបានណាស់ណា។／ທ່ານປະທານຈອບໍ່ງ່າຍ, ສິ່ງນີ້ເປັນ ປະການໄດ້ລະອິດ. ນີ້ແມ່ນຂອງມີຄ່າທີ່ຫາຍາກ.)

□ **目をつける**
め

(＝注目する)
ちゅうもく

▶ あのラーメン屋、前から目をつけてたんだけど、入ってみない？
や　　　　まえ　　　め　　　　　　　　　　　　はい

(त्यो रामेन नुडलको पसल अगाडि देखिनै मेरो ध्यानमा थियो, गएर हेर्ने न हुँदैन ?／ខ្ញុំបានកត់សម្គាល់បារាមែនអ៊ីឧ្យនេះ ជាយូរពីមុនមកបានហើយ ម្តេចកើតមិនចូលទៅម៉ោ？／ຂ້ອຍຈອບເບິ່ງຮ້ານລາເມນຮ້ານນັ້ນມານານໂດຍຍ່າງເຂົ້າໄປ ບໍ່?)

□ **目の前**
めまえ
(=時間的・距離的にすぐ近いこと)
じかんてきききょりてき　ちか

▶ 目の前に鍵があったのに気がつかなかった。
め　まえ　かぎ　　　　　　　き

(समुन्नेमा नै साँचो भएर पनि थाहा नै पाइनँ।／ខ្ញុំមិនបានឆាប់អារម្មណ៍ថាមានសោនៅទីនៅនេះឡើយៗ／ບໍ່ໄດ້ສັງເກດເຫັນວ່າກະແຈຢູ່ຕໍ່ໜ້າຂ້ອຍ.)

▶ 試験はもう目の前なんだね。─そうなんです。もう、
しけん　　　　め　まえ
すごく焦ってます。
あせ

(परीक्षा त अब आइसकेको हुनि।─हो नि।　अहिले देखि नै के गर्ने कसो गर्ने भइरहेको छ।／ការប្រឡងជិតមកដល់ហើយៗ មែនទេ？ ខ្ញុំអន្ទះសាអារម្មណ៍។／ການສອບເສັງໃກ້ຊິມາແລ້ວເນາະ. -ແມ່ນແລ້ວ, ຕອນນີ້ກັງວົນຫຼາຍ.)

□ **(小)耳に挟む**
こみみ　はさ

(=聞くつもりはないが話や情報
き　　　　　　　　　　　はなし じょうほう
が耳に入ってくる、ちらっと聞く)
みみ はい　　　　　　　　　　　き

▷ ちょっと小耳に挟んだんだけど、あの二人、結婚す
こみみ　はさ　　　　　　　　　　　ふたり けっこん
るらしいよ。

(यसो सुनेको कुरा त हो भने, ती दुइजनाले विबाह गर्ने रे।／ខ្ញុំបានលឺថាគេសាក់នោះនឹងរៀបការ។／ໄດ້ຍິນມາໜ້ອຍໜຶ່ງວ່າ, ສອງຄົນນັ້ນເບິ່ງຄືແຕ່ງງານກັນ.)

□ **耳を傾ける**
みみ　かたむ
(=注意して聞く、熱心に聞く)
ちゅうい　　　き　　　ねっしん き

▶ 人の話には素直に耳を傾けたほうがいい。
ひと　はなし　　すなお　みみ　かたむ

(अरूको सल्लाहलाई नम्र भएर सुनेको राम्रो हुन्छ।／អ្នកគួរស្ដាប់ការនិយាយរបស់អ្នកដទៃដោយបើកចិត្តឱ្យ។／ທ່ານຄວນເອົາໃຈໃສ່ຟັງຄຳເວົ້າຂອງຜູ້ອື່ນຈະດີກວ່າ.)

□ **鼻にかける**
はな
(=自慢する)
じまん

▶ あの人、成績がいいのを鼻にかけてて、感じ悪い。
ひと　せいせき　　　　　はな　　　　　かん　わる

(त्यो मान्छे राम्रो मुन्नाङ्खकर पाएको छ भनेर घमण्डी छ, मन पर्दैन।／អ្នកនោះមិនមែនចេះចេញចិត្តដោយសារសាក់ការងារ ។／ຄົນນັ້ນເອົາຜົນການຮຽນດີມາເຊີດຊູ, ຮູ້ສຶກບໍ່ດີກັບຄົນນັ້ນ.)

□ **口が重い**
くち　おも
(= あまり話さない、無口だ)
はな　　　　　　むくち

▶ 昔の話になると田中さんは口が重くなる。
むかし はなし　　　　たなか　　　くち　おも

(पहिला पहिलाको कुरा गर्नेपत्तो ति तनाकाबुझेको मुख बन्द हुनेझोल।／រឿងពីមុនរៀងមកលោកតាណាកាតាមាន សុវ័ណ្ណយាក។／ພ້ມ ຄຮມຄ̃ປ̃ທມມ？タナカຈະບໍ່ຄ່ອຍເວົ້າເຖິງເລື່ອງໃນອະດີດ.)

□ **口を挟む**
くち　はさ
(=他人の会話に割り込んで話
たにん かいわ わ こ　　はな
してくる)

▶ あの人は関係ないのに、すぐ口を挟んでくる。
ひと　かんけい　　　　　　くち　はさ

(त्यो मान्छेसँग सरोकार राम्रे कुरा नभएपनि विषयमा बोल्न आइहाल्छ।／អ្នកនោះ：កាល់សង្ហេ：កាលម នោះ：ប៉ាថន៍នឹង：ខ្ញុំកាច់ន្ទុង នឹងនិងនឹងការ។／ຄົນນັ້ນບໍ່ກ່ຽວ, ເຊງແລ້ວເວ້ານາ.)

□ **首をかしげる**
くび

(=疑問に思う)
ぎもん おも

▶ 私の英語が通じないみたいで、ホテルのスタッフは
わたし えいご　つう
ずっと首をかしげていた。
くび

(मैले बोलेको अङ्ग्रेजी बुझिएनछ क्यारे, होटलको कर्मचारिने ओँथा घुमागेरदेखो छ।／ บุคคลិกในภาษาแบ่งในฮูโรงแรมได้แบ่งทำทาง, กี่ยิ่งปันยอนเตือนเจ้น／ພະນັກງານໂຮງແຮມແມ່ນເຮັດທ່າງົງ, ຄືຊິເປັນຍ້ອນເວົ້າ ພາສາອັງກິດຂອງຂ້ອຍ.)

何を含む表現　1
前に付く語　2
後ろに付く語　3
同じ漢字を持つ語　4
動詞＋動詞　5
いろいろな意味を持つ言葉　6
表裏のいろいろな形　7
連語・短い句　8
体に関する言葉を使った慣用句　9
四字熟語　10

□ **首を横に振る**
くび よこ ふ
(=否定する、否定的な意味を表す)
ひてい ひていてき いみ あらわ

▶ 知事選に出るつもりか、との問いに、西原氏は首を横に振った。
ちじせん で と にしはらし くび よこ ふ

(गभर्नरको चुनावमा उम्मेदवारी दिनुहुन्छ भनेर प्रश्नमा निसिहारासान्युले टाउको दायाँबायाँ हल्लाउनुभयो। / เฆ๏กลึงในบทก่อนกาลี บอกปฏิเสธ เฆเมๆฆเข้าเลือกตั้งผู้ว่าฆๆฆฯ / ยาม ปิ้ยองเอว แถวๆฌ้ก อ๋ส๊ายฺฆฆ: ท่านผู้ใหญ่แอะเฉาเป็นเจ๊ยๆฆฯ?)

□ **首を突っ込む**
くび つ こ
(=あることに関心を持って関わりを持つ、深く入り込む)
かんしん も かか もふかはいこ

▶ 彼は何にでも首を突っ込みたがるから、困ります。
かれ なに くび つ こ こま

(उसको जे मन पनि टाउको घुसार्ने बानी देखेर दिक्क लाग्छ। / ฆ๊ฆ๊ฆฆฯ / เฆ๏กลึง, ฆฯฆฯ เๆๆฯฯฯฯฯฯ)

□ **肩を並べる**
かた なら
(=力や地位が同じ程度になる)
ちから ちい おな ていど

▶ A社は、1〜2年のうちに、売上規模でビッグ3と肩を並べることになりそうだ。
しゃ ねん うりあげきぼ かた なら

(A कम्पनी, 1-2 वर्ष भित्रै कारोबारको हिसाबमा अन्य 3 ठुलो कम्पनीको बराबरीमा पुग्छ जस्तो देखिन्छ। / เฆฯฆ เฆ:เฆฯฆฯฆฯ เฆฯ8A ฆฯ8ฆฯฯฯ3ฯ / ปิสฆๆAปี่แฆ๏ฆแฆๆฯฯฯ3ปี้8สฯฆ๊ๆ6 1-2 ปี.)

□ **肩の荷が下りる**
かた に お
(=責任や負担から解放されて楽になる)
せきにん ふたん かいほう らく

▶ 今日で委員の仕事が終わって、やっと肩の荷が下りた。
きょう いいん しごと お かた に お

(आजदेखि कमिटीको काम सिद्धिएर मनको भारी ओर्ल्यो। / ฆฯฆฯฆฯ ฆ:ฆฯ ฆ๊ฆๆๆฯ / ต๊ว่ปฆๆ8ฆ:ฯว่ฯฆฯๆ8ฯฯ ในฆๆฆๆๆฆ้ๆฆฯๆ8ๆฯฆ๊ๆๆฆๆฯฆๆฯ.)

□ **肩を持つ**
かた も
(=味方をする)
みかた

▶ 友達だから彼女の肩を持つわけじゃないけど、悪いのは田中さんだと思う。
ともだち かのじょ かた も わる たなか おも

(साथी हो भनेर तिनको समर्थन गर्न खोजेको होइन, गल्ती त तानाकाज्यू को नै हो जस्तो लाग्छ। / ฆ8ฯ8ฆๆๆฆ3ๆฯฆฯ เฆฯฆฯฆฯฆ้ปฆฯฆ:ฆ๊ฆๆๆ ปีๆฆๆๆ / ปิว่ฆฯ8ยฆฯๆฆฯฆ๊ฆฯ, แฆ6ฆๆฆฯ ฆ้ฯ ฆฯฆๆฯ เป็นฯฆๆฆ๊.)

□ **胸を張る**
むね は
(=誇らしげな態度をとる、自身を見せる)
ほこ たいど じしん み

▷ 堂々と胸を張る
どうどう むね は

(गर्वका साथ छाती फुलाउनु। / เฆ8เฆๆ8ฆฯฆๆๆปฆๆๆเฆฯๆ8ฯๆฆ๊ / ฯฆ้ใๆๆฯๆ8ฆๆๆฯๆฯฯเฆๆ)

▶ 惜しくも金メダルは逃したが、胸を張って帰ればいい。
お きん のが むね は かえ

(दुर्भाग्यवश स्वर्ण पदक हात नपरेका गर्वका साथ फर्कन सकिन्छ। / เฆฯฆๆๆ6ๆฆ8ฆฯๆ8ฯฆๆฆฯๆฆๆฯฆ่เฆฯ ฆๆ ฆ๊ฆฯฆๆปปๆฆๆๆฯ:เฆๆๆฯเฆๆฯๆ8ฯฆฯ / ฯ๊เฆๆเฆๆๆฆๆ8เฆฯฆ๊ๆฆ๊ๆฯฆๆ, ฯ๊ฯๆปๆๆๆ๊ๆฆๆฯฆ๊ฯๆๆ.)

245

□ **胸をなでおろす**
むね

(=心配事がひとまず解決して
しんぱいごと　　　　　かいけつ
ほっとする)

▶ 子供が無事と知って、親は胸をなでおろしただろう。
こども　ぶ じ　し　　　　　おや　むね

(ຕອນແມ່ ຮູ້ລູກຕົນ ຍັງ ມີ ຊີວິດ ພໍໃຈ ບາຍໃຈ ແມ່ຄົງ ຈະ ດີ ໃຈ ຫຼາຍ ຄ 1 / ឪពុកម្ដាយច្បាស់ជាធូរចិត្តពេលដឹងថា
កូនមានសុវត្ថិភាព។ / ພໍແມ່ຄົງຮູ້ສຶກໂລ່ງໃຈເມື່ອຮູ້ວ່າລູກປອດໄພ.)

□ **胸に刻む**
むね　きざ

(=心にしっかりとどめる)
こころ

▶ 選手たちはその時の悔しさを胸に刻んで、練習に励
せんしゅ　　　　　とき　くや　　　　むね　きざ　　　　れんしゅう　はげ

んだそうです。

(ຂ່າວ ລືວ່າ ພວກນັກກິລາ ໄດ້ຈື່ຈຳ ຄວາມໂສກເສົ້າ ໃນ ຕອນ ນັ້ນ ໄວ້ ແລະ ຕັ້ງໜ້າ ຝຶກຊ້ອມ. / ពួកកីឡាករបានកត់ចងចាំ
 នូវកំសួលនៃពេលនោះ ក្នុងចិត្ត ហើយ ខំ ធ្វើ តឹក ហាត់ ប្រាណ ។ / ເປັນ ບ່ອນ ນັ້ນ ພວກ ນັກ ກິລາ ໄດ້ ເກັບ ຄວາມ ຊຶກ ເຊົ້າ
ໃນ ໃນ ຕອນ ນັ້ນ ໄວ້ ແລະ ຕັ້ງໜ້າ ຝຶກຊ້ອມ.)

□ **手が届く**
て　とど

(=能力や成果が目標とすると
のうりょく せいか　もくひょう
ころに達する)
たっ

▶ もう少しで目標額に手が届きそうだ。
すこ　　　もくひょうがく　て　とど

(ອີກ ໜ້ອຍໜຶ່ງ ເງິນ ຈຳ ນວນ ເປົ້າ ໝາຍ ໜ້າ ຈະ ບັນ ລຸ ແລ້ວ ຄ / ໄກ ປ ້ອ ຈ ໃນ ໄກ យອດ ເປົ້າ ໜາຍ ໄດ້ ໃກ ໃກ ຊຽກ ເຂົ້າ ມາ ແລ້ວ / ເປັນ ບ່ອນ ໜ້ອຍໜຶ່ງ ຈະ ບັນ ລຸ ຢູ່ ເປົ້າ ໝາຍ ໃນ ໄວໆ ນີ້.)

□ **手が込む**
て　こ

(=手間がかかっている)
て ま

▶ さすが一流の店だけあって、どの料理もすごく手が
いちりゅう　みせ　　　　　　　　りょうり　　　　　て

込んでいた。
こ

(ສົມຄວນ ກັບ ຮ້ານ ຊັ້ນ ນຳ ໜ້າ ອາ ຫານ ທຸກ ຢ່າງ ເຮັດ ໄດ້ ປາ ນີດ ປານີດ ຄ / ໃນ ຖານະ ທີ່ ເປັນ ຮ້ານ ຊັ້ນ ນຳ, ອາ ຫານ ທຸກ ຈານ ໄດ້
ຮັບ ການ ກະ ກຽມ ດ້ວຍ ຄວາມ ປາ ນີດ.)

□ **手が出ない**
て　で

(=自分の能力を超えている)
じ ぶん　のうりょく　こ

▶ すごくいいなと思ったんだけど、高くて手が出なかった。
おも　　　　　　　　たか　　　て　で

(ຄິດ ວ່າ ດີ ຫຼາຍ ເລີຍ ແຕ່ ວ່າ ມັນ ແພງ ພວກ ເຮົາ ຈຶ່ງ ບໍ່ ສາ ມາດ ຊື້ ໄດ້ ຄ / ຂ້ອຍ ຄິດ ວ່າ ມັນ ດີ ຫຼາຍ, ແຕ່ ລາຄາ ແພງ ເຮົາ ບໍ່ ສາ ມາດ
ເບຶ້ອ ຊື້ ໄດ້. / ຄິດ ວ່າ ມັນ ດີ ຫຼາຍ, ແຕ່ລາ ຄາ ແພງ ເກີນ ໄປ ບໍ່ ໄດ້ ຊື້.)

□ **手がつけられない**
て

(=ひどすぎて取るべき手段や
て だん
方法がない、どうしようもない)
ほうほう　　　　　　どう　　しゅだん

▶ 手のつけられない不良
ふ りょう

(ຍົກ ສະ ແກັ ໄກ ບຸດ ສວ / ກຸ ມ ອາ ກຸຕ ທີ ໄດ້ ເລຍ ລ ເຖີ ແກ້ ຂ / ຂ້ໍ ບ່ານ ທ່ອງ ທ່ຽ ທີ ບໍ່ ສາ ມາດ ທອດ ຄວາມ ໄດ້.)

▶ 洪水の被害にあった住宅は、手のつけられない状態
こうずい　ひ がい　　　　　じゅうたく　　て　　　　　　　　じょうたい

になっていた。

(ບ້ານ ທີ່ ໄດ້ ຮັບ ຄວາມ ເສຍ ຫາຍ ຈາກ ນ້ຳ ຖ້ວມ ຢູ່ ໃນ ສະ ພາບ ທີ່ ບໍ່ ສາ ມາດ ເບິ່ງ ແຍງ ໄດ້ ຄ / ນໍ ້ຳ ເອົ່ ້ ອ ້ ້ ້ ້ ້ ້ ້ ້ ້ ້ ້ ້ ້ ້ ້ ້ ້ / ເຮືອນ ບ່ານ ທີ່ ໄດ້ ຮັບ ຄວາມ ເສຍ ຫາຍ ຈາກ ນ້ຳ ຖ້ວມ ຢູ່ ໃນ ສະ ພາບ ທີ່ ບໍ່ ໄດ້ ຮັບ ການ ເບິ່ງ ແຍງ.)

□ **手が回らない**
て　まわ

(=状況が許さず対応すること
じょうきょう ゆる　　たいおう
ができない)

▶ 忙しくて、細かい部分のチェックまで手が回らなかった。
いそが　　　　　こま　ぶ ぶん　　　　　　　　て　まわ

(ຍ້ອນ ຫຍຸ້ງ ຈຶ່ງ ບໍ່ ສາ ມາດ ກວດ ເຊັກ ຈຸດ ຍ່ອຍ ໆ / ຂ້ອຍ ຫຍຸ້ງ ເກີນ ໄປ ຈົນ ບໍ່ ມີ ເວລາ ກວດ ກາ ລາຍ ລະ ອຽດ ນ້ອຍ ໆ / ຫຍຸ້ງ ວຽກ ຫຼາຍ ຈົນ ບໍ່ ມີ ເວລາ ກວດ ກາ ເບິ່ງ ລາຍ ລະ ອຽດ ນ້ອຍ ໆ.)

何を含む表現 1

前に付く語 2

後ろに付く語 3

同じ漢字を持つ語 4

動詞＋動詞 5

いろいろな意味を持つ言葉 6

言葉のいろいろな形 7

連語・短い句 8

体に関する言葉を使った慣用句 9

四字熟語 10

□ **手に余る**
て　　あま

(＝自分の能力を超えていてどう対処していいかわからない)
じぶん　のうりょく　こ
たいしょ

▷ 事故の影響はさらに拡大して、一民間企業の手に余
じこ　えいきょう　　　　　　　　　かくだい　　　　　いちみんかんきぎょう　て　あま
るようになっている。

(दुर्घटनाको प्रभाव, पहिले भन्दा पनि फैलिएर कुनै एक निजी उद्योगको नियन्त्रण भन्दा बाहिर हुँदैछ भन्ने ।/ នៅពេលដែលផលប៉ះពាល់នៃគ្រោះថ្នាក់កាន់តែរាលដាល ដល់ក្រុមហ៊ុនឯកជនមួយអាចគ្រប់គ្រងបានផង។/ 由於事故的影響進一步擴大，已經到了連一間民間企業都無法靠自己的能力去控制及應付的地步。)

□ **手を打つ**
て　　う

(＝必要な対策をする)
ひつよう　たいさく

▷ このままだとまた同じような問題が起こる。何か手
おな　　　　　　もんだい　お　　　なに　て
を打たないと。
う

(यस्तो हो भने त फेरि उस्तै किसिमको समस्या उत्पन्न हुन्छ । केही उपाय नगरी हुँदैन ।/ ប្រសិនបើនៅតែដូចនេះនឹងកើតបញ្ហាដដែលទៀតហើយ ។ ចាំបាច់ត្រូវតែធ្វើអ្វីមួយ។/ 再這樣下去的話又會發生同樣的問題，要採取一些對策才行。)

□ **手を切る**
て　　き

(＝関係を断つ)
かんけい　た

▷ あんな連中とは手を切ったほうがいいよ。
れんちゅう　　て　き

(त्यस्ता मान्छेहरूसँग सम्बन्ध टुटाएको राम्रो हुन्छ ।/ អ្នកគួរតែកាត់ផ្តាច់ទំនាក់ទំនងជាមួយពួកមនុស្សបែបនោះ ។/ 跟那群人斷絕關係會比較好。)

□ **手を尽くす**
て　　つ

(＝物事の実現や解決のためにやれるだけのことをすべてやる)
ものごと　じつげん　かいけつ

▷ 手を尽くしたが、お金を貸してくれるところはなかっ
て　つ　　　　　　かね　か
たよ。

(जति सकेको गरे तर कसैबाट पनि पैसा सापट लिन सकिनँ ।/ ខ្ញុំបានខិតខំប្រឹងប្រែងអស់ពីសមត្ថភាពហើយ ប៉ុន្តែគ្មានកន្លែងណាឲ្យខ្ញុំខ្ចីលុយទេ ។/ 雖然竭盡所能做了能做的一切，但沒有一個地方願意借錢給我。)

□ **手を引く**
て　　ひ

(＝それまで続いていた関係を断って引きさがる)
つづ　　　　　　かんけい
ことわ　ひ

▷ A社は、この分野から手を引くことにした。
しゃ　　　ぶんや　て　ひ

(A कम्पनीले यस क्षेत्रबाट हात खुट्टा निकाल्ने सल्लो ।/ ក្រុមហ៊ុន A បានសម្រេចដកខ្លួនចេញពីវិស័យនេះហើយ ។/ 公司決定 A 從這個領域抽身撤出。)

2 25

□ **手を焼く**
て　　や

(＝扱いが難しく困る)
あつか　むずか　こま

▷ 一部の利用者のマナーの悪さに、図書館も手を焼い
いちぶ　りようしゃ　　　　わる　　としょかん　て　や
ているようだ。

(केही प्रयोगकर्ताको अभद्रताप्रति पुस्तकालय पनि हैरान हुँदैछ जस्तो देखिन्छ ।/ បណ្ណាល័យហាក់ដូចជាពិបាកប្រ ការជាមួយនឹងទ មួយចំនួនផង ដែរ ។/ 對於一部分使用者沒有禮貌的行為，看來圖書館也感到相當棘手難以處理。)

□ **腹を決める**
はら　　き

(＝決心する)
けっしん

▷ 彼もついに腹を決めたみたい。近々、会社を起こす
かれ　　　　　はら　き　　　　　　　ちかちか　かいしゃ　お
と思うよ。
おも

(उनले पनि आखिरमा अठोट गरे जस्तो देखिन्छ । चाँडै कम्पनी खोल्छन् जस्तो मलाई लाग्छ ।/ គាត់ក៏ហាក់ដូចជាសម្រេចចិត្តហើយ ខ្ញុំគិតថាគាត់និងបើកក្រុមហ៊ុននាពេលឆាប់ៗនេះ ។/ 他好像終於下定決心了，我想最近就會開公司吧。)

□ **腹を割る**
はら わ
(＝隠さず本当の気持ちや考え
かく ほんとう きも かんが
を明らかにする)
あき

▶ 腹を割って話せば、理解し合えると思う。
はら わ はな りかい あ おも
(पेट खोलेर कुरा गरेमा परस्परमा समझदार हुन सकिन्छ जस्तो लाग्छ।／ខ្ញុំគិតថាបើបើកចិត្តនិយាយគ្នាដោយបើកចំហ នោះ យើងនឹងយល់គ្នាទៅវិញទៅមក។／ຄິດວ່າຖ້າເປີດໃຈລົມກັນ, ພວກເຮົາກໍ່ຈະເຂົ້າໃຈກັນ.)

□ **足を引っ張る**
あし ひ ぱ
(＝他人や周囲の成功や前進の
たにん しゅうい せいこう ぜんしん
じゃまをする)

▶ ミスばかりして、チームの足を引っ張ってしまった。
あし ひ ぱ
(पटकपटक गल्ती गरेर टिमकहो बोझ मात्र बन्न पुगें।／ខ្ញុំបានធ្វើខុសឥតឈប់ឈរ ទើបបានធ្វើឲ្យក្រុមរបស់ខ្ញុំពាក ព្រាត់ពុះពែ។／ລາວເຮັດຜິດຊ້ຳພາກແລະກາຍເປັນກຳລັງໃຫ້ທີມ.)

□ **足元にも及ばない**
あしもと およ
(＝相手がすぐれていて比べよ
あいて くら
うもない)

▶ 先生に比べたら、私なんか、足元にも及ばないですよ。
せんせい くら わたし あしもと およ
(गुरूसँग तुलना गर्दा त म कही होइन।／ខ្ញុំមិនអាចប្រៀបធៀបនឹងគ្រូបានឡើយ។／ຖ້າທຽບກັບອາຈານແລ້ວ, ຄືຂ້ອຍຍ່ອມບໍ່ໄດ້ເລີຍ.)

□ **～の身になる**
み
(＝～の立場になる)
たちば

▶ よくそんな言い方ができるね。少しは相手の身になっ
い かた すこ あいて み
て考えてみたら？
かんが
(कसरी त्यस्तो कठोर वचन बोल्न सक्यौ ? अलिकति त उसको ठाउँमा आफू भए के हुन्थ्यो भनि सोचिस हेर त।／ម្តេចឯងអាចនិយាយ បែបនោះ;ទៅបាន ? ចូរឯងគិតពិចារណាខ្លះៗទៅក្នុងមុខតំណែងរបស់អ្នកដ៏ទៃទៅមើល?／ทำไมถึงพูดแบบนั้นได้ລະ. ເປັນທ່ານບ້າງ ລອງເຂົ້າໄປຢູ່ໃນຖານະຂອງอีກฝ่ายເบิ่ງແມ.)

□ **骨が折れる**
ほね お
(＝困難だ、苦労を要する)
こんなん くろう よう

▶ 一つ一つ手でやるなんて、骨が折れる仕事だね。
ひと ひと て ほね お しごと
(एउटा एउटा गरि हातले गर्नुपर्ने पो, यस्तो काम देख्दा त धौ भारिछमूली जस्तो छ हनि।／ការធ្វើម្តងមួយៗពូក្រុម គឺជាការងារ ពិបាកខ្លាំងណាស់ហ្ន។／เป็นงานที่ยากผู้ยากหากจะต้องเຮັດເທື່ອละหนึ่งๆ.)

▶ 協力してくれる会社を集めるのに、かなり骨を折っ
きょうりょく かいしゃ あつ ほね お
たよ。
(सहयोग गरिदिने कम्पनीको सङ्कलनमा साह्रै गाह्रो भयो।／ខ្ញុំបានឆ្លើយយ៉ាងខ្លាំងក្នុងការប្រមូលផ្តុំក្រុមហ៊ុនដែលសហការជាមួយ។／ต้องใช้ความพยายามพอสมควรในการรวบรวมบริษัทที่จะให้ความช่วยเหลือ.)

□ **気が晴れる**
き は
(＝気持ちがすっきりする)
きも

▶ 言いたいことを言ったら、ちょっと気が晴れた。
い い き は
(मन चाहेको जति कुरा पछि अलिकति मन रुम्याली भयो।／ខ្ញុំបានស្រួលខ្លួនបន្តិចពេលបាននិយាយអ្វីដែល ចង់និយាយ។／เมื่อได้เว้าสิ่งที่อยากเว้า, ก็เฮ็ดໃຫ້ຮູ້ສຶกโล่งออกນ້ອຍໜຶ່ງ.)

□ **気が引ける**
き ひ
(＝申し訳ないようで積極的な
もう わけ せっきょくてき
気持ちになれない)
きも

▶ みんなでやったのに、私だけ褒められて、気が引ける。
わたし ほ き ひ
(सबैले गरेको थियो मलाई मात्र स्याबास पाएँ, कस्तो जोर्गे चलेन।／ខ្ញុំមានអារម្មណ៍អៀនៗខាងដោយសារគេបានសរសើរ ដ៏តែមានឯងទេ បើស្នាគឺឯងនោះ ក្រុមយើងធ្វើ។／ເຖິງว่าพวกเฮົาได้เฮ็ดร่วมกัน, ແຕ່ພໍມີແຕ່ຂ້ອຍได้รับการ ย่อง, และ เຮັດໃຫ້ข้อยรู้สึกบ่ย้านใจ.)

何を含む表現 1

前に付く語 2

後ろに付く語 3

同じ漢字を持つ語 4

動詞＋動詞 5

いろいろな意味を持つ言葉 6

言葉のいろいろな形 7

連語・短い句 8

体に関する言葉を使った慣用句 9

四字熟語 10

□ **気が遠くなる**
（＝意識が薄くなる/なくなる）

▶ え？　この作業を1000個もやるの!?　気が遠くなるなぁ。

(के ? ? बसमी 1000 वटा तयार गर्ने ? ? ओहो ! किहिले सकिने होला ! / ผ่! ทำเองเละ:เฮ็ดฝัหไป9000ๆ? ? ้ ฉ้ แปุรรฺสุกุกๆ / แต่มี? ต้องเฮ็ดๆกาบๆ 1000เฮ็ดผู้เดวขาม? ? ฉ้เป็นมิ.)

□ **気に障る**
（＝いやな気持ちにさせる）

▶ 彼女に何か気に障ることを言ったのかもしれない。

(की महिलालाई चित्त दुखे कुरा भने कि क्या हो ? / ប្រហែលខ្ញុំបាននិយាយអ្វីដែលធ្វើអោយនាងអារម្មណ៍ មិនល្អ។។ / ຄືຊິໄດ້ເວົ້າບາງຢ່າງກັບລາວທີ່ເຮັດໃຫ້ລາວບໍ່ສະບາຍໃຈລາວ.)

□ **気にかける**
（＝心にとめる、ずっと気にする）

▶ 彼とはその時以来会ってないけど、ずっと気にかけていました。

(उनी यो बेला देखि भेट भाएको छैन तर सधै याद आइरहन्थ्यो। / ខ្ញុំបានជួបគាត់តាំងពីពេលនោះមក ប៉ុន្តែខ្ញុំនឹក គាត់ខ្លាំងណាស់ គិតាល់ ហ ក្រ ។ / ບໍ່ໄດ້ພົບລາວຕັ້ງແຕ່ຕອນນັ້ນມາ, ແຕ່ກໍເປັນຫ່ວງລາວຢູ່ຕະ ເ ຫລ ໄ .)

□ **気を抜く**
（＝緊張をゆるめる）

▶ 勝てると思って、ちょっと気を抜いたのかもしれません。

(जित्न हुन्छ भनेर अलिकति जोश कम भाएको सम्भव। / ខ្ញុំគិតថាខ្ញុំអាចឈ្នះ ដូច្នេះប្រហែលខ្ញុំបានធ្វេសប្រហែសបន្តិច។។ / ອາດຈະເປັນເພາະຄິດວ່າຊະນະ, ເພາະຄືວ່າຜ່ອນຄ່ອຍໄດ້.)

□ **気を利かせる**
（＝相手のためにその場の状況に応じた配慮をする）

▶ 店長が気を利かせて、早く帰らせてくれた。

(पसल मालिकले परिस्थिति बुझेर उसलाई चाँडो घर फर्काइदिए। / អ្នកគ្រប់គ្រងបានគិតគួរដល់ខ្ញុំ ហើយបានអនុញ្ញាត អោយខ្ញុំត្រឡប់ទៅផ្ទះមុនម៉ោង។ / ຫົວໜ້າຮ້ານມີນ້ຳໃຈ ແລະໃຫ້ຂ້ອຍກັບບ້ານໄວ.)

10 四字熟語
よじじゅくご

(चार अक्षरको शब्द／ពាក្យដែលមានអក្សរកាន់ជិបូនតួ／ສຳນວນ4ຄຳ)

□ 三日坊主
みっかぼうず

(लामो नटिक्ने／បោះបង់ចោលពាក់កណ្ដាលទី／ເບື່ອງ່າຍ)

▶ 私の場合、ダイエットを始めても、いつも三日坊主で終わっちゃうんです。
わたし ばあい はじ みっかぼうず お

(मेरो बारेमा भन्ने हो भने डायटिङ गर्छु भनेर थाल्छु तर जहिले पनि २,३ दिनमा नै छोडिहाल्छु।／
បើខ្ញុំវិញ ទោះជាចាប់ផ្ដើមតមអាហារ(ដើម្បីសម្រកទម្ងន់) ប៉ុន្តែបានតែពាថ្ងៃក៏បោះបង់ចោលពាក់កណ្ដាលទី។／
ກໍລະນີຂ້ອຍ, ເຖິງວ່າຈະເລີ່ມລົດນ້ຳໜັກແຕ່ກໍ່ຈົບລົງຍ້ອນເບື່ອງ່າຍທຸກຄັ້ງ.)

□ 四六時中
しろくじちゅう

(चौबिसै घण्टा／ពេញមួយថ្ងៃ, តែងតែ／ໝົດມື້, 24ຊົ່ວໂມງ, ຕະຫຼອດເວລາ)

▶ 彼は四六時中、食べることしか考えてない。
かれ しろくじちゅう た かんが

(उ त चौबिसै घण्टा खानेकुरो बाहेक केही सोच्दैन।／គាត់គិតតែពីរឿងញ៉ាំពេញមួយថ្ងៃ។／
ລາວຄິດຫາແຕ່ເລື່ອງກິນຕະຫຼອດເວລາ.)

□ 十中八九
じゅっちゅうはっく

(नब्बे प्रतिशत／ភាគច្រើន／ສ່ວນຫຼາຍ, 80-90%)

▶ こんなにいい天気なんだから、今日は十中八九、雨は降らないよ。
てんき きょう じゅっちゅうはっく あめ ふ

(यस्तो घमाइलो दिन छ आज त नब्बे प्रतिशतको दरले पानी पर्दैन ल।／
ថ្ងៃនេះភាគច្រើនប្រហែលមិនភ្លៀងទេ ពីព្រោះអាកាសធាតុល្អបែបនេះ។／
ມື້ນີ້ຝົນບໍ່ຕົກດອກ, ເພາະວ່າອາກາດດີປານນີ້.)

□ 試行錯誤（する）
しこうさくご

(यसो त्यसो गरेर／ការសាកល្បងនិងបរាជ័យជាច្រើនដងមុននឹងបានជោគជ័យ／ລອງຜິດລອງຖືກ)

▶ 試行錯誤の末、このようなデザインになりました。
しこうさくご すえ

(धेरै सोचविचार र प्रयोग गरि हेर्ने गरेको परिणाम स्वरूप यस्तो डिजाइन तयार भयो।／
បន្ទាប់ពីការសាកល្បងនិងបរាជ័យជាច្រើនដង ទីបំផុតការរចនានេះបានកើតចេញឡើង។／
ຫຼັງຈາກທີ່ລອງຜິດລອງຖືກ, ເຮົາກໍ່ໄດ້ຮູບແບບນີ້ຂຶ້ນມາ.)

□ 弱肉強食
じゃくにくきょうしょく

(कमजोर माथि बलियो／អ្នកណាខ្លាំងរឹមានសមត្ថភាពគឺអ្នកនោះរស់, ត្រីធំស៊ីត្រីតូច／ປາໃຫຍ່ກິນປານ້ອຍ, ຜູ້ເຂັ້ມແຂງທີ່ສຸດຈະຢູ່ລອດ)

▶ 弱肉強食の世界だからね、安心なんかできないよ。
じゃくにくきょうしょく せかい あんしん

(बलियाले कमजोरलाई थिच्ने संसार छ नि, कहाँ ढुक्क हुन सकिन्छ र!／
យើងមិនអាចមានឈប់បារម្ភបានទេ ពីព្រោះនេះគឺជាពិភពលោកដែលអ្នកណាខ្លាំងគឺអ្នកនោះរស់។／
ມັນເປັນໂລກທີ່ຜູ້ເຂັ້ມແຂງທີ່ສຸດຈະຢູ່ລອດ, ດັ່ງນັ້ນ (ເຈົ້າຈະບໍ່ຮູ້ສຶກປອດໄພ.)

□ 自然淘汰（する）
しぜんとうた

(प्राकृतिक छनौट／ជម្រើសធម្មជាតិ(ភាវរស់ដែលចេះសម្របខ្លួននឹងលក្ខខណ្ឌអេកូឡូស៊ីបរិស្ថានជាដើមគឺបន្តរស់រានមានជីវិត។ រីឯភាវរស់ដែលអន់ជាងមិនចេះសម្របខ្លួននឹងវិនាស)។／ຄັດເລືອກ/ກຳຈັດອອກໄປໂດຍທຳມະຊາດ)

▶ 時代に対応できない企業は自然淘汰されるだけだよ。
じだい たいおう きぎょう しぜんとうた

(समय अनुसार चल्न नसक्ने उद्योग त प्राकृतिक नियम अनुसार बिलाएर जानु बाहेक हरु उपाय छैन।／
ក្រុមហ៊ុនដែលមិនអាចដើរទាន់សម័យកាលនឹងត្រូវក្លាយជាជម្រើសធម្មជាតិ។／
ບໍລິສັດທີ່ບໍ່ທັນຍຸກທັນສະໄໝຈະຖືກກຳຈັດອອກໄປໂດຍທຳມະຊາດ.)

動詞 11

する動詞 12

自動詞・他動詞 13

名詞 14

形容詞 15

副詞 16

ぎおん語・ぎたい語 17

カタカナ語 18

対義語 19

四字熟語 10

11 動詞
どうし
(क्रियापद／ກิริยาสัพ／ถำรำกำมะ)

□ **明かす**
あ
(बोल्नु／स्पष्ट गर्नु／ បង្ហាញអោយដឹង／
ເปີดเฉย)

▷ 名前を明かす、理由を明かす
なまえ あ りゆう あ
(नाम स्पष्ट गर्नु, कारण स्पष्ट गर्नु／បង្ហាញអោយដឹងឈ្មោះ, បង្ហាញអោយដឹងមូលហេតុ／ເปີดเฉยຊื่, ເปีดເฉยເຫตุผล)

□ **与える**
あた
(दिनु／ផ្ដល់／ใຫ້, ມอບ)

▷ 機会を与える、印象を与える
きかい あた いんしょう あた
(अवसर प्रदान गर्नु／ផ្ដល់ឱកាស, ធ្វើអោយមានការចាប់អារម្មណ៍／ใຫ້ໂອກາດ, ມอບຄวາมปะທับใจ)

□ **操る**
あやつ
(चलाउन सक्ने क्षमता हुनु／
ប្រើប្រាស់, គ្រប់គ្រង／
จัดการ, บังคับกำน, คอบคุม)

▷ 5カ国語を操る、人を操る
こくご あやつ ひと あやつ
(5 वटा देशको भाषा बोल्न सक्ने क्षमता हुनु／ប្រើប្រាស់ភាសា, ប្រើមនុស្ស／เว้าได้ 5 ພາสา, บังคับคับ)

▶ 彼は一人でいくつもの人形を操っていた。
かれ ひとり にんぎょう あやつ
(उ एक्लैले थुप्रै पुतली चलाउँदैथियो पियो।／គាត់បានគ្រប់គ្រងតុក្កតាម្នាក់ឯងជាច្រើនតុក្កតា។／ลาวคนดຽวຄวบคุมตุกๆตาຫลายโตด้วຍຕົนเอງ.)

□ **歩む**
あゆ
(हिड्नु／เ໌ิ／ຍ່າง, ດำเปันຊิวิด)

▶ 共に人生を歩んでいきたい、と二人は語った。
とも じんせい あゆ ふたり かた
(यो जिन्दगी सँगै हिड्दैर जानेछौँ भनि दुइजनाले भने।／ถูกเถิโขวากิขาจิขายาขตฮๆกัฤใส่ลูลเวิดในวามขาๆ／ທั้งสองคนได้เว้า: ຍ່າງเปันຊิวิดຮ่วมกัน.)

□ **歩み**
あゆ
(पाइला／ដំណភ, ដំเนิ／
คอามเอิบโต, วิดัขหขขวาม)

▷ 創立から今日までの歩み
そうりつ きょう あゆ
(स्थापन भएदेखि अहिले सम्मको पाइला／ប្រវត្តិចាប់តាំងពីការបង្កើតរហូតមកដល់សព្វថ្ងៃនេះ／ວิदัขขากาขໄตๆทีติ้ๆแต่ย้ำตั้ๆຈนเถิๆปจจุบัน.)

□ **生きる**
い
他 **生かす**
い
(जिउनु／काम आउनु／รัดเຫ่ี／ถำลัຊิวิด, เปันปะໂຍด, มำไปใຊ้)

▶ この経験はきっと、今後の仕事に生きてくるだろう。
けいけん こんご しごと い
(यो अनुभव अवश्य पनि भविष्यमा काम गर्दा काम आउनेछ पर्छ आशा छ।／បទពិសោធន៍បើកនេះនឹងមានសារសេខាន់សញ្ជុកការខาตៅในຫาๆเสาก／ຊ่อยแปใจขาๆเถ้บวามฮับใจเข็จเปันปะໂຍดในขาๆเสาในใบขาขหขาก.)

□ **いたわる**
(दयामया देखाउनु／ใจดी, ใจดี／เปิๆแยๆ, เฮาใจใส่)

▶ 少しは自分の体をいたわってください。
すこ じぶん からだ
(अलिकति त आफ्नो शरीरलाई पनि दयामया देखाउनुहोस् न।／សूมใຫ้เกปาดูแลคุๆบ้อๆเท้า ฯ／เปิๆแยๆใຫ้เออๆจัๆคๆข้อยຫขิ่ๆเถ้.)

□ **営む**
いとな
(अवसाय गर्नु／เกฤญ, ปຸกบันไฤกมุ／เຮๅๆຍຸละถู้, บังถิๆกำ (อารๆหขกๆๆ))

▷ 農業を営む、雑貨店を営む
のうぎょう いとな ざっかてん いとな
(कृषि अवसाय गर्नु, चुद्रा पसलको अवसाय गर्नु／ប្រកอบอาชีพกสិกម្ម, ប្រកอบอาชีพกមุบ่าๆตกสៗสมาน:ุๆเท้／เຮๅๆຍຸละกะจำ, เຮๅๆຍຸละถู้ຮ้าๆขาຍเถู่อๆ(ต่าๆ)ๆ)

▶ 20年以上、ここで酒屋を営んでいます。
ねん さかや いとな
(20 वर्ष अगाडि देखि यहाँ मद्विरालको अवसाय गरिरहेको छ।／ខ្ញុំបានប្រกอบเบิกหขาๆ กัๆสๆๆๆๆເนี่ะฮๅๆในๆ2๐ปี้หหๅ。／ຊ่อยเຮๅๆຍຸละถู้ຮ้าๆเถู่อๆ2๐ปี้ด้อๆๆๆ.)

□ **うつむく**
(निहुरिनु／ឱនក្បាលចុះ／ກົ້ມໜ້າ)

▷ その子は恥ずかしがって、うつむいたまま返事をした。
(यसले त लाज मानेर निहुरिएको अवस्थामा जवाफ दियो।／កូនគ្មេងនោះបានអៀនដោយចុះក្បាលសម្អៀង ហើយបានឆ្លើយតបដោយឱនក្បាលចុះ។／ເດັກນ້ອຍຄົນນັ້ນຮູ້ສຶກອາຍ, ກໍເລີຍກົ້ມໜ້າຕອບ.)

□ **促す**
うなが
(प्रोत्साहन गर्नु／បន្លឿន／ກະຕຸ້ນ, ສົ່ງເສີມ, ຊຸກຍູ້ໃຫ້)

▷ 注意を促す、行動を促す
ちゅうい うなが こうどう うなが
(ध्यान दिन प्रोत्साहन गर्नु, व्यवहारको प्रोत्साहन गर्नु／បន្លឿនការប្រុងប្រយ័ត្ន, បន្លឿនសកម្មភាព／ຊຸກຍູ້ເອົາໃຈໃສ່, ກະຕຸ້ນໃຫ້ເຄື່ອນໄຫວ)

▷ 褒めることが子供の成長を促すそうだ。
ほ こども せいちょう うなが
(प्रशंसा गरेमा बालबालिकाको विकासमा प्रोत्साहन मिल्छ जस्तो छ।／គេនិយាយថាការលើកសរសើរបន្លឿនការលូតលាស់របស់កុមារ។／ໄດ້ຍິນວ່າການຍ້ອງຍໍເດັກນ້ອຍຈະຊ່ວຍສົ່ງເສີມໃຫ້ພວກເຂົາເຕີບໂຕ.)

□ **潤う**
うるお
(विकास हुनु／សើម, សំបួរ／ຊຸ່ມຊື້ນ, ມີຄວາມຈະເລີນຮຸ່ງເຮືອງ)

▷ 観光客が増えたことで、町も潤った。
かんこうきゃく ふ まち うるお
(पर्यटकको संख्यामा वृद्धि भएकोले सहरको विकास भयो।／ដោយសារតែភ្ញៀវទេសចរកើនឡើងនៅក្នុងក្រុង ក៏ធ្វើឱ្យក្រុងនេះក៏បានរីកចម្រើន។／ເມື່ອຈໍານວນນັກທ່ອງທ່ຽວເພີ່ມຂຶ້ນ, ຕົວເມືອງກໍມີຄວາມຈະເລີນຮຸ່ງເຮືອງຂຶ້ນ.)

□ ① **（物を止める**
もの と
ために）押さえ
お
る

② **（場所を）押さ**
ばしょ お
える
(1. माथिबाट थिच्नु 2. रिजर्भ गरेर राख्नु／(១) ខ្ទប់មាត់ (២) កក់កន្លែងជាមុនទុក／1. ລະງັບ, ກົດເພື່ອໃຫ້ຢຸດ, ຄວບຄຸມ 2. ຈອງ)

▷ ①口を押さえる
くち お
②会場を押さえる
かいじょう お
(1. माथिबाट थिच्नु 2. रिजर्भ गरेर राख्नु／(១) ខ្ទប់មាត់ (២) កក់កន្លែងប្រជុំទុក／1. ຫຸບປາກ (ທົບບັງໃຫ້ເຫັນ), 2. ຈອງສະຖານທີ່)

▷ ①〈医者〉注射をしますので、お子さんを押さえてもらえますか。
いしゃ ちゅうしゃ こ お
(1.〈चिकित्सक〉 सुई लगाउँछु, तपाईंको बच्चालाई माथिबाट थिचिदिनुहुन्छ कि?／(១)（គ្រូពេទ្យ）ខ្ញុំនឹងចាក់ថ្នាំ ដូច្នេះសូមជួយទប់កូនអ្នកបានទេ?／1.〈ໝໍ〉ຂ້ອຍໃຫ້ຢາໄດ້ບໍ? ຊ່ວຍຈັບລູກຂອງເຈົ້າໄວ້ຫ້າຍ.)

▷ ②今度のパーティーは、場所はもう押さえてあるの?
こんど ばしょ お
(2.② अब गरिने पार्टीको लागि ठाउँ रिजर्भ गरेर राखेको छ?／(២) ចំពោះពិធីជប់លៀងលើកក្រោយនេះ តើបានកក់កន្លែងទុករួចហើយឬនៅ?／2. ໄດ້ຈອງສະຖານທີ່ສຳລັບງານລ້ຽງຄັ້ງຕໍ່ໄປແລ້ວບໍ?)

□ **襲う**
おそ
(आक्रमण गर्नु／ឆ្មក, ខ្ញើញ／ໃຈຮ້າຍ, ທໍາຮ້າຍ, ຮວບ)

▷ ここなら、クマに襲われることはありません。
おそ
(यहाँ भने भालुले आक्रमण गर्ने कुरा हुँदैन।／ប្រសិនបើកន្លែងនេះ នោះនឹងមិនមានការឆ្មកប្រហារពីសត្វខ្លាឃ្មុំឡើយ។／ຖ້າຢູ່ບ່ອນນີ້ອາດຈະບໍ່ຖືກໝີທໍາຮ້າຍ.)

▷ 一人でいると、時々、不安に襲われます。
ひとり ときどき ふあん おそ
(एक्लै भए कहिलेकाहीं सन्तापले आक्रमण गर्छ।／ពេលខ្ញុំនៅម្នាក់ឯង ពេលខ្លះខ្ញុំមានអារម្មណ៍ភ័យព្រួយ។／ຍາມຢູ່ຄົນດຽວມັກມີຄວາມກັງວົນໃຈເປັນບາງຄັ້ງ.)

動詞 11

する動詞 12

目動詞・他動詞 13

名詞 14

形容詞 15

副詞 16

ぎおん語・ぎたい語 17

カタカナ語 18

対義語 19

意味が近い言葉 20

□ 顧みる
かえり
(विगतको स्मरण गर्नु / वास्ता राख्न ／
ເມີ່ລກັກ្ຽបູ່ປ័ກ្រាយ．／
ເບິ່ງແຍງ, ຄືນໃຈ, ຍ້ອນຫຼັງໄປເບິ່ງ)

▷ 人生を顧みる
じんせい　かえり
(विगतको जीवनको स्मरण गर्नु / ເມີ່ລຄືຍຊີວິຕຕ្រ្យ់ប័ກ្រាຍ／ຊີວິຕຂອງຄົນເອງ)

▶ 家庭を顧みなかった父が、退職後は孫の面倒を見てく
か　てい　かえり　　　　　　　　　　ちち　　たいしょくご　まご　めんどう　み
れている。

(परिवारको आकरण गर्ने बुबाले अवकाश लिएपछि नातिनातिनाको सयाखरा गर्नेछन् । ／ ឪពុកខ្ញុំដែលមិនបានឯកសិក្សាពិត្រសារ ໄด
តាំពាបានដួយເบิ่ງເຍ็ໂຄ້ຼຸກຮາງເລລພບບ៌ឞ្ເธ្ကាน។／ພໍຂອງຂ້ອຍ, ຜູ້ທີ່ເຄີຍເບິ່ງແຍງຄອບຄົວ, ປະຈຸບັນແນວເບິ່ງແຍງ
ຫຼານຫຼັງຈາກທີ່ກິນເບັຍບຳນານ.)

□ 欠く
か
(नहुनु / अभाव हुनु ／ ຂຸ; ຂຸ:ຂາດ ／
ຂາດ, ບໍ່ມີ, ບົກພ່ອງ)

▷ バランスを欠く、具体性を欠く
か　　　ぐたいせい　か
(सन्तुलन नखराको, बास्तविकता नखराको／ຂຸ:ຸດຼມສານ, ຂຸ:ກາງເປ៌ាก้อมีก．／ຂາດຄວາມສົມດຸນ, ບໍ່ມີຄວາມຊັດເຈນ)

▶ このプロジェクトには、みんなの協力が欠かせない。
きょうりょく　か
(यो प्रोजेक्टमा सबैको सहयोग नखनुहँदैन । ／ គម្រោងការនេះមិនអាចឲ្យ:ការសហការរបស់អ្នកទាំងអស់គ្នាបានឡើយ។／
ໃຄຊການນີ້ອາດຕາມບໍ່ຮ່ວມມືຈາກຫຼາຍຄົນບໍ່ໄດ້.)

2
28

□ かさばる
(ठूलो फोक्सो हुनु / ຫວ:ຮ່ກ៌ដ່ំຂ័ស្ໍຍຶ̂ុຕຶ່ຍ̂ ກ់ໜ
／ໃຫຍ່ເປັນໄປ (ເຊິ່ງກາງ), ບ່ຕ່ວ໌ຫຼຶ)

▶ お土産はあまりかさばらないやつがいい。
みやげ
(उपहार त ठूलो फोक्सो नखराको रामो हो।／ຮ្ើមអ្ងស្ពារ់ມ័ຍ៌ຕ្ຍ្ាບ់ວ:ບ່ນ:ຫិໂຕຮ ₕ້ີໄ, ຂ°ញ្ញ
ຫ្ຽ្ຜ័ ⁄ ຊ્ುກ៊ង ⁄ ຂອງຝາກທີ່ບໍ່ໃຫຍ່ເກີນໄປ, ຂ້ຽ່ແມ່ນດີຶ່ໄປ.)

□ 傾ける
かたむ
(बडयाउनु／ រ{ถ़ा}, ६्राक, ्राल:；
ऍ२, ००)

▶ 真っすぐだと通らないので、ちょっと傾けてください。
ま　　　　　　　　とお　　　　　　　　　　　　　　かたむ
(सिधा भएमा नपस्ने गर हुँदैन, त्येसैले अलिकति बडयाँ पार ।／ ບ័្រង់ ន:ເ្ຍ្ញ:ค้อนคลុ័น្ะ្ការត្ទ្າ ຣ្ອ្: ້ ໝ្ໍ្្ວ່ື្ យ្ ່ ່ ្្
／ຖ់ ້ ຜ່ៅ ่່ម่ ่ າ្ ়ຍ ਬ਼, ੂ਄ ़਼ุ ่ ่ ੁ਀਴ ़ ੌੳੵ ਼ ਼੐ ਼ੳਵੳਅ.)

目 傾く
かたむ

□ 担ぐ
かつ
(बोझु / जिम्मा लिनु／ ਸੀ / ✓ ਮਾ, ਆ਺ਆ)

▶ 荷物はすごく重かったが、男の子はそれを肩に担いで
にもつ　　　　　　おも　　　　　　　　おとこ　こ　　　　　　　　　かた　かつ
持って行った。
も

(सामान अयलन वजनहुन्थो चियो तर त्यो केटाले काँधमा बोकि लिएर गयो । ／ ਸੀਪਣ਼ਂਊਨ਼ਸਅੁਤਅ ਬਂੰ਼ਭ਺਺ਆਸਅੰ;ਟ਼ਾਯਗਾਅਟਾਟਬਸਈਟ਻ਾੇ
ਯਾਟਥਟਲਟਟਐਸਟਾਟਾਗਭਏ ⁄ ਲਟਏਆਂਸ਼਼ਟਟਾਗਾਟਾਗ, ਯਯਭਟਾਦਗਂਚੁ੍ਟਾਟਆਸਪਾਓਟ਻੅ੳਸਅ.)

□ 交わす
か
(आदान-प्रदान／ รุ็ตਆਸਂਸਂ ／
ਝਸਆਟਸੜਾਸ, ਊਂਫਸ਼਀, ਂੴਸਂਚਹਾ)

▷ 約束を交わす、契約を交わす
やくそく　か　　　　けいやく　か
(प्रतिज्ञाको आदान-प्रदान, अनुबन्धको आदान-प्रदान／ร़্ุฮ਼ਸਝ਼ਲ਼, ਊਂਗਹਸਙਾ／ਊਸ਼ੳਸਝਾੳ, ਕਂੳਸਙੳਐ)

▶ 彼女と言葉を交わしたのは、それが初めてでした。
かのじょ　ことば　か　　　　　　　　　　　　　　はじ
(ती महिनासँग कुराकानी आदान-प्रदान गरेको त्यो पहिलो अवसर थियो ।／ ਗਾਸਪਾਸਪਖਭੁਫੁੳਥੳਯਾਟਊੰਯੳਨੳਟਚਗਾੜਖਯੳੳ
ਥਹਯੁਦਗੴੳ។／ ਫਸਝਨਝਾੱੑਸਾੳਲਾਗਖੳੳੴਸਾਝੳ.)

□ きしむ
(कटकटाउनु／ ਯਭਗਝ੾ਚੳਯਢਾੳਗਫਫਾੳ／
ਯਾੰੳਖੀ, ਖਾੳ, ਉਾਖੴ)

▷ 床がきしむ音
ゆか　　　　　おと
(कुर्सी कटकटाउनु／ ਯੰਯਹਾਗਾਞਗਾੳੳਨੳਯਂੳਲਸਾੴਗਝਾੳਗਝਾੳ／ ਖੳੑ੖਼ਖਾੳ)

□ 築く きず (बनाउनु / निर्माण गर्नु／ກสាง, បង្កើត／ ສ້າง, ສ້າງໃຫ້)	▷ 信頼関係を築く、家庭を築く、城を築く しんらいかんけい きず かてい きず しろ きず (विश्वासिलो सम्बन्ध बनाउनु, परिवार बनाउनु, दरबार निर्माण गर्नु／ກสាងទំនុកចិត្ត, បង្កើតគ្រួសារ, ກสាងប្រាសាទ／ ສ້າງสายพันอันมั่นใจซึ่งกันและกัน, ສ້າງครอบครัว, ສ້າງปราสาท)
□ くぐる (ठाउँको निह्रुएगएर पारभएर जानु／ឆ្លងកាត់, ດำ (น้ำ) มุด, ລอดภายใต้)	▶ 船はいくつもの橋をくぐりながら進んだ。 ふね はし すす (पानी जहाज धेरै पुलमुनि पारभएर गयो।／កប៉ាល់បានឆ្លងពីក្រោមស្ពានជាច្រើនដើម្បីបន្តដំណើរ／ เรือแລนผ่านใต้สะพานหลายแห่งในขณะที่มุ่งหน้าไป)
□ 暮れる く (अस्ताउनु / अन्त्य हुनु／បញ្ចប់, ป៉ិច, មืด (ย៉ាม, เดือน, ปี, ละดูกาแ), มืด, ค่ำ, ถีก, ຕกใ)	▷ 夕暮れ（＝日暮れ）、年が暮れる ゆうぐ ひぐ とし く (साम अस्ताउनु／สालको अन्त्य हुनु／ไขุ้រលិច, ឆ្នាំขมผงอุดบណ្តប់／ตอนแลง, ສิ้นปี) ▶ もうすぐ日が暮れる。対 (夜が) 明ける ひく よ あ (अब एकछिनमै साम अस्ताउँछ।／ប្រហែលपरभពេញ។／๑กเย็นจะถึกในไม่ช้านี้។)
□ こける (लड़नु／ដួល／ລ้ม, ติก)	▶ 階段でこけたんですか。痛そう。圏転ぶ かいだん いた ころ (भऱ्याङबाट लड़को हो？／ธ:ฉ ฎฑฺริฏอฎ ถุวลงี。／เพิ่มตกลงมาบนบันไดใช่ไหมบ่？ เป็นเจ็บแผลมากมายบ่／ติกลงใน่ได่？ มีสังเจ็น。)
□ 心得る こころ え (राम्रोसँग बुझुु／ยបាល់, ដឹង／ฐ, เจ้าใจ)	▶ 一流のお店だけあって、客のもてなし方を心得ていた。 いちりゅう みせ きゃく かた こころ え (उत्कृष्ट स्तरको पसल भएकोले ग्राहकको सेवा गर्ने कमरी गर्ने भडे समझ्यो राम्रोसँग बुझेको थियो।／ ก๊าន่เฉ:ดึงถ๊าเปริ่บ่ตูฉ่ลกาต์ได่, គับ่ยับ่ไทเป้นพ่ากอ่บ่สด่/ ພอเป็นร้านชั้นนำจึงรู้วิธีการต้อนรับลูกค้าเป็นอย่างดี, จึงรับรับเป็นอย่างดีแบบ。)
□ 心得 こころ え (ज्ञान／ការយល់, ការเขึ่ง／ ถวามู้, ถักเกณ, ຮับ่ปะพีติบัต)	▶ 彼は柔道の心得があるようです。 かれ じゅうどう こころ え (उसमाभी जुडोको राम्रो ज्ञान छ जस्तो।／គាត์ตาฏ้มู่ฆ่ปาฐ่มานอ่ถิเณ:ดิ้ยใฝ่ฑุฟ្ផ្ស។／ลาวคือได้มีความรู้ขั้นຕ้นในศิลปะยูโด。)
□ 試みる こころ (प्रयास गर्नु／សากល្ប០／ລอ১เชิ๑เปั๑, พยายาม)	▶ ダイエットを試みたが、2日で挫折してしまった。 こころ か ざせつ (डाएटिङ गर्ने त प्रयास गरेको तर 2 दिनमा नै मन मान्यो।／ខ្ញុំសากល្ប០ញ៣สกผ្สมากาพ บ៉ุเฉฉ่ย้บ่บกด้ยฆ่ร่ีม เพ:เภณใช่ฉ่า／พยายามพูดเบ็งค์หัก, แต่ก็ย้มเขวยข้างวจากวัสองมี。)
□ 試み こころ (अनुभव गरेर हेर्ने काम／ ការសากល្ប០／ ການทิดลอ১, ถวามพยายาม)	▷ ネットを使った授業の試み、初めての試み つか じゅぎょう こころ はじ こころ (इन्टरनेटद्वारा पठनपाठन अनुभवको प्रयास, पहिलो प्रयास／ការសากល្ប០ยฺ£ใยฆ่ยขยุฆฺ£ใยฆ្บᵊᵍᵍดฺฐฯก๊ืฺฺฯ, ការសากล្ប० เฉ๊ี่กเฉ่ี่ย／เป็นการที๓ลอ๑เชือ๑ทโดยใช่อินเทอเน็ตในชั้นเรียนมีสอง。)
□ こなす (सफलतापुर्वक कार्य／ក្រฺฺบฺ£ฺฺ០, ถ่าโด๓／ เชิด, ป๊ะเบิด, ถ่าเป็น)	▶ 妻は仕事も家事もうまくこなしている。 つま しごと かじ (श्रीमतीले काम पनि घरक्रयार पनि सफलतापुर्वक गरिरहेछ।／ប្រถนนฺ£ณบฺฺ่£ฺฺ£ถฉฉ การกาฉฺ£ถ்்гฺฺ£รฺฺ£ฺฺ£ฺฺ£ฺฺ£ฺฺ£ฺฺ ฌุ។／เมยจอๆข้อยเฮ๚ธ๑ทามและๆ๑การเຮือนได้ดี.)

□ ごまかす

(केही थाहा नभएको बहाना गर्नु／បំបិទ／กับเคื่อน, ๑๐๖)

▷ 年齢をごまかす
ねんれい
(केही थाहा नभएको बहाना गर्नु／បំបិទអាយុ／ตอะอายุ)

▶ 彼、本当は不愉快なはずなのに、いつも笑ってごまかそうとする。
かれ ほんとう ふ ゆ かい わら
(उसलाई मन मिज मन पर्नको कुरा भएपनि सधैं हाँसेर केही थाहा नभएको बहाना गर्ने खोज्छ।／តាត់ពិតជាពិតជាមិនសប្បាយចិត្តក៏ដោយ／ถามจริงแล้วเขาอืมขวยละะบาย, แต่ก็พยายามทำเป็นเคื่อมด้วยการยิ้มเสีย.)

□ 凝る
こ
(तल्लीन हुनु／ដក់ចិត្ត, ល្មៀក／ນບຼກ, ລະอຽด, ພິถิพิถัน, ຄ້ยใจ)

▷ 凝った飾り付け／企画
こ かざ つ き かく
(विशेष खालको सजावट／ปोजना／ត្បូងការបោ／ការป្រดับ្រแต្งปานิต／ການຕຶບแต่งยๆยໆอย่างสุขุม)

▶ 父は最近、カメラに凝っています。
ちち さいきん こ
(बुबा आजकल कयामेरामा तल्लीन हुनुहुन्छ।／ឌ្ឌ:วละ; ឌ្ឌរូកខ្ញុំកំពុងដកចិត្តឆ្ពោះម៉ាស៊ីនថតៗ／ໄລยนี่, พ่อลองของใต้พันฟันนินฟันสกัับกล้องกฏแຖຮุป)

□ 遮る
さえぎ
(बाधा हान्नु／गर्ने, បង្គាក់, ការ(សង្កៀ／ຄัน, ຂัดจ้งวะ, ก้น)

▶ 彼は質問を遮って話し始めた。
かれ しつもん さえぎ はな はじ
(उसले प्रश्नमा बाधा हान्ने गरी बोल्न सुरु गर्यो।／តាត់បានបង្គាក់សំនួ។ ហើយចាប់ផ្ដើមនិយាយ។／ລาวได้จ้งวะตามถามและเลิมเวัก.)

□ 冴える
さ
(फुर्तिलो हुनु／স্पष्ट／ស្រស់ស្ថា／ถ่วงถัน, สาใส, ปีลใจ£อ)

▶ 林さん、今日は冴えているね。どんどんいいアイデアが出てくるじゃない。
はやし きょう さ で
(हायासीज्यू आज फुर्तिलो हुनुहुन्छ हैनि। एकपछि अर्को गरी राम्रो आइडिया निकालिरहनुभएको छ।／សន្តកម្ងៈ ថ្ងៃនេះ;ស្រស់ស្ថា ណាស់។ គំនិតល្អនិងចេញមក។／ปีนี่จ้ะ ขวัญสาใสนี่ไม่? มีแนวคิดดีๆออกมาเคื่อยๆ)

▶ 冴えない顔してどうしたの？
さ かお
(अहँगारो अनुहार छ त के भयो？／ເຮือนเก็กเกืงข่ากใจ？／เป็นหยัง？ขานตาป์เศิงใส.)

□ 指す
さ
(औंल्याउनु／បង្ហ្ចើ／ชี้)

▶ 女の子が指す方向に、一匹の黒い猫がいた。
おんな こ さ ほうこう いっぴき くろ ねこ
(केटीले औंल्याएको दिशा तर्फ एउटा कालो बिरालो थियो।／ត្រូវตามที่ក្មេងស្រីชี้ไปมีแมวโต្រាព័រ்ที่ให่นนั่น.)

□ さする／擦る
さす
(सुम्सुम्याउनु／रगद्नु／ใส, ผಮ្इुस, ຖູ／ปีบถอยๆ, ลูบถอยๆ, ถู, ฮิด)

▶ 腰が痛かったんだけど、さすってもらったら少し楽になった。
こし いた すこ らく
(कम्मर दुखेको थियो तर सुम्सुम्याइदिएपछि हुनाले अलिकति सजिलो भएको छ।／ឌ្ញុំឈឺចង្កេះ; ប៉ុន្តែបានឆ្ឆៃពួលឡើងใช้ใสให้ພ่อ／ได้ถูแล้ว, แถ่ปีเวจากทำให้ปีบถอยๆทำให้เจ็บให้ถู้ดีทึ่นใด้.)

□ **強いる**
し

(बाध्य पार्नु／பठ्ठी, परिस्थितिवश गर्नु／ប្រាប់ខ្ពស់, ចិត្តចង់, កំបិតចង់)

▶ 華やかな貴族の暮らしとは対照的に、人々は苦しい生
はな きぞく く たいしょうてき ひとびと くる せい
活を強いられていた。
かつ し

(एकातिर विलासी राजघरानाको जनजीवन थियो भने अर्कोतिर मान्छेहरू गरिब जीवन बाध्य थिए।／ផ្ទុយពីការរស់នៅដ៏ ប្រណីតសម្បូរបែបរបស់ពួកអភិជន ប្រជាជនត្រូវបានបង្ខំអោយរស់នៅយ៉ាងលំបាក។／ក្នុងពេលដូនៗមានជីវិតថ្លៃថ្លាររូបួរាររបស់ពួក ផ្ទុយស្រុង, ប្រជាជនបានបង្ខំចិត្តអោយនៅជីវិតលំបាកបាន។)

□ **凌ぐ／しのぐ**
しの

(सहनु／ผ่านพ้น, ส่วนเกิน, บรรเทา)

▶ 給料日前は1日500円でしのいでました。
きゅうりょうび まえ にち えん

(तलब आउने दिन भन्दा अगाडिका दिनहरू प्रतिदिन 500 येनको कष्ट जीवन सहिरहेको थिएँ।／មុនថ្ងៃបើកប្រាក់ខែ ខ្ញុំរស់នៅ ដោយចំណាយតែ៥០០យ៉េនក្នុងមួយថ្ងៃ។／ก่อนเงินเดือนออก, ข้าพเจ้าดิ้นรนใช้จ่ายเพียง 500 เยนต่อวัน.)

□ **凌ぐ**
しの

(सहनु／เป็นที่สุด, ทนเกิน／ดีกว่า, เหนือกว่า,เกิน)

▷ 〈本〉今回の作品は前作を凌ぐ勢いで売れている。
ほん こんかい さくひん ぜんさく しの いきお う

(〈पुस्तक〉 यस पटकको रचना अघिल्लो पटकको व्यापारलाई नाँघ्न गरी बिक्री भएको छ।／(សៀវភៅ) ស្នាដៃនេះកំពុងលក់ដាច់ លើសពីស្នាដៃមុនៗ។／(เล่ม) ยินยนนเลขนี้ขายดีกว่าเล่มเก่าจนยอดขายที่ผ่านมา.)

□ **染みる**
し

(भिज्नु／भिज्न पस्नु／गाँस्नु／ट्राप्नु／ซึม, ซอก, เปื้อน)

▷ 汗がシャツに染みる、染みを取る
あせ し し

(पसिनाले सर्ट भिज्नु／दाग निकाल्नु／ញើសស្រោបចូលក្នុងអាវយឺត, លុបបំបាត់ស្នាមប្រឡាក់។／เหงื่อซึมในเสื้อ, ทำจัดรอยเปื้อน)

▶ いつの間にか、ズボンにインクが染みてた。
ま

(थाहा नै नपाइकन पाइन्टमा मसी सोसिएर गएछ।／ទឹកថ្នាំបានជ្រាបចូលក្នុងខោអត់ដឹងពេលណាក៏មិនដឹង។／ ไม่รู้ตัวได้ปล่อยเปื้อนน้ำหมึกกางเกง.)

▶ 中までよく味が染み込んで、おいしい。
なか あじ し こ

(भित्रसम्म राम्रोसँग स्वाद पसेकोले मिठो छ।／សាច់បានជ្រាបចូលយ៉ាងខ្លាំងក្នុងឆ្ងាញ់ ហើយឆ្ងាញ់។／ อิ่มฉุ่มฉี่ข้างเข้าเนื้อเข้าขึ้ง.)

□ **称する**
しょう

(भनिनु／बोलाउनु／ठहर्याउनु／เรียก, ยกย่องสรรเสริญ, อ้างเป็นที่)

▷ トマトの会と称する団体から寄付があった。
かい しょう だんたい きふ

(टोमाटो संघ भनिने संस्थाबाट चन्दा दान आयो।／មានការបរិច្ចាគពីសមាគមមួយដែលមានឈ្មោះ ថាសមាគមប៉េងប៉ោះ។／ ได้รับการบริจาคจากกลุ่มที่ชื่อว่ากลุ่ม. สมาคมมะเขือเทศ.)

□ **退く**
しりぞ

(पछि हट्नु／बाहर जानु／सर्नु／ถอย, ออก, ลาออก, ถอนใจ, ทอย)

▷ 舞台から退く、一歩退く
ぶたい しりぞ いっぽ しりぞ

(मञ्चबाट पछि हट्नु, एक पाइला पछि हट्नु／ដកថយពីឆាកល្ខោន, ដើរថយក្រោយមួយជំហាន។／ออกจากเวที, ถอย 1 ก้าว)

□ **据える**
す

(राख्नु；लगाउनु／स्थिर, मजबूत／ตั้ง, ติดตั้ง, แต่งตั้ง)

▶ 投票の結果、A党は野村氏を代表に据えることとなっ
とうひょう けっか とう のむらし だいひょう す
た。

(मतदानको नतिजा अनुसार A दलको नोमुरा-ज्युलाई प्रतिनिधिसरेकोरूपमा राख्ने भयो।／បន្ទាប់ពលលទ្ធផលនៃការបោះឆ្នោត គណបក្សA បានដាក់ លោកណូមូរ៉ាជាតំណាង។／ตั้มของกรรมมีจัดคูแบบอม, พรรค A ได้ตั้งมีแต่งตั้งนายนะ ในบแลร เป็นตัวแสน.)

□ **損なう**
そこ

(विगार्नु/បំផ្លាញ/ທຳລາຍ, ເຮັດໃຫ້ເສຍຫາຍ, ເປັນອັນຕະລາຍ)

▷ 信頼関係を損なう
しんらい・かんけい　そこ

(विश्वास सम्बन्ध विगार्नु/បំផ្លាញទំនាក់ទំនងនៃទំនុកចិត្ត/ທຳລາຍຄວາມສຳພັນທີ່ໄວ້ເນື້ອເຊື່ອໃຈ)

▶ たばこは確実に健康を損なうものです。
かくじつ　けんこう　そこ

(चुरोट सेवन निश्चितरूपमा स्वास्थ्य विगार्ने काम हो।/បារីគឺជារបស់បំផ្លាញសុខភាពយ៉ាងពិតប្រាកដ។/ການສູບຢາເປັນອັນຕະລາຍຕໍ່ສຸຂະພາບຢ່າງແນ່ນອນ.)

□ **備わる**
そな

(संचय हुनु/មាន, ມີຄົບ, ມີພ້ອມ)

▶ 彼女は、この映画に必要なすべての条件が備わっていた。
かのじょ　えいが　ひつよう　じょうけん　そな

((ही महिलामा यस सिनेमाको लागि आवश्यक सम्पूर्ण योग्यताहरू संचय थिए।/នាងមានគ្រប់លក្ខខណ្ឌទាំងអស់ដែលចាំបាច់សម្រាប់ភាពយន្តនេះ។/ລາວມີເງື່ອນໄຂທີ່ຈຳເປັນທັງໝົດສຳລັບຮູບເງົາເລື່ອງນີ້.)

□ **背く**
そむ

(दाग फर्काउनु/ម៉ិនស្តាប់បង្គាប់, មិនគោរព ភាព/ປ່ານໃນ, ບໍ່ເຊື່ອຟັງ)

▷ 上司に背く、命令に背く
じょうし　そむ　めいれい　そむ

(मालिकमा कर्मचारीलाई दाग फर्काउनु, आदेश प्रति दाग फर्काउनु/មិនស្តាប់បង្គាប់ចៅហ្វាយ, មិនគោរពតាមបទបញ្ជា/ບໍ່ເຊື່ອຟັງນາຍ, ປ່ານໃນຄຳສັ່ງ)

□ **そらす**

(अलग लगाउनु; फर्काउनु; मोड़्नु/បែរចេញ, បង្វែរ/ ຫາກເວ, ບ່າຍ, ປ່ານເລື້ອງເວົ້າ, ປິ່ນຫີ, ປ່ານເລື້ອງເວົ້າ, ຫຼີກຫນີ, ປັດ)

▷ 目をそらす、話をそらす
め　はなし

(आँखाअन्तै मोड्नु, कुरा मोड्नु/បែរភ្នែកចេញ, បង្វែរសាច់រឿង/ຫຼົບຫຼີກສາຍຕາ, ປ່ານເລື້ອງລົມຫາລາ)

▶ あの選手、また、ボールを後ろにそらした。
せんしゅ　うし

(त्यो खेलाडीले फेरि बल पछाडि पट्टि मोड्यो।/កីឡាករនោះបានបង្វែរបាល់ទៅក្រោយម្ដងទៀតហើយ។/ນັກກິລານັ້ນປ່ອຍຫານໄປທາງຫຼັງອີກ.)

□ **絶える**
た

(लोप्नु; समाप्त हुनु/ផុតពូជ, ໄຫຼ, ໄຫຼສາມ/ສິ້ນສຸດ, ໝົດໄປ)

▷ 伝統が絶える、苦労が絶えない
でんとう　た　くろう　た

(परम्परा लोप्छन्, दु:ख समाप्त नहुनु/ប្រពៃណីផុតសូន្យ, ការលំបាកឥតឈប់ឈរ/ ປະເພນີໝົດໄປ, ຄວາມຍາກລຳບາກຕໍ່ເນື່ອງ)

▶ 笑いの絶えない家庭でした。
わら　た　かてい

(हँसिठट्टा कहिल्यै नसिद्धिने परिवार थियो।/ជាគ្រួសារដែលពោរពេញទៅដោយសំណើច។/ ເປັນຄອບຄົວທີ່ເຕັມໄປດ້ວຍສຽງຫົວ.)

□ **漂う**
ただよ

(प्रवाह हुनु/សោយតិ, ລ່ອງລອຍ/ລອຍ)

▷ 海に漂う船、空に漂う雲
うみ　ただよ　ふね　そら　ただよ　くも

(समुन्द्रमा उत्रेको पानी जहाज, आकासमा प्रवाह हुने बादल/ទូកអណ្ដែតលើសមុទ្រ, ពពកអណ្ដែតលើមេឃ/ ເຮືອລອຍຢູ່ໃນທະເລ, ແມກລອຍຢູ່ທ້ອງຟ້າ)

▶ 会議室には重い空気が漂っていた。
かいぎしつ　おも　くうき　ただよ

(मिटिङरूममा गम्भीर वातावरणको प्रवाह भइरहेको थियो।/បរិយាកាសមានភាពតានតឹងនៅក្នុងបន្ទប់ប្រជុំ។/ ເກີດບັນຍາກາດເຄັ່ງຕຶງໃນຫ້ອງປະຊຸມ.)

□ **断つ**
た

(छोड्नु; त्याग्नु/កាត់ផ្ដាច់, ຕັດ, ຫຼີກ)

▷ 酒を断つ、関係を断つ
さけ　た　かんけい　た

(रक्सी बान छोड्नु, सम्बन्ध तुट्नु/ឈប់ពីគ្រឿង, កាត់ផ្ដាច់ទំនាក់ទំនង/ຕັດເຫຼົ້າ, ຕັດຂາຍເມື່ອຍັນ)

する動詞 12

自動詞・他動詞 13

名詞 14

形容詞 15

副詞 16

ぎおん語・ぎたい語 17

カタカナ語 18

対義語 19

意味が近い言葉 20

2

☐ **束ねる**
たば
（एकमुट गर्नु／ចង, បញ្ចូលគ្នា／
मित, ইম, ເ঺ঀংঀ৖ঀ）

▷ 髪を束ねる、コードを束ねる
かみ　たば　　　　　　　　たば
（कपाल एकमुट गरेर बाध्नु, बिजुलीको बायर एकमुट गरेर बाध्नु／ចងសក់, ចងខ្សែ／ມັດຜົມ, ມັດເຊືອກ）

▶ リーダーとして、彼はチームを一つに束ねた。
かれ　　　　　　　ひと　　　たば
（लिडर भएर उसले टिमलाई एकजुट गरेर बाध्यो।／ក្នុងនាមជាអ្នកដឹកនាំ គាត់បានបង្រួបបង្រួមជាក្រុមតែមួយ។／
ในฐานะผู้นำ, ลาวได้ໂฮมมัดງานเป็นঀปึ่งอันດຽว.）

☐ **費やす**
つい
（खर्च गर्नु／ចំណាយ／ใช้ (เวิน, เวลา)）

▷ お金を費やす
かね　つい
（पैसा खर्च गर्नु／ចំណាយលុយ／ใช้เงิน）

▶ 時間を費やした割には得られるものが少なかった。
じかん　つい　　　わり　　　え　　　　　　　すく
（समयको खर्च गरेको अनुपातमा भने हातमा लागेको कुरा थोरै थियो।／ខ្ញុំទទួលបានអ្វីបន្តិចបន្តួចបើធៀបនឹងពេលវេលាដែលខ្ញុំបានចំណាយ
ទៅ។／ঀงที่ได้มาแมบບน้อยกับชั่วโมงที่ใช้ไป.）

☐ **司る**
つかさど
（कब्जा गर्नु／प्रबन्ध गर्नु／ គ្រប់គ្រង／
ເຮັດໜ້າที่ຄວບคุม, ຮັບปิดชอบໜ้าที่）

▶ 感情を司るのは脳のどの部分ですか。
かんじょう　つかさど　　　のう　　　　　　ぶぶん
（भावना कब्जा गर्ने टिमरको कुन भाग हो？／តើផ្នែកមួយណានៃខួរក្បាលដែលគ្រប់គ្រងអារម្មណ៍？／
สะໝอງส่วนใดເຮັດໜ้าที่ຄວບคุมອารมณ์？）

☐ **つかる**
（डुब्नु／គ្រាំ／ผ่ะ, ตอง, ຈ่ม）

▷ お風呂／お湯につかる
ふろ　ゆ
（बाथटब／तातोपानीमा शरीर डुबाउनु／គ្រាំក្នុងអាងងូតទឹ/ទឹកក្តៅ／ແຊ่ນ້ำອ຺ບน้ำ/ ແຊ่น้ำร้อน）

▶ それは水に浸かると溶けます。
みず　つ　　　と
（त्यो पानीमा डुब्यो भने पग्लिन्छ।／ វានឹងរលាយពេលគ្រាំក្នុងទឹក។／มันจะละลายเมื่อจ่มລ຺งน้ำ.）

☐ **突く／突っつく**
つ　つ
（घोच्नु／ घोट्छिन्／តេះ, ចាប់／ເທາะ, ຕລ຺ກ）

▶ 誰かが肩を突っついたので振り返った。
だれ　かた　つ　　　　　　ふ　かえ
（कसैले कुम घोच्छिकोले पच्छाडि फर्के।／ខ្ញុំបានគ្រលេកមើលក្រោយដោយសារមានគេណាម្នាក់បានកេះស្មាខ្ញុំ។／
มีใผเຄາะບ່າเລยໝ຺นกลัບไປเบิ่ง.）

▶ 答えにくいところを課長に突かれて焦った。
こた　　　　　　　かちょう　つ　　　あせ
（जवाफ दिन गाह्रो बिषयमा शाखा प्रमुखले प्रश्न घोछाएकाले मैं गर्ने क्मो गर्ने भएँ।／ខ្ញុំបានភ័យស្លន់ស្លោពេលដែលប្រធាន
ការិយាល័យបានចាក់ផ្តួលខ្ញុំនៅកន្លែងដែលពិបាកឆ្លើយ។／ ຂ້ອຍเลีอยເมื่อຫ຺วໜ้าฝ่ายถามในคำถามที่ขอยตอบຍາກ.）

☐ **慎む**
つつし
（सतर्क／ सावधान हुनु／ ।ចាំសុវត, ระ៦ប្រយ័ត្ន
／ละมัดละวัง (คำເว็า), ຽ຺ด）

▶ 口の利き方が悪いので、彼には言葉を慎むように注意
くち　き　かた　わる　　　　　　かれ　　　ことば　つつし　　　　　　ちゅうい
しました。
（अभद्र तरिकाले कुराकानी गर्ने हुनाले उसलाई यथाभावी नबोल्न सतर्क गराएँ।／ ដោយសារគាត់និយាយមិនពីរោះ ដូច្នេះខ្ញុំបាន
ប្រមានគាត់កុំឱ្យនិយាយពាក្យ។／ เนื่องจากเว็าບ່ສุภาพ จึ່ງได้เตือนเลาให้ละมัดละวังຄຳเว็าของเลาໃຫ้ดี.）

▶ 医者からしばらくはお酒を慎むように言われた。
いしゃ　　　　　　　　　　　さけ　つつし　　　　　　い
（चिकित्सकले केही समयको लागि रक्सी नखान् भनि सावधान गराए।／ ខ្ញុំត្រូវបានគ្រូពេទ្យប្រាប់ឱ្យប្រុងប្រយ័ត្ននៅក្នុងការផឹកស្រាបណ្តោះអាសន្ន។／
ໝ຺ບแพทย์ได้บ຺กให้ઈ຺ดເຫຼ້าในໄລ຺ยໜึ่ງ.）

☐ ①(～を)募る
つの
②(～が)募る
つの

(1. नयाँ भर्ना गर्नु 2. भावना तिव्र हुनु／
(1) ជ្រើសរើស (២) កើនឡើង／
1. ຮັບສະໝັກ, 2. (ຄວາມຮູ້ສຶກ) ຮຸນແຮງຂຶ້ນ/
ລະເບີດ, ເພີ່ມຂຶ້ນ)

▷ ①参加者／アルバイトを募る　②思いが募る
さんかしゃ　つの　おも　つの

(1. सहभागी / पार्टटाइमका कामदारको नयाँ भर्ना गर्नु 2. भावना तिव्र हुनु／(១) ជ្រើសរើសអ្នកចូលរួម/អ្នកធ្វើការក្រៅម៉ោង (២) គំនិតកើនឡើង／1. ຮັບສະໝັກຜູ້ເຂົ້າຮ່ວມ/ພະນັກງານເຮັດວຽກເສີມ, 2. ຄວາມຄິດຮຸນແຮງຂຶ້ນ)

▶ ②試験が近づくにつれ、不安が募ってきた。
しけん　ちか　ふあん　つの

(2. परीक्षा नजिकिँदै जाँदा बेचैन भावना तिव्र हुदै आयो।／(២) ខ្ញុំមានអារម្មណ៍ភ័យព្រួយពេលដែលការប្រលងខិតជិតមកដល់។／2. ເມື່ອການສອບເສັງໃກ້ເຂົ້າມາ, ຄວາມກັງວົນກໍເພີ່ມຂຶ້ນ.)

☐ つまずく

(ठेस खानु／ជំពប់ជើង, ភ្លាត់ជើង／
ຂ້ອງ, ສະດຸດ)

▶ 石につまずいて、こけちゃったんです。
いし

(ढुङ्गामा ठेस खाएर लड्न पुगें।／ខ្ញុំជំពប់ជើងនឹងថ្មហើយបានដួល។／ຂ້ອງກ້ອນຫີນແລະໄດ້ລົ້ມລົງ.)

☐ つまむ

(चेप्नु／ក្តិច, ខ្ទឹប, កាន់／
ຢິບ, ຈັບ, ຄີບ, ໜີບ)

▷ 塩をつまむ、端の部分をつまむ
しお　はし　ぶぶん

(नुन चेप्नु, छेउको भाग चेप्नु／ខ្ទឹបមួយចិប, កាន់ផ្នែកខាងចុង／ຢິບເກືອ, ຈັບສົ້ນ)

☐ 連なる
つら

(लस्कर लाग्नु／តជាប់គ្នា／
ລຽນຕິດ, ຕໍ່ກັນເປັນແຖວ,ຕິດຕໍ່ກັນ)

▷ 人気店が連なる通り
にんきてん　つら　とお

(लोकप्रिय पसलको लस्कर लागेको सडक／ផ្លូវដែលមានហាងល្បីៗ／ຖະໜົນທີ່ມີຮ້ານຄ້າຍອດນິຍົມລຽນຕິດ)

▶ 北の方には3000メートル級の山々が連なっている。
きた　ほう　きゅう　やまやま　つら

(उत्तरपट्टि 3000 मीटर सहर उचाइका पर्वतहरूको लस्कर लागेको छ।／នៅភាគខាងជើងមានជួរភ្នំដែលមានកំពស់៣០០០ម៉ែត្រ។／ທາງທິດເໜືອມີສາຍພູຕິດຕໍ່ກັນແລະມີຄວາມສູງລະດັບ 3,000 ແມັດ.)

☐ 貫く
つらぬ

(छिचोल्नु／ចោះ, ទម្លុះ／
ເຈາະ, ບັນລຸ, ສໍາເລັດ,ສືບຄວາມຕັ້ງໃຈ)

▷ 地面を貫く、意志を貫く
じめん　つらぬ　いし　つらぬ

(जमिन छिचोल्नु, सिद्धान्त नछोड्नु／ចោះដី, ប្រកាន់ខ្ជាប់ឆន្ទៈ／ເຈາະດິນ, ສືບຄວາມຕັ້ງໃຈ)

▶ 彼は最後まで反対を貫いた。
かれ　さいご　はんたい　つらぬ

(उसले अन्तिम समयसम्म पनि विरोधको सिद्धान्तलाई छोडेन।／គាត់នៅតែប្រកាន់ខ្ជាប់ការប្រឆាំងរហូតដល់ទីបំផុត។／ລາວຄົງຄັດຄ້ານຈົນເຖິງທີ່ສຸດ.)

2
31

☐ 照れる
て

(लजाएर गाला रातो हुनु／ខ្មាស់អៀន／
ອາຍ)

▶ さっきから、なに照れてるの？
て

(अघि देखि किन लजाएर गाला रातो बनाइरेहको ?／តើតាំងពីអំបាញ់មិញនេះ ឯងអៀនខ្មាស់នឹងអ្វី?／ອາຍຫຍັງຕັ້ງແຕ່ວ່າງກີ້ນີ້?)

☐ とがめる

(खोट लाउनु／ស្តីបន្ទោស／
ຕໍານິຕິຕຽນ, ຖາມສໍ້)

▶ 課長に遅刻をとがめられた。
かちょう　ちこく

(शाखा प्रमुखले ढिला भएको भनि खोट लगाउनुभयो।／ខ្ញុំត្រូវបានប្រធានផ្នែកស្តីបន្ទោសពីការមកយឺត។／ຖືກຜູ້ຈັດການພະແນກຕໍານິຕິຕຽນວ່າມາຊ້າ.)

☐ 途切れる
とぎ

(बिचमा नै छुट्नु／កាត់ចោល／
ຢຸດ, ເຊົາ, ຂາດ (ລະຫວ່າງທາງ))

▶ まいったなあ。急に映像が途切れた。
きゅう　えいぞう　とぎ

(बरबाद भयो, भिडियो बिचमा नै आउन छोड्यो।／ព្រះអើយ! វីដេអូត្រូវបានកាត់ចោលភ្លាមៗ។／ໂອ້ຍເນາະ. ພາບຂາດກະທັນຫັນ.)

☐ **途絶える**
と だ
(बिचमा नै हराउनु／ឈប់, កាត់ផ្តាច់／ຢຸດ, ເຊົາ, ຂາດ (ລະຫວ່າງທາງ))

▶ その日を最後に彼からは連絡が途絶えた。
ひ さいご かれ れんらく とだ
(त्यो दिन पछि त उबाट सम्पर्क नै हरायो।／ខ្ញុំបានបាត់ទំនាក់ទំនងជាមួយគាត់នៅចុងថ្ងៃ។／ຫຼັງຈາກມື້ນັ້ນ, ກໍ່ຂາດການຕິດຕໍ່ກັບລາວ.)

☐ **怒鳴る**
ど な
(झपार्नु／ស្រែក／ຮ້ອງ, ເອີ້ນດ່າ)

▶ 駅で人にぶつかったら、「気をつけろ！」と怒鳴られた。
えき ひと き ど な
(स्टेशनमा अरुसँग ठोक्किदा 'होस् राख' भनि झपार्‍यो।／ពេលខ្ញុំបានដើរបុកគេនៅស្ថានីយ៍រថភ្លើង ខ្ញុំត្រូវបានគេខឹងហើយស្រែកអោយថាប្រយ័ត្នផង។／ເວລາຕຳຄົນຢູ່ສະຖານີ, ຈະຖືກຮ້ອງໃສ່ວ່າ: "ລະວັງແດ່ແມ້!".)

☐ **とぼける**
(नबुझेको जस्तो गर्नु／ធ្វើជាមិនដឹងអី／ເປີນ, ທຳທ່າບໍ່ຮູ້)

▷ とぼけた顔をする
かお
(नबुझेको जस्तो अनुहार गर्नु／ធ្វើមុខមិនដឹងអី／ເຮັດໜ້າທຳທ່າບໍ່ຮູ້)

▶ とぼけないでよ。誰が言ったか知ってるんでしょ？
だれ い し
(नबुझेको जस्तो नगर न, कसले भनेको थाहा छ होइन र?／កុំធ្វើជាមិនដឹងអី។ ឯងប្រាកដជាដឹងថានរណាបាននិយាយ ត្រូវទេ?／ຢ່າທຳທ່າບໍ່ຮູ້. ເຈົ້າຮູ້ວ່າໃຜເວົ້າ, ແມ່ນບໍ?)

☐ **捉える**
とら
(हातमा पार्नु समात्नु／ចាប់យក／ຈັບ, ຈັບແໜ້ນ)

▶ この絵、そっくりだね。顔の特徴をうまく捉えてる。
え かお とくちょう とら
(यो चित्र राम्रो छ हगि। अनुहारको विशेषतालाई राम्रोसँग उतारेको छ।／រូបគំនូរនេះដូចគ្នាមែន។ វាបានចាប់យកលក្ខខណ្ឌពិសេសនៃមុខបានយ៉ាងល្អ។／ຮູບແຕ້ມນີ້ຄືແທ້ໆ. ຈັບຈຸດພິເສດຂອງໃບໜ້າໄດ້ດີ.)

☐ **嘆く**
なげ
(रुनु कराउनु／សោកស្តាយ, សោកសង្រេង, កាន់ទុក្ខ／ໂສກເສົ້າ, ຖອນຫາຍໃຈ, ເສຍໃຈ)

▶ 彼の死を嘆く大勢のファンが集まった。
かれ し なげ おおぜい あつ
(उसको मृत्युमा रुने कराउने थुप्रो समर्थकहरू भेला भए।／អ្នកគាំទ្រជាច្រើនបាយប្រមូលផ្តុំគ្នាដើម្បីកាន់ទុក្ខគាត់។／ແຟນບານຈຳນວນຫຼວງຫຼາຍໄດ້ເຕົ້າໂຮມກັນເພື່ອສະແດງຄວາມໂສກເສົ້າຕໍ່ການເສຍຊີວິດຂອງລາວ.)

☐ **懐く**
なつ
(रमाउनु／ចូលចិត្ត／ລື້ງ, ຄຸ້ນເຄີຍ)

▶ うちの犬は誰にでもなつくので困る。
いぬ だれ こま
(हाम्रो पालेको कुकुर जोसँग पनि रमाउने हुनाले आपद छ।／ខ្ញុំមានបញ្ហាដោយសារឆ្កែរបស់ខ្ញុំតាមគេគ្រប់គ្នា។／ອຸກໃຈທີ່ໝາຂອງຂ້ອຍລື້ງກັບທຸກຄົນ.)

☐ **人なつっこい**
ひと
(मान्छेसँग सजिलै घुलमिल हुनु／រួសរាយ, រាក់ទាក់／ຄຸ້ນເຄີຍກັບຄົນງ່າຍ)

☐ **倣う**
なら
(अनुसरण गर्नु／ធ្វើតាម／ຮຽນແບບ, ເຮັດຕາມຕົວຢ່າງ)

▶ 過去の例に倣って、会場はさくらホテルにしました。
か こ れい なら かいじょう
(विगतको उदाहरणको अनुसरण गर्दै आयोजना स्थल साकुरा होटलमा भनि रोज्यौं।／ខ្ញុំបានសម្រេចយកសណ្ឋាគារសាគូរ៉ាធ្វើជាទីតាំង ដោយធ្វើតាមឧទាហរណ៍ពីឆ្នាំមុនៗ។／ເຮັດຕາມຕົວຢ່າງຜ່ານມາ, ໄດ້ເລືອກເອົາໂຮງແຮມຊາກຸຣະເປັນສະຖານທີ່ຈັດງານ.)

☐ **慣らす**
な
(आदत बसाल्नु／ទម្លាប់／ເຮັດໃຫ້ລື້ງ, ເຮັດໃຫ້ຄຸ້ນເຄີຍ)

▶ 走るのは久しぶりだから、徐々に体を慣らしていこう。
はし ひさ じょじょ からだ な
(दौडने काम धेरै समय पछि भएको हुनाले बिस्तार शरीरमा आदत बसाल्दै जाऔं।／ខ្ញុំខានរត់យូរហើយ ដូច្នេះខ្ញុំត្រូវធ្វើអោយរាងកាយទម្លាប់ម្តងបន្តិចៗ។／ບໍ່ໄດ້ແລ່ນເທື່ອແລ້ວ, ຈຶ່ງຄ່ອຍໆເຮັດໃຫ້ຮ່າງກາຍຄຸ້ນເຄີຍກັບມັນ.)

☐ **成り立つ**
な た
(सफल हुनु／មានប្រកបដោយអ្វីមួយ, ត្រូវបានបង្កើតឡើង／ປະກອບດ້ວຍ, ໃຊ້ການໄດ້, ສະຫຼຸບໄດ້)

▶ こんなひどいやり方でよく経営が成り立っているね。
かた けいえい な た
(यस्तो हटिया तरिकाले यो व्यवसाय चल्न सफल भइरहेको छ हगि।／ការគ្រប់គ្រងអាជីវកម្មត្រូវបានបង្កើតឡើងយ៉ាងល្អតាមរបៀបអន់បែបនេះ។／ຊ່າງວ່າໃຊ້ວິທີທີ່ຂີ້ຮ້າຍແບບນີ້ປະກອບທຸລະກິດເນາະ.)

□ **担う**
にな
(बोक्नु / बहन गर्नु / លី, ទទួលខុសត្រូវ / ຮັບຜິດຊອບ, ແບກ)

▷ 将来を担う若者
しょうらい　にな　わかもの
(कर्धमा बोक्ने / युवाहरूले भविष्यको भार बोक्छन् / यस्को जिम्मा लिने सम्भावना छ। / ຊາວໜຸ່ມທີ່ຈະເປັນຜູ້ຮັບພາລະໃນອະນາຄົດ。)

▶ 近い将来、このような仕事はロボットが担うことにな
ちか　しょうらい　しごと　にな
るかもしれない。
(निकट भविष्यमा यस्तो कामकाजको जिम्मा रोबोटले लिने सम्भावना छ। / ถ้าเหลมมอสตกสนี่อี มุนูตุยุบลูใยเขลอสึมกต / ในอະນາຄົດອັນໃກ້ນີ້, ວຽກໜ່ວນຈະໃຊ້ຫຸ່ນຍົນໃນການເຮັດວຽກ。)

□ **ねじる**
(मोड्नु / बटार्नु / मर्काउनु / मुचुल / បង្វិល, មូល, ขึ้)

▷ 体をねじると背中が痛くなるんです。
からだ　せなか　いた
(शरीर बटार्दा ढाड दुखेर आउँछ। / ពេលខ្ញុំបង្វិលខ្លួនខ្ញុំ ។ / ເຈັບຫຼັງເມື່ອບິດໂຕ。)

□ **ねじれる**
(बटारिनु / मूल / ຢູ່ໃນສະພາບບິດ, ຂ້)

□ **練る**
ね
(मुछ्नु / तयार गर्नु / ប្រយុទ្ធ, សូត្រ, បង្កើត / ປັ້ນ, ປຸງ)

▷ 作戦 / 計画 / 対策を練る
さくせん　けいかく　たいさく　ね
(युद्ध नीति / योजना / उपाय तयार गर्नु / បង្កើតយុទ្ធសាស្ត្រ/ផែនការ/វិធានការ / ປັ້ນຍຸດທະສາດ/ແຜນການ/ມາດຕະການ。)

□ **逃れる**
のが
(भाग्नु / उम्कनु / फुत्किनु / जोगिनु / រំដោះ / ຫຼຸດພົ້ນ, ໜີ, ຫຼີກ)

▷ 苦しみから逃れる
くる　のが
(दुःखबाट उम्कनु / រត់គេចពីការឈឺចាប់ / ໜີພົ້ນຈາກຄວາມທຸກທໍລະມານ)

▶ 課長は責任を逃れようとしている。
かちょう　せきにん　のが
(शाखा प्रमुख जिम्मेवारीबाट भाग भाग खोजिरहेका छन्। / ប្រធានផ្នែកកំពុងព្យាយាមគេចវេសពីការទទួលខុសត្រូវ។ / ຫົວໜ້າກຳລັງພະຍາຍາມຫຼີກຫຼ່ຽງຄວາມຮັບຜິດຊອບ。)

□ **臨む**
のぞ
(उपस्थित हुनु / ប្រឈមមុខនឹង / ເຊີ່ຮ່ວມ, ປີ່ນໜ້າ)

▷ 試合に臨む、海に臨む家
しあい　のぞ　うみ　のぞ　いえ
(खेल प्रतियोगितामा उपस्थित हुने, समुद्र नजिकका अवस्थित घर / ប្រឈមមុខនឹងការប្រកួត, ផ្ទះដែលប្រឈមមុខនឹងសមុទ្រ / ເຂົ້າຮ່ວມການແຂ່ງຂັນ, ເຮືອນທີ່ປີ່ນໜ້າໃສ່ທະເລ)

▶ 面接に臨むにあたっての心構えについて話します。
めんせつ　のぞ　こころがま　はな
(अन्तरवार्तामा उपस्थित हुदा ध्यान दिनुपर्ने विषयमा बताउने छु। / ខ្ញុំនឹងនិយាយអំពីការរៀបចំខ្លួនសម្រាប់ការសម្ភាសន៍ / ເວົ້າເຖິງການກຽມໃຈເພື່ອເຂົ້າສຳພາດ。)

□ **映える**
は
(सुन्दर देखिनु / បញ្ចាញព្លឺ / ສ່ອງ, ສະທ້ອນ)

▷ 夕日に映える山がきれいだった。
ゆうひ　は　やま
(सूर्यास्तको दृश्यसँगै देखिने हिमाल सुन्दर थियो। / ភ្នំដែលថ្កុំថ្កើងថ្ងៃលិចពិតជាស្រស់ស្អាត។ / ພູເຂົາທີ່ສະທ້ອນໃນຕາເວັນຕົກ ແໜ່ງາມ。)

□ **映える**
は
(सुहाउनु / ឈបច្បាម / ดูถี, ຊ່ອງາມຂຶ້ນ, ເປັນຕະກາຍ)

▶ このドレスに映えるのはどういう色でしょう？
いろ
(यो ड्रेसमा सुहाउने देखिने रङ कुन होला? / តើពណ៌ណាខ្លះលេចធ្លោជាមួយនេះ? / ສີຫຍັງໃປ່ງກັບໂຕ ຊຸດນີ້?)

□ **図る**
はか
(ठम्नु / चिंता गर्नु / कोसिस गर्नु / រៀបចំកញ្ចប់, បង្កើត / ວາງແຜນ, ທົດລອງ, ທົ່ວຄອງ, ພະຍາຍາມ)

▷ 合理化を図る、改善を図る、便宜を図る
ごうりか　はか　かいぜん　はか　べんぎ　はか
(तार्किकताको कोसिस गर्नु सुधारको कोसिस गर्नु आफ्नो फाइदाको कोसिस गर्नु / ធ្វើអោយប្រសើរឡើង, បង្កើតការកែលម្អ, សម្រាកពាក្យជាពាក្យល្អ / ພະຍາຍາມຫາທາງແກ້ໄຂ, ພະຍາຍາມປັບປຸງ, ທົດທ່ວງຄວາມສະດວກ)

□ **はがれる**
（उक्किनु / खुट्निु／ਏਪਕ／
ຫຼຸດออก, ລอกออก)

▷ ここ、シールがはがれてる。
（यहाँको सिल उक्किएको छ ।／ក្រដាសនេះខែមកំពុងរេបរក។／ກາວຕິດຢູ່ນີ້ມັນຫຼຸດออกsaຂ).)

□ **育む**
（हुर्काउनु प्रेम बढाउनु／
ចិញ្ចឹម, បណ្ដុះបណ្ដាល／ບຳບ່ອງອ້ຊສຼາ,
ລ້ຽງດ້ວຍຄວາມຮັກ, ກ່ອມๆ)

▷ その後、二人は交際を続け、愛を育んできた。
（त्यसपछि ती दुईले सम्बन्धलाई जारी राखेर प्रेम हुर्काउदै गए ।／ក្រោយពីនោះ: គូគេគ្នានៅកបន្តស្នេហ៍សនិទឞហើយបណ្ដុះភាពស្នេហា។／ລ້ຽງແລ້ວນັ້ນ, ທັງສອງກໍໄດ້ສືບຕໍ່ຄວາມສຳພັນ ແລະກໍ່ສ້າງຄວາມຮັກສຳ.)

□ **励む**
（मेहनत गर्नु／ឧស្សាហ៍, ព្យាយាម／
ขยันພະຍາຍາມ, ໃສ່ໃຈ)

▷ 練習／アルバイトに励む
（अभ्यास / पार्टटाइम काममा मेहनत गर्नु／ឧស្សាហ៍ហត់រៀន/ការធ្វើការរកប្រាក់ចំណូល／ขยันຝຶກຊ້ອມ/ขยันใส่ใจภายในການເຮັດວຽກ
ເສີມ)

□ **はじく**
（उछित्तिनु／ធ្វើឲ្យងាកចេញពីទឹក, ច្រានចេញ／ຜ້ຍออก, ดักออก)

▷ この生地は水をよくはじくので、手入れが簡単です。
（यस जमिनमा पानी राम्रोसँग उछित्तिने हुनाले सम्भार गर्न सजिलो हुन्छ ।／ក្រណាត់នេះធន់នឹងទឹកល្អណាស់ ដូច្នេះងាយស្រួលថែទាំ។／ເນື້ອຜ້ານີ້ดักน้ำออกได้ดีແລະຈັดການง่ายๆ.)

□ **はしゃぐ**
（चुलबुले／សប្បាយរីករាយ／ม่วนซึน)

▷ はしゃいだり落ち込んだり、彼女は感情の波が激しい。
（ती महिलामा, कहिले चुलबुले गर्ने कहिले निरास हुने भावनाको लहरो उधुमैचुलबुले हुने रहेछ ।／អភម្មេន៍របស់នាងឡើងចុះខ្លាំងមានពេលសប្បាយ រីករាយ ពេលធ្លាក់ទឹកចិត្ត។／ລາວເປັນຜູ້ຍິງອາລົມ, ม่วนซึนແລ້ວซึมเศร้า.)

□ **果たす**
（पूरा (निर्वाह / वहन) गर्नु／បំពេញបានន, បំពេញភារកិច្ច, ឆ្លើយតបកានទទទទសម ／ບັນລຸ, ປະຕິບັດตาม, ເຮັດໃຫ້สำเร็ด)

▷ 目的を果たす、約束を果たす
（लक्ष्य पूरा गर्नु, वाचा निर्वाह गर्नु／បំពេញគោលដៅ, បំពេញការសន្យា／ບັນລຸຈຸດປະສົງ, ປະຕິບັດຕາມສັນຍາ)

▷ この発見は今後の研究に大きな役割を果たすだろう。
（यो अन्वेषणले भविष्यको अनुसन्धानमा ठूलो भूमिका निर्वाह गर्ने सम्भावना छ ।／ការរកឃើញនេះនឹងដើរតួនាទីដ៏សំខាន់ក្នុងការស្រាវជ្រាវនាពេលអនាគត។／ການค้นพົບນີ້ຈະບັນລຸบทบาดสำคันໄປໃນການค้นคว้าในอะนาคด.)

□ **阻む**
（बाधा दिनु／បង្កាក់, កងកល់／ກັນ, ຂັດຂວາง, ຂวาง)

▷ 行く手を阻む
（बाटोमा बाधा दिनु／កងខ្ទប់(ទលភាពមុខ)／ຂวางทาง)

▷ 過保護は、子供の成長を阻みます。
（ओभरछोरीको लालनपालनले मा अधिक हस्तक्षेप गर्दा हुर्काइमा बाधा पुग्छ ।／ការការពារហួសហេតុពេក រារាំងការលូតលាស់ របស់កុមារ។／ការปกป้องຫຼາຍเกินไปຈະขวางການเติบโตຂອງเด็ก.)

□ **はまる**
（अड्कनु; ठिक्क पर्नु／ សម, គ្រប់,
ជាប់, ចេញកងចំណប់, ពិត)

▷ 型にはまった考え方
（कुरा निश्चित सोचाइ／វិធីគំនិតបែបចាស់ៗ／ວິທີຄິດໃນກອບ)

▷ この穴にはまるはずなんだけど、うまくいかない。
（यो प्यालमा ठिक्क पर्नुपर्ने हो, राम्रोसँग पនग्दैन त।／កាត្រូវតែត្រូវនឹងប្រហោងនេះ ប៉ុន្តែគមិនលអឡា។／ບັນຈອບຫມໍໃນຮູນີ້, ແຕ່ກໍ່ເຮັດ.)

▷ 最近、ワインにはまっているんです。
（हिजोआज वाइनमा मेरो मन अड्केको छ ।／ថ្មីៗនេះ ខ្ញុំ ញៀនស្រា។／ໄລຍະນີ້, ติดເຫລົ້າແວງ.)

□ **ばらす**

▶ 秘密をばらすよ。
ひみつ

(भेद खोल्नु/लाक्ता।ज्राबាद, បញ្ចេញអាយុ/ជ្រាវ/ເປີດເຜີຍ) (गोप्यताको भेद खोल्छ है।/ខ្ញុំនឹងលាក្តត្រែត្រាង្គអាថិ៌កំបាំងហើយ។/ខ្ញុំเปີดเຜີຍความลับเລิ.)

□ **ばれる**

▶ 嘘がばれちゃった。
うそ

(भेद खोल्नु/ត្រូវលេចចាប់បាន, ត្រូវបានគេលាក្តត្រាង(លាក្តល័ប) ຍັງໂຕ, ກິນ/ເປີດເຜີຍ) (भूटो बोलेको भेद खुल्यो।/ការកុហករបស់ខ្ញុំបានលេចត្រាង។/คำโก่ຂ້ອຍຖືກເປີດເຜີຍແລ້ວ.)

□ **率いる**
ひき

▶ 日本代表を率いることになった森新監督が、就任の挨
にほんだいひょう ひき   もりしんかんとく   しゅうにん あい
拶を行った。
さつ おこな

(नेतृत्व गर्नु/ដឹកនាំ/ເປັນຫົວໜ້າ, ເປັນຜູ້ນຳ) (जापानी टिमको नेतृत्व गर्ने तोकिएका मोरी नयाँ निर्देशकबाट नियुक्तिको उपलक्षयमा अभिवादन भाषण गरे।/ គ្រូថ្មីឈ្មោះម័រ៉ែដែលបានឆ្លើងទៅនាំក្រុមជម្រើសជាតិជប៉ុនបានធ្វើការថ្លែងសុន្ទរកថ៏ឧំពោះការតែងតាំង។/ຜູ້ຝຶກໃໝ່, ທ່ານ ໂມຣິຊິນ ຊຶ່ງເປັນຜູ້ນຳຂອງທີມຊາດໂປ່ນ ໄດ້ໃຫ້ຄຳກ່າວຄຳປາໄສຕອນເຂົ້າຮັບຕຳແໜ່ງ.)

□ **浸す**
ひた

▶ このスープにパンを浸して食べてもおいしいですよ。
ひた

(चोप्नु/ភ្ជ្វាយ/ត្រាំ, ជ្រលល់, ៨៨, ។ល) (यो सुपमा पाउरोटी चोपेर खान्ना मिठो हुन्छ।/ជ្រលប់នំប៉័ងក្នុងស៊ុបនេះ ហើយញ្ញាំក៏ព្រាប់ជម្ងឺ។/ກິນແບບຈຸ່ມເຂົ້າຈີ່ໃສ່ຊຸບນີ້ກໍແຊບຄືກັນ.)

□ **踏まえる**
ふ

▷ これまでの研究結果を踏まえて、安全性が認められた。
けんきゅうけっか ふ   あんぜんせい みと

(को आधारमा लुरा गर्नु/ផ្អែកលោយ/ອີງຕາມ, ໜ້າ) (हाल सम्मको अनुसन्धानका नतिजाको आधारमा सुरक्षा समान्तौ मानता दिइयो।/ដោយផ្អែកលើលទ្ធផលនៃការសិក្សាពីមុន សុវត្ថិភាពត្រូវបានទទួលស្គាល់។/ຈາກພື້ນຖານຂອງການຄົ້ນຄວ້າທີ່ມາຮອດປະຈຸບັນ, ຍົບໂຕ່ມີຄວາມປອດໄພແລ້ວ.)

□ **へこむ**

▷ ボールがへこむ

(हतोत्साही हुनु/समसर आकारबाट बाहिरिनु/ក្រាក្រិត, ធ្លាក់ទឹកចិត្ត/ຫວບ, ຍຸບ, ເປັນຂຸມ, ຍ້ອທ້ໍ) (बटारिएको हुन्छ/ทาល់ត្រកិត/ໝາກບານຍຸບ)

▶ 最近、失敗続きで、ちょっとへこんでいるんです。
さいきん しっぱいつづ

(हिजोआज अनवरत मात्र हारहाराहट हुनाले अलिकति हतोत्साही भएको छ।/ថ្មីៗនេះ ខ្ញុំបានប្រព្រឹត្តខុសជាបន្តបន្ទាប់ ហើយខ្ញុំ មានអារម្មណ៍កើតទុក្ខបន្តិច។/ເມື່ອບໍ່ມານີ້, ຂ້ອຍຍ້ອບພັບກັບຄວາມລົ້ມເຫລວຢ່າງຕໍ່ເນື່ອງ, ຈຶ່ງເຮັດໃຫ້ຮູ້ສຶກທໍ່ໜ່ອຍໜຶ່ງ.)

□ **ぼける**

▶ 祖母ももう年なので、少しぼけてきたようです。
そぼ   とし   すこ

(परिस्थिको राम्रो स्मरण गर्न नसक्नु/ភ្លេចភ្លាំង/ຄ່ອງຈຶ່ງຈຳ) (हजुरआमा पनि उमेर पुगिसकेकाले परिस्थिको राम्रो स्मरण गर्न नसक्ने भएर आउनुभएको जस्तो छ।/ជ័ដូនបស់ខ្ញុំក៏ចាស់ជាងដែរ ដូច្នេះគាត់ភ្លេចភ្លាំងបន្តិចបន្ទួច រួចហើយ។/ຍ່າເຖົ້າຂອງຂ້ອຍກໍ່ເຖົ້າແລ້ວ, ສະນັ້ນ ລາວຈຶ່ງຄ່ອງຈຶ່ງຈຳໜ່ອຍໜຶ່ງ.)

□ **ぼける**

▶ せっかく撮ったのに、ピントがぼけている。
と

(अस्पष्ट हुनु/ព្រលោវមិនស្ងួលច្បាល/ມົວໆ, ບໍ່ຊັດເຈນ) (बल्लबल्ल लिएको फोटो, फोकस अस्पष्ट भएछ।/ទោះបីខ្ញុំថតបានយ៉ាងជោគ ប៉ុន្តែវានៅតែព្រលោវមិនស្ងួលច្បាល។/ໄດ້ຖ່າຍຮູບຢູ່, ແຕ່ຈຸດໂຟກັດບໍ່ຊັດເຈນ.)

□ **ほどく**

▷ 荷物をほどく
にもつ

(गाँठो फुकाउनु/ស្រាយ/ແກ້ (ເຊືອກ), ຫມາຍ (ຫໍ່)) (सामानको फुकाउनु/ស្រាយអីវ៉ាន់/ແກະເຄື່ອງ)

▶ これ、うまくほどけない。

(यसको गाँठोगैर गाँठो फुकालिन टिन।/ខ្ញុំមិនអាចស្រាយវាបានល្អទេ។/ອັນນີ້ແກະຍາກ.)

□ ほどける

▷ 靴ひもがほどける

（く）

（गाँठो फुकाउनु／បើក, បន្ធូរអ្វីម្ l ／ ຫຼຸດออก, ມายออก, ຄາຍ)

▶ 先生の一言で、みんなの緊張がほどけた。

（せんせい　ひとこと　　　　　　　　きんちょう）

（शिक्षकको एउटा बोलीले सबैको तनावपूर्ण मनको गाँठो फुकिएर हल्का भयो।／ភ្លាមៗ គ្រូបាននិយាយម្ l ម៉ាត់ធ្វើឱ្យភាពតានតឹងរបស់អ្នកទាំងអស់គ្នាបានធូរស្បើយឡើងវិញ។／ด้วยคำพูดของอาจารย์เพียงคำเดียวความเครียดของทุกคนก็หายไป)

□ 施す

（ほどこ）

（प्रदान (/ प्रबन्ध / उदार / सेवन) गर्नु／ เฮ็ด, เยยา／ໃຫ້, ดำเนิน, ปะติบัด)

▷ 治療を施す、加工を施す

（ちりょう　ほどこ　　か　こう　ほどこ）

（उपचार प्रदान गर्नु, संसाधन गर्नु／ធ្វើការព្យាបាល, ធ្វើការកែច្នៃ／ປະຕິບັດການປິ່ນປົວ, ດำเนินຂะบวนการ)

▶ 彼女は舞台に上がるときは、派手なメイクを施している。

（かのじょ　ぶたい　あ　　　　　　　　　　　　は　て　　　　　　　　ほどこ）

（ती महिला मञ्चमा जाँदा झिलिमिलि हुने शृंगार गर्छिन्।／នាងឡើងលើឆាក នាងបានតុបតែងមុខយ៉ាងឆើតឆាយ។／เอลา乗ขึ้นเวที, ลาวจะแต่งหน้าย่างใด都เด่น)

□ ほのめかす

▶ 試合後、彼は引退をほのめかす発言をした。

（しあいご　かれ　いんたい　　　　　　　　はつげん）

（खेल प्रतियोगिता सिद्धिएपछि उसले अवकाश लिने वारे घुमाउरो सपले बतायो।／ក្រោយការប្រកួត គាត់បាននិយាយពាក្យដែលបង្ហាញន័យ។／ຫຼັງจากຊิ่งกันแล้วลาว, ลาวได้กล่าวถ้อยคำที่บอกเป็นนัยว่าลาวจะเลิกเล่น)

□ ぼやく

（कचकच गर्नु／ຈົ່ມ, ເຈົ້າ, ຄຸດໜ່ງ／)

▶ 林さんはいつも、給料が安いとぼやいている。

（はやし　　　　　　　　　　　きゅうりょう　やす）

（हायासीसान जहिले पनि तलब थोरै भयो भनि कचकच गर्नुहुन्छ।／เลากับผู้ได้ทั้งๆยังเว้าถึงเงินเดือนที่ต่ำ。／ທ່ານ ฮายาชิมักบ่นว่าเงินเดือนต่ำ)

□ ぼやける

（दृष्टि अस्पष्ट हुनु／ស្រអាប់, มัวสุลัวຄ່อย／มัว, ບໍ່ชัดเจน, ฅุมเฅือ)

▷ 視界がぼやける

（しかい）

（दृष्टि अस्पष्ट हुनु／ការមើលឃើញមិនសូវច្បាស់, ฅุวๆ喜สุนัวคอ่ย／บิๆไม่ชัดมัว)

▶ この討論会も、途中から論点がぼやけてしまった。

（とうろんかい　　とちゅう　　ろんてん）

（यो विचारगोष्ठीमा पनि प्रमुख विषय के हो भन्ने बारे विचारमा अस्पष्ट हुनुपुग्यो।／កិច្ចពិភាក្សានេះដែរ ไม่ชัดยาวเนะ นั้น อันຊุ ถึจุุๆ待い。／การໂต้เถียงในเทื่อนี้ก็บ่ช帕弱, ປะเด็นເริ่มบ่ชัดเจนเว้าจนฅุมเฅือ)

□ 賄う

（まかな）

（प्रबन्ध गर्नु ; टार्नु／ຄ่าໃช้／จัดหาให้พงูพอ, ສัง(ออาหาร), ราคาเบื่ง)

▷ 生活費を賄う

（せいかつひ　まかな）

（दैनिक जीवनका लाग्ने खर्च टार्नु／ค่าใช้จ่ายในชีวิตปะจำวัน／จัดหาให้พอสำหรับค่าใช้จ่ายในการดำรงชีวิต)

▶ 5万円じゃ、すべての費用を賄うことはできない。

（えん　　　　　　　　　ひよう　まかな）

（50 हजार येनले मात्र सबै खर्च टार्नु सकिन्न।／ถ้ามีเพียงห้าหมื่นเยนก็บ่สามารถครอบคลุมค่าใช้จ่ายทั้งหมดได้।／50,000 ເยน ບໍ่สามารถนำมาเบิ่งค่าใช้จ่ายทุกอย่างได้)

□ 巻く

（ま）

（बेर्नु／ຄ່ / ພัน, ม้วน）

▷ マフラーを巻く

（ま）

（गलबन्धी बेर्नु／ใส่ผ้าพันคอ/ພันผ้าพันคอ)

▶ 滑らないよう、持つところにテープを巻きました。

（すべ　　　　　　　　も　　　　　　　　　　　ま）

（नचिप्लियोस् भनि हातले समाउने ठाउँमा टेपले बेरें।／ຂ้อยเอาເทปพันบ่อนจับเพื่อบ่ให้มันลื่น。／ພันเทปที่ด้ามจับเพื่อบ่ให้ลื่น。）

する動詞 12
自動詞・他動詞 13
名詞 14
形容詞 15
副詞 16
ぎおん語・ぎたい語 17
カタカナ語 18
対義語 19
意味が近い言葉 20

□ **交える**
まじ
(मिसाउनु / សាមិត្ត गर्नु／ລວບປະກູນເຂົ້າກັນ
ແລະກັນ, ປົນ, ເອົາເຂົ້າມາຮວມກັນ)

▷ 番組では、一般の人も交えて討論をした。
ばんぐみ　　　いっぱん　ひと　まじ　　　とうろん
(कार्यक्रममा साधारण दर्शकहरूलाईपनि सामिल गराएर विचार विमर्श भयो। ／ នៅក្នុងកម្មវិធីនេះ សាធារណជនផងបានចូលរួមក្នុងការពិភាក្សាផងៗ។ ／ ນາຍກລັຖມນຕຣ ແລະຊງຽບໃນດານໃນໂລກກິລາ.)

□ **導く**
みちび
(बाटो देखाउनु／निकन्ती, बाट्टी／ຊີ້ນຳ, ບຊາກທາງ)

▷ 喧嘩ばかりしていた僕を先生がスポーツの世界に導いてくれた。
けんか　　　　　　　　　ぼく　せんせい　　　　　　　　せかい　みちび
(लडाइँझगडा मात्र गरिरहेते मलाई गुरुले खेलकूदको संसारमा बाटो देखाइदिनुभयो।／ ເລາກ្រូបានខ្ញុំផ្តល់ដែលជាឈ្លោះ្គ្ន គៃខ្ញុំផង្ឈ្នោះ្គ្ន គៃ៦ភោ្គ ្គ ្នា ្គ ្គ （មលាᅵ បាᅵ ្គ ្នា ្គ ្គ ្គ ្គ ្គ）)

□ **めくる**
(पल्टाउनु उचाल्नु／ऎित, ऎोत／ເปีด (ຍົກເຈ້ຍ, ຜ້າ))

▷ ページをめくる
(पेज पल्टाउनु／ऎित ់គ្នា ់／ເປີດໜ້າເຈ້ຍ)

▷ 〈医者〉シャツをちょっとめくってください。
いしゃ
(〈चिकित्सक〉 मर्ट अलिकति उचाल्नुहोस्।／(ត្រូ ឡៅ្យ) សូមលួត្តអាវបន្ថិ៦។／ 〈ໝໍ〉 ກະລຸນາເปิดເສື້ອຂຶ້ນ.)

□ **もがく**
(छटपटाउनु／रासु, ठिम्किनु／ດີ້ນ, ດີ້ນໜີໃນ)

▷ もがけばもがくほど、事態が悪いほうに行ってしまう。
じたい　わる
(जति छटपटायो उति नै परिस्थिति नराम्रो हुदै जान्छ।／កាᅵឆ្គ ្គ ្គ ្គ ្គ ្គ ្គៗ／ ແຮ່ງດີ້ນຫຼາຍເທ່ານໃດ, ແຮ່ງເຮັດໃຫ້ສະຖານຍ່ຍ່ອຍແຮ່ງຫຼາຍ.)

□ **もたらす**
(परिणाम निस्कनु／ठामृत, बगुासल्याआए
／ນຳມາ, ນຳໄປ)

▷ 彼の活躍がチームに勝利をもたらした。
かれ　かつやく　　　　　　　　　　しょうり
(उसको राम्रो खेलले परिणामस्वरुप टिमलाई विजय प्राप्तभयो।／ការហ្គ ្គ ្គ ្គ ្គ ្គ ្គ ្គ ្គៗ／ ການມີບົດບາດອອກຫຼາຍເລີຍໃຫ້ເຮັດໃຫ້ຍ່ານຊະນະ.)

□ **もつれる**
(अल्झिनु / बट्टारिनु／ऍुट्तार्नी, ठिट्काठिठिग्नः／ ພັນກັນ, ຫຍຸ້ງ)

▷ もつれた糸をほどくように誤解を解いて行った。
いと　　　　　　　　　　　　　ごかい　と　　　い
(अल्झिएको धागो फुकाल्ने जसो गरि गलत अझझा पनि सम्झिदै गयो।／ ្គ ្គ23ភោ្គ ្គ ្គ ្គៗ／ ແກ້ໄຂຄວາມເຂົ້າໃຈຍາ້ໝ້ນອນມືໆ.)

□ **もてなす**
(सत्कार गर्नु／गान्ग्नुणुल्ठाठमे／ ໃຫ້ການຕ້ອນຮັບ)

▷ 私がA社を訪れた時は、すごく親切にもてなしてくれた。
わたし　　しゃ　たず　　とき　　　　　　　しんせつ
(म A कम्पनीमा जाँदा एकदम सौहार्दपूर्ण सत्कार गरिदिए।／ ເពλច្ឈ្ន23ភោ្គ ្គ ្គ ្គ ្គៗ A ្គ ្គ ្គ ្គ ្គៗ／ ຕອນໄປຢ້ຽມຢາມບໍລິສັດ A, ພວກເຂົາໃຫ້ໃຫ້ການຕ້ອນຮັບຢ່າງໃກ້ໆໃຈ.)

□ **養う**
やしな
(पाल्नु／हुर्काउनु／बढाउनु／ऒि្គ ្នា ្គ ្គ ្គ／ ລ້ຽງ, ລ້ຽງ, ຝຶກຝົນ, ຝຶກອົບຮົມ)

▷ 集中力を養うトレーニング
しゅうちゅうりょく　やしな
(ध्यान केन्द्रित गर्ने शक्ति बढाउने कसरत／ ្គ ្គ ្គ ្គ ្គ ្គៗ／ ການຝຶກຝົນຮ້ຽວກ່ານ់ກໍໃນກ່ານໃບ່ມຍ່ອນ.)

▷ 家族を養うため、彼はどんな仕事にも耐えた。
かぞく　やしな　　　　　　かれ　　　　　　しごと　　　た
(परिवार पाल्नको लागि उसले जस्तोसुके काम पनि सह्यो।／ ្គ ្គ ្គ ្គ ្គ ្គ ្គៗ／ ລາວອົດທົນຊ່ຽວຫ່ານ່ານ່ານ່ານເພື່ອລ້ຽງຄອບຄົວ.)

□ **有する**
ゆう
（भएको हुन／មាន／មី）

▷ 〈資格〉 2年以上の実務経験を有する者
しかく　　ねんいじょう じつ む けいけん ゆう　　もの
（〈योग्यता〉 2 वर्ष वा सोभन्दा बढीको कार्य अनुभव भएको व्यक्ति／〈លក្ខណៈសម្បត្តិ〉អ្នកមានបទពិសោធន៍ការងារ
ជាក់ស្តែងឆ្នាំឡើងទៅ។／〈គុណວុทฑิ〉ຜູ້ທີ່ມีបະສົບການໃຊ່ຈິງ 2 ປີຂຶ້ນໄປ）

▷ これらは構造的な特徴を有する。
こうぞうてき　とくちょう ゆう
（यिनीहरूको संरचनामा विशेषता रहेको छ।／ទាំងនេះមានលក្ខណៈពិសេសបែបទេសនាសម្ព័ន្ធ។／
ສິ່ງເຫຼົ່านี้ມີລັກສะນະແບບໂຄງສ້າງເฉพาะโตน។）

□ **要する**
よう
（आवश्यक हुन／ទាមទារ, ត្រូវការ／
ຕ້ອງการ, ຈຳເป็น (ใຊ่)）

▷ 経験を要する、手続きを要する
けいけん　よう　　てつづ　よう
（अनुभवको आवश्यकता हुन्, कागजपत्रको आवश्यकता हुन्／ត្រូវការបទពិសោធន៍, ត្រូវការធ្វើนเบบบบ។／
ຕ້องການປະສົບការณ์, ຂັ້ນຕອนຊ່างจำเป็น）

▷ 完成までに 10 時間を要した。
かんせい　　　じかん よう
（सम्पन्न हुन 10 घण्टा आवश्यक पऱ्यो।／ត្រូវការเวลា១០ម៉ោងដើម្បีបញ្ចប់។／
ຈຳเป็นต้องใຊ่เวลา 10 ຊั่วโมงเพื่อใຫ้สำเร็จ。）

□ **寄越す**
よこ
（पठाउनु; ल्याउनु／បញ្ជូន, ឱ្យ／
ສົ່ງໃຫ້, ສົ່ງมาใຫ้）

▶ 連絡も寄越さないで、どこに行ってたの？
れんらく　よこ　　　　　　　い
（खबर पनि नपठाएर कहाँ गएको ?／តើឯងបានទៅណា សូម្បីតែផ្តល់ដំណឹងមកក៏គ្មាន?／
ຫາยไปไหนน? ບໍ່ยอมส่งຂ่าวใຫ้เຖิง。）

▶ 人が足りないから、誰か、こっちに寄越して。
ひと　た　　　　　　だれ　　　　　　　　　よこ
（मान्छे नपुगे भएकोले कसैलाई यहाँ पठाइदेउ।／សូមបញ្ជូนនរណាម្នាក់មកទីនេះ ព្រោះខ្វះมนុស្ស។／
ສ่งคนมาใຫ้แด่, เพาะคนบ่พ้อ。）

□ **わきまえる**
（विचार पुऱ्याउनु／ដឹងគួរ, យល់ដឹង／
ຮู້ (ถิ่กติ), เຂ้าใจ, แยกแยะได้）

▶ 身分をわきまえる
みぶん
（औकात बुझ्नु／ដឹងពីឋានៈរបស់ខ្លួน／ຮู้จักโตเองอย่างใຫ้ถิ่กต้อง（เฮย））

▶ 立場をわきまえて行動してほしい。
たちば　　　　　　こうどう
（आफ्नो औकात बुझेर व्यवहार गरे राम्रो／ខ្ញុំចង់អោយអ្នកធ្វើសកម្មភាពដោយយល់ដឹងពីឋានៈរបស់ខ្លួน／
ຢากใຫ้เฮ็ดຈุ๋ดยⓘๆโดยใຫ้รู้จักโตเองและปะติบัด。）

□ **わめく**
（कराउनु／चिच्च्याउनु／ស្រែក／
ຮ้อง, เอิ้นສ្យงດัງ）

▶ 何だろう？　大声でわめいている人がいる。
なん　　　　　おおごえ　　　　　　　ひと
（के भएको होला ? ठूलो स्वरले चिच्च्याइरहेको मान्छे छ।／ស្លីเกิดຫยัง? มีຄนຮ้อງສ្យงดังๆ។／
มันแมนฑหยัง? มีคนเอิ้นສ្យงดัง。）

⑫ する動詞
どうし

(गर्नु क्रिया／กิริยาสัพท์／คำกริยะ)

動詞 11
する動詞 12
自動詞・他動詞 13
名詞 14
形容詞 15
副詞 16
ぎおんご ぎたいご 17
カタカナ語 18
対義語 19
意味が近い言葉 20

□ **移住（する）**
いじゅう
(बसाई सराइ (गर्नु)／ធ្វើចំណាកស្រុក, ធ្វើ
អន្តោប្រវេសន៍／ย้ายไปอยู่, ย้ายถิ่นฐาน, ย้าย
ถิ่นฐาน)

▶ 海外に移住することも選択肢の一つだ。
かいがい いじゅう せんたくし ひと

(समुन्द्रपारी बसाईंसराइ गर्नु पनि एउटा विकल्प हुनेछ।／ការធ្វើអន្តោប្រវេសន៍ទៅបរទេសក៏ជាជម្រើសមួយដែរ។／
การย้ายไปอยู่ต่างๆเขตก็เป็นการเลือกหนึ่งเช่นกัน)

□ **浮気（する）**
うわき
(नहुइ (गर्नु)／ផិតក្បត់／นอกใจ)

□ **運営（する）**
うんえい
(व्यवसाय सञ्चालन (गर्नु)／គ្រប់គ្រង, ធ្វើប្រតិ
បត្តិការ／จัดการ, บริหาร, ดูแลองค์กร)

▶ 5年前からボランティア団体を運営しています。
ねんまえ だんたい うんえい

(5 वर्ष अगाडि देखि स्वयम् सेवकको संगठन सञ्चालन गरिरहेको छु।／ខ្ញុំគ្រប់គ្រងក្រុមអ្នកស្ម័គ្រចិត្តតាំងពី៥ឆ្នាំមុនមក។／
บริหารองค์กรอาสาสมัครมาตั้งแต่5ปีก่อนโน้นแล้ว)

□ **解釈（する）**
かいしゃく
(व्याख्या (गर्नु)／បកស្រាយ／
ตีความหมาย, แปลความหมาย)

▶ 憲法の中でも特にこの部分は、人によって解釈が分か
けんぽう なか とく ぶぶん ひと かいしゃく わ
れる。

(संविधान भित्र विशेषगरी यो भागको व्याख्या मत मानिसअनुसार फरकफरक हुन्छ।／ជាពិសេសផ្នែកនេះក្នុងរដ្ឋធម្មនុញ្ញ
ស្រាយផ្សេងៗគ្នាដែរអាស្រ័យទៅលើអ្នកផ្សេងៗគ្នា។／ในส่วนนี้ของรัฐธรรมนูญโดยเฉพาะมีขอบูเขตความหมายที่แตกต่างกันไป
โดยขึ้นกับบุคคล)

□ **回収（する）**
かいしゅう
(प्रमुखबल (गर्नु)／ប្រមូលកម្មកឆ្វេញ／
เก็บรวบรวม, รวบรวมคืน, เร็บคืน)

▷ アンケート／答案用紙を回収する
とうあんようし かいしゅう

(प्रश्नावली／उत्तर पुस्तिकाको सङ्कलन (गर्नु)／ប្រមូលក្រដាសសួរសួរផ្សេម៉ិ/ក្រដាសចម្លើយយកមកឆ្វេញ／
รวบรวมแบบสอบถาม/รวบรวมกระดาษคำตอบ/เก็บคำตอบ)

▷ エコのため、スーパーでもペットボトルのキャップを
回収している。
かいしゅう

(इकोमिस्त्रको लागि सुपरमार्केटमा प्लास्टिकको पेय पदार्थको बिर्कोलाई सङ्कलन गरिन्छ।／ដើម្បីទំនើបក៏មានការប្រមូលគំរប
របស់បុកកម្មឆ្វេញខ្មែរឡើងឱ្យិន្ល្បៀ១។／ร้านสรรพสินค้าก็ยังรวบรวมฝาขวดๆหรายๆเพื่อรักษาสิ่งแวดล้อม)

□ **開拓（する）**
かいたく
(आबादी／खोज (गर्नु)／រុករក／
บุกเบิก, ปีนบุก)

▷ 市場の開拓、顧客の開拓
しじょう かいたく こきゃく かいたく

(बजारको आबादी गर्नु, नयाँ ग्राहकको खोज गर्नु／ការុករកនឹផ្សារ, ការស្វែងរកអតិថិជន／บุกเบิกตลาดๆหด, บุกเบิกลูกค้าๆ)

▷ 売上を伸ばすには、新しい分野を開拓する必要がある。
うりあげ の あたら ぶんや かいたく ひつよう

(बिक्री बढ्वाउनको लागि नयाँ क्षेत्रको खोज गर्नु आवश्यक हुन्छ।／ដើម្បីបង្កើនការលក់ ចាំបាច់ត្រូវរុករកនឹ៍ថ្មី១។／
จำเป็นต้องบุกเบิกตลาดๆแหรายการใหม่, เพื่อเพิ่มยอดขาย)

□ **解放（する）**
かいほう
（स्वतन्त्र（गर्नु）／ເປາະໂພຍ／
ປົດປ່ອຍ, ຫຼຸດໜ່ຍ）

▷ 人質を解放する
　ひとじち　かいほう
（मानव ढालबाट स्वतन्त्र गर्नु／ເປາະໂພຍຄົນມັດຈຳ／ປົດປ່ອຍຄົນປະກັນ）

▶ やっと仕事から解放された。
　　　　しごと　　かいほう
（बल्ल कामबाट स्वतन्त्र गरियो।／ຈົ່ນປຸດຊູ່ຫ່ນຈ່ນເນກຶກການວຽກເທ່ອຍາ｡／ໃນທີ່ສຸດກໍໄດ້ປົດປ່ອຍຈາກວຽກ｡）

□ **獲得（する）**
かくとく
（प्राप्त（गर्नु）／ໄຊຊະນະ／ໄດ້ຮັບ, ຄວ້າ）

▷ 賞金を獲得する、1位を獲得する
　しょうきん　かくとく　　い　かくとく
（पुरस्कार रकम प्राप्त गर्नु, प्रथम स्थान प्राप्त गर्नु／ໄຊຊະນະລາງວັນເງິນ, ໄຊຊະນະອັນດັບທີ່ໜຶ່ງ／
ໄດ້ຮັບເງິນລາງວັນ, ຄວ້າອັນດັບ1）

□ **確保（する）**
かくほ
（हातपार्ने（गर्नु）／ກາງກຸກ／
ຮັກສາ, ໄດ້, ຮັບປະກັນ）

▷ 場所／資金を確保する
　ばしょ　しきん　かくほ
（स्थान पूँजी हातपार्ने／ຫາຊ່ອງ／ເງິນໂຊຍ／ຮັບປະກັນ／ຮັບໝັ້ນ｡）

▷ 優秀な人材を確保しようと、企業も必死だ。
　ゆうしゅう　じんざい　かくほ　　　　きぎょう　ひっし
（उत्कृष्ट जनशक्ति हातपार्नी बलि उद्योगहरू मरीमेट्ने गरेका छन ।／ກ່ງຽບກຳລັງກອນໄຊ່ເງີນໂມ່ຍແຫນ່ວງໄນ່ ເພື່ອຈ໌ກ｡
ລວມຊາມ່ອນຊ່ຂົງການ／ບັນດາບໍລິສັດກໍພ່ຍາຍາມຢ່າງໜ່ກເພື່ອທີ່ຈະໄດ້ບຸກຄາລາກອນທີ່ດີ｡）

□ **合宿（する）**
がっしゅく
（सँगै बाहिर बसोबास（गर्नु）／ສຸ່ກກເນ້າ／
ຄ່າຍພັກແຮມ／ໄປຄ່າຍຝຶກຮ່ຍມ）

▶ サークルでは毎年、夏に合宿をして練習します。
　　　　　　　まいとし　なつ　がっしゅく　　　　れんしゅう
（मण्डलीमा हरेक वर्ष ग्रीष्ममा सँगै बाहिर बसेर अभ्यास गर्ने गरिन्छ।／ໄນຊ່ງໄຊ່ໄໝ່ນ່ເຊ່ນຫ່ນ｡／ຄ່າຍພັກແຮມ｡
ສຸ່ກກເນ້າ	ຍາ	ທຸກໆປີ, ຈະໄປຄ່າຍຝຶກຮ່ຍມໃນລະດູຮ້ອນ｡）

□ **還元（する）**
かんげん
（फर्काउने（गर्नु）／ກາບຄ່ນມາ／ຄ່ນກາໄລ）

▷ 企業が株主に利益還元をするのは当然のことだ。
　きぎょう　かぶぬし　　りえきかんげん　　　　　　とうぜん
（उद्योगहरूले सेयरधनीहरूलाई लाभ फर्काउने हो ।／ກາບຄ່ນໄລໄຊ່ຕ້ອງຄ່ນຕ່ອຍໄລ｡／
ກາບຄ່ນໄລຫ່ນ	ມ້ອຍກ່ຽວ	／ເປັນເຊ່ອງທຳມະດາທີ່ບໍລິສັດຈະຄ່ນກຳໄລໃຫ້ຜຸ້ຖ່ມຫຸ້ນ｡）

□ **勧告（する）**
かんこく
（सल्लाह（गर्नु）／ຊ່ນນ່ນ່ຢຶກ／ແນະນຳ）

▶ 大雨洪水警報が出た地域の住民に対して、市は避難勧
　おおあめこうずいけいほう　で　ちいき　じゅうみん　たい　し　ひなんかん
告をした。
こく
（उसोवर्षा र बाढीबारे सावधान सरकाएको इलाकाको बासिन्दालाई नगरद्वारा भाग्न सल्लाह दियो ।／
ກຕຸຮາ້ອຕຼກການໄລ່ນ່ກໍ່ໄໝ່ກຳໄຊ່ຽ່ຽ່ສ່ງ	ໄຊ່ໄນ່ກ່ຍ່ວ	ຮ່ນ	ໄຊ່ກຳໄລ
ຊ່ໄພໄຊ່ໝ່ຍ｡／ເມ່ອ່ໄດ້ອອກກຳໄພໄຊ່ໝ່ຍ	ໄໝໄຊ່	ໄຊ	ໄໝ｡）

□ **棄権（する）**
きけん
（अधिकार-त्याग（गर्नु）／ເປາະບົງເຈດ／
ລະລະຊິດ, ຖອນໄລ）

▷ レースを棄権する
　　　　　きけん
（रेसमा भाग लिने अधिकार-त्याग गर्नु／ເປາະບົງເຈດການສ່ງປະຈ່ງ／ຖອນໄຕອອກຈາກການແຂ່ງຂັນ）

□ **帰省（する）**
きせい
（जन्मस्थलको यात्रा（गर्नु）／ກ່ລ່ຍ່ເໜ່ຽ：／
ກັບບ່ານເກີດ）

▷ 帰省ラッシュ
　きせい
（जन्मस्थल यात्राको भिड／ການ່ຍ່ກ່ຍ່ຍ່ລ່ງຽ່ເໜ່ຽ：／ຝຸ່ງໜ່ກັບບ່ານເກີດ）

▶ 毎年、正月は実家に帰省します。
　まいとし　しょうがつ　じっか　　きせい
（हरेक वर्ष नयाँवर्षमा बाबुआमाकोमा जान जन्मस्थलको यात्रा गर्छु।／ກ່ຽ່ຈຖ໌ຍໄຊ່ ຂ້ບ່ໄຊ່ກ່ໄຊ່ກ່ນ໌ກ່ນ໌ໄໝ｡
ຍ່າ｡／ທຸກ໌ປີ, ຈະກັບບ່ານເກີດໃນ່ລ່ປໃໝ｡）

する動詞 12

自動詞・他動詞 13

名詞 14

形容詞 15

副詞 16

ぎおん語・ぎたい語 17

カタカナ語 18

対義語 19

意味が近い言葉 20

☐ 気絶（する）
きぜつ

(होस हराउने (गर्नु)／ សន្លប់, បាត់បង់ស្មារតី／ເປັນລົມ, ໝົດສະຕິ)

☐ 強化（する）
きょうか

▷ 規制を強化する
きせい きょうか

(नियमलाई बलियो गर्नु／ពង្រឹងបទបញ្ជា／ເສີມສ້າງຄືບັງຄັບ)

▶ 弱点を強化するため、補習を受けた。
じゃくてん きょうか ほしゅう う

(अनियो (गर्नु)／ गाढा／ ढिलो, ढोलो／
ดเอาแรงขึ้น, เอ็าใขจเูนแธงขึ้น)

(कमजोरीलाई बलियोमा बदल्न मर्दत सम्भार गराएँ／ ដើម្បីពង្រឹងភាពខ្សោយ ទើបឡើងរៀនបន្ថែមបន្ទាត់／
ຮຽນເພີ່ມເພື່ອເຮັດໃຫ້ຈຸດອ່ອນແຂງແຮງຂຶ້ນ.)

☐ 強行（する）
きょうこう

▶ A社は、住民の反対を無視してビルの建設を強行した。
しゃ じゅうみん はんたい むし けんせつ きょうこう

(जबरजस्ती(गर्नु)／ បង្ខំ／ ບັງຄັບ, ເປັນເຜດ)

(A कम्पनीले स्थानिय बासिन्दाको विरोधलाई वास्ता नगरी नगरी बिल्डिङको निर्माणमा जबरजस्ती गर्यो／ក្រុមហ៊ុនAបានបង្ខំ
ការសាងសង់អគារដោយមិនខ្វល់នឹងការប្រឆាំងរបស់អ្នកស្រុក។／ບໍລິສັດ A ບັງຄັບໃຫ້ກໍ່ສ້າງຕຶກໂດຍບໍ່ສົນໃຈ
ການຄັດຄ້ານຂອງປະຊາຊົນ.)

☐ 強制（する）
きょうせい

▷ 〈PC〉強制終了
きょうせいしゅうりょう

(अनिवार्य (गर्नु)／ បង្ខំ／ ບັງຄັບ)

(समाप्तिको अनिवार्य／ បិទដោយបង្ខំ／ ບອດຄອມແບບບັງຄັບ)

▶ 今日の飲み会は強制じゃないから、行きたくなければ
きょう の かい きょうせい い
行かなくてもいいよ。
い

(आजको जलपान समारोहमा भाग्नलिनु अनिवार्य होइन, त्यसैले जानमन नलागे नजाए हुन्छ।／ ការជួបជុំផឹកស្រាថ្ងៃនេះមិនមែន
ជាការបង្ខំទេ ដូច្នេះបើមិនចង់ទៅក៏អាចមិនទៅក៏បានដែរ។／ງານລ້ຽງມື້ນີ້ບໍ່ໄດ້ບັງຄັບ, ຖ້າບໍ່ຢາກໄປກໍ່ບໍ່ໄປກໍ່ໄດ້.)

☐ 強制的（な）
きょうせいてき

(अनिवार्यता (गर्नु)／ ដែលបង្ខំ／ ໂດຍການບັງຄັບ)

☐ 空想（する）
くうそう

▶ これはあくまで空想の話で、実際にはこんなことはあ
くうそう はなし じっさい
り得ない。
え

(कल्पना (गर्नु)／ ស្រមៃស្រមៃ／
จินตะนาภาพ, ถิดฝัน, ฝันภาງวัน, ຄະເນ,
ฝันถอาน)

(यो चाहिँ अधिरम्म कल्पनाको कुरा हो, वास्तविकमा यस्तो कुरा सम्भव हुदैन।／ នេះគ្រាន់តែជាការស្រមៃស្រមៃប៉ុណ្ណោះ
ជាការពិតមិនមានអ្វីបែបនេះ។／ນີ້ເປັນພຽງການຈິນຕະນາການ, ແລະບໍ່ມີທາງຈະເກີດຂຶ້ນໃນຄວາມເປັນຈິງ.)

☐ 苦悩（する）
くのう

▷ 苦悩の日々
くのう ひび

(कष्ट (गर्नु)／ ឈឺចាប់ផ្លូវចិត្ត／
ยากลำบาก, ปะ่อม, ຊຶບເຈາະ, ໄຕ່ຕອງ)

(कष्टकर दिनहरू／ ថ្ងៃដ៏លំបាកដែលមានភាពឈឺចាប់ផ្លូវចិត្ត／ຄວາມເຈັບປວດໃນແຕ່ລະມື້)

▶ 彼には彼なりに苦悩があったようです。
かれ かれ くのう

(उसमा उसको आफ्नै कष्ट रु कष्ट जस्तो देखिन्छ।／ គាត់ហាក់ដូចជាមានការឈឺចាប់ផ្លូវចិត្តរបស់គាត់។／
ລາວກໍ່ມີຄວາມຍາກລຳບາກຂອງລາວເຊັ່ນກັນ.)

☐ 形成（する）
けいせい

▷ 人格形成
じんかくけいせい

(आकार निर्माण (गर्नु)／ បង្កើត／
ก่ไต, เสีมสร้าง)

(चरित्र निर्माण (गर्नु)／ ការបង្កើតបុគ្គលិកលក្ខណៈ／ เสีมสร้าງบุກคะລິກກະພາບ)

▷ しだいに全国にネットワークが形成されていった。
ぜんこく けいせい

(विस्तार विस्तार देशभर सञ्जाल निर्माण गरिँदैगयो।／ បណ្តើរៗត្រូវបានបង្កើតឡើងជាបណ្តាញទូទាំងប្រទេស។／
ເຄືອຂ່າຍຄ່ອຍໆຖືກໃຫ້ເປັນໃນທົ່ວປະເທດ.)

□ **激励（する）**
げきれい

(प्रोत्साहन (गर्नु)／ເບີກມີກຈິຕໃຈ／
ใຫ້ກຳລັງใจ)

▶ 大会に出場する選手たちを激励する会が開かれた。
たいかい　しゅつじょう　せんしゅ　　げきれい　　かい　ひら

(प्रतियोगितामा भाग लिने खेलाडीहरूलाई प्रोत्साहन दिने सभा आयोजना भयो।／ມີຊີ່ເປີດຊື່ກອງຄົກຂຶ້ນເພື່ອກ່ຽມສົ່ງແຮງນັກ
ກິລາໃນການແຂ່ງຂັນຄັ້ງນັ້ນ／ມີການຈັດປະຊຸມເພື່ອໃຫ້ກຳລັງໃຈນັກກິລາທ່ຈະ(ຂົ້າຮ່ວມການແຂ່ງຂັນ.)

□ **決行（する）**
けっこう

(कार्यान्वयन (गर्नु)／ສຳເລ່ດຈິຕຸ／
ລິງມືປະຕິບັດ, ດຳເນີນການ)

▶ 雨天決行
うてんけっこう

(पानीपरे पनि कार्यान्वयन गर्ने／ການເຊົາຮດເຖິງເວາະບ່ເນພາສ່ງອອຫຸໄປເຮັດ／ຍັງຄົນເຮັດໃນກໍລະນີທີ່ຝົນຕົກ)

▶ 市バスのストは予定通り決行されるそうです。
し　　　　　　　　　　　　よていどお　けっこう

(नगर बसको हडतालनलाई योजना अनुसार कार्यान्वयन गरिने जलो छ।／ຢໍ່ເບິກການປຽກຂອງລົດເມຂອງເຖິງກຂັອງເນໂມ່ງທ່ຖຶເອນ
ຮຸຈເຮຸຈົມດຈລຸກໂອການການແກກາະນົບຕຸ／ປາກົດວ່າການນັດຢຸດງານຂອງລົດເມຈະດຳເນີນໄປຕາມແຜນທີ່ກຳນົດໄວ້.)

□ **合意（する）**
ごうい

(सहमति (गर्नु)／ຍົນລາຫາລ／ເຫັນດ້ວຍ, ເຫັນດ້ວຍ)

□ **拘束（する）**
こうそく

(केद (गर्नु)／ກໍາກັບຕ, ປາກັບຕໍກັບຕ／
ຈຳນັດ, ຈຳກັດ, ຄວບຄຸມໄວໄດ້, ຍຶດຄັບນ)

▶ 拘束時間の長い仕事
こうそく　じかん　　なが　　しごと

(लामो समयसम्म केद गरराउने काम।／ການຈ່າຍໃນໝາສຶກໍກັບກຮມ່ຫໄລາ／ເຮັດງານຖືດພັນກັບໃນງານນຍີເຫັວ.)

▶ 休みの日まで会社に拘束されたくない。
やす　　　ひ　　　かいしゃ　　こうそく

(बिदाको दिनमा समेत कम्पनीमा केदी हुन चाहन्न।／ຂ້ອຍມືຈະຕໍ່ກຸກ່ຕຶ່ງຮັບຮັຶກການຈາກບໍ່ຕໂຄຈົງເຈ້າ
／ຂ້ອຍບໍ່ຢາກຖືກບໍລິສັດຄຈຈຳລົນຂອດຄໃນວັນພັກ.)

□ **固定（する）**
こてい

(जड़ान (गर्नु)／ເຮີ່ມຄນຍາຕາບ, ເຮີ່ມຄນຍົດຍຶນ
／ຍຶດ, ຕົກ, ຜູ່ຍັມຕໍ)

▶ 固定電話（携帯電話でない電話）
こていでんわ　　けいたいでんわ　　　でんわ

(जडित फोन／ໂທລະສັບຕັ້ງໂຕະ／ໂທລະສັບຕັ້ງໂຕະ)

▶ 倒れないよう、棚を壁に固定した。
たお　　　　　　　　たな　かべ　こてい

(नडगोस् भनि दराजलाई भित्तामा जड़ान गरें।／ຂ້ອຍວາກຕໍ່ເຮີ່ມຄນຍາຕາບຍຶດຫລັ້ງດ່າມຖຸເພື່ອກັ້ນກບຍແກນຍບເນ່ງ／
ຍຶດຕຶ່ງອຍເຮີ່ອງປຳດິຕຶບໃຫຍົບ່ໄຕ້ມ້ມ.)

□ **再生（する）**
さいせい

(पुनरुत्थान／रिकवरी(गर्नु)／
ຕາກ(ຄຶນ, ໃໝ່), ເຮີ່ມຄນແນ່ນເຫຼົງໃຫມ່
ຊຶ່ນໃໝ່, ເກີດໃໝ່, ເປີ (ເຄື່ອງຫຼຽງ))

▶ ビデオを再生する
さいせい

(भिडियो चले गर्नु／ຕາກ່ໄນໝ່, ／ເປີດວິດີໂອ)

▶ 町の再生を目指して、さまざまな取り組みが進められ
まち　さいせい　めざ　　　　　　　　　　　　　　　と　　　　すす
ている。

(नगर पुनरुत्थानको लक्ष्य राख्दै विभिन्न गतिविधिहरूलाई अगाडि बढाइँदैछ।／ການວິຈຕຍັງຮຽນໂປ່ງເມພ່ງຍັງວ່າກຸກຂງຄໂກຮ່ງານເຖິງກຸກ
ເຄາຍບໍລຄນຖິ່ງແນນຈທ່ກຸກຂງໃຫຽງໃຫ່ງໃໝ່ຢຽ／ການຈັດຕາການຕ່າງໆຫຼວນດຳເນີນເປັນເຊື່ອຊຶ່ນໃໝ່ເມືອງ.)

□ **挫折（する）**
ざせつ

(हरेस खाने (गर्नु)／ປກຄໍໝ／
ລົ້ມເຫຼວ, ພັງ, ທໍ່ໃຈ, ໝົດກຳລັງໃຈ)

▶ 何度か挫折しそうになったけど、何とか最後までやっ
なんど　　　ざせつ　　　　　　　　　　　　　　なん　　　　さいご
て修了しました。
しゅうりょう

(कतिपटक हरेस खानलागेको थिएँ तर उसोतसो अन्तिम सम्म गएर सम्पन्न गरें／ຂ້ອນມ່ໃກະປກກຢບູ່ຫລຮຫງລະຂົ່ງຮຶກ ບໍ່ໂຊ່ຂ່ໃບ່ຈ
ເຮີ່ຍສົ້ງປີລຸດຢ່າ／ເຖິງເລິ່ມໝົດກຳລັງໃຈ, ແຕ່ກໍເຮັດແນວໃດໃຫ້ແລ່ວ່ວຈົນເຖິງທີ່ສຸດ.)

□ 刷新(する)
さっしん
(पुनर्निर्माण (गर्नु)／កែលម្អ, កែច្នៃ／ປະຕິຮູບ, ປັບປຸງ, ປ່ຽນຮູບ)

▷ デザインを刷新する
さっしん
(डिजाइनको पुनर्निर्माण गर्नु／កែលម្អម៉ូដ／ປັບປຸງການອອກແບບ)

□ 差別(する)
さべつ
(भेदभाव (गर्नु)／រើសអើង／ແບ່ງແຍກ, ເຮັດໃຫ້ແຕກຕ່າງ)

▷ 人種差別
じんしゅさべつ
(मानविय भेदभाव／ការរើសអើងពូជសាសន៍／ການແບ່ງແຍກສີຜິວ)

□ 差別化(する)
さべつか
(भिन्नता (गर्नु)／ធ្វើអោយខុសគ្នា／ປ່ຽນແປງ, ແບ່ງແຍກ, ເຮັດໃຫ້ແຕກຕ່າງ, ສະແດງໃຫ້ເຫັນຄວາມແຕກຕ່າງ)

▶ 他社との競争の中、いかに商品の差別化をするかが重要なのです。
たしゃ きょうそう なか しょうひん さべつか じゅう よう
(अन्य कम्पनीसँगको प्रतिस्पर्धामा कसरी उत्पादित सामाग्रीलाई अन्यबाट भिन्नरूपमा चिनाउने भन्ने कुरा महत्वपूर्ण हुन्छ।／ក្នុងការប្រកួតប្រជែងជាមួយក្រុមហ៊ុនដទៃ វាជាការសំខាន់ក្នុងការធ្វើអោយទំនិញមានភាពខុសគ្នា ។／ໃນທ່າມກາງການແຂ່ງຂັນກັບບໍລິສັດອື່ນໆ, ມັນເປັນສິ່ງສຳຄັນທີ່ຈະເຮັດໃຫ້ຜະລິດຕະພັນແຕກຕ່າງຄືແນວໃດ.)

□ 作用(する)
さよう
(प्रभाव (गर्नु)／មានសកម្មភាព, មានឥទ្ធិពល／ມີປະຕິກິລິຍາ, ມີຜົນ,ອອກລິດ)

▶ この薬はゆっくりと全身に作用します。
くすり ぜんしん さよう
(यो औषधीले बिस्तार सम्पूर्ण शरीरमा प्रभाव पार्छ।／ថ្នាំនេះធ្វើសកម្មភាពយឺតៗទៅលើរាងកាយទាំងមូល។／ຢານີ້ຈະຄ່ອຍໆອອກລິດໄປທົ່ວຮ່າງກາຍ.)

□ 支援(する)
しえん
(सहयोग (गर्नु)／គាំទ្រ／ສະໜັບສະໜູນ, ຊ່ວຍເຫຼືອ)

▷ 支援団体、支援者
しえんだんたい しえんしゃ
(सहयोग गर्ने संगठन, सहयोग गर्ने व्यक्ति／ក្រុមគាំទ្រ, អ្នកគាំទ្រ／ອົງກອນສະໜັບສະໜູນ, ຜູ້ສະໜັບສະໜູນ)

▶ 当社では今後も、こうした活動を支援していきます。
とうしゃ こんご かつどう しえん
(हाम्रो कम्पनीमा भविष्यमा पनि यस किसिमका गतिविधिलाई सहयोग पुर्‍याइने छ।／ក្រុមហ៊ុនយើងខ្ញុំនឹងបន្តគាំទ្រសកម្មភាពបែបនេះនៅថ្ងៃអនាគត។／ບໍລິສັດພວກເຮົາຈະສືບຕໍ່ສະໜັບສະໜູນກິດຈະກຳເຫຼົ່ານີ້)

2
37

□ 示唆(する)
しさ
(संकेत (गर्नु)／ប្រលយមាត់／ສະເໜີ)

▶ 監督は、シーズン終了後の辞任を示唆した。
かんとく しゅうりょうご じにん しさ
(निर्देशकले यो सिजन सकिएपछि राजिनामा गर्ने संकेत गरे।／គ្រូបង្វឹកបានប្រលយមាត់ថានឹងលាលែងពីដំណែងក្រោយរដូវកាលប្រកួតចប់។／ຜູ້ຈັດການທີມໄດ້ສະເໜີລາອອກພາຍຫຼັງຈົບລະດູການ.)

□ 失恋(する)
しつれん
(प्रेम वियोग(हुनु)／ខកស្នេហ៍／ອົກຫັກ, ຜິດຫວັງໃນຄວາມຮັກ)

▶ 彼女は失恋して、今、落ち込んでいるんです。
かのじょ しつれん いま お こ
(ती महिलामा प्रेम वियोग भएको हुनाले अहिले निरासिएकी छिन्।／នាងខកស្នេហ៍ ហើយពេលនេះ នាងកំពុងធ្លាក់ទឹកចិត្ត។／ລາວອົກຫັກ, ແລະຕອນນີ້ແມ່ນທໍ້ແທ້ໝົດກຳລັງໃຈ.)

□ 指摘(する)
してき
(औंल्याउने (गर्नु)／ចង្អុលបង្ហាញ／ຊີ້ໃຫ້ເຫັນ)

▷ ミスを指摘する
してき
(गलतीलाई औंल्याउने गर्नु／ចង្អុលបង្ហាញកំហុស／ຊີ້ໃຫ້ເຫັນຂໍ້ຜິດພາດ)

▶ 教授は、政府の事業計画について問題点を指摘した。
きょうじゅ せいふ じぎょうけいかく もんだいてん してき
(प्राध्यापकले सरकारको कार्ययोजना सम्बन्धी समस्या बुँदाहरूलाई औंल्याए।／សាស្ត្រាចារ្យបានចង្អុលបង្ហាញចំនុចបញ្ហាអំពីផែនការអាជីវកម្មរបស់រដ្ឋាភិបាល។／ສາດສະດາຈານໄດ້ຊີ້ໃຫ້ເຫັນບັນຫາກ່ຽວກັບແຜນການທຸລະກິດຂອງລັດຖະບານ.)

□ 始末(する)
しまつ
(समाप्त / विसर्जन (गर्नु)／សម្អាត／ເກັບມ້ຽນໃຫ້ຖືກບ່ອນ, ຈັດການ)

▶ ごみはちゃんと始末しといてね。
しまつ
(फोहोरलाई उचित तरिकाले विसर्जन गर ल।／សូមសម្អាតសម្រាមអោយបានត្រឹមត្រូវ។／ກະລຸນາຖິ້ມຂີ້ເຫຍື້ອໃຫ້ຖືກບ່ອນ.)

□ 収集（する）
しゅうしゅう

▷ ゴミを収集する、切手を収集する
しゅうしゅう　　　きって　しゅうしゅう

(संकलन गर्नु) ／ប្រមូល／
ເກັບ, ສະສົມ, ຮວບຮວມ)

(फोहोर सङ्कलन गर्नु, टिकट सङ्कलन गर्नु／ប្រមូលសម្រាម, ប្រមូលតែមប្រៃសណីយ៍／ເກັບຂີ້ເຫຍື້ອ, ສະສົມແສຕາມ)

□ 修行（する）
しゅぎょう

▶ 昔はよくここで修行僧が休んだそうです。
むかし　　　　　　　　　　　しゅぎょうそう　やす

(तपस्या गर्नु) ／ហ្វឹកហាត់／
ປະຕິບັດທຳ, ຮຽນຮູ້ແລະປະຕິບັດ)

(पुरानो समयमा यहाँ तपस्या गर्ने भिक्षुहरू विश्राम गर्थे रे ।／ខ្ញុំលឺថាអ្នកធម៍ៈសង្ឃបានសម្រាកនៅទីនេះជាញឹកញាប់កាលពីសម័យមុន។／ໄດ້ຍິນວ່າແຕ່ກ່ອນພະສົງຜູ້ບໍາເພັນຊໍ່າມັກຈະຢຸດພັກຢູ່ບ່ອນນີ້.)

□ 修業（する）
しゅぎょう

▶ イタリアでピザ作りの修業をしました。
づく　　しゅぎょう

(सिक्ने／जाने गर्नु)／ បាក់ប៉ុ័ន／
ສຶກສາຮ່າ, ຮຽນ, ຝຶກຝົນ, ຝຶກແອບ)

(इटलीमा गएर पिज्जा बनाउन सिके ।／ខ្ញុំបានហាត់រៀននឹងវិធីការធ្វើភីហ្សាៅៅឧៅៅ្បៅៅៅ្រៅ្បៅៅៅ្ៅ្ៅ／ຮຽນເຮັດພິດຊ່າຢູ່ອິຕາລີ.)

□ 出荷（する）
しゅっか

▶ 出荷前にもう一度、品質のチェックをします。
しゅっか まえ　　　　　 いちど　 ひんしつ

(ढुवानी गर्नु)／ បញ្ជូនទំនិញ／
ຄັງສິນຄ້າອອກຂາຍ, ຂົນສົ່ງສິນຄ້າ)

(ढुवानी गर्नु भन्दा अगाडि फेरि एकपटक गुणस्तरको जाँच गरिन्छ ।／ត្រូវពិនិត្យគុណភាពទំនិញម្តងទៀតមុនដឹកបញ្ជូនទំនិញ។／ກວດສອບຄຸນນະພາບອີກເທື່ອໜຶ່ງກ່ອນສົ່ງສິນຄ້າ.)

□ 消去（する）
しょうきょ

▷ データを消去する
しょうきょ

(हटाउने गर्नु)／លុបចោល／ຫ່າເລີກ, ລືບ)

(डाटा हटाउनु／លុបទិន្នន័យចោល／ລືບຂໍ້ມູນ)

□ 象徴（する）
しょうちょう

▷ ハトは、平和を象徴する動物とされている。
へいわ　しょうちょう　　　どうぶつ

(प्रतिनिधित्व गर्नु)／ ប្រតិក ហ្ល／ ເຫຼືອງ（ໝີ່ມີ່ມ）, ເຫຼືອທ່ານສ／ ເປັນສັນຍາລັກ,

(परेवालाई शान्तिको प्रतिक मानिन्छ ।／ព្រាបគឺជាសត្វតំណាងអោយសន្តិភាព។／ນົກກາງຕາແຕ່ປ້ອງຖືວ່າເປັນສັດທີ່ເປັນສັນຍາລັກ ຄວາມສັນຕິພາບ.)

□ 象徴的（な）
しょうちょうてき

(प्रतिक स्वरूप／ ໄដលជាសញ្ញញ／ ເປັນສັນຍາລັກ, ເປັນເຄື່ອງໝາຍ)

□ 承認（する）
しょうにん

▶ 予算案は議会で承認されました。
よさんあん　ぎかい　しょうにん

(मान्यता गर्नु)／ យល់ព្រម, អនុម័ត／
អនុម័ត)

(बजेट योजनालाई संसद सभाद्वारा प्रदान गरियो ।／សំណើថវិកាត្រូវបានអនុម័តនៅ៥ាការប្រជុំ។／ຮ່າງງົບປະມານປີກອນຖືກຮັບໃບຕ້ອງ.)

□ 賞味（する）
しょうみ

▶ どうぞご賞味ください。
しょうみ

(स्वाद लिने गर्नु)／ ញុំ៦ា្រាៅៅៅ／
ມ່ວນຊື່ນ)

(कृपया यसको स्वाद लिनेहोस्／ សូមអញ្ជើញភ្លក្សរសជាតិ／ ຊິ້ມຊິ່ນທ່ານມ່ວນຊື່ນ)

□ 除外（する）
じょがい

▶ リストの中で、※印の付いている人は除外してください。
なか　 こめじるし　つ　　　 ひと じょがい

(बहिष्कार गर्नु)／ ដកចេញ, មិនគប្បបូរណ／
ຝຶກເຮັ້ນ, ແຍກອອກ)

(नामको सूची मध्ये ※ चिन्ह लगाएकाहरूलाई बहिष्कार गर्नुहोस् ।／ អ្នកដែលមានសញ្ញរ៍ៅឹងនេះ※ នៅក្នុងឈាកប សូមដកចេញ។／ ກະລຸນາແຍກຜູ້ທີ່ມີເຄື່ອງໝາຍ ⚹ ອອກຈາກລາຍການ.)

□ 助長（する）
じょちょう

▷ 彼のこの発言は、むしろ騒ぎを助長するものとなった。
かれ　　　 はつげん　　　　　 さわ　 じょちょう

(बढावा दिने(गर्नु)／ បង្កើន, បន្ថែម／
ສະໜັບສະໜຸນ, ເສີມຂຶ້າງ, ຄ້ຳເສີມ)

(उसको त्यो बचन उल्टै होहल्लालाई बढावा दिने बन गयो ।／ការនិយាយបែបនេះគាត់គឺ៦ាៅៅៅ់ៅប៉ៅៅៅៅេ៍ៅ៉ៅ／ຄຳເວົ້າຂອງລາວໃນເທື່ອນີ້ຍິ່ງເປັນການເພີ່ມຄວາມບໍ່ສະຫງົບ.)

動詞 11

する動詞 12

自動詞・他動詞 13

名詞 14

形容詞 15

副詞 16

ぎおん語・ぎたい語 17

カタカナ語 18

対義語 19

意味が近い言葉 20

□ **所有（する）**
しょゆう
(स्वामित्व (गर्नु)／ជាកម្មសិទ្ធិ, កាន់កាប់(។្វា)／ຄອບຄອງ, ເປັນເຈົ້າຂອງ, ມີ)

▷ 土地の所有者
とち　しょゆうしゃ
(जमिनको स्वामि／ម្ចាស់កម្មសិទ្ធិដី／ເຈົ້າຂອງທີ່ດິນ)

▶ あそこの家は、車を何台も所有しているらしい。
いえ　　くるま　なんだい　　しょゆう
(त्यो घरमा त कयौ गाडीको स्वामित्व रहेको छ।／តាមមើលទៅផ្ទះនោះមានកម្មសិទ្ធិរថយន្តច្រើនគ្រឿងក្រៀ។／ເບິ່ງຄືວ່າເຮືອນຫຼັງນັ້ນມີລົດຫຼາຍຄັນ.)

□ **自立（する）**
じりつ
(आत्मनिर्भर(गर्नु)／ព័ងលើខ្លួនឯង, ឯករាជ្យ／ແຍກໄປເປັນອິດສະລະ, ພື່ງພາໂຕເອງ)

▶ 相変わらず、親から自立できない若者が多い。
あいか　　おや　　じりつ　　わかもの　おお
(अहिले सम्म पनि बाबुआमाबाट आत्मनिर्भर हुन नसक्ने युवाहरु धेरै छन्।／មានយុវវ័យជាច្រើននៅតែមិនអាចឯករាជ្យចេញពី ឪពុកម្ដាយ។／ຍາວໜຸ່ມທີ່ບໍ່ສາມາດແຍກໂຕເປັນອິດສະລະຈາກພໍ່ແມ່ໄດ້ເປັນເຄີ.)

□ **申告（する）**
しんこく
(विवरण पेस(गर्नु)／ប្រកាស／ລາຍງານ, ແຈ້ງ (ພາສີ))

▶〈税関〉何か申告する物はありませんか。
ぜいかん　なに　しんこく　　もの
(<भन्सार> केहि पेस गर्नुपर्ने विवरण छ कि?／(គយ) តើអ្នកនាំអ្វីដែលត្រូវប្រកាសទេ?／<ພາສີ> ບໍ່ມີເຄື່ອງຫຍັງແຈ້ງບໍ?)

□ **進出（する）**
しんしゅつ
(प्रगति (गर्नु)／ពន្លើក／ຂະຫຍາຍ, ພັດທະນາ, ກ້າວໜ້າ)

▷ A社は海外に進出することを決めた。
しゃ　かいがい　しんしゅつ
(A कम्पनीले विदेशमा व्यापार बढाउने निर्णय गर्यो।／ក្រុមហ៊ុនAបានសម្រេចចិត្តពង្រីកទៅបរទេស។／ບໍລິສັດ A ຕັດສິນໃຈຂະຫຍາຍຂວະກິດອອກໄປຕ່າງປະເທດ.)

□ **進呈（する）**
しんてい
(उपहार प्रदान (गर्नु)／ផ្ដល់ឱ្យ, ផ្ដល់ជូន／ໃຫ້ຂອງຂວັນ, ມອບໃຫ້)

▶ ご来場のお客様全員に粗品を進呈いたします。
らいじょう　きゃくさまぜんいん　そしな　しんてい
(यहाँ पाल्नुहुने सम្पूর্ण គ្រាហकहरूलाई उपहार प្रदान गर्नेछौं।／យើងខ្ញុំនឹងជូនវត្ថុអនុស្សាវរីយ៍ជូនភ្ញៀវទាំងអស់ ដែលបានអញ្ជើញមក។／ພວກຂ້າພະເຈົ້າຈະມອບຂອງຂວັນໃຫ້ແກ່ລູກຄ້າທຸກທ່ານທີ່ມາຮ່ວມ.)

□ **浸透（する）**
しんとう
(भित्रपस(गर्नु)／ប្រោមជ្រាល／ຊຶມ, ຊຶມຊັບ)

▷ 節電意識が人々の間に浸透してきたようだ。
せつでんいしき　ひとびと　あいだ　しんとう
(विद्युतबचत सोच मानिसहरू बिच पस गरेको छ।／ការយល់ដឹងពីការសន្សំសំចៃថាមពលគ្រាន់តែ ហាក់ដូចបានជ្រាបចូលក្នុងចំណោមប្រជាជន។／ການຫຍັ່ງຄວາມຮູ້ໃນການປະຫຍັດກະແສໄຟຟ້າໄດ້ແຜ່ໃນກຸ່ມປະຊາຊົນ.)

□ **振動（する）**
しんどう
(धरकन(गर्नु)／ញ័រ, រញ្ជួយ／ສັ່ນ, ສະເທືອນ)

▶ 飛行機が上を飛ぶ度に、窓が激しく振動します。
ひこうき　うえ　と　たび　まど　はげ　　しんどう
(हवाईजहाज माथि उड्दा कि ज्वाल झेन्करी धरकन चाल्छ।／បង្អួចញ័រយ៉ាងខ្លាំង រៀងរាល់ពេលដែលយន្តហោះហោះៗឡើង។／ປ່ອງຢ້ຽມສັ່ນຢ່າງຮຸນແຮງທຸກຄັ້ງທີ່ເຮືອບິນບິນຜ່ານເທິງ.)

□ **成熟（する）**
せいじゅく
(पाक्ने(गर्नु)／ परिपक्व हुन／ទុំ, ចាស់ទុំ／ຈະເດີນເຕີບໃຫຍ່ເຕັມທີ່, ເປັນຜູ້ໃຫຍ່)

▷ 成熟した大人の女性、成熟した社会
せいじゅく　　おとな　じょせい　せいじゅく　　しゃかい
(परिपक्व वयस्क महिला, परिपक्व समाज／ស្ត្រីពេញវ័យដែលមានភាពចាស់ទុំ, សង្គមចាស់ទុំ／ ຜູ້ຍິງທີ່ເປັນຜູ້ໃຫຍ່, ສັງຄົມທີ່ຈະເດີນເຕີບໃຫຍ່ເຕັມທີ່)

□ **生存（する）**
せいぞん
(बाँच्ने(गर्नु)／នៅរស់／ລອດຊີວິດ, ຢູ່ລອດ)

▷ 生存率、生存者
せいぞんりつ　せいぞんしゃ
(बाँच्ने दर, बाँचेका ब्यक्ति／អត្រានៅរស់, អ្នកនៅរស់／ອັດຕາຊີວິດ, ຜູ້ລອດຊີວິດ)

□ **設置（する）**
せっち
(स्थापना / जडान (गर्नु) / ບໍ່ຕິ່ງ, ຕິ່ງຕັ້ງ, ຕິ່ງຕັ້ງ, ຕິ່ງຕັ້ງ, ກໍ່ສ້າງ)

▷ 専門の委員会を設置する
せんもん　いいんかい　せっち
(विशेषज्ञको सदस्य समितिको स्थापना गर्ने / ບໍ່ຕິ່ງສະມາຊິກຄະນະກໍາມະການສະເພາະກິດ)

▶ エレベーターにも防犯カメラを設置した。
ぼうはん　　　　　　　　　せっち
(एलेभेटरमा पनि अपराध रोधक क्यामेरा जडान गरियो । / ເຮົາຕິ່ງກ້ອງວົງຈອນປິດຕິ່ງຕັ້ງໃນລິບພ້ອມ.)

□ **装飾（する）**
そうしょく
(सजावट(गर्नु) / तुम्बैँगलम्भ / ປະດັບ, ຕົກແຕ່ງ)

▷ 装飾品
そうしょくひん
(सजावट सामाग्री / तुम्बैँगलम्भ / เคื่อງปะดับ)

▶ 店内の装飾を手がけたのは、原さんです。
てんない　そうしょく　て　　　　　　はら
(पसल भित्रको सजावटको जिम्मादारीहरुले त हाराजयु हुनुहुन्छ । / ผู้คึดปะดับใในร้านคือຫຼາຍຮັ້ງກຸ່ນຫຼາຍຮັ້ງກຸ່ນຫາກ/ ຜູ້ເປີ້ນຍຽກຍ່ອງໃຫ້ໃສ່ການຕັ້ງແຕ່ງພາຍໃນຂອງຮ້ານຊອບຮອງ.)

□ **相続（する）**
そうぞく
(पैतृक सम्पत्ति प्राप्त(गर्नु) / ୭୭ พลเกษयเสก / ສืบທອດ, ຮັບມໍລະດົກ)

▷ 土地を相続する
とち　そうぞく
(पैतृक सम्पत्तिको रुपमा जमिन प्राप्त गर्ने / ୭୭ พลเกษยเสก / ສืบທອດທ່ີດິນ)

□ **贈呈（する）**
ぞうてい
(उपहार प्रदान(गर्नु) / ଛุ่ลมໍລະກາย / ໃຫ້, ມອບໃຫ້)

▶ 優勝者には賞金 500 万円が贈呈されます。
ゆうしょうしゃ　しょうきん　　　えん　ぞうてい
(बिजयीहरुलाई पुरस्कारमा 50 लाख येनको उपहार प्रदान गरिने छ. / ຜູ້ຊະນະເລີດຈະໄດ້ຮັບເງິນ 5 ລ້ານເຢັນ.)

□ **阻止（する）**
そし
(रोकथाम(गर्नु) / ୭วิฉ्सार्थ, การเกก / ຫ້າມ, ລະາັ້ບ)

▶ 被害の拡大を阻止しなければならない。
ひがい　かくだい　　そし
(हानी-नोक्सानी तथा पीडीतको सङ्ख्यामा वृद्धि नजाओस् भनि रोकथाम नगरि हुदैन । / ເຮົາຕ້ອງຂັດຂວາງການຂະຫຍາຍຄວາມເສຍຫາຍ.)

□ **率先（する）**
そっせん
(अनुवाद (गर्नु) / ถ่ายฆड / ນໍາ, ເລ່ີມຕົ້ນ)

▶ 早く仕事を覚えようと、率先して手伝うようにしました。
はや　しごと　おぼ　　　　そっせん　　てつだ
(चाँडो काम सिक्छौ भनि अग्रसरहकोरुपमा सहयोह गर्ने गरें । / ຂ້ອຍ·ເລ່ີມ·ລິເຊ່ີມ·ນໍາ·ຊ່ວຍ·ເຫຼືອ·ເພ່ືອ·ເຮັດ·ໃຫ້·ຈົດ·ຈໍາ·ຂໍ້·ວຽກ·ໄດ້·ໄວ.)

□ **存続（する）**
そんぞく
(अस्तित्व कायम(गर्नु) / ເຢ່, ເຢ່ເຈົ້າ / ถ่าঙมียู่, ยู่ต่ำ, คือยู่)

▷ チーム存続の危機
そんぞく　き　き
(टिमको अस्तित्व खतरा / ໃບຊ្ີ្ງ·ໃນການເປ່ັນ·ເຈົ້າ·ຂອງ / ວິກິດໃນການດໍຼງຢູ່ຂອງທີມ)

□ **体験（する）**
たいけん
(अनुभव(गर्नु) / ୭๑ บ๑ย๑ ถิเสก๑๑฿ / ສัม·ยัก·บุภ·ເພັ້ນ, ລอງ, ມีປະສົບ·ການ)

▷ 体験談
たいけんだん
(अनुभवको कुरा / ການເລ່ົາຍ້ອນກ່ຽວກັບ·ບົ·ຄິ·ເສ·ກາ·ທ່ີ·ຜ່ານ·ມາ·ຂອງ·ຕົນ / ການ·ໄດ້·ມີ·ພ·ຂອງ·ຜູ້·ມີ·ປະ·ສົບ·ການ)

▶ 今までに体験したことのないような味だった。
いま　　　　たいけん　　　　　　　　　　あじ
(अहिले सम्म अनुभव नभएको जस्तो खानको स्वाद पियो । / ກ·ທ·ສະ·ທ·ທ·ທ·ບ·ຄ·ບ·ຕ·ຕ·ຂ້ອຍ·ດ·ທ·ທ·ບ·ກ·ທ·ທ·ທ·ເ·ຄ·ທ·ມ·ຮ / ເປັນ·ລົດ·ຊາດ·ທ່ີ·ບໍ່·ຄີ·ຍ·ໄດ້·ລ·ລ·ຂ·ທ·ທ·ທ.)

□ **台頭（する）**
たいとう
(उत्थान (गर्नु) / ເບີກ·ເຢ່ືອງ / ภายมา·มีอิ่ตูง, เย็มมีอิ่ตาด)

動詞 11

する動詞 12

自動詞・他動詞 13

名詞 14

形容詞 15

副詞 16

ぎおん語・ぎたい語 17

カタカナ語 18

対義語 19

意味が近い言葉 20

☐ **対処（する）**
たいしょ
(सम्हाल्ने(गर्नु)／เบาะ:เเญฉฌ／ฮับ่มี, จัดกาน)

▷ 対処法
たいしょほう
(सम्हाल्ने उपाय／ใฌเบา:เเญฉฌ／ริๆๆ)

▶ 初めて症状が出た時、どう対処していいか、わからな
はじ しょうじょう で とき たいしょ
かった。

(पहिलो पटक लक्षण देखा पर्दा कसरी सम्हाल्ने राम्रो हुन्छ, थाहा भएन ।／ถเณเเญเภณฉลุญญุเบ็คฉบ็ ฉ่ม๊ะฆาฆ๊มี
ฉๆฦฅเบา:เเญฉฌฌ่วเเขเฒฌฅเฟฉุว7／เฺมื่อฆาฆฉบออๆถุกฉิฆ,บ่ฉู๊ๅฎ๊จัฉฆาฆฺขฺขๆไฉ.)

☐ **打開（する）**
だかい

▶ このままでは赤字になってしまう。打開策が必要だ。
あかじ だかいさく ひつよう

(यसरी हो भने त नोक्सान तर्फ जानेछ। गर्भे उपायको आवश्यकता छ ।／ยฺเฺฺฌๅไฉ๊บบเเฉ:ๅ๊ืๆๅ ฆฺฉฺฉๅๅเฺขเฒฌๆ ฅฉฉฉ่ฦฦ
ๆฆฒุลๆุุลฺๆุฦฺเฺฉฒฆๅ฿:7／ฺฦฺฉๅบเเฉฉบๅ฿ไฉฺฌ่ฎฺๆฆฺฆฦฮฉฺ. ฅฺฌฦฒฉฺฆฺฆฉๆๆๅๅๆ๊ไฉฒ฿บๅ.)

☐ **探索（する）**
たんさく

▷ 宇宙を探索する、探索用のロボット
うちゅう たんさく たんさくよう

(ब्रम्हाण्डको अन्वेषण गर्नु, अन्वेषण गर्नु रोबोट／ฮฺฉฺฆ฿ฅฺฉฺฉฉฒฉฉเฒฅฮฒ, ฮฉฺฒฺฌฆฦฉฒฺเๆฒ่ๆๆฅฦฺฉฺฆ／
ฅฺฉฺฆๆฉฺๆฉฎฦฉฺฆฉ, ฑฑฺฮฺฦฺฎฆฒๆฉฺๆฉฎฦฉฺฆฉ)

☐ **蓄積（する）**
ちくせき

▷ 疲労の蓄積
ひろう ちくせき

(थकान थुप्रने／ๆๆฆฅฒ ฆฺฦฺุฦฺฺ฿ๆๆฦฮฉฺฒฆฺฎฆ฿ๆ／ฺฎฉฆฺฎฺฒๆฉฮฒฒฉ่ฦฦฉฺฆ)

▶ 社内でも徐々に、この分野のノウハウが蓄積されてき
しゃない じょじょ ぶんや ちくせき
た。

(कम्पनी भित्रपनि बिस्तार बिस्तार यस क्षेत्र सम्बन्धीको ज्ञान अनुभव थुप्रिदै आएको छ ।／ฺฺ๊ฒๆๅฺฆๅๆฆฒฺฦฺๆ่ฒฉฒๆฎฺฒฺฺ:
ฦฺฉฺฆๆฺฆ฿฿ๆฦ฿ๆฉฒฆฺฆฉเฉบๆๆๆ฿฿฿ฺฎฦฺฒฆ฿ๆๆ฿7／฿฿ๅฦฉๆๆฮๆ฿฿ฉฎฺฒๆฉฺฆๆฒฮฉฺฒๆ฿฿ฉฒ.)

☐ **着手（する）**
ちゃくしゅ

▶ 新市長は、ゴミ処分場の問題にすぐに着手することを
しんしちょう しょぶんじょう もんだい ちゃくしゅ
約束した。
やくそく

(नयाँ मेयरद्वारा फोहोर विसर्जन समस्याको बारेमा तुरन्त काम आरम्भ गर्ने प्रतिज्ञा गर्‍यो ।／
ฺฒฦฺฆฺๆ่ฆๆฉบฺฉฉฦฦฉฺฉฦฒฉฆๅ฿ฒฎๅ:ฉๆๅฎฒๆฒๆฮฒฺฌ฿ฉฒฒ17／
่฿็ฦฒฺฆๆไฦฆๆฉ฿฿ฆฦฒบฆฉฆๆฉฉฉฉฺฦฉฒๅๆฉฺฆฺฎฒ฿ฉฒ฿ฉฺฉฦฮฉฺฉฺฉ.)

☐ **着工（する）**
ちゃっこう

▶ 新しい駅ビルは、来年４月に着工する予定です。
あたら えき らいねん がつ ちゃっこう よてい

(नयाँ रेल स्टेशनको बिल्डिङ निर्माणको थालनी आउँदो सालको अप्रिल महिनामा गरिने योजना छ ।／ฅฺฉฺฆฺ฿ฺฉฒฦฺฆฉ่ๅฺๆฉ฿ฑฑ
ฦฒฉฒฺฆฉๆฉฺฆฉฦฮฉฺฉฦฺฆๆฑฉ฿ฉฒ฿฿ฺฉๆฦฺๆฒ7／ฒฆฉฦฒฒฦๆฉฺฆฒฺฉฒฒฉ฿฿ฆฉฺฎฦฉฺฆฺฎฒฉฺฆฒฉฺฉฉบฺฒฦฮฆ4.)

275

□ **抽選（する）**
ちゅうせん
(चिट्ठाद्वारा छनौट(गर्नु)／ ចាប់ឆ្នោត／ จับ
ឆ្នោត, จับสฺลาก)

▷ 抽選に当たる
ちゅうせん あ
(चिट्ठा पर्नु／ ត្រូវឆ្នោត／ ถูกจับฉลาก)

▶ この本を抽選で 10 名の方にプレゼントいたします。
ほん　ちゅうせん　　めい　かた
(यो पुस्तक चिट्ठाद्वारा छनौट गरेर 10 जनालाई उपहार गरिन्छ।／ សៀវភៅនេះនឹងត្រូវផ្ដល់ជូនដល់អ្នកឈ្នះរង្វាន់
ចំនួន១០នាក់។／ จะมอบเป็นของขวัญให้กับผู้ที่จับฉลากได้แก่10ท่านที่ถูกจับสฺลาก.)

□ **貯蔵（する）**
ちょぞう
(संचय(गर्नु)／ ផ្ទុកស្តុក／
เก็บรักษา, เก็บสำรองในคลัง)

▷ 貯蔵庫、貯蔵タンク
ちょぞうこ　ちょぞう
(संचय भण्डार, संचय ट्याङ्क／ ឃ្លាំងស្តុក, ធុងស្តុក／ คลังเก็บเสบียง, ถังเก็บรักษา)

□ **追及（する）**
ついきゅう
(खोज／माग(गर्नु)／ ជេាគជម្ងួ／
ติดตาม, สอบถาม, สืบสวน)

▷ 政府の責任を追及する声が相次いだ。
せいふ　せきにん　ついきゅう　こえ　あいつ
(सरकारको जिम्मेदारिता निरुपणै माग लगातार माग आयो।／ សម្លេងទាមទារឲ្យរកគណនេយ្យភាពពីរដ្ឋាភិបាល
កើតឡើងជាបន្តបន្ទាប់។／ มีสฺยงเรียกร้องสอบถามทวงถามความรับผิดชอบของรัฐบาลเกิดขึ้นมากมายต่อกันมาเรื่อย.)

□ **追放（する）**
ついほう
(निकाला(गर्नु)／ បណ្តេញចេញ／
ເນລະເທດ, ຂັບໄລ່)

▷ 国外追放
こくがいついほう
(देशनिकाला／ បណ្តេញចេញក្រៅប្រទេស／ ຂັບໄລ່ออกนอกประเทศ)

□ **通知（する）**
つうち
(सूचित(गर्नु)／ ផ្ដល់ដំណឹង／
แจ้ง, ประกาศ)

▶ 今日、採用通知が届いた。
きょう　さいようつうち　とど
(आज नियुक्तिको सूचना आयो।／ ការផ្ដល់ដំណឹងអំពីការជ្រើសរើសបានមកដល់ថ្ងៃនេះ។／
มีใบแจ้งการรับเข้าทำงานมาถึงในวันนี้.)

□ **訂正（する）**
ていせい
(संशोधन(गर्नु)／ កែតម្រូវ／
แก้ไขให้ถูกต้อง)

▷ 誤りを訂正する
あやま　ていせい
(गल्तीलाई संशोधन गर्नु／ កែតម្រូវកំហុស／ แก้ไขความผิดให้ถูกต้อง)

□ **低迷（する）**
ていめい
(गति मन्द(गर्नु)／ ធ្លាក់ចុះ／ ซึมต่ำ)

▶ ここ半年ほど、売上が低迷している。
はんとし　うりあげ　ていめい
(गत छ महिना भित्र बिक्रीको गति मन्द भएको छ।／ ការលក់ត្រូវបានធ្លាក់ចុះក្នុងរយៈពេលប្រាំមួយខែនេះ។／
ยอดขายซึมต่ำในใบผมมาสฺยงปีอยู่มานาน.)

□ **撤去（する）**
てっきょ
(हटाउने काम(गर्नु)／ បោសចេញ, ដកចេញ／
(ເອົາออก, ຮື້ออก)

▶ 放置自転車は 15 日以降、撤去されます。
ほうち じてんしゃ　にちいこう　てっきょ
(छोडेर राखिएको साइकललाई 15दिन उप्रान्त हटाउने काम गरिन्छ।／ កង់ដែលបានដាក់ចោល នឹងត្រូវយកចេញក្រោម
ថ្ងៃទី១៥។／ รถจักรยานที่จอดปล่อยไว้ตั้งแต่วันที่15เป็นไปจะถูกรื้อถอนออก.)

□ **撤退（する）**
てったい
(खाली गर्ने काम (गर्नु)／कार्य स्थगन(गर्नु)／ ដកថយ
／ ถอนใจ, ถอนเลิก, ถอยกลับ)

▷ A社は昨年、海外に５店舗設けたが、そのうち２店舗
しゃ さくねん かいがい　てんぽもう　　　　　てんぽ
はすでに撤退を決めた。
てったい き
(A ले गतवर्ष देश बाहिर 5 वटा पसलहरू खोलेको थियो, व्यवसायले 2 वटा पसलले चाहिँ कार्य स्थगनको निर्णय लिइसके।／ ក្នុងឆ្នាំ
ម្សិលមិញក្រុមហ៊ុនAបានបើកហាងចំនួន៥នៅប្រទេសក្រៅ ប៉ុន្តែក្នុងនោះចំណោមនោះបានសម្រេចដកថយចេញ នៅហាង។
บัริษัท A ได้ก่อตั้ง5สาขาอยู่ต่างประเทศในปีที่ผ่านมา, แต่ในนั้นได้ตัดสินใจถอนไป 2สาขาแล้ว.)

勤詞 11

する動詞 12

自動詞・他動詞 13

名詞 14

形容詞 15

副詞 16

ぎおん語・ぎたい語 17

カタカナ語 18

対義語 19

意味が近い言葉 20

□ **点検（する）**
てんけん
(निरिक्षण (गर्नु)／ត្រួតពិនិត្យ／ภาถทาดตฉอฉจุด, ຄົ້ນປ່ຽງລະອຽດ)

▷ 安全点検
あんぜんてんけん
(सुरक्षाको निरिक्षण／ការត្រួតពិនិត្យសុវត្ថិភាព／ภาดตาดฉอามปอดไพ)

▶ 事故防止のため、設備の点検は定期的に行っています。
じ こ ぼう し　　　　せつ び　てんけん　てい き てき　おこな
(दुर्घटनाको रोकथामका लागि मेसिन-मुठियको बेलाबेलामा निरिक्षण गरी रहेका छौं ।／ការត្រួតពិនិត្យសម្ភារៈ:ធ្វើឡើងយ៉ាង ទៀងទាត់ដើម្បីការពារគ្រោះថ្នាក់។／ฝีๆมปอาตขอปอุปะกอขแตฉะจุด）กนะมซาดเพื่อปอยาถุปติอุบัติเขตุ)

□ **伝達（する）**
でんたつ
(खबर पुज्याउने(गर्नु)／បញ្ជូន／ບອກຕໍ່, ຖ່າຍທອດ, ສົ່ງ, ໂອນ)

▷ 情報の伝達方法
じょうほう　でんたつほうほう
(खबर सम्प्रेषको तरीका／រៀបបញ្ជូនពត៌មាន／ວິธีການສົ່ງຂໍ້ມູນ)

□ **導入（する）**
どうにゅう
(प्रयोग गर्नेगर्ने(गर्नु)／ដាក់បញ្ចូល, បើក ប្រើប្រាស់／ທົດລอฉ, แผนปืบ, ปาเຊີ້ມ่ใໝ่)

▶ 今月から新しい会計システムが導入される。
こんげつ　　あたら　　　かいけい　　　　どうにゅう
(यस महिनादेखि नयाँ लेखा प्रणालीको प्रयोग गर्नेगर्ने गरिन्छ ।／ប្រព័ន្ធគណនេយ្យថ្មីនឹងត្រូវបានដាក់បញ្ចូលពីខែនេះទៅ។／ລະບົບບັນຊີใໝ่จะเຊีຕมปาเຊี้ມใໝ่ในเดิอนปี້.)

□ **特化（する）**
とっか
(विशिष्ट(गर्नु)／ឯកទេសកម្ម, ដាក់ទៅតាម ជំនាញ／ສະເพาะ, ຊ່ງວຊານ)

▷ 高齢者に特化した病院
こうれいしゃ　とっか　　びょういん
(वृद्धवृद्धाका विशेष गरि लाग्ने्को रोग／មន្ទីរពេទ្យជាទេសកម្មសម្រាប់មនុស្សចាស់／ໂຮງໝໍຊ່ງວຊານດ້ານຜູ້ຊຸราอาຍุ)

□ **入手（する）**
にゅうしゅ
(प्राप्त (गर्नु)／ទទួលបាន／ໄດ້ມา, ໄດ້ຮັບ)

▷ 最新情報を入手する
さいしんじょうほう　にゅうしゅ
(ताजा खबरहरू प्राप्त गर्ने／ទទួលបានពត៌មានថ្មីបំផុត／ໄດ້ຮັບຂໍ້ມูนลาสุด)

▶ 何とかチケットを入手することができた。
なん　　　　　　　　　　　にゅうしゅ
(जसोतसो टिकट प्राप्त गर्ने सके।／ខ្ញុំទទួលបានសំបុត្រកើយ។／ຫາຫมาຍໄດ້ປີ້มาจับได้.)

□ **認識（する）**
にんしき
(पहिचान बुझाउ(गर्नु)／យល់ឃើញ／เຊ้าใจ, ยอมรับ)

▷ 認識不足
にんしき ぶ そく
(पहिचान बुझाउ कम हुनु／កង្វះខាតការយល់ឃើញ／ขาดถวามเຊ้าใจ)

▶ 役所のやることに間違いはない、という認識は改めた
やくしょ　　　　　　　　ま ちが　　　　　　　　　　　にんしき　あらた
ほうがいい。
(सरकारी कार्यालयबाट गरिनेकामामा गलती हुदैन भन्ने बुझाइलाई सच्याउनो राम्रो ।／គួរផ្លាស់ប្តូរការយល់ឃើញដែលថាការ ក់ហ្សុនៅក្នុងការធ្វើការជារបស់សាលាក្រុង។／ฅอนเຊิดถอบยฆาถวามเຊ้าใจใໝ่ว่าบໍ່มีຫຍัฉผิดพาดในสิ้ฉที่ออฎการ ป๊กถอฎเรัด.)

□ **燃焼（する）**
ねんしょう
(डन्ने／पन्ने काम(गर्नु)／ដុតឆេះ／ຈุดໄໝ้, ໃໝ້, เຜີๆมໄໝ้)

▷ 脂肪の燃焼
し ぼう　ねんしょう
(बोसो पन्नु／ការដុតខ្លាញ់／ການเผีๆไฃมัน)

▶ 今大会は不完全燃焼に終わった。
こんたいかい　　ふ かんぜんねんしょう　お
(यस पटकको प्रतियोगितामा पूर्णरुपमा जल्न नपाई सकियो।／ការប្រกួតបានបញ្ចប់ដោយមិនដុចผฉ้ีដែលបានคิดទុก។／ การแข่ฉขันปี้ได้สิ้นสุดลฉโดยบໍ่ได้ใปตามที่ถิดไว้.)

□ **納入（する）**
のうにゅう
(बुझाउने काम(गर्नु)／បกទៅឲ, បញ្ជូនទៅឲ／ຊໍาฉะ)

□ **把握（する）**
はあく
(समातिबुझ(गर्नु)/ มือ, ឈ្លាសឈ្លៃ/
ເຂົ້າໃຈ, ກຳໄດ)

▷ 状況を把握する
じょうきょう　はあく
(परिस्थितिको मूल्यांकन गर्नु/ พขม์ยดัณ์กิสกาสภาพ/ກຳໃດ້ສະພາບ)

▶ まず現状を把握して、それから対応を考えましょう。
げんじょう　はあく　　　　　　　たいおう　かんが
(सुरुमा हालको परिस्थिति मूल्यांकन गरि त्यसपछि उपायको बारेमा सोचौं/ ជាដំបូងត្រូវយល់ដឹងពីស្ថានភាពបច្ចុប្បន្ន ហើយ
បន្ទាប់ពីនោះគិតពីដំណោះស្រាយ។/ ກ່ອນອື່ນໝົດ, ທຳຄວາມເຂົ້າໃຈສະພາບທີ່ເປັນຢູ່ໃນປະຈຸບັນ, ຫຼັງຈາກນັ້ນຄ່ອຍຄິດຫາວິທີ
ຮັບມື.)

□ **配給（する）**
はいきゅう
(वितरण (गर्नु)/ ចែកចាយ/
ແຈກຢາຍ, ຈຳໜ່າຍ)

▷ 映画の配給会社
えいが　　はいきゅうかいしゃ
(सिनेमा वितरण कम्पनी/ ក្រុមហ៊ុនចែកចាយភាពយន្ត/ ບໍລິສັດຈຳໜ່າຍຮູບເງົາ.)

□ **廃止（する）**
はいし
(खारेज(गर्नु)/ លុបចោល/
ยກเลิก, ลืมเลิก, เลิກล้ม)

▷ 制度の廃止、ルールの廃止
せいど　　はいし　　　　　　はいし
(प्रणाली खारेज गर्नु/ លុបចោលប្រព័ន្ធ, លុបចោលច្បាប់/ ការຍກເລີກລະບົບ, ການລົບລ້າງກົດ)

□ **排除（する）**
はいじょ
(वर्जित(गर्नु)/ លុបបំបាត់/
ກຳຈັດ, ແຍກອອກ)

▷ 反対派を排除する
はんたいは　　はいじょ
(विरोधीलाई वर्जित गर्नु/ លុបបំបាត់ក្រុមប្រឆាំង/ ກຳຈັດຝ່າຍຄ້ານກັນອ້ອມ)

▶ あらゆる無駄を排除して、赤字を減らした。
　　　　　　むだ　　はいじょ　　　あかじ　へ
(सम्पूर्ण फजुल खर्चलाई वर्जित गरी नोक्सान कम गरे/ លុបបំបាត់ការខ្ជះខ្ជាយទាំងអស់ ហើយកាត់បន្ថយការខាតបង់។
/ ຫຼຸດຜ່ອນການຂາດທຶນໂດຍກຳຈັດແບບລົ້ມເປືອງທຸກຢ່າງໝົດ.)

□ **配分（する）**
はいぶん
(बाँडचुँड(गर्नु)/ បែងចែក/
แบ่งปัน, แจกจ่าย)

▷ 利益の配分の仕方
りえき　はいぶん　しかた
(नाफालाई बाँडचुँड गर्ने तरिका/ របៀបបែងចែកផលប្រយោជន៍/ ວິທີແບ່ງປັນກຳໄລ)

□ **暴露（する）**
ばくろ
(भण्डाफोर(गर्नु)/ បង្ហាញការយល់ដឹង/
เปิดเสีย)

▷ 秘密を暴露する
ひみつ　ばくろ
(गोप्यताको भण्डाफोर/ បង្ហាញការយល់ដឹងពីការពិត/ เปิดเสียความลับ)

□ **破たん（する）**
は
(दिवालिया(हुनु)/ ក្ស័យធន/
ລົ້ມທຶນ, ລົ້ມລະລາຍ)

▶ 無理な拡大路線が経営破綻を招いた。
　　むり　かくだいろせん　けいえいはたん　まね
(असम्भव बाटोमा हिड फरास्वरूप आएर दिवालिया हुनगयो/ ការពង្រីកផ្លូវដែលមិនមានកាតព្វកិច្ចបានបង្កឱ្យធ្លាក់ខ្លួនក្ស័យធន
ការគ្រប់គ្រង។/ ການຂະຫຍາຍແນວທາງທີ່ບໍ່ສົມເຫດສົມຜົນໄດ້ນໍໃຫ້ທຸລະກິດລົ້ມລະລາຍ.)

□ **伐採（する）**
ばっさい
(वन कटानी(गर्नु)/ កាប់ឈើ(ណើ ជាដើម)/
ตัดโค่นไม้)

▷ 森林を伐採する
しんりん　ばっさい
(बनजङ्गलको कटानी गर्नु/ កាប់ឈើព្រៃឈើ/ ตัดโค่นไม้ป่าຍอยไม้)

□ **繁栄（する）**
はんえい
(समृद्धि (गर्नु)/ រីកចម្រើន, រុងរឿង/
จะเฮินຮุ่งເຮือง, ຈະເລີນ, ຮຸ່ງເຮືອງ)

▷ ここは古くから、商業都市として繁栄してきた。
　　　　　ふる　　　　しょうぎょうとし　　　はんえい
(यसलाई पुरानो समयदेखि बाणिज्य नगरको रूपमा समृद्धि गर्दै आयो/ ទីក្រុងនេះបានរីករាយរុងរឿងនាមជាទីក្រុងពាណិជ្ជកម្ម
តាំងពីសម័យបុរាណមក។/ ຍ່ອນນີ້ມີຄວາມຈະເລີນຮຸ່ງເຮືອງເມື່ອຈາກເປັນເມືອງການຄ້າມາຕັ້ງແຕ່ລະໄພບູຮານ)

□ **判定（する）**
はんてい
(फैसला(गर्नु)/ ការសម្រេចក្តី/
ตัดสิน, มิจาละบท)

▷ 審判の判定
しんぱん　はんてい
(रेफरीको फैसला/ ការកាត់សេចក្តីរបស់តុលាការ/ ການພິຈາລະນາຂອງຜູ້ຕັດສິນ)

▶ もうすぐ合否の判定が出る。
　　　　　　ごうひ　はんてい　で
(अब केही छिनमा उत्तीर्ण-अनुत्तीर्णको फैसला निस्कन्छ/ ការកាត់សេចក្តីជាប់ឬក៏ធ្លាក់នឹងចេញក្នុងពេលជាប់ៗនេះ។/
ການຕັດສິນວ່າຕົກຫຼືຜ່ານຂື້ນມຢ່າງໃກ້ໄວໆນີ້.)

□ **復活（する）**
ふっかつ
(पुनरुत्थान (गर्नु)／ເຮັດມາຍຄືນຈາກຕາຍ／ຟື້ນຟູ, ຄືນໃຈ, ກັບຄືນມາ)

□ **扶養（する）**
ふよう
▷ 扶養義務
ふようぎむ
(पालन-पोषण(गर्नु)／ລ້ຽງດູ／ຄ້ຳຈຸນ, ເປັນ
ພະຮ:ເອົາໃຈໃສ່, ລ້ຽງດູ, ສະໜັບສະໜຸນ)
(पालन-पोषणको कर्तव्य／ການຕ້ອງລ້ຽງດູ／ໜ້າທີ່)

□ **分解（する）**
ぶんかい
▷ 脂肪を分解する
し ぼう ぶんかい
(रासायनिक अपघटन(गर्नु)／ບໍ່ແຍກ／ແຕກໃຫ,
ແບກອອກເປັນຊິ້ນສ່ວນ, ງອດອອກ)
(बोसोलाई रासायनिक अपघटन गर्नु／ບໍ່ແຍກວາໄຂມັນ／ສະຫຼາຍໄຂມັນ)

▶ 一度分解すると、元に戻せなくなりそう。
いちど ぶんかい もと もど
(एकपटक रासायनिक अपघटन गरेमा पुनः पहिलेको अवस्थामा फर्काउन सकिने छैन／ເປັນບໍແຍກແລ້ວເບິ່ງ ກນ້ອງພກ
ຫຼາງຢູ່ບໍ່ຈໍດູ່ຄຍເປັນໃກກລາຍໆ／ຖ້າຫຼດອອກເທື່ອໜຶ່ງແລ້ວ, ເບິ່ງຄືຊິເອົາເຊົ້າຄືນບໍ່ໄດ້.)

□ **分割（する）**
ぶんかつ
▷ 分割払い
ぶんかつばら
(किस्ताबन्दी(गर्नु)／ໄປແບ່ງໂຊກ／
ແຍກ, ແບ່ງສ່ວນ)
(किस्ताबन्दीमा भुक्ता गर्नु／ການຈ່າຍຄ່າງວດເປັນໂຊງ／ແຍກຈ່າຍ)

□ **分配（する）**
ぶんぱい
▶ 儲けが出たら、みんなで分配することになっている。
もう で ぶんぱい
(विभाजन (गर्नु)／ໄປແບ່ງໂຊກ／
ແຈກ, ຍາຍ, ແຈ, ປັນ)
(नाफा भएमा त्यसलाई सबैले विभाजन गर्ने छन् भएको छ।／ເດພມຍະຄິເໜົາກ ເນື່ອຊິງໄປແບ່ງໂຊກໝົດທຸກຄົນໝົດງ້າງ
／ຖ້າໄດ້ກໍໄລ, ທຸກຄົນກໍຈະປັນກັນ.)

□ **崩壊（する）**
ほうかい
▷ 家庭崩壊
か ていほうかい
(विघटन(गर्नु)／ບໍ່ລົ້ມ／
ພັງທະລາຍ, ລົ້ມສະຫຼາຍ, ພັງ)
(पारिवारिक वातावरणको विघटन／ການບໍ່ລົ້ມ(ຄອບຄົວ／ຄອບຄົວຫ່າງ)

▶ このままでは、国の財政が崩壊してしまう。
くに ざいせい ほうかい
(यस्तो अवस्था चलिरहेमा देशको अर्थतन्त्र विघटन हुनेछ।／ເປັນຢູ່ແບບນີ້／ເຂາະເກົາຊຼຸນ ບ ດນ ຕິຊື ຄິນ ເນ່າ／
ຖ້າເປັນແບບນີ້ໄປກາບງເງິນຄ່າລັງ ປະເທດຈະຫຼົມສະຫຼາຍ.)

□ **放棄（する）**
ほうき
▷ 権利を放棄する、試合を放棄する
けんり ほうき し あい ほうき
(परित्याग (गर्नु)／ເຮາະບໍ່ຍອມ／
ປະຕີ່ມ, ສະຫຼະສິດ)
(अधिकारको परित्याग गर्नु, प्रतियोगिताको परित्याग गर्नु／ເຮາະບໍ່ຍອມສິ່ງ, ເຮາະບໍ່ຍອມການແຂ່ງຂັນ／
ສະຫຼະສິດ, ສະຫຼະການແຂ່ງຂັນ)

▶ 問題を解決しないで辞めるというのは、ただの責任放
もんだい かいけつ や せきにんほう
棄だ。
き
(समस्यालाई समाधान नगरी त्यत्तिकै छोड्नु भनेको केवल जिम्मेवारीताको परित्याग मात्र हो।／
ການເບ ໃບປ ນ ບ້ ແຫລະ：ຫຼຸລ ນ ຍ ອມຫຼ ຫຼ ຊ າໂ ຕ ກ ການ ເ ຮ ອະ ບໍ ຍ ອ ມ ຊ ຸ ບ ຂ ຸ ສ ຸ ຕ ຼ ຸ າ／
ການລາອອກໂດຍບໍ່ແກ້ໄຂບັນຫາແມນບອກປະຕຄວາມຮັບຜິດຊອບ.)

□ **放置（する）**
ほうち
▷ 問題を放置する
もんだい ほう ち
(व्यक्तिक छोड्नुे(गर्नु)／ປກ:ເທລາ／
ປະຕີ່ມໄວ້, ລະເລຍ, ບໍ່ຫັນ)
(समस्यालाई व्यक्तिक छोड्नुे／ປກບ ຕ ກ ເ ທ ລ າ／ປະຕີ່ມບໍ່ຫາ ໄວ້)

□ **発足（する）**
ほっそく
▶ 当学会が発足して、今年で10年目です。
とうがっかい ほっそく ことし ねんめ
(गठन(गर्नु)／ຕາບ ເ ຮ ມ ／
ເລີ່ມຕົ້ນ, ຈັດຕັ້ງຂຶ້ນ)
(यस समितिको स्थापना भएका वर्षमा यसैपाली हाम्रो 10औँ वर्ष पुग्छ।／ຖ້ານ:ຊ າ ຫ ຼ ປ ໌ມ ໌90ຕ ົ ນ ບ ກ ດ ບ ປ ເ ຮ ີ ກ ສ ມ ຄ ມ ສ ຼ ກ ຼ ້ ນ ະ1／
ປີ ນ ີ ້ ເ ປ ນ ປ ີ ທ ີ 10 ທ ີ ກ າ ມ ປ ຊ ຸ ມ ສ າ ມ ນ າ ປ ກ ຄ າ ມ ວ ີ ຊ າ ຮ ຂ ບ ໄ ດ ້ ຈ ກ ຕ ່ ງ ຂ ຶ ້ ນ.)

☐ **命令(する)**
めいれい
(आदेश (गर्नु)／បញ្ជា／ຄຳສັ່ງ)

▶ 命令には従わざるを得ない。
めいれい　　　　したが　　　え

(आदेशको पालना नगरि हुँदैन।／ត្រូវធ្វើតាមបទបញ្ជា។／ບໍ່ສາມາດເລືອກໄດ້ນອກຈາກປະຕິບັດຕາມຄຳສັ່ງ.)

☐ **模索(する)**
もさく
(अनेक उपाय(गर्नु)／ស្រាវ, ស្វែងរក／ຮືຼະແສຼ, ຊອກຫາທາງອອກ)

▶ どういう道に進むか、彼はまだ模索しているようです。
　　　　　みち　すす　　　　　かれ　　　　　もさく

(कुन बाटोमा अगाडि बढ्ने हो, उ अझै अनेक उपाय खोजिरहेको छ।／គាត់ហាក់ដូចជាកំពុងស្វែងរកថាតើទៅតាមផ្លូវបែបណា។／ເປິນຄ້າຍວ່າລາວຍັງກຳລັງຊອກຫາຢູ່ວ່າຈະເດີນຕາມແນວໃດຢູ່ຕ.)

☐ **やりくり(する)**
(ब्याज-नब्याज(गर्नु)／គ្រប់គ្រង／ຈັດການ, ປິ່ນປົວ, ບິບປຸງໃຫ້ເໝາະສົມ)

▶ 家計のやりくりが大変です。
かけい　　　　　　　　たいへん

(घरायसी आयव्यय चलौनै ब्याज-नब्याज गर्नुपर्ने गाह्रो छ।／ការបៀបការគ្រប់គ្រងប្រាក់ចំណូលចំណាយក្នុងគ្រួសារ។／ມັນລຳບາກໃນຈະປິ່ນປົວການໃຊ້ຈ່າຍພາຍໃນຄອບຄົວ.)

☐ **融通(する)**
ゆうずう
(मन नचिरो (गर्नु)／បត់បែនតាម
ກາລະ:ເທ:, ຍືມ／ປັບໄດຕາມ
ສະຖານະການ, ປ່ອຍເງິນກູ້)

▶ 彼は真面目すぎて、融通がきかない。
かれ　まじめ　　　　　　　ゆうずう

(ऊ ज्यादा इमानदार हुनाले नचिरोमन रहँन।／គាត់ស៊ីជាំគេក មិនដែបត់បែនតាមកាល:ເທ:។／ລາວຈຶງຈິງຈັງໄປບໍ່ສະແຕນຍືມໃດຕາມສະຖານະການ.)

▶ 友達に開店資金を融通してもらった。
ともだち　かいてんしきん　　ゆうずう

(व्यापार मलको साथीबाट पसल उद्घाटनको नागत रकम हानिदियो।／ខ្ញុំបានសុំយកលុយមិត្តភក្តិដើម្បីយកបញ្ចុលទុនបើកហាង។／ຊຼ່ບ່ອຍກຈ່ຼກູ້ໃຫ້ເພື່ອເປິດຮ້ານ.)

☐ **誘導(する)**
ゆうどう
(डो-ब्याउनु(गर्नु)／ណែនាំ, ដឹកនាំ／
ນຳທາງ, ພາໄປ, ຊິ້ນທາງ(ຈນ))

▶ 突然、停電になったけど、係の人が非常口まで誘導し
とつぜん　ていでん　　　　　　　　かかり　ひと　　ひじょうぐち　　ゆうどう
てくれました。

(अचानक बत्ती गयो। तर सम्बन्धित व्यक्तिले आकस्मिकद्वार सम्म डोऱ्याइ दियो।／ភ្លើងបានដាច់ភ្លាមៗ ប៉ុន្តែបុគ្គលិកបាននៅំយើង
ទៅដល់ច្រកចេញ ។／ໄຟຟ້າດັບໃນຄ່າວອັນແຕ່ວ່າຜູ້ຈັດຕິ້ນພາພວກເຮົາໄປຍັງຊ່ອງອອກສຸກເຫີນ.)

☐ **要請(する)**
ようせい
(अनुरोध (गर्नु)／សំ, សំណើ／
ຮ້ອງຂໍ, ຕ້ອງການ)

▷ 市はイベントの開催にあたって、警察などに協力を要
し　　　　　　　　　かいさい　　　　　　けいさつ　　　　きょうりょく　よう
請した。
せい

(नगरले समारोह आयोजना गर्ने सिलसिलामा प्रहरी समक्ष सहयोगको अनुरोध गर्यो।／ក្រុងបានស្នើសុំការសហការពីខាងប៉ូលីការពេ
ប៉ូលស្វាដើម្បារក្សាសណ្តាប់ធ្នាប់ ។／ເມື່ອຈ້ອງຊໃຫ້ມີການຮວມມືພຈາກທາງຕຳຫຼວຂອຮອງສຽ່ງໃນການຈຳນງ.)

☐ **抑制(する)**
よくせい
(दबाउने(गर्नु)／ទប់ស្កាត់, បង្ក្រាប／
ຄວບຄຸມ)

▷ この成分には、菌の活動を抑制する働きがあることが
せいぶん　　　　きん　かつどう　よくせい　　　はたら
わかった。

(यस पदार्थमा ब्याक्टेरियाको गतिविधिलाई दबाउने असर छ भन्ने कुरा पत्तालाग्यो।／សារជាតុនីុនេះក្រុបងានសម្តត់ចលនានៃ
 បាក់តេរសកម្មភាពបាកតេរី។／ສວນປະສມນໃມກ ໜ າທ ຄວບຄ ມກ ຣເຄ ່ອນໄຫວຂອງແບກທ ຣ ເ ຍ.)

☐ **略奪(する)**
りゃくだつ
(लुटपाट(गर्नु)／ប្លន់／
ປຸນ, ຊງຊງ, ຍດຊງດວຍກຳລງ)

▷ 彼らはあちこちの村を襲っては略奪行為を繰り返した。
かれ　　　　　　　　　むら　おそ　　　　りゃくだつこうい　　く　　かえ

(तिनीहरूले यत्रातत्रको गाउँमा आक्रमण गरि लुटपाट गतिविधि बारम्बार गरररहे।／ពួកគ េ)

13 自動詞・他動詞
じどうし たどうし

(अकर्मक क्रिया / सकर्मक क्रिया／កិរិយាសព្ទសកម្ម, កិរិយាសព្ទអកម្ម／ຄำກริยะถืบ•ຄำກริยะຊาด)

動詞 11
する動詞 12
自動詞・他動詞 13
名詞 14
形容詞 15
副詞 16
ぎおん語・ぎたい語 17
カタカナ語 18
対義語 19
意味が近い言葉 20

□ **重なる**
かさ

(एक साथि अर्को थपिनु／ត្រួតគ្នា, ជាន់គ្នា／ຊ້ອນກัນ, ທັບກັນ, ຕ່ำກัน)

▷ 予定が重なる
よてい かさ

(योजना एक साथि अर्को थपिनु／ការឃើកជាន់គ្នា／ຕາຕະລາງເວລາຊ້ອນກัນ.)

▷ 文字が重なって印刷された。
もじ かさ いんさつ

(अक्षर एक साथि अर्को थपिएर प्रिन्ट गरियो।／អក្សរត្រួតបានបោះពុម្ពត្រួតលើគ្នា។／ໝ້ໄตอักสอນຊ້ອນກัນ.)

□ **重ねる**
かさ

(एक साथि अर्को थप्नु／ជាន់លើគ្នា, ធ្វើត្រួតលើគ្នា／ຊ້ອນກัນ, ທັບກัນ, ຍ້ำ, ເຮັດຊ້ำ)

▷ 経験を重ねる、重ね着をする、重ねて塗る、重ねて注意する
けいけん かさ かさ ぎ かさ ぬ かさ ちゅうい

(अनुभव एक साथि थप्नु, थपेर लुगा लगाउने, थपेर रङ लगाउने, फेरि फेरि सजग गराउनु／ប្រមូលបទពិសោធន៍, ពាក់អាវពីលើ(ពាក់ពីរជាន់), លាបជាន្រ្ទពន់, ព្រមានម្ដងទៀត／ສະສົມປະສົບການ, ໃສ່ເຄื່ອງນຸ່ງຊ້ອນກัນ, ທາສີທับກัน (ທາຫຼາຍຊั้ນ), ລະວัง)

▷ 空いた皿は重ねちゃっていいですか。
あ さら かさ

(खाली रहेको थाल थप्न्याहा पनि हुन्छ ?／តើខ្ញុំអាចជាន់ចានទទេត្រួតលើគ្នាបានទេ?／ຊ້ອນຈານເປ່ານເສຍໄດ້ບໍ?)

▷ 検討を重ねた結果、今回は中止といたしました。
けんとう かさ けっか こんかい ちゅうし

(पटक पटक सोचविचार गरेको परिणाम स्वरूप, यसपटक बन्द रह मान्ने निर्णय भयो।／បន្ទាប់ពីបានពិចារណាម្ដងហើយម្ដងទៀត, យើងបានសម្រេចចិត្តថានឹងលុបចោលពេលនេះ។／ຫຼังจากพิจารณาอย่างถ้วนถี่, เพื่อได้ตัดสินใจยกเลิก.)

□ **叶う**
かな

(साकार हुनु／ក្លាយជាការពិត／(ຄວາມຝัน, ຄວາມຫວັง) ກາຍເປັນຈริง)

▷ 願い / 希望 / 夢が叶う
ねが きぼう ゆめ かな

(इच्छा/आशा/सपना साकार हुनु／បំណងប្រាថ្នា/ក្ដីសង្ឃឹម/សុបិនក្លាយជាការពិត／ຄວາມປາຖະໜາ / ຄວາມຫວัง / ຄວາມฝัน ກາຍເປັນจริง.)

□ **叶える**
かな

(साकार पार्नु／ធ្វើអោយក្លាយជាការពិត／(ເຮັດໃຫ້ຄວາມฝัน)ເປັນจริง)

▷ 夢を叶えるため、これまで努力してきた。
ゆめ かな どりょく

(सपना साकार पार्न हालसम्म मेहनत गरेर आएँ।／ខ្ញុំបានខិតខំប្រឹងប្រែងដើម្បីធ្វើអោយក្ដីសុបិនក្លាយជាការពិត។／(ເຮັດໃຫ້ຄວາມฝัນເປັນจริง)ได้พະยາຍາมໜັกເพื่อເຮັດໃຫ້ຄວາມฝัນກາຍເປັນจริง.)

□ **定まる**
さだ

(सुदृढ हुनु／ត្រូវបានកំណត់សិនស្រេច／ຖືກกำนດໄວ້, ມີການກำนดไว้)

▷ 目標が定まる、焦点が定まる
もくひょう さだ しょうてん さだ

(लक्ष्य सुदृढ हुनु, केन्द्रबिन्दुले निश्चय गर्ने／គោលដៅត្រូវបានកំណត់, ត្រូវបានផ្ដោតទៅលើ／ເป้าໝາຍຖືກກำනດໄວ້, จุดสุมถืกกำนດໄວ້.)

▷ 会としての方針がまだ定まっていない。
かい ほうしん さだ

(सभाको नीति अझै सुदृढ भएको छैन।／គោលការណ៍នៃសមាគមនៅទាន់ត្រូវបានកំណត់នៅឡើយទេ។／ນะโยบายຂອງກัນໄດ້ເຮັດຫາບໍ.)

□ **定める**
さだ
(सुरुह बनाउनु／កំណត់, សម្រេច／ตัดสินใจ, อ้าง, กำนึด)

▷ 法律を定める、目標を定める
ほうりつ　さだ　　もくひょう　さだ
(कानून सुरुह गर्नु, लक्ष्य सुरुह गर्नु／កំណត់ច្បាប់, កំណត់គោលដៅ／ตั้งๆกิດໝາຍ, ກຳນົດເປົ້າໝາຍ)

▶ よくねらいを定めてから投げてください。
さだ　　　　な
(राम्रोसँग लक्ष्य सुरुह गरेर हान्नुहोस्।／សូមតម្រង់គោលដៅអោយច្បាស់សិន ហើយទាំត់បា។／ກະລຸນາກຳນົດจุดเปົ້າໝາຍໃຫ້ດີກ່ອນ ถิ๋ม.)

□ **反る**
そ
(पछाडि फर्कनु／ខោង／ແອ່ນ, ใຫ้ງ, ງໍ)

▶ つま先が上に反った靴はあまり好きじゃない。
さき　うえ　そ　　くつ
(बुढ्ढको औंलाको टुप्पो माथि फर्केको जुत्ता त्यति मन पर्दैन।／ខ្ញុំមិនសូវចូលចិត្តស្បែកជើងដែលមានមុខកោង។／ข้อยบໍ່ມັກເกີบที่ມีหัวโก่ງຂึ้นปານใด.)

□ **反らす**
そ
(पछाडि फर्काउनु／ធ្វើអោយខោង, กถิ (ເฮໃອยខោង)／ແອ່ນ)

▶ 〈体操〉背中を反らしてみてください。
たいそう　せなか　そ
(〈शारीरिक कसरत〉 ब्याकपाई पछाडि फर्काएर हेर्नुहोस्।／(លំហាត់ប្រាណ) សូមសាកល្បងងាកខ្នងបា។／<ออกກำລัງกาย> กะລุนาลอງแอ่นขึ้ไป.)

□ **尽きる**
つ
(सिद्धिनु／रिनिनु／អស់បេ់ ／หมด, ซับ, ๑าๆมื)

▷ アイデア／体力／お金／運が尽きる
たいりょく　かね　うん　つ
(आइडिया／शारीरिक बल／पैसा भाग्यले साथ नदिनु／អស់តំនិត/កម្លាំង/លុយហើយ／ความคิด／เรื่อแຮງ／เງิน／โชกหมด)

▶ まだまだ話は尽きないけど、そろそろ帰ろう。
はなし　つ　　　　　　　　　　　　かえ
(अझै धेरैधेरै कुरा गर्न बाँकी छ／មិនទាន់អស់រឿងនិយាយនៅឡើយទេ ប៉ុន្តែខ្ញុំត្រូវប្រញាប់ត្រឡប់ទៅវិញ។／ยัງเว้ากัน บໍ่หมดได.)

□ **尽くす／尽す**
つ　　　つ
(कसैको लागि सकेसम्मको गर्नु／ប្រើអោយអស់／ខិใจ, ปิๆกาม, ใຫ้ຄວາมຊ่อยเหลือ, ดูแล)

▷ 手を尽くす、人に尽くす仕事
て　　つ　　　ひと　つ　　しごと
(सकेसम्म गर्नु, मान्छेको लागि मरिमेट्ने काम／ខិតខំប្រឹងប្រែង, ការងាដែលបានបាម្រាបមអោយមានការខិតខំប្រឹងប្រែងបំរើ／ເຮັດทุกอย่างเท่าที่ทำได้ไปได้, อากๆເຮັดເพื่อ)

▶ 全力を尽くしたけど、負けてしまった。
ぜんりょく　つ　　　　　　　　　　ま
(सकेसम्म त गरेको हो तर हार्यो भनेपनि／ខ្ញុំបានប្រឹងអស់លុខ្ទាតហើយ ប៉ុន្តែខ្ញុំនៅតែចាញ់។／ใໍ้ความຊ่อยเหลือสุดท่าๆ彭ເ่ๆ, แต่...)

▶ 母は看護師として社会に尽くしてきた。
はは　かんごし　　　　しゃかい　つ
(आमाले नर्स भएर समाजको लागि सकेसम्म गरिन्।／ម្តាយបស់ខ្ញុំបានបំរើសង្គមក្នុងនាមជាគិលានុបដ្ឋាយិកា។／แม่ของຂ้อยໄດ້ ຮับใช้สัๆคมในนามพะยาบาน.)

□ **遠ざかる**
とお
(टाढा हुनु／ចាកចេញទៅ／ห่าງออกไป, ຜ້າຍຫ່າງ)

▶ 電車は動きだし、彼女の姿もどんどん遠ざかっていった。
でんしゃ　うご　　　かのじょ　すがた　　　　　　　とお
(रेल चल्न थाल्यो र उसको आकृति पनि हेर्दाहेर्दै टाढा टाढा हुदै गयो।／រថភ្លើងចាប់ផ្តើម។ពេលមានរូបរាងេ្ញ ហើយស្រមោលបស់នាងបាន ចាកចេញ. កៅឆ្ងាយៗ៚។／ລົດไฟเลิ่มເคื่อนไป, และไทซอๆพอ吃亮ຢ่ູๆกะห่างออกไป.)

□ **遠ざける**
とお
(टाढा बनाउनु／ចាកចេញឆ្ងាយ／ເຮ็ดໃຫ้ໄກจาก, ຜ້າຍຫ่างจาก)

▶ その頃の私は、彼を遠ざけようとしていた。
ころ　わたし　　かれ　とお
(त्यसबेला म उनबाटै टाढा भएजस्तो खोजेको गरें।／នៅពេលនោះ ខ្ញុំបានព្យាយាមចាកចេញឆ្ងាយពីគាត់។／ในเวลานั้น, ຂ้อย พะยายามຜ้ายห่างจากเຂົ้า.)

□ **滅びる／滅ぶ**
ほろ　　ほろ
(नष्ट हुनु／नामिनु／ស្លាប់ ឬ វិនាស, ដួលរលំ／ตาย, ดับสูญ, ริราฆ่า ลาย)

▷ 人類もいつか滅びるのだろうか。
じんるい　　　　　ほろ
(मानव जाति पनि भविष्यमा नष्ट हुन्छ होला ।／តើមនុស្សលោកនឹងត្រូវវិនាសនៅថ្ងៃណាមួយឬ?／มะนุดเฮาจะถูกสูนไปในมื้อใดมื้อฮึ?)

▶ ローマ帝国はどうして滅んだの？
ていこく　　　　　　ほろ
(रोम राज्यको अन्त्य किन भयो ?／ហេតុអ្វីបានជាចក្រភពរ៉ូមដួលរលំ?／จักกะวัดโรมมันดับสูนได้แบบใด?)

□ **滅ぼす**
ほろ
(नष्ट पार्नु／បំផ្លាញ, បំផ្លិចបំផ្លាញ／ทำลาย, ล้มล้าง, ทะหลุ้ม)

▷ 酒／ギャンブルで身を滅ぼす
さけ　　　　　み　ほろ
(रक्सी तथा जुवाले जीवनमान नष्ट पार्नु／បំផ្លាញខ្លួនឯងដោយសារស្រា／ស្រវឹងស៊ីសង／ทำลายตົนเองด้วยເหล้า／การพະนัน)

▷ 帝国は周りの小国を次々に滅ぼした。
ていこく　まわ　　しょうこく　つぎつぎ　ほろ
(साम्राज्यले बरिपरिका स-साना राज्यलाई नष्ट गर्यो／ចក្រភពបានបំផ្លិចបំផ្លាញប្រទេសតូចៗដែលនៅជុំវិញខ្លួនបន្តបន្ទាប់ៗ／จักกะวัดได้ทำลายบรรดาน้อยຮູ້ยู่ล้อมຮອบเมื่อງน้อย.)

□ **ゆがむ／歪む**
ゆが
(बाङ्गो हुनु／टेढो हुनु／ខូចទ្រង់ទ្រាយ／ว่, บิด, ໂค้ง, ผิดຮูปฮ่าง)

▷ 背骨が歪む、心が歪む
せぼね　ゆが　こころ　ゆが
(ढाड बाङ्गिनु, मन टेढो हुनु／ខ្នងខូចទ្រង់ទ្រាយផ្ទៃខ្លួន, ខូចចិត្ត／กะดูกสันຫลังຄด, ທ่องใจໂค้งฮูปฮ่าง)

□ **歪み**
ゆが
(बाङ्गो, टेढो／ការខូចទ្រង់ទ្រាយ／ການຜิດຮูปฮ่าง, ຄวามเຊ้ฮูฮ้ง, ການຜັกໄขส)

□ **ゆがめる／歪める**
ゆが
(बाङ्गो बनाउनु／टेढो बनाउनु／ធ្វើឲ្យខូចទ្រង់ទ្រាយ／ບิด, ว่, ບิดเບ็ว, เຮ็ดໃຫ้ผิดงาม, บิดเບือน,)

▶ 利害がからむことで、事実が歪められてしまうおそれがある。
りがい　　　　　　　じじつ　ゆが
(फाइदा बेफाइदाको मामिलाले सरोकार राख्ने हुनाले सत्यतथ्यलाई बङ्ग्याउन सक्ने हर छ।／ការពិតអាចនឹងត្រូវបានគេកែប្រែដោយសារការជាប់ពាក់ព័ន្ធនឹងផលប្រយោជន៍។／ມีความส฽่ยงที่ຄวามจริงจะถูกบิดเบือนเนื่องฒุากเกี่ยวข้องกับผะโหยด.)

▶ あまりの痛さに、少女は顔を歪めた。
いた　　　　　　しょうじょ　かお　ゆが
(अत्यन्त पहिरो दु:खाइले गर्दा ती केटीले अनुहार खुम्च्याइन्।／ក្មេងស្រីបានធ្វើមុខវៀចដោយសារស្តីការឈឺចាប់ខ្លាំងពេក។／เด็กน้อยเซือฬ่ยีบิดผ่นใบ้าน่อยຮวมเຈ็บปวด.)

□ **和らぐ**
やわ
(राहत मिल्नु／ढिल्प्राउनु／ទន់ភ្លន់, បន្តើយចុះ, ស្ងប់ស្ងាត់, ស្ងប់ចិត្ត／ใจ)

▷ 気持ちが和らぐ
きも　　　　やわ
(मनमा राहत मिल्नु／អារម្មណ៍ធូរស្រាល／ຄวามฺຮู้ສึกຜ่อนເບา ลง)

▷ 彼女の冗談で、緊張した空気が少し和らいだ。
かのじょ　じょうだん　きんちょう　　くうき　すこ　やわ
(उनको ठट्टाले गर्दा तनावग्रस्त वातावरणमा अलिकति राहत मिल्यो।／បរិយាកាសតានតឹងបានធ្លូរស្រាលបន្តិចដោយសារការនិយាយលេងសើចរបស់នាង។／เมืองກ่าวຕลกຂองลาวได้ปับเฮ็ดໃຫ้บ่ากาดที่ตຶงเครียด ผ่อนຄลายลง.)

□ **和らげる**
やわ
(राहत दिलाउनु／ढिल्प्राउनु, कम गराउनु, ธ้วยเบ้า／ធ្វើឲ្យទន់ភ្លន់, បន្ថយ／เฮ็ดໃຫ้ເບ็າ, เຮ็ดໃຫ้ ສะຫງบ)

▶ このカプセルは、痛みを和らげるお薬です。
いた　　やわ　　くすり
(यो क्याप्सूल दु:खाइ कमगर्ने औषधि हो।／ថ្នាំគ្រាប់មូលនេះជាថ្នាំបន្ធូរការឈឺចាប់។／เม็ดนี้แม่นย่าที่เຮ็ดໃຫ้ເບ็າ ອາການเจ็บปวด.)

14 名詞 (नाम／នាម／คำนาม)
めい し

□ **争い**
あらそ
(सं-झगडा, द्वन्द्व／
ការប្រយុទ្ធ, ជំលោះ／
ການແຂ່ງຂັນ, ຄວາມຂັດແຍ່ງ)

▷ 争いが絶えない
あらそ た
(सं-झगडा कहिल्यै नसकिने／ការប្រយុទ្ធដែលឥតឈប់ឈរ／ຄວາມຂັດແຍ່ງບໍ່ເຄີຍຫລຸດ)

▶ 依然、激しい優勝争いが続いている。
いぜん はげ ゆうしょうあらそ つづ
(अझै पनि पहिलाकै जस्तो भयङ्कर द्वन्द्व चलिरहेको छ।／ការប្រយុទ្ធយកជ័យជម្នះ៖ដ៏ខ្លាំងក្លានៅតែបន្ដនៅតៀវៗ។／ການແຂ່ງຂັນເພື່ອໄດ້ຮັບແຊ້ມຍັງສືບຕໍ່ຢ່າງດຸເດືອດ.)

□ **圧力**
あつりょく
(दबाब／សម្ពាធ／
ຄວາມກົດດັນ)

▷ 圧力をかける、圧力団体
あつりょく あつりょくだんたい
(दबाब डाल्नु, दबाबदिने सङ्गठन／ដាក់សម្ពាធ, ក្រុមអ្នកដាក់សម្ពាធ(ក្រុមអ្នកដាក់សម្ពាធ)／ສ້າງຄວາມກົດດັນ, ກຸ່ມທີ່ຄວາມກົດດັນ)

▶ あの議員は反対だったはずなのに…。どこかから圧力を受けたのかなあ。
ぎいん はんたい あつりょく う
(ती सांसद त विरोध गर्ने गर्थे, कसैबाट दबाब पाइरहनुभएको छ कि क्या हो!／សមាជិកសភានោះគួរតែប្រឆាំង...ប៉ុន្តែខ្ញុំនឹងទទួលសម្ពាធ
ពីណាៗ។／ສະມາຊິກຜູ້ນັ້ນໄດ້ຄັດຄ້ານໄວ້ແລ້ວ...ບຸກຄົນລາວໄດ້ຮັບຄວາມກົດດັນຈາກບ່ອນໃດບໍ່ນໍ້.)

□ **遺跡**
いせき
(भग्नावशेष／
ទីតាំងបុរាណ,វត្ថុ／
ໂບຮານສະຖານ, ຊາກຫັກພັງ)

▷ 遺跡を調査する
いせき ちょうさ
(प्राचिन भग्नावशेषको सर्वे गर्नु／ស្រាវជ្រាវទីតាំងបុរាណ,វត្ថុ／ສຳຫລວດຊາກຫັກພັງໂບຮານສະຖານ)

□ **遺族**
いぞく
(मृतकको परिवार／
ក្រុមគ្រួសារអ្នកស្លាប់／
ຄອບຄົວຂອງຜູ້ເສຍຊີວິດ)

▶ 〈報道〉亡くなった方の遺族にお話を伺いました。
ほうどう な かた いぞく はなし うかが
(〈समाचार〉मृतकको परिवारसँग कुराकानी भयो।／(ព័ត៌មាន) ខ្ញុំបានស្តាប់រឿងពីសំ៖គ្រួសារអ្នកស្លាប់ម្នាក់។／
<ຂ່າວຣາຍງານ> ໄດ້ໂອ້ລົມກັບຄອບຄົວຂອງຜູ້ເສຍຊີວິດ.)

□ **遺体**
いたい
(मृतकको शरीर／សពកសព／ສົບ)

□ **違和感**
い わ かん
(असजिलोपना／
ភាពមិនស្រួល,ស្រណៀនៅក្នុង／ຄວາມຮູ້ສຶກບໍ່ສະບາຍ, ຄວາມຮູ້ສຶກບໍ່
ສະບາຍ)

▶ 首に違和感がある。
くび い わ かん
(गर्दनमा असजिलोपनाको अनुभव हुन्छ।／មានអារម្មណ៍មិនស្រួលនៅករ។／ມີຄວາມຮູ້ສຶກບໍ່ສະບາຍຄໍ.)

▶ その表現には私も違和感を覚えた。
ひょうげん わたし い わ かん おぼ
(त्यस अभिव्यक्तिप्रति मलाई पनि असजिलोपनाको अनुभव भयो।／ខ្ញុំក៏មានអារម្មណ៍មិនស្រួលដែរចំ៖ពោះ:សំនួននេះ៖ក្ដីដែរ។／
ຂ້ອຍຮູ້ສຶກບໍ່ສະບາຍບາຍໃຈກັບການສະແດງອອກແບບນັ້ນ.)

□ **腕前**
うでまえ
(सिपालु／សមត្ថភាព, ជំនាញ／
ຝີມື)

▷ 料理の腕前
りょうり うでまえ
(परिकार बनाउन सिपालु／ជំនាញធ្វើម្ហូប／ຝີມືການປຸງແຕ່ງອາຫານ)

▶ 先日、部長のゴルフの腕前を見せてもらった。
せんじつ ぶちょう うでまえ み
(केही दिन विभाग प्रमुखको गल्फ सिपालु अमता देख गर्यो।／ថ្ងៃមុន ប្រធានគ្រប់គ្រងទូទៅបានបង្ហាញនូវ:ជំនាញកូនហ្គោលណោយ:ខ្ញុំ
មើល។／ມື້ກ່ອນ, ໄດ້ເຫັນຝີມືການຫລິ້ນກ໋ອບຂອງຫົວໜ້າ.)

動詞 11
する動詞 12
自動詞・他動詞 13
名詞 14
形容詞 15
副詞 16
ぎおん語・ぎたい語 17
カタカナ語 18
対義語 19
意味が近い言葉 20

□ **運河**
うんが
(समुद्री नहरी नहर／
ប្រែក្សិក／คลอง)

▷ パナマ運河
うんが
(पनामा नहर／ប្រែក្សិកប៉ាណាម៉ា／คลองปานามา)

□ **運動**
うんどう
(गतिविधि／ចលនា,
ការហាត់ប្រាណ／
ການເຄື່ອນໄຫວ, ການອອກກຳລັງກາຍ)

▷ 反対運動
はんたいうんどう
(विरोध गतिविधि／ចលនាប្រឆាំង／ການເຄື່ອນໄຫວຄ້ານ)

▷ 彼らは、島の自然を守る運動を続けている。
かれ　　　しま　しぜん　まも　うんどう　つづ
(उनीहरूले द्वीपको प्रकृति संरक्षण गतिविधि निरन्तरता दिइरहेका छन्।／ពួកគាត់កំពុងបន្តចលនាការពារធម្មជាតិរបស់កោះ។／ພວກເຂົາຍັງສືບຕໍ່ການເຄື່ອນໄຫວເພື່ອປົກປ້ອງຊັບພະຍາກອນຂອງເກາະ.)

□ **縁**
えん
(भाग्य／កាសនា, សំណាង, ផ្ល
កាល／ໂຊກາດ, ໂຊກຊະຕາ,
ການຜູກພັນ, ຄວາມສຳພັນ)

▶ ご縁があれば、またぜひご一緒したいと思います。
えん　　　　　　　　　いっしょ　　　　　おも
(भाग्यले फेरि साथ दिएमा फेरि भेट गर्न चाहन्छु।／ប្រសិនបើមានឱកាស ខ្ញុំចង់ធ្វើការជាមួយអ្នកម្ដងទៀត／ຖ້າມີໂຊກາດ, ຄິດຢາກຮ່ວມງານບ່ອນກັບເຈົ້າ.)

▶ あの人とは縁がなかったということですよ。
ひと　　えん
(उसँगको सम्बन्ध भाग्यमा रहेन छ।／មានន័យថាមិនមានឱកាសជាមួយមនុស្សនោះទេ។／ໝາຍຄວາມວ່າເຮົາບໍ່ມີຄວາມສຳພັນກັບຄົນນັ້ນຄື ນັ້ນ.)

□ **大物**
おおもの
(ठूलो व्यक्ति／មនុស្សសំខាន់ មានឋានៈ,ខ្លាំងពូកែ／ຜູ້ຍິ່ງໃຫຍ່, ຄົນສຳຄັນ)

▷ 大物政治家
おおものせいじか
(ठूलो राजनेतिज्ञ／អ្នកនយោបាយសំខាន់／ນັກການເມືອງຜູ້ຍິ່ງໃຫຍ່)

▷ この子は将来きっと大物になる。
こ　しょうらい　　　おおもの
(यो त भविष्यमा ठूलो व्यक्ति बन्नेछ।／ក្មេងនឹងក្លាយជាមនុស្សមានឋានៈខ្លាំងពូកែនៅពេលអនាគត។／ເด็กน้อยຜູ້ນີ້ຈະກາຍເປັນຄົນສຳຄັນໃນອະນາຄົດຢ່າງແນ່ນອນ.)

□ **お開き**
ひらき
(उद्घाटन／ការបញ្ចប់កម្មវិធី／ປິດ (ງານລ້ຽງ, ພິທີ))

▶ そろそろお開きにしましょう。
ひらき
(बिस्तार बिस्तार उद्घाटन गर्न जाऔं।／ណោះ សូមបញ្ចប់កម្មវិធីក្នុងពេលឆាប់ៗនេះ។／ຊ່ວງນີ້ຄືຜ່ອນສິນກັນຫ່ອຍ.)

□ **思惑**
おもわく
(अनुमान ; अङ्कल／ការរំពឹងទុក／ຄວາມຄາດຄະເນ, ການຄາດຄະເນ, ຄາດຄະເນ)

▷ 思惑に反して
おもわく　はん
(अङ्कल विपरित／ផ្ទុយពីការរំពឹងទុក／ກົງກັນຂ້າມກັບຄວາມຄາດຄະເນ)

▷ 首相の思惑通りに事は行かなかったようだ。
しゅしょう　おもわくどお　こと
(प्रधानमन्त्रीको अङ्कल अनुसार कुरा अगाडि बढेन जस्तो छ।／ស៊ីហាក់ដូចជាពាំមិនដំណើរការបានដូចការរំពឹងទុករបស់នាយករដ្ឋមន្ត្រីបានឡើយ។／ເບິ່ງຄືວ່າສິ່ງຕ່າງໆບໍ່ເປັນໄປຕາມທີ່ນາຍົກລັດຖະມົນຕີໄດ້ຄາດຄະເນໄວ້.)

□ **街頭**
がいとう
(सडक ; बाटो／ផ្លូវ／ຖະໜົນ, ແຄມຖະໜົນ)

▷ 街頭インタビュー、街頭演説
がいとう　　　　　　　　　がいとうえんぜつ
(सडकमा लिएको अन्तरवार्ता, सडकको भाषण／ការសម្ភាសន៍នៅតាមផ្លូវ, ការថ្លែងសុន្ទរកថានៅតាមផ្លូវ／ການຖາມຄາດຕາມຖະໜົນ, ການປາໄສແຄມຖະໜົນ)

□ **外来**
がいらい
(बाहरी／មកពីខាងក្រៅ, អ្នកជម្ងឺ
មកពីក្រៅ (មិនសម្រាកពេទ្យ)
／ນำເຂົ້າ, ຄนຍາກໄປຫาໝໍ
ເບน)

▷ **外来語**
がいらいご
(आगन्तुक भाषा／ពាក្យកម្ចីពីបរទេស／ຄำທີ່ຍືມມາจากพาສาต่างปะเທດ)

▷ 〈病院〉**外来の診察は何時からですか。**
びょういん　がいらい　しんさつ　なんじ
(〈अस्पताल〉 बाह्य विरामीको जाँच कतिबजे देखि सुरु हुन्छ ?／(មន្ទីរពេទ្យ) តើការពិនិត្យអ្នកជម្ងឺពីក្រៅ ចាប់ផ្ដើមពីម៉ោងប៉ុន្មាន?／
〈ໂຮงໝໍ〉 ການກວດໄຂ້ມັນເຈັບนอกເລີ່ມແຕ່ຈັກໂมง?)

□ **顔つき**
かお
(अनुहारको भाव／ទឹកមុខ／
ລັກສະນະໜ້າຕา, ການສະແດງ
ອອກ)

▷ **彼は仕事になると、顔つきが全く変わる。**
かれ　しごと　　　　　　　かお　　まった　か
(उ काम गर्दछन् सरेपछि उनको अनुहारको भाव बदलि ।／ពេលគាត់ចូលរវល់រឿងការងារ ទឹកមុខគាត់ផ្លាស់ប្ដូរយ៉ាងស្រួច／
ในยาມເຮັດວຽກ, ລັກສະนะໜ້າตาຂอງລาວປ່ຽນไปเລີຍ.)

□ **各種**
かくしゅ
(हरेक／គ្រប់ប្រភេទម្យ៉ាង／
ແຕ່ລະຊนິດ)

▷ **各種チケットを格安で取り扱っています。**
かくしゅ　　　　　　　かくやす　と　あつか
(हरेक किसिमका टिकटहरू सुलभ मुल्यमा उपलब्ध गराइएकोका छौं ।／យើងខ្ញុំមានលក់សំបុត្រផ្សេងៗដោយតម្លៃថោកៗ／
ພວກເຮົາຂາຍບັຕແຕ່ລະຊนິດในລาຄາຖืก.)

□ **化石**
かせき
(जीवाश्म／ហ្វូស៊ីល／ການกາຍເປນหิน)

□ **課題**
かだい
(गृहकार्य, चुनौती,समस्या／
បញ្ហា, កិច្ចការ (សាលា)／
ວຽກบ້าน, ການมอบໝາย, ສິ່ง
ທ້าທาย, ปัນหา)

▷ **学校の課題、課題を提出する**
がっこう　かだい　かだい　ていしゅつ
(विद्यालयको गृहकार्य, गृहकार्य पेश गर्नु／កិច្ចការសាលា, បញ្ជូនកិច្ចការ(សាលា)ជូនគ្រូ／ວຽກบ້านໂຮงຮຽน, ສົ່งວຽກบ້าน)

▷ **実現にはまだ多くの課題が残っている。**
じつげん　　　　　おお　　かだい　のこ
(वास्तविकतामा अझै अनेकरुप समस्याहरू बाँकी रहेका छन ।／ដើម្បីឲ្យអាចយកឡូឋាយយាជាកាពិត គឺមានបញ្ហាជាច្រើននៅសល់អុរុតៗ／
ຍัງมີອີກຫຼายวຽกของຫ฼ายຢ่างที่จะเຮັดใຫ້ກາຍເປนຄวามจิงได້.)

□ **仮**
かり
(अस्थायी／បណ្ដោះអាសន្ន／
ຊົ່ວຄาວ)

▷ **仮免許、仮の住まい**
かりめんきょ　かり　す
(अस्थायी अनुमतिपत्र, अस्थायी बासस्थान／អាជ្ញាបណ្ណបណ្ដោះអាសន្ន, ទីលំនៅរស់នៅបណ្ដោះអាសន្ន／
ใบอะนุยາດຊົ່ວຄาວ, ที่ຢູ່ອาไສຊົ່ວຄาວ)

▷ **バンドをやっているのは仮の姿で、彼は本当はお寺の住職**
かり　すがた　　かれ　ほんとう　　てら　じゅうしょく
なんです。
(सङ्गीतको व्याग्ड उनको अस्थायी रूप हो, वास्तवमा उनी त मन्दिरको पुजारी हुन् ।／ការលេងវង់ភ្លេងគ្រឹមត្រឹមគឺជាការជាបណ្ដោះអាសន្ន
របស់គាត់ទេ ការពិតទៅគាត់គឺជាព្រះសង្ឃនៅវត្ត／ການເລ່นດนຕີແມ່นພຽงຮູບแบບຊົ່ວຄาว, ຄวາมจิงແລ້ວลาวแม່นเจົ้າ
อาวາດວัດ.)

□ **仮(に)**
かり
(यदि ~ भएमा／ប្រសិនបើ~／
ຄิมມຸຕ່ອງ)

▷ **仮に私が留学したいって言ったら、お母さんは賛成、反対どっ**
かり　わたし　りゅうがく　　　　　い　　　　かあ　　　　さんせい　はんたい
ち？
(यदि मैले विदेशमा गएर पढ्न चाहन्छु भनेमा आमा सहमत वा विरोध के गर्नुहुन्छ ?／ប្រសិនបើខ្ញុំនិយាយថាចង់ចង់សិក្សានៅបរទេស តើម៉ាក់
យកកម្មរបរ យល់ព្រមឬប្រឆាំង?／ຄิมມຸຕ່ອງວ่า: ຂ້อยຢາກไปຮ่ຳຮຽนຕ່າງປະເທດ, ແມ່ເຫັนດີ ຫ฼ือคัดค้าน?)

□ **慣習**
かんしゅう
(चालचलन／ទំនៀមទំលាប់／
ທำນ྾ມ, ປະເພนี)

▷ **地域によって慣習の違いがある。**
ちいき　　　　　かんしゅう　ちが
(स्थानिय इलाका अनुसार चालचलनमा फरकपना पाइन्छ ।／មានទំនៀមទំលាប់ប្រើណាខុសគ្នាទៅតាមតំបន់ៗ／
ປະເພนีມีຄวาມແຕกຕ່າງກັນໄປຕາมขอບເขต.)

□ **間接**
かんせつ
(अप्रत्यक्ष ; घुमाउरो／ដោយប្រយោល／ທາງອ້ອມ)

▷ 間接選挙　対 直接
　かんせつせんきょ　　ちょくせつ
(अप्रत्यक्ष निर्वाचन／ការបោះឆ្នោតដោយប្រយោល／ການເລືອກຕັ້ງທາງອ້ອມ)

□ **間接的（な）**
かんせつてき
(अप्रत्यक्ष ; घुमाउरो तवरको／ដែលប្រយោល／ໂດຍທາງອ້ອມ)

▶ 間接的に聞いた話だけど、森さん、会社やめるみたい。
　かんせつてき　　　はなし　　　　もり　　　　かいしゃ
(अप्रत्यक्ष सुनेको कुरा हो यो कि मोरीजीलाई कम्पनी छोड्दै हुनुहुन्छ रे।／ខ្ញុំឮដែលដឹងថានឹងដោយប្រយោលថា លោកម៉ូរីនឹងលាឈប់ពី ក្រុមហ៊ុន។／ໄດ້ຍິນມາໂດຍທາງອ້ອມວ່າ: ທ່ານ ໂມຣິ ເບິ່ງຄືວ່າຊິລາອອກຈາກບໍລິສັດ.)

□ **起源**
きげん
(सुरुवात ; उत्पत्ति／ដើមកំណើត, ប្រភពដើម／ຈຸດກໍາເນີດ, ຈຸດກໍາເນີດ, ຕົ້ນກໍາເນີດ)

▷ 人類の起源
　じんるい　　きげん
(मानवजातिको सुरुवात／ដើមកំណើតមនុស្ស／ຕົ້ນກໍາເນີດຂອງມວນມະນຸດ)

▷ パンの起源は、今から約6000年前に遡る。
(पाउरोटीको सुरुवात भएको आजभन्दा 6000 वर्ष अगाडिदेखि हो।／ដើមកំណើតនំបុ័ងគឺថយប្រែថ្មើរទៅប្រហែលជា6000ឆ្នាំមុនមក។／ຕົ້ນກໍາເນີດຂອງເຂົ້າຈີ່ມີມາປະມານ 6000 ປີຄືນຫຼັງ.)

□ **基盤**
きばん
(आधार ; जग ; आधार／គ្រឹះ, មូលដ្ឋាន／ພື້ນຖານ, ຮາກຖານ)

▷ 生活の基盤
　せいかつ　　きばん
(दैनिक जीवनको आधार／មូលដ្ឋាននៃការរស់នៅ／ພື້ນຖານການດໍາລົງຊີວິດ)

▷ 町の復興には、まず、産業基盤の整備が急がれる。
　まち　ふっこう　　　　　　　さんぎょうきばん　せいび　いそ
(नगर विकासमा सर्वप्रथम औद्योगिक साधन-सुविधामा ध्यानदिने जरुरी छ।／ដើម្បីការស្តារឡើងវិញ ជាដំបូងការរៀបចំផ្ទៃផ្ទៃ មូលដ្ឋានឧស្សាហកម្មគ្រូវត្រូវបានប្រញាប់។／ເພື່ອຟື້ນຟູເມືອງ, ກ່ອນອື່ນແມ່ນປັບປຸງພື້ນຖານ ອຸດສາຫະກໍາຢ່າງຮີບດ່ວນ.)

□ **教訓**
きょうくん
(पाठ； शिक्षा／មេរៀន／ບົດຮຽນ, ຄໍາສອນ)

▶ 今回の失敗を教訓に、よりよいサービスを目指します。
　こんかい　しっぱい　きょうくん　　　　　　　　　めざ
(यस पटकको पाठबाट सिकेर अझ राम्रो सर्भिस पुऱ्याउने लक्ष्य राख्छु।／យើងនឹងរៀនសូត្រពីកំហុសលើកនេះ ហើយខំប្រឹងប្រែងឆ្ពោះ សេវាកម្មដ៏មានលក្ខណៈខ្ពស់ៗ។／ຂີ້ເອົາຄວາມລົ້ມເຫຼວເທື່ອນີ້ເປັນບົດຮຽນແລະມຸ່ງໝັ້ນຫາທີ່ຈະໃຫ້ບໍລິການທີ່ດີຂຶ້ນ.)

□ **切れ目**
きれめ
(अन्तराल ; चिरो／ស្នាមះ ;ប្រ ការ, ការបែងចែងមិន តនៅទៀង／ຊ່ອງໂວ່ທີ່ຕັດ, ການຫັກ, ຫັກຕອນ)

▶ それは切れ目があるから手で開けられるよ。
　　　　　きれめ　　　　　　て　あ
(यहाँ चिरो परेको हुनाले हातले खोल्न सकिन्छ।／អ្នកអាចបើកដោយដៃព្រោះកាយនៃស្នាម។／ມີຮອຍໄລ້ຕັດ, ສະນັ້ນຈຶ່ງເປີດໄດ້ດ້ວຍມື.)

▶ この仕事は切れ目がなく、やることがいっぱいある。
　　しごと　　きれめ
(यो काममा अन्तराल नै नभएकोले गर्नुपर्ने कुरा धेरै छ।／ការងារនេះគ្មានពេលលឈប់ទេ ហើយមានកិច្ចការច្រើនធ្វើ។／ວຽກນີ້ບໍ່ມີການຫັກ, ມີຫຼາຍແນວເຮັດ.)

□ **屈辱**
くつじょく
(अपमान／ការធ្វើអោយអាម៉ាស់មុខ, ភាពអាម៉ាស់／ຄວາມອັບອາຍ)

▷ 屈辱を晴らす
　くつじょく　は
(अपमानको बदला लिनु／ជម្រះភាពអាម៉ាស់／ປັດເປົ່າຄວາມອັບອາຍ)

▶ あんな相手に負けるなんて屈辱だよ。
　　　　あいて　　ま　　　　　くつじょく
(त्यस्तो पक्षसँग हार्नु भनेको त अपमान हो।／ការបរាជ័យអាម៉ាស់ដែលចាញ់ដៃគូប្រកួតបែបនោះ។／ເສຍໃຫ້ໄດ້, ນັ້ນແມ່ນແມ່ນໃຫ້ຕົກຢູ່ໃນຄວາມອັບອາຍ.)

□ **屈辱的（な）**
くつじょくてき
(अपमानित／ដែលធ្វើអោយអាម៉ាស់មុខ／ເຮັດໃຫ້ອາຍ, ລັກສະນະອັບອາຍ)

▷ 屈辱的な扱いを受ける
　くつじょくてき　あつか
(अपमानित व्यवहार सहनु／ទទួលរងនូវការធ្វើអោយអាម៉ាស់មុខ／ໄດ້ຮັບການປະຕິບັດໃນລັກສະນະອັບອາຍ)

☐ **経緯**
けいい
(घटनाको सिलसिला／ដំណើររឿង, ប្រវត្តិ／ລຳດັບເຫດການ, ລາຍລະອຽດ, ສະພາບ, ເຫດການ)

▶ 部長に今回のトラブルの経緯を説明した。回いきさつ
ぶちょう こんかい けいい せつめい
(विभाग प्रमुखलाई यसपटकको घटनाको सिलसिलाको वर्णन गरें।／ប្រធានគ្រប់គ្រងទូទៅបានពន្យល់ពីដំណើររឿងនៃបញ្ហាលើកនេះ។／ໄດ້ອະທິບາຍລາຍລະອຽດຂອງບັນຫານີ້ໃຫ້ຜູ້ຈັດການ.)

▶ 今までの経緯もあって、彼のことはあまり信用していない。
いま けいい かれ しんよう
(अहिले सम्मको घटनाको सिलसिला पनि हुनाले उसको त्यति धेरै विश्वास लाग्दैन।／ដោយសារតែមានប្រវត្តិតាំងពីដើមមកផងនោះ ខ្ញុំមិនសូវទុកចិត្តគាត់ទេ។／ເນື່ອງຈາກມີເຫດການທີ່ຜ່ານມາ, ກໍ່ເລີຍບໍ່ເຊື່ອໝັ້ນລາວປານໃດ.)

☐ **懸案**
けんあん
(विचाराधीन कुरो／បញ្ហាដែលមិនទាន់បានដោះស្រាយរួច／ບັນຫາຄ້າງຄາ, ເລື່ອງຄ້າງຄາ)

▷ 懸案事項
けんあんじこう
(विचाराधीन बुँदाहरू／បញ្ហាដែលមិនទាន់បានដោះស្រាយរួច／ຫົວຂໍ້ຄ້າງຄາ)

▷ 二国間で懸案になっている問題について話し合われた。
にこくかん けんあん もんだい はな あ
(दुइदेश बिच विचाराधीन समस्याहरूको बारेमा वार्तालाप भयो।／បញ្ហាដែលមិនទាន់ត្រូវបានដោះស្រាយរវាងប្រទេសទាំងពីរត្រូវបានពិភាក្សា។／ມີການປຶກສາຫາລືລະຫວ່າງສອງປະເທດກ່ຽວກັບບັນຫາທີ່ຍັງຄ້າງຄາ.)

☐ **権威**
けんい
(अख्तियार ; अगुवाइ, प्रभुत्व／អាជ្ញាធរ／ອຳນາດ, ອິດທິພົນ)

2
45

▷ 権威ある専門誌
けんい せんもんし
(प्रभुत्व रहेको विशेषज्ञिय पत्रिका／ទស្សនាវដ្ដីវិជ្ជាជីវៈ／ວາລະສານສະເພາະດ້ານທີ່ມີອິດທິພົນ)

▶ 先生は犯罪心理学の権威です。
せんせい はんざいしんりがく けんい
(शिक्षकको प्रभुत्व अपराधिक मनोविज्ञान सम्बन्धी रहेको छ।／លោកគ្រូគឺជាអាជ្ញាធរនៃចិត្តវិទ្យាឧក្រិដ្ឋកម្ម។／ອາຈານເປັນຜູ້ມີອຳນາດດ້ານຈິດຕະວິທະຍາຂອງອາດສະຍາກຳ.)

☐ **現地**
げんち
(स्थानीय स्थल／ទីតាំងផ្ទាល់ (កន្លែងដែលអ្វីមួយត្រូវបានប្រព្រឹត្តឡើង), តំបន់／ທ້ອງຖິ່ນ, ສະຖານທີ່ຈິງ)

▷ 現地からの中継、現地集合
げんち ちゅうけい げんちしゅうごう
(स्थानीय स्थलबाटको प्रत्यक्ष प्रसारण, स्थानीय स्थलको भेला／ការផ្សាយបន្តពីទីតាំងផ្ទាល់, ការជួបជុំគ្នានៅកន្លែងផ្ទាល់／ຖ່າຍທອດສົດຈາກສະຖານທີ່ຈິງ, ພົບກັນທີ່ສະຖານທີ່)

▷ 海外進出に伴い、現地法人を設立した。
かいがいしんしゅつ ともな げんちほうじん せつりつ
(विदेशमा व्यवसाय फैलाउने सिलसिलमा स्थानीय निगमसंस्थाको स्थापना गरें।／ខ្ញុំបានបង្កើតក្រុមហ៊ុនក្នុងតំបន់ អមជាមួយនឹងការពង្រីកការងារនៅបរទេស។／ຍ້ອນການຂະຫຍາຍທຸລະກິດອອກໄປຕ່າງປະເທດ, ຈຶ່ງໄດ້ຕັ້ງບໍລິສັດສາຂາ.)

☐ **原点**
げんてん
(आरम्भ ; उत्पत्ति／ចំនុចចាប់ផ្ដើម／ຈຸດກຳເນີດ, ຈຸດເລີ່ມຕົ້ນ)

▶ この作家の原点は、少年期を過ごした東北の自然にあった。
さっか げんてん しょうねんき す とうほく しぜん
(यो लेखकको आरम्भ बिन्दु किशोरावस्था बिताएको तोहोकु क्षेत्रको प्राकृतिक वातावरणमा छ।／ចំនុចចាប់ផ្ដើមរបស់អ្នកនិពន្ធនេះគឺធម្មជាតិនៃតំបន់តូហុកុដែលបានគាត់បានចំណាយពេលនៅកាលពីក្មេង។／ຕົ້ນກຳເນີດຂອງນັກຂຽນຜູ້ນີ້ຢູ່ໃນທຳມະຊາດຂອງພາກຕາເວັນອອກສຽງເໜືອເຊິ່ງເປັນບ່ອນທີ່ລາວເຄີຍໃຊ້ຊີວິດໃນໄວເດັກ.)

☐ **言動**
げんどう
(बोलि व्यवहार／ពាក្យសម្ដីនិងអាកប្បកិរិយា／ກິລິຍາວາຈາ, ຄຳເວົ້າແລະການກະທຳ)

▷ 言動に注意する
げんどう ちゅうい
(बोलि व्यवहारमा होस् पुर्‍याउनु／ប្រុងប្រយ័ត្នចំពោះពាក្យសម្ដីនិងអាកប្បកិរិយា／ລະວັງກິລິຍາວາຈາ)

▶ 最近の彼女の言動はちょっとおかしい。
さいきん かのじょ げんどう
(आहिजोआज ती महिलाको बोलि व्यवहारमा अलिकति अनौठोपना देखिन्छ।／ពាក្យសម្ដីនិងអាកប្បកិរិយារបស់នាងពេលថ្មីៗនេះចម្លែកបន្តិច។／ຄຳເວົ້າແລະການກະທຳຂອງລາວໃນໄລຍະນີ້ອອນຂ້າງແປກ.)

□ **原理**
げんり
(सिद्धान्त／ເຫລການເປັນ,ເຫັ້ນ,
មូលฐាน／ຫຼັກການແລະຫຼາວການ)

▷ **市場原理**
しじょうげんり
(बजारिक सिद्धान्त／ເຫລการເປັນชิฐาน／ຫຼັກການของตลาดทุน)

▶ **飛行機が飛ぶ原理がわからない。**
ひこうき　と　げんり
(हवाइजहाज उड्नुको सिद्धान्तको बारेमा थाहानैन ।／ຂ້ອຍບໍ່ຮູ້ຫຼັກการฐานเຫັ້ນที่ເຮັดใຫ້ยนฮ่อมบิน／ບໍ່ເຂົ້າໃຈຫຼັກການຫຼາວການບິນຂອງເຮືອບິນ.)

□ **行為**
こうい
(कामकाज; क्रिया／ການປະຕິບັດ,
ผิเถ็／ການกะทำ,ການ
ปะติบัด, ຫຼ官钱ทำ)

▷ **犯罪行為、親切な行為**
はんざいこうい　しんせつ　こうい
(अपराधिक कामकाज, असल कामकाज／ການປະຕິບັດຜจาเปืน, ผิเถินสัมบูน／ການກະทำຜิดกดหมาย, ການกะทำที่ມີນ้ำใจ)

▶ **どんな行為が選挙違反になるんですか。**
こうい　せんきょ　いはん
(कस्तो कामकाजलाई निर्वाचन नियमको उल्लंघनकोरूपमा हेरिन्छ ?／ເຮັດແນວໃດຈึ่ງຈะถูกถือว่าเป็นกานละเมิดกานเลือกต่าง?／ຜิเถ็กใดที่ถือว่าเป็นกานละเมิดกานເลือกตั้ง?)

□ **鉱山**
こうざん
(कालामखानी／ການຂຸດຄົ້, ບ່ໍແຮ)

□ **公然**
こうぜん
(सार्वजनिक, सार्वजनिक／ສາທາລະ：／
ເปิดເຜີຍ, ໂຈ่ງแจ่ງ)

▷ **公然の秘密、公然と批判する**
こうぜん　ひみつ　こうぜん　ひはん
(सार्वजनिक गोप्यता, सार्वजनिकरूपमा निन्दा गर्नु／ຄວາມลับที่ถูกເປີดເຜີຍอย่างเปิดເผย, ໂຈ่ງແຈ่ງໂดยเปิดเผย／ເปิดเຜีຍຄວາມລັບ, ວิจานย่างเปิดเผย)

▶ **彼が学生の頃、政治活動をしていたのは公然の事実です。**
かれ　がくせい　ころ　せいじかつどう　こうぜん　じじつ
(उसले विद्यार्थी अवस्थामा राजनीतिक गतिविधि गरेको कुरा सार्वजनिक सत्य हो ।／ตอนที่เขาเป็นนักสึกสาเขาได้เฮ็ดกิดจะกำมानดานกานเมืองซึ่งเป็นเລื่อງที่ถูกเปิดเผย／ເປັນຄວາມจิงที่ຮู้กันในช่วงที่ลาวเป็นนักสึกสา.)

□ **恒例**
こうれい
(चलन अनुसारको／ປົກກະຕິ ที่ลาปได้ปะฐานเป็นปะจำ／ສິ่งที่เปิดเป็นปะจำฮีต
เป็นปะจำ)

▶ **毎年4月に行われる100キロハイキングは、大学の恒例 行**
まいとし　がつ　おこな　　　　　　　　　　　　　　だいがく　こうれいぎょう
事です。
じ
(हरेक वर्ष अप्रिल महिनामा आयोजना गरिने 100किलोग्राम बफे कार्यक्रम यस विश्वविद्यालयको चलन अनुसारको हो ।／ການເຍื้อนที่ถูกจัดขึ้นทุกเดือนເมสาของทุกปีเป็นกิดจะกำปะจำของมะหาวิทะยาไล／ການเยื่อนปากในเดือน 100 กิโลเมตรเຊิ่งຈัดขึ้นในเดือนเมสาของทุกปีแມ່นกิดจะกำประจำปีของมะหาวิทะยาไล.)

□ **個々**
ここ
(हरेक／ทุกคน, เถาะใถ่คน／
เป็นສ่วนເປັนໂຕ, แต่ละคน／
เถือละย่าง)

▶ **手続きに必要な書類は、個々のケースによって異なります。**
てつづ　ひつよう　しょるい　　　ここ　　　　　　 こと
(कामकाजको लागि आवश्यक प्रक्रिया हरेक व्यक्ति अनुसार फरक हुनसक्छ ।／เอกะสานที่จำเป็นสำลับกานเพิ่มกานจะแตกต่างกันไปຂึ้นตามแต่ละคดี／เอกะสานที่จำเป็นສ่วนลับขั้นตอนกานจะแตกต่างกันไปຂึ้นตามแต่ละคดีນี้.)

□ **事柄**
ことがら
(कामकुरा; बात; मामिला／
เຮื่อง, บັ่นຫາ／ເລื่อง, ສิ่ງ,
ຂะๆานยะการ)

▶ **通訳の場合、専門的な事柄についてもある程度対応できなけ**
つうやく　ばあい　せんもんてき　ことがら　　　　　　 ていど たいおう
ればならない。
(दोभाषेले केहीहदसम्म विशेषज्ञिय क्षेत्रको बारेमा पनि कामकुरा गर्न सक्नुपर्ने हुन्छ ।／กละนีกานแปลພาสา ผู้แปลจะตอะ：เฮาะ：ຮวมพะบานภำ
จิสามาถຢั่งย่อງ1／ในภาวะมีล่องบายแปลພาสา, ต้องสามาถอับมิได้เมื่อງจะแมะกับในລะดับหນึ่ງเຊิ่งกับ.)

□ **固有**
こゆう
(अद्वितीय; वास्तविक／विशिष्ट／ពិសេស, ‌ท่เฉพาะ, ผิ／กำเนิด／‌ญาเฉพาะ, ผิกำ‌นิด‌แต่ลกำ‌นิด)

▶ 固有名詞、固有の財産
こゆうめいし　こゆう　ざいさん
(अद्वितीय नाम, व्यक्तिगत सम्पत्ति／ឈ្មោះសម្គាល់ខ្លួន, ‌รัพย์ชาต/‌เ2าร／ຄำนามสะເฉພາะ, ‌ຊບສມບັตปະจำตัว／ຊັບສົມບັตฆะเฉພาะ‌ผิ‌ละ‌ผิ‌ช‌มหฆ‌บ‌ห)

▶ お花見は、日本固有の文化といえるかもしれません。同特有
はなみ　　　　にほんこゆう　ぶんか　　　　　　　　　　　　　とくゆう
(फूल अवलोकन गर्नु 'ओहानामी'को चलन जापान मात्रको विशिष्ट चलन हुनसक्छ।／เธมกธอยายฎา8ตถ3 ถี8บุ๙ณวฎกฎฎฎฆ8ถี‌‌ผู้ฌฆชี／ຄำ‌เวຣป37อ8บุ่8า7／‌ภามฎิมฆฆ7ໆ‌ผูภฎฆ‌‌เก‌เຫ‌ล‌ด‌ว‌เป็นอัตฌฆ‌เ22‌ว‌เฉพาะออ7ญิ8ปุ่‌น.)

□ **根拠**
こんきょ
(आधार; कारण／भर／‌เ‌ขตุผฆ, ‌‌‌มูฆ‌ฐา8／‌ผิ‌หฎຖฆ, ‌มูฆควฆ‌จิ8)

▶ 根拠のない話、根拠となるデータ
こんきょ　　　　はなし　こんきょ
(कुनै आधार नभएको कुरा, आधार महत्त्वको तथ्य／‌เรื่อ8‌ผ8‌ขตุผฆ, ‌ខิ8‌ฎยท8‌ลฆ‌เบ7‌មูฆฎฆฆ／‌เรื่อ8‌ภ่‌ผิมูฆฆฆฆ‌จิ8, ‌ข้มูฆ‌ผิ‌เป็น‌ผิ‌ฆฎาฆ)

▶ 彼らがそう主張する根拠は何ですか。
かれ　　　　　　　しゅちょう　こんきょ　なに
(तिनीहरूले उक्तकुरा दावी गर्नुको आधार के होला?／‌เ‌ขฆ‌เถฆ‌ผ8ไ‌ช8ฆฆฆฆ:‌มฆ8แฆฆ‌เ‌ผฆ？／‌ผิ8‌ภาฆ‌จ7‌ณกฆฆ‌เ‌ผฆฆฆ‌แ8ออ7‌ผฆ‌เ‌ฆฆฆ‌แฆฆฆฆ‌ผฆ?)

2
46

□ **根本**
こんぽん
(आधार; जग; जरो; मूल／‌บุฆฆฆ, ‌‌‌ฎฆฆ, ‌‌ผู้‌ภาฆ, ‌ผิ‌หฎຖฆ, ‌ธฆฆ‌เ‌ห7ৎ)

▶ 彼女とは根本的に考え方が違うので、いつも話が合わない。
かのじょ　　　こんぽんてき　かんが　かた　ちが　　　　　　いつ　　　はな　あ
(त्यो महिलासँग त मूल विचार नै फरक भएको हुनाले कहिल्यै पनि कुरा मिल्दैन।／‌ธ้อยฆีวิถี‌ผิ‌โ‌ถยฎี8‌‌ฎ‌หٿ‌เ‌ล‌ขฎฆฎ้ৎฆฆ8‌‌ธอๆ‌ธบๆ, ‌ถ้8‌ญ๙‌จิๆ‌ผิ‌ญ๘‌เ‌ข้‌ฆฆ‌ฆฆ‌เ‌‌ขฎ‌ฎ.)

□ **根本的**
こんぽんてき
（な、に）
(आधारभूत／‌ผฆฆฎฆ:‌โ‌‌ฎฆ, ‌‌‌ผฆฆฆฆฆฆฆৎ‌8／‌โ‌ถยฆิ‌หฎฆฆ)

□ **策**
さく
(उपाय／‌ใถๆฎฆฆ, ‌ใฎฆฆฎฆ／‌‌‌‌แฆฆ, ‌‌ฆฆ‌ถฆฆฆฆฆฆ)

▶ 解決策
かいけつさく
(समाधान उपाय／‌ถ‌เฎฆ:‌ฎฆฆ／‌‌‌มฆฎฆฆ‌ฆฆ‌แ‌เฎ)

▶ 何かいい策はないかなあ。
なに　　　　さく
(कुनै राम्रो उपाय छैन कि क्या हो?／‌เถืมฆฎ‌เฎ:‌ฎฆฆ‌ขีๆ‌เ7‌เ7／‌‌‌ผิ‌มฆฆฆฆฆฆ‌ฆ‌ขฆ‌ใฆฆฆ‌ฆฆฆ‌‌ถฆฆฆ?)

□ **作戦**
さくせん
(रणनीतन／‌ยุ‌‌ถฆฆฎฆฆฎฆ／‌‌แฆฎฆฆฆฆฆ, ‌กฆฆฆ‌ฎยฆฆ／‌ยุฆฆ‌วิ8ี)

▶ 作戦を練る
さくせん　ね
(तयार गर्नु／‌ขฎ‌เฎฎฆ‌ยุฆฆ‌ผฆฎฆฆฆ／‌ออ7‌แฆฆฆฆฆฆ)

□ **差出人**
さしだしにん
(पठाउने व्यक्ति／‌ผู้‌ฎฆฆฆฆ／‌ผู้‌ผ่8)

□ **差し支え**
さ　つか
(बाधा; अवरोध／‌ยฆฆฎฆ／‌ถฆฆ‌เ‌ถฆฆ‌ถฆฆฆ, ‌ถฆฆ‌เ‌ถฆฆฎฆฆฆฆ, ‌‌ฎ้ฆ‌ผฆฆ, ‌ถฆฆฆ‌ผฆฆฎฆฆฆ)

▶ 差し支えなければ、詳しい話をお聞かせください。
さ　つか　　　　　　　　　くわ　　　はなし　　き
(बाधा नपर्नेभए, विस्तृत कुरा सुनाउने सहुन्छ कि?／‌ฎฆฆ‌ผิฎฆ‌บึ‌ผูฆ‌ขีฆฆฆ‌เฆ7‌ลฆ‌ออฆ‌ผฆ‌ผิฎฆ‌เฎฆฆ‌ถฆ7／‌ถฆ‌หฆ‌ขือฆ, ‌กฆฆฆ‌ผฆฆฎฆ‌ลฆฆ‌ออฆใฎฆ‌แ‌ผ.)

□ **差し支える**
さ　つか
(बाधा पर्नु; अवरोध पर्नु／‌กฆฆ, ‌บฆฎฆฆ／‌เ‌ถฆฆ‌ถฆฆ, ‌ล่ฆยฆฆ, ‌เ‌ป็8‌ฎยฆฆฆ, ‌‌ดฆฆ‌ธ่ออฆ)

▶ 早く帰らないと明日の仕事に差し支えるよ。
はや　かえ　　　　　　あした　しごと　　さ　つか
(छिटो नफर्के त भोलि कामकाजमा अवरोध पर्नेसक्छ।／‌บึมฆ‌บฆฆฎฆ‌ขฎฆฆ‌เฎ7‌เฎ7ฎ7 ‌เฎา:ฎ‌บฆฎฆ‌ฆฆฎฆฆฎฆฆ‌ใฆ‌เฎฆฆฎฆฆฆ／‌ถ้ฆ‌บ‌บฆฆ‌โฆ, ‌จะ‌เ‌ถฆฆ‌ธฆฆ‌ดฆฆ‌ฆฆฎฆฆฆ‌มืฆ.)

□ **軸**
じく
(धुरी; अक्ष; नाल／អ័ក្ស／
ແກນ, ບ່ອນອີງ)

▷ 時間軸 (समयनाई आधार मानेको पुरबाह／ផ្នែកកាលបរិច្ឆេទ／ແກນເວລາ)
じかんじく

▶ 左足を軸にして、回ってみてください。
ひだりあし じく　　　　　　　　　まわ

(बाँया खुट्टालाई नाल बनाएर घुम्नुहोस्।／បង្វិលជើងឆ្វេងរបស់អ្នក ហើយសូមបង្វិលសាកមើល។／ກະລຸນາເອົາຕີນຂ້າງຊ້າຍເປັນແກນ, ແລ້ວລອງໝຸນເບິ່ງ.)

▶ チームは彼を軸にまとまってきた。
かれ じく

(टिम उसमा केन्द्रित हुँदै समेटिएर आयो।／ក្រុមបានប្រមូលផ្តុំគ្នាជុំវិញគាត់។／ທີມງານໄດ້ຮວມໂຕກັນໂອ້ມອ້ອມລາວ.)

□ **実情**
じつじょう
(बास्तविक अवस्था／ការពិត, ហេតុការណ៍ពិត／ສະພາບໂຕຈິງ)

▷ 住民らは改めて、騒音被害の実情を訴えた。回実態
じゅうみん あらた　　　　　そうおん ひがい じつじょう うった　　　　　　じったい

(बासिन्दाहरूले फेरि एकचोटि होहल्लाद्वारा पिडितहरूको बास्तविक अवस्थाको बारेमा उजुर गरे।／ក្រុមអ្នករស់នៅបានស្នើសុំឡើងវិញ អំពីហេតុការណ៍ពិតនៃការរងគ្រោះដោយសារសម្លេងខ្លាំង។／ຊາວບ້ານຮ້ອງທຸກເຖິງຜົນກະທົບຈາກສຽງໃຫ້ຮັບຮູ້ສະພາບໂຕຈິງອີກຄັ້ງ.)

□ **実態**
じったい
(बास्तविकता／ស្ថានភាព ជាក់ស្ដែង／ສະພາບໂຕຈິງ, ຄົນຕົນທີ່ແທ້ຈິງ)

▶ 長期間に及ぶ取材により、不正の実態が明らかになった。
ちょうきかん およ しゅざい　　　　　ふせい じったい あき

(लामो समयको छायाङ्कनले गर्दा भ्रष्टाचारको वस्तुस्थितिको खुलासा भएपायो।／ស្ថានភាពជាក់ស្ដែងនៃភាពមិនត្រឹមត្រូវបានបង្ហាញ ដោយសារការសម្ភាសន៍យូរអង្វែងដែលមានរយៈពេលយូរ។／ສ່ວນການພົກພາດເປັນເວລາຍາວນານໄດ້, ສະພາບຄວາມເປັນໂຕຈິງທີ່ເຮັດຜິດໄດ້ກະຈ່າງແຈ້ງ.)

回実情
じつじょう

□ **指標**
しひょう
(सूची；तालिका／ការចង្អុលបង្ហាញ, សូចនាករ／ໃບຊີ້ບອກ, ໃບຊີ້ວັດ)

▷ 経済指標、教育の指標
けいざい しひょう きょういく しひょう

(आर्थिक मापदण्ड, शैक्षिक मापदण्ड／សូចនាករសេដ្ឋកិច្ច, សូចនាករនៃការអប់រំ／ຕົວຊີ້ວັດດ້ານເສດຖະກິດ, ຕົວຊີ້ວັດການສຶກສາ)

▷ この数字が、経営状況を評価する際の指標となる。
すうじ けいえいじょうきょう ひょうか さい しひょう

(यो सङ्ख्या आर्थिक अवस्थाको मूल्याङ्कन गर्नेबेला मापदण्ड हुन्छन्।／តួលេខនេះ ក្លាយជាសូចនាករពេលវាយតម្លៃស្ថានភាពគ្រប់គ្រងអាជីវកម្ម។／ໂຕເລກນີ້ເອົາໃຊ້ເປັນຕົວຊີ້ວັດໃນເວລາປະເມີນສະພາບການຄຸ້ມຄອງທຸລະກິດ.)

□ **自明**
じめい
(स्वयंसिद्धता／ភាពជាក់ស្ដែង, ភាពច្បាស់លាស់／ຊັດເຈນ, ປະຈັກຈາກ)

▷ 自明の理
じめい

(छर्लङ्ग सत्य／ការពិតជាក់ស្ដែង／ຄວາມຈິງທີ່ເຫັນໄດ້ຊັດເຈນ)

▶ 高齢化で社会保障費が増え続けるのは自明のことです。
こうれいか しゃかいほしょうひ ふ つづ　　　　さい じめい

(वृद्धावस्थाले गर्दा सामाजिक सुरक्षा भत्ता बढ्दै जाने समाजमा, सामाजिक कल्याणका खर्चहरू पनि वृद्धि हुँदैजान्छन्।／ជាក់ស្ដែងណាស់ថា ការកើនឡើងចំណាយលើសន្តិសុខសង្គមបានបន្តកើនឡើង ដោយសារការចាស់ជរាជាប្រជាជនដែលមានវ័យចំណាស់។／ໃນສັງຄົມທີ່ມີການເພີ່ມຂຶ້ນຂອງຄົນສູງອາຍຸ, ຄ່າໃຊ້ຈ່າຍປະກັນສັງຄົມຍັງສືບຕໍ່ເພີ່ມຂຶ້ນເລື້ອຍໆ ຊຶ່ງເປັນຄວາມຈິງທີ່ຊັດເຈນ.)

□ **視野**
しや
(दृष्टि／ចក្ខុវិស័យ, ទស្សនៈវិស័យ／ວິໄສທັດ, ສາຍຕາ, ຂອບເຂດການແນມ ເຫັນ, ມຸມມອງ)

▷ 視野が狭い
しや せま

(साँगुरो दृष्टिकोण／ទស្សនៈវិស័យចង្អៀត／ມຸມມອງແຄບ)

□ **種々**
しゅじゅ
(विभिन्न／ផ្សេងៗ／ຫຼາກຫຼາຍ, ແຕກຕ່າງກັນ)

▷ 感染の発見が遅れることで、種々の問題が生じる。
かんせん はっけん おく　　　　　　しゅじゅ もんだい しょう

(सङ्क्रमणको पत्तालाग्दा ढिलो हुनाले विभिन्न समस्याहरू सृजना हुनजान्छ।／បញ្ហាផ្សេងៗកើតឡើងដោយសារការរកឃើញ ការឆ្លងយឺតយ៉ាវ។／ຄວາມຊັກຊ້າໃນການກວດພົບການຕິດເຊື້ອ ເຮັດໃຫ້ມີບັນຫາຫຼາກຫຼາຍເກີດຂຶ້ນ.)

□ **主体**
しゅたい
(मुख्य भाग अग्रसरता／អង្គភាព／ແນວຫົວໜ້າຫຼັກ, ອົງປະກອບ
ຫຼັກ)

▶ サービスの運営主体はどこですか。
うんえいしゅたい
(सर्विस सञ्चालन गर्ने मुख्य अग्रसरता कहाँको हो？／តើអង្គភាពគ្រប់គ្រងសេវាកម្មនៅកន្លែងណា?／
ພາກສ່ວນໃດເປັນແນວຫົວໜ້າຫຼັກໃນການຈັດການການບໍລິການ?)

□ **主体性**
しゅたいせい
(स्वतन्त्रता／अग्रसरता／ឯករាជ្យភាព／ຄວາມເປັນ
ອົງຄະພາບ, ຄວາມເປັນ
ເອກະລາດ)

▶ 日本の学生はおとなしく、主体性がないとよくいわれる。
に ほん がくせい   しゅたいせい
(जापानी विद्यार्थी शान्त र अग्रसर नहुने बालक हुन्छन् भनिने गरिन्छ।／គេតែងនិយាយថានិស្សិតជប៉ុនមានឥរិយាបថស្ងប់ស្ងាត់
ហើយមិនមានឯករាជ្យភាព។／ນັກຮຽນຍີ່ປຸ່ນມັກຈະຖືກເວົ້າວ່າເປັນຄົນງຽບໆ ແລະຂາດຄວາມເປັນອົງຄະພາບ.)

□ **主体的(な)**
しゅたいてき
(स्वतन्त्रता；आत्मा-निर्भरता；
अग्रसरता／ដែលឯករាជ្យ；
ອົງຄະພາບ, ຕ້ອງກ້າບາດ, ມີຄວາມ
ຮັບຜິດຊອບ, ຢ່າງຕັ້ງໜ້າ)

▷ **主体的な行動**
しゅたいてき こうどう
(अग्रसरतापूर्ण गतिविधि／សកម្មភាពដែលឯករាជ្យ／ການປະຕິບັດຢ່າງຕັ້ງໜ້າ)

□ **出生率**
しゅっしょうりつ
(जन्म-दर／អត្រាកំណើត／ອັດຕາການເກີດ)

□ **情勢**
じょうせい
(अवस्था；स्थिति；
हालचाल／ស្ថានភាព／
ສະຖານະການ (ປະຈຸບັນ))

▷ **国際情勢**
こくさいじょうせい
(अन्तराष्ट्रिय स्थिति／ស្ថានភាពអន្តរជាតិ／ສະຖານະການທາງສາກົນປະຈຸບັນ)

▶ ここ数年の経済情勢を考えると、来年も厳しくなりそうだ。
すうねん けいざいじょうせい かんが   らいねん きび
(यता दुइ-तीन बर्षको आर्थिक स्थितिवारे हेर्ने हो भने, आउँदो साल पनि कठिन स्थिति चलिरहने जस्तो छ।／
បើគិតតាមស្ថានភាពសេដ្ឋកិច្ចរយៈពេលប៉ុន្មានឆ្នាំនេះ ឆ្នាំក្រោយក៏ហាក់ដូចជាមានការលំបាកដែរ។／
ເມື່ອພິຈາລະນາເບິ່ງສະພາບເສດຖະກິດໃນຊ່ວງປີທີ່ຜ່ານມາ, ປີหນ້າก็มีแนวโน้มที่จะเข้มงวดຂຶ້ນກ່ອນ.)

□ **情緒**
じょうちょ
(भावनात्मक वातावरण／
ມະຫາສະຖານສະຖາ, คสมูน／
ຮິນອາຍ, ອາລົມ, ຄວາມຮູ້ສຶກ)

▷ **下町の情緒**
したまち じょうちょ
(नगर-टोलको भावनात्मक वातावरण／បរិយាកាសក្នុងតំបន់ជាយក្រុង／ກິ່ນອາຍຂອງເມືອງໄທ)

▶ 歴史のある町なだけに、情緒がある。
れきし   まち   じょうちょ
(ऐतिहासिक नगर भएकोले आफ्नै सरे अनुसार यहाँ भावनात्मक अम्बिरता भएको देख्छ।／ដ៏ម្ដុំមានបរិយាកាសដោយសារវាជាទីក្រុងដែលមាន
ប្រវត្តិសាស្ត្រ។／ມີກິ່ນອາຍຂອງເມືອງປະຫວັດສາດ.)

▶ うちの娘も、中学に入ってから少し情緒不安定なところがある。
むすめ   ちゅうがく はい   すこ じょうちょ ふ あんてい
(मेरी छोरीमा, माध्यामिक विद्यालयमा जाने गरेपछि भावनात्मक अम्बिरता भएको देख्छ।／កូនស្រីខ្ញុំក៏មានអារម្មណ៍មិនសូបស្ងប់ស្ងាត់ដែរ
ចាប់ពាក់ចូលរៀនអនុវិទ្យាល័យមក។／ລູກສາວຂອງພວກเรามีอาລົมที่บໍ່ค่อยมั่นคงตั้งแต่เข้าโรงຮຽນมัດทะຍົมต้น.)

□ **情緒的(な)**
じょうちょてき
(भावनात्मक वातावरण／ដែលបរិយាកាសភាពមានសភាពការណ៍／ທາງອາລົມ, ກ່ຽວກັບຄວາມຮູ້ສຶກ)

動詞 11
する動詞 12
自動詞・他動詞 13
名詞 14
形容詞 15
副詞 16
ぎおん語ぎたい語 17
カタカナ語 18
対義語 19
意味が近い名詞 20

□ **焦点**
しょうてん
（फोकस；दृष्टिबिन्दु／
ចំណុចប្រសព្វគ្នា, ការផ្ដោត
ទៅលើ／จุดไฟฟ้า, จุดสุม,
ประเด็นหลัก）

▷ 焦点を合わせる
しょうてん あ
（फोकस मिलाउनु／ផ្ដោតទៅលើ／ปับให้เข้าจุดสุม）

▶ 少し焦点がずれてきましたので、話を元に戻しましょう。
すこ しょうてん はなし もと もど
（फोकस थुप्राबाट अलिकति टाढा हुन लागेकोले कुरालाई फेरि फर्काऔं।／សូមក្រុមួយរៀបរៀងឡើង ដោយសារការបាត់ឡាតពាតពីចំនុច
ដែលបានផ្ដោតទៅលើបន្តិច។／ตอนนี้เชื่อออกจากจุดประเด็นไปบ้างแล้ว, ดังนั้นกลับเข้ามาเชื่อจุดเดิมกันเถอะ。）

□ 圓 **ピント**
（फोकस；ការរៀបគោរអារម្មណ៍,
 จุดไฟฟ้า（ก้องถ่ายภูม））

▶ なかなかピントが合わない。
あ
（हतपत फोकस मिल्दैन।／ពិបាកនឹងផ្ដោតអារម្មណ៍។／ปับยังเข้าจุดไฟฟ้าไม่ค่อยได้เลย。）

□ **事例**
じれい
（उदाहरण；घटना／ឧទាហរណ៍
／ตัวอย่าง）

▷ 成功事例
せいこう じれい
（सफल उदाहरण／ឧទាហរណ៍នៃភាពជោគជ័យ／ตัวอย่างความสำเร็จ）

▶ 本サービスの導入事例をいくつかご紹介します。
ほん どうにゅう じれい しょうかい
（यस सर्विस लागू गरिएको केहि उदाहरणहरूको परिचय गराउने छाँ／ខ្ញុំនឹងបង្ហាញពីចំនួនឧទាហរណ៍នៃការចាប់ផ្ដើម
សេវាកម្មនេះ។／ช่นมแนบข่าวตัวอย่างของการนำบริการนี้มานี้ให้ใช้）

□ **真実**
しんじつ
（सत्यता／ការពិត, ความจริง,
ความเป็นจริง, แท้จริง）

▶ 何が真実なのか、わからなくなってきた。
なに しんじつ
（सत्यता के हो，केहि बुझिन भयो।／ខ្ញុំលែងដឹងថាអ្វីជាការពិតហើយយ។／เริ่มปันเข้าใจว่า: ความจริงแม่นแบบใด้）

□ **隙**
すき
（छेद；अन्तरकुतर कमजोरी／
ចន្លោះ, ប្រហោង／
ຊ່ອງຫວ่าง）

▷ 隙間、隙のない人
すきま すき ひと
（छेद, कुनै कमजोरी नभएको मान्छे／ចន្លោះ, មនុស្សល្អឥតខ្ចោះ／ຊ່ອງຫວ่าง, คนบ่มีช่องหวาง）

▶ 隙があるから、だまされるんだよ。
すき
（तिमीमा कमजोरी छ, त्यसैले ठगिन्छौ।／ដ្បិតនឹងត្រូវគេបោកប្រាស់ដោយសារមានឧនធ្វេចន្លោះ។／
เจ้าจะถิ้กถอกเພาะมีช่องหวาง。）

□ **前提**
ぜんてい
（पूर्वाधार, घिति सर्त／ការសន្មត
／เงื่อนไข, เงื่อนไขเบื้องต้น,
ข้อมูลเบื้องต้น）

▷ 結婚を前提に付き合う（／交際する）
けっこん ぜんてい つ こうさい
（विवाह हुने सर्तमा प्रेम सम्बन्ध बनाउने／ចំពាក់ចំនិងស្ងេការជាមួយសន្មតថានិងរៀបការ／
ดับหมายใด้เงื่อนไขแต่งงาน, คับหากเบื้องวังแต่ง）

▶ 産業活動の前提となるインフラの整備がまだ不十分だ。
さんぎょうかつどう ぜんてい せいび ふじゅうぶん
（औद्योगिक गतिविधिकालागि पूर्वाधारकोरूपमा आवश्यक भौतिक साधनसुविधामा अझै कमी छ।／
ការរៀបចំហេដ្ឋារចនាសម្ព័ន្ធដែលសសន្មតថាជាការសកម្មភាពពាណិជ្ជកម្មនៅមិនគ្រាប់គ្រាន់នៅឡើយទេ។／
การทำงานของแอยของไคร่จางที่มีพาหบบเป็นเงื่อนไขเบื้องต้นต้่มิดผันก็จะกำขุดขาวขาวทำยุ้งยังข้นว)。

□ **措置**
そち
（उपाय；कारबाही；
कदम／ใกือสภาम／
มาตตะการ, ขั้นตอน,
ຂະບວນການ）

▷ 法的な措置を取る
ほうてき そち と
（कानूनी कदम चाल्नु／ปาก็ใดอ8การ្រัธเฎฎุบ／ดำเมินตามขั้นตอนทีกฎหมาย）

□ **態勢**
たいせい

(अवस्था परिस्थिति／ការត្រៀម
ខ្លួនចេញស្រេច, សភាព
ភ័យ／ท่าทาง, ສึกเตรียม
ตนۍ, ความพ้อม, ภาว
ภาพ)

▷ 警戒態勢、万全の態勢で臨む
けいかいたいせい　ばんぜん　たいせい　のぞ

(सतर्क परिस्थिति, पूर्ण तयारीको अवस्था／ការត្រៀមខ្លួនប្រយ័ត្ន, ត្រៀមខ្លួនយ៉ាងពេញលេញ／ການກຽມການເฝ้าเตือน, ปะเชิ่นໜ้า
ด้วยความພ้อมอย่าງເต็มที่.)

▷ A高校では、留学生を受け入れる態勢が整った。
こうこう　　　　りゅうがくせい　う　い　　　たいせい　ととの

(A हाइस्कूलमा विदेशी विद्यार्थीको भर्ना लिने तयारीको पूर्ण अवस्था भएको छ।／ใនករณីนA បានត្រៀមខ្លួនជាស្រេចក្នុងការទទួលយក
សិស្សបរទេស។／ໃនກຽมนักຮองລัກคะแนนยับ A พ้อมที่จะຮับนักຮຽนຕ່າງປະເທດແล้ว.)

□ **他方**
たほう

(एकातर्क／ម្ខាងទៀត,
ផ្ទុយទៅវិញ／
ອีกฝ่าย, ອีกทาง)

▷ 他方の主張
たほう　しゅちょう

(एकातर्कको दाबी／ការអះអាងម្ខាងទៀត／ການอ้างของอีกฝ่าย)

▷ この政策は国民にウケた。他方、大きな財政負担となった。
せいさく　こくみん　　　　　　たほう　おお　　　ざいせいふたん

(एकातिर यो सरकारी उपायलाई देशवासीले मनपराए भने अर्कोतर्क ठूलो आर्थिक बोझ उत्पन भयो।／
គោលនយោបាយនេះ;ត្រូវបានប្រជាជនទទួលស្គាល់។ ផ្ទុយទៅវិញភ្នាក់ងារជាប្រាក់ចំណាយ;
นะໂยບายนี้ໄດ้ຮับความนิยมจากประชาชน. ອีกทางໜຶ่ง, ມันเป็นพาละซຕาวการเงินมาก้อนใຫຍ่ຫนึ่ง.)

□ **単独**
たんどく

(एकल／एकमात्रको／
បុគ្គល, ម្នាក់ឯង／គ្មានឈ្
ງ្ល, ຜู้ດຽว, ลำพัง)

▷ 単独ライブ
たんどく

(एकल लाइभ कन्सर्ट／ការប្រគុំឆ្កេ្ដូវដោយម្នាក់ឯង／ຄອນເສີດດ្ຽว)

▶ 彼らの場合、群れから離れ、単独で行動するのは稀です。
かれ　　ばあい　む　　　　はな　　　たんどく　こうどう　　　　まれ

(तिनीहरूको बारमा झुण्डबाट छुट्टिएर, बसपारबाट टाढा रहेर स्वतन्त्र हिचडुत तिनी अलग स्वतन्त्र हुदैन।／ការណ៍ពួកគេ ភិនគ្មានឈ្លោម្នាក់ក្រុម
ហើយលើរభូមកាលពីឯកៗ ដើរឆ្ងាយពីគ្នាอ่า។／ໃນกรณีของເขาເจ้า, ຈะปลึกออกฝาากฝูงแล้ะเຄຶอนໄທພรไທ่อยาก.)

□ **断トツ**
だん

(अत्वार टाडिहार सर्वोत्कृष्ट／បុគ្គល,
ម្ខាងឆ្ងាយពីគេ។／ອ້າດໂຫຍ)

▶ 男の子が好きなスポーツの第1位は、断トツでサッカーだっ
た。
おとこ　こ　す　　　　　　　　だい　い　　　だん

(छात्रहरूमा लोकप्रिय खेल मध्ये नम्बर 1 मा, अत्वार टाडिहार फुटबल सर्वोत्कृष्ट थियो।／ចំណាត់ថ្នាក់លេខ៦ានៃកីឡាដែលពេញក្នុងប្រស
ருលបុរសពីកីม្លាបាលបាល់ទាត់គ្រោះនិធ្យាក្រ។／ก็ฬาที่เด็กน้อยชอบยับเป็นອันดับ 1 ฝ่ากๆ่ทอยเเม่บาก็ฬาบอลเเตะ.)

□ **中古**
ちゅうこ

(सेकन्डहेन्ड；पुरानो；अर्धनो／
ប្រើរួច, ជជុំ；ເຄื่อງໃช้แล้ว,
เเຄ่อງໃช้แล้ว, เเຄ่อງมือสอง)

▷ 中古車
ちゅうこしゃ

(सेकन्डहेन्डको गाडी／ឡានជជុំ；ລຖไฝหมอง, ລตเก่า)

□ **中立**
ちゅうりつ

(तटस्थता／निष्पक्षता असम्बन्ध／
ภาวมณฑาักูก้ีสฺ／เป็นกาๆ)

▷ 中立国
ちゅうりつこく

(असम्बन्ध राष्ट्र／ប្រទេសអព្យាក្រឹត្យ／ປะเทศที่เป็นกาๆ)

▶ 中立の立場から二人に意見を言いました。
ちゅうりつ　たちば　　　　ふたり　いけん　い

(निष्पक्षताका दृष्टिनालबाट आफ्नो विचार पोख्नें।／ខ្ញុំអោយគ្រាូបューវคิดเห็นใต้อักใมຕ្រាຕ្ត់ยแตกเบ่น／
ໄได้อອกคำเห็นเป็น2คนจากจุดยืนที่เป็นกาๆ.)

□ **通常**
つうじょう

(प्राय；सामान्यतया／ตาๆ้ทเ／
ขักกะที)

▶ 通常はこの方法で検査します。
つうじょう　　　　　　ほうほう　けんさ

(सामान्यतया यो तरिकाले परीक्षण गरिन्छ।／ตาๆ้ทเ ຂ้ารูกตรวจบันิสูยโดยใช้ันี่ะ้า／ปักกะก็นใช้วิธีนี่ຄึกຕัน验.)

動詞 11

する動詞 12

自動詞・他動詞 13

名詞 14

形容詞 15

副詞 16

ぎおん語・ぎたい語 17

カタカナ語 18

対義語 19

意味が近い名詞 20

□ 杖
つえ
（लट्ठी／लौरो／เฌมี[เกริ, เเฌ่／ໄມ້ເທົ້າ[ເຖົ້າເຈົ້າ)

▷ 杖をつく
つえ
（लौरोको सहारामा हिंड्नु／ப्रौ[เฌมี[เกริ／ຄ້ຳໄມ້ເທົ້າ[ເຖົ້າເຈົ້າ)

□ ツキ
（भाग्य／សំណាង／ໂຊກວາດ, ໂຊກ, ຄວາມໂຊກດີ)

▷ ツキを呼ぶ
よ
（भाग्य बोलाउनु／ສ້າງສຳນາງ／ເອີ້ນເຊີນໂຊກວາດ.)

▷〈くじ〉またはずれた。今日はツキがないなあ。
きょう
（〈चिट्ठा〉 फेरि उम्कियो। आज त भाग्यले साथ नदिने रहेछ।／[ឈ្មោះ/ស្លាក] សំណាង[ពេលនេះ] អត់ត្រូវ[ឡើ]ទេហើយ។ ថ្ងៃនេះ/សំណាងមិនល្អឡើយ។／<ຫວຍ> ຄາດເຄື່ອນອີກແລ້ວ. ມື້ນີ້ບໍ່ມີໂຊກ.)

□ ついている
▷ 今日はついてるなあ。先生には褒められるし、くじには当たるし。
きょう　　　　　　　　　　　　　　　　　せんせい　　ほ　　　　　　　　　　　　　　　あ
（भाग्यले साथ दिएको छ／មានសំណាង／ໂຊກດີ, ດວງດີ)
（आज भाग्यले पनि साथ दिएको छ। शिक्षकले पनि तारिफ गर्नुभयो अनि चिट्ठा पनि पर्यो।／ថ្ងៃនេះ/សំណាងល្អ។ ខ្ញុំត្រូវ[គ្រូសរសើរ] ហើយ ត្រូវ[ឆ្នោត]។／ມື້ນີ້ດວງດີ. ອາຈານຍ້ອງຍໍ, ຖືກລ໌ອຍແດ້.)

□ 帝国
ていこく
（साम्राज्य／ចក្រភព／ຈັກກະພັດ）

▷ ローマ帝国、帝国主義
ていこく　　ていこくしゅぎ
（रोमन साम्राज्य, साम्राज्यवाद／ចក្រភពរ៉ូម, ចក្រពត្តិនិយម／ຈັກກະພັດໂລມັນ, ຈັກກະພັດນິຍົມ）

□ 手品
てじな
（जादुगरी／ល្បែង／มายากม, การเป็นเก็น)

□ 哲学
てつがく
（दर्शनशास्त्र／ទស្សនៈវិជ្ជា, ទស្សន：វិជ្ជា／ປັດຊະຍາເສີກ, ປັດຊະຍາ, ທຳມະ)

▷ ギリシャ哲学、経営哲学
てつがく　　けいえいてつがく
（ग्रीसको दर्शनशास्त्र, व्यापार-व्यवसायको दर्शनशास्त्र／ទស្សនៈវិជ្ជាក្រិក, ទស្សន：វិជ្ជាការគ្រប់គ្រង／ປັດຊະຍາກຣິກ, ປັດຊະຍາການຄຸ້ມຄອງ)

▷ 彼には何の哲学もない。
かれ　　なん　　てつがく
（उसमा कुनै दार्शनिकता नेटिक्स।／គាត់គ្មានទស្សនៈវិជ្ជាអ្វី១ទេ។／ລາວບໍ່ມີທຳມະ.)

□ 手引き
てび
（निर्देशित बुझ्न／ការណែនាំ, ការបង្ហាញ, គួម／ໜ້ງສື）

▷ 手引書
てびきしょ
（निर्देशन पुस्तिका／សៀវភៅណែនាំ／ຫົວຊີໜ້ງສື）

▷「受験の手引き」をよく読んでからお申し込みください。
じゅけん　　てび　　　　　　　　　　　　　　　　　　よ　　　　　　　　　　もう　　こ
（प्रवेशपरीक्षाको निर्देशित बुझ्नलाई राम्रोसँग पढिसकेपछि आवेदन गर्नुहोस्।／[ការណែនាំ/សំរាប់ការប្រលង] សូមអានឲ្យបានច្បាស់ល໌ាស់ហើយ ដាក់ពាក្យ។／ກະລຸນາອ່ານ "ຄູ່ມືການສອບເສັງ" ຢ່າງລະອ/ງດກ່ອນຈະສະໝັກ.)

□ 電圧
でんあつ
（विद्युतीय करेन्ट／វ៉ុល／ກຳລັງໄຟຟ້າ[ແຮງໂວນ, ແຮງດັນໄຟຟ້າ)

□ 天然
てんねん
（प्राकृतिक／ធម្មជាតិ／ທຳມະຊາດ)

▷ 天然マグロ
てんねん
（प्राकृतिक चुना माछा／[គ្រឿងណាធម្មជាតិ／ປາທູນ່າທຳມະຊາດ)

□ 陶器
とうき
（चिनीयाँ माटाका भाँडा／[គ្រឿ]ចានឆ្នាំង[ឆ្នាំងដី／ເຄື່ອງປັ້ນດິນເຜົາ)

□ 動向
どうこう

（वर्तमान अवस्था／និន្នាការ／
แนวโน้ม, ทิศทางๆในอะทบาคิด,
ท่าอๆ）

▷ 市場 / 業界の動向を探る
しじょうぎょうかい どうこう さぐ

（बजार／औद्योगिक क्षेत्रको वर्तमान अवस्थाको बारेमा बुझ्नु／ស្វែងរកនិន្នាការទីផ្សារ／ពាណិជ្ជកម្ម／
ສຳຫຼວດທ່າທາງຂອງຕະຫຼາດ／ວົງຄ້າຫາກິນ）

▶ 番組では毎回、世界の動向を伝えていきます。
ばんぐみ まいかい せかい どうこう つた

（कार्यक्रममा हरेक पटक विश्वको वर्तमान अवस्थाको बारेमा देखाउँदै जानेछौं।／កម្មវិធីនេះបានប្រាប់ពីនិន្នាការពិភពលោកជារៀងរាល់
លើក។／ລາຍການໃນແຕ່ລະຄັ້ງຈະບອກທ່າທາງໃໝ່ຂອງໂລກ。）

□ 道理
どうり

（तर्क／ហេតុផល／
ຄົມເຫດຄົມຜົນ, ເຫດຜົນ, ຄວາມ
ຖືກຕ້ອງຕາມເຫດຜົນ）

▷ 道理にかなう
どうり

（तर्कसङ्गत हुनु／មានហេតុផលត្រឹមត្រូវ／ຖ្ว្រสมเหตุผล／ມີເຫດຜົນ）

▶ 彼一人だけが責任を負うなんて、道理に合わない。
かれひと り せきにん お どうり あ

（उ एक्लैले जिम्मेवारी बहन गर्नु त तर्कसङ्गत हुँदैन।／កំរិនែសមមានហេតុផលដែលគាត់ត្រូវទទួលខុសត្រូវតែម្នាក់ឯងៗ／
ມັນບໍ່ຄົມເຫດຄົມຜົນເລີຍທີ່ລาว1ຄนຈະຮับผิดชอบทั้งหมด。）

□ 特産
とくさん

（विशेष उत्पादन／
ផលិតផលពិសេសប្រចាំតំបន់
／ຜະลิตพะລິดຂະเพาะในเขต）

▷ 特産品
とくさんひん

（विशेष उत्पादित सामाग्री／ទំនិញដែលផាលិតផលពិសេសប្រចាំតំបន់／ສินค้าพิเสด）

▶ お土産にはこのメロンを買うよ。ここの特産なんだって。
みやげ か とくさん

（उपहारमा यो मेलोन किन्छु न। यहाँको विशेष उत्पादन हो रे।／ក្រៈ ទិញត្រូសកំនេះសម្រាប់ជាអំណោយៗ ខ្ញុំលឺគេថាជាផលិតផល
ពិសេសនៅទីនេះ។／ຊื้อมะละกอนี้เป็นของฝาก. มัນแม่นผะລิดขะเพาะในเขตนี้。）

□ 独自
どくじ

（विशेष उत्पादन／
បេសខ្លួន,ໃฤមฺยฑ/ลักสะนะສะเพาะ, ปัตติโต,
ເอกะชัก）

▷ 日本独自の習慣
にほんどくじ しゅうかん

（जापान मात्रको विशेष रितिरिवाज／ទម្លោប់មូលបំរបស់ជប៉ុនតែมฺยฑ／ปะเพนีที่เป็นเอกะลักของยี่ปุ่น）

▶ 彼らは独自の方法で調査を行った。
かれ どくじ ほうほう ちょうさ おこな

（उनीहरूले विशेष तरिकाले सर्भे गरे।／ពួកគាត់បានធ្វើការស្រាវជ្រាវតាមវិធីសាស្ត្ររបស់ខ្លួន។／
ພວกเขาใช้วิธีสะเพาะในกาสืบเส้งกวดสอบ。）

匿名
とくめい

（गुमनाम／ बेनाम／
អនាมិកភាព／ການបិดบัງຊื่แท้, ប័ดบุ๋ก$）

▶ 匿名で他人を中傷する書き込みが増えている。
とくめい たにん ちゅうしょう か こ ふ

（बेनामले अरुकसँलाई गालीगलौँच गर्ने लेखहरूमा बृद्धि आइरहेको छ।／ការសរសេរបៀបកេ្ម្ណុកដៃដោយជនអនាมิกกำ็ຖุกเกือเชื่นๆ
／ការຂຽນໃส่ร้ายเข้าหาใสบิ่เพื่อย่อยບุ่คนี่ปักเพิ่มຂึ้น。）

□ 特有
とくゆう

（अद्वितीय ; विशेष／ खास／
លក្ខณःពิเสด, ตากิเสส
／ลักสะนะพิเสด, ลักสะนะ
ສะเพาะ）

▷ 女性特有の病気、温泉特有の匂い　圓固有
じょせいとくゆう びょうき おんせんとくゆう にお こゆう

（विशेष गरि महिलामा मात्र हुने रोग, खासगरी तातोपानीका बासना／ជំងឺដែលកើតឡើងជាពិเสดเฉพៈ្រ្គรี, ក្លิ่นจาพิเสดของบ่อน้ำร้อน
មุตที่กฺท่৷／ผยายาดขะเพาะของแม่ยิ่ง, กิ่นสะเพาะของบ่อน้ำรอน）

土砂
どしゃ

（पहिरो／ भूस्खलन／ដីឥដ្ឋ／
ดินຊาย, ดิน）

▷ 土砂崩れ、土砂を運搬する
どしゃくず どしゃ うんぱん

（भूस्खलन, पहिरो ओसार्नु／ការបាក់ดी, ดีกฺยฺยาดีឥฐ្ឋ／ดินเจือน, ขนดิน）

▶ 台風の影響で土砂災害の恐れがあります。
たいふう えいきょう どしゃさいがい おそ

（वायुहुरीको असरले भूस्खलन हुने सम्भावना छ।／អាถនិងមានការបាก់ดีโดยสาเหตุจากอิทธิพลของไฝ่ปุ่ละ่ยุทิฆ้ม1／
อาถจะเกิดในเนื่องเบื้องต้นภะติบของพายุไท่ฝุ่น。）

□ **任意**
にんい

(स्वेच्छाको／ការស្ម័គ្រចិត្ត／
ບໍ່ບັງຄັບ, ຕາມໃຈ, ບໍ່ໄດ້ກີດ,
ສະໝັກໃຈ)

▷ 任意で入る保険
にんい はい ほけん

(स्वेच्छाले अनुबन्ध गरेको बीमा／ការធានារ៉ាប់រងដែលចូលដោយការស្ម័គ្រចិត្ត／ປະກັນໄພແບບສະໝັກໃຈ)

▶ アンケートのいくつかは任意の回答とした。
にんい かいとう

(प्रश्नावलीको कतिपयमा स्वेच्छाले उत्तर दिने बनाई।／សំនួរមួយចំនួននៅក្នុងការស្ទង់មតិគឺជាការឆ្លើយឆ្លើយដោយ ស្ម័គ្រចិត្ត។／ຕອບແບບສອບຖາມບາງຢ່າງໂດຍບໍ່ໄດ້ກີດ.)

□ **控え**
ひか

(संचय ; राखिएको दुरा／បម្រុង,
／ສຳຮອງ, ເພື່ອໄວ້)

▷ 控えの選手、メアド（＝メールアドレス）の控え、領収書
ひか せんしゅ ひか りょうしゅうしょ
の控え
ひか

(प्रतिरिक्ष खेलाडि, इमेल एड्रेसको संचय, रसिदको संचय पृष्ठ／កីឡាករបម្រុង, ច្បាប់ចម្លងនៃអាសយដ្ឋានអ៊ីម៉ែល, ច្បាប់ចម្លងនៃបង្កាន់ដៃ ១១របូ្រាក់／ຜູ້ຫຼິ້ນສຳຮອງ, ເມລສຳຮອງ, ໃບຮັບເງິນສຳຮອງ)

▶ なくして困らないよう、控えを1部取っておいてください。
こま ひか ぶ と

(हराएर आपद नपरोस् भनि संचय पृष्ठको 1 प्रति लिएर राख्नुहोस्।／សូមថតចម្លង១ច្បាប់ទុក ករណីបើបាត់មុខគ្មិនមានបញ្ហាអ្វីនៀរ។／ ກະລຸນາເກັບສຳໍເນົາໄວ້ 1 ສະບັບເພື່ອເວລາເສຍຈະບໍ່ລໍາບາກ.)

□ **人目**
ひとめ

(ध्यान ; नजर／ភ្នែកអ្នកដ៏ទៃ／
ສາຍຕາຄົນ)

▷ 人目を避ける、人目を気にする
ひとめ ひとめ き

(मान्छेको नजरबाट टाढा रहनु, मान्छेको नजरप्रति बास्ता रहनु／គេចពីភ្នែកអ្នកដ៏ទៃ, ខ្វល់ខ្វាយពីភ្នែកអ្នកដ៏ទៃ／ ຫຼີກລ່ຽງສາຍຕາຄົນ, ກັງວົນສາຍຕາຄົນ)

▶ 大事な情報なら、もっと人目につくようなとこに貼らないと。
だいじ じょうほう ひとめ は

(महत्वपूर्ण सूचना हो भने अझै सबैले देख्ने ठाउँमा टाँसेर राख्नुपर्छ।／ប្រសិនបើជាព័ត៌មានសំខាន់ គួរបិទនៅកន្លែងដែលមាន គេណាយ៉ង ច្រើនមើលឃើញនោះ។／ຖ້າເປັນຂໍ້ມູນຄວນສຳຄັນ, ຄ້ອງຕິດໄວ້ບ່ອນສະດຸດຕາຄືນຫຼືຫຼາຍ.)

□ **ひび**

(चिरा ; फुटेको ठाउँ／
ការប្រេះស្រាំ／
ຮອຍແຕກ, ຮອຍແຫງ)

▷ 友情にひびが入る
ゆうじょう はい

(मित्रतामा चिरा परेको छ।／ប៉ះពាល់ដល់មិត្តភាព／ມິດຕະພາບແຕກຄ້າງ)

▶ グラスにひびが入ってる。
はい

(गिलासमा चिरा परेको छ।／កែវមានប្រេះស្រាំ／ມີຮອຍແຫງໃນຈອກ.)

□ **備品**
びひん

(साज-सामान ; उपकरण／
សម្ភារ：／ອຸປະກອນຕິດຕັ້ງ,
ເຄື່ອງຕິດຕແຕ່ງ, ພັດຕະຄຸ)

▶ 見本市用の商品サンプルと備品は別々の箱に入れてくださ
みほんいちよう しょうひん びひん べつべつ はこ い
い。

(नमुना बजारका लागिको उत्पादित सामग्री र उपकरणहरूलाई फरक फरक बाकसमा हाल्नुहोस्।／ សូមទុកផលិតផលសំណាកសម្រាប់ការបង្ហាញ និងសម្ភារៈ ប្រើប្រាស់ក្នុងប្រអប់ផ្សេងៗគ្នា។／ ກະລຸນາເອົາຕົວຢ່າງສິນຄ້າແລະອຸປະກອນຕິດຕັ້ງ ໃສ່ກ່ອງແຍກຕ່າງຫາກໃນໄລຍະໂຄງການຫຼາກຫຼາຍ.)

□ **風習**
ふうしゅう

(प्रचलन ; चलन ; परम्परा／
ទំនៀមទម្លាប់, ប្រពៃណី／
ທຳນຽມ, ປະເພນີ)

▷ この地方には珍しい風習がある。
ちほう めずら ふうしゅう

(यस इलाकामा अनौठो चलनको प्रचलन पियो।／ តំបន់នេះមានប្រពៃណីចំណែកម្ពុជា／ພາກພື້ນນີ້ມີທຳນຽມທີ່ແປກປະຫຼາດ.)

する動詞 12
自動詞・他動詞 13
名詞 14
形容詞 15
副詞 16
ぎおん語・ぎたい語 17
カタカナ語 18
対義語 19
意味が近い言葉 20

□ 風俗
ふうぞく

(ប្រពៃណី ; ចរណ ; ចរមរា /
ទំនៀមទំលាប់, ប្រពៃណី /
ມາລະຍາດ, ຮີດຄອງ)

▷ 風俗店
ふうぞくてん

(ມชਟਝਲ ਭਿਨਾ ਪਸਲ /ផ្ទះបង្រៀនពេស្យា／ຮ້ານບໍລະການບານເກ)

▶ これは、江戸時代の風俗の歴史をまとめた本です。
えどじだい ふうぞく れきし ほん

(យो यदो युगको प्रचलनको इतिहास समेटेको पुस्तक हो ।／នេះគឺជាសៀវភៅដែលបានដកស្រង់ពីប្រវត្តិសាស្ត្រនៃទំនៀមទំលាប់សម័យអេ
ដូ។／ນີ້ແມ່ນປຶ້ມທີ່ລວມເອົາປະຫວັດສາດຂອງຮີດຄອງຍຸກເອໂດເອໄວ້.)

□ 風土
ふうど

(जलवायु, वातावरण /
អាកាសធាតុ／ດິນຟ້າອາກາດ,
ສະພາບທີ່ຢູ່ກິນ, ສະພາບ
ອາກາດ)

▷ 日本の風土に合った家
にほん ふうど あ いえ

(जापानको प्रकृति र वातावरणसँग मिल्ने घर ।／ផ្ទះដែលសមស្របនឹងអាកាសធាតុរបស់ប្រទេសជប៉ុន／ເຮືອນທີ່ເໝາະສົມກັບສະພາບອາກາດ
ຂປະເທດຍີ່ປຸ່ນ.)

▶ どの会社にも、それぞれの企業風土というものがある。
かいしゃ きぎょうふうど

(जुन कम्पनीमा पनि त्यसको आफ्नै वातावरण／ក្រុមហ៊ុនណាក៏មានប្រៀបធៀបរបស់ក្រុមហ៊ុនរៀងៗខ្លួនដែរ។／
ບໍລິສັດໃດກໍມີວິໄລຊະນະທາງດ້ານວັດທະນະທຳຂອງຕົນເອງ.)

□ 風評
ふうひょう

(अफवाह /
ការចចាមអារ៉ាម／
ຂ່າວລື, ຂ່າວລວງ, ຄຳເລົ່າລື)

▶ 地元の農家は、風評被害が起きないか、心配している。
じもと のうか ふうひょうひがい お しんぱい

(स्थानीय कृषक अफवाहको पिडा भोग्नुपर्ने हो कि भनि चिन्तित छन् ।／កសិករនៅក្នុងតំបន់ព្រួយបារម្ភថាតើនឹងមានគ្រោះថ្នាក់ជាយសលា
ការចចាមអារ៉ាម／ຊາວກະສິກອນທ້ອງຖິ່ນມີຄວາມເປັນຫ່ວງກ່ຽວກັບຄວາມເສຍຫາຍທີ່ເກີດຈາກຂ່າວລືທີ່ອາດຈະເກີດຂຶ້ນ.)

□ 物資
ぶっし

(मात्रा ; वस्तु ; मालसामान /
សម្ភារ:, បរិក្ខារ／
ເຄື່ອງຂອງ/ສິ່ງຂອງທີ່ເປັນໃນການ
ດຳລົງຊີວິດ)

▷ 生活物資、物資の調達
せいかつぶっし ぶっし ちょうたつ

(मात्रा, वस्तु / मालसामान／សម្ភារ:ប្រើប្រាស់ក្នុងផ្ទះ, ការផ្គត់ផ្គង់／
ສິ່ງຂອງຈຳເປັນໃນຊີວິດຈຳວັນ, ການຈັດຊື້ສິ່ງຂອງຈຳເປັນໃນຊີວິດຈຳວັນ)

▶ 被災地には、続々と救援物資が届けられている。
ひさいち ぞくぞく きゅうえんぶっし とど

(उद्धार स्थलमा लगातार रुपमा राहत वस्तु पुऱ्याईन्छ।／ជំនួយបន្តត្រូវបាននាំយកទៅកាន់តំបន់រងគ្រោះ។／
ເຄື່ອງບັນເທົາທຸກລວມກັນຢ່າງຕໍ່ເນື່ອງໄປເຖິງເຂດປະສົບໄພຄາມຂໍ້ເຄັດ.)

□ 武力
ぶりょく

(सैन्यबल／កម្លាំងយោធា／ອຳນາດທະຫານ)

□ 文明
ぶんめい

(सभ्यता／អរិយធម៌／
ອາລິຍະທຳ)

▷ エジプト文明
ぶんめい

(सभ्यता／អរិយធម៌អេហ្ស៊ីប／ອາລິຍະທຳເອຢິບ)

□ 兵士
へいし

(सैनिक／ទាហាន　／ທະຫານ)

▷ 兵隊
へいたい

(फौज／ទាហាន　／ທະຫານ)

□ 便宜
べんぎ

(सुविधा／ភាពងាយស្រួល／
ความสะดวก)

▶ 便宜上、お名前をカタカナで表記しています。
べんぎじょう なまえ ひょうき

(सुविधाजनक हुने हुनाले नामलाई काताकानामा प्रयोग गरिरहेको छ।／សម្រាប់ភាពងាយស្រួល សូមសរសេរឈ្មោះ:ជាអក្សរកាតាកាណា
ណា។／ເພື່ອຄວາມສະດວກ ເຮົາຂຽນຊື່ດ້ວຍໂຕອັກສອນຄະຕະຄະນະ.)

▶ 出張先ではいろいろと便宜を図っていただき、ありがとう
しゅっちょうさき べんぎ はか
ございました。

(काम-यात्रा गर्दाको ठाउँमा विभिन्न किसिमका सुविधा पुऱ्याइदिनुभएकोमा धेरैधेरै धन्यवाद ।／ខ្ញុំសូមអរគុណណាស់ដែលអ្នកបានផ្តល់ភាព
ងាយស្រួលផ្សេង១ដល់ខ្ញុំនៅខ្ណៈពេលបេសកម្មការងារ។／ຂອບໃຈຫຼາຍໆທີ່ໃຫ້ຄວາມສະດວກຕ່າງໆໃນຂະນະທ່ຽງການເຮັດທຸກໆໄປເຖິງບ່ອນຂອງ
ຂ້ອຍ.))

□ **牧畜**
ぼくちく
(गाई-पालन／ បសុសត្វ (សត្វ ចិញ្ចឹមដុះជាតាក្រុបនៅតាម កសិដ្ឋាន)／ការចិញ្ចឹមសត្វ)

▷ 人々は草原に暮らし、主に牧畜を営んでいる。
ひとびと そうげん く おも ぼくちく いとな
(मानिसहरू मैदानमा बस्छन् विशेष गरि गाई-पालनको व्यवसाय गरिरहेका छन्।／មនុស្សជាច្រើនរស់នៅលើវាលស្មៅ ហើយមាន ទំនាក់ទំនងជាមួយនឹងការចិញ្ចឹមសត្វ។／ປະຊາຊົນດຳລົງຊີວິດຢູ່ຕາມທົ່ງຫຍ້າ ແລະ ປະກອບອາຊີບລ້ຽງສັດເປັນຫຼັກ.)

□ **本質**
ほんしつ
(वास्तविक कुरा／ तथ्य／ សារ:សំខាន់／ ពិតប្រាកដ、ចុង ផ្កាប់、ใจความ、ลักษณะពិត แท้จริง)

▷ 本質を見抜く
ほんしつ み ぬ
(वास्तविक कुराको पत्ता पाउनु／ ស្វែងយល់ពីសារ:សំខាន់／ មើលធ្លុះទៅចំណុចសំខាន់)

▷ 一方の側からの意見だけでは、物事の本質は見えてこない。
いっぽう がわ いけん ものごと ほんしつ み
(एकातर्फको मात्र भएमा वास्तविक कुराको मार बाहा हुन सक्दैन।／ បើមើលតែពីអ្នកខាងម្ខាងប៉ុណ្ណោះយើងនឹងមិនឃើញពីសារ:សំខាន់នៃរបស់តាមយថា:ភូត ឡើយទេ។／ ប្រសិនបើមានតែគំនិតពីម្ខាងខាងណាមួយមិនអាចមើលឃើញពីចំណុចសំខាន់នៃអ្វីមួយឡើយ.)

□ **本質的(な)**
ほんしつてき
(मार／ तत्व／ वास्तविक कुरा／ तथ्य／ ដែលសំខាន់／ ពិតប្រាកដ、ប្រដ្បង、យ៉ាងត្រឹមត្រូវ)

▷ 男性と女性の本質的な違いをまず理解することだ。
だんせい じょせい ほんしつてき ちが りかい
(पुरुष र महिलाको बिच हुने वास्तविक तत्वको भिन्नतालाई सर्वप्रथम बुझ्नुपर्छ।／ ជាដំបូងត្រូវយល់ដឹងពីភាពខុសគ្នាសំខាន់រវាង បុរសនិងស្រីសិន។／ ត្រូវចេះយល់ដឹងពីភាពខុសគ្នាដ៏ស្នូលរវាងបុរសនិងស្ត្រីជាមុនសិន.)

□ **本場**
ほんば
(मुख्य थलो／ ផ្លូវ、ពិតប្រាកដ／ត្រីបដប្បញ្ញ、ម្ចាស់ដើម)

▷ 本場で修業する
ほんば しゅぎょう
(मुख्य थलोमा／ ហ្វឹកហ្វឺនពីទីកន្លែងដែលជាប្រភពដើម／ ហ្វឹកហ្វឺនជំនាញក្នុងទីកន្លែងដើម)

▷ さすが本場のピザは違うと思いました。
ほんば ちが おも
(साच्चै नै मुख्य थलोको पिज्जा त अरू भन्दा फरक हुने रहेछ भनि मलाई लाग्यो।／ ខ្ញុំគិតថាភីហ្សាពីកន្លែងដើមពិតជាមានរសជាតិខុសគ្នាពិតមែន។／ ពិតជាមានរសជាតិខុសប្លែកគ្នានៃភីហ្សាពីទីកន្លែងដើម.)

□ **見出し**
みだ
(विषय-सूची／ ចំណងជើង／ ប្រធានបទ)

▷ 新聞の見出し
しんぶん みだ
(अखबारको विषय-सूची／ ចំណងជើងនៃការក្នុងកាសែត／ ចំណងជើងព័ត៌មាន)

□ **見通し**
みとお
(दृष्टिबाट देखिने दृश्य、अनुमान／ ការមើលឃើញ、ការព្យាករណ៍／ការព្យាករ、ការមើលជាមុន、លទ្ធភាពទៅ មុខ)

▷ 景気の見通し
けいき みとお
(आर्थिक चहलपहलको अनुमान／ ទស្សនៈទៅថ្ងៃខាងមុខនៃសេដ្ឋកិច្ច／ ការព្យាករលើសេដ្ឋកិច្ច)

▷ 電車が止まって30分たつが、復旧の見通しはまだ立っていないようだ。
でんしゃ と ぶん ふっきゅう みとお た
(रेल रोकिएको 30 मिनेट भइसकेको त पनि केहि कहिले चल्ने हुन्छ, त्यसको अनुमान अझै लागेको छैन।／ រថភ្លើងឈប់ដំណើរការរយៈពេលសាមសិបនាទីហើយ ប៉ុន្តែការមិនទាន់មានការព្រមានថានឹងការធ្វើដំណើរឡើងវិញនៅឡើយទេ។／ ឆ្លងឈប់ដល់ពេលជា៣០នាទីហើយ, ប៉ុន្តែមិនទាន់ចេញដំណើរស្ដារឡើងវិញនៅឡើយ.)

□ **源**
みなもと
(मूल；मूल पानी／ ប្រភព／ ដើមហេតុ、ប្រភពដើម、ដើមកំណើត)

▷ 私の元気の源は、子供の笑顔です。
わたし げんき みなもと こども えがお
(मेरो स्फूर्ति हुनुको रहस्यको मूल स्रोत छोराछोरीको मुस्कान हो।／ ប្រភពនៃភាពកម្លាំងរបស់ខ្ញុំគឺស្នាមញញឹមរបស់កូន។／ ថ្មពលចម្លៀស្នាមញញឹមរបស់ក្មេងគឺជាប្រភពដើមស្នៀដែលផ្ដល់ថាមពល.)

□ **旨**
むね
(भनेर／ បំណង／ ខ្លឹមសារ、ใจความ、ព័ត៌មានសំខាន់)

▷ 出席できない場合はその旨をメールでお知らせください。
しゅっせき ばあい むね し
(सहभागी हुन नसकिएको अवस्थामा त्यसको जानकारी इमेलमार्फत थाहा दिनुहोस्।／ ករណីមិនអាចចូលរួមប្រជុំបាន សូមផ្ដល់ដំណឹងតាមអ៊ីម៉ែល។／ ម្នណីមិនអាចចូលរួមបាន, សូមជម្រាបខ្លឹមសារទៅក្នុងមសូមផ្ញើមមអ៊ីម៉ែល.)

2
50

□ **恵み**
めぐみ
（くりา ; निमाह्／ការប្រទានទឹក， ཕอน， ຄำ
ອວຍພอน， ການໃຫ້ความสุข，
ความกรุณา）

▷ 恵みの雨
めぐ あめ
（भगवानको कृपाको वर्षा／ភ្លៀងដែលប្រសិទ្ធិពរ／ฝนให้ພอน）

▷ 〈広告〉自然の恵みをお届けします。
こうこく しぜん めぐ とど
（〈विज्ञापन〉 प्रकृतिबाटको उपहारलाई पठाउने छौं／〈ការផ្សព្វផ្សាយពាណិជ្ជកម្ម〉 យើងខ្ញុំនាំជូនមកនូវការប្រទានទឹកនៃធម្មជាតិ។／
〈ການໂฆษนา〉 พวกเราจะส่งมอบความกรุณาของธรรมชาติมาให้ท่าน.）

□ **目先**
めさき
（आँखाको सामुन्ने／เวณมผาสต
ภาบつ／ถัดหน้า， สิ่งທี่ເห็นอยู่ใน
เวลานี้， อนาคตอันใกล้）

▷ あの社長は目先の利益しか考えていない。
しゃちょう めさき りえき かんが
（त्यो कम्पनी प्रमुखले आँखा सामुन्नेको फाइदा बाहेक केही सोचेको छैन／ប្រធានក្រុមហ៊ុននោះគិតតែពីប្រាក់ចំណេញខាងមុខ
ប៉ុណ្ណោះ។／ประธานบริษัทนั้นใจแคบคิดถึงแต่ผลประโยชน์ที่เห็นอยู่ในเวลานี้.）

□ **持ち運び**
もちはこび
（लिएर हिड्ने／ຍ້າຍ， ขน， ถือ
／ការถือ， ການขน）

▷ これは薄くて軽いので、持ち運びに便利です。
うす かる もはこ べんり
（यो त मसिनो अनि हलुका भएकोले लिएर हिड्न सुविधाजनक हुन्छ।／របស់នេះដោយសារស្តើងហើយស្រាលបានជាងាយស្រួលក្នុង
ការយកតាមខ្លួន។／อันนี้บางๆและเบา， สะดวกในการถือ.）

□ **闇**
やみ
（अँध्यारो／ភ្លឺងងងឹត／
ความมืด， ความลึกลับ）

▷ 暗闇
くらやみ
（कालो अन्धकार／ភាពងងឹត／ความมืดมิด）

□ **ゆとり**
（फुर्सद／ លទ្ធភាព／
ບ່อนว่าง， เวลาว่างๆ）

▷ 家計にゆとりができる
かけい
（पारिवारिक बजेट पर्याप्त हुनु／មានលទ្ធភាពក្នុងការចំណាយ／พับับมีเงินเหลือจ่ายขยายในครอบครัว）

▷ 2泊3日じゃ、あまりゆとりがないなあ。せめて3泊4日に
はくみっか ばくよっか
しよう。
（2 रात 3 दिन मात्र भए त त्यतिधेरै फुर्सद नहुने भयो। कमिसेमा 3 रात 4 दिन गरौँ न।／
ຊំបាกតែបីថ្ងៃនឹងមានពេលគ្រប់គ្រាន់ទេ។ គេ៖ សរុមឲ្យបានបួនថ្ងៃបីយប់ចុះ។／
2 คืน 3 วัน นี้ มีเวลาว่างๆบ่ปานใด. ย่างໜ້อย 3 คืน 4 วันเนาะ.）

□ **余地**
よち
（खाली स्थान／ទីធ្លារ，
ក្បែរដៃ／ບ່อนว่าง， บ่อนເหลือ）

▷ 選択 / 改善の余地はない
せんたく かいぜん よち
（छनोट/सुधारकोनामि स्थान नभएको／គ្មានកន្លែងសម្រាប់ការជ្រើសរើស/ការកែលម្អ／บ่มีบ่อนว่างสำหรับการเลือก / การปับปຸง）

▷ 答えは既に明らかで、議論の余地はない。
こた すで あき ぎろん よち
（जवाफ पहिले नै स्पष्ट छ र छलफलको ठाउँ नभएकोले आवश्यकता छैन／ចម្លើយបានជាក់ច្បាស់ហើយ ដូច្នេះគ្មានកន្លែងត្រូវដេកវិភាគក្បាណ។／
คำตอบชัดเจนอยู่แล้ว บ่มีช่องยู่ที่ให้ต้องมาถกเถียง.）

▷ 事故は完全にA社の責任で、弁解の余地などない。
じこ かんぜん しゃ せきにん べんかい よち
（दुर्घटना पूर्णतया कम्पनी A को जिम्मेबारी हो र माफ गर्ने सर्त छैन्न／ឧប្បត្តិហេតុជាកំហុសរបស់ក្រុមហ៊ុនA
ដូច្នេះគ្មានការអ្វីការពាខ្លួនបានទេ។／อุบัติเหตุเป็นแบบความฮับผิดชอบຂ่อງบริษัท Aที่สุด， และบ่มีบ่อนว่างสำหรับท่านแก้ต่าง.）

□ **酪農**
らくのう
（डेरी／ការเลี้ยง
ผลิตผลจากฟาร์มเกษตร：เกต
／ការเลี้ยงฟาร์มງัว）

▷ 酪農家
らくのうか
（डेरी व्यवसायी／អ្នកเลี้ยงผลิตผลจากฟาร์มเกษตร：เลต／คนຜลิตนม้ำໃนฟาร์ม）

動詞 11
する動詞 12
自動詞・他動詞 13
名詞 14
形容詞 15
副詞 16
ぎおん語・ぎたい語 17
カタカナ語 18
対義語 19
意味が近い言葉 20

□ **利害**
りがい

（हानि-लाभहानि／ถ้ำภาป์ๆขยุณ, ฮอนปรโยดຊ໌／ຜົນเสยและผลประโยชน์, ผลได้ผลเสย／ผับได้และเสีย(เสย), ถิ ปะโหยก, ສอมได้ສอมเสย(เสย), ）

▷ 利害の対立、利害関係者
りがい たいりつ　りがいかんけいしゃ

（लाभहानीमा मतभेद, लाभहानीसँग जोडिएका／ถ้ำພາຂ໌ຜົນປະໂຫยด຺ຊ໌, ผู้กมาຂ຺ໆภาສน໌ปริ຺ຂ／ການຂัดแย่ງฝີ຺ນປະໂຫยด, ผู้มีส่วนได้ສอมเสย）

▶ 彼らとは利害関係が一致するので、協力し合えると思う。
かれ　　りがいかんけい いっち　　　　　　　きょうりょく あ　　おも

（तिनीहरूसँग न लाभहानी सम्बन्धीको मामिला मेलखाने हुनाले परस्परमा सहयोग हुन सक्छ जस्तो लाग्छ ।／ຂ້ອยคิดว่าຂ້ອยคຸนຂฉน໌ขากพวกเขาเพຣาะวา่พวກเຮົามีส่วนได้ເສຍ຺ກฯ຺ຂ່ว຺ก຺น຺ด຺ຊ຺ฯ＝／ຄິดວ่ากำกับคอมມີฝ່ວ຺ຂอวຂฉ຺ນเพาะวาຄอมได้ສอมเสยเฉก຺ກ຺ນ຺ด຺ຍอยก຺ນ.）

□ **倫理**
りんり

（आचारसंहिता／ก຺ຍ຺ມ຺ໃ຺ล຺ຍ຺ຂ຺ຊ໌／ว຺ຂ຺ຍ຺ธ຺ຣ຺ม, ສ຺ໃຂ຺ດ຺ຍ, ฮ຺຺ูບ຺ຍ຺ก຺ບ຺ุม）

▶ 今後ますます、企業の倫理観が問われることになるだろう。
こんご　　　　　　　きぎょう りんりかん　と

（भविष्यमा क्रमशः उद्योगहरूको आचारसंहिता माथि प्रश्न उठाइनेछ होला ।／ຂ້ອยคิดວ่าในอ຺ນาคตຈ຺ะຍ຺ง຺ນ຺ไຂ຺ຕ຺ຍ຺ໃ຺ล຺ຍ຺ຂ຺ຂอ຺ข຺ง຺ບ຺ຍ຺ຊ຺ທ຺ກ຺ฯ຺ຂ຺ທ຺ฯ.／ໃ຺ນ຺ດ຺ຍ຺ຍ, ว຺ຂ຺ຍ຺ธ຺ຣ຺ม຺ຂ຺อ຺ຍ຺ບ຺ຍ຺ຊ຺ທ຺ຂ຺ะ຺ถ຺ก຺ກ຺ม຺ฯ຺ธ຺ຍ຺ມ.）

□ **朗報**
ろうほう

（सुसमाचार／ຂ່າ຺ວ຺ດ຺ຍ຺຺ٔฯ, ຂ່າ຺ວ຺ดี）

▶ 日本人がノーベル賞を取ったんだって。　へー、それは朗報だね。
にほんじん　　　　　　　しょう と　　　　　　　　　　　　ろうほう

（जापानीले नोबल पुरस्कार पाएको हो रे !―हो र, त्यो त सुसमाचार भयो त ।／ຂ຺ฝ຺ี຺ฝ຺຺ุນ຺ได຺ຣ຺ັ຺ງ຺ธ຺ວ຺ັ຺ນ຺ໂ຺ນ຺ເ຺ບ຺ນ຺ລ຺ฯ຺ໆ຺ລ຺ฯ? ເ຺ນ຺ໍ! เฮาะวาຂ່າ຺ວ຺ดี຺ຂ຺ຍ.／ค຺ນຍ຺ี຺ฝ຺຺ุນ຺ได຺ຣ຺ັ຺ບ຺ຣ຺ฯ຺ວ຺ັ຺ນ຺ໂ຺ນ຺ເ຺ບ຺ນ. ―ໂ຺ອ຺, ນ຺ั຺ນ຺ແ຺ม຺ນ຺ຂ່າ຺ວ຺ดี.）

□ **路地**
ろじ

（गल्ली／ मोहरो बाटो／ຫ຺ຍ຺ ຂ຺ຣ຺ก຺ເ຺ມ຺ນ, ฯ຺ฯ຺ຂ຺ອ຺ม, ตึ຺ ຂ຺ฯ຺ก຺ป຺อ຺ຍ฻ๆ）

▶ お店は、表通りから少し路地に入ったところにあります。
みせ　おもてどお　すこ ろじ はい

（यो पसल प्रमुख सडकबाट अलिकती गल्लीमा पसेर बिपछि रहेको छ ।／ຮ຺ຣ຺ຂ຺ั຺ນ຺ເ຺ນ຺ໍ຺ຂ຺ຍ຺ຍ຺ຍ຺ຂ຺ฯ຺ກ຺ฯ຺ຂ຺ล຺ฯ຺ຍ຺ฯ຺ฝ຺ฯ຺ຂ຺ะ຺ຂฯ຺ลຂ຺ฯ຺ฝ຺຺ุฝ຺ຍ຺ก຺ก຺ฯ຺ย຺ก຺ฯ.／ມ຺ฝ຺ฯ຺ຂ຺ั຺ນ຺ฯ຺ฯ຺ฝ຺ุຂ຺຺ฯ຺ຂ຺ั຺ນ຺ฯຍ຺ฝ຺ฯ຺ฯ຺ຍ຺ฝ຺ไ຺ฯ຺ฯຍ຺ກ຺ฯ຺ฯ຺ี຺ก຺ฯ.）

301

15 形容詞（けいようし）

(विशेषण／គុណនាម／ຄຳຄຸນນາມ)

□ **圧倒的(な)**（あっとうてき）

(अभिभूत／ដែលលើសលុប／ຂາດຮອຍ, ລອຍລຳ)

▷ 昨年に続き、A大学が圧倒的な強さで優勝した。
さくねん つづ だいがく あっとうてき つよ ゆうしょう

(गएको साललाई निरन्तरता दिदै A विश्वविद्यालयले अभिभूत शक्ति देखाउदै विजयी भयो।／សាកលវិទ្យាល័យAបានទទួលជ័យជម្នះដោយកម្លាំងដ៏លើសលុបបន្តពីឆ្នាំមុន។／ສືບຕໍ່ຈາກປີທີ່ຜ່ານມາ, ມະຫາວິທະຍາໄລ A ຊະນະດ້ວຍຄວາມແຂງແກ່ງຢ່າງຂາດຮອຍ.)

□ **あやふや(な)**

(अस्पष्ट／មិនប្រាកដប្រជា, មិនច្បាស់លាស់／ບໍ່ຊັດເຈນ,ຄຸມເຄືອ)

▷ そんなあやふやな言い方じゃ、わからないよ。
い かた

(त्यस्तो अस्पष्ट तरिकाले भनेमा बुझ्न सकिन्न।／ខ្ញុំមិនយល់ទេ បើរបៀបនិយាយមិនច្បាស់លាស់បែបនោះ។／ຖ້າເຈົ້າເວົ້າຄຸມເຄືອແບບນັ້ນ, ບໍ່ເຂົ້າໃຈໄດ໋.)

類 曖昧（な）
あいまい

□ **いい加減(な)**（かげん）

(लापरवाही／ដែលគ្មានការទទួលខុសត្រូវ／ປະໝາດ, ບໍ່ລະມັດລະວັງ, ບໍ່ເອົາໃຈໃສ່, ພໍເປັນພິທີ, ບໍ່ສົນໃຈ)

▷ いい加減な人
かげん ひと

(लापरवाही व्यक्ति／មនុស្សដែលគ្មានការទទួលខុសត្រូវ／ຄົນບໍ່ລະມັດລະວັງ.)

▶ 危険を伴う競技なので、いい加減な気持ちではやらないでください。
きけん ともな きょうぎ かげん きも

(खतराजनक खेल भएकोहुनाले लापरवाही सोचले नखेल्नुहोस्।／វាជាការប្រកួតប្រកបដោយគ្រោះថ្នាក់ ដូច្នេះបើគ្មានចិត្តទទួលខុសត្រូវ សូមកុំធ្វើអី។／ເປັນກິລາທີ່ມາພ້ອມກັບອັນຕະລາຍ, ສະນັ້ນກະລຸນາຢ່າຫຼິ້ນດ້ວຍອາລົມປະໝາດ.)

▶ いい加減に起きたら？　もう10時だよ。
かげん お じ

(कस्तो लापरवाही हो तिमी ! अब त उठ, 10 बजिसक्यो।／ឆាប់ងើបឡើងមក? ម៉ោង១០ហើយ។／ຈະເປັນແນວໃດຖ້າຕື່ນນອນມາຢ່າງບໍ່ສົນໃຈ? 10 ໂມງແລ້ວໄດ໋.)

□ **嫌み(な)**（いや）

(व्यंग्य／ដែលមិនពេញចិត្ត, ដែលមិនសប្បាយចិត្ត／ການສຽດສີ, ເຢາະເຍີ້ຍ)

▷ 嫌みを言う
いや い

(व्यंग्य गर्नु／និយាយចំអកបញ្ឈឺចិត្ត／ເວົ້າສຽດສີ)

▶ 彼女の嫌味な言い方に腹が立った。
かのじょ いやみ い かた はら た

(ती महिला व्यंग्य गर्ने तरिकाले बोल्ने हुनाले रिस उठ्यो।／ខ្ញុំខឹងនឹងរបៀបនិយាយបែបចំអកបញ្ឈឺចិត្តរបស់នាង។／ໃຈຮ້າຍກັບວິທີເວົ້າທີ່ສຽດສີຂອງລາວ.)

□ **円滑(な)**（えんかつ）

(सुमधुर／ដ៏រលូន／ບໍ່ຂັດຂ້ອງ, ຄ່ອງແຄ້ວ, ລຽບໄຫຼ)

▷ 円滑なコミュニケーション
えんかつ

(सुमधुर सम्वाद／ការទំនាក់ទំនងដ៏រលូន／ການສື່ສານຢ່າງລຽບໄຫຼ)

▶ 仕事を円滑に進めるためのポイントは次の5つです。
しごと えんかつ すす つぎ

(कामकाजलाई सुमधुर तरिकाले बढाउँदैलाने 5 बुँदा यी हुन्।／ចំនុចសម្រាប់ធ្វើអោយការងារប្រព្រឹត្តទៅយ៉ាងរលូនមាន៥ចំនុចដូចតទៅ។／ຕໍ່ໄປນີ້ແມ່ນ5ຈຸດທີ່ຈະຊ່ວຍໃຫ້ເຮັດວຽກໄດ້ຢ່າງຄ່ອງແຄ້ວ.)

□ **円満(な)**（えんまん）

(मिलनसार／ដែលចុះសម្រុងគ្នា／ກົມກຽວ, ປອງດອງ)

▷ 夫婦円満の家庭
ふうふ えんまん かてい

(मिलनसार पतिपत्नीको घर／គ្រួសារដែលប្ដីប្រពន្ធចុះសម្រុងគ្នា／ຄອບຄົວທີ່ມີຄວາມກົມກຽວ)

▶ 話し合いは円満に終わった。
はな あ えんまん お

(कुराकानी मिलनसार वातावरणमा सकियो।／ការនិយាយពិភាក្សាបានបញ្ចប់ទៅដោយចុះសម្រុងនឹងគ្នា។／ການສົນທະນາໄດ້ຈົບລົງດ້ວຍຄວາມປອງດອງ.)

□ **大まか（な）**
おお
（नरामम /ໄຮ່ປຣະໂຫຍດ, ໄຮ່ປຣກອງ /ໂດຍລວມ, ທ່ວຍໆໄປ）

▶ この先１カ月の大まかな予定を教えてください。
さき　げつ　おお　　　よてい　おし
（ឧបមា ១ ខែវៃ ភិនាَto លកខេរៈ៍ oរយៈ បេក ្ប ្ ្ / សូមប្រាប់ຍ້ໍກາລະਸ਼ນໃກⴀ ្្ព្ញកនាងៃベ៖ ្ /ຊ៕ຍ ກ ຊៃ ្ ្ ្ ៤ ្)

□ **厳か（な）**
おごそ
（भव्य /ฮิธิฐุก.ນີກ, ฮิ.អธิฅ.มฒ.ฮฒ /ເป็นພิธ็ອົລ, ເถ่ງ.ຂື.ມ）

▶ 厳かな雰囲気の中、結婚式は行われた。
おごそ　ふんい　き　なか　けっこんしき　おこな
（भव्य ठाऍ្ោ ្ ្ ្ /ஒ่ⴀ.ຂ.ฐฐ.ฮ.ฮ.ฮ.ฐฐ.ฐ）

□ **肝心（な）**
かんじん
（महत्वपूर्ण /ໄฮฒ.ສ้.ฐານ, ์ำ.ฅับ）

▶ 肝心なことを言い忘れるところだった。
かんじん　　　　　い　わす
（महत्वपूर्ण कुरा भन्ने बिर्सेछु /ฦฒ.ฐ.ฐฐ.ฐฐ.ฐฐ.ฐ）

□ **窮屈（な）**
きゅうくつ
（संकुरा /ໄฮฒ.ฅฑ.ฐ, ໄฮฒ.ฅฑ.ຽฐ.ฐ /ฮฒ.ฅฐฒ, ฐฐฒ, ฅฒฐ）

▶ この車に５人乗るの!?　ちょっと窮屈だなあ。
くるま　にん　の　　　　　　　きゅうくつ
（จो गाडीमा 5 जना चढ्ने, संकुरा हुन्छ त॰ /ฦฒ.ฐฐ.ฐฐ.ฐฐฐ.ฐฐ।）

□ **強制的（な）**
きょうせいてき
（जबरजस्ती /ໄฮฒฒ.ฐฐฐ /ฒฒฐ.ฐฐฒ.ฅฐฒ）

▶ この会は、強制的なものじゃないので、気が進まなかっ
かい　　　きょうせいてき　　　　　　　　　き　すす
たら行かなくていいですよ。

（जो सभा जबरजस्ती जानुपर्ने होइन, मन नलागे नगए हुन्छ॰ /ฦฒ.ฐฐฐฒ.ฐฐฒ.ฅฐฒ.ฐฐฒ.ฐฐฒฐ）

□ **けがらわしい**

（चिनावरो ; घृणित /ໄฮฒ.ฐฅฒฐ.ฐ, ໄฮฒ
ฅฒฐฐฒฒ.ฐฐฒฐ /ฅฒฐฐฒ.ฅฒฐ,
ฐฐฒฐฐฒฐ）

▶ そんな言葉、口にするのもけがらわしい。
ことば　くち
（त्यो औषधी खायो भनेर नाटकीय रुपमा निको हुने होइन॰ /ฦฒ.ฅฒฐฐฒ.ฐฐฒ.ฅฐฒ
ฐฐฒฐฐฒฐฐฒฐ）

□ **劇的（な）**
げきてき
（नाटकिय /ໄฮฒ.ฐฒฐฅฒฐฅฒຽฐฒ.ฐฐฒ
ฅฐฒ, ฅฒฐฐฒ /ฐฐฒฐฅฒฐฐฒ,
ฐฒฐฐฒฐฐฒ.ฐฅฒฐฐฒຽฐฒ）

▷ 劇的な勝利
げきてき　しょうり
（नाटकीय विजय /ฅฒฐฅฒฐฐฐฒฅฒ /ฺຂฒฒฒฒฐฐฒຽฐฒฅฒ）

▶ その薬を飲んだからといって、劇的によくなるわけじゃ
くすり　の　　　　　　　　　　　げきてき
ない。

（यदि तपाईंले त्यो औषधी लिनुभयो भने पनि, तपाईं नाटकीय रुपमा राम्रो हुनुहुनेछैन॰ /ฅฒฐฐฒฒฐฐฒฅฒฐฐฒฐฐฒฅฒฐฐฒฅฐฒ
ฐฐฒฒฐฐฒฅฒฐฐฒฅฒฐฐฒ॰ /ฅฒฐฐฒฅฒฐฐฒ, ฺฅฒฐฐฒฅฒฐฐฒฅฒฐฐฒฅฒฐฐฒ॰）

□ **厳格（な）**
げんかく
（कडा /ໄฮฒ.ฅฒฐฐฒ.ฐ /ฒฒฐฐฒ, ฅฒฐ
ฅฐฒ）

▷ 彼女は厳格な家庭で育てられた。
かのじょ　げんかく　かてい　そだ
（उनी कठोरपन्ती परिवारमा हुर्किइन् । /ฒฒฐฐฒฅฒฐฐฒฅฒฐฐฒฅฒฐฐฒฅฐฒ /
ฒฒฐฐฒฅฒฐฐฒฅฒฐฐฒฅฒฐฐฒฅฒฐฐฒ॰）

□ **堅実（な）**
けんじつ
（विश्वास लायो /ໄฮฒຽฐฒฐฐฒ, ໄฮฒฅฐฒ
ฺฅฅฐฒฅฐฒฐ /ฅฒฐฐฒ, ฅฒฐฅฐฒ）

▶ あそこは会社を大きくしようとか、あんまり考えないで、
かいしゃ　おお　　　　　　　　　　　　かんが
堅実な商売をしている。
けんじつ　しょうばい
（त्यहाँ कम्पनीलाई ठूलो बनाउँ आदि जस्ता कुरा नसोचि इमानदार तरिकाले व्यापार गरिन्छ । /ฺฅฒฐฐฒฅฒฐฐฒฅฒฐฐฒฅฒฐฐฒฅฐฒ
ฺฅฒฐฐฒฅฒฐฐฒฅฒฐฐฒฅฒฐฐฒฅฒฐฐฒฅฒฐฐฒฅฒฐฐฒ॰ /ฺฅฒฐฐฒฅฒฐฐฒฅฒฐฐฒฅฒฐฐฒฅฒฐ
ฺฅฒฐฐฒฅฒฐฐฒฅฒฐฐฒ॰）

□ **賢明(な)**
けんめい
(बुद्धिमान／ໂຕລບໄວຊາດ／ສະຫຼາດ, ຮອບຄອບ)

▷ 賢明な選択
けんめい　せんたく
(बुद्धिपूर्ण छनोट／ການເລືອກທີ່ສະໄຫຼາດ／ຫາງເລືອກທີ່ສະຫຼາດ)

▶ 先が読めない状況なので、しばらく様子を見るのが賢明
さき　よ　　　　　　じょうきょう　　　　　　　　　　ようす　み　　　　けんめい
だと思う。
おも

(भविष्य अन्दाज हुनाले केही समय परिस्थिति नियालेर बस्नु बुद्धिमान हुनेछ।／ໃນກໍລະນີການໂຕລບໄວຊາດເບິ່ງສະພາບເຫດເບິ່ງເຫັນ
ຈຸດການສຸຄ8 ຢູ່ເຈ້ະຄິຄິຄາຄ່າເບິ່ງສາຍສກາຍາຍຍ:ເຂດຄືຢກາຄໝ／ເມື່ອຈາຍຈກ່າເປັນຂະຫຍາຍການທີ່ດກເຂົຄຂະ
ບາ່ຄບໂບໄດ້, ຄືດວາຍາຄ6ມື່ງກ່າເປັນຂະຫຍາຍເທຍກາບຈັກໂລຍະທີ່ຍໍຍາຍ8ອຍຄອຍ.)

□ **懸命(な)**
けんめい
(कठा परिश्रमी／ນີ້ດງ້ງ／ກາດໃຫຼ່ຫຼີ້ນ, ຈົ່ງຈົ່ງ, ຍຸຕຍິ້ນ)

▷ 懸命な努力
けんめい　　どりょく
(कठा परिश्रमको／ການຮີຄຂໃ້ຍີ້ດເປັ່ງຖີຍງ່ງ8ຖາ້ງ／ຄວາມພະຍາຍາມເຕັ່ມຈຖຈັ້ງ)

▶ 事故発生からすでに2日たちましたが、今なお、懸命な
じこはっせい　　　　　　　ふつか　　　　　　　　　いま　　　　けんめい
救助活動が続けられています。
きゅうじょかつどう　つづ

(दुर्घटनापछि 2 दिन बित्यो र अझपनि कठा परिश्रमका साथ उद्धार कार्य चलिरहेको छ।／ຫໍລນ:ເຄຄໄຊ8ເກີຍບ8ບ່ກ9ຄາ8ເກີຄ
ເຫຄຄເຊກຄາຄ ຜ່ໃຫຍການຍຍຍຄ8ເຄ:ຫາ1ຄ8ຖ້ຄ8ເຫ່ໄຄະສຍໃ7／ເປັນເວລາ2ມື້ແລ້ວນັບແຕ່ຢ8ເປ8ເຄືດ8ເຖີ8ຄ8ໃ, ແຕ່ການໃຫ່
ຄວາມຂະເພື8ຄືຍ8ຈ້ງຢຈ້ງກ່າເປັນຄ.)

□ **公的(な)**
こうてき
(औपचारिक／ສາວຫານ:／ທ່ຄທຫ່ຄາຄວລ:ບ:, ຄ່ຄມຄ8ຍ)

▷ 公的資金
こうてき　しきん
(औपचारिक पुँजी／ຫາຄ8ຍຍຄ8ສາວຫານ:／ການຍ8ຂຫາຄ8ລ:ບ:)

▶ 公的な機関なので、いろいろ制約もあります。
こうてき　きかん　　　　　　　　　せいやく

(औपचारिक संस्था हुनाले विविध रोकका नियमहरू पनि छन्।／ເພາະ8ເເ8ໄຄ:ຈາ8ສາຄ8ສ8ສາວຫານ: ຢູ່ເຈ້ະ:ຄ່ຄ8ການ8ກ8ກ8ຖ່ຍ
ຄ8ໃຖ8ວ8ຍຖ8ຂ8ວ7／ເມື່ອຈາຍຈກ8ເປັນ8ຂ8ຍຫາຍຄວລ:ບ:, ຈ8ມ8ຍ8ຍ8ຖຍ8ຖ8ຍ8ຍ8ຍ.)

□ 対**私的(な)**
してき
(व्यक्तिगत／ໂฉ8ຂ8, ส่วนบุกฺฆฺละ8／ส่วนตัว)

▶ 会社のパソコンを私的に利用することは禁じられていま
かいしゃ　　　　　　　　　　　してき　りよう　　　　　　　きん
す。

(कम्पनीको कम्प्युटरलाई व्यक्तिगत प्रयोगमा चलाउन मनाही गरिएको छ।／ການໃຊ້ຄ8ພ8ຍຸ8ຄ8ຂ8ຄ8ຄ8ຫ8ຍ8ເຖ8ສ8ພ8ສ8ຍ8ຍ8ຍ8ໂ8ຄ8ຂ8
ຄ8ຍ8ຄ8ສ8ຍ8ໃ8ຄ8./ຫ້8ຄ8ໃຊ້ຄ8ຄ8ເຮືອ8ຄ8ຍ8ຍ8ຍ8ຍ8ເປັນການ8ຍ8ຂ8ໃ.)

□ **孤独(な)**
こどく
(एकांत／ໂຍຍ8ຂກ8, ໂຍ8ຍ8ຄ8./ຍຍ8ຄຍ8, ໂ8ຄ8ຍ8)

▶ 都会で一人暮らしをしていると、時々、孤独を感じる。
とかい　ひとりぐ　　　　　　　　　ときどき　　　こどく　かん

(ठूलो शहरमा एक्लो बस्दा सम्मय सम्मल कहिलेकाही अकेलो अनुभव हुन्छ।／ເຄຄ8ຂ8: ຢູ່ຄ8ຍ8ຄຍ8ຂ8ຄ8ໃຄ8ໂ8ເຄ8ສ8ຄ8ໃ8ຄ8ໃ8ເ8ຍ8ເ8ຍ8ຄ8ຍ8
ຈ້8ກ8ຄ8 1／ເຄ8ໃ8ຊ8ຄ8ຄ8ຍ8ຢຍ8ໃຄ8ໃ8ເຄ8ຍ8ຄ8ຍ8ເ8ຍ8ທ8ໃ8ໂ8ຄ8ຍ8.)

□ **根本的(な)**
こんぽんてき
(मौलिक／ໂຄ8ຍ8ຍ8ຍ8ຖ8ຄ8ຄ8:／
ໂຄ8ຍ8ຍ8ຄ8, ເ8ຍ8ເປັນຂ8ຄ8ຄ8ສ8ກ8ຄ8)

▶ そんな目先の対応じゃなく、根本的な解決が必要だ。
めさき　たいおう　　　　　　こんぽんてき　かいけつ　ひつよう

(त्यस्तो अस्थायी कार्यान्वयन नगरेर, मौलिककरणमा समाधान हुन जररी छ।／ເ8ຍ8ຄ8ເຈ8ການ:ເກ8ຄ8ຍ8ຍ8ສ8ຍ8 ອ8ຍ8ຍ8
ການ8ຄ8ໃ8ຈ8ຍ8ຄ8:ເຄ8ຍ8ຊ8ຄ8:ເ8ຄ8／ຕ້8ຄ8ການ8ຍ8ຄ8ໃ8ໃ8ໂ8ຍ8ຍ8ຍ8ຍ8, ບ8ຍ8ຈ8ຄ8ຍ8ແ8ຊ8ຍ8ໃ8ຄ8ຍ8ຍ8ໃ8ເ8ຍ8ປ8.)

動詞 11

する動詞 12

自動詞・他動詞 13

名詞 14

形容詞 15

副詞 16

ぎおん語・ぎたい語 17

カタカナ語 18

対義語 19

意味が近い言葉 20

□ **雑（な）**
ざつ

(जथाभावी／ໃຊໝເໝ່ງໄຫ່ງ／ລັກ, ລັກ, ລັກ, ລັກ, ບໍ່ເປັນລະບຽບ)

▶ これで掃除したの？　雑だなあ。端のほうとか、全然きれいになってないよ。
そうじ　　　　　　　　　ざつ　　　　　　はし　　　　　　　　　　ぜんぜん

(यो मानेछ सरेको अवस्था भनेको? कस्तो जथाभावी सरेको हो! कुनानि तिर पट्टी सफा भएको छैन। ／ ៩៩ធ្វើបានសម្អាតនឹងរបៀបនេះ ឬ? កន្លែងវ្បើញ៉ ៊ នៅកន្លែងជ្រុងជាដើម មិនស្អាតទាល់តែសោះ។／ທໍາຄວາມສະອາດແລ້ວແລ້ວບໍ? ບໍ່ເປັນລະບຽບເລີຍ. ທາງຮຽບຮ້ອຍບໍ່ມີຄວາມສະອາດເລີຍ.)

□ **残酷（な）**
ざんこく

(क्रूर／ໃຊໝເໝ່ງໝຽໄ／ໂຫດຮ້າຍ)

▶ 戦争がいかに愚かで残酷なものか、彼は訴え続けた。
せんそう　　　　　　　おろ　　　ざんこく　　　　　　　　　　かれ　うった　つづ

(युद्ध कतिको मूर्खतापूर्ण र क्रूर हुन्छ भनी उसले निरन्तरलिलाई／ តាំងបានឧទ្ធរណ៍ការនោះជាតើស្រេចត្រាចេវៀន៧ស្រុកលិសិណ នឹងយានោកយៗ័ខើម៉ច៩៩ ។／ລາວໄດ້ສືບຕໍ່ຊົມວ່າສົງຄາມແມ່ນຊົ່ວຊ້າໄ່ງໄຫ່ງໄຫ່ງ.)

□ **実践的（な）**
じっせんてき

(अवहारिक／ໃຊໝວ່າໄໝ່ງ／ໄຊ່ການໄປໄ, ກ່ຽວກັບການປະຕິບັດ)

▶ この本は、実践的な例がたくさん載っている。
ほん　　じっせんてき　れい

(यो पुस्तकमा अवहारिक उदाहरणहरू थुप्रै पट्टा सकिन्छ।／ស្នើរវេ៧ន៖មានទ្ធទាហរណ៍ការៃស្នងៃ្មើន។／ໃນໜັງສືໄຊ່ໄຫ່ງມ່ຽກ່ຽວກັບການປະຕິບັດຈິ່ງ.)

□ **地道（な）**
じみち

(आश्चो पारा／ໃຊໝເຫຼ່ງລຸສ, ໃຊໝ ມິໄ່ງ ໃໝ່ງໝຽໝ, ຕ່ຽໝໝ, ໃໝ່ງໝ, ເຮັດໄໝ່ງ)

▶ 地道な努力の結果、彼はついに、代表入りを果たした。
じみち　どりょく　けっか　かれ　　　　　だいひょう　は

(आश्चो पारामा परिश्रमको फलस्वरूप, उसले अन्तिमसम्म प्रतिनिधिकोरूपमा सामिल हुनपायो।／ជាលទ្ធផលនៃការខិតខំប្រឹងប្រែង ៩ ៊ ខ្លាំងរបស់គាត់ ៊ ទីបំផុតគាត់បានចូលក្នុងក្រុមជម្រើសជាតិ។／ໃນທີ່ສຸດລາວໄດ້ ໃໝ່ງໝຽຕ່ຽໝໝຽ ໃໝ່ງ, ໃນທີ່ສຸດລາວເຂົ້າ.)

□ **凄まじい**
すさ

(भयानक／ໃໝ່ງໃໝ່ງໃໝ່ງໃໝ່ງ／ໝຸໝຽ, ເປັນຕາໃຫ່ງໃຈ, ເປັນຕາຢ້ານ, ເປັນຕາໃໝ່ງ)

▶ 爆発の瞬間、凄まじい音がした。
ばくはつ　しゅんかん　すさ　　　おと

(विस्फोट हुने समयमा भयानक आवाज आयो।／មានសម្លេងដ៏គួរឱ្យភ័យខ្លាច ៩ណ:ពេលដែលគ្រាប់បែកផ្ទុះ។／ຂະໝຸໄ່ງໄຫ່ງໃໝ່ງໃຫ່ງໝຽແກກ, ໃດ້ຍິນລຽງດ້ງຢ່ງໜ້າຢ້ານ.)

□ **ずさん（な）**
ਜਾਲਲ

(लापरवाह／ໃຊໝຸໝຽໃໝ່ງ／ໝັງໝຽ, ປະໝຽໝ, ບໍ່ຮັດໃໝ່ງ)

▶ A社のずさんな経営が明らかになった。
しゃ　　　　　　　けいえい　あき

(A कम्पनीको लापरवाहीपूर्ण सञ्चालन छर्लंग हुनआयो।／ការគ្រប់គ្រងអាជីវកម្មដ៏ធ្លេសប្រហែសរបស់ក្រុមហ៊ុន Aគ្រូបាន បង្ហាញឱ្យឃើញ។／ການບໍ່ໃຫ່ງໃໝ່ງແບບມັງໝຽຂອງບໍລິສັດ Aໄດ້ຖືກເປີດເຜີຍ.)

□ **絶対的（な）**
ぜったいてき

(निर्विवाद／ ੍੍੍ੲ੍ੳ੍੍ੀ੍੍／ແບບຍ້ຽ)

□ **相対的（な）**
そうたいてき

(सापेक्षिक／ໃຊໝມ੍੍ੳ੍੍੍ੳ੍੍੍／ຄ່ຽໝັຽໝ, ກ່ຽວຂ້ອງກັນ)

□ **壮大（な）**
そうだい

(शानदार／ພຽໝ／ໃໝ੍ຸੳໝ, ໃໝ່ງ, ໃໝ່ງໃໝ, ຍ່ງໃໝ່)

▶ 宇宙を舞台にした壮大な計画に、心が躍った。
うちゅう　ぶたい　　　　　そうだい　けいかく　　こころ　おど

(ब्रह्माण्डलाई रंगमञ्चको रूपमा खडा गरेको शानदार योजनामा मन फुरुंग भएको थो।／ខ្ញុំមានសេចក្តីរំភើបនឹងគម្រោងការដ៏អស្ចារ្យបំ៥ន់ នៅ អវកាស។／ຈິດໃຈຍ້ຽໝຸຽໝຽດຽກັບ੍ਪ੍ੳໝຽໝຽໝ, ໃໝ່ງໝຽໝຽໝຽໃໝ່ງ.)

□ **大胆（な）**
だいたん

(निर्भीक／ चकितपार्ने／ໃໝ່ງໝຽໝຽໝຽ, ໃຊໝ ຍ໌, ກ້າໝຽໝ, ໃໝ່ງໝຽໝຽໝ, ໃໝໝຽໝ)

▶ 大胆な行動、大胆な色使い
だいたん　こうどう　だいたん　いろづか

(निर्भीक व्यवहार, चकितपार्ने रूपरङको प्रयोग／ សកម្មភាពដ៏ក្លាហាន, ពណ៌ដិត, ការយោកឃាំងឃាន, ការໃຊ່ສີໝຽໃໝໝ(ເຂັ້ມ))

▶ これまでのやり方にとらわれず、大胆な発想を持ってください。
かた　　　　　　　　　　だいたん　はっそう　も

(हालसम्मको तरिकामा नअल्झिेें चकितपार्ने सोच लिने गर्नुहोस्।／ សូមមានគំនិតក្លាហានកុំឱ្យចងជាប់នឹងវិធីចាស់ៗដែលធ្លាប់មាន ពីមុនមក។／ຈົ່ງຍຶດຕິດກັບວິທີ੍ਪ੍ੳໝໝຽ ແລະຍ່ງໃໝ່ງໝຽໃໝ່ງກ່ຽວໃໝ່ງ.)

□ **巧み（な）**
たく
（चलाख／ប៉ិនប្រសប់, ស្ទាត់ជំនាញ／ຢ່າງນຸມ, ຢ່ວຍງານ）

▷ 巧みなステップ、巧みな話術
たく　　　　　　たく　　わじゅつ
（चलाख पाइला, चलाख बोल्ने शैली／ជំហានដ៏ប៉ិនប្រសប់, សិល្បៈក្នុងការសន្ទនាដ៏ស្ទាត់ជំនាញ／ຂັ້ນຕອນທີ່ຊໍານານ, ສິນລະປະການເວົ້າທີ່ຊ່ວຍງານ）

▷ 職人の巧みな技に、驚き、感動した。
しょくにん　　たく　　わざ　　おどろ　　かんどう
（कारिगरको सिपालु सिप अचम्मपर्ने र मनमा गाडा प्रभाव पार्ने थियो।／ខ្ញុំទទួលការចាប់អារម្មណ៍និងឱ្យភ្នាក់ផ្អើលនឹងឯកទេសរបស់សិប្បករ។／ປະຫຼາດໃຈແລະດີກໃຈໃນຝີມືທີ່ຊໍານານຂອງຜູ້ຊ່ຽວຊານ）

□ **巧妙（な）**
こうみょう
（चलाकीमाथ रचिएको／ប៉ិនប្រសប់, ស្ទាត់ជំនាញ／ສະຫຼາດ, ຊ່ວຍເຊືອ, ຢ່າງນຸມ）

▶ 犯行の手口はますます巧妙になっている。
はんこう　　てぐち　　　　　　　こうみょう
（अपराधका तरिकाहरु झनझन चलाकीमाथ रचिन थालिएको छ।／វិធីសាស្ត្រប្រព្រឹត្តបទឧក្រិដ្ឋកាន់តែមានភាពស្ទាត់ជំនាញឡើង។／ວິທີການກໍ່ອາຊະຍາກໍ່ມ່ນຄວາມແຫຼມຄົມ。）

□ **多彩（な）**
たさい
（बहुमुखी／ដែលមានពណ៌ចម្រុះ;ចម្រុះ／ຫຼາກຫຼາຍ, ຫຼາກຫຼາຍ）

▶ 彼女の多彩な才能は、こんなところにも発揮された。
かのじょ　　たさい　　さいのう　　　　　　　　　はっき
（सि महिलाको बहुमुखी प्रतिभालाई यहाँ पनि चमक गन्यो।／វេ.កោសល្យដ៏ចម្រុះរបស់នាងក៏ត្រូវបានបង្ហាញនៅកន្លែងបែបនេះ ដៃ.ល.វ.／ພອນສະຫວັນດ້ານຫຼາກຫຼາຍຂອງລາວໄດ້ຖືກສະແດງໃຫ້ເຫັນໃນສະຖານທີ່ແບບນີ້ເຊັ່ນກັນ.）

□ **緻密（な）**
ちみつ
（काकलविस्तारण／ដែលល្អិតល្អន់／ລະອຽດ, ລະອຽດ）

▷ 緻密な描写
ちみつ　　びょうしゃ
（काकलविस्तारक चित्र／ការបង្ហាញយ៉ាងលម្អិតល្អន់／ການບັນຍາຍໂດຍລະອຽດ）

▷ この大ヒット商品の裏には、彼の緻密な計算があった。
だい　　しょうひん　　うら　　　　　　　　かれ　　ちみつ　　けいさん
（यस सुपरहिट उत्पादित वस्तुको पछाडि उसको काकलविस्तारक हिसाब रहेको छ।／ការលក់ដ៏ល្អិតល្អន់នៅពីក្រោយផលិតផលដ៏លក់ដាច់នេះ។／ມີການຄິດໄລ່ຢ່າງລະອຽດຂອງລາວຢູ່ເບື້ອງຫຼັງຂອງສິນຄ້າຂາຍດີນີ້.）

□ **抽象的（な）**
ちゅうしょうてき
（अमूर्त, बाहिरायको／ដែលលំនាំនាមធម្ម, ដែលអរូបី／ນາມມະທໍາ, ເອົ້າໃຈຍາກ）

▶ 抽象的な話はいいから、もっと具体的な問題について
ちゅうしょうてき　はなし　　　　　　　　　　　ぐたいてき　もんだい
話しましょう。
はな
（बाहिरायको कुरा छोड, ठोस समस्याको बारेमा कुरा गरौँ न।／ការឈប់ឈរយោបល់បែបអរូបីហើយស្មានជាងយោបល់ពិ បញ្ហាកាក់តែស្មានមានយោបល់ច្រើនទ្រង់ទ្រាយនេះ។／ບໍ່ຕ້ອງເວົ້າເຣື້ອງທີ່ເປັນນາມມະທໍາດອກ. ມາເວົ້າກ່ຽວກັບບັນຫາທີ່ເປັນຮູບທໍາກັນເທາະ.）

□ **尊い**
とうと
（अमूल्य／ម្មាsមtiស／ຄ່ຄູນ, ປະເສີດ, ຄ່ສັກ, ມີຄ່）

▶ こうした連携によって、尊い命が救われるのです。
れんけい　　　　　とうとい　いのち　すく
（यस किसिमको सहकारिताले अमूल्य जीवनको रक्षा हुनलगाई।／ជីវិតដ៏មានតម្លៃត្រូវបានជួយសង្គ្រោះតាមរយ:កិច្ចសហប្រតិបត្តិ ការបែបនេះ។／ຊ່ວຍຊອມຊ່ວມມ្ព្ព.ชีวิตอันปะเสิดทิงี้ถือ้อย.เฆ่ือ.）

□ **尊さ**
とうと
（अपरिहार्यता／ភាពមានតម្លៃ／ຄ່ປະເສີດ）

□ **鈍感（な）**
どんかん
（असंवेदनशील／ រាថ／ដែលល្បល្ង, ដែល ល្មី／ຄວາມບໍ່ຮູ້ສຶກ ຄ່ງ）

▶ 彼は鈍感だから、そういう女性の気持ちはわからないよ。
かれ　どんかん　　　　　　　　　じょせい　　きも
（ऊ नारो भाव्कोले त्यस्तो किसिमको महिलाको भावनालाई बुन्न सक्दैन।／គាត់ស្ញែប ដូច្នេះតាមិនយល់ពីអារម្មណ៍បែបនេះរបស់ មនុស្សស្ត្រីឡើយ។／ລາວບໍ່ຮູ້ສຶກໄວ, ສະນັ້ນຈະບໍ່ເຂົ້າໃຈຄວາມຮູ້ສຶກຂອງຜູ້ຍິງແບບນັ້ນ.）

□ **華やか（な）**
はな

（खिलिमिलि／ใสลุงเจิดเจ้ง／
ลอยงาม, เด่น, ธูเธือง）

▶ 俳優の世界は華やかだと思っていたが、現実は違っていた。
はいゆう　せかい　はな　　　　おも　　　　　　　げんじつ　ちが

（अभिनेताहरूको संसार खिलिमिलि होला भनि सोचेको त वास्तविकता त्यसो होइन रहेछ।／ខ្ញុំបានគិតថាពិភពលោកនៃតួសម្ដែងគឺភ្លឺ ថ្លា ប៉ុន្តែការពិតវា។／ເຄີຍຄິດວ່າໂລກຂອງນັກສະແດງແມ່ນສວຍງາມ, ແຕ່ຄວາມເປັນຈິງແມ່ນແຕກຕ່າງກັ.）

□ **万能（な）**
ばんのう

（सर्वगुण／सर्वमुखी／ใสลุณภูໂกสมฺคฺู [ຣฺุ,
ฺกฺปฺแกฺ่ຮ／ປຸ່ນໍຫ່ລຸຕິພິຄພใນທຸຣຼ
ຄ່າມ, ມີຄວາມສາມາດຮອບດ້ານ）

▶ スポーツ万能
（खेलकुदमा सर्वमुखी／អ្នកពូកែក្រប់យ៉ាងខាងផ្នែកកីឡា／ປະເພດເຄຼື່ອຖຽກປະເພດຖາ）

▶ はたして、科学は万能なのだろうか。
かがく　ばんのう

（के आखिरमा विज्ञान सर्वगुण होला त？／តើវិទ្យាសាស្ត្រពិតជាមានទេះ ស្រាយអ្វីៗក្រប់យ៉ាងឬបាទ？／
ວິທະຍາສາດມີຄວາມສາມາດຮອບດ້ານແທ້ຫຼຶ？）

□ **ひそか／密か（な）**
ひそ

（गोप्य／मनसम्क／ใสลุณแ๊ภก่ำใ/
ลึบ, ปักปิก, ลึกลึบ, จอบ, ลัก）

▶ ひそかに憧れる
あこが

（गोप्यरूपमा मनपराउनु／ក្រាញ្ចង់ចងបានដោយសម្ងាត់／ລັກຮັກຮ່ອມ）

▶ 病院食はあまりおいしくないですが、デザートはひそかな楽しみです。
びょういんしょく　　　　　　　　　　　　　　　　　　たの

（अस्पतालको खाना मिठो त हुदैन तर मिठाई मनसम्क पक्ष्न्छु।／អាហារមន្ទីរពេទ្យមិនសូវឆ្ងាញ់ទេ ប៉ុន្តែខ្ញុំទន្ទឹងចាំបរិភោគបង្អែម
ដោយសម្ងាត់។／ອາຫານໃນໂຮງໝໍບໍ່ແຊບປານໃດ, ແຕ່ຈອບຕຶ່ນກັບຂອງຫວານ.）

□ **不都合（な）**
ふつごう

（अनुविधाजनक／ใสลุณมิ่ผ[สณุ／
ບໍ່ສະດວກ, ບໍ່ເໝາະສົມ, ມີບັນຫາ,
ມີຄວາມຫຍຸ້ງຍາກ）

▶ 何か不都合があれば、お知らせください。
なに　ふつごう　　　　　　　　し

（कतै अनुविधाजनक अवस्था भए खबर गर्नुहोस्।／សូមជូនដំណឹងប្រសិនបើមានអ្វីមិនស្រួល។／
ຖ້າທ່ານມີບັນຫາຫຍັງ, ກະລຸນາແຈ້ງໃຫ້ພວກເຮົາຊາບ.）

□ **不明（な）**
ふめい

（अपारदर्शी／ใสลุณมิ่ลฺเถฺูกฺา, ใสลุ
มิ่ลฺลึถฺ／ບໍ່ແຈ່ມແຈ້ງ, ບໍ່ເຂົ້າໃຈ）

▶ 内容に不明な点があれば、ご連絡ください。
ないよう　ふめい　てん　　　　　　れんらく

（विषयमा कुनै अपारदर्शिता भएमा खबर गर्नुहोस्।／សូមទាក់ទងមក ប្រសិនបើមានចំណុចមិនច្បាស់លាស់ពីខ្លឹមសារ។／
ຖ້າທ່ານບໍ່ເຂົ້າໃຈໃນເນື້ອໃນ, ກະລຸນາຕິດຕໍ່ພວກເຮົາ.）

□ **まとも（な）**
　

（सोझो／ใสลฺสมฺมฺยฺ, ใสลฺก[ัฺบ
[ฺากฺ/ ลึถฺสฺ, ບໍ່ລຶฺ่ว, ท์ง็ๆ[ัฺ่กฺ่มฺา,
ฒฺาฺะสฺ่ม, ธฺยฺ่บ่ຮฺ, สฺฺุบฺฺฺ, ถ์ฺมฺ่ใฮฺ）

▶ まともな意見、まともな店
いけん　　　　みせ

（सोझो विचार, असल पसल／ យោបល់សមរម្យ, ហាងថ្លៃសមរម្យ／ຄວາມຄິດເຫັນທິ່ຖືກຕ້ອງໃນກ້ານ, ຮ້ານທິ່ດີໃຊ້ໄດ້）

▶ ろくな政治家がいない中で、彼はまともなほうだ。
せいじか　　　　なか　かれ

（असल राजनितिज्ञ नभएको अवस्थामा उ त असल सोझो नै हो।／ នៅក្នុងចំណោមនយោបាយ ញ។／ໃນຈຳພວກບໍ່ມີນັກການເມືອງທີ່ບໍ່ໄດ້ເລື່ອງ, ລາວເປັນຄົນທີ່ເໝາະສົມ.）

動詞 11
する動詞 12
自動詞・他動詞 13
名詞 14
形容詞 15
副詞 16
ぎおん語・ぎたい語 17
カタカナ語 18
対義語 19
意味が近い名詞 20

□ **回りくどい**
まわ

▶ そんな回りくどい言い方をしないで、はっきり言ってく
まわ　　　　　　　　　い　かた　　　　　　　　　　　　　　　　い
ださい。

(घुमाउरिपरो／ⅺⅻ☉ⅲⅲ, ⅻⅿ☉ⅲⅸⅷ☉／ອ້ອມค້ອມ) (त्यस्तो घुमाउरिपरो नभनिकन स्पष्ट भन्नुहोस् ।／ℓ℻ⅺℐ℧ⅻⅻⅰⅻⅻℿℛℐⅻℛℿℕ℃℗: ⅻℰⅻⅻ℧ℛℐℕ℧ⅻ℧ℸⅻℒℝ℧℔℧ℰ℧ℛ℧ℕℝℛ℧ℰ℧℧ℱ１／ຍ່າເວົ້າອ້ອມค້ອມແບບນັ້ນ, ກະລຸນາເວົ້າຢ່າງຈະແຈ້ງ))

□ **身軽(な)**
み　がる

▶ 荷物をロッカーに預けて、身軽になったほうがいい。
に もつ　　　　　　　　　あず　　　　み がる

(हरिलो／ℐℛℐℒℛ℧℧ℛ／ (सामान लकरमा राखेर हरिलो बनेको राखौं ।／℧ℐℛℕℛℙℐℕℓℕℐℒℝℿℼℛ℧ℙℼⅻℰ, ℻℧℧ℰℛℐℕℝℛ℧℧ℰℛ１／
ໃຫ້ເບົາ, ຄ່ອງໂຕ, ໃຜ່ຍາລະ) ຝາກເຄື່ອງໄວ້ໃນຕູ້ລ໋ອກເກີ້ເພື່ອໃຫ້ໂຕເບົາກ່ອນ.)

□ **身近(な)**
み ぢか

▶ 身近な問題から国際問題まで、いろいろなテーマを取り
み ぢか　もんだい　　こくさいもんだい　　　　　　　　　　　　　　　　と
上げます。
あ

(नजिकको／ℐℐℒℛℾℾ／ℸℕℼℓ) (नजिकको समस्या देखि अन्तर्राष्ट्रिय समस्या सम्मका विभिन्न विषयमा चर्चा गरिन्छ ।／ℰℐℕℕ℧ℾℐℕℛℙℐℝℛℒℝℾℛℛℿℳℿℛℾℐℼℕℼℸℒℽℐℒℝℿ
ℰℰ℧ℐℰℰℿℒℏℓℛℝℐℕℛ℧ℝℵℛℾℓℑℼℓⅻ℻ℛ℧℧ℿⅻ℧ℼℐⅻℰℰℐℼℝℴℼⅻⅻ℻℺ℝℐℒℝℛℸℿℳℼⅻℼℐ℧ℼℎℼℑⅻℼℽⅻ℧.)

□ **明快(な)**
めいかい

▷ 残念ながら、この問いに対する明快な答えはまだ見つかっ
ざんねん　　　　　　　　　と　　　たい　　　めいかい　こた　　　　　　　み
ていない。

(स्पष्ट／ℐℛℓℓℛℛℛℿℛℓ／ (अफ्सोस छ कि यस प्रश्नको सुस्पष्ट उत्तर अझै भेटिएको छैन ।／ℰℛℿℰℿ℧℧℧ℛℒℼℰ, ℰℐℒℼ℧ℛℓℓℛℛℛℿℛℰℾ℧℺℧ⅻ℧ℼℂℙℕ℧℺ℰ℺:
ℚℐℕ℧, ℤⅻℳℸⅻ) ℏ℧ℰℛℓℐℒℛℸℕℒℿℐⅻℰ℧℺ℼℸℴℕℿℒ℻ℙℏℕℛℿℳⅻ℧ℶ℧ℐℝℼℰℕℰℰℛℼℰ℧℧℺ℝℼℷℐℼℎℙℏ℧℧℧ⅻℛℷℾℛℼℐℴ.)

□ **単純明快(な)**
たんじゅんめいかい

▶ 安くなった理由は単純明快です。サービスをカットした
やす　　　　　　　りゆう　　たんじゅんめいかい
のです。

(सरलरस्पष्ट／ℐℛℓℓℛ℧ℓℛℐℛℿℛℓℛℿℛℓ (सस्तो हुनुको कारण सरल र स्पष्ट छ ।／ℳⅻℰℝℒℿℐℒℼℕ℧ℸℰℼℐℛℴℛℸℕℛℾℐ℔℧℧ℒℐℒℛℓℛℛℛℿℛℓ
／ℐⅻℳℼⅻℓ℺℧ℒℰℿℳ, ℻℧℧ℿⅻℒℒℿⅻℙ ℛℰℑℿ℧ℐℳℛℰℝℛℿℳℒℐ℧℧℧ℑ℔℧℻℧ℐℕℷℛℰℿⅻℒℰℴℳℳⅻℒℛℴ℧ℒℒⅻℑ. ℼⅻ℻ℑℑⅻℕℛⅻℑℒℑℛ℔℧℧℧℧℧.)
ℳⅻ)

□ **明白(な)**
めいはく

▷ 明白な事実
めいはく　　じじつ

(थर्लाङ्ग सत्य／ℐℛℓℓℛℐℛℒℛℐℒℝℿ／ (थर्लाङ्ग सत्य／℧ℛℐℒℼℰℐℛℒℛℐℒℝℿℳ／℧℧℧℧ℷⅻℑℰℿℳ)
ℚℐℕ℧, ℤⅻℳℸⅻ)

▷ 政府の対応に問題があったことは明白だった。
せい ふ　　たいおう　　もんだい　　　　　　　　　　　めいはく

(सरकारको कामकाज समस्यापूर्ण भन्ने कुरा थर्लाङ्ग थियो।／℧ⅻℰⅻ℧ℴℝℒℛℸℐℒℑℿⅻℝℒℿℳℳℐℝℼℾℸℰℝℒℰℛℐℒℝℿℳℐ
／ℚℐℕℛℴ℧ℑℐℿ℧℧℧℧℧℧ℝℝℸ℧℧.)

□ **明瞭(な)**
めいりょう

▷ 態度を明瞭にする
たい ど　　　めいりょう

(खुलस्तपन／ℐℛℓℓℛℐℛℒℛℐℒℝℿ／ (खुलस्त व्यवहार गर्नु／℧℧℧℧ℐℒ℔ℙℒℼℼⅻℳⅻℰℛℐℒℝℿℳ／℧℧℧℧℧℧℧℧℧ℑℰℿℳ)
ℚℐℕℛ, ℤⅻℳℸⅻ)

▶ 言いたいことを簡潔、明瞭に相手に伝えることが大切で
い　　　　　　　　　　かんけつ　めいりょう　あいて　　つた　　　　　　　たいせつ
す。

(भन्नखोजेको कुरा, सारांश तथा खुलस्तरूपमा अर्कोलाई सुनाउन महत्वपूर्ण हुन्छ ।／℧℺ℰℰℴℐℒℑℕℛℝℝ℧℧℧ℳⅻⅻℳℐℒℛℛℿℳℷⅻℑℳ ℰℿℳ
℧℺℧ℒℛℙℕℐℒℝℿℳℰℛℐℒℼ℧ℑℐℼℐℼℒℐℒℑℰℴℕℼℓℐℼℑ／℧℧ℙℑℑℒℐℼℰℰℐℼℷℒℑℰ℧℧℧℧℧℧℧℧℧℧℧℧℧℧℧℧ℼℕ℧ℝⅻℑℴℑℴ℧℧℧ℐℒℝℿℳ
℧℧℧℧℧℧℧℧℧℧.)

□ 対**不明瞭（な）**
ふめいりょう
（धमिलो／ไม่ชัดเจน／គ្មាន…）
ບໍ່ຊັດເຈນ, ບໍ່ແຈ່ມແຈ້ງ）

▷ 不明瞭な関係
ふめいりょう かんけい
（धमिलो सम्बन्ध／ธุรกิจที่ไม่ชัดเจน／ความสัมพันธ์ที่ບໍ່ຊັດເຈນ）

▷ 事故原因については不明瞭な点が残っており、調査が続
じ こ げんいん　　　　　　　　　　　　　　ふめいりょう てん のこ　　　　　　　　ちょうさ つづ
いている。

（दुर्घटनाको कारण सम्बन्धी धमिलो बुँदाहरू बाँकी रहेक हुनाले, जाँच चलिरहेको छ।／ម៉ុំឬមូលហេតុនៃគ្រោះថ្នាក់ស្ថិតនៅមានសល់ចំនុច
ដែលមិនច្បាស់លាស់ ហើយការស្រាវជ្រាវនៅតែបន្ត។／ສາເຫດຂອງອຸບັດເຫດຍັງບໍ່ແຈ້ງແລະການສືບສວນຍັງສືບຕໍ່.）

□ **目覚ましい**
めざ
（उल्लेखनिय／ผลัดผุ้มากมาย／
ໄດ້ເດັ່ນ, ດີເດັ່ນ, ພົ້ນດອນກອງເຫັ່ງ）

▷ 目覚ましい活躍
めざ　　　　　　かつやく
（उल्लेखनिय गतिविधि／บทบาทในการผลัดผุ้มากมาย／ການມີບົດບາດທີ່ໄດ້ເດັ່ນ）

▷ 近年、A国は目覚ましい経済発展を遂げている。
きんねん　こく めざ　　　　　　　けいざいはってん と

（हालका वर्षमा A राष्ट्रको अर्थतन्त्रले उल्लेखनिय विकास गरेको छ।／ໃນຊຸມປີຫຼັງມານີ້, ປະເທດ A ໄດ້ພັດທະນາດ້ານເສດຖະກິດ
ເຮັດທີ່ໄດ້ເດັ່ນ.）

□ **厄介（な）**
やっかい
（बोझ／ไม่ชัดปัญหา／
ຫຍຸ້ງຍາກ, ລຳບາກ）

▷ 厄介な人
やっかい ひと
（बोझ दिने मान्छे／ผุ้คนมีปัญหา／ຄົນລຳບາກ）

▷ 部長にまで話が伝わってしまったのか。それは厄介なこ
ぶ ちょう　　　　はなし つた　　　　　　　　　　　　やっかい
とになったな。

（विभाग प्रमुख सम्म कुरा पुगेछ। यो त बोझको कुरा हुने भयो।／ເລື່ອງໄປ...／ກ່ຽວກັບການ
ບັນຫາເປັນຫຍັງ／ເລື່ອງກາຍເປັນເລື່ອງຫຍຸ້ງຍາກ.）

□ **露骨（な）**
ろこつ
（खुलस्त／ตรงไปตรงมา／
ຈີ້ໆເຈນ, ເປີດເຜີຍ, ກົງໆ）

▷ 閉店間際に入ったら、店員が露骨に嫌そうな顔をした。
へいてんまぎわ はい　　　　　　　てんいん ろこつ いや　　かお

（पसलमा बन्दहुने लागेको समयमा भित्र पसेलेले मुख विगारेको खुलस्त देखियो।／ເຂົ້າຮ້ານໃກ້ຈະປິດ ພະນັກງານເຮັດໜ້າ
ບໍ່ພໍໃຈຢ່າງເປີດເຜີຍ.）

309

16 副詞など
ふくし
(क्रियायोगी／ກິริยาสฎฏิเสส／ถำถุมบาม)

☐ **あたかも**

(जस्तो／ਪ੍ਰਿ੪ຄ, ເหાກ໌ฎ่แฃว／
ปานຊับ໌ว, บู๋ฃเฮ็บเฃามีบฝ่าดี)

▶ あたかもそれが本物であるかのように売られている。
ほんもの う

(यसलाई सकल वस्तुलाई जस्तो गरि बिक्री गरिरहेको छ ।／ເบຂ໌ເฎาะ໌:๒กຂาฎธ์ฎฦ้อฝฎฦ้อฐฎาบ๒แบ໌ฝ้ฝฎฝฦ้า
／ฃฎายๆฝมฃฝฎฦกๆฝๆแบบฃอฦๆฝฏี.)

☐ **危うく**
あや

(सायद／ເฎื่อใก้／ເฮือบ)

▶ 渋滞で危うく飛行機に乗り遅れるところだったよ。
じゅうたい あや ひこうき の おく

(ट्राफिक जामले गर्दा मैले हवाइजहाजलाई चढ्न नभ्याएको जस्तो भएको थियो।／ຂ້อฬ໌ใฝฎฦ:ฬฎฏฎ:ฐิฬฮาบ
ເฎายฎาฎฦ:ฐๆฝฝฝฎๆ.໌ ເฎื่อบฝ໌ฎัฝบฝ໌บฝ้อฬฎาบฮฦฝฎฎฝฐืฝฎฐี.)

☐ **いかに**

(कतिको／ຢฎฦฝฎฝฎฦฐ໌:／
แบบใฝ, เฃิฎใฝ, ฎ:แฎฎใฝ)

▶ いかに大変なことか、経験した者でないとわからない。
たいへん けいけん もの

(कतिको गार्हो हुन्छ भन्ने कुरा त अनुभव गर्भएको मान्छे अरूले बताहन सक्तैन ।／ເฎฦ้มีฝฦฬฎฦฎฦฝฝ
มฎฝฐฎฎฝฎฐฐฝฎฝฐ:ฮิฝฝ๒ฝฮฮฐืฝฎาฎฝฎฦฝ:ฝฎฝฝ:ฎฦฝฐ໌໌.／ฎฦฝ້แบฝฎ໌ฐีฝເฮียฝฝฝฝฝฎฦฎฝฎฦฝ:ฝฮฦ໌ใฝฝฦฝ
อฝฎ:ฦฝ:ฎฎฝฐ໌ฝฎฦใฝ.)

☐ **いかにも～らしい**

(त्यो बाहेक अरू सोच्न नसकिने／ฎฦฎฦฝฝฎฦฎฦฦฬฎ໌：／
ເฎ็ฝแบบใฝ…แฝฦฦ)

▶ いかにも原さんが好きそうな曲だね。
はら す きょく

(हाजनेभन्दा मन्पर्ने नै किसिमको गाना रहेछ हनि।／ฎฦฎฦฝฝฝ٫ฦฝ่มแฮฮฦฝฝฝฝฮฎฦฎฝฎฦฝฮฝฝฝฝฎฝฐฝ໌./
ເฎ็ฝแฮฝ໌ใฝເฎ็ฝฎฮฦฝฐฎฝฎ แฎฦ໌: ฎ้ฎฮฦ໌ใฝฝ฿.)

☐ **いざ**

(ठ अब／ເฎฝฎฝฎ:／ໄฝເฎฎฝ (ฝฝฎ้ฎฝ))

▶ いざ出発だという時に、電話が鳴るということがある。
しゅっぱつ とき でんわ な

(ल अब प्रस्थान गर्ने भन्दै बेला फोन आउने गर्छ।／ເฎฝฝฝฝฝฝ่าฝฎฝฝฝฝฎฦฝฎฎ อฝฝฝฎฝฎฦฝฎฦฝฝ้ฝฮฝฎ໌٫
มีฝฦฎฝฦฮฦฝฦฎฝฎ:แฎฝฝฝฎฦฝฝฝฝฎฮฝฝฝฮฦฝฎฝฎฝฎฝ่าฝฎฦฝ.)

☐ **いささか**

(कताकता／अलिअलि／ฎ่ฎฝฝฮฝ, ฎฝฮฝฎฝ／
ເฎ็ฝฝฎ้อฝ, ฃ้อฝฎ่ฝฦ)

▶ いささか心配ではあるけど、彼に任せてみよう。
しんぱい かれ まか

(कताकता चिन्ता त लाग्छ तर उसलाई जिम्मा लगाऔन हेरौं ।／ຂ้อฝฝฝฎฝฝมฎ็ฝฝฐืฝฝฝฝฎฦฎฦฝฎฝฝฝฎ๒ฝฝ้า
／ฎ้ฎฝฝฮฝฝ, แฎ่ฮฦฝฎฮฝฝฎฝ໌໌ฝฦอฎฝฎฦฦ.)

▶ 彼女があんなことを言うなんて、いささか驚きました。
かのじょ い おどろ

(ती महिलाले त्यस्तो बोलेको देख्दा अलिकति छक्क परे।／ฎ้อฝฝฝฝฝฎฦฝฝฮฦฝฮฝฝฝฝฎฦฦฦฝฎฎฮฦฝฎฦฎฮฝฝฎฝฝฝฮฝฝ٫
แฎฝใฝฝฝฮฝฎฝฎ๒ฝฮฝฝฐ๒ฝแฎฝฮฮฝฝฝ.)

☐ **依然(として)**
い ぜん

(पहिले कै सरह／ເฎฝฎฝ่ฎ／ເฎ็ฝເฎฮ, ฮฝฎฝฎ)

▷ 新商品の売上は好調だが、A社は依然として厳しい状況が続いている。
しんしょうひん うりあげ こうちょう しゃ い ぜん きび じょうきょう つづ

(नयाँ उत्पादित सामाग्रीको बिक्री रामो त छ तर A कम्पनी पहिले कै सरह कठिन परिस्थिति जारिरहेको छ ।／
ฎฎฝฝฝฝฮฦฝฝฎ:ฝฦฮฝฝฮฮฝฎฝฮฦฦฎฝฝฝ ฝ้แฎฦฎฦฎฦฎฝฮ A เฎฮฝฎฮฝฝฎฝฮ໌໌ฝฝฝฎฦฦฝฝฝฎฝฝฝฝฝฎฮฝฝฦฝฎฦ໌ฝฝฝฎฝฝฝฮฝฝ٫฿฿٫
ເฎ็ฝฝฝ໌ฝฎฦฦฎฝฮฦฝฝ:ฎฝฝฝฎฝฝฮฝฝฝฝฝ໌฿ฝฝฎฝ, แฎ่ฝฎฝฝฎฝ A ฝ้อฝฝฎฝฝฎฝฎฝฎฝฝฝฝฝฎฝฎฝฦฝฝฝฎฝเฎย.)

勤詞 11

する動詞 12

自動詞・他動詞 13

名詞 14

形容詞 15

副詞 16

ぎおん語・ぎたい語 17

カタカナ語 18

対義語 19

意味が近い言葉 20

□ **いたって**
（अत्यन्त／ណាស់／ເຫຼືອເກີນ, ຫຼາຍ）

▶ いたって簡単、いたって普通
かんたん　　　　　ふつう
（अत्यन्त सरल, अत्यन्त साधारण／ងាយស្រួលណាស់, ធម្មតាណាស់／ງ່າຍຫຼາຍ, ທໍາມະດາຫຼາຍ）

□ **大いに**
おお
（खुब／ខ្លាំងណាស់, យ៉ាងខ្លាំង／ຢ່າງຫຼວງຫຼາຍ, ຢ່າງໃຫຍ່ຫຼວງ）

▶ 原油価格の高騰は、うちの会社にも大いに影響があ
げんゆ かかく こうとう　　　　　　　　　かいしゃ　　おお　　えいきょう
る。
（कच्चा तेलको मूल्यवृद्धिले हाम्रो कम्पनीलाई ठुलै असर पर्यो।／ការឡើងថ្លៃៃនៃតម្លៃប្រេងឥន្ធនៈធ្វើឱ្យក្រុមហ៊ុនរបស់យើង／ການຂຶ້ນລາຄານ້ຳມັນດິບໄດ້ສົ່ງຜົນກະທົບຢ່າງໃຫຍ່ຫຼວງຕໍ່ບໍລິສັດຂອງພວກເຮົາ.）

□ **きちっと**
（राम्रोसँग／យ៉ាងត្រឹមត្រូវ／ຢ່າງຮຽບຮ້ອຍ, ຢ່າງແນບນຽນ, ຢ່າງເຕັມເມັດເຕັມໜ່ວຍ）

▶ 最後まできちっとやってくださいね。🈁きちんと
さいご
（अन्तसम्म (काम) राम्रोसँग गर्नुहोस् है।／សូមធ្វើមកយ៉ាងត្រឹមត្រូវរហូតដល់ចប់ៗ／ກະລຸນາເຮັດໃຫ້ເຕັມເມັດເຕັມໜ່ວຍຈົນເຖິງທີ່ສຸດ.）

□ **急遽／急きょ**
きゅうきょ　きゅう
（तुरन्त／ភ្លាមៗ／យ៉ាងប្រញាប់, យ៉ាងលឿន, ຢ່າງຮີບດ່ວນ, ຢ່າງກະທັນຫັນ）

▶ 社から電話があり、急遽、戻らなければならなくなっ
しゃ　でんわ　　　　きゅうきょ もど
た。
（कम्पनीबाट फोन आएकोले, तुरन्त फर्किनै पर्यो।／មានទូរស័ព្ទមកពីក្រុមហ៊ុន ដូច្នេះខ្ញុំត្រូវតែត្រឡប់ទៅវិញភ្លាម។／ໄດ້ຮັບໂທລະສັບຈາກບໍລິສັດແລະຕ້ອງກັບຄືນຢ່າງຮີບດ່ວນ.）

□ **ぐっと**
（यहाँ महिरोसँग थिच्नुहोस्।／ខ្លាំងៗ／ຢ່າງໜັກແໜ້ນ）

▶ ここをぐっと押してみてください。
お
（यहाँ बसरी महिरोसँग थिच्नुहोस्।／សូមចុចត្រង់នេះមើលយ៉ាងខ្លាំង។／ລອງກົດບ່ອນນີ້.）

▶ 泣きたくなったけど、ぐっとこらえました。
な
（रुनसम लागेको थियो तर भित्रभित्रै दबाएँ।／ខ្ញុំចង់យំ ប៉ុន្តែខ្ញុំបានទប់ខ្លាំង។／ຢາກຮ້ອງໄຫ້, ແຕ່ກັ້ນໄວ້.）

□ **現に**
げん
（वास्तवमै／ជាការពិត／ໃນຄວາມເປັນຈິງ, ແທ້）

▶ このダイエット方法は利きますよ。現に私が痩せま
ほうほう き　　　　　　　げんわたし や
した。
（यो डाइटिङ तरिका प्रभावकारी छ, वास्तवमै म दुब्लाएँ नि।／វិធីតម្រងអាហារនេះមានប្រសិទ្ធភាព។ ជាការពិតខ្ញុំ
បានស្រកទម្ងន់។／ວິທີການລົດນ້ຳໜັກແບບນີ້ໄດ້ຜົນ. ຂ້ອຍຈອຍລົງແທ້.）

□ **ことによると**
（मुने अनुसार／ប្រហែលជា／ຂຶ້ນກັບສະຖານການ）

▶ ことによると、政権交代があるかも。
せいけんこうたい
（मुने अनुसार सरकार परिवर्तन हुन सक्छ रे।／ប្រហែលជាមានការផ្លាស់ប្ដូរអំណាចនយោបាយ។／ອາດຈະມີການປ່ຽນແປງລັດຖະບານກໍເປັນໄດ້.）

□ **しいて／強いて**
し
（भनि परेमा, यहाँसो अभिमानतिलाई अलिकति बदलेमा राम्रो जस्तो लाग्छ।／បើនិយាយដោយបង្ខំ ខ្ញុំគិតថាគួរ
កែសម្រួលសបញ្ញត្តិត្រង់នេះបន្តិចខ្ញុំចិញ។／ຖ້າຈຳເປັນ, ຂ້ອຍຄິດວ່າຄວນຈະເຮັດໃຫ້ເຖິງແກ້ໄຂ.）

▶ 強いて言えば、ここの表現を少し変えたほうがいい
し　　　　　　　　ひょうげん すこ か
と思う。
おも

□ しかし
(त्यो त हो तर／เทาะบี๊จาบ่ง�, เทาะบี๊ม៉าๆฉ៊ิกกุ้／แต่ว่า)

▶ しかし暑いね。—うん、暑い。
あつ　　　　　あつ
(त्यो त हो तर／ गर्मी छ हगि ?—ऑ गर्मी छ।／เทาะบี๊จาบ่ง� អាกាសธากฺุเฑ็ฺณากซ้าๆ —ยีฺ฿บใฺ ກฺฺรๆฺฉๆฑๆๆ／แต่ว่าฮ้อนเนาะ. —แม่นแล้ว, ฮ้อน.)

□ 次第に
しだい
(बिस्तार बिस्तार／បន្តិ្ចម្ដងๆ／เ฿ือ฿ฃฆฑฺฉ២฿ฉ)

▶ 試験日が近づくにつれ、次第に不安になってきた。
しけんび　ちか　　　　　　　しだい　ふあん
(परीक्षाको दिन नजिकिँदै आउँदा बिस्तार बिस्तार चिन्ता लाग्ने आयो।／เขณฺฺบใฺๆบฺบฃฺฉ๊รฺฉฺ฿ฃฺๆฑๆๆๆฑฑๆ๊฿ขๆฬ ខ្ញុំ คๆฺ฿ฑ฿ฃฺรฑฺฺๆฃฺฺฺฑฺฺๆฺ฿ฑ╯ฆ฿ฑ╮／เ฿ือ฿ฉๆๆฃฺฺๆฺฺๆๆฺ฿ฉ៊ให้฿ั้฿, กๆๆๆฺฑฺ฿ฃ฿ใจใฺฒฺฺฺๆฑฺ฿ือฉฃๆฺ฿ฉฆฺ.)

□ じっくり
(बिस्तार／เฉๆฃฺฺบฺๆฃฺฺบฺฺฆฺ／ย่าๆๆฉฆฉฺฃฆฉ)

▶ 急がなくていいので、じっくり考えてください。
(हतार नगरे हुन्छ, बिस्तार सोच्नुहोस्।／ฺฉบ฿ฃฺฉฺฉฺฉฺบฺ฿ฑฑฺบฺๆฃ฿เฉๆฉ ฉฺฑฺฺฝฺฉฺฑฺ฿ๆฃฺฺฉฺฺฺฃฑฺ฿ฑ╮／ปัจจำเป็นต้องฮ้อน, ฑฺฉฺฺฆฉฉฃฉฆฉฺ฿ฃฉฺฺฃฆฉฺ.)

□ そもそも
(मूल कुरा／ดีเฑ็ฎ, เฉ็ฎฺบฺฉฺ฿, ฉฺบฺฃฆฉฺฝฺฺ／ใฺบฉๆฉฆ฿ใฃฺ฿ฑ)

▶ そもそも、なんで彼女が文句を言うの？　関係ない
　　　　　　　　　かのじょ　もんく　い　　　　　　　　　かんけい
のに。
いそ
(मूल कुरामा जाँदा, किन त्यो महिलाले गुनासो गरेको हो？ सरकार छैन नि।／฿ฺบฉๆฉฆ฿ฃฺฺฺฑฺฺฺฺฑฺฺฺๆฃ฿฿฿฿ฑ฿฿฿฿ฑ ฻ฺฉฺฉฺฺ฿ฉฺฉฆฺฺฑ฿฿฿฿ฃฺ฿ฺๆฃ฿ฺ? ฿ือ เฉๆฺฉฺฃฆ฿฿ฺฑฺฉฉฆ฿ฺ฿ฃฺ฿฿฿฿฿฿? ฿ือ฿฿฿฿฿฿฿฿฿฿฿฿฿฿.)

□ つくづく
(मनै देखि／เฉฺฉฺเฑฺฉ, ฑฺฺฺฉฺฺฉฆฺฺฉฺฺ／ย่าๆฉ฿ฑฺฉฺฉฺ฿, แฑฺฑ)

▶ 何日も出張に出ると、つくづく家はいいなあと思う。
なんにち　しゅっちょう　で　　　　　　　　　　いえ　　　　　　おも
(धेरै दिन काम-यात्रामा निस्किदा, मनै देखि आफ्नो घर राम्रो लाग्छ।／เขณฺฉฉๆ฿฿฿฿฿฿฿฿฿฿฿฿฿฿฿฿฿฿฿฿฿฿฿฿฿฿฿฿฿฿฿ ฿ฺฉฉฃ฿ฉฺฉฆฺฺฉฺฉฺฺฉฺๆฃฺฉฃฺ฿ฉฺฺฑฺฉฺฑฺ฿／เ฿ือฑฺฉฃฃฺฉฺ฿฿฿฿ฃฺฉฉฉฺฉฆฉฺฆ฿฿, ฆฺฉฉฑฺฉฉฺฉฺฉฆฉฺฉฺ.)

□ 努めて
つと
(कोशिश गरेर／ฑฺฺฉฉๆฃฺฺฉฺฑฉฺฉฺเฉฺฑฺฺ฿฿฿／ใฺฉฉๆฆฉฆฃฆ฿฿฿)

▶ 職場の雰囲気をよくしようと、彼女は努めて明るく
しょくば　ふんいき　　　　　　　　　　　かのじょ　つと　あか
している。
(कार्यालयको वातावरण राम्रो होस भनि त्यो महिला हसिलो अनुहार बनाउन कोशिश गरिरहेकी छिन।／ฑฺฉฉ฿฿฿฿฿฿฿฿฿฿฿฿฿฿฿฿ฺฉ ฉฺ฿ฉฺฉๆฃฺฉฆฺฉฺฉฉฺฉฺฉฺ฿ฑฺฑฺ฿฿฿฿฿฿฿฿฿฿ฺฑฺฉฺ฿ฑฺ฿/ฉๆฺฉใฑฺฉฉๆฉฃฉฉฉฉฺฉฺฺ฿ฑฉฉฑฑฑฑฺฺฉใฺฒฃฉฺฉฺฉฆฆฉฺฺฺฺฉฺ฿ือฺ.)

□ てっきり
(अवश्य नै／฿ฑฺฑฉฉฺ／ย่าๆฺบฉ฿บฉฆ, ย่าๆ฿฿ฉฺ฿ใจ, บฺฉฺฉฺฑฺใฉ)

▶ てっきり原さんがやってくれたんだと思ってたけど、
　　　　　はら　　　　　　　　　　　　　　　　　　　おも
違うんだ。
ちが
(मैले त अवश्य नै हाराज्यूले गरिदिनुभयछ भन्ने सोचेको थे, होइन रहेछ।／ฆฺฉ฿฿ฑฺฑฑ฿฿฿฿฿฿ฃฺฉฺ฿฿ฑฺ฿ฑ฿฿ฺฉ เฑฑฺ฿฿฿฿ ฉๆฺฉฺฉฉฆฉฃ฿ฺฑฺฺฉฺๆฑฺฺฺฑฺฑฺ฿฿฿฿฿฿?／฿ฑฉฺ฿฿฿ฃฑฺฉฺฉฺฺฺ฿ฑฺฉฺ฿฿ฺฃฑฺ฿ฑฺฆ฿฿฿฿฿฿ฉฺฉฺ, แฑฺฉฺแฆฉ.)

□ どうやら
(विचार गर्दा／ฑฺฆฆฉฉฺฉฉฺฉฉฺฉ／ฑฺฉฺฉฺฉ, เฉฺฑฃฆฉ)

▶ どうやら彼女の言っていたことは本当のようだ。
　　　　　かのじょ　い　　　　　　　　　　ほんとう
(त्यो महिलाले भनेको कुरा यसो विचार गर्दा सत्य हो जस्तो देखिन्छ।／ฑฺฉฺฉฺฉฆฉฉฉฺฉๆฑ฿ฺฉฉฉฺฉฺฉฺฆฉฃฉฉฉฑ฿฿ฃฺ฿฿฿฿฿฿฿ฑ฿ฺฑ╮／ปัจฑฺฉฺฆฉฉฃฉฆฺฉๆฉฉฃฆฉฉฺฉฉฆฉฺ฿ฑฺ฿ฑฺฉฺฉฺฺฉฑฺฑฺ.)

□ 取り急ぎ
と　　いそ
(हतारमा／ฑฺฉฉฉฉฉฺฉฺฉฺ฿฿฿／ฑฺฉฉฉฆฉ฿เฉ฿ฉ)

▶ 〈メールなど〉取り急ぎ、お返事まで。
と　いそ　　　へんじ
(〈इमेल आदि〉 अहिले हतारमा हुनाले, छोटो जवाफ, मात्र दिईछु।／〈ฑฺฉฉฑฺ฿฿฿ฑฺ〉 ฉฉฺฉฉฺฉๆฃฺฉฉฉฆฉฉฺฉฉฃฉฉฉฉฉฺ฿ฑฺ฿ฑฺ฿ฑ฿฿฿฿฿฿฿฿฿฿╮／〈ฺฆฆฆ และ฿ฑฺ〉 ฉฉฆฉฉฺฉฃฉฉฉฺ฿ฉฺ, ฉฉฉฉๆฃฺฉฉฉฉฺฉฃ฿฿.)

□ **なおさら**

▶ その話を聞いて、なおさら彼が好きになった。

（अझ बढी／ថែមទៀត, ត្រឹងជាងនេះទៅទៀត／ຍິ່ງກວ່ານັ້ນ, ຍິ່ງຂຶ້ນ）

（त्यो कुरा सुनेर पहिले भन्दा अझ बढी उ मलाई मनपर्यो।／(ពេលខ្ញុំលឺរឿងនោះ។ ខ្ញុំកាន់តែចូលចិត្តគាត់ថែមទៀត)។／ຟັງຄວາມນີ້ແລ້ວກໍເລີຍຍິ່ງ, ຍ່ອຍກ່ຽວຜ່ານຂາແລ້ວ.）

□ **並びに**
　なら

▶ 会員ならびに関係者の皆様にご案内申し上げます。

（एवम् ~／ព្រមទាំង／ແລະ, ອີກ）

（सदस्य एवम् सम्बन्धित महानुभावहरू जानकारी दिन चाहन्छु।／ខ្ញុំសូមធ្វើការណែនាំដ៏ខ្ពស់ដល់សមាជិកក្រុមទាំងអ្នកពាក់ព័ន្ធទាំងឡាយ។／ຂໍແຈ້ງໃຫ້ສະມາຊິກ ພ້ອມທັງຜູ້ກ່ຽວຂ້ອງທຸກທ່ານຊາບ.）

□ **軒並み**
　のきな

（जतातती／ទាំងអស់／ທັງໝົດ, ໄລຍຽວ）

□ **ひいては**

▶ ネットを通じて日本全国、ひいては世界に商品を
　PR できるようになった。

（अझ भनी हो भने／ជុំវិញ, ហេតុផ្លនេះ：／ບໍ່ພຽງແຕ່...ແຕ່ຍັງ..., ຍອການຕາມ）

（इन्टरनेटको माध्यमबाट जापान भर मात्र नभई अझ भनी हो भने संसारभरमा उत्पादित सामाग्रीको PR गर्न सकिने भयो।／ឃើងអាចធ្វើការផ្សព្វផ្សាយទំនិញទៅជប៉ុននិងពិភពលោកតាមរយ:អ៊ីនធើណេត។／ສາມາດປະກາດຊື່ສິນຄ້າຜ່ານເນັດ ໃຫ້ປວງຊົນຍີ່ປຸ່ນແລະທົ່ວໂລກໄດ້ໂດຍຜ່ານຫນັງເນັ.）

□ **ひたすら**

▶ 最初の１カ月は、ひたすらラケットを振る毎日だっ
　た。

（खाली ~ मात्र／ដោយអស្សោ, ឬាំងឈ្លោះៈមលលតិ ដុំង់ចិត្ត／ຢ່າງຫຼວງ, ມົນຈົ）

（सुरुको १ महिना त रातोदिन खाली च्याकेट हल्लाउने मात्र गरें।／សម្រាប់ខេ:ខួប៊ង់ប៊ូ គឺយាយទោយថ្លេ:គឺຂ្ញុំធ្វើដែរៀងកាត់ល័យ។／1ເດືອນທຳອິດ, ກໍ່ມີແຕ່ຖວາຍໃຫ້ແອກິດຫຼາຍ.）

□ **ふんだんに**

▶ 料理はふんだんに用意してあるので、たくさん食べ
　てください。

（जतिभरे पनि／បរិបូរ៉ុះ／ມີຫຼາຍ, ຄົບຖ້ວນ）

（परिकार त जतिसक्दो पनि तयार छ,त्यसैले अघाँउजी खानुहोस्।／ខ្ញុំបានរៀបចំអាហារយ៉ាងច្រើន ដូច្នេះសូមពិសាអោយបានច្រើន។／ກຽມອາຫານໄວ້ຢ່າງພຽງພໍ, ສະນັ້ນໃຫ້ຖານຫຼາຍໆເດີ.）

□ **まして**

▶ 駅から遠い上に、ましてや家賃が高いなんて、ちっ
　ともよくない。

（त्यसमाथि／ក្រៅពីនេះ／ຍິ່ງໄປກວ່ານັ້ນ）

（ट्रेन स्टेसन बाट टाढा मात्र होइन अझ त्यसमाथि कोठा भाडा महङ्गो भएकोले पटक्कै राम्रो होइन।／កនលងពីស្ថា និដងាយស្ថានិ យ័ងតិស្មៈវីងយីសតរឹ ក្រៅពីនះ:ថ្លៃផ្ទះម្លងផ្លងកាំង។／ບໍ່ພ ຽງແຕ່ໄກຈາກສະຖາ ນີ, ຢ່າງໃດໄກທາງເຮືອນຫຼາຍ, ບໍ່ດີຈັກໜ້ອຍເລີຍ.）

□ **まずまず**

▶ 今回はまずまずの出来です。

（ठिकठाक／សមគូរ, គ្រប់គ្រាន់, ຫຼມພຼພມ, ຍອມຮັບໄດ້, ຄ ່ອງພໍຄວນ, ພົພ ຽງພໍ, ຍອມຮັບ）

（यस पटकको परिणाम ठिकठाक छ।／ លើកនះ:លទ្ធផល ល ម ។／ ເທ .）

□ **万一／万に一つ**
　まんいち　まん　ひと

▶ 万に一つの可能性に賭けてみた。

（कदमकदाचित, ／ , , ）

（कदमकदाचित होला भनी सम्भावनालाई बाजी लगाएँ।／ ។／ .）

□ **むやみに**

(जथाभावी／ហួសហេតុ, ជ្រុល／ຢ່າງບໍ່ລະມັດລະວັງ, ຕາມໃຈມັກ, ລະເຫຼີງ)

▶ 栄養(えいよう)があるからって、むやみに食(た)べないほうがいい。

(पोषण छ भन्दैमा जथाभावी तरिकाले नखाएको राम्रो।／គួរកុំញ៉ាំហួសហេតុ បើទោះបីជាវាមានជីវជាតិក៏ដោយ។／ພຽງແຕ່ຍ້ອນວ່າມັນມີຄຸນຄ່າທາງອາຫານ, ບໍ່ຄວນກິນຕາມໃຈມັກ.)

□ **もしくは**

(अथवा／រឺ／ຫຼືບໍ່ກໍ່, ຫຼືວ່າ)

▶ 6月(がつ)もしくは7月頃(がつごろ)にそちらに行(い)きたいと思(おも)っています。

(जुन महिना अथवा जुलाइ महिना तिर त्यहाँ जानपाउँ भनि सोचिरहेको छु।／ខ្ញុំគិតថាចង់ទៅខាងនោះប្រហែលខែ៦ រឺខែ៧។／ຄິດຢາກໄປບ່ອນນັ້ນປະມານເດືອນມິຖຸນາຫຼືວ່າເດືອນກໍລະກົດ.)

□ **もっぱら**

(खाली ~मात्र／តែមួយគត់／ເນັ້ນສະເພາະ, ເປັນພິເສດ)

▶ あそこは安(やす)くておいしいともっぱらの評判(ひょうばん)です。

(त्यहाँ सस्तो र मिठो भनेर सबैले प्रशंसा मात्र गर्छन्।／ហាងនោះមានកេរ្តិ៍ឈ្មោះល្បីដោយសារតម្លៃថោកហើយរសជាតិឆ្ងាញ់។／ບ່ອນນັ້ນມີຊື່ສຽງເນັ້ນສະເພາະເລື່ອງລາຄາຖືກ ແລະແຊບ.)

▶ 休(やす)みの日(ひ)はもっぱらテニスをします。

(बिदाको दिनमा टेनिस मात्र खेल्छु।／ខ្ញុំលេងតែតេនីសនៅថ្ងៃឈប់សម្រាក។／ໃນມື້ພັກຊິຫຼິ້ນເທນນິສເປັນພິເສດ.)

□ **もはや～ない**

(अहिले आएर／មិនមានទៀតទេ／ບໍ່...ອີກຕໍ່ໄປ)

▶ 社長(しゃちょう)がそう決(き)めた以上(いじょう)、もはやどうすることもできない。

(कम्पनी प्रमूखले निर्णय गरिसकेपछि अहिले आएर केही गर्न सकिन्न।／ដរាបណាប្រធានក្រុមហ៊ុនបានសម្រេចហើយ មិនអាចធ្វើអ្វីបានទៀយ។／ປະທານບໍລິສັດໄດ້ຕັດສິນໃຈແລ້ວ, ພວກເຮົາບໍ່ສາມາດເຮັດຫຍັງໄດ້ອີກຕໍ່ໄປ.)

□ **やたら(と・に)**

(जहिले पनि／យ៉ាងច្រើន, យ៉ាងខ្លាំង／ບໍ່ເຊົາ, ເຫຼືອເກີນ)

▶ 最近(さいきん)、やたらと課長(かちょう)がお昼(ひる)に誘(さそ)ってくる。何(なに)か意図(いと)があるのかなあ。

(हिजोआज जहिले पनि शाखा प्रमूखले लन्च खान बोलाउनुहुन्छ, केही इरादा छ कि क्या हो?／ថ្មីៗនេះ ប្រធានការិយាល័យបបួលខ្ញុំទៅញ៉ាំបាយថ្ងៃត្រង់ច្រើន។ ខ្ញុំឆ្ងល់ថាតើគាត់មានបំណងអ្វីទៅ។／ຫວ່າງມໍ່ໆນີ້, ຜູ້ຈັດການພະແນກຊວນໄປກິນເຂົ້າທ່ຽງບໍ່ເຊົາ. ລາວມີເຈດຕະນາຫຍັງບາງຢ່າງບໍ່ນໍ.)

▶ 最近(さいきん)、午後(ごご)になると、やたらと眠(ねむ)くなる。

(हिजोआज अपरान्हमा जहिले पनि निन्द्रा लागेर आउँछ।／ថ្មីៗនេះ ពេលល្ងាចឡើង ខ្ញុំងងុយគេងយ៉ាងខ្លាំង។／ໄລຍະນີ້ຂ້ອຍຮູ້ສຶກເຫງົານອນໃນຕອນບ່າຍ.)

□ **ゆうゆう(と)**

(बिस्तार／យ៉ាងស្រួល, យ៉ាងងាយ／ຢ່າງສະບາຍ, ງ່າຍໆ)

▶ この特急(とっきゅう)に乗(の)れば、ゆうゆう間(ま)に合(あ)うよ。

(यो विशेष एक्सप्रेसमा चढेमा बिस्तार भ्याइन्छ।／ប្រសិនបើជិះរថភ្លើងល្បឿននេះ អ្នកនឹងទៅដល់ទាន់ម៉ោងយ៉ាងស្រួល។／ຖ້າຂຶ້ນລົດໄຟດ່ວນສາຍນີ້, ເຈົ້າໄປທັນເວລາຢ່າງສະບາຍ.)

□ **ようやく**

(बल्ल／ទីបំផុត, ទីបញ្ចប់／ໃນທີ່ສຸດ, ໄປໆມາໆ)

▶ これが終(お)わったら、ようやく帰(かえ)れる。

(यो सकिएपछि बल्ल फर्कन सकिन्छ।／ពេលការងារនេះចប់ ទីបំផុតយើងអាចត្រលប់ទៅផ្ទះបាន។／ແລ້ວວຽກນີ້, ໃນທີ່ສຸດສາມາດກັບບ້ານໄດ້.)

⑰ 擬音語・擬態語
ぎ おん ご・ぎ たい ご

□ **いそいそ（と）**

▶ 早く孫に会いたいと、母はいそいそと駅に迎えに行きました。
はや まご あ　　　　　　はは　　　　　　　えき むか い

(फुरफुरी हुँदै ／ដោយក្ដីរីករាយ／ດີใจ, ม่อนຊื่น)

(बच्ची नातिनातिनीलाई भेटुन पाएहुन्थ्यो भनि आमा फुरफुरी हुँदै रेल स्टेशनमा लिन गएकुभयो ／ម្ដាយខ្ញុំបានទៅទទួលដល់ស្ថានីយ៍រថភ្លើងដោយក្ដីរីករាយ ដោយសារកោនចង់ជួបទៅ ប្រវៀ។／แม่ไปฮับหຼານยู่ສະຖານีรถไฟด้วยความดีใจ, และอยาก ขวบได้เหັนหຼານไวๆ.)

□ **がっくり（と）**

▶ 今日の負けで予選敗退が決まり、選手たちは皆、がっくりと肩を落としていた。
きょう ま　　　よ せん ぱい たい　き　　　　せん しゅ　　　みな　　　　　　　　　かた お

(ओरालो हुदै ／ខូចចិត្ត, អស់កម្លាំងចិត្ត, បាក់ទឹកចិត្ត／ຫิดໃຈ, ທໍ້ໃຈ)

(आजको हारले प्राम्भिक प्रतियोगिताबाट परजित भएको निश्चय भएकोले खेलाडिहरू सबै ओरालाेहुदै थिए ／ការញ្ញាញោរំនៃ ថ្ងៃនេះ គឺការចាញ់ប្រកួតជម្រុះ ហើយកីឡាករទាំងអស់បានចេញពីការប្រកួត／ຄວາມພ່າຍແພ້ในมื้อนี้ได้ຕັດสิทธิ์ นักกีฬาออกจากฮอบถัดเลือก และเฮัดให้ພวกเขาฮู้ฮอบเเบบໝົดหวัง.)

□ **かんかん（に）**

▶ 大切な時計を息子に壊されて、夫はかんかんに怒っていました。
たい せつ　と けい　むす こ　こわ　　　　　　おっと　　　　　　おこ

(एकदमी रिसाउनु ／ខឹងសម្បារយ៉ាង ខ្លាំង／ໂກດ, ຮ้าย)

(एकदमको प्यारो घडी छोराले बिगारेकोले श्रीमान रिसाएर एकदमी रिसाउनु हुनहुन्थ्यो ／ឪពុកខ្ញុំបានខឹងសម្បារយ៉ាងខ្លាំង ដោយសារកូនប្រុសធ្វើឱ្យខ្ទេចនាឡិកាដ៏មានតម្លៃ។／ຜົວใຈ ฮ้ายยู่คักๆย้อนลูกชายเฮ็ดนาฬิกาฮักแพงพัง.)

□ **ぐずぐず（する）**

▶ ぐずぐずしないで。早く出かける準備して。
はや で　　　　じゅん び

(ढिलाढाला गर्नु ／យឺតៗ, យឺតយ៉ាវ／ຊັກຊ້າ, ອຶດອາດ, วุ่นวืมฮาย)

(ढिलाढाला नगरेर। छिटोछिटो बाहिर जानको लागि तयार होउ न ／កុំយឺតយ៉ាវ ប្រញាប់រៀបចំខ្លួនទៅខាងក្រៅមក។／ย่าชักช้า, ย่าวุ่นวาย. ຮีບไปตຽมโตออกไปคักๆ.)

▶ もう終わったことなんだから、いつまでもぐずぐず言わないで。
お　　　　　　　　　　　　　　　　　　　　　　い

(भइ गयो कुरा सिद्धिसकेको त्यसैले जहिले सुम्म पनि दोहोऱ्याइ रहेन्नम् नगर ／វាបានចប់ទៅហើយ ដូច្នេះកុំនៅនិយាយឆ្ងល់ ឆ្ងាយ។／ມัນได้ฆ่มแล้ว, ຊันนั้นย่าเວ้าຊ้ำๆย้อนວ่าๆอีกเลย.)

□ **くすくす（笑う）**
わら

▶ 女子高生たちは、居眠りをしている男性を見ながら、くすくす笑っていた。
じょ し こう せい　　　　い ねむ　　　　　　だん せい み　　　　　　　　わら

((ह्यास) ／(सेढी)हंसु, (सेढी)हाल्न्ुपरे／ស្ងាត់ៗ(សើច), ស្ងាត់ៗ(បើ)ស្ងាត់ៗ(ញញឹម))

(हाइस्कूलका छात्राहरू निद्राले झुल्दैभएका पुरुषलाई देखेर खिल्ली खिल्ली पार्दै थिए ／ក្រុមសិស្សស្រីមើលបុរសដែលកំពុង គេងលក់ហើយសើចស្ងាត់ៗ ／ບັນดานักຮຽนสาวมัธยมຊื้นปายเเอบหัวໃส่ຊายฮ้านที่กำลัງนั่งเຫงาขอบ.)

□ **こつこつ（と）**

▶ こつこつ貯めたお金だから、大事に使いたい。
かね　　　　だい じ　つか

(अलिअलि गरेर ／ម្ចាស់ខិតខំ／ຂ็อยๆ)

(परिश्रम गरेर अलिअलि गरी जम्मेको पैसा हो, त्यसैले जतनसंग चलाउन चाहन्छु ／វាជាលុយ ដែលខ្ញុំខិតខំស្វែ／ย้อนได้เຊ็ມหิมเງิน ·····)

動詞 11
する動詞 12
自動詞・他動詞 13
名詞 14
形容詞 15
副詞 16
ぎおん語・ぎたい語 17
カタカナ語 18
対義語 19
意味が近い名詞 20

☐ **さっぱり（する）** ▶ シャワーを浴びてさっぱりしたい。

(ក្រេស អនុភវ／ស្រស់ស្រាយ／តືតໃສ, ຄືດໃສ, ໃຈກ່າຢາກ)

(नुहाएर फ्रेस हुन मनलाग्यो।／ខ្ញុំចង់មុជទឹកអោយមានអារម្មណ៍ស្រស់ស្រាយ។／ຢາກອາບນ້ຳໃຫ້ຄືດໃສ.)

▶ 髪切ったんだ。随分さっぱりしたね。

(कपाल काटेको रे ! एकदम स्मार्ट देखिन्छ त।／ខ្ញុំមានអារម្មណ៍ស្រស់ស្រាយណាស់／ຕັດຜົມແລ້ວ. ຄືດີ ຄືດໃສຂຶ້ນຫຼາຍເນາະ.)

☐ **すらすら** ▶ 辞書なしで新聞をすらすら読めるようになりたい。

(फरफर／ម្រាលៀន១／ຢ່າງຄ່ອງຄືດ់ສັດ)

(शब्दकोष बिना अखबारपत्र फरफर पढ्नसके भन्ने चाहन्छु ।／ខ្ញុំចង់អានសែនកាងនធ្លេ១នដោយមិនប្រើវេចនានុក្រម។／ຢາກອ່ານໜັງສືພິມໄດ້ຄ່ອງໂດຍບໍ່ຄືດຂັ້ນໃຊ້ວັດຈະນານຸກົມ.)

☐ **ぞろぞろ** ▶ 午前のイベントが終わると、ぞろぞろと客が移動を始めた。

(धमाधम／ជាប់១គ្នា, ជាខ្សែៗ១／เคื่ອนออกเป็นຂະບວນ)

(बिहानको समारोह सकिएपछि दर्शकहरूको भिड़ धमाधम सर्न थाल्यो ।／ពេលកម្មវិធីពេលព្រឹកចប់ ភ្ញៀវបានជាប់ផ្លើមចល(ប្ដូរ)ផ្លើមបំណាស់ទីជាខ្សែ១ ఖ、／ຄ้องจากๆๆຕอนเຊົ້າ្ขฝ, แລะທ່ามเคื่ອนออกเป็นຂະບວນ.)

☐ **そわそわ（する）** ▶ どうしたの？　そわそわして。　—今日、半年ぶりに彼女と会うんです。

(अस्थिर हुन्／ខ្លល់ខ្លាយ／អ្ស្រើ1ម／ກະວົລກະວาย, ບໍ່ຢູ່ກັບ, ຢຸ້ยເປັนตุก)

(के भयो ? अस्थिर भयो कि ?—आज त म महिनापछि प्रेमिकालाई भेट्न जादै छु कि ।／เถ็ดบุ1คืสม็1 บ्បានខ្លល់ខ្លាយ？—ខ្ញុំនឹងជួបមិត្តស្រីដែលបានជួបផ្លាកនូ／មួຍឆ្នាំ／เข็ด/ข้ฯฝ? ຢ្ຸยໃຈแต, —ມື້້, ຂ្ខ้อยเพิ่ນກับ แฟ่ในรอบคับป.)

☐ **だらだら（する）** ▶ うちの子はまだ小さいから、口に入れたものをだらだらよくこぼす。

(निरन्तर चुहिन्／ไหญ่つา, มุซ1श, निก1า／(เมี, มิ1) เป็นສาย, ตามສะบาย, ย่า บ่0ฝ1ฝ1)

(मेरो बच्चा अझे सानो छ त्यसैले मुखमा हालेको बस्तु चुहाएर पोख्छ गर्छ ।／ก่วมขอฝ้อยฝันฝ้อยฝ์มั่ม ดังมีชั้มวันมั่มเอิ้ม／ลูกຂ้อຍ1ยัซน้อยໃຫ້ນ้ม, ສິ່ງມັ່ເຕົ້ນໆໃສ່ปากมั่มมักเปี่ยๆ་ສາย.)

▶ 休みが長いと、つい、だらだらしてしまう。

(छुट्टि लामो भयो भने त केही नगरि समय बित पुग्छ ।／ເຄ១ລພ័ບ9ส_ສ_ซ_ใ エะ：ในมะคิถ／ยาวเม็วเນາວ, ຂ្1ออ้ยทำใจ?าม7ั19ข่าฯ.)

☐ **てくてく** ▶ バスに乗り遅れたので、駅までてくてく歩いて行きました。

(फटाफट／(हॅॅ) हुग्न／ຢ່າງບໍ່ລຸຕ័1ຫວ)

(बसमा चढ्न नभ्याएकोले ट्रेन स्टेशन सम्म फटाफट हिडेर गएं।／ເນ្1เถ9ถด้วอชกสัฯถูฯๆ5ฯๆบ่, ຢ์ใจ:ຂ້อยเดี5ฯเคือเต／ฝมสิจักรไฟไปถ่3ลมฝฉอิมือฯ)

☐ **どきっと（する）** ▶ 突然名前を呼ばれて、どきっとした。

(अकस्मात／ស្រ9ព្រ1ก'ង／គ្ដ1ใจ:เทย, ตื่มแชฯ)

(अकस्मात नाम बोलाएकोले झसंग भएं।／ខ្ញុំបានស្រ9ព្រ1ก'ง โดยສาຕ1ฝมเಭ1ะเบ้ฯ／គ្ដ1ใจ:แชฯเมื่ถืกเ3่ຍักก1ธเกีฯๆก1ฯๆ.)

□ にやにや（する） ▶ 何、にやにやしてるの？ ─昨日見たテレビを思い出しちゃって。

(खिलखिल／ញញឹមឲ្យសេីចស្ងៀម／ຍ້ຳຍ້ອງມີເລຫໃນ)

(के खिलखिल हासिरहेको छ？ ─हिजो टेनिभिजनमा हेरेको कुराको याद आयो त्यसैले।／ເຮືອງຮ່ອງຄ្ນាំ？─ខ្ញុំជ នឹកឃើញញញឹមដែលបានមើលតាមទូរទស្សន៍កាលពីម្សិលមិញ។／ແບ່ນຫຍັງ, ຄືຍິ້ມຍ້ອງໃນເລ？─ຄືນິກເຫັນທີ່ເຫັນໃນ ໂທລະທັດມື້ວານນີ້.)

□ はらはら（する） ▶ 息子がケガをしないかと、はらはらしました。

(खिलखिल／ត្រួលត្រាល, អង្គុយសារ／ກ້ຳວ້ວມ, ເປັນຫ່ວງ)

(छोराले गाली गर्नुहुन्छ कि भनेर त्यो केटी खिलखिल भयो।／ខ្ញុំអន្ទះសារមិនដឹងជាកូនប្រុសខ្ញុំត្រូវរបួសឬអត់។／ຫ່ວງລູກຊາຍຈະບາດເຈັບ ຫລືບໍ່.)

□ びくびく（する） ▶ 母親に叱られるのではと、その女の子はびくびくしていた。

(चर्कराउनु／ភ័យញ័រ／ສັ່ນຍ້ານ, ຍ້ານ)

(आमाले गाली गर्नुहुन्छ कि भनेर त्यो केटी चर्कराउदै थिई।／ក្មេងស្រីនោះបានភ័យញ័រដោយសន្ម័តថាត្រូវម្ដាយស្ដីបន្ទោស ឈ្ងកឈ្ងol។／ເດັກນ້ອຍຍິງຜູ້ນັ້ນຍ້ານກົວວ່າແມ່.)

□ ひしひし（と） ▶ 40歳を過ぎて、体力の衰えをひしひし感じる。

(एकपछिअर्कोगर्दै／ហួសខ្លាំង／ຢ່າງຮຸນແຮງ, ຢ່າງໜັກໜ່ວງ)

(40 वर्ष पार गरेपछि शारीरिक कमजोरीपनाको अनुभव एकपछिअर्को भएर पलपल हुन्छ।／ខ្ញុំមានអារម្មណ៍ថាកម្លាំងកាយចុះខ្សោយយ៉ាងខ្លាំង នៅពេលដែលខ្ញុំមានអាយុជាង40ឆ្នាំ។／ເມື່ອອາຍຸເກີນ40ປີ, ຮູ້ສຶກວ່າຮ່າງກາຍຊຸດໂຊມຢ່າງໜັກໜ່ວງ.)

□ ぴったり（する） ▶ 大きいかと思ったけど、サイズ、ぴったりだね。

(ठिक्कहुन／ត្រឹមត្រូវ, ត្រូវល្មម／ເໝາະສົມ, ພໍດີ)

(ठुलो हुन्छ कि भनेर सोचेको त माइज त ठिक्कह रहेछ हमि।／ខ្ញុំបានគិតថាវាធំ ប៉ុន្តែទំហំនេះត្រូវម៉ាត់ដែរណ៎។／ຄິດວ່າໃຫຍ່ໄປ, ແຕ່ເປັນຂະໜາດທີ່ພໍດີເລະ.)

□ ひやひや（する） ▶ 二人の仲がみんなにばれるんじゃないかとひやひやした。

(डर लाग्／ព្រួយ, ភ័យញ្ចាប៉ាន់／ຫວາດສົມ, ຍ້ານ)

(दुइजनाको सम्बन्ध सबैले थाहा पाउछन् कि भनेर डर लागिरहेको थियो।／ខ្ញុំភ័យព្រួយប៉ាន់ដោយខ្លាចអ្នកទាំងអស់គ្នាដឹងពី ទំនាក់ទំនងជាគូស្នេហ៍រវាងយើងទាំងពីរនាក់។／ຢ້ານວ່າທຸກຄົນຈະຮູ້ວ່າສອງຄົນຜູກພັນກັນເປັນຄູ່ຮັກ.)

□ 深々（と） ▶ 落し物を拾って渡したら、深々と頭を下げられた。
ふかぶか

(षहिरोसँग निहुरिनु／ឱនចុះក្រៅ／ຢ່າງນົບໜ້ອມ, ຢ່າງລຸ່ມເຊິ່ງ)

(झमेको वस्तु उठाएर दिंदा ढाकेर शुक्राई निहुरिएर आभार व्यक्त गर्यो।／ពេលខ្ញុំរើសបានរបស់ដែលបានធ្លាក់ជួយប្រគល់ឲ្យគេ គាត់បានឱនចុះក្រៅថ្លែងអំណរគុណមកកាន់ខ្ញុំ(ឱនស្ងៀម)។／ເມື່ອຍໂອບເຫດເຄື່ອງທີ່ເຮັຂ່ອຍໃຫ້ແລ້ວ, ລາວກໍກົ້ມຫົວ ຂອບໃຈຢ່າງລຸ່ມເຊິ່ງ.)

□ ふらりと／
ふらっと ▶ ふらっと入った店でしたが、今ではすっかり常連です。

(इरादनराखिकन／ដោយឥតគោលបំណ, ដោយឥតដឹងខ្លួន／ຢ່າງບໍ່ມີຈຸດໝາຍ, ຢ່າງບໍ່ຮູ້ຕົວ)

(कुनै पनि योजना बिना पसल गएको थिएं, अहिले हरेक पटक जाने सधैं बनेको छ।／ខ្ញុំជាភ្ញៀវប្រចាំនៅហាងដែលខ្ញុំបានចូលទៅ ដោយឥតដឹងខ្លួន ប៉ុន្តែពេលនេះខ្ញុំជាភ្ញៀវជាប្រចាំហើយណ៎។／ເຖິງວ່າຈະເປັນຮ້ານທີ່ເຂົ້າໄປຢ່າງບໍ່ຮູ້ຕົວ, ແຕ່ຕອນນີ້ຂ້ອຍເປັນລູກຄ້າ ປະຈຳໄປແລ້ວ.)

□ **べたべた（する）** ▶ 汗で体がべたべたする。
あせ からだ

（व्याप्तव्याप／ស្អិត, ស្អិតស្អិន／
ຕິດແໜ້ນ, ໜຽວ, ເກາະກ່າຍ）
（पसिनाले शरीर व्याप्तव्याप छ।／ខ្ញុំជាំព្រោះស្អិតដោយសារញើសៗ។／ຕົນໃຕ້ອ່ອຍໜຽວເໜີຍ.）

▶ あの二人、人前でべたべたしないでほしいね。
ふたり ひとまえ

（ती दुइजना अरु मान्छेको अगाडि व्याप्तव्याप टाँसिने नगरे हुन्थ्यो हगि।／ខ្ញុំចង់អោយពីរនាក់នោះកុំស្អិតស្អាននៅទី
សាធារណៈ។／ຫວັງວ່າທັງສອງຄົນນັ້ນຈະບໍ່ເກາະກ່າຍກັນຕໍ່ໜ້າຄົນອື່ນເນາະ.）

□ **ぼうっと（する）** ▶ 寝不足で頭がぼうっとする。
ね ぶ そく あたま

（दिमागले काम नगर्नु／ស្រងេស្រងិល, មិន
ច្បាស់／（ເຮັດໃຫ້）ງົງໃຈ, ຕຶ້ງ, ຕື້ງ）
（निद्रा नपुगेकोले दिमागले केही काम गर्दैन।／ក្បាលខ្ញុំមិនច្បាស់ព្រោះដេញដោយសារការខ្វះដំនេងរហ្រ់ប់គ្រាន់។／
ຫົວຂ້ອງົງຫຍ້ອງຈາກການນອນບໍ່ພໍຫລັບ.）

□ **ぼちぼち** ▶ では、ぼちぼち始めたいと思います。
はじ おも

（विस्तार विस्तार／ជាបៗៗៗ／
ເລື່ອຍໆ, ຄ່ອຍເປັນຄ່ອຍໄປ）
（त्यसोभए विस्तार सुरु गर्न चाहन्छु।／ អញ្ចឹង ខ្ញុំចង់ចាប់ផ្តើមជាបៗៗៗ។／ຕອນນີ້, ຄິດວ່າຈະເລີ່ມຄ່ອຍເປັນຄ່ອຍ
ໄປ.）

□ **むかつく** ▶ ああ、むかつく。なんで私ばっかり怒られるの？
わたし

（झनक्क रिस उठ्नु／ चाक्चाक लाग्नु／ធ្វើអោយ
មួរមៅ／ใจฮ้าย, ขุ่นข้อง, ข้ากຊก,
ເປັນຕາขะขาย）
（झनक्क रिस उठ्यो, किन मलाई मात्र गाली गरेको होला？／ਆ! ฐมมมมูรมৗ៥ เชฐฐ្ฺฌฺฐฐฺ๑ฐๆฌ้ตฉ？／
ໃຄ່, ເປັນຫຍັງນໍ. (ເປັນຫຍັງໃຈຮ້າຍພຽງແຕ່ຂ້ອຍ?）

▶ 脂っこいものを食べ過ぎて、胃がちょっとむかついて
あぶら た す い
る。

（तेल धेरै भएको खाना धेरै खाएकोले पेट दुब्ब भइ चाक्चाक लाग्यो।／ខ្ញុំញ៉ាំរបស់ខ្លាញ់ច្រើនពេក ហើយពេលនេះ ខ្ញុំឈឺពោះ្ធ
បន្តិច។／ກິນພານທີມີໄຂມັນຫຼາຍເກີນໄປ, ເຮັດໃຫ້ປຸ່ນທ້ອງ(ເຫັນ)ໜ້ອຍ.）

□ **むかむか（する）** ▶ ちょっと飲み過ぎたみたい。胃がむかむかする。
の す い

（चाक्चाक हुनु／ធ្វើអោយចង្អោរ, ធ្វើអោយខ្ពឹង
／ເຮັດໃຫ້ຂະຍາຍ, ບໍ່ສະບາຍໃຈ）
（अलिकति रक्सी बढि पिएँ क्यारे। पेट खराब भइ चाक्चाक लाग्यो।／ ខ្ញុំហាក់ដូចជាបានផឹកច្រើនបន្តិចៗ ខ្ញុំ
ឈឺពោះ។／ຄືວ່າດື່ມຫຼາຍເກີນໄປ. ເຮັດໃຫ້ຂະຍາຍທ້ອງ.）

▶ 昨日の彼女の一言、思い出すだけでムカムカする。
きのう かのじょ ひとこと おも だ

（हिजो ती महिलाले भनेको कुरा सम्झदा झनक्क रिस उठ्द आउँछ।／ការនឹកឃើញនូវពាក្យរបស់នាង
កាលពីម្សិលមិញ្ញ។／ພຽງແຕ່ຄິດເຖິງຄໍຄຳຂອງເອື້ອຍມື້ວານນີ້ກໍເຮັດໃຫ້ຂ້ອຍຂະຍາຍ.）

□ **むっと（する）** ▶ 子供扱いするような言い方をされて、思わずむっとし
こどもあつか い かた おも
た。

（रुष्किनु／អាក់អន់ចិត្ត, មិនសប្បាយចិត្ត／
ອາລົມບໍ່ດີ, ໂກດ, ໃຈຮ້າຍ, ບໍ່ພໍໃຈ）
（केटाकेटीलाई बोले जस्तो अव्यहार गरेको देखदा अकस्मात रुष्किनमा पुगें।／ຂ້ອຍຖືກເວົ້າໃສ່ແບບເໝືອນດັ່ງຂ້ອຍເປັນເດັກນ້ອຍຈຶ່ງຮູ້ສຶກ
ບໍ່ພໍໃຈ／ຊ່ວງຊ່ນປ້ານໃຜ່ໆຄຶ້ງໆທຸ່ຍທ້ອນຂ້ຽ້ມ້ຽ້ຍຮ້ອຍດ້ວກ່າຍໄວກ່າຍຍ່າກ່າຍ.）

⑱ カタカナ語 （कातिकाना शब्द／ពាក្យសរសេរជាអក្សរកាតាកាណា／ຄັບສັບ）

☐ アクティブ（な）

(सक्रिय／ដែលសកម្ម／ຄ່ອງແຄ້ວ, ກະຕືລືລົ້ນ, ວ່ອງໄວ)

▶ 彼女はとてもアクティブな人で、スポーツや習い事にすごく積極的です。

(ती महिला खेलकुद वा विभिन्न कुरा सिक्न जाने अत्यन्त सक्रिय व्यक्ति हुन्।／នាងជាមនុស្សសកម្មណាស់ ហើយលេងកីឡា និងរៀនផ្សេងៗយ៉ាងសកម្ម។／ລາວເປັນຄົນທີ່ມີຄວາມກະຕືລືລົ້ນແລະມັກຫຼິ້ນກິລາແລະການຮຽນ.)

☐ アップ（する）

(वृद्धि गर्नु／ការកើនឡើង, តម្លើង／ເພີ່ມ, ຂຶ້ນ, ສູງຂຶ້ນ)

▶ 給料／レベルがアップする

(तलब／लेभल वृद्धि गर्नु／ប្រាក់ខែ/កម្រិត／ເງິນເດືອນຂຶ້ນ/ລະດັບສູງຂຶ້ນ)

▶ 顔をアップで撮る

(अनुहार ठूलो साइजमा खिच्नु／ថតមុខពីជិត／ຖ່າຍຮູບໜ້າໃກ້ໆ.)

☐ アナログ

(एनालग／អាណាឡូក／ອານາລ໊ອກ)

▶ アナログ回線

(एनालग／केबल तार／ខ្សែភ្ជាប់អាណាឡូក／ວົງຈອນອານາລ໊ອກ)

▶ 私の場合、パソコンなんかは使わないで、いまだにアナログな方法でやってます。 **対**デジタル

(मेरो हकमा भन्नुपर्दा, पर्सनल कम्प्युटरको प्रयोग नगरी अहिले पनि एनालग तरिकाले गरिरहेको छु।／ករណីខ្ញុំ ខ្ញុំមិនប្រើ កុំព្យូទ័រ ហើយមកដល់ពេលនេះខ្ញុំនៅធ្វើតាមវិធីអាណាឡូក។／ໃນກໍລະນີຂອງຂ້ອຍແມ່ນບໍ່ໄດ້ຄອມພິວເຕີແລະ ປະຈຸບັນນີ້ຍັງໃຊ້ວິທີແບບອານາລ໊ອກ (ວິທີເກົ່າ): ຂ.ງຈ.ດັຈຕອນ, ຄັບ(ແບບ(ຂຶ້ນຫຼາ).)

☐ インパクト

(प्रभाव／ឥទ្ធិពល／ອິດທິພົນ)

▶ インパクトがある、インパクトが強い

(प्रभाव भएको, बलियो प्रभाव／ មានឥទ្ធិពល, ឥទ្ធិពលខ្លាំង／ມີອິດທິພົນ, ອິດທິພົນແຮງ)

▶ A社の新サービスは、業界に大きなインパクトを与えた。

(A कम्पनीको नयाँ सर्भिसले व्यापारिक समाजमा ठूलो प्रभाव पार्‍यो।／សេវាកម្មថ្មីរបស់ក្រុមហ៊ុនA បានផ្តល់ឥទ្ធិពលដ៏ធំ ចំពោះឧស្សាហកម្ម។／ການບໍລິການໃໝ່ຂອງບໍລິສັດ A ມີອິດທິພົນຫັນໃຫຍ່ຕໍ່ວົງການຫຸລະກິດ.)

☐ オーソドックス（な）

(परम्परागत／ដែលប្រពៃណីម៉ូដដើម／ດັ້ງເດີມ, ຕົ້ນສະບັບ)

▶ オーソドックスなやり方

(परम्परागत तरिका／វិធីដែលប្រពៃណីតាមម៉ូដដើម／ວິທີດັ້ງເດີມ)

動詞 11
する動詞 12
自動詞・他動詞 13
名詞 14
形容詞 15
副詞 16
ぎおん語・ぎたい語 17
カタカナ語 18
対義語 19
意味が近い言葉 20

□ **オーダーメイド**

(अर्डर गरेको／កុម្ម៉ង់អោយធ្វើអោយ／ເຮັດຕາມສັ່ງ)

▷ オーダーメイドの服(ふく)／靴(くつ)／家具(かぐ)

(अर्डर गरेको लुगा / जुत्ता / फर्निचर／ខោអាវ/ស្បែកជើង/គ្រឿងសង្ហារឹមដែលកុម្ម៉ង់អោយគេធ្វើអោយ／ເສື້ອ/ເກີບ/ເຟີນິເຈີ້ເຮັດຕາມສັ່ງ)

▶ 既製品(きせいひん)だとなかなかぴったり合(あ)わないので、靴(くつ)はオーダーメイドで作(つく)ります。

(रेडिमेडको सामाग्री त हत्तपत्त ठिक्कसँग मिल्दैन, त्यसैले जुत्ता चाहिं अर्डर गरेर बनाउँछु।／ខ្ញុំអោយកុម្ម៉ង់អោយគេធ្វើស្បែកជើងអោយដោយសារផលិតផលដែលមានលក់ស្រាប់មិនមានត្រូវសមនឹងខ្ញុំសោះ។／ເກີບສຳເລັດຮູບໃສ່ບໍ່ພໍດີ, ສະນັ້ນເກີບໃສ່ຈຶ່ງແມ່ນເຮັດຕາມສັ່ງ.)

□ **オファー(する)**

(अफर गर्नु／ការផ្តល់អោយ／ຂໍ້ສະເໜີ, ການສະເໜີ, ສະເໜີ)

▷ オファーを受(う)ける

(अफर आउनु／ទទួលយកការផ្តល់អោយ／ຮັບຂໍ້ສະເໜີ)

▶ テレビ局(きょく)から出演(しゅつえん)のオファーが来(き)た。

(टेलिभिजन कम्पनीबाट टेलिभिजन छायाङ्कनको अफर आयो।／ខ្ញុំបានទទួលការអញ្ជើញសម្តែងពីស្ថានីយ៍ទូរទស្សន៍／ໄດ້ຮັບການສະເໜີຈາກສະຖານີໂທລະພາບໃຫ້ໄປສະແດງລະຄອນ.)

□ **オプション**

(अप्सन / विकल्प／ជម្រើស／ທາງເລືອກ)

▶ 〈海外旅行(かいがいりょこう)〉オプションで日帰(ひがえ)りのバスツアーの企画(きかく)もあります。

(〈विदेश यात्रा〉विकल्पकोरूपमा एकैदिनमा जाने आउने बसटुरको प्लान पनि छ।／(ដំណើរកំសាន្តក្រៅប្រទេស) មានគម្រោងដើរកំសាន្តតាមរថយន្តក្រុងទេសចរណ៍ពៃលល្ងាច(១ថ្ងៃ) ដែលអាចជ្រើសរើសបាន។／<ການເດີນທາງໄປຕ່າງປະເທດ> ມີການວາງແຜນການທ່ອງທ່ຽວແບບໄປກັບດ້ວຍລົດເມໄວ້ເປັນທາງເລືອກ.)

□ **カルシウム** (क्यालसियम／កាល់ស្យូម／ແຄວຊຽມ)

□ **カリスマ** (चमत्कार／អំណាចឬថាមពលដែលព្រះជាម្ចាស់ប្រទានមក／ຄວາມສາມາດພິເສດ)

□ **ギャップ**

(अनतराल／ចន្លោះ, គម្លាត／ຊ່ອງວ່າງ, ຄວາມແຕກຕ່າງ)

▷ ギャップを埋(う)める

(अन्तराललाई पुर्नु／បំពេញចន្លោះ／ເຕີມຊ່ອງວ່າງ)

▶ 理想(りそう)と現実(げんじつ)のギャップに最初(さいしょ)はとまどいました。

(आदर्श र वास्तविकताको अन्तराललाई देखि सुरुमा अकमक्क परें।／ពេលដំបូង វាធ្វើអោយខ្ញុំមានភាពច្របូកច្របល់អំពីគម្លាតរវាងការឧត្តមគតិនិងការពិត។／ໃນຕອນທຳອິດ, ຂ້ອຍລັງເລກັບຊ່ອງວ່າງລະຫວ່າງອຸດົມຄະຕິແລະຄວາມເປັນຈິງ.)

□ **ギャンブル** (जुवा／ល្បែងស៊ីសង／ການຫຼິ້ນການພະນັນ)

□ **キャンペーン**

(विशेष अभियान／យុទ្ធនាការ／ການລົບນະລົງ, ການໂຄສະນາ, ການເຜີຍແຜ່)

▶ 新製品(しんせいひん)の発売(はつばい)に合(あ)わせ、キャンペーンを行(おこな)います。

(नयाँ उत्पादित सामाग्री बिक्रिको उपलक्ष्यमा विशेष अभियान चलाइनेछ।／ខ្ញុំធ្វើយុទ្ធនាការស្របពេលជាមួយនឹងការប្រកាសលក់ផលិតផលថ្មី។／ພວກເຮົາຈະເຮັດໂຄສະນາໃຫ້ສອດຄ່ອງກັບການເປີດໂຕຜະລິດຕະພັນໃໝ່.)

□ グローバル（な） ▶ グローバルな視点

(विश्वव्यापी／सकलपरिपाक／ทั่วโลก, ละดับโลก, ที่กุ้มติด)

(विश्वव्यापी दृष्टिकोण／ จ ស្ប្រ:សกល／ມຸມມອງລະດັບໂລກ)

▷ 企業のグローバル化は今後もますます広がるだろう。

(उद्योगको विश्वव्यापीकरण भविष्यमा पनि फैलिदै होला।／ยัคิตถามกานบุารเยกกบมูเภยกะในรุ่งมเร็ณาต้อรัณื่อโมมุๆไตเป็นต้นไป, ในทาดข้าผ้ากอนูปลิติกาะขยายตัวยายตัวยบายๆมายขึ้น。)

□ ケア（する） ▶ アフターケアのしっかりしたお店で買いたい。

(हेरविचार／การ៥ថែរក្សា／ເບິ່ງແยง, ดูแล, เอ็กใจใส่)

(विक्रिपछि पनि हेरविचार गरिदिने विश्वासिलो पसलमा किन्।／ខ្ញុំចង់ញ្ញាบเตาถ้าเดยมาเสกฤกษ์อ่าบัณาปืติ ญ្ញញ្ញ។／ยากซื้อจากຮ้านที่ใต้ทำดบโ่เງ្ญแยງ่กิทากขายดีดี。)

▶ お肌のトラブルを防ぐため、毎日のケアが大切です。

(छालाको समस्या रोक्नाभाको लागि हरेकदिन हेरचाह गर्नुपर्छ हुन्छ。／การថែ៥ทำមุภเติ์ฤต្រกานเស่อานี เຄ្ฤถ្กานทากำ้ แมาทยោภាย្ุ้ละกามสำสำค ฤญ។／ทบากยุฤลยຂ่ผิวขับเป็นสิ่งสำคัญเพื่อป้องກันป้อกปัทาคมิຍงข้วน。)

□ ケース ▷ 特殊なケース、ケースバイケース

(केस／กาน็ណ／ก่อาบ)

(विशेष केस, केस बाइ केस／กาน็ณ៥ถเសស, สายกาน็ณ／ก่อาบิติเสด, แล้วแต่ละกาบ)

▶ あらゆるケースを想定して、準備をしてきました。

(हरेक किसिमका केसहरूको परिकल्पना गरि तयार भएर आयौँ।／ខ្ញុំบกឹกสิ่บิ่ถิกาน็ณต้อๆฤูภย เก็เบขาบมเຄ្ญ្ប กาเ៥สุ៥។／ใต้เตกรูบทับขุวรากำ่เละบิ้เบิ้โบโบโต。)

□ コンスタント ▷ コンスタントに結果を出す

(निरन्तर／เบเ, ฤาฤ្រ／ถิ่ญ๊, ละเໝี่๊ฤเ៥ฮ)

(निरन्तर राखेर परिणाम निकाल्।／เติຍมเยก៥สฤ្ฆขณเบ៥ฤ៹.／ใທ้ฝากๆบิ่ผ่าๆละเໝี่๊ฤเ៥ฮ.)

▶ この商品は流行に関係なく、コンスタントに売れています。

(यो उत्पादित सामाग्री चलनचलतीमीसँग सरोकार नराखेर निरन्तर बिक्रि भएरहेको छ。／จំขึ្ญ:ละฤาฤ្រเ៥ยฤฤ្โยๆมึ៊ฤ๊ฤ๊ฤ๊ฤ๊ฤ៹ฤ๊ฤ่តฤถคำ่กਬขฤเฤฤ៊ฤຍเฤㅤ／ถิ่บฤ้อบิ้บาปใต้มิ៥ขิ៊เฤㅤ ฤ๊ฤฤฤ៹ฤฤ๊ฤ๊โฤฤขอๆะๆขัฤฤวๆบิໃข。)

□ コンセンサス ▶ 実行する前に、関係者のコンセンサスを得ておく必要がある。

(सहमती／กานเยบ្ฤเ៥／ลอๆฤ่อๆ฿บัๆ, เຫ็บดี)

(कार्यान्वयन गर्नुभन्दा अगाडि सम्बन्धित अधिकारको सहमतिप्राप्त गर्नु आवश्यक हुन्छ।／ฤุบิฤฤ:ฤฤฤฤฤฤฤฤฤฤ ค្ฤฤฤฤฤฤฤฤฤฤฤฤฤ ฤฤฤฤฤฤฤฤฤฤฤฤฤฤฤฤ ฤฤฤฤฤฤฤฤฤฤฤฤฤฤฤฤฤฤ ฤฤฤฤฤฤฤฤฤฤฤฤฤฤฤ฿ยฤฤ。／ก่อๆใต้ลับ฿ทับฤบฤฤฤฤฤฤฤ฿เฤฤฤฤ฿ฤฤฤฤฤฤฤຍ฿เฤฤฤฤฤฤ฿ฤฤฤ฿ฤฤฤฤฤຍฤฤฤฤฤฤฤฤ。)

321

☐ コンテンツ

(विषयवस्तु／ຂໍ້ມູນຂ່າວ／ເນື້ອໃນ)

▶ いかに魅力的なコンテンツを提供できるかにかかっている。

(कसिको आकर्षक विषयवस्तु उपलब्ध गराउन सकिन्छ, त्यसैमा सबै भर पर्छ।／ภามสาฉายขำผอาๆจะสามาฉเถิฤมิดขຶ้นกับฉานสามาธฉยสฉໃถเถิฤมิดขึ้นกับฉานสามาฉขำผอๆๆเກฯจฉัได้ยากแบบใถ.／ຂຶ້ນກັບເນື້ອໃນທີ່ສາມາດນຳສະເໜີວ່າເປັນຕາດຶງດູດໃຈໄດ້ແບບໃດ.)

☐ サイクル

(चक्र／ວົງ／ວົງຈອນ, ຮອບວຽນ)

▷ サイクルが狂う

(चक्र बिग्रनु／ວົງຈອນ ເສຍ／ວົງຈອນຜິດກະຕິ)

▶ 大体、ひと月に1回のサイクルで商品を入れ替えています。

(लगभग हरेक महिना 1 पटकको चक्रमा उपादित सामानी फेरबदल गरका छौं।／ปะมานทุกเดือน 1 ຄັ້ງຈะผ่าแทนสินຄ้า.／ໂດຍທົ່ວໄປແລ້ວ, ພວກເຮົາຈະສັບປ່ຽນສິນຄ້າໃນຮອບວຽນເດືອນລະເທື່ອ.)

☐ ステップ

(स्टेप／ຂັ້ນຕອນ／ຂັ້ນຕອນ)

▶ みんなの意見がまとまらないので、次のステップに移れない。

(सबैको विचार समेटिन नसकेकोले अर्को स्टेपमा जान सकिन्छैन।／ເນື່ອງມີຊ່ເຫດເຫຽໄ່ວ່າຄາມເຫັນຍັງບໍ່ລຽມຄາມ, ຈຶ່ງຍ່າງໄປຫາຂັ້ນຕອນຕໍ່ໄປ.／ເນື່ອງຈາກຄຳຄິດເຫັນຍັງບໍ່ລຽມຄາມ, ຈຶ່ງໄປສູ່ຂັ້ນຕອນຕໍ່ໄປ.)

☐ セキュリティー

(सुरक्षा／ຄວາມປອດໄພ／ຄວາມປອດໄພ)

▶ 個人情報を扱っているのだから、セキュリティーはしっかりしてほしい。

(व्यक्तिगत जानकारीको प्रयोजन हुन हुनाले सुरक्षा विश्वासनायदो होस्।／ຍ້ອນວ່າມີຂ້ນຳໃຊ້ຂໍ້ມູນສ່ວນບຸກຄົນ, ຈຶ່ງຢາກການໃຫ້ມີຄວາມປອດໄພ.／ເມື່ອງຈາກວ່າຫ້ອມຈັດການຂໍ້ມູນສ່ວນບຸກຄົນ, ຈຶ່ງຕ້ອງການໃຫ້ມີຄວາມປອດໄພ.)

☐ セミナー

(सेमिनार／ສຳມະນາ／ການສຳມະນາ)

▶ 大学主催の就職セミナーに参加した。

(विश्वविद्यालयद्वारा आयोजित रोजगार सेमिनारमा सहभागी भएँ।／ຂ້ອຍໄດ້ເຂົ້າຮ່ວມສຳມະນາຫາວຽກເຮັດງານທຳທີ່ຈັດໂດຍມະຫາວິທະຍາໄລ.／ໂດຍມະຫາວິທະຍາໄລ.／ຂ້ອຍໄດ້ເຂົ້າຮ່ວມສຳມະນາຫາວຽກເຮັດງານທຳທີ່ມະຫາວິທະຍາໄລເປັນຜູ້ຈັດຂຶ້ນໂດຍມະຫາວິທະຍາໄລ.)

☐ セレブ

(सेलेब्रिटि／ຄົນດັງ／ຜູ້ມີຊື່ສຽງ, ຄົນດັງ, ຄົນລ້ຳ)

▷ セレブな生活 (सेलेब्रिटिकोजस्तो जीविका／ການໃຊ້ຊີວິດແບບຄົນລວຍ／ຊີວິດຄົນມີຊື່ສຽງ)

▶ あんな高いホテルに泊まれるのは、セレブだけだよ。

(त्यस्तो महङ्गो होटलमा बस्न सक्ने त सेलेब्रिटि मात्रै हो।／ມາຣ໌ໂຮທຳເພ່າໃໝ່ແພງໆໄດ້ມີແຕ່ຄົນລ້ຳໆ／ຄົນທີ່ສາມາດພັກໃນໂຮງແຮມລາຄາແພງແບບນັ້ນໄດ້.／ຄົນທີ່ພັກໃນໂຮງແຮມລາຄາແພງໆໄດ້ໃນໂຮງແຮມແພງໆແບບນັ້ນໄດ້.)

☐ セレモニー

(समारोह／ພິທີບຸນຍົງ／ພິທີ)

▷ 優勝記念セレモニー

(विजय स्मारक समारोह／ພິທີບຸນຍົງຮັບໄຊຍະມຸ່ງ／ພິທີສະຫຼອງເປັນໄຊຊະນະ)

☐ ダイレクト(な)

(प्रत्यक्ष／ໂດຍກົງ, ກົງ／ໂດຍກົງ)

▷ ダイレクトな表現

(प्रत्यक्ष अभिव्यक्ति／ສຳນວນເວົ້າກົງໆແບບກົງໆ／ການສະແດງອອກໂດຍກົງ)

勤詞 11

する動詞 12

自動詞・他動詞 13

名詞 14

形容詞 15

副詞 16

ぎおん語・ぎたい語 17

カタカナ語 18

対義語 19

意味が近い言葉 20

☐ **ダウン（する）**

（चट्ट／ការធ្លាក់ចុះ／ຫຼຸດລົງ, ຕົກຕ່ຳ, ຕົກປ່ວຍ）

▷ イメージダウン （छविमा ह्रास／ធ្លាក់ចុះអារម្មណ៍ធ្លាក់ចុះ／ພາບພົດຕົກຕ່ຳ）

▶ 給料がダウンするかもしれない。
きゅうりょう

対 アップ（する）

（हाम्रो तलब कम हुन सक्छ।／ប្រាក់ខែប្រហែលនឹងធ្លាក់ចុះ។／ເງິນເດືອນອາດຈະຫຼຸດລົງ.）

☐ **チームワーク**

（टिमवर्क／ការងារជាក្រុម／ການເຮັດວຽກເປັນທີມ）

☐ **チェンジ（する）**

（बदल्नु／ការផ្លាស់ប្ដូរ／ប្ដូរ,ឬฉ, ป่วน）

▷ イメージチェンジをする、モデルチェンジ

（छवि बदल्नु,नमूना बदल्नु／ផ្លាស់ប្ដូររូបភាព, ផ្លាស់ប្ដូរម៉ូដែ／ປ່ຽນຮູບລັກສະນະພາບນອກ, ປ່ຽນແບບ）

☐ **デビュー（する）**

（डेब्यू／ការបង្ហាញខ្លួនជាលើកដំបូង ការបើកឆាក, ការបង្ហាញខ្លួនเพื่อทำหรื่อ）

▶ 彼女は女優としてデビューすることが決まった。
かのじょ じょゆう き

（（ती महिला अभिनेत्रीको रूपमा डेब्यू हुने कुरा निश्चित भयो।／នាងត្រូវបានសម្រេចយកជាតួសម្ដែងបង្ហាញខ្លួនជាលើកដំបូង ក្នុងនាមជាតួសម្ដែងស្រី។／ມີການຕົກລົງວ່ານາງຈະປະກົດເປັນຕົວຢ່າງທ່ອງໃນຖານະນັກສະແດງ។））

☐ **デモ**

（जुलुस／បាតុកម្ម／ការបິດລ្បងใช้เต็ม, ล่าถือ）

▷ 抗議デモ
こうぎ

（विरोध जुलुस／បាតុកម្មប្រឆាំង／ការສາທິດປະທ້ວງ）

☐ **デモ／デモンストレーション**

（डेमोन्स्ट्रेसन／ការបង្ហាញ／ការບິດລ່ວງใช้เต็ม, ล่าถือ）

▷ 調理器具のデモ販売
ちょうりきぐ はんばい

（परिकार समावर्तीको प्रदिर्शनको बिक्रीवेश／ការលក់បង្ហាញឧបករណ៍ចម្អិនអាហារ／ការບິດລ່ວງຂາຍอุปะกอนแต่ງກິນ）

▶ 今日、A社の担当が来て、新製品のデモをします。
きょう しゃ たんとう き しんせいひん

（आज A कम्पनीको जिम्मेवार कर्मचारी आउनुहुन्छ र नयाँ उत्पादित समाग्रीको प्रदर्शन गरिन्छ।／ថ្ងៃនេះអ្នកទទួលបន្ទុករបស់ក្រុមហ៊ុនAXឈ្មោះមក ហើយយើងបង្ហាញពីផលិតផលថ្មី។／ມື້ນີ້ຜູ້ຮັບຜິດຊອບจากบริษัท A จะมาສາທິດປະໂຫຍດสินค้าใหม่。）

☐ **トータル（な）**

（टोटल／សរុប／ທັງໝົດ）

▷ トータルコーディネーション

（टोटल कोर्डिनेसन／ការប្រើគ្រប់គ្រាន់ឲ្យកាន់ដៃ／ការประสานงานทั้งໝົດ）

▶ 今度の北海道旅行は、トータルで 10 万円あれば足りるかな。
こんど ほっかいどうりょこう えん た

（अब पटकको होक्काइडोको यात्राको लागि, कुल मिलाएर 1 लाख येन भए पुग्छ कि।／សម្រាប់ដំណើរកំសាន្តទៅហុកកៃ ជុំលើកនេះ, សរុបទាំងអស់បើមានៗ៩០ម៉ឺនយេន ត្រប់គ្រាន់ប្រើឬនៅ។／ทำมีຄັ้ງໝໍ 100,000 ເຢັນจะພຽງພໍສໍລັບການไปທ່ຽວຮອกไกໃกในครั้งนี้หรือบໍ່?）

☐ **トライ（する）**

（कोसिस गर्नु／ការសាកល្បង／ພະຍາຍາມ, ລອງ）

▶ 今年は何か新しいことにトライしたいと思う。
ことし なに あたら

（यस वर्ष म कुनै नयाँ कुरा कोसिस गर्ने हेर्छ मन छ।／ខ្ញុំគិតថាឆ្នាំសាកល្បងអ្វីថ្មីឬអ្វីៗឆ្នាំនេះ។／ຍາກລອງເຮັດอิ่ງใหม่ในปีนี้.）

☐ **ドリル**

（अभ्यास／ការហ្វឹកហ្វឺន／ວິຊົວ(ฝึกปฏิบัติ)）

▷ 漢字ドリル
かんじ

（खान्जीको अभ्यास／ការហ្វឹកហ្វឺនអក្សរកាន់ជី／ວິຊົວໄດກ(ฝึกคันจิ)）

□ **ネック**

（अड्चन／ការបង្អាក់／បំបាក់ក（ក）

▷ 資金不足がネックとなって、計画がなかなか進まない。
しきんぶそく　　　　　　　　　　　けいかく　　　　　　　　　　すす

（पुँजी अभावको अड्चनले योजना अलिकति पनि अगाडि बढ्दैन।／ກ：ຂາດເຈືນຸຈເປັນຂຽຂກຽຍການບເອ່າດະເໝ່ົໄ
ເຫື່ຍສາມງກະລາພາຍ່ຍຮ່ືຍການເຈ່າຍຍະເຈາ：។／ខ្វះលុយគ្មានប្រាក់ជាចំណុចងាយកងកណមចងកបងៅចកមននងៅងមចបនងៅបនមនងៅ។）

□ **バック**

（पछाडि／ខាងក្រោយ／ធ្នងខង, ធនងខង, ធងកងង)

▶ 富士山をバックに写真を撮ろう。
ふじさん　　　　　しゃしん　と

（फ़ुजी पहाडलाई आउने गरि फोटो खिची ।／ເຈາ: ຖ່າຍຮູບເອາພູຟູຈ່ຈເປັນຄກນແມງណກງ។／ថតរបមនភនពញជមនបនធងខងកមនងៅ។）

▶ 彼のバックには大物政治家がいるらしい。
かれ　　　　　　　　　おおものせいじか

（उसको पछाडि ठुलो राजनितिज्ञको हात छ भनिन्छ ।／ຢູ່ໃນຫລງຂອງລາວມຄນໃຫຍເປນກມເມອງໃຫຍຢເບອງຫລງລາວ។／សវនបនករមងទបៗបន)

□ **バック（する）**

（व्याक गर्नु／ការថយក្រោយ／ຖອຍຫລງ)

▶ 車がバックしてきているから気をつけて。
くるま

（गाडि व्याक हुदै आइरहेकोले होसियार होऊ ।／ລະວງເມຍເພາະຣົຖກຳລງຖອຍຫລງມຫາ។／នងមកបនធយកងកមនបមយងកងនម)

□ **パック（する）**

（व्याक गर्नु／កញ្ចប់, ប្រអប់／ຫ, ໄມຟຄນ)

▷ 3泊4日のパックツアー
ばく　　か

（3 रात 4 दिनको व्याक टुर ।／ກຳປໄກວສນມະ: ຄະລະຄໄຕຍບໄ／ដណើរកមសតច 3 យប 4 ថង)

▶ イチゴが1パック600円!? 高い！
えん　　　たか

（स्ट्रबेरी 1 व्याक 600 येन !? कत्ति महङ्गो।／ໄມໂຫງໃນນຍຕຄຄໄກມໂໂເຍໃສບ? ໃສ! សតបរ 1 កណចប 600 យន! ថល!）

□ **パッケージ**

（प्याकेज／ការវេចខ្ចប់／ការវចខចប)

▶ この店のクッキーは、おしゃれなパッケージも人気なんです。
みせ　　　　　　　　　　　　　　　　　　にんき

（यो पसलको कुकी, चटक्क परेको प्याकेटले सदै पनि लोकप्रिय छ।／ຄກກໄຮນໄຫນໄໄກນຍຍດດ ປະຊນທນຍມເພາະ ກໄນຫໄໄວຍຍໄຍໄໄອຍກໄໄອໄອໄໄໄໄ／ខកកហងន មនភពទនសមយបនធវឲយមនបនធវឲយមនការវចខចបសងសងមនភពទនសមយ)

★「ダウンロード（販売）」に対し、店で具体的な形を持った商品として売ることを「パッケージ（販売）」ということもある。
はんばい　　　　　　　　　　みせ　　　ぐたいてき　かたち　も　　しょうひん　　　　　　　　　　はんばい

（डाउनलोड बिक्रीको बदलामा पसलमा बनेर ठोस आकारको उत्पादित सामाग्रीको बिक्रीलाई 'प्याकेज बिक्रि' भनिन्छ ।／ຽສງໄ「ការលក់ដងន ដយលន Download（販売）」mi 「ការលក់សមភរដងន Package（販売）」ดໄເຍໄ／កនងន យ "（販売）" "（販売）")

□ **パニック**

（कोलाहल／ភ័យស្លន់ស្លោ, ភតភយ, ភញកផង, នន)

▶ 強い衝撃に加え、電気も消え、乗客は一時パニックになった。
つよ　しょうげき　くわ　　でんき　き　　じょうきゃく　いちじ

（ठुलो धक्काको साथै बिजुलीबत्ति पनि निभेर र यात्रुहरुमा केही छिन कोलाहल मच्चियो ।／ນອກຈາກການກະທບຢາງແຮງແລອ, ໄຟຟາດບ, ເຮດໃຫຜໂດຍສານມຄວມຕກໃຈໃນໄລຍະໜງ)

動詞 11

する動詞 12

自動詞・他動詞 13

名詞 14

形容詞 15

副詞 16

ぎおん語・ぎたい語 17

カタカナ語 18

対義語 19

意味が近い言葉 20

□ ハプニング

(सानो घटना／ព្រឹត្តិការណ៍ដែលនឹកស្មាន មិនដល់／ເຫດການ, ສິ່ງທີ່ເກີດຂຶ້ນ, ເຫດ ບັງເອີນ)

▷ ハプニングが生じる／起こる

(सानो घटना घट्नु／घट्नु／រឿងដែលនឹកស្មានមិនដល់កើតឡើង／ເຫດການເກີດຂຶ້ນ)

▶ 突然マイクが使えなくなるというハプニングがあったものの、会はなんとか無事に終わった。

(अकस्मात माइक नचल्ने सानो घटना घट्यो यनि घट्नु त पुग्यो तर सभा चाहिं विना कुनै अड़चन समापन भयो ॥／ស្រាប់តែ មីក្រូ ប្រើលែងកើត ជាហេតុការណ៍ដែលនឹកស្មានមិនដល់ ក៏ប៉ុន្តែ ការប្រជុំបានបញ្ចប់ដោយសុវត្ថិភាព／ເຖິງແມ່ນວ່າມີເຫດການ ໄມໂຄຣໃຊ້ບໍ່ໄດ້ຢ່າງກະທັນຫັນ, ແຕ່ກອງປະຊຸມກໍ່ຈົບລົງໂດຍບໍ່ມີບັນຫາຫຍັງ.)

□ バラエティー

(विविधता／ចម្រុះ／ຫຼາກຫຼາຍ, ແຕກຕ່າງກັນ)

▷ バラエティーに富んだメニュー、バラエティー番組

(अनेक किसिमका मेनु, भेराइटी कार्यक्रम／បញ្ជីម្ហូបចម្រុះដែលមានពោរពេញទៅដោយម្ហូបចម្រុះ; កម្មវិធី(ទូរទស្សន៍)ចម្រុះ／ລາຍການອາຫານທີ່ມີໄປດ້ວຍຄວາມຫຼາກຫຼາຍ, ລາຍການທີ່ມີເນື້ອໃນຫຼາກຫຼາຍ (ຕົວຢ່າງ: ໃຫ້ຄວາມຮູ້, ຄວາມບັນເທີງ ເປັນຕົ້ນ))

□ ヒーロー

(हिरो／វីរបុរស／ພະເອກ, ວິລະບຸລຸດ, ຄົນເກັ່ງ)

▶ 小さい頃は、アニメのヒーローのようになりたいと本気で思っていました。 対ヒロイン

(सानो छँदा कार्टुनको हिरो जस्तो बन्न पाउँ भनि साँच्चै नै सोचेको थेँ।／កាលពីក្មេង ខ្ញុំគិតថាចង់ក្លាយទៅជាវីរបុរសក្នុងរឿងជាការ៍ូ។／ຕອນຍັງນ້ອຍ, ຄິດຢາກເປັນຄືກັບພະເອກໃນການຕູນແທ້ໆ.)

□ ヒロイン

(हिरोइन／វីរនារី／ນາງເອກ, ວິລະສະຕີ)

▷ 悲劇のヒロイン 対ヒーロー

(कहानीकी पात्र／វីរនារីដែលជួបសោកនាដកម្ម／ນາງເອກໃນໂສກນາ)

□ フェア

(मेला／ពិព័រណ៍／ງານ)

▷ ブックフェア (पुस्तकमेला／ពិព័រណ៍សៀវភៅ／ງານປຶ້ມ)

▶ イタリアフェアでは、イタリアのワインや食品、衣類や雑貨などがたくさん紹介されます。

(इटालीको मेलामा इटालीको वाइन तथा खाद्यपदार्थ, कपडा तथा किराना आदिको धेरै जानकारी गराइने छ।／មានៃស្រា ទំនិញនានា ម្ហូបអាហារ សំលៀកបំពាក់និងវត្ថុផ្សេងៗ ជាច្រើនបែបឥតាលីត្រូវបានយកមកបង្ហាញនៅពិព័រណ៍ អ៊ីតាលី។／ໃນງານແຟຣອິຕາລີ, ມີການແນະນຳເຫຼົ້າແວງ, ອາຫານ, ເຄື່ອງນຸ່ງຫົ່ມ, ແລະສິນຄ້າອື່ນໆຈາກອິຕາລີຈຳນວນຫຼາຍ.)

□ フォーム

(फारम／ បែបបទ／แบบฟอร์ม, ฟอร์ม, ลักษณะ)

▶ ホームページに登録用のフォームがありますので、そちらをご利用ください。

(होमपेजमा दर्ताको लागि फर्म छ, त्यसको प्रयोग गर्नुहोस्।／នៅលើគេហទំព័រមានប្រើប្រាស់សម្រាប់ចុះឈ្មោះ ដូច្នេះសូមប្រើប្រាស់បែបបទនោះ។／ກະລຸນາໃຊ້ແບບຟອມລົງທະບຽນຢູ່ໜ້າຫຼັກຫົວຂໍ້ລະອຽດບຶ້ນ ໄຂມ່ອນ.)

▶ 速いボールが投げられないのは、フォームが悪いからだと思う。

(दुरुतगतिमा बल फ्याक्न नसक्नुमा शरीरको वाँचा नराम्रो भएर हो जस्तो लाग्छ।／ខ្ញុំគិតថាការមិនអាចបោះបាល់បានលឿនគឺ ដោយសារ(ក្ខណៈនៃការបោះមិនល្អ／ຄິດວ່າເຫດທີ່ປາຫຍ້ອນບ່ອງໂຍນບານໄດ້ໄວບໍ່ແມ່ນຍ້ອນຟອມບໍ່ດີ.)

□ フォロー(する) ▶ うまく説明できなかったが、先輩が横からフォロー
してくれた。

(फलो गर्नु／कुरा मिलाउनु／การตามหาง, การเยียบ
ปราบ／ทามติตามของเนื้อ, ตามเฝ้า)

(राम्रोसँग वर्णन गर्न त सकिन तर सिनियरले विषमा कुरा मिलाइदिनुभयो／ខ្ញុំមិនអាចធ្វើការពន្យល់បានល្អ ប៉ុន្តែសិស្ស
ជួយជំនួយគ្រាប់ពំនឹងៗវា។／ຍ້ອຍບໍ່ສາມາດອະທິບາຍໄດ້ດີ, ແຕ່ຄູ່ພີ່ຍ່ອງຂອຍຊ່ວຍໃຫ້ການຕິດຕາມຍ່ອງເຜື່ອຍູ່ທາງ
ຢູງ.)

□ ベース ▶ まずベースとなるデータがないと、分析も何もできない。

(आधार／मूलभार्भ श्री／ขึ้นฐาน)

(सर्वप्रथम आधारको रूपमा डाटा नभएपनि नत्र विश्लेषण पनि केही गर्न सकिन／ជិ្រ្ចម ប្រើសមានទិន្នន័យព្រឹះ៖១៧ នោះមិន
អាចវិភាគលុប៖១៧／ກ່ອນອື່ນໝົດ, ຖ້າບໍ່ມີຂໍ້ມູນຂຶ້ນຖານກໍ່ສາມາດວິເຄາະອະຫຍັງໄດ້.)

□ ベスト(な) ▷ ベストを尽くす、ベストな選択、ベスト10

(उत्तम／बिल्कुब्र सुठ／ डिथ्ड्स)

(सकेसो गर्नु, उत्तम खनोत, उत्तम 10／ខ្ញុំ្រើងអាយ្រតាគលុបពិ្ថ្រាម, ដ្រម្រើសពិ្ថ្រាម, ចំណាត់ថ្នាក់កំពូលទាំង១0／
ເຮັດໃຫ້ດີທີ່ສຸດ, ທາງເລືອກທີ່ດີທີ່ສຸດ, 10ອັນດັບທຳອິດ)

□ ボイコット ▶ 待遇に不満を持つ選手たちが、試合をボイコットした。

(बहिष्कार／ถภิการ／รามพ้อมใจปฏิเสธ(ทิ๓)
บา๓, การ๓อ้มยกเล๓)

(सुविधा्रति असन्तुष्ट खेलाडीहरूले प्रतियोगिता बहिष्कार गरे／្រក្រុមកីឡ្រ្ករបដែលមានការពេញចិ្ត្តនិងអតុ
ប្រយោ ដ្រនបានដ្រក៖ើកមិនបុគ្រុត／ຜູ້ຫຼິ້ນທີ່ບໍ່ພໍໃຈກັບການຕ່ອນຮັບໄດ້ພ້ອມໃຈຖ່ານຢ່ອງຈົ່ມ.)

□ メイン ▶ メインの議題は経費削減です。

(प्रमुख／ថម្បូង, សំខាន់／ຕຶ້ນຕໍ, ลำดับ)

(खासखलको प्रमुख विषय खर्च कटौती हो।／ប្រធានបទសំខាន់នំ៖ិកការបន្ធូរការចំណាយ។／ຫົວຂໍ້ສໍາຄັບແມ່ນການສຸດ
ຄ່ອນຄ່າໃຊ້ຈ່າຍ.)

□ モチーフ ▶ この彫刻は太陽をモチーフにしたものです。

(मुख्यभूत भाव／ប្របូហ៖ប／ແມ່ລາຍ, ລວດລາຍ
(ຕົ້ນແບບ), คอนเซ๓ติเป็นจุดสำดับของ
ลิมปะแบบ)

(यो मूर्तिकला सूर्यलाई मुख्यभूत भावको रूपमा तयार गरिएको हो।／ចម្លាក់ន៖ះ្រ្តូវបានបង្កើតឡើ៖ដ៖ាមប្រពេញ្រ្គសុគ្គរបស់
ព្រះអា៖ិ្យ។／ຮູບປັ້ນນີ້ມີລວດລາຍທີ່ເປັນລວງດາຫວໜ.)

□ ラフ(な) ▶ ラフなものでいいから、明日までに企画案を用意し
てきてくれる?

(कच्चा／ស្រុតក្រអ, ្បៃ្លួ១ស្ឆ្លះ, ੪ਾ੪)

(कच्चा भएपनि हुन्छ, भोलि सम्ममा योजनाको प्रस्ताव तयार भएर ल्याउदिनस्तह् कि?／ស្រុតក្រអក៏បានដ្រ ៖ើឧ៖សរុ
ៀ្ចត្រៀ្បរំស៖ណើ៖ឥោ៖ក្រៀ៖ន្រៅ្រស្ឆ្លះ៖ានៃ?／ເອົາແຕ່ອ່າງກໍ່ໄດ້, ກະຈຸດແຜນການແຜນໃຫ້ມື້ອື່ນໄດ້ບໍ?)

□ リアル(な) ▶ 戦争シーンのリアルな描写には、ちょっとショック
を受けました。

(बास्तविक／ໄ๓ลฑิกา／ຄົມຈິງ)

(युद्धदृश्यको बास्तविक जस्तो अलेखनग्रति आघात हुनुपर्यो।／ខ្ញុំមានការភ្ញាក់ផ្អើលបន្ធិច្ចនំ៖ការបង្ហាញញាាក់ស្ត្រង
ន៖ ៥ូ្រ៖ាក្សស្ឆ្លះ_ម៖ា／ຍ້ອຍຕົກໃຈເລັກນ້ອຍກັບການຫວຍຫັນລະຍະອຍ່ມມິຈິງຂອງສຸດສຸງຄາມ.)

□ ワンパターン(な) ▶ この番組も、最近はワンパターンになっていて、人
気が落ちているようだ。

(एउटै तरिका／ໄบบซ้ำๆไปมา／ຖ້າໆ੪າ, ຖ້າ,
ເກ่า)

(यो कार्यक्रम पनि हिजोआज एउटै तरिकाले चल्ने हुनाले लिकप्रियतामा कमी आइरहेको छ जस्तो छ।／ស្ឆ្ល៖ៈ
កម្មវិធី(ព⼀របុ៖)ន៖៖មានភាពដដែលៗ ៤ើយបង្ហាញម្រៀមហាក់ដូចជាកំពុ៖ថ្លាក់ញៈ។／ໄລຍະນີ້, ລາຍການນຶ່ງກໍ່ຊ້ຳ
ຫວາໆແລະຮູ້ເບິ່ງຄ່ອນການບໍ່ມັນພຸດລີ.)

動詞 11
する動詞 12
自動詞・他動詞 13
名詞 14
形容詞 15
副詞 16
ぎおん語・ぎたい語 17
カタカナ語 18
対義語 19
意味が近い言葉 20

19 対義語
たいぎご

(विलोम／ពាក្យផ្ទុយ／ຄຳກົງກັນຂ້າມ)

曖昧(な)
あいまい

明瞭(な)
めいりょう

異常(な)
いじょう

正常(な)
せいじょう

異性
いせい

同性
どうせい

**インフレ／イン
フレーション**

**デフレ／デフ
レーション**

延長(する)
えんちょう

短縮(する)
たんしゅく

法案を可決する
ほうあん　かけつ

法案を否決する
ほうあん　ひけつ

日が暮れる
ひ　　く

夜が明ける
よ　　あ

謙虚(な)
けんきょ

横柄(な)
おうへい

好況
こうきょう

不況
ふきょう

口語
こうご

文語
ぶんご

最善
さいぜん

最悪
さいあく

最大
さいだい

最小
さいしょう

資産
しさん

負債
ふさい

失業(する)
しつぎょう

就職(する)
しゅうしょく

質素(な)
しっそ

贅沢(な)
ぜいたく

収益
しゅうえき

損失
そんしつ

重視(する)
じゅうし

軽視(する)
けいし

重大(な)
じゅうだい

さ細(な)
さい

自立(する)
じりつ

依存(する)
いぞん

進化(する)
しんか

退化(する)
たいか

新品
しんぴん

中古
ちゅうこ

327

親密(な) しんみつ	(ជិតស្និទ្ធ/ភាពស្និទ្ធស្នាល/ຮັກແພງ ຄຸ້ນເຄີຍ, ໃກ້ຊິດ, ແໜ້ນແຟ້ນ)
疎遠(な) そえん	(មិនស្និទ្ធ ឃ្លាតឆ្ងាយ/ការបែកបាក់/ຫ່າງເຫີນ, ບໍ່ໃກ້ຊິດສະໜິດສະໜົມ)

新郎 しんろう	(កូនកំលោះ/ເຈົ້າບ່າວ)
新婦 しんぷ	(កូនក្រមុំ/ເຈົ້າສາວ)

贅沢(する) ぜいたく	(វិចារ (ន៍)/ភាពប្រណីត/ຟູມເຟືອຍ, ຟຸ່ມເຟືອຍ)
倹約(する) けんやく	(ការសន្សំសំចៃ/ປະຢັດ)

善意 ぜんい	(អសន មាន/បំណងល្អ/ຄວາມປາຖະໜາດີ, ຄວາມຕັ້ງໃຈດີ, ຈິດໃຈທີ່ດີງາມ)
悪意 あくい	(ទុច មាន/បំណងអាក្រក់/ເຈດຕະນາຮ້າຍ)

双方 そうほう	(ទុភ ័គ/ទាំងសងខាង/ສອງຝ່າຍ)
片方 かたほう	(ម្ខាង ឯកភាគ/ໂຕບຽວ/ຝ່າຍດຽວ, ຂ້າງດຽວ, ດ້ານດຽວ)

天国 てんごく	(ស្ថានសួគ៌/ສະຫວັນ)
地獄 じごく	(នរក/ເມືອງນະລົກ/ນະລົກ)

天使 てんし	(ទេវតា/ເທວະດາ, ນາງຟ້າ)
悪魔 あくま	(បិសាច/ຜີມານ, ມານ)

統合(する) とうごう	(ឯកីករណ៍/ການបញ្ចូលគ្នា/ລວມເປັນອັນໜຶ່ງອັນດຽວ, ລ່ວມເຂົ້າກັນ)
分裂(する) ぶんれつ	(ប្រេះឆា/ການបែកបាក់/ແຕກແຍກ)

駅から遠ざかる えき　とお	(ឆ្ងាយពីស្ថានីយ៍/ຫ່າງອອກຈາກສະຖານີ)
駅に近づく えき　ちか	(ជិតស្ថានីយ៍/ໃກ້ເຂົ້າສະຖານີ)

人を遠ざける ひと　とお	(ធ្វើឲ្យមនុស្សឃ្លាត/ເຮັດໃຫ້ຄົນອື່ນຢູ່ຫ່າງ)
顔を近づける かお　ちか	(នាំមុខចូលទៅជិត/ເອົາໜ້າເຂົ້າໃກ້)

粘る ねば	(ស្អិត/ໜຽວໜັບ, ຍຶດໝັ້ນ)
諦める あきら	(បោះបង់ចោល/ຍອມແພ້)

濃厚(な) のうこう	(ក្រាស់/ເຂັ້ມຂຸ້ນ)
淡白(な) たんぱく	(ស្រាល/ຈືດ, ຈາງ)

能動的(な) のうどうてき	(សកម្ម/ກະຕືລືລົ້ນ)
受動的(な) じゅどうてき	(អកម្ម/ບໍ່ໄດ້ລົງມື, ບໍ່ເຄື່ອນໄຫວ)

発信(する) はっしん	(បញ្ចេញសារ/ສົ່ງສັນຍານ, ສົ່ງໄປ)
受信(する) じゅしん	(ទទួលសារ/ຮັບສັນຍານ, ຮັບ)

必然 ひつぜん	(ស្វ័យប្រវត្តិ, ถาวร/ສິ່ງທີ່ຫຼີກລ່ຽງບໍ່ໄດ້)
偶然 ぐうぜん	(ໂດຍບັງເອີນ)

平易(な) へいい	(ងាຍ, ເຮັດໃຈງ່າຍ)
難解(な) なんかい	(ยาก/ເຂົ້າໃຈຍາກ)

母音 ぼいん	(สระ/ສະຫຼະ)
子音 しいん	(ພະຍັນຊະນະ)

放任(する) ほうにん	(ປ່ອຍໃຫ້ເປັນໄປຕາມຍຸ່ງຍ່ອງ)
干渉(する) かんしょう	(ແຊກ, ລົບກວນ)

無線 むせん	(ไร้สาย)
有線 ゆうせん	(มีสาย)

有益(な) ゆうえき	(ເປັນປະໂຫຍດ)
無益(な) むえき	(ບໍ່ເປັນປະໂຫຍດ)

有害(な) ゆうがい	(ມີອັນຕະລາຍ)
無害(な) むがい	(ບໍ່ເປັນອັນຕະລາຍ, ບໍ່ໄຮ້ພິດ)

有限 ゆうげん	(ມີຂອບເຂດ)
無限 むげん	(ບໍ່ມີຂອບເຂດ)

動詞 11
する動詞 12
自動詞・他動詞 13
名詞 14
形容詞 15
動詞 16
ぎおん語・ぎたい語 17
カタカナ語 18
対義語 19
意味が近い言葉 20

⑳ 意味の近い言葉
(いみ ちか ことば)

(उस्तै अर्थका शब्दहरू／
ពាក្យដែលមាននិយស្រដៀងគ្នា／
ลำดับที่มีความหมายให้คล้ายๆกัน)

●承る・許す・認める
（うけたまわ　ゆる　みと）

- [ ] 許可(する)
  （きょか）
  (अनुमति दिनु／ការអនុញ្ញាត／
  ອะນຸຍາດ)

- [ ] 認定(する)
  （にんてい）
  (मान्यता प्रदान गर्नु／ការ
  ទទួលស្គាល់／ຮັບຮອງ)

- [ ] 承諾する
  （しょうだく）
  (सम्मति गर्नु／ការយល់ព្រម／
  ยอมรับ, เห็นพ้อม)

●とても多い
（おお）

- [ ] 大量のごみ
  （たいりょう）
  (ठूलो परिमाणको फोहोर／
  សម្រាមដែលមានបរិមាណច្រើន／
  ຂี้เຫຍื้อปริมาณຫຼวงຫຼาย)

- [ ] 多量の雨
  （たりょう　あめ）
  (भिषण वर्षा／ភ្លៀងច្រើន／
  ฝนຕกๆหຼวง)

- [ ] 無数の穴
  （むすう　あな）
  (अनगन्ती प्वाल／
  ប្រហោងច្រើនរាប់មិនអស់／
  ຮูນບໍ່ມີຈຳนวน)

- [ ] 莫大なコスト
  （ばくだい）
  (ठूलो परिमाणको लागत
  खर्च／ការចំណាយដ៏ធំ ใหญ่／
  ค่าใช้จ่ายมหาศาล)

- [ ] 膨大なデータ
  （ぼうだい）
  (ठूलो परिमाणको डाटा／
  ទិន្នន័យដ៏ធំយ៉ាងសម្បើម／
  ຂໍ້มูນບໍ່มีจຳนวนฮาว)

●決まり
（き）

- [ ] 規律を守る
  （きりつ　まも）
  (कानूनको पालना गर्नु／គោរពវិន័យ／
  ธักษาวิไน)

- [ ] 規範を示す
  （きはん　しめ）
  (नमुना प्रदर्शन गर्नु／បង្ហាញជាគំរូ／
   บ่งຍອดบรรทัดฐาน)

- [ ] 規則に違反する
  （きそく　いはん）
  (नियम उल्लङ्घन गर्नु／
  ល្មើសविधान／ລະเมิดข้อบังคับ)

●決まる・決める
（き　き）

- [ ] 日にちを設定する
  （ひ　せってい）
  (मिति निर्धारण गर्नु／កំណត់ពេល
  បរិច្ឆេទ／กำหนดวันที่)

- [ ] 日にちが確定する
  （ひ　かくてい）
  (मिति निश्चय गर्नु／កាលបរិច្ឆេទ
  បានកំណត់／วันที่ถูกกำหนด"
  ແบบไว)

- [ ] 原因を断定する
  （げんいん　だんてい）
  (कारण तोक्नु／កំណត់មូលហេតុ／
  ฟຸนສาเหตุฟ่ຸลຫຼอด)

- [ ] 退職を決断する
  （たいしょく　けつだん）
  (राजिनामाको निर्णय गर्नु／
  សម្រេចចិត្តឈប់ធ្វើ／
  ตัดสินใจลาອອก)

- [ ] 留学を決心する
  （りゅうがく　けっしん）
  (विदेशमा अध्ययनको अठोट गर्नु／
  សម្រេចចិត្តទៅសិក្សានៅបរទេស／
  ตัดสินใจไปຮ្ຽนต่อตางปะເທด)

●配る
（くば）

- [ ] 資料を配布する
  （しりょう　はいふ）
  (कागजात वितरण गर्नु／
  ចែកចាយឯកសារ／
  ยายเอกาสาน)

- [ ] 食料を配給する
  （しょくりょう　はいきゅう）
  (खनेकुरा भासाबान्ड गर्नु／
  ចែកចាយស្បៀងអាហារ／
  ແจกฮ่ายອາฮาน)

- [ ] 荷物を宅配する
  （にもつ　たくはい）
  (सामान डेलिभरी गर्नु／ដឹកជញ្ជូន
  ឥវ៉ាន់ទៅដល់ផ្ទះ／ส่งເຄื่อง (ຂอง
  ถึงบ้าน))

●渡す
（わた）

- [ ] 交通費を支給する
  （こうつうひ　しきゅう）
  (यातायात खर्च सम्बन्धि गर्नु／
  ផ្ដល់ថ្លៃចំណាយក្នុងការធ្វើដំណើរ／
  ให้ค่าเดินทาง)

- [ ] 奨学金を給付
  する
  （しょうがくきん　きゅうふ）
  (छात्रबृत्ति अनुदान गर्नु／
  ផ្ដល់ អាហារូបករណ៍／
  มอบທຶนการศึกษา)

- [ ] 運営を委ねる
  （うんえい　ゆだ）
  (सञ्चालन जिम्मादिनु／
  ប្រគល់ការគ្រប់គ្រង／
  มอบหมายให้ดูแลงาน)

- [ ] 書類を手渡す
  （しょるい　てわた）
  (कागजात हस्तान्तरण गर्नु／
  ឱ្យឯកសារ／ยื่นเอกาสาน)

●助ける・補う
（たす　おぎな）

- [ ] 救助(する)
  （きゅうじょ）
  (उद्धार गर्नु／ការជួយសង្គ្រោះ／
  ให้ความช่วยเหลือ)

- [ ] 資金を援助する
  （しきん　えんじょ）
  (पूँजीको सहायता गर्नु／ជួយឧបត្ថម
  ລະ ທຶนทรัพย์／ຊ่วยเหลือทุนຊรัพ)

- [ ] 助言(する)
  （じょげん）
  (सल्लाह गर्नु／ការផ្ដល់ដំបូន្មាន／
  ให้คำแนะนำ, ให้คำปรึกษา)

- [ ] 補習
  （ほしゅう）
  (पूरक पाठको अभ्यास गर्नु／
  ការរៀបចំបន្ថែម／ຮຽนเพิ่มเติม)

●つくる

- [ ] 作品を制作する
  （さくひん　せいさく）
  (रचना निर्माण गर्नु／
  បង្កើតស្នាដៃសិល្បៈ／
  ส้างผลงาน)

- [ ] 映画を製作する
  （えいが　せいさく）
  (सिनेमा निर्माण गर्नु／
  ផលិតភាពយន្ត／ส้างฮูบເງา)

- [ ] 未来を創造する
  （みらい　そうぞう）
  (भविष्य निर्माण गर्नु／
  កសាងអនាគត／
  ส้างอนาคด)

●できる・できあがる

□ 予算が成立する
よさん　せいりつ
（बजेट पारित हुनु／ថវិការត្រូវបានអនុម័ត／ຈັດເຮັດໃຫ້ເປັນງົບປະມານ）

□ 夢が実現する
ゆめ　じつげん
（सपना साकार हुनु／ក្តីសុបិន្តក្លាយជាការពិត／ຄວາມຝັນກາຍເປັນຈິງ）

□ 願いが成就する
ねが　じょうじゅ
（कामना पुरा हुनु／បំណងប្រាថ្នាបានសម្រេច／ສົມຄວາມປາດຖະໜາ）

□ 成果が実る
せいか　みの
（प्रतिफल प्राप्त हुनु／ទទួលបានផល／ສໍາເລັດຜົນ）

●直す
なお

□ 法律を改正する
ほうりつ　かいせい
（कानून संसोधन गर्नु／កែប្រែច្បាប់,ใไนกฎหมายអោយប្រសើរ／ແກ້ໄขกฎหมาย）

□ 料金を改定する
りょうきん　かいてい
（शुल्कको परिवर्तन गर्नु／កែប្រែថ្លៃ／ກໍານົດອັตราฤาใหม่）

□ 内容を改訂する
ないよう　かいてい
（विषय संस्करण गर्नु／កែប្រែ ให้สมบูรณ์ยิ่งขึ้น／ປັບປຸงเนื้อใน）

□ 間違いを訂正する
まちが　ていせい
（गलतीलाई सुधार्नु／កែប្រែកំហុស／ແກ້ไขสิ่งที่ผิด）

□ レポートを修正する
しゅうせい
（प्रतिवेदनलाई सच्याउनु／កែប្រែ របាយការณ៍／ແก้ไขบົดລາຍງານ）

□ 制度を是正する
せいど　ぜせい
（प्रणालीलाई सुधार्नु／កែ ตแม้ប្រព័ន្ធ／ແก้ไขระบบ）

□ 絵を修復する
え　しゅうふく
（चित्रकलाको मर्मत गर्नु／ ជួសជុលគំនូរ／ສ່ອມแซมฮูบแต้ม）

□ 家を改築する
いえ　かいちく
（घरको पुननिर्माण गर्नु／ កែលម្អផ្ទះ／ປับปุงເຮືອน）

●変える・変わる
か　か

□ 車を改造する
くるま　かいぞう
（गाडी परिमार्जन गर्नु／កែใ្លៃរថយន្ត／ดัดแปลงลົด）

□ 記録を更新する
きろく　こうしん
（रेकर्ड नवीकरण गर्नु／ បំបែកកំណត់ត្រា／ปับปุงข้อมูลປับปุง）

□ 日程を調整する
にってい　ちょうせい
（मितिको समायोजन गर्नु／ កែសម្រួលកាលវិភាគ／ปับปาดตารางเวลา）

□ 方針を転換する
ほうしん　てんかん
（नीति परिवर्तन गर्नु／ ប្ដូរគោលនយោបាយ／ปับปาอำแนวนโยบาย）

□ 内容を改善する
ないよう　かいぜん
（विषयमा सुधार गर्नु／ ធ្វើអោយប្រसើរ ซើนเนื้อใน）

□ デザインを
改良する
かいりょう
（डिजाइन छटाकारे गर्नु／ កែលម្អឧបករណ៍រចនា／ปับปุงรูปแบบออกแบบ）

□ 価格の変動
かかく　へんどう
（मूल्यको उतारचढाव／ការប្រែប្រួល ថ្លៃ／การเปลี่ยนแปลงราคา）

●知らせる
し

□ 予定を告知する
よてい　こくち
（योजनाको सुचना दिनु／ផ្តល់ដំណឹងពីផែនការ／แจ้งกำหนดการ）

□ 警察に通報する
けいさつ　つうほう
（प्रहरीलाई उजुरी दिनु／ រាយការណ៍ទៅប៉ូលិស／ລາຍງານຫາตำรวจ）

□ 広報活動
こうほうかつどう
（विज्ञापनका गतिविधि／ សកម្មភាពផ្សព្វផ្សាយ／กิจะกำไกโฆสะนา）

●断る
ことわ

□ 取材を拒否する
しゅざい　きょひ
（छायाकृतक अस्वीकार गर्नु／ បដិសេធមិនអោយសម្ភាស／ปะติเสดการใต่ถาม）

□ 話し合いを拒む
はな　あ　こば
（वार्तालापलाई नकार्नु／ បដិសេធមិនภาកภ្ចាព្យ／ปะติเสดการเจือจา）

□ 提案を却下する
ていあん　きゃっか
（प्रस्तावलाई खारेज गर्नु／ បដិសេធសំណើ／ปะติเสดข้อสะเนี）

●やめる・とめる

□ 代表を辞任する
だいひょう　じにん
（अध्यक्षपदबाट राजिनामा दिनु／ លាលែងពីមុខតំណែង／ลาออกจากตำแหน่งเป็นตัวแทน）

□ 議員を辞職する
ぎいん　じしょく
（सांसदपदबाट राजिनामा दिनु／ លាលែងពីមុខतំណែង／ลาออกจากตำแหน่งสมาຊิกสะพา）

□ 取引を停止する
とりひき　ていし
（कारोबार स्थगन गर्नु／ ฃប់ធ្វើការជំនួញชั่วคราว／ยุดการຊื้อขาย）

□ 提案を取り下げる
ていあん　と　さ
（प्रस्तावलाई पेसगर्न छोड्नु／ ដកសំណើเสនออก／ถอนข้อสะเนี）

□ 放送を中断する
ほうそう　ちゅうだん
（प्रसारण स्थगन गर्नु／ ฃ្ឈប់ការ ផ្សាយ／ละยุดการออกอากาด）

□ 作業が停滞する
さぎょう　ていたい
（कामकाजको गति रोक्नु／ ការงารឈប់គាំង／อุดขะง่ก）

□ 返事を保留する
へんじ　ほりゅう
（जवाफ पर्खाईमा राख्नु／ ก្រាមុ ขล់ត／ພ้กการตอบไว้ก่อน）

●方法
ほうほう

□ 方策を考える
ほうさく　かんが
（उपाय आयोजनाको बारेमा सोच्नु／ គិតពីផែនការសម្រាប／ คิดขะເหลือวิธีแก้ไข）

330

動詞 11
する動詞 12
自動詞・他動詞 13
名詞 14
形容詞 15
副詞 16
ぎおん語・ぎたい語 17
カタカナ語 18
対義語 19
意味が近い言葉 20

□ 新しい手法
　あたら　しゅほう

□ 手立てを打つ
　て だ

□ 災害対策
　さいがいたいさく

□ 企業の戦略
　き ぎょう　せんりゃく

● 用意する
　ようい

□ 予備の資料
　よ び　し りょう

□ 複製
　ふくせい

● 持つ・続ける
　も　つづ

□ 関係を保つ
　かんけい　たも

□ 健康を維持する
　けんこう　い じ

□ 成長を持続する
　せいちょう　じ ぞく

□ 持続的（な）
　じ ぞくてき

□ 試合を続行する
　しあい　ぞっこう

● 元になるもの
　もと

□ 安全基準
　あんぜん　き じゅん

□ レースの起点
　　　　　　 き てん

□ 事件の発端
　じ けん　ほったん

□ 原文
　げんぶん

□ 原書で読む
　げんしょ　よ

□ 憲法
　けんぽう

● こわれる・だめになる

□ ビルが倒壊する
　　　　とうかい

□ 制度が崩壊する
　せい ど　ほうかい

□ 離婚（する）
　り こん

□ 破滅（する）
　は めつ

□ 壊滅的なダメージ
　かいめつてき

□ 全滅（する）
　ぜんめつ

● 強い力・影響
　つよ　ちから えいきょう

□ 衝撃を受ける
　しょうげき

□ 衝撃的（な）
　しょうげきてき

□ 迫力ある映像
　はくりょく　えいぞう

□ 威力を発揮する
　い りょく　はっき

□ 猛烈な勢い
　もうれつ　いきお

● 不安や悲しみ
　ふ あん　かな

□ 突然の知らせ
　とつぜん　し

□ に動揺する
　　どうよう

□ 落ち込む
　お　こ

□ 沈む［気持ちが］
　しず　き も

● 示す・表す
　しめ　あらわ

□ 価格を表示する
　か かく　ひょうじ

□ 表記のしかた
　ひょうき

□ 未来を暗示する
　み らい　あんじ

□ ポスターを
　掲示する
　けい じ

□ 方針を掲げる
ほうしん　かか

●王
おう

□ 国王
こくおう

□ 宮廷
きゅうてい

□ 天皇
てんのう

□ 皇室
こうしつ

□ 皇族
こうぞく

□ 皇居
こうきょ

●国・歴史
くに　れきし

□ 封建社会
ほうけんしゃかい

□ 共和制
きょうわせい

□ 君主制
くんしゅせい

□ 武士
ぶし

□ 侍
さむらい

□ 貴族
きぞく

□ 僧
そう

●付ける・加える
つ　　くわ

□ 加熱(する)
かねつ

□ 点火(する)
てんか

□ 同封(する)
どうふう

□ 添加物
てんかぶつ

●積極的
せっきょくてき

□ 意欲的な姿勢
いよくてき　しせい

□ 前向きな回答
まえむ　　かいとう

□ 肯定的な返事
こうていてき　へんじ

□ 建設的な議論
けんせつてき　ぎろん

□ スポーツを
奨励する
しょうれい

●丁寧に扱う
ていねい　あつか

□ 敬意を表す
けいい　あらわ

□ 相手の気持ち
を尊重する
あいて　きも
そんちょう

□ 丁重に断る
ていちょう　ことわ

□ 尊い命
とうと　いのち

●早い
はや

□ 素早い対応
すばや　たいおう

□ 迅速な行動
じんそく　こうどう

□ 急速な変化
きゅうそく　へんか

●進む・発展する
すす　　はってん

□ 自然保護の推進
しぜんほご　すいしん

□ 人口の推移
じんこう　すいい

□ 技術の進展
ぎじゅつ　しんてん

□ スポーツの振興
しんこう

さくいん (សូចនាកម / តារាងតាមលំដាប់អក្សរ / ສາລະບານ)

334

●著者

倉品さやか（くらしな さやか）

筑波大学日本語・日本文化学類卒業、広島大学大学院日本語教育学修士課程修了。
スロベニア・リュブリャーア大学、福山 YMCA 国際ビジネス専門学校、仙台イ
ングリッシュセンターで日本語講師を務めた後、現在は国際大学言語教育研究
センター講師。

DTP	平田文普
レイアウト	ポイントライン
カバーデザイン	滝デザイン事務所
協力	花本浩一
カバーイラスト	ⓒ iStockphoto.com/Colonel
翻訳	Mahat Lalit ／ Sea Lida ／ Akiko Hirata
翻訳校正	Haruhito Nozu ／ Akihito Soejima
	Vannakhone Phanolith

ネパール語・カンボジア語・ラオス語版

日本語単語スピードマスター　ADVANCED 2800

令和 6 年（2024年）　2 月10日　初版第 1 刷発行

著　者	倉品さやか
発行人	福田富与
発行所	有限会社　Jリサーチ出版
	〒166-0002 東京都杉並区高円寺北 2-29-14-705
	電話 03(6808)8801(代)　FAX 03(5364)5310
	編集部 03(6808)8806
	https://www.jresearch.co.jp
印刷所	株式会社シナノ パブリッシング プレス

रेकर्ड स्वर डाउनलोड सम्बन्धी जानकारी

स्टेप 1	स्टेप 1 खरिद पुस्तकको होमपेजमा एक्सेस गर्ने ! तलको 3 तरिका अनुसार

- QR कोड रिड गरेर एक्सेस
- https://www.jresearch.co.jp/book/b636070.html लाई इनपुट गरेर एक्सेस
- J रिसर्च प्रकाशनको होमपेज (https://www.jresearch.co.jp/) मा एक्सेस गरेर 'कि वर्ड' मा पुस्तकको नाम इनपुट गरेर सर्च

स्टेप 2	होमपेज भित्र रहेको 'रेकर्ड स्वर डाउनलोड' बटन क्लिक !

स्टेप 3	युजरको नाम '1001' र पासवर्ड '26080' लाई इनपुट !

स्टेप 4	रेकर्ड स्वरको प्रयोग गर्ने तरिका 2 वटा छ ! आफ्नो अध्ययन विधि अनुसार सुन्नुहोस् !

- 'रेकर्ड स्वर फाइल एकमुष्ट डाउनलोड' बाट फाइल डाउनलोड गरेर सुन्ने ।
- ▶ बटन थिचेर तुरुन्त बजाएर सुन्ने ।

* डाउनलोड गरेको रेकर्ड स्वर फाइल, पर्सनल कम्प्युटर, स्मार्ट फोन आदिद्वारा सुन्न सकिन्छ । एकमुष्ट डाउनलोड गरेको रेकर्ड फाइल .zip को अवस्थामा थपारेर राखिएको छ । त्यो फाइल फुकाएर प्रयोग गर्नुहोस् । फाइललाई सजिलोसँग फुकाउन नसकेको खण्डमा प्रत्यक्ष रेकर्ड स्वर बजाएर सुन्न पनि सकिन्छ ।
रेकर्ड स्वर सम्बन्धीको जानकारीको लागि सम्पर्कः toiawase@jresearch.co.jp (सम्पर्क हुने समय : सोमबार देखि शुक्रबार 9 बजे ~ 18 बजे)

ការណែនាំអំពីការដោនឡូតសម្លេង

ជំហានទី១	ចូលទៅកាន់ទំព័រទំនិញ! របៀបដោនឡូតមាន៣យ៉ាងដូចក្រោម៖

- តាមរយៈការស្កេនកូដQR
- តាមរយៈវេបសាយ https://www.jresearch.co.jp/book/b636070. html
- តាមរយៈគេហទំព័ររបស់ក្រុមហ៊ុនបោះពុម្ពផ្សាយ ជេរ វ៉េសិច (Ｊ リサーチ) https://www.jresearch.co.jp/សូមស្វែងរកដោយបញ្ចូល ឈ្មោះសៀវភៅនៅកន្លែង៣ក្បត់ថ្លុឹ「キーワード」។

ជំហានទី២	ចុចប៊ូតុងដោនឡូតសម្លេង「音声ダウンロード」 ដែលមាននៅក្នុងទំព័រ

ជំហានទី៣	បញ្ចូលលេខ「1001」ក្នុងឈ្មោះអ្នកប្រើ ប្រាស់ និង លេខកូដសម្ងាត់ 「26080」

ជំហានទី៤	វិធី ប្រើ ប្រាស់សម្លេងមាន២យ៉ាងដូចខាងក្រោម។ សូមស្តាប់តាមវិធី ដែលសាកសមនឹង ងរបៀបនៃការសិក្សា។

- ដោនឡូតឯកសារពីកន្លែងដោនឡូតទាំងស្រុងនៃឯកសារសម្លេង「音声ファイル 一括ダウンロード」រួចស្តាប់
- ចុចប៊ូតុង▶ហើយចាក់ស្តាប់ដោយផ្ទាល់នៅនឹងកន្លែង

---

* ឯកសារសម្លេងដែលបានដោនឡូតហើយ អាចចាក់ស្តាប់បានតាមកុំព្យូទ័រ និង ទូរសព្ទដៃជាដើម។ ឯកសារ សម្លេងនៅក្នុងកន្លែងដោនឡូតទាំងស្រុង គឺជា ឯកសារដែលត្រូវបានបង្រួមទំហំអោយតូចដោយប្រើទម្រង់.zip។ សូមដក យកចេញហើយប្រើប្រាស់។ ករណីមិនអាចដកយកឯកសារចេញមកបាន អាច ចាក់ស្តាប់សម្លេងដោយផ្ទាល់ក៏បាន។
ទំនាក់ទំនងសាកសួរអំពីការដោនឡូតសម្លេង: toiawase@jresearch.co. jpម៉ោងធ្វើការថ្ងៃធ្វើការ ម៉ោង៩ ព្រឹកម៉ោង៦ល្ងាច